카타콤
제자훈련

카타콤
제자훈련

한만봉 지음

한국학술정보(주)

■ 머리말

  이 책은 제자훈련에 대한 실증적이고 현실 적용적인 측면에서 기록한 책이다. 특히 카타콤동굴에서 공동체 훈련을 하며 신앙생활을 하였던 크리스천들을 연구하고 조사하여 그들이 어떠한 제자훈련을 하였는지를 살펴보았고, 21세기를 살아가는 현실에서는 어떠한 제자훈련과 공동체 훈련이 필요한지를 현대학적인 측면에서 비교 분석 및 적용을 하여 보았다. 일반 사람들과 평신도들이 이해하기 쉽게 간단하게 기록하였다. 그리고 다양한 의미를 해석, 적용하여 이해력을 높였다.

  모쪼록 본 책을 통하여 제자훈련에 대한 참뜻을 이해하고, 시중에 나와 있는 수많은 제자훈련 교재와는 다른, 차별화된 접근법과 이론으로 여러분의 마음을 시원하게 해 드릴 것이다. 그리고 맡은바 분야에서 진정한 전문가가 되길 바란다. 이 책을 공부함으로써 내적 성공, 외적 성공, 자아실현, 신앙의 성장, 믿음의 정도를 깨닫고, 분열을 일치로, 가치관의 상이함을 공동체와 한마음으로 만들며, 행복한 삶이 되었으면 한다. 본 책을 출판함에 있어서 전적으로 도움을 주신 출판사 채종준 사장님과 강태우 팀장님께 감사 드리며, 늘 지식적인 면에서 도움을 주신 고려대학교 인문대학 학장님이셨던 김동규 박사님, 고려대학교 부총장님이셨던 표시열 박사님, 성균관대학교 정덕희 박사님, 성남기능대학 학장님이셨던 민영오 박사님, Cohen University 전현열 부총장님께 감사를 드린다. 또한 자료를 찾아주고 도움을 주신 최선월 선생님, 공주대학교 대학원생 조명연 선생님, 강원대학교 식품생명공학 석사과정 이병일 선생님, 당진재가요양기관 이병시 기관장님께도 감사를 드린다. 모쪼록 이 책을 통하여 21세기 진정한 신의 성실한 제자훈련인들이 많이 나오길 바란다.

2010년 2월 고려대학교 도서관에서 지은이 씀

■ 차 례

I

제자훈련에 대한 다양한 주제

1. 이론적 주제들과의 연관성

인류의 미래는 인간의 욕구충족에서부터 시작하는가? 돈, 섹스, 권력인가?

역사를 통틀어, 또 우리 자신의 경험을 통해 볼 때 이와 같은 문제가 서로 분리될 수 없고 얽혀 있기 때문이다. 신문에서 가장 잘 나오는 단어인 사업, 결혼, 정부가 바로 오늘날의 돈, 섹스, 권력의 다른 말일 것이다.

신과 인간의 관계에 있어서 왜 서약인가?

리처드 포스터는 돈에 대해 성에 대해 그리고 권력에 대한 답변으로 단순함의 서약, 정절의 서약, 그리고 섬김의 서약을 결론적으로 제시하고 있다. 여기서의 서약은 commitment 헌신이라는 동적인 개념이다. 부와 돈은 양립되거나 배척되거나 같은 의미로 사용되기도 한다. 무엇이 옳은가?

돈의 어두운 면

돈은 가치중립적이지 않다. 돈은 '악마적인 힘(Power)'이 있다. 리처드 포스터가 돈의 어두운 면을 먼저 쓴 이유는 선입관을 깨뜨리려는 데는 그 이유가 있을 것이다. 사람들은 돈이 좋은 것이라 생각한다. 그러나 성경은 돈이 불의한 재물이라 말할 수 있는가? 그렇다면 그 근거는 무엇인가? 하나님은 돈을 싫어하시는가? 돈이 없어 절절매는 개척교회 목회자들을 굶어 죽기를 바라시는 하나님인가?

물질이 있어야 헌신하고, 봉사하고, 구제하고, 나눠 줄 텐데, 그들에게 실질적인 도움을 주지 못하고 잘 먹고 행복하게, 그리고 편안하게 살라고 말만 하면 과연 그들의 신앙과 믿음이 성장할 것인가? 울리는 징소리로밖에 안 들릴 것이다. 그래도 돈이 필요 없는 것일까? 자본주의이든, 공산주의이든, 사회주의이든 모두 돈에 의해서 움직인다. 공산주의 국가에 가서도 돈이 있으면 대접을 받는다. 외국여행 가서 돈 떨어지면 굶어 죽는다. 하물며 공산주의 국가에서도 마찬가지다. 그런데 이러한 돈이 일만 악의 근원이라고만 하고 중요하게 여기지 말아야 할까?

돈의 밝은 면

하나님의 축복이며, 은혜로운 선물이다.

돈의 어두운 면과 밝은 면이 조화를 이룬다는 것은 무슨 말인가? '하나님 나라를 위하여 쓰라.'이다.

눅 16장 불의한 청지기 비유와 마 6장 재물과 하나님을 겸하여 섬길 수 없다는 내용으로 돈에 대해 설명하고 있다.

"재물과 하나님을 겸하여 섬길 수 없다."라는 구절로 알 수 있는 설교 대지는?

1) 재물은 파워가 있다.

2) 재물은 맘몬신으로 사람을 지배하려 한다.

3) 사람들은 두 가지를 동시에 섬기려 한다.

4) 그러나 성경은 두 가지를 겸하여 섬기지 못한다고 한다.

5) 돈이 능력이 있지만 사람은 그것을 잘 다스릴 수 있는 영적 능력이 있다.

돈을 다스리려면 돈을 모으기보다 돈을 나누어 주어야 한다. 그것이 단순한 삶이다.

주기 위한 지침

1) 하나님을 위해 써야 한다(십일조).

2) 돈만 쓰는 것이 아니라 너 자신을 주어야 한다.

3) 누구에게 주어야 하는가? 가장 약하고 소외된 사람에게 먼저 주어야 한다.

4) 주기 위한 원칙은? 합리적 기부와 모험적인 기부 사이에 창조적인 긴장을

유지해야 한다.

5) 주고 나서 어떻게 해야 하는가? 영향력을 행사하려고 해서는 안 된다.

6) 도움을 줄 수 있는 기관에 부탁할 수 있다.

7) 유언장을 작성해 놓아야 한다.

섹스

영성과 성

성과 영성은 친구이다. 그러나 성은 왜곡되었다. 성을 추구한다고 해서 영성이 없는 것은 아니다. 영성이 있다고 해서 성을 모두 감추거나 버릴 것인가?

동성애와 그리스도인

리처드 포스터는 체질적 동성연애자와 동성연애 기질이 있는 사람과 구분하였다. 동성애적 기질이 있다고 다 동성연애자는 아니다. 체질적 동성연애자를 대처하는 교회의 방법을 세 가지로 제시하고 있다.

1) 변화시키는 방법

2) 통제하는 방법

3) 실행하게 하는 방법

독신생활과 성

혼전 성관계, 성적인 환상, 수음, 독신생활에 대해 다루고 있다.

수음은 자체보다 수음으로 기인하는 다른 것들이 더 영혼에 해악을 끼친다.

1) 수음으로 인해 오는 성적 환상에 머무르는 것

2) 수음행위에 집착하는 것

3) 비인간화로 치닫는 것

독신생활과 성에서 열정은 절제되어야 한다.

결혼과 성

사람들이 오늘날 이혼을 많이 하는 이유는? 결혼이 언약이라는 개념을 무시하기 때문이다. 또 전인적인 성장 없이 가정문제만으로 해결될 수 없다.

그리스도의 이혼관

이혼에 내한 리처드 포스터의 논리는 4가지다.

1) 이혼은 원래 하나님의 뜻이 아니었다.

2) 그러나 불가피하게 이혼을 해야 할 때가 있다.

모든 은총의 수단을 다 동원했지만 결혼생활을 계속 이어 가는 것이 이혼하는 것보다 현저히 파괴적이라는 판단이 분명히 설 때는 이혼을 하여도 좋을 것이다.

이혼한 직후

내버려서는 안 된다. 그의 고통을 최소화하도록 도와주어야 한다.

이혼한 후에

이혼 뒤에 찾아오는 실패감과 좌절감이 있을 수 있다. 그러나 하나님의 은혜는 실패보다 더 크다. 과거를 어찌할 수 없지만 과거의 지배로부터는 자유로울 수 있다. 하나님은 과거의 용서와 내일의 소망에로 부르시는 분이시다.

정절에의 서약

미혼자들에게 있어서의 정절

성교는 원하는 것(want)이지 필요한 것(need)이 아니다.

결혼한 이들을 위한 정절의 의미

1) 일부일처제를 뜻한다.

2) 사랑과 충성에 대한 평생의 맹세를 의미한다. 폭력을 쓰지 않고, 인내하는 것

3) 상호 복종하는 것

남편은 사랑으로 아내는 존경으로

성의 의미에서도 서로의 성적 즐거움을 위해 헌신해야 한다.

권력

파괴적인 권력

돈, 섹스, 권력 중에 권력이 가장 뒤에 놓여 있다. 그 이유는 돈과 성이 모두 권력에 포함되기 때문이다. 권력은 가치중립적이지 않다. 권력도 돈과 마찬가지로 강력한 악한 능력이 있다. 아담은 하나님처럼 되려 했던 것으로 파괴적인 권력의 대표자이고 사울은 자신의 명예를, 제자들은 교회 안에서 영향력을 행사해 보려는 것으로, 마술사 시몬은 영적인 능력을 얻고 싶었고, 삼손은 자신의 이름을 자랑하는 오만으로 넘어졌다.

창조적인 권력

사람을 자유케 하는 하나님이 원하시는 참된 권력이다.

능력과 사역

그 창조적인 권력을 내가 사역에 활용하는 것이 바로 11장과 12장의 연관성이다. 참된 권력은 위치나 힘에서 나오는 것이 아니라 섬김에서 나오는 것이다.

섬김에의 서약

"섬김이란 권력으로부터의 자유에서 나와야 한다. 그렇지 않은 섬김이란 섬김이 아니라 조작이다. 사랑도 마찬가지다. 사랑은 주는 것인데 만약 받기 위해 준다면 그 주는 것은 사랑이 아니라 사람을 조작하는 것이다."

그리스도의 삶은 항상 from ~ 에서 to가 있다.

그의 삶의 from만 가지고 선을 긋는 것은 잘못된 것이다.

언제나 from과 함께 to가 있는 것이다.

우리는 돈과 성과 권력에 대한 제자훈련의 코이노이아가 필요하다. 제자훈련을 통하여 무엇을 어떻게 행동하고 이해해야 하는지를 깊이 있게 논의하여야 할 것이다. 진정한 사랑이 무엇이며, 진정한 축복이 무엇이고, 진정한 아름다움, 진정한 즐거움, 진정한 만족이 무엇인지를 이해하고 분석하고 깨달아야 할 것이다.

이러한 것들을 제자훈련을 통하여 살펴보고 토론하며, 논의하여 보아야 할 것이다.

QT 나눔

(창49:22) 요셉은 무성한 가지 곧 샘 곁의 무성한 가지라 그 가지가 담을 넘었도다

(창49:23) 활 쏘는 자가 그를 학대하며 그를 쏘며 그를 군박하였으나

(창49:24) 요셉의 활이 도리어 견강하며 그의 팔이 힘이 있으니 야곱의 전능자의 손을 힘입음이라 그로부터 이스라엘의 반석인 목자가 나도다

요셉의 담(가지가 담을 넘었도다)

1) 역기능가정의 담-혼란스러운 가정의 역사들 속에 자라났다.

2) 불의한 피해의 담-형제들(가장 사랑받아야 할 사람으로부터 받은 상처)

3) 거짓고소의 담-보디발의 집에서

4) 거짓약속의 담-술 맡은 관원장의 침묵

질문 1 우리가 그 상황이면 어떤 반응을 보이는가?

대개 그러한 아픔을 당하면 사람들은 고통의 기억 속에 묶인다.

(If……과거에 종속된다)

요셉은 환경보다 더 큰 하나님을 신뢰했다(이러한 고통 속에서도 하나님이 함께하신다면……).

고통은 과거의 고통으로 묶을 수도 있고, 미래를 향해 나가게 할 수도 있다. 환경은 나를 결정할 수 없다. 환경을 넘어서 하나님을 바라볼 수 있어야 한다.

이제 우리는 어떻게 해야 합니까?

과거의 실패자로 남을 것인지, 아니면 승리자로 살아갈 것인지 선택할 수 있다. "샘 곁에 무성한 가지라……. 전능자의 손을 힘입음이라……."

활 쏘지 않았다-전능자의 손을 힘입었다……

좋은 나눔은 사람으로 성경을 묵상하고 싶어 하는 거룩한 갈증을 불러일으킨다.

2. 패러다임 전환과 제자훈련

'제자훈련' 사람을 세운다는 것이 어떤 것인지를 제자훈련을 통해 알게 하여야 한다.

- 제자훈련을 5년 이상 한 교회들은 대부분 매년 17%의 고른 성장세를 보였다. 제자훈련이 외적인 성장을 가져온다는 것은 분명한 사실이다.
- 릭워렌 "교회가 건강하면 외적인 성장은 정상이다." 제자훈련은 교회를 건강하게 해서 외적인 성장을 가져오게 한다.

향후 전망

지금 제자훈련 세미나를 한 교회 2,500개 중 250개 정도의 10%가 충실하게 제자훈련을 성공하고 있다. 향후 10년 뒤에는 아마 10만 개 정도의 교회가 할 예정이고 그중 6천 개 교회 정도가 제자훈련을 잘 접목할 것으로 예상된다. 한국교회에 성경적으로 건강한 교회 6천 개 정도면 한국교회를 새롭게 할 수 있을 것이다.

모델교회

제자훈련 목회철학을 통하여 건강한 평신도 지도자를 세우고, 건강한 목회를 통해 건강한 교회를 세우려는 의지와 조치가 분명하며, 그 결과 현재 열매를 맛보고 있는 교회로써 비슷한 환경과 조건에 있는 교회들에게 원리를 제공할 수 있는 모델이 될 만한 교회 제자훈련 목회 철학을 교회에 접목해서 결과를 이끌어 낸 교회이며 그것을 나눌 수 있는 체계가 정리되어 있는 교회를 모델교회라 정의하였다.

1) 모델교회의 기준
① 외적 기준 - 훈련목회의 체계가 분명한가?
제자훈련을 통해 교회 안에서 일어난 외적 변화는 무엇인가?
교회가 처해 있는 여러 가지 상황에서 현재 제자훈련 목회를 실시하는 데 뚜렷한 의미가 있는가?

② 내적 기준 - 담임목사의 목회철학이 분명한가?

담임목사와 성도들 사이의 마음이 하나로 일치하는가?

담임목사와 성도들이 미래에 대한 분명한 비전을 그리고 있는가?

2) 지역별 모델교회와 그 특성

서울 장충교회 - 장로들에 의해 먼저 시작된 제자훈련/물통전도법/청년만 1,000명

장충교회는 전통적인 교회고 오래된 교회이다. 사랑의 교회 부목사님을 초빙하여 장로님들부터 제자훈련으로 교회체질이 바뀌고 나서 교회가 젊은이들에게 관심을 가져서 리모델링을 하였다. 훈련으로 체질이 바뀐 순장들이 퇴근 후 피곤하지만 교회기도원까지 차를 몰고 가서 24시간 풀타임으로 생수물통이 교회에 오고 그것을 아침에 사람들이 배달하는 형식으로 전도를 한다. 아파트촌에서 장충교회 생수통을 받아먹는 사람은 다 교회에 나온다.

- 제자훈련으로 체질이 개선되어서 순장들이 다 헌신한다.

부산산성교회 - 모델교회를 따라가는 교회

부산산성교회는 부산 호산나교회의 모델을 따라가고 있다. 얼마나 잘 따라가냐 하면 호산나교회에서 쓰는 표어까지 그대로 쓰는 경우가 있다. 부산 호산나교회의 최홍준 목사님을 멘토로 해서 모델링을 한 교회이다. 호산나교회는 너무 커져서 중소교회의 모델이 될 수 없지만 부산산성교회는 이제 막 성장하는 추세이기 때문에 중소교회의 모델이 될 수 있다는 자부심이 있다.

- 훈련은 배우는 것이다, 창조적이 못 되면 모방의 천재라도 되면 된다. 목회는 사람을 세우는 것이지 과학자같이 발명하는 것이 아니다.

아름다운 교회 - 대형교회에 뒤떨어지지 않는 경쟁력, 파피루스 멘토링을 통한 높은 정착. 명일동에 있다. 명성교회와 순복음 강동성전 가운데 있다. 그러나 부흥하고 있다.

새 신자 정착에서 파피루스 멘토링이라는 독특한 시스템이 있다. 하얀 백지에 새 신자의 고민을 듣고 그것을 적고, 해결해 준다. 대부분의 교회에서처럼 새

가족반이라는 틀을 가지고 맞추는 것이 아니라 사람들의 관심사에서부터 문제를 풀어주면서 하얀 백지를 채워 나간다.

그리고 그 시간이 끝마칠 때 고민과 관심을 적은 그리고 해답을 적어 놓은 종이를 준다. 자신의 관심사에서 출발하기 때문에 굉장히 정착률이 높다.

—패러다임의 전환이다. 틀에 맞추지 않고 관심사로부터 출발하는 파피루스 멘토링 사람을 세우는 일에 정해져 있는 것은 없다. 원칙은 고수하지만 방법은 상황에 따라 다르다.

부산 은향교회 – 가정회복에 초점을 맞춘 교회

제자훈련을 열심히 했지만 이혼하는 가정을 만나면서 아예 제자훈련 프로그램 속에 가정사역을 넣어 버렸다. 기초양육 과정에 신혼부부학교, 아버지학교, 부부대화법, 노인학교 같은 프로그램이 있다. "교인이 행복하면 교회가 행복하다. 가정이 행복하면 교인이 행복하다."라는 생각을 가지고 제자훈련을 통해 가정의 회복에 초점을 맞추고 있는 교회이다.

불신자들에게도 인기가 있다. "이 교회는 내 영혼을 맡겨도 좋을 교회입니다."라는 새 가족의 말이 이 교회의 사역을 잘 나타내 준다.

—현대목회에 좋은 모델이라 생각한다. 가정사역을 제자훈련과 함께 두는 교회이다.

울산 큰빛교회 – 모든 성도들이 새 가족 모임을 통해 담임목사와 훈련/가정교회

화평교회(이것이 가정교회이다 – 최상태 목사)와는 조금 다른 형태이다. 이 교회에 오는 모든 새 가족은 반드시 담임목사님과 소그룹을 5주 훈련해야 한다. 이것을 통해 이 교회에 오는 사람들이 느끼는 느낌은 "이 교회에서 가장 강조하는 것은 소그룹이구나." 하는 것을 알게 된다.

가정교회는 – 소그룹의 한 형태이다. 이 교회의 모든 행사는 평신도 순장이 인도한다. 목사님이 함께 간 돌잔치에도 목사님은 그냥 있고 평신도 순장이 말씀을 전하고 축도까지 한다(교회법으로는 불가능하지만 초대교회적으로는 가능한 것이다.).

-새롭다, 어느 교회든지 철학은 같지만 방식은 다르다.

인천계산교회(청년부) - [제자훈련 셀프스터디]를 가지고 훈련하는 멘토 시스템

제자훈련 셀프스터디라는 빌리그래함센터에서 나온 교재를 가지고 소그룹리더를 일대일로 양육하는 시스템을 쓰고 있다. 청년부에서만 이렇게 하고 전체 교회와의 연관이 잘 없다.

그러나 이것이 장점이 될 수도 있다. 사랑의교회의 단점은 청년부와 대학부의 훈련내용이 같다는 데 있다(대학부는 기초 베이직 중심으로 청년부는 제자훈련 교재를 가지고 등의 대안이 필요하다.).

인천은혜의교회 - 평신도들이 사역하는 교회/성경대학을 통한 평신도들의 평준화_박정식 목사, [평신도는 없다], 이 교회 부교역자는 1명이다. 탁월한 평신도들이 모두 사역을 감당하고 있다. 성경대학을 통한 양육과 제자훈련이 잘 조화되어 있다.

양육과 훈련의 차이

양육은 성경을 가지고 말씀으로 먹이는 것이다.

훈련은 말 그대로 트레이닝이다. 굴리고 때리고 달리게 하는 것이다.

사랑의교회는 양육을 순장공부를 가지고 한다. 매주 한 주씩 말씀을 가지고 순모임을 한다. 제자훈련을 받기 전에 먼저 양육의 베이스를 다져야 한다.

윌로우크릭의 시스템

예배, 전도, 교제, 사역, 양육

양육과 사역 사이에 훈련이 있다.

3) 모델교회를 통해 살펴본 제자훈련의 원리

(1) 확실한 목회철학의 공유가 중요하다

 - 평신도를 깨워 목회의 동역자로 세운다

(2) 百聞以不如一見

 - 교회탐방을 통한 비전 공유

모델교회를 보면 공유가 빠르고 정착이 쉽다(장충교회 목사님 - 처음에 장로

님들 데리고 모델교회를 탐방했다. 6개월 동안, 그 후에 장로님들이 "우리 교회
는 젊은이들이 안 모이겠습니다."는 의식의 전환을 가져왔다).

또 보고 스스로 깨달을 때 더 확신을 가진다(귀납적 성경공부의 원리).

(3) 초점 있는 한 가지에 집중하라

- 제자훈련만 가지고는 안 된다. 양육체계, 소그룹시스템, 전도에 대한 구체
  적인 전략

사람을 세우는 초점이 있어야 한다. 사람을 세우는 것에 대한 철학과 체계가
세워져야 한다. 한 사람을 전도하고 새 가족이 되어 다시 헌신하기까지 뼈대 외
에 다른 부수적인 것이 집중의 대상이 되어서는 안 된다. 사람을 세우는 것에
집중해야 한다.

(4) 동역자의 중요성을 인식하라

- 부교역자는 유모, 평신도 지도자는 엄마

옥 목사님은 순장공부를 생명처럼 여기신다. 칼 세미나 중간에도 순장공부는
인도하고 오신다. 그것을 통해 순장들은 자부심을 느끼고 자신이 가장 중요한
교회의 사역에 참여하고 있다는 확신이 든다. 오정현 목사님이 부임하신다는 이
야기도 부교역자들에게 먼저 하지 않고 순장반에 먼저 했다. 그때 순장들이 느
끼는 자부심은 대단하다. 목회자의 삶으로 평신도지도자들이 가장 중요한 사람
들인 것을 보여줄 필요가 있다.

(5) 메리트가 있는 목회자가 성공한다

- 성품과 역량

목회자는 역량이 있어야 한다. 그러나 아울러 그것을 품는 성품이 필요하다.
어느 것 하나만 있어야 할 것이 아니라 둘 다 모두 있어야 하는 중요한 요소들
이다.

(6) 건강하면 열매를 맺게 되어 있다

- 영적 재생산의 능력을 갖춘 평신도, 안정된 교회분위기, 경쟁력 확보, 정착
  률 상승

(7) 훈련받은 사람에게는 반드시 field가 있어야 한다

80/20의 법칙은 제자훈련에도 쓰인다. 훈련하는 데 사람이 너무 적으면 모두

제자훈련을 시켜서는 안 된다. '우리 교회는 전부가 제자입니다.'라는 말은 잘못된 말이다. 그때는 사람이 조금 모일 때까지 제자훈련을 멈출 수도 있다. 적은 수가 훈련하고 그들이 뛸 수 있는 필드가 제공되어야 한다.

제자훈련 정착을 위한 세 가지 투자

1) 마음을 투자하라/Heart

– 한 사람을 놓치지 말라. 우선순위를 분명하게 하라.

2) 시간을 투자하라/Time(Endurance)

– 제자훈련이 교회에 완전히 정착되기까지 걸리는 시간은 평균 4 – 5년

3) 물질을 투자하라/Financial

– 마음이 있는 곳에 물질이 있다. 재정을 낭비하지 말라.

제자훈련을 위해 교회에 주신 세 가지

가. 교역자(엡4:11 – 12)를 주신 목적

[개역](엡4:11) 그가 혹은 사도로 혹은 선지자로 혹은 복음 전하는 자로 혹은 목사와 교사로 주셨으니 [개역](엡4:12) 이는 성도를 온전케 하며 봉사의 일을 하게 하며 그리스도의 몸을 세우려 하심이라

목사는 목양만으로는 안 된다. 교사이며 목사이다. 반드시 가르쳐야 한다. 심방만으론 안 된다.

1) 사람을 만드는 일이다.

2) 그가 준비가 되면 일시키고

3) 그것을 통해 교회가 성장하고 부흥하는 것이다.

이 순서는 중요하다. 사람이 일보다 더 우선순위이다.

나. 성경을 주신 목적

[개역](딤후3:15) 또 네가 어려서부터 성경을 알았나니 성경은 능히 너로 하여금 그리스도 예수 안에 있는 믿음으로 말미암아 구원에 이르는 지혜가 있게 하느니라 [개역](딤후3:16) 모든 성경은 하나님의 감동으로 된 것으로 교훈과 책망과 바르게 함과 의로 교육하기에 유익하니

1) 구원을 얻기 위해
2) 하나님의 사람에게 필요한 것 - 온전하게 만들기 위해서(인격과 삶) = 예수의 제자
3) 성경의 독특한 영감은 = 살아계신 주님의 인격을 만나는 것이다.

제자훈련은 교역자가 시켜야 한다. 성경을 가지고 시켜야 한다. 성경을 주신 목적과 교역자의 목적이 동일하기 때문이다.

다. 목회모델

[개역](골1:28) 우리가 그를 전파하여 각 사람을 권하고 모든 지혜로 각 사람을 가르침은 각 사람을 그리스도 안에서 완전한 자로 세우려 함이니

[개역](골1:29) 이를 위하여 나도 내 속에서 능력으로 역사하시는 이의 역사를 따라 힘을 다하여 수고하노라

골로새에서 바울이 개척하거나 목회하지 않았다.

주제 - 그리스도

사역자 - 우리

내용 - 하나님의 말씀

방법 - 가르치고 전파하고 권하고

대상 - 각 사람

목표 - 그리스도 안에 완전한 자

자세 - 성령에 의탁, 최선을 다함

칼바르트 "베드로야 너는 너를 닮은 사람을 만들어라!"

존 맥스웰 - 프리칭 잡지 98년도 "비전을 팔기 전에 먼저 너 자신을 팔아라!"

사람들은 목사를 사기 전에 비전을 절대 사지 않는다. 인간 상호 간의 신뢰를 주고 올바른 트랙 안에 있다는 신뢰를 보여주어야 한다. 그때 목사의 비전을 사람들은 사는 것이다.

옥한흠 - "제자훈련 안 하면 목회 그만둘 사람!"

준비되기 전에 먼저 비전을 드러내지 말라. 일 못지않게 준비해야 하는 것은 비전을 공유하는 과정이다.

비전 공유 과정

1) 핵심지도자에게 먼저 비전을 제시하라.

2) 목사의 비전에 먼저 참여하게 하라.

3) 그들이 확산시킬 것이다.

리더십의 스킬 중 가장 중요한 것은 우선순위의 결정이다 - 20/80의 원리를 정해야 한다.

20%가 나머지 80%를 책임지게 해야 한다.

목사는 자신의 80%를 20%의 사람들에게 사용해야 한다.

인력개발의 비용 80%를 영향력 있는 20%를 위해서 투자해야 한다.

이런 오해는 쓰레기통에 던져라.

가. 제자훈련은 하나의 유행이다.

나. 제자훈련은 성경공부

다. 제자훈련은 하나의 방법론이다.

라. 유능한 평신도 기능인 양성 코스이다.

마. 은사가 없으면 안 해도 된다.

바. 중산층 이상 평신도에게만 가능하다.

사. 기도와 영성이 약하다.

아. 비경제적인 목회방법

자. 목사 골병든다.

연역적으로 접근할 것인지 귀납적으로 접근할 것인지를 구분하여야 한다. 이 것에 대한 이야기를 하려고 한다.

가. 연역적 방법과 귀납적 방법의 핵심적인 차이

나. QT와 귀납적인 방법의 중요한 차이점

다. 소그룹 환경과 귀납적 성경공부의 필연적 관계

네가 은혜를 얻었느니라.

- 자기에게 들려주신 하나님의 음성

어찌 그런 일이 있으리까?

- 자신이 계속했던 하나님을 향한 질문

말씀대로 내게 이루어지리다.

- 순종하게 되었다.

[개역](창3:1) 여호와 하나님의 지으신 들짐승 중에 뱀이 가장 간교하더라 뱀
　　　　　이 여자에게 물어 가로되 하나님이 참으로 너희더러 동산 모든
　　　　　나무의 실과를 먹지 말라 하시더냐

[개역](창3:2) 여자가 뱀에게 말하되 동산 나무의 실과를 우리가 먹을 수 있으나

[개역](창3:3) 동산 중앙에 있는 나무의 실과는 하나님의 말씀에 너희는 먹지
　　　　　도 말고 만지지도 말라 너희가 죽을까 하노라 하셨느니라

[개역](창3:4) 뱀이 여자에게 이르되 너희가 결코 죽지 아니하리라

[개역](창3:5) 너희가 그것을 먹는 날에는 너희 눈이 밝아 하나님과 같이 되어
　　　　　선악을 알 줄을 하나님이 아심이니라

[개역](창3:6) 여자가 그 나무를 본즉 먹음직도 하고 보암 직도 하고 지혜롭게
　　　　　할 만큼 탐스럽기도 한 나무인지라 여자가 그 실과를 따먹고 자
　　　　　기와 함께한 남편에게도 주매 그도 먹은지라

[개역](창3:7) 이에 그들의 눈이 밝아 자기들의 몸이 벗은 줄을 알고 무화과나
　　　　　무 잎을 엮어 치마를 하였더라

[개역](창3:8) 그들이 날이 서늘할 때에 동산에 거니시는 여호와 하나님의 음
　　　　　성을 듣고 아담과 그 아내가 여호와 하나님의 낯을 피하여 동산
　　　　　나무 사이에 숨은지라

1) 관찰

(1) 통합적으로 관찰하라. - 큰 줄거리 이해. 사단이 유혹하는 장면

(2) 분석적으로 관찰하라.

WHO? 누가?

아담 - 침묵

아내 - 유혹당함

사단 - 유혹

사단의 유혹, 여자의 반응, 여자의 결정, 아담의 침묵, 결정 뒤의 상황 - 뽑는다.

2) 해석

(1) 옳은 관점 결정하라.

사단의 유혹으로부터 교훈 - 사단이 유혹한 세 가지 말에 대한 공부!

범죄의 결과는 어떠한가?

여자의 반응에서 배울 수 있는 교훈?

(2) 질문을 던지라 - 의미를 찾아가는 것

사단의 유혹 어떻게 오는가?

- 사단의 세 가지 질문

① 너에 대한 자유를 구속하는 분이시다. - 이해하도록

② 결코 죽지 아니하리라. - 죄에 대한 심판은 없어

③ 죄가 주는 쾌락을 강조하는 것이다.

여자의 반응 - 말려들었다.

① 자유를 구속하는 분으로 말했다. - 먹지도 말고 만지지도 말라

② 죽을까 하노라? - 심판 부정에 말려든다.

③ 죄가 주는 쾌락에 빠졌다.

아담의 침묵

적극적인 범죄가 있고 소극적인 범죄가 있다. 하와의 말에 동조하는 것이다.

수동적인 신앙의 태도를 가지고 있으면 안 되는구나.

범죄의 결과

벗은 줄 - 죄책감을 알았다.

부끄러움 - 수치심을 알았다.

숨었다 - 도피의식

서로 껴안고 있다가 책임을 떠넘기고 - 거짓공동체(함께 있지만 원망하는)

3) 원리로 명제화해야 한다.

(1) 하나님은 구속이 아니라 자유케 하시는 분이시다.

(2) 순종은 축복이고 행복이다. 불순종은 손해이다.

(3) 사단은 유혹자일 뿐 죄의 결정은 사람이며 그래서 책임이 있다.

(4) 바른 말씀에 서 있을 때만 죄를 극복할 수 있다.

(5) 그리스도 안에서 도피, 수치, 죄책이 자존감, 자유, 회복으로 바뀐다.

4) 기도하면서 본문과 해석을 읽으라.

5) 감동, 반성, 도전을 찾으라.

감동: 하나님은 그들을 살피시고 일하심을 준비하시는 하나님이시다. 긍휼을
　　　베푸시는 사랑에 감동

반성: 낮은 자존감 – 아담과 하와 숨어 있는 모습이 제 모습

도전: 새벽기도에 메시지에 의존하고 말씀을 이해하지 않았다.

성경의 메시지와 나의 삶이 만나는 것이 바로 느낌이다.

6) 태도와 행동변화

(1) 다른 사람이 보는 나에서 하나님이 보시는 나로 변화해야겠다.

(2) 아내를 혼내지 말아야겠다.

7) 적절한 행동계획

(1) '내가 누구인지 이제 알겠습니다.'를 매일 읽겠다.

(2) 아내에게 물어야겠다.

댄셔딜 랜드는 플라밍고교회가 300명 정도 모이던 어느 날 90% 이상이 기존의 예수님을 믿던 사람들이 새로 온 것을 보고 충격을 받았다. 예수님을 믿지 않던 사람이 교회에 온 경우는 성장의 10%에 지나지 않았던 것이다. 그래서 그는 예수를 믿지 않는 사람을 상대로 사역을 성공하고 있는 몇몇 교회를 모델로

삼아 벤치마킹을 하였다.

그 한 예로 새들백교회 세미나의 영향을 받아 자신의 교회인 플라밍고로드교회에 적용해서 현재 출석교인 2,100명으로 또 16개의 선교와 전도활동을 통해 3,000명의 예배참석자를 모으는 결실을 맺었다. 또 현재 교인의 60%는 예수님을 믿지 않던 새 신자들이다.

여기에 만족하지 않고 플라밍고로드교회는 지금도 계속 성장하고 변화하고 있다. 그 변화를 많은 사람들과 나누고 싶어서 책을 썼다고 한다.

책은 총 8단계로 구성되어 있다. 느헤미야의 리더십을 중심으로 교회를 변혁시키는 과정을 그린 책이다. 단계별로 저자의 이야기를 표현하면 다음과 같다.

제1단계 비전을 준비하라

비전은 단순히 목적지를 향해 가는 것이 아니다. 비전은 여행이다.

비전을 이루려면 먼저 준비가 있어야 한다. 비전은 결과물이 아니라 과정이다. 비전은 결승점이 아니라 경주 전체이다. 그리고 우리의 마음으로 하나님의 비전을 품으려면 준비하는 데 많은 시간을 보내야 한다. 당신의 교회 비전은 너무나 커다란 것이기에 준비하는 것도 커다란 일이 될 수밖에 없다는 것을 기억해야 한다.

"사람의 마음에는 많은 계획이 있어도 오직 여호와의 뜻이 완전히 서리라"(잠 19:21)

오늘날 우리의 교회들은 많은 계획들을 가지고 있다. 그러나 그것이 하나님의 뜻을 발견한 것이 되었는지 의심스럽다. 완전히 설 수 있는 것은 오직 하나님의 뜻뿐임을 알고 있는 것일까? 나는 우리가 준비한 그 무수한 계획들이 모두 실현되지 않으리라 믿는다. 오직 하나님의 계획만이 완전히 서게 될 것이다.

비전이란 무엇인가?

헨리블랙커비의 책 [하나님을 체험하기]에서 그는 "하나님이 하시는 일을 보고 그분과 함께하라." 말한다. 다시 말하면, 우리의 계획과 비전에 복을 달라고 하나님께 기도하는 것보다는 하나님이 어떤 일을 행하시는지 보고 그분의 계획과 비전에 함께하는 것이 필요하다는 것이다.

비전이란 무엇인가? 비전은 하나님이 행하기를 원하시는 것들에 대한 그림이다.

비전은 우리가 하나님을 가로막지 않고 그분이 친히 행하시도록 자리를 내어 드릴 때 하나님께서 교회에 행하시고자 하는 그림이다. 따라서 비전을 이루는 과정은 하나님이 교회 안에서 행하기를 원하시는 일 가운데 하나님과 함께하는 과정이다.

하나님은 비전의 강물을 우리 교회의 근처에 허락하셨다. 그물로 뛰어들기만 하면 되지만 많은 교회들이 그것을 모르고 있다.

죽어 가는 교회들이 내뱉는 일곱 마디 신음이 있는데 그것은 "우리는 일찍이 그러한 방식으로 해 본 적이 없어."라는 말이다.

비전은 현재 진행형이다. 비전은 살아서 역사하시는 하나님을 따르는 능동적인 과정이다. 이것은 교회와 사역 그리고 우리 개인의 삶이 소멸되지 않도록 계속해서 꿈을 꾸고 계획해 나가야 한다는 것을 의미한다.

영적 파도타기의 기술

릭워렌의 [새들백교회 이야기]에서 그는 영적 파도타기에 관해 이야기한다. 영적 파도타기에는 3가지 영역이 있다.

첫째, 파도를 보라

즉 하나님이 행하시는 것이 무엇인지 보라는 것이다. 하나님은 오늘도 이 세상 가운데서 중요한 일들을 행하고 계신다. 겉으로 드러나는 모습 말고 그 뒤에 있는 하나님이 실제 행하시는 모습을 바라보아야 한다.

둘째, 파도를 잡으라

하나님이 행하시는 것을 보았으면 그것을 따라잡아야 한다. 어느 파도를 탈지 점찍었다면 그 파도를 따라잡아야 하는 것이다, 결코 그것은 쉬운 일이 아니다. 시간을 맞추어야 하고, 용기와 기술이 필요하다. 그리고 위험을 무릅써야 한다. 왜냐하면 가장 커다란 파도를 따라잡으려면 안전한 모래사장에서 되도록 멀리 떨어져야 하기 때문이다.

셋째, 파도를 타라

하나님이 행하시는 일에 동참하라. 많은 파도타기 선수들이 파도 위에서 몸을 일으킬 수 있다. 그들의 목표는 파도 위에 똑바로 서서 가능한 가장 멀리 그리고 가장 오래도록 파도를 타는 것이다. 당신은 파도에 굴복하지 않고 계속해서 파도를 타고 다니려 할 것이다.

준비의 중요성
· 만일 비전이 하나님께서 자신의 교회를 위해 하시고자 하는 일에 대한 그림이라면
· 그리고 비전의 열쇠가 하나님께서 자신의 교회를 위해 하시려는 일에 참여하는 것이라면
· 또한 하나님은 우리에게 하나님의 비전을 주기 원하신다면
· 이제 우리가 그 비전에 대한 준비가 되어 있을 때, 하나님은 우리에게 비전을 주실 것이다.

"그러면 이제 어떤 단계를 거쳐 준비할 것인가?"

느헤미야: 비전에 대한 연구(느헤미야를 통해 비전을 이루는 과정을 설명하고 있다)

1) 정보를 수집하라

느헤미야 1장에 느헤미야는 예루살렘에 직접 다녀온 하나님에게 예루살렘의 형편을 물었다. 이렇게 해서 가능한 한 모든 정보를 모았다. 그리고 주변상황을 연구했다. 느헤미야의 비전은 지식을 통해서만 가장 훌륭하게 태어난다는 원칙을 깨닫고 있었다.

어떤 사람은 생각하는 것이 영적인 일과 거리가 있다고 믿지만 그것은 사실이 아니다. 사고능력은 비전을 준비하는 과정에서 절실히 요구되는 한 요소이다.

릭워렌도 새들백에 교회를 개척하기 전에 새들백에 대해 3개월 정도 연구하는 시간을 보냈다. 그는 도시지도를 보고 도로 하나하나를 찾아다니고 사람들과 인터뷰를 했다. 지역의 역사와 풍습 등을 너무 공부해서 3개월 뒤에 그 도시 전체의 도로이름을 다 외웠을 정도였다. 비전을 위해 준비하는 작업을 거치는 것 그것은 비전의 승패를 판가름할 만큼 중요한 것이다.

정보 수집을 위한 두 가지 사항

첫째, 주변에서 아직 교회에 다니지 않는 사람들에 대해 배워야 한다.

"오직 하나님의 말씀을 선포하는 것뿐"이라는 사람들이 있다. 그러나 좋은 설교만으로 세상을 그리스도께 이끌 수 있었다면 우리의 사명은 오래전에 이미 끝났을 것이다. 우리는 복음을 전하고자 하는 대상들이 어떤 사람인지 알아야 한다.

13년간 청소년 사역을 하면서 청소년에게 쉽게 다가가는 교역자가 있는가 하면 그렇지 못한 사람이 있다. 청소년들에게 쉽게 다가가는 사역자들의 특징은 그들이 청소년들을 이해하고 있다는 것이다.

둘째, 믿지 않는 이들을 향해 다가가고 있는 교회들을 배워야 한다.

무언가를 배우려면 행함을 통하여 자기가 그것을 잘 알고 있다는 것을 입증한 사람들로부터 배워야 한다. 이론만 늘어놓는 사람이 아니라 그 이론을 실천하는 사람들로부터 배우라. 많은 사람들이 무언가 알고 있다고 주장하지만 진정 무언가를 알고 있는 사람은 그것을 행하는 사람이다.

대가를 만나야 한다. 스페인의 전설적인 투우챔피언이 투우챔피언을 갈망하는 젊은 투우사에게 말했다

첫째, 아마추어 대회에 나가지 마십시오. 프로대회에 참가하십시오. 아마추어 대회에 나가면 자신의 생각이 아마추어가 됩니다. 프로대회에 참석하면서 자신의 생각을 프로로 바꾸십시오.

둘째, 이전 대회 챔피언들을 만나러 다니십시오. 챔피언이 만나주지 않으면 그냥 혼자 지내십시오. 챔피언이 아닌 사람들과 어울려 지내지 마십시오. 대가를 만나서 대가의 생각을 배우십시오.

2) 현 상태에 대해 거룩한 불만을 가지라

느헤미야는 예루살렘의 상황을 듣고 앉아서 울었다. 크게 상심했다. 사실 성

벽은 이미 오래전부터 무너진 채로 있었다. 그런데 갑자기 느헤미야는 그러한 사실에 거룩한 불만을 갖게 되었다. 하나님은 그에게 거룩한 마음의 고통을 주셨다. 그래서 그가 예루살렘사람들과 그들의 삭막한 환경에 애통해하도록 하셨다. 하나님은 하나님 당신이 느끼셨던 그 감정을 느헤미야로 하여금 느끼도록 하셨고, 당신이 보신 것처럼 예루살렘을 보도록 하셨다.

비전은 마음의 고통과 무거운 짐으로부터 잉태된다는 것을, 비전은 마음으로부터만 나온다.

성경은 다음과 같은 말을 수없이 반복한다.

· 예수님은 이스라엘의 잃어버린 양들로 인하여 눈물을 흘리셨다(마10:6).
· 예레미야는 이스라엘이라는 짐을 지고 눈물을 흘렸다(렘3:21).

현재 상황에 만족하는 사람은 하나님의 비전을 발견하지 못한다. 지금 상황을 행복해한다면 하나님은 아무런 말씀도 하시지 않을 것이다. 만일 우리가 지옥문을 밀어붙이는 것보다는 타고 있는 배가 흔들리지 않게 하는 것에 더 신경을 쓰고 있다면 우리 교회를 향한 하나님의 계획과 능력을 발견하지 못하게 될 것이다.

비전은 가끔씩 절망 가운데 찾아오기도 한다.

플라밍고로드교회는 절망이 찾아왔다. 그것은 1990년 봄이었다. 교회를 세운 지 6년 만에 300명의 숫자가 모였다. 그러나 조사한 결과 우리 교회 성장의 90%가 다른 지역교회에서 옮겨온 교인들로 이루어졌다는 것이다. 나머지 10%만이 우리를 통해 그리스도에게로 처음 인도된 사람들이었다.

그 순간 플라밍고로드교회는 너무나 마음의 상처를 받았다. 그러나 교회 다니지 않는 사람을 교회로 인도하는 법을 배우기 시작했고 지금도 배우는 중이다.

사람들이 자기 교회를 향한 하나님의 비전을 발견하지 못하는 주된 이유는 지금의 상태에 만족하기 때문이다. 비전은 현재의 상황에 거룩한 불만을 갖는 것에서부터 힘을 얻어야 한다.

3) 금식

느헤미야는 금식하며 기도하였다. 요즘 많은 교회에서 자취를 감춘 것이 금식일 것이다. 구약에서 금식은 네 가지 방식으로 시행되었다. 1) 자신을 낮추기 위해(스8:21), 죄를 고백하기 위해(삼상7:6), 회개의 표시로(욘3:5 - 8), 기도의 한 방법으로(단9:3)였다.

본질적으로 금식에는 두 부분이 포함된다. 그것은 포기와 추가이다. 우선 금식은 우리의 일상생활에서 일정한 부분을 포기한다. 식사뿐 아니라 어떤 특정한 행위를 하지 않는 것도 금식이라 할 수 있다. 그러나 금식은 단순히 어떤 것을 포기하는 것이 아니라, 무언가를 추가하는 것이다.

금식한다는 것은 무엇인가를 포기하고 그 대신 다른 어떤 일을 더 많이 행하는 것이다. 많은 사람들이 하나님이 교회 안에서 어떤 일을 행하기를 원하시는지 찾기보다는 다른 교회에서는 어떤 프로그램이 효과를 보고 있는지를 알아보는 데만 더 많은 시간을 들이고 있다.

비전은 그냥 찾는다고 발견되는 것이 아니다. 하나님의 비전은 하나님을 찾을 때 발견할 수 있다. 그리고 금식은 이렇게 하나님을 찾는 일에 중요한 부분을 차지하고 있다.

4) 기도

느헤미야는 예루살렘회파의 소식을 듣고 수개월에 걸쳐 지속적으로 기도하였다. 그는 처음부터 끝까지 자신의 비전을 기도로 적셨다. 하나님의 비전을 받아들이는 일에 관련해서 어려운 일이 있다면 바로 하나님의 음성을 듣지 못한다는 것이다. 하나님을 섬기느라 너무 바쁜 나머지 조용히 머물며 그분의 음성을 듣는 데 어려움을 겪는 경우가 많다.

하나님의 음성을 듣는 데도 일정한 순서가 있다.

"이르시기를 너희는 가만히 있어 내가 하나님 됨을 알지어다 내가 열방과 세계 중에서 높임을 받으리라 하시도다"(시46:10)

첫째, 하나님의 음성을 들을 수 있도록 조용히 있어야 한다.

둘째, 그러면 하나님이 어떤 분인지, 그분이 내게 원하시는 것이 무엇인지를 알 수 있게 된다.

셋째, 하나님의 비전이 이루어지면서 하나님이 높임을 받으시게 된다.

엘리야신드롬은 일이 바빠 하나님의 음성을 듣지 못하던 엘리야처럼 된다는 것이다. 너무 바빠 기도하는 시간을 갖지 않는 데서 오는 문제는 이것인데, 하나님과 많은 대화를 하는 사람이 대개 그분의 음성을 가장 잘 듣게 되며, 하나님과 대화를 자주하지 않는 사람은 그분의 음성을 전혀 듣지 못하게 된다는 것이다.

오늘날 교회지도자들이 기도응답을 받지 못하게 되는 가장 큰 장애물은 기도가 없다는 것이다. 다시 말해 우리가 기도하지 않기 때문이다.

하나님의 비전을 찾고 싶으면 전심으로 하나님을 찾아야 한다. 비전은 보통 비전을 찾을 때까지 기도하는 사람에게 주어진다. 만일 우리의 비전이 기도에 의해 힘을 공급받지 못한다면 그 비전은 난관에 부딪히고 교회는 멈추게 될 것이다.

수많은 교회지도자들은 자신의 인격과 경험과 지식을 의지할 때가 있다. 그리고 사람들은 그러한 의지의 대상이 더 이상 능력을 발휘할 수 없을 때에야 자기의 한계를 깨닫고 울면서 하나님 앞에 나온다.

당신은 하나님이 무엇을 해 주시리라고 의지하고 있는가? 그 대답은 아주 쉽게 찾을 수 있다. 당신이 기도하고 있는 그것이 바로 당신이 하나님께서 해 주실 것을 기대하고 있는 것이다. 기도하고 있지 않다는 것은 당신이 그것을 자신의 힘으로 해 나가고 있다는 것이다.

당신 혼자서는 비전을 이룰 수 없다. 비전을 이루기 위해서는 반드시 기도가 필요하다. 비전에 이르는 지름길은 없다. 교회를 향한 하나님의 비전을 알고 싶으면 기도해야 한다. 왜냐하면 하나님은 기도하는 사람에게 비전을 주시기 때문이다.

5) 기다림

하나님의 꿈을 이루는 데는 기다림이라는 요소가 필요하다.

예루살렘 성벽은 무너진 지 70년이 지났다. 또 느헤미야는 20년간 왕을 모셨다. 그리고 비전을 이루기 위해서 일을 시작한 이후에도 4개월이라는 공백 기간을 가져야 했다.

사람들은 기다리는 것을 몹시 싫어한다. 그러나 기다림은 비전을 준비하는 중요한 요소이다.

그리고 비전은 보통 인내심을 갖고 기다리는 사람에게 주어진다.

이승엽이 55호 홈런을 치고 56을 남겨두고 있을 때 유명한 아시아 홈런왕 왕 정치의 홈런비결이 나왔다. 홈런을 치고 싶은가? 그렇다면 당신은 명심해야 할 것이 있다. 그것은

"기다리라, 기다리라…… 또 기다리라."

"오직 여호와를 앙망하는 자는(Wait on-기다리는 자) 새 힘을 얻으리니 ……"(사40:31)

하나님의 뜻에 대한 유용한 정의를 들어보면

· 올바른 일을

· 올바른 방법을 통하여

· 올바른 동기에서

· 올바른 시기에 행하는 것

기다림의 중요성을 깨달으라. 야구에서 홈런이 나오느냐 파울이 나오느냐는 것은 공이 배트에 맞는 타이밍에 의해 결정된다. 우리에게도 가끔씩 기다리고 싶지 않지만 기다려야 하는 때가 있다.

비전을 준비할 때 중요한 사항

핵심진리: 성급한 준비는 엉성한 비전을 낳는다.

비전학교에서 반드시 해야 하는 힘든 숙제가 있다. 우선 지역사회에 관한 정보를 모아야 한다. 그리고 현 상태에 관한 거룩한 불만을 개발해야 한다. 또한 하나님을 찾기 위해 금식하고 기도해야 한다. 그리고 기다리고 기다리고 또 기다려야 한다.

플라밍고로드교회의 변화

· 접근-프로그램이 아니라 목적이 이끄는 교회로의 변화

· 대상-이웃의 교인들이 아니라 교회에 다니지 않는 사람들로의 변화

- 예배형식 - 전통적인 방식에서 초현대식으로의 변화
- 리더십 - 당회와 제직회 중심에서 교직원 중심으로의 변화
- 목회자 - 담임목사 1인 체제에서 공동목회자 체제로의 변화
- 사역 - 사역자가 모든 사역을 맡아 행하는 것에서 사역자는 단지 준비만 하고 평신도들이 사역을 책임지도록 변화
- 전략 - 믿지 않는 사람에게 다가가는 방법과 이렇게 해서 복음을 받아들인 사람들을 육성하는 체계적인 계획이 없었다가 소그룹을 통한 평생과정을 도입
- 일정 - 주일 오전에 드리는 단 한 번의 대예배로부터 토요일 저녁에 2회, 주일아침에 2회로 변화
- 소그룹 - 전통적인 주일학교 체제에서 관계 중심의 소그룹 성경공부로의 변화
- 선교 - 교회선교를 시작할 계획이 없던 상태에서 이제 16개 교회에 선교를 시작함
- 규모 - 예배 참석자가 300명에서 2,100명으로 늘었고, 우리가 선교하는 교회에서는 3,000명이 예배에 참석함

이러한 변화들은 어느 한 가지라도 잘못 진행되면 교회를 무너뜨리기에 충분한 것들이었다. 주어진 과제를 해내고 싶지 않으면 교회를 변화로 이끌지 말라. 성급한 준비는 엉성한 비전을 낳는다. 힘들기는 하지만 시간을 내서 준비과제를 반드시 해야 한다. 그렇지 않으면 교회를 변화시키는 나머지 과정을 올바로 이끌 수 없게 된다.

핵심진리: 오랫동안 지속하고 싶으면 천천히 가야 한다.

지금 다른 사역을 하고 있다면 섣불리 변화를 시도하지 말라. 천천히 진행하는 것을 못 참겠으면 변화하지 말라.

"중요한 변화를 시도하다가 실패한 교회의 원인 중 99%는 그들이 너무 빨리 나아갔다는 것이다." 나는 그 말에 전적으로 동의한다.

준비를 위해 보내는 시간은 절대로 낭비가 아니다. 든든한 기초를 세우기 위해 들이는 시간은 매우 중요하다. 기초가 항상 중요한 이유는 그 위에 세워진 구조물의 안정성을 결정하기 때문이다. 비전을 준비하는 과정을 성급하게 지나가면 결국에는 기초가 흔들리게 된다.

그러면 거센 파도가 몰아칠 때 우리의 비전은 견디지 못하게 된다.

제2단계 비전을 정의하라

위대한 지도자들은 모두 까다로운 질문을 던지려 한다. 그들은 호기심이 중요한 덕목이라 믿는다. 새로운 영역을 차지하는 데 필요한 조건은 현 상황을 올바로 진단할 수 있는 능력이다.

느헤미야는 비전을 준비했다. 그리고 4개월의 공백 기간에 적절하고도 분명한 계획을 갖게 되었다. 그사이에 그는 비전을 준비하는 단계에서 구체적으로 정의하는 단계로 나아갔던 것이다.

목적이 이끄는 교회로 인도하기 위해서는 우리의 교회를 향한 하나님의 구체적인 비전을 발견해야 한다. 하나님은 우리를 인도하실 때 구체적으로 인도하신다.

그 구체적인 인도함에는

1) 하나님은 우리가 무엇을 하기를 원하시는지

2) 언제 그 일을 하기를 원하시는지

3) 어떻게 그 일을 이루기를 원하시는지 하는 내용이 포함된다.

이 세 가지 중요한 문제에 대한 답을 발견하기 전까지는 목적이 이끄는 교회가 될 수 없다. 피터드러커가 제시하는 두 가지 질문 "우리는 지금 어떤 사업을 하고 있는가?"와 "그 일이 어떻게 진행되고 있는가?"이다.

비전을 명확하게 규정하려는 교회의 질문은 세 가지이다.

"우리는 지금 어떤 일을 하고 있는가?"

"우리의 가장 중요한 대상은 누구인가?"

"그 대상에게 어떻게 다가갈 것인가?"

모든 교회는 하나님의 비전을 정의하기 위해서 세 가지 단계를 밟아야 한다. 그것은 목적, 대상, 전략에 관한 것이다.

1) 목적을 발견하라

교회들은 자기가 지금 하고 있는 일들을 왜 하는지 아직도 그 이유를 발견하지 못하고 있다. 그 이유를 발견하지 못한다면 그들은 오직 살아남는 것만이 목적이 되어 죽어 가는 기관으로 전락할 위험에 처하게 된다.

목적이야말로 비전과 관련되어 최우선적으로 다루어야 할 중대한 문제다. 여기서 우리가 반드시 대답해야 하는 질문은 '하나님은 우리가 무엇을 하기 원하시는가?'이다.

바꾸어 말하면 '우리는 지금 어떤 사업을 하고 있는가?'

비전을 이루기에 실패하는 공식은 대부분 목적을 발견하기에 앞서서 대상과 전략을 결정하려고 노력하라는 것이다. 교회 안에 목적선언문을 이끌어 낼 때 다음 원칙을 안내로 삼으라. 즉 교회의 목적을 한 문장으로 요약하지 못했다면 아직 목적을 발견한 것이 아니다.

좋은 목적 선언문은 네 가지 특징이 있다.

· 성경적이다.
· 실용적이다.
· 쉽게 전달되어야 한다.
· 짧아야 한다.

네 가지 특징을 한 단어로 표현하면 KISSS(Keep It Scriptural, Simple, Sharable, Short)

2) 대상을 정하라

목적을 발견했으면 이제 대상을 정해야 한다. 사업장에 쓰는 용어로 "우리의 주 고객은 누구인가?" 정도가 될 것이다.

우리의 가까운 이웃은 누구인가?

교회의 바로 이웃에 누가 있느냐는 것이다. 교회 이웃에 거주하는 사람들을 전도해야 한다.

우리의 1차적 대상은 누구인가?

우리의 화살 과녁의 한가운데에 누구를 놓을 것인지 결정해야 한다. 이 질문에 대한 대답은 우리의 교회 공동체에 어떤 사람들이 속해 있는지 깨달을 때 찾을 수 있을 것이다.

우리가 가장 잘 접근할 수 있도록 하나님께서 우리에게 붙여 주시는 사람들은 누구인가? 우리는 기존에 우리 주위에 있는 사람들과 비슷한 사람들을 끌어들이려고 할 것이다.

잘못된 질문

우리는 누구에게 다가서려고 하는가? - 특권주의에 빠진 잘못된 질문이다.

우리가 이미 다가선 사람은 누구인가? - 너무 오만하다.

"'우리는'이라는 단어가 잘못되었다. 하나님의 목표를 알아야지, 너 자신의 관심사가 아니라는 뉘앙스가 배어 있는 것 같다. 첫 번째 문제는 자신의 선호에 매이지 말라. 둘째는 전통에 매이지 말라는 말이다. - 송정헌

조준경이 없으면 사슴을 사냥할 수 없다. 마구 쏘아댄다고 사슴이 죽는 것은 아니다.

목표를 정하는 것과 관련된 세 가지 진실

· 무언가를 겨누지 않으면 아무것도 맞출 수 없다.

· 모든 것을 겨누면 보통은 아무것도 맞출 수 없다.

· 모든 사람에게 다가서려고 하면, 대개는 아무에게도 다가설 수 없다.

교회에 다니지 않는 잃어버린 영혼에게 초점을 맞추어야 한다.

도시에 있는 10%의 교회 다니는 사람과 경쟁하지 말라. 90%의 잃어버린 영혼을 건겨라.

조지바나는 토요일이나 주일에 교회에 가는 미국인은 37%뿐이라고 말한다. 이 말은 우리가 찾아가야 할 믿지 않는 사람들이 아직도 많이 있다는 뜻이다.

대상을 정하는 것은 성경적이다.

바울이 사역한 대상은 이방인이었다. 베드로는 유대인이었다. 야고보는 박해받는 유대인이었다(약1:1 흩어져 있는 열두지파에게 문안하노라).

요나는 니느웨로 갔다. 가면서 니느웨와 똑같이 회개할 여러 나라 백성은 그냥 지나치게 되었다는 것을 알 수 있다. 왜 요나는 다른 나라에는 가지 않았을까? 그것은 하나님이 요나를 니느웨로 보내셨기 때문이다.

지리적으로 대상을 정하라.

릭워렌은 대상 정하는 네 가지 방법을 말한다.

(1) 지리적으로 대상을 정해야 한다.

(2) 인구학적으로 대상을 정해야 한다(나이, 결혼상태, 교육수준, 직업, 수입).

(3) 문화적으로 대상을 정하라.

이 밀은 각각 문화에 속한 사람들에게 각각 다른 교회가 필요하다는 것인가?
대답은 '그렇다'이다.

(4) 영적으로 대상을 정하라.

네 종류의 영적 대상이 존재한다.

· 교회에 다니지 않는 잃어버린 자 - 교회에 출석하지 않는 사람
· 교회에 다니지 않는 그리스도인 - 교회를 떠난 사람, 예수님은 조금 안다.
· 새로운 그리스도인 - 그리스도를 알지만 성숙지 못한 상태
· 성숙한 그리스도인 - 그리스도를 알고 교회도 익숙한 사람

대부분의 교회는 잃어버린 자를 대상으로 한다고 주장한다. 그러나 그들의 전략, 방법과 프로그램을 자세히 살펴보면 그들의 실제대상은 성숙한 그리스도임을 알 수 있다.

3) 전략을 결정하라

전략과 관련해서 교회가 저지르는 2가지 실수

첫째는 교회가 목적과 대상을 정하기 전에 전략부터 정한다는 것이다.

둘째는 전략을 수행할 때 목적이 아니라 사건에 초점을 맞춘다는 것이다.

전략을 수행하는 몇 가지 질문

· 우리는 어떤 과정을 통해 목적하는 바를 이루고 대상에 다가설 수 있는가?
· 어떻게 하면 지금 있는 곳에서 원하는 곳으로 움직일 수 있는가?
· 반드시 변해야 하는 것은 무엇인가?
· 변화는 어떤 순서대로 일어나는 것이 가장 좋은가?

바른 질문하는 것이 어려울지 몰라도 이 일이 없으면 변화는 없다.

핵심진리: 비전은 구체적일수록 더욱 역동적인 결과가 나타난다.

분명하지 않은 비전은 문젯거리 결과를 만들어 내고, 구체적인 비전은 역동적인 결과를 만들어 낸다. 역동적인 결과를 원한다면 구체적인 비전이 있어야 한다.

플라밍고로드교회의 목적, 대상, 전략

목적: 사람들을 예수그리스도의 완전히 헌신된 제자로 이끎으로써 하나님께 영광을 돌림

대상: 우리 교회를 중심으로 반경 15㎞ 이내에는 75만 명의 사람이 살고 있다. 그들 중 90%는 교회에 다니지 않는 사람이다. 80%는 헌신되지 않은 사람이다. 60%는 청장년과 어린이로 나이가 45세 미만이다.

플라밍고 프랭크는 우리가 대상을 구체적으로 표현하기 위해 만든 가공인물이다. 그는 35살이며 아직 교회에 다니고 있지 않고 있고 그리스도를 받아들이지 않았으며 결혼해서 두 자녀를 두고 있고 사무직에 근무하고 있고 재정적으로 궁핍하다.

전략: 그리스도께 완전히 헌신된 제자

우리는 야구구장의 다이아몬드 형태로 구성된 12단계의 전략을 사용한다.

1루베이스 = 교회식구로의 헌신

· 나는 내 삶을 그리스도께 헌신한다.

· 나는 새 신자반 교육을 모두 마친다.

2루베이스 = 성숙에 대한 변신

· 나는 매주 소그룹성경공부에 참석한다.

· 나는 날마다 하나님과 함께하는 시간을 갖는다.

· 나는 나의 재정의 일부를 하나님께 드린다.

3루베이스 = 봉사에 대한 헌신

· 나는 계속 봉사활동에 참여한다.

· 나는 지속적으로 사역훈련에 참여한다.

· 나는 지도자를 멘토링한다.

홈플레이트＝배가에 대한 헌신

· 나는 참된 그리스도인의 삶을 영위한다.

· 나는 교회에 다니지 않는 사람과 관계를 맺어 나간다.

· 나는 나의 믿음에 관하여 다른 사람들과 이야기를 나눈다.

· 나는 믿지 않는 친구들을 교회에 데리고 온다.

· 이 선언문이 당신의 교회에서는 맞지 않을 것이다.

· 우리는 계속해서 우리의 목적과 대상과 전략을 고쳐 나가고 있다.

– 적용은 어디에나 옮길 수 있는 것은 아니지만, 원칙은 어디에나 적용할 수 있다.

고기 잡는 법을 배우라

낚싯바늘은 변함없다. 그것은 복음이다. 그러나 미끼는 어느 고기를 낚느냐에 따라 달라져야 한다.

제3단계 비전을 심으라

비전을 준비한 다음에는 비전을 정의해야 한다. 그리고 비전을 올바로 정의했으면 이제 그 비전을 심어야 한다. 비전은 다 자라서 열매를 맺을 수 있는 나무가 아니다. 비전은 씨앗이다.

세 부류의 지도자

1) 실력자들의 승인을 받으라

교회마다 실력자들이 있다. 당회와 교회 설립 멤버 등. 느헤미야도 왕이라는 실력자가 자기 위에 있었다. 느헤미야는 먼저 비전을 그 실력자와 나누었다. 당신도 당신의 비전을 먼저 그 실력자와 함께 나누라. 이때 마음으로부터 함께하라. 기득권을 갖고 있는 사람에게 비전을 팔지 못하면 권한을 갖지 못한 사람에게 비전을 팔 수 없다. 변화를 꾀하는 모든 계획에는 실력자들의 승인이 필요하다.

실력자들과의 관계에서 세 가지 선택이 있다. 그들을 동참시키든가, 그들과 싸우든가, 아니면 그들을 내보내는 것이다. 그러나 가장 상처를 적게 받는 최고의 방법은 그들을 동참시키는 것이다.

2) 당신을 도와줄 사람들의 지원을 확보하라

실력자의 동의를 얻었으면 이제 중요한 사람을 끌어들여야 한다. 이들이 실력자는 아닐 수 있지만 교회변혁을 이루기 위해 당신을 도와줄 수 있다는 점에서 아주 중요한 사람들이다.

· 통과하려는 영역의 지도자들의 자원을 확보하라.

· 필요한 자원을 공급해 주는 사람의 지원을 확보하라.

− 변화를 시작하기 전에 미리 중요한 자원을 가진 사람들의 도움을 언제든지 얻을 수 있도록 확보해 두라. 여기에는 그들의 재정적인 지원뿐 아니라 그들의 시간, 재능, 그리고 아이디어들이 포함된다.

혼자서 한다면

· 교회에 혼란이 일어난다.

· 사람을 숨게 만든다.

· 리더들이 교회를 떠난다.

· 자신에게 상처를 준다.

3) 비전팀의 조언을 구하라

성공하는 지도자들은 비전팀의 가치를 가장 잘 알고 있는 사람들이다. 모든 비전가들에게는 꿈을 꾸는 데 도움이 될 몇 사람의 지도자들이 필요하다. 성경에 나오는 성공적인 지도자들 중에서 주위에 조언을 해 줄 가까운 사람을 두었던 인물들이 많이 있다.

비전팀은 반성과 적용 그리고 균형, 책임, 교제 등이 필요하다.

비전팀과 함께 사역을 하는 원칙

(1) 비전팀을 선택할 때 신중히 선택하라.

· 성숙한 성도를 선택하라.

− 리더십은 무엇을 만들어 내는 것이다. 교회는 그 지도자의 수준을 넘어서지 못한다.

· 꼼꼼한 사람보다는 꿈을 꾸는 사람을 선택하라.

– 꼼꼼한 사람이 있어야 할 자리와 시간이 있다. 방침과 절차, 세부계획을 좋아하는 사람이 필요한 자리와 때가 있다. 그러나 비전팀에 속한 사람은 큰 그림을 볼 수 있어야 한다. 꿈을 꾸기 위해서는 '꿈꾸는 사람'이 있어야 한다. 그러나 그 꿈을 이루기 위해서는 꼼꼼한 사람이 있어야 한다.

· 믿을 만한 사람을 선택하라.

· 먼저 교식원 안에서 찾아보라.

· 비전팀은 작게 유지하라.

(2) 뒤에서 조용히 일하라.

비전팀에 속했으면 그들을 뒤에서 조용히 일하도록 배치하라.

(3) 현재 여건을 살펴보라.

자신이 처한 상황을 솔직하고 객관적으로 살펴보아야 한다. 그러기 위해서는 지금 어느 부분이 고장 나 있는지 객관적인 평가가 필요하다. 그러므로 당신의 목적과 대상을 기초로 해서 목록을 만들라.

(4) 비전팀과 함께 당신의 비전과 마음을 나누라.

핵심진리: 교회의 핵심지도자들에게 모범적인 교회의 모습을 제시하라.

핵심 지도자들은 모범적인 교회가 어떤 모습인지 알아야 한다. 하나의 그림이 천 마디 말의 가치가 있다면, 행동으로 본을 보여주는 것은 백만 마디의 가치가 있는 법이다.

목적이 이끄는 교회를 학교로 삼으라. 모범적인 교회로부터 배우는 것은 성경적이다. 바울도 데살로니가 교인들의 모범이었다. 그리고 그들은 다른 교회의 모범이 되었다.

두 가지 학습방법

첫째는 직접적인 경험을 통하는 것이고 두 번째는 다른 사람의 경험을 통해서이다. 그러나 그대로 복사해 와서는 안 된다. 개인적인 경험을 통해 하나님이 우리의 교회를 통해 무엇을 하기 원하시는지 배워야 한다. 그리고 다른 사람의 경험을 통해 그것을 이룰 수 있는 창조적인 방법을 배워야 한다.

제4단계 비전을 나누라

지금까지 비전을 준비하고, 정의하고, 심는 일에 필요한 시간과 관심을 기울였다면 이제 그 비전을 교회 전체와 나눌 준비가 된 셈이다. 느헤미야도 처음에 몇 소수의 지도자들과만 자신의 비전을 나누었다. 비전팀이 바로 그들이다. 이제는 나머지 두 부류의 사람들과 비전을 나눌 때다.

1) 나머지 리더들과 비전을 나누라

이제 교회의 전체 팀리더를 합류시킬 차례이다. 이때 주의해야 할 점은 리더들에게 먼저 나누고 교회에는 나중에 광고해야 하는 것이다. 만약 먼저 교회에 공포하면 오랫동안 교회의 평신도 지도자들로 있었던 사람들이 반발할 것이다. 그러나 먼저 그들에게 나누고 교회에 말하면 그것이 무슨 일인지 묻는 사람들에게 그들은 열심히 설명하는 기쁨을 얻을 것이다.

2) 나머지 교인 모두와 비전을 나누라

어떤 비전이건 성공하려면 교회의 대다수 사람들이 그 비전을 지지할 것인가라는 한 가지 문제에 의해 결정된다. 여호수아에게 백성이 없었다면 그는 공격부대 없는 정복자가 되었을 것이다. 모든 리더는 자신을 따르는 사람들에게 비전을 팔수 있어야 하는 법이다.

당신이 리더인지 확인할 수 있는 가장 쉬운 방법은 뒤를 돌아보아 자기를 따르는 자가 있는지 살펴보는 것이다. 중국속담 "스스로 남을 인도한다고 하지만 그 뒤를 따르는 사람이 하나도 없는 사람은 그저 길을 걷고 있는 것이다."

느헤미야의 개혁의 성공은 비전을 모든 사람들에게 나누었다는 것이다. 요시야의 개혁의 실패는 비전을 모든 사람들이 공유하지 못했다는 것이다. 비전을 공유한다는 것은, 일의 승패가 달려 있는 것이다.

핵심진리: 비전은 전달되고 또한 가르쳐져야 한다. 그러기 위해서는 여러 가지 방법을 사용해야 한다.

플라밍고로드교회는 여러 가지 방법을 동원해 지속적으로 비전을 제시한다. 그 이유는 간단하다. 사람들이 각기 다른 방법으로 비전을 받아들이기 때문이다. 당신의 비전을 되도록 많은 사람에게 심어주고 싶다면 가능한 모든 방법을 동원해 나누어야 한다.

비전을 나누는 10가지 방법

1) 설교

선포되는 설교에 조금씩이라도 비전이 포함되어야 한다. 해마다 비전시리즈를 통하여 우리의 목적과 대상과 전략을 만나게 한다(사도행전 12시리즈의 예).

2) 소그룹 비전공부

우리 교회 목적의 12단계 전략에 기초하여 성인 소그룹 공과를 펴냈다.
- 성경공부, 북스터디

3) 목적선언문

자기의 목적을 하나의 문장으로 만들어 나누면 비전을 전달하는 데 유익하다. 그것을 외우게 하라. 플라밍고로드교회의 문장은 "사람들을 그리스도의 헌신된 제자로 삼아 하나님께 영광을 돌리는 것"이다.

4) 비전구호

비전을 전달하는 데 있어서 구호 혹은 표어의 능력을 무시하지 말라(어떠한 대가를 치르더라도 해야 할 일은 한다).

사랑의교회 "내 믿음의 전성기가 되게 하옵소서."

"부모의 새벽기도 자녀의 평생축복, 자녀의 새벽기도 부모의 평생은혜"

삼일교회 "동창이 밝았느냐 나는 이미 기도한다!"

- 구호는 목적을 공유하고 난 뒤에 구호를 말해야 하고 구호는 목적을 공유한 성도들이 만들도록 하면 된다. - 성도들로 하여금 onership을 가지게 해야

한다. (송정헌 목사님)

5) 비전구절

비전을 꿈꾸는 교회는 교회의 영혼과 마음으로 삼을 수 있는 몇 개의 평생구절을 갖고 있어야 한다. 릭워렌의 새들백교회 '대명령'(마22:37 - 40)과 '지상명령'(마28:18 - 20)

월로우크릭 빌 하이벨 누가복음 15장 '잃어버린 것들'과 사도행전 2장 '성경적으로 역사하는 공동체' 플라밍고로드교회 누가복음 19:10 "인자의 온 것은 잃어버린 자를 찾아 구원하려 함이니라."와 고린도전서 2:9이다.

6) 신앙 이야기(간증은 교회안의 용어이다. 예수 믿지 않는 사람을 포용하기
   위해 그들은 신앙이야기라 말한다)

간증이다. 설교 중에도 간증을 할 수 있다. 간증은 재연된 것이 아니라 살아 있는 증거가 발휘하는 힘이다. 간증은 하나님이 역사하시는 순간이다. 우리의 설교를 들은 사람들은 그 내용을 잊어버릴지 몰라도 간증은 기억할 것이다.

7) 강습회

세미나를 가는 것도 좋은 방법이다.

8) 오디오 테이프와 서적

플라밍고로드교회의 저자가 추천하는 책 중 현재 번역된 것은 [새들백교회 이야기] - 릭워렌(디모데), [21세기를 위한 교회] - 리드 앤드슨(솔로몬), [교회성장 다시 생각해 봅시다] - 에머리화이트(한국강해설교학교)

9) 일대일 만남

비전을 나누는 방법 중에서 가장 소홀히 여겨지는 방법일 것이다. 그렇지만 감기에 걸린 사람과 함께 있으면 감기에 전염되듯이 비전을 갖고 있는 사람에게 노출되어 있으면 비전은 전염된다. 꿈을 꾸는 사람과 함께 지낼 때 그 꿈은 확산

된다.

10) 당신의 생활 속에서 실천하라

당신의 삶 속에서 실천적으로 보여주지 못하고 있는 비전을 교회가 가질 수 있다고 생각하지 말라. 당신이 그 비전대로 살지 못한다면 교회는 그 비전을 갖지 못할 것이다.

저자는 금요일 밤 예수를 믿지 않는 사람들과 소프트볼 경기를 하러 간다. 왜냐하면 전염시켜서 잃어버린 영혼을 데리고 오는 것이 교회의 비전이기 때문이다. 윌로우크릭 빌 하이벨도 예수를 믿지 않는 햄버거 가게를 정기적으로 간다. 미용실도 정기적으로 간다.

목적은 한 가지다. 예수를 믿지 않는 사람을 끌어들이려면 그들 속으로 가까이 가야 하기 때문이다. 열정을 거짓으로 꾸며 낼 수는 없다. 남은 리더와 교회 전부와 비전을 나눈 것처럼 당신의 마음을 나누라. 그들이 비전을 향해 뜨거워지기를 원한다면 당신이 먼저 뜨거워져야 한다. 그들이 비전대로 살기를 원한다면 당신이 먼저 비전을 따라 살아야 한다. 당신의 비전을 사람들과 나누라. 그들이 비전을 확실히 갖게 될 때까지 행해야 한다.

제5단계 비전을 이행하라

지금까지 비전을 준비하고, 규정하고, 심고, 나누는 단계를 밟아 왔다면 이제 실제로 경기를 치를 때다. 지금부터 몇 가지 변화를 이루어 낼 차례이다.

대부분의 교회는 준비하는 데는 거의 시간을 들이지 않고 변화시키는 일에 급하게 뛰어든다. 많은 교회들이 중요한 변화를 추구하다 실패하는 데는 이유가 있다. 비전과 전도에 필요한 시간을 올바로 투자하지 않았기 때문이다.

비전을 이루는 일에 적용할 원칙들

1) 변화는 한 번에 하나씩만 시도하라

변화가 일어나려면 어떻게 해야 하는가? 한 번에 한 가지씩 초점을 맞추라.

개인적으로도 성격상의 결점이 있다면 한 번에 하나씩 초점을 맞추라. 교회적으로도 성격상의 결점이 있다면 한 번에 하나씩 초점을 맞추라. 한 번에 한 야드씩 바꾸는 것은 어렵지만 한 번에 한 인치씩 바꾸는 것은 식은 죽 먹기다.

2) 전략적 순서에 따라 변화를 진행하라

수박씨 뱉기식의 지도자가 갖고 있는 가장 나쁜 점은 자기를 따르는 사람들 중 몇몇을 혼란스럽게 한다는 것이다. 자기를 따르는 사람들이 이제 전열을 가다듬고 앞으로 어느 방향으로 나갈 것인지 알게 되었다고 생각하는 그 순간, 지도자가 새로운 방향으로 전력질주를 해 버리는 것이다. 이렇게 되면 그들은 지도자를 따르던 것을 멈추고 그가 왔다 갔다 하는 것을 지켜보기만 할 것이다.

어떤 순서를 따를 것인가?

"변화를 이행할 때 가장 올바른 순서는 무엇인가?"는 질문을 많이 받는다.

첫째, 당신이 이행하고자 하는 변화의 올바른 순서는 오직 하나님만이 아신다.

둘째, 변화순서는 교회마다 다르다.

변화를 이행하는 바른 계획은 보통 목적, 대상, 전략의 순서를 따른다. 먼저 목적에 관련된 변화가 우선되어야 하고 대상에 대한 변화 마지막으로 전략부분을 변화시켜야 한다.

변화가 필요한 것들의 목록을 만들라. 그리고 그들에 맞는 순서를 전략적으로 배정하라. 그런 다음 한 번에 하나씩 밀어붙여라.

3) 핵심지도자들을 눈에 띄는 곳에 배치하라

느헤미야는 지도자를 눈에 잘 띄는 위치에 배치했다. 일하는 지도자들을 보면서 자신들도 일하고자 하는 마음을 품게 된다. 플라밍고로드교회는 변화를 수행함에 따라 전통을 더 중시하는 지도자들은 교회를 떠났다. 이와 동시에 우리도 전통적인 그리스도인은 적게 끌어들이고 교회 밖에서 진리를 찾는 사람들을 더 많이 끌어들이게 되었다.

사역자가 열심히 하는 것은 그리 감동되지 않는다. 그러나 자기와 동일한 평신도가 열심히 하는 것을 보면 그들은 자기도 함께하고 싶어질 것이다.

4) 전부터 있던 곳에서 일하게 하라

이렇게 하는 데는 세 가지 방법이 있다.

첫째, 사람들이 관심을 갖고 있는 영역에서 일하게 하라.

둘째, 사람들이 열정을 갖고 있는 곳에서 일하게 하라.

(능력 1등급 열정 없는 사람<능력 2등급이지만 열정 있는 사람)

셋째, 사람들이 이미 일하고 있는 영역에서 일할 수 있게 하라.

사람들로 하여금 이미 검증을 받은 일들을 하게 하라. 그들이 잘하고 있는 영역 밖의 다른 속으로 보내기 전에 그곳에서 더욱 큰일을 할 수 있도록 용기를 북돋아 주라.

결론

비전을 어떻게 이루어 가느냐에 따라 그 비전이 실천에 옮겨지는지가 결정된다. 먼저 변화는 한 번에 하나씩만 진행하라. 그리고 전략적인 순서에 따라 진행하라. 핵심지도자를 눈에 잘 띄는 곳에 두어 사람들이 보고 동참하게 하라. 또 사람들에게 일을 배정할 때, 그들이 이미 일하고 있는 영역에서 일할 수 있게 하라.

핵심진리: 약점이 아니라 장점 위에 세워라.

플라밍고로드교회는 세 가지 영역에 집중했다.

교회 밖에서 진리를 찾아 헤매는 사람들에게 초점을 맞춘 주말예배와 소그룹 성경공부, 주 중 예배가 그것이다.

핵심진리: 비전과 관련된 변화를 수행할 때는 천천히 진행해야 한다.

많은 교회들이 너무 급하게 변화를 진행한다. 당신이 시도하려고 하는 변화에는 올바른 속도가 있는 법이다.

변화속도의 4가지 요소

1) 가야 할 길의 거리

멀리 갈수록 천천히 가야 한다. 궤도 수정은 작을수록 비교적 신속하게 이루어진다. 그러나 대대적인 방향전환에는 더 많은 시간이 필요하다.

2) 배의 크기

교회가 클수록 천천히 가야 한다. 교회의 크기는 그 잠재력으로 평가하실 것이다.

3) 배의 나이

오래된 교회일수록 변화를 수행하는 속도를 늦추어야 한다. 변화를 수용하는 것은 젊음에 속한 것이다. 나이 많은 개에게도 새로운 기술을 가르칠 수 있겠지만, 많은 인내심이 요구된다.

4) 지도자의 강인함

변화를 이끄는 지도자가 강력할수록 더 빨리 변화를 진행할 수 있다. 중요한 것은 책임을 떠맡을 정도로 강력하면서도, 동시에 자신과 함께 언덕을 오를 사람들을 배려할 정도로 부드러워야 한다는 것이다. 모든 짐을 떠맡을 수 있을 정도로 강인하지 않다면 교회를 변화시키기 위한 불을 붙이지 말라.

플라밍고로드교회의 변화 기간은 4년이었다.
1) 첫해는 비전을 준비하고 정했다.
2) 둘째 해는 리더들과 함께 비전을 계획하고 그 비전을 교회 전체와 나누었다.
3) 셋째 해에는 작은 변화들을 수행하기 시작했다.
4) 넷째 해에는 중요한 변화들을 수행했다.
천천히 가는 것의 중요성은 아마 수정할 수 있는 시간이 확보될 것이고 또 성령님의 인도를 보면서 갈 수 있는 장점이 있기 때문일까?

제6단계 반대는 이렇게 다루라

· 사람들은 보통 작은 변화만 다룰 수 있다.

· 사람들은 뭔가 새로운 일을 하도록 요청받으면 어색해한다.

· 사람들은 우선 자기가 무엇을 포기해야 하는지를 생각한다.

· 사람들은 변화에서 자기가 잃어야 할 것에 초점을 맞추게 한다.

· 사람들은 변화를 요청받을 때 혼자라고 느낀다.

· 변화에 참여하는 태도는 저마다 다르다.

· 사람들은 변화의 이유가 없어졌다고 생각하면 다시 이전의 행동으로 돌아
가는 경향이 있다.

반대의 실체

하나님을 위해 무언가를 시도하려는 사람은 어떤 형태건 반대에 부딪힐 것이
다. 우리가 교회를 변화시키려 할 때도 반대가 있기 마련이다. 그 변화가 무엇인
지 이해하지 못하기 때문에 반대하는 사람도 있고, 그 변화가 무엇인지 제대로
알고 있지만 그저 그 변화가 싫기 때문에 반대하는 사람도 있다.

비전을 실현하다가 쉽게 궤도를 벗어나는 경우가 바로 이런 경우이다. 많은
사람들이 자기에게 닥친 반대를 제대로 준비하지 못하고 있다. 반대가 오면 그
것을 다룰 계획이 필요하다.

반대를 올바로 다루기 위한 2단계

1) 반대를 예측하라

반대와 관련해서 가장 어려운 일은 그 반대가 당신을 실망시키고 당신으로 하
여금 비전을 의심하게 만든다는 것이다. 그러나 반대를 예측한다면 준비할 수
있다.

느헤미야가 부딪힌 5가지 반대

(1) 무관심을 예상하라 – 비전에 무관심한 지도자들이 있었다(느헤미야).

그러나 그것은 뻔한 해묵은 무관심일 뿐이라는 것을 미리 예측하라.

(2) 분노를 예상하라 – 느헤미야의 비전은 몇몇을 화나게 했다.

어떤 사람들은 비전에 대해 화를 낸다. 이것도 예측하라.

(3) 비웃음을 예상하라 – 교회 안에 삿발랏 같은 사람이 있기 마련이다.

(4) 비난을 예상하라 – 어떤 사람들은 비판적이다.

– 이것은 그들이 우리가 하는 일이 어떤 것인지 올바로 이해하지 못했기 때문에 그런 것이라 믿는다. 비난이 생기는 것은 분명하다. 그 비난을 예상하라.

(5) 싸움을 예상하라

만일 당신을 반대하는 사람이 나중에 조용히 떠나갈 것이라고 생각한다면 다시 생각하라. 이런 일에는 싸움이 있기 마련이다. 플라밍고로드교회의 싸움, 교회의 목적과 전략과 대상을 다시 한 번 점검하면서 확실히 했다.

핵심진리: 비난을 개인적인 것으로 받아들이지 말라.

사람은 어떤 일을 하던 비난은 있기 마련이다. 그렇다면 차라리 하나님이 원하시는 일을 하면서 비난을 받는 것이 낫지 않을까라는 것이다.

비난에 관해 자유할 수 있는 3명제

· 우리는 모든 사람을 만족시킬 수는 없다. – 예수님도 그러했다. 나와 당신도 동일하다.

· 어떤 사람이라도 항상 만족시킬 수는 없다.

· 하나님은 만족시킬 수 있다. – 하나님을 기쁘시게 하는 일은 사람을 기쁘게 하는 것보다 쉽다.

반대와 비난에 놀라지 말고 예측하라.

2) 꾸준히 진행하라

반대가 가져오는 두 번째 커다란 어려움은 반대는 우리의 주의를 산만하게 하고 우리를 고갈시킨다는 것이다. 반대는 우리를 중요하지 않은 일에 주의를 기울이게 만든다. 해결책은 꾸준히 하는 것이다.

느헤미야가 반대에 부딪혔을 때의 해결책

· 계속 기도하라.

느헤미야는 기도했다. 기도는 비전을 우려내는 과정에서 무엇보다 중요하다. 회의론자들에게 굴복하지 않고 주님만 바라볼 수 있도록 기도하라.

· 계속 일하라.

반대를 통해 낙심한 사람은 힘이 빠져 약해지게 되어 있다. 비전을 향해 달려가는 열차가 완전히 정지해 버리면 다시 움직이기 너무 힘이 든다. 반대에 부딪힐 때도 계속 일을 진행하라. 느헤미야는 비난이 최고조에 도달했을 때도 멈추지 않고 사역을 진행했다. 그는 조금도 한눈을 팔지 않았다·

· 계속 격려하라.

"내가 돌아본 후에 일어나서 귀인들과 민장과 남은 백성에게 고하기를 너희는 저희를 두려워말고 지극히 크시고 두려우신 주를 기억하고 너희 형제와 자녀와 아내와· 집을 위하여 싸우라 하였었느니라."(느4:14)

느헤미야는 백성을 격려하였다. 첫째, 비난을 두려워 말라. 둘째, 너희 하나님이 네 편이시라는 것을 기억하라. 셋째, 너의 목적을 잊지 말라.

"그를 낙심케 하는 것이 무엇인지에 따라 그 사람이 얼마나 위대한 인물인지 판단할 수 있다." - 제리파웰 -

· 계속 이끌라

우리를 반대하는 사람들은 우리의 초점을 함께하는 사람이 아니라 반대하는 사람에게 돌려지기를 원한다. 그러나 느헤미야는 지도자를 불러서 사람들과 함께 일하게 했다. 즉 지도자들이 자신들과 함께한다는 것과 지도자들이 계속해서 자신들을 이끌고 있다는 것이다.

책임 맡기를 거부하는 사람들에게 계속해서 시간과 관심을 기울인다면 당신이 맡고 있는 팀원들을 정상까지 이끌고 가는 것은 불가능하다. 급하게 보이는 일이 아니라 중요한 일에 시간을 투자해야 하는 법이다.

"당신에게 주어진 눈물은 당신을 향해 다가오는 사람들과 당신으로부터 멀어지는 사람들 중에서 한쪽 사람들만을 위한 것이었다. 이 두 무리 가운데 어느 편을 위해 눈물을 흘릴 것인지 선택하라." - 빌 하이벨 -

거절하는 사람에게 빠져서 최전방에 있는 사람들을 이끄는 것을 잊지 말라.

푸념하는 사람들에게 교회의 의사일정을 맡기지 말라.

또한 일하는 사람에게 쏟을 시간을 불평하는 사람들에게 쏟지 말라.

· 계속 주의를 기울이라

반대는 끝이 없다. 지금 변화를 향해 나가는 이 순간에도 반대는 계속된다는 것을 기억해야 한다. 늑대는 어지간해서는 자기구역을 떠나지 않는다. 그들은 지금도 저기 어둠 가운데 숨어서 당신이 자리에서 졸기를 기다리고 있다. 지혜 있는 자들은 항상 깨어 있는 법이다.

움직이는 모든 물체는 저항을 받는다. 반대에 부딪치지 않는 것은 정지해 있는 물체밖에 없다. 반대를 이기는 첫째 단계는 반대를 예상하고 두 번째는 계속 진행하는 것이다.

핵심진리: 교회를 떠나려는 사람은 떠나게 하라.

목회란 당신이 어떤 행동을 하건 교회를 떠나는 사람이 있기 마련이다. 당신이 온 생명을 다해 사역했던 사람이 교회를 떠날 때가 가장 힘든 때 가운데 하나이다. 그렇지만 비전을 세우고, 그 안에 거한다면 이제 당신이 누구를 떠나보낼 것인지를 결정해야 한다.

플라밍고로드교회 300명을 잃어버리고 2,000명을 얻었다.

예수를 믿는 300과 예수를 모르고 지옥갈 수밖에 없었던 2,000을 바꾸었다.

제7단계 진로를 수정하라

비전은 여행이다. 그 모든 과정에는 진로수정이 요구된다. 그래서 여행을 계속하면서 거기에 필요한 변화를 배우고 또 변화를 만들어 내는 것이 관건이다. 경험을 통해 배우는 것보다 더 뼈아픈 유일한 고통은 경험을 통해 아무것도 배우지 못하는 것이다.

느헤미야아의 진로수정

1) 소외된 사람들에게 관심을 기울이라
교회가 변화를 시도할 때 자기가 무시당하고 있다고 느끼는 사람이 있기 마련이다.

그들의 원망유형
- '이 일이 너무 어려워' 그룹 – 선한 일을 하는 사람들 중에도 그 일을 너무 힘들어하는 사람이 있기 마련이다.
- '너무 큰 대가를 치러야 해' 그룹 – 비전을 이루기 위해 치러야 할 대가가 반드시 있다.

그리고 그중에 그 대가가 너무 큰 것이라 생각하는 사람이 반드시 있기 마련이다.

- '이건 공평치 못해' 그룹 – 자기가 공평한 대우를 받지 못한다고 생각하는 사람이 있다.

변화의 특성상 반드시 어떤 부류의 사람들에게는 불공평하다고 생각하게 만드는 부분이 있다.

불평에 대한 응답들
지도자의 성숙도는 불평을 어떻게 다루느냐에 따라 평가될 수 있다.

첫째 반응: 불평 일으키는 그들을 말썽꾼으로 생각하고 내보낸다.

불평을 처음 들었을 때, 화가 날수록 어떻게 대응할지 더욱 생각해야 하고 조심해야 한다.

불평이 있다고 그들을 쫓아 버려서는 안 된다. 시간을 두고 그 불평이 타당한 것인지 확인해 보라. 어쩌면 그들의 불평은 자기의 깊은 상처를 겉으로 드러내는 하나의 표현일 수도 있다.

둘째 반응: 불평하는 이들을 교회의 비전을 이해하지 못하는 사람으로 알고 깎아버린다. 그러나 지도자에게는 불평을 경청할 수 있는 지혜가 있었다.

셋째 반응: 그들의 요구를 채워 줌으로써 벗어난 궤도를 사로잡게 되었다.

2) 화평을 중재하라

변화를 진행시켜 나가다 보면 사람들 사이에 화평을 중재해야 할 중요한 순간이 있다.

- 변화를 좋아하는 사람들과 싫어하는 사람들 사이
- 변화에 동참하는 사람과 뒷전에 밀려난 사람들 사이
- 변화를 거부하고 옛것을 지키려는 지도자와 변화에 동참하는 새로운 지도자들 사이
- 오래된 지도자는 변화에 늦게 승차할 것이다. 또 지금 막 들어온 새로운 지도자는 변화에 더 빨리 정착할 것이다.

3) 백성들 가운데 머무르라

느헤미야는 지위는 이전 총독들과 동일했지만 그는 전혀 다른 입장을 취했다.

- 그는 호화스러운 음식 대접을 거절했다.
- 그는 지도자들, 방문자들 그리고 모든 굶주린 사람들과 함께 식사를 했다.
- 그는 백성들을 존귀하게 대했다.
- 그는 백성들을 사랑했다.
- 그는 백성들과 함께 성벽 쌓는 일을 했다.

권위적인 직함과 홀리보이스는 사람들을 나로부터 멀어지게 한다.

순교자와 지도자의 차이는 두 걸음 차이다. 순교자는 다른 사람보다 세 걸음 앞서 있다. 그래서 순교자를 따라잡으려는 사람은 좌절해 버린다. 반면 지도자는 보통사람들보다 한 걸음 앞서 있다. 지도자는 사람들과 함께 있다고 말할 정도로 가까이 있으면서도, 또한 지도자로 인정할 만큼 앞서 있다.

핵심진리: 왜 변화하고 있는지 계속해서 사람들에게 인식시켜 주라.

목적이 이끄는 교회가 되려면 그 목적과 대상과 전략을 사람들에게 계속해서 제시해 주어야 한다. 비전은 우리 영혼의 일부가 될 때까지 끊임없이 비전을 듣고 또 들어야 할 필요가 있다.

핵심진리: 변화를 만들어 내고 있는 사람들을 계속 인정해 주고 감사하라.

칭찬하라, 어떤 사람이 올바른 일을 하는 것을 보고 그 일을 칭찬해 주면 그 사람은 다시 그런 일을 하기 위해 달려갈 것이다.

제8단계 결과를 평가하라

비전이 이루어졌다는 여덟 가지 핵심증거

1) 비전의 완성

하나님이 교회의 사역에 함께하신다는 증거는 교회의 비전이 완성되는 것이다. 목적지를 향해 가는 도중에 멈추지 말라. 야구에서처럼 잔루는 필요 없다.

2) 하나님의 사역이 분명히 드러남

비전이 진행되기 시작하면 하나님이 역사하고 계시다는 것이 분명하다. 하나님이 하신 것이 아니라고 하면 설명할 수 없기 때문이다.

3) 계속되는 반대와 비난

성벽이 재건되었지만 반대와 비난이 끝나는 것은 아니다. 오히려 더 터무니없는 비난이 쏟아졌다.

반대에 대하여: 반대를 받지 않는 유일한 사람은 반대할 가치가 없는 일을 하고 있는 사람이다. 어떤 일을 반대한다는 것은 최소한 그 일은 반대할 가치가 있다는 증거가 된다.

비난에 대하여: 가장 복을 많이 받는 사역자는 비난을 받는 사역자이다. 당신

에게 아무런 비난과 반대가 오지 않는다면 하나님께서 역사하시지 않는다는 의미일 수도 있다.

4) 새로운 지도자의 등장

하나님이 당신에게 맡기신 임무를 시작하면 거기에 필요한 지도자들은 하나님이 보내주실 것이다. 하나님은 자신이 계획하신 것이 이루어지도록 친히 공급해 주시는 분이시다.

5) 백성들의 중요한 헌신

비전을 자기 것으로 삼게 되면 사람들은 물질을 바친다.
· 무엇보다 비전을 위해서 물질을 드린다.
· 어디에 필요한지 잘 알게 되면 드린다.
· 예산을 위해서 좀처럼 드리지 않는다.

6) 예배와 순종에 새로이 헌신함

비전은 새로운 헌신을 만들어 낸다. 가끔씩 교회 밖의 사람에게 집중하는 교회는 깊이가 없다는 말을 듣는 경우가 있다.

· 구도자 중심의 교회는 영적으로 깊지 못한 경우가 많다.
· 프로그램이 이끄는 교회는 수준이 낮은 경우가 많다.
· 목적이 이끄는 교회는 더욱 균형을 잡아간다.

7) 새로운 사람들이 들어옴

비전은 항상 다른 사람들을 끌어 모은다. 그 이유는 사람들은 자기가 하고 있는 일에 열정을 가진 교회, 그리고 자기가 어디로 가는지를 알고 있는 교회에 끌리기 때문이다.

하나님이 분명히 함께하시는 교회라면 사람들이 모이기 마련이다.

8) 변화로 향한 문을 활짝 열고

완성된 비전은 계속해서 더 많은 변화로 우리를 인도한다. 왜냐하면 이제 변화를 통해 무엇이 이루어졌는지 검증된 기록이 남아 있기 때문이다. 그리고 이러한 기록은 우리를 신뢰하게 만든다.

앞서가는 교회는 항상 변화의 와중에 있다. 변화는 건강한 생명에는 일상적인 부분이다.

"목적이 이끄는 교회는 더 이상 변화를 두려워하지 않는다."

비전이 올바로 심어진 교회는 그 증거가 분명히 나타난다. 그 교회는 하나님이 역사하심을 분명히 나타내는 가운데 변화를 완성한다.

핵심진리: 모든 명예와 영광은 하나님께 돌리라.

신앙과 교만 이 두 가지는 교회지도자들 안에 함께 존재할 수 없다.

믿음의 영과 교만의 영은 함께 공존할 수 없다.

"하나님께서 충성된 일꾼 한 사람을 통해 어떤 일을 하실 수 있는지 세상은 아직 알지 못한다." - 무디 -

결론적인 생각들

변화하지 않는 교회는 죽은 것이다.

비전은 지속적이다.

비전학교에는 졸업이란 말이 없다. 목적이 이끄는 교회 또는 개인이 된다는 것은 한 번 진행하고 마는 일회용 행사가 아니다. 그것은 개인의 삶과 교회를 꾸려 나가는 하나의 방식이다.

현재에 안주하지 않고 비전의 사람은 바울처럼 푯대를 향해 날마다 전진하는 사람이다.

- 날아가십시오.

날아갈 수 없다면 달려가십시오.

달려갈 수 없다면 걸어가십시오.

걸어갈 수 없다면 기어가십시오.

어떻게든 전진하십시오. - 마틴 루터 킹 2세 -

비전은 개인적이다.

비전을 이루는 동안 일어나는 가장 큰 변화는 교회의 변화가 아니라 비전을 꿈꾸는 사람의 마음과 삶에 일어나는 변화이다. 가장 커다란 변화는 바로 당신에게서 일어날 것이다.

당신은 더 이상 어제의 당신이 아니다. 그리고 당신의 나머지 삶은 완전히 달라질 것이다.

비전은 전염성이 있다.

일단 한 번 하나님의 비전을 품은 사람은 주위 사람들에게 그 비전을 전염시키게 되어 있다. 하나님께서 당신의 가슴에 하나님의 비전을 심어 주셨다면 하나님은 또한 당신을 사용하여 다른 사람들의 마음속에 그 비전을 심어 주실 것이다.

비전은 보편적이다.

교회에 접목된 비전의 과정은 다른 상황에서도 적용될 수 있다. 개인적 습관을 변화시키는 8단계로 써도 된다. 여덟 단계를 신입직원훈련으로 시키는 은행도 있다. 하나님의 원칙은 어떠한 상황에도 적용된다. 왜냐하면 하나님의 원칙이기 때문이다.

윌로우크릭 커뮤니티교회

　　- 하나님 방식으로 주님의 몸을 이뤄 가는 교회 -

과정지향적 목회로 구도자에게 초점을 둔 목회현장

미국의 교회들이 새롭게 움직이고 있다. 이 같은 움직임에 한국교회 지도자

그룹들의 미국교회 견학도 줄을 잇고 있다. 최근 급부상한 미국교회들은 대부분 베이비부머 세대(Baby - Boomer Generation)들이 교회의 준거그룹(reference group)을 형성하고 있으며, 베이비부머 세대의 문화적 옷을 입고서 다양한 방법들을 시도하고 있다. 이 중 대표적인 교회가 서부에서는 남부 오렌지카운티에 위치한 새들커뮤니티교회라고 할 수 있고, 동부지역에서는 시카고에 위치한 윌로우크릭교회라 할 수 있다.

　윌로우크릭교회는 빌 하이벨 목사(Bell Hybels)가 담임하고 있는 교회이다. 윌로우크릭을 한마디로 정의한다면 구도자에게 초점을 두고 사역하는 교회(providing a service for seekers)라고 할 수 있다. 윌로우크릭교회를 들어서면 교회라는 느낌보다는 큰 공원에 들어서는 기분이 든다. 널따란 잔디밭과 인공 호수, 그리고 교회의 분위기가 나지 않는 현대식 건물이 잘 조화를 이룬다. 대단위 연구소 같은 기분이 들기도 하고, 학교 캠퍼스와 같은 느낌도 든다. 물론 교회의 파킹 양도 수천 대를 수용할 수 있을 만큼 넓다. 건물 안에 들어서면 공항의 터미널에 들어서는 느낌을 받는다. 제일 먼저 눈에 들어오는 것들이 사인판과 예배 및 각종 모임을 알리는 모니터이다. 공항의 이착륙을 알리는 모니터와 흡사한 모니터가 곳곳에 설치돼 있다. 로비에는 자연스럽게 교제할 수 있는 테이블과 의자가 약 3백여 명을 수용할 수 있을 만큼 넓은 부분을 차지하고 있어 비신자라도 쉽게 그런 분위기에 적응할 수 있게 되어 있다. Sunday School은 어린이들의 꿈나라(Dream Land)와도 같은 분위기, 예배시간은 늘 공연장과 같다. 설교의 서론(Intro - Duction)이 늘 드라마(Skit Drama)로 시작하는 교회, 찬양……이런 특징들을 열거하자면 이루 헤아릴 수 없다. 윌로우크릭교회는 과정지향적(Precessoriented) 프로그램을 통해 하나님의 나라를 확장해 가고 있다고 표현할 수 있다. 먼저 다리 놓기(bridge - building)를 통해 관계를 형성한다. 이런 Relationship이 다져지면 입술로 증인이 되어(sharing a verbal witness) 관심을 보이는 자들과 초신자들에게 맞게 프로그램 된 예배를 제공한다. 이 관계에서 좀더 성장하게 되면 기존 신자들을 위한 주 중 예배에 참여하게 되며, 나아가 소그룹에 참여하게 된다. 이 교회는 2천여 개의 소그룹이 있다. 다음 단계는 각자의 은사에 따라 봉사에 참여하고, 궁극적으로는 청지기 정신을 지닌 하나님 나라의 백성으로 존재케 하고 있다.

현재 출석교인은 2만여 명, 예배당 크기만도 3에이커 정도의 규모에 달하는 대형 교회이다. 오늘의 윌로우크릭이 있기까지 숨은 이야기들이 많이 있다. 그러나 이 교회의 담임인 빌 하이벨 목사를 소개하지 않을 수 없다.

하이벨은 미시간 주에서 기업을 성공적으로 경영하는 기독교 집안에서 태어나 그도 장차 기업을 잇도록 되어 있었다. 그것은 그에게 안정적인 미래를 의미했다. 그러나 하나님의 계획은 다른 데 있었다. 그에게는 돈의 가치도 중요했지만 그를 사로잡는 것은 적극적인 행동이었다. 그는 모험심이 대단히 강했다.

하이벨에게 영향을 많이 주었던 것은 아버지의 사랑이었다. 하이벨은 말한다. "아버지는 정말 날 믿으셨다. 그리고 내가 나의 인생으로 성취할 수 없는 것은 없다고 생각하셨다."

그의 아버지는 전통적인 양식을 따르기보다 때로는 일반적인 양식에서 벗어난 행동을 하였다. 그것이 하이벨을 준비시키는 것이 되고 말았다.

그의 아버지는 하이벨이 1학년일 때 픽업트럭을 운전하게 했고, 5학년 때는 혼자서 30여 마일 떨어진 스키장엘 보내기도 했다. 7학년 때는 45피트 보트를 몰았다.

15세가 되었을 때 그는 혼자서 아프리카와 유럽을 여행하기도 했다. 그의 아버지는 여행 같은 큰일뿐만 아니라 일상생활에서도 아들을 그렇게 훈련시켰다. 그것이 다른 사람에게는 잔인한 행동으로 비칠 정도였다.

또한 그가 몸담았던 개혁장로교회(Christian Reformed Church)가 그에게 성경의 귀중함, 가정의 중요성, 믿음의 충실함과 인내 등을 가르쳤다. 그러나 그는 하나님의 사랑으로 예수그리스도 안에 있는 구원의 선물은 깨닫지 못하고 있었다.

하이벨이 17세 되던 해, Awand 대회에 참가하게 되었다. 그는 그곳에서 처음으로 예수그리스도를 영접하는 구원의 감격을 누리게 되었다. 그는 그때의 감격을 이렇게 회상한다.

"사랑으로 인한 거저 주는 구원의 선물을 깨달았을 때 가슴이 폭발하는 것 같았다."

이때부터 그의 가슴에 심겨진 하나님의 무조건적인 사랑의 메시지가 그의 삶에 혁명을 이루었다. 아버지의 사업을 이어받을 계획으로 대학교에 진학, 공부하던 중 회의를 느끼며 8주간의 남미 여행을 하게 되었다. 이것이 또 한 번 그의 삶을 하나님의 소명에 조명하는 계기가 되었다.

그는 브라질 리오드자네로의 코파카바나 해변이 보이는 한 호텔 방 안에서 무릎을 꿇고 자기의 삶이 하나님의 영원한 것에 헌신하겠다는 헌신의 기도를 하게 된다.

남미에서 돌아온 후 시카고에 있는 어와나 본부에서 일하면서 그는 Dave Holmbo라는 신앙의 친구를 만나게 되었고, 그와 함께 청소년과 젊은이들을 위한 'Son City'라는 전도모임을 시작하게 되었다.

1973년에 약 150명으로 시작된 모임은 2년 후인 1975년에는 약 1,200명까지 참석하는 규모로 커졌다. 그러나 그곳에서 한계를 느낀 하이벨은 그 당시 사도행전과 Robert Schuller 목사의 책을 읽으며 마침내 현재 윌로우크릭의 시초라 할 수 있는 교회를 23세 나이의 신학생으로 윌로우크릭극장을 빌려 시작하게 되었다. 그것은 일반적인 교회 형태의 전통적 개념을 떠나 완전히 새로운 목회철학과 사역을 꿈꾸는 목회 비전을 펼치게 된 것이다.

1978년, 그는 담임목사가 되면서 첫 당회를 조직, 3명의 장로가 선출되었다. 그 후 윌로우크릭교회는 한 차례 어려운 시련을 맞게 된다.

창립동역자인 Dava Holmbo 목사와 사이가 멀어지게 되고, Holmbo 목사는 그 다음 해인 1979년 당회에 사표를 제출하였다. 그때부터 1981년까지 1,800명 교인 중 약 2백여 명이 교회를 떠났고, 교역자들 중 4분의 1, 리더들 중 3분의 1 정도가 교회를 떠나게 되었다. 그러나 이 어려운 상황은 빌 하이벨 목사에게 목회철학과 비전을 다시 점검하며 갱신하는 계기가 되었고, 윌로우크릭 커뮤니티교회의 장래를 하나님께 전폭적으로 맡기는 견인차 역할이 되었다.

그는 후에 이렇게 고백했다.

"나는 나의 약점과 한계를 너무나도 깊이 느끼며 기도했다. '하나님 아버지께서 한 번만 더 일할 기회를 주시면 바르게 하겠습니다. 나는 윌로우크릭 커뮤니티교회를 하나님의 교회로 하나님의 방식으로 행할 것이며 하나님의 말씀을 바로 전하겠습니다.' 이것은 하나님께 나의 깊은 서원이 되었다."

그 후 윌로우크릭 커뮤니티교회는 이런 빌 하이벨 목사의 비전과 결단을 가지고 '하나님의 방식으로, 하나님의 말씀을 전하는, 하나님의 교회'로 주님의 몸을 이뤄 가게 된다.

　　　- 하나님을 높이고 영적 은사 개발, 세상에서 빛이 되게 -

관계형성→증거→구도자 예배→주 중 예배→소그룹→봉사케

1) 목적

윌로우크릭교회는 하나님을 높이고(Exalation), 신자들을 교화하며(Edification), 복음을 전하고(Evangelism), 사회에 기여하는(Social Action) 4가지 목적을 위해 존재한다.

(1) 하나님을 높임: 신자들에게 하나님을 예배하고 영화롭게 하는 기회를 제공한다.

(2) 신자들의 교화: 신자들에게 성경적인 이해의 기초를 닦고, 헌신적인 삶을 확립하며, 영적 은사를 발견, 개발하며, 그리스도의 몸에 참여하는 일원이 되도록 돕는다.

(3) 복음전도: 그리스도 없이 내세를 맞이할 사람들을 전도한다. 교회는 성령께서 믿지 않는 자들을 찾음같이 교인들로 하여금 그들을 찾아 나서도록 도와주며, 그리스도의 사랑을 나눌 수 있는 기회를 찾도록 격려한다.

(4) 사회활동: 말과 행위로써 하나님의 사랑과 의를 실증하고 세상의 양심으로써 행동한다.

2) 철학

교회는 하나님이 이끌어 가신다. 그러나 철학이 있는 교회는 하나님이 그 철학을 사용하신다. 그러므로 현대 교회는 철학이 있어야 한다. 윌로우크릭교회는 다음의 기본적인 원리 위에 기초하고 있다.

(1) 모든 신자들은 그리스도와 동행하며 자신의 믿음을 증거해야 할 책임을 가지고 있다.

: 복음전도의 영적 은사를 받고 세상에 나가서 복음을 전하도록 소명을 느끼는 사람들은 소수에 불과할지 모르지만, 자신의 영향권 내에 있는 사람들에게 나아가서 그리스도와의 관계가 자신의 삶을 변화시킨다는 사실을 전하는 것은 모든 신자들의 책임이다. 비신자들을 전도하는 교회의 효율성은 우리가 전도자로서 은사를 받지 못한 95%의 신자들을 움직일 수 있을 때 적극적으로 증가한다. 만약 우리가 그들의 전도 노력을 도운다면 그들을 움직일 수 있다.

윌로우크릭은 신자들의 믿지 않는 친구들이 교회에 올 때 그들이 거부감 없이 쉽게 들을 수 있도록 그리스도의 메시지를 그들의 삶에 적절하게, 창조적으로, 그리고 오늘날의 스타일로 전달하도록 설계된 예배를 제공함으로써 신자들의 복음전도 노력을 보완하고 있다.

(2) 구도자들이 갖는 필요들이 기존 신자의 필요들과는 다르다.

: 예수그리스도를 자신의 구주로 받아들이지 않는 사람들은 기독교적인 용어를 이해하지 못한다.

그들은 교회 예배에 참석하는 것을 꺼린다. 만약 참석을 한다 해도 기독교 원리들에 대한 지식이 거의 없는 상태이다. 이들에게 사역을 할 때 교회는 이들이 이해할 수 있는 수준에서 행해져야 한다.

윌로우크릭은 처음 교회를 찾는 사람들의 필요를 채울 수 있도록 특별하게 디자인된 예배(주말 새 신자 예배)를 갖고 있다. 그러나 한편 이미 믿는 신자들의 필요도 잘 채워줘야 하기 때문에 이들을 위한 주 중 예배도 잘 디자인하고 있다. 이 예배는 성경강해설교를 통해 삶에 도전을 주고, 성찬식을 나누는 등 창조적인 방식으로 신자들이 하나님을 예배할 수 있도록 한다.

(3) 신자들은 처음 신앙을 갖는 사람이 믿음을 결정하는 과정과 그리스도 안에서 성장하는 개인의 신앙 여정을 존중해야 한다.

: 신학적으로는 개인이 예수그리스도에게 헌신하는 것을 통하여 하나님의 가족으로서 태어나는 때가 있음을 인정받고 있다. 그러나 실제적으로 이러한 사건은 개인이 기독교인이 됨으로써 치러야 할 대가를 검증하고 살펴보는 일련의 과정 이후에 일어난다. 회심의 순간은 그 과정의 끝이 아니라 오히려 믿음의 여정이 시작되고 새로운 신앙에서 성숙의 과정으로 돌아가는 순간이다. 그 결과로서

의 윌로우크릭은 실제로 사건중심보다 과정지향이 되도록 힘쓰고 있다.

　(4) 모든 신자들은 그리스도의 몸(교회)의 유익을 위해 하나님에 의해 은사를
　　　받은 사역자이다.

　: 윌로우크릭은 모든 그리스도인들이 그리스도의 몸을 이뤄 가고 자라나게 하
는 절대적인 지체로서 하나님에 의해 은사를 받은 자들임을 인정하기 때문에 모
든 신자들이 봉사와 사역에 참여하도록 이들을 동원하려는 시도를 하고 있다.
교인들이 사역과 봉사에 참여하도록 하기 위해서는 교회가 신자들로 하여금 그
들의 은사를 발견하고 그것을 개발하며, 그것을 사역과 봉사를 통해 사용하도록
도전함으로써 이뤄진다.

3) 특징

　윌로우크릭 커뮤니티교회를 특징짓는 것은 앞에서 다룬 4가지 목적에 있는
것은 아니다. 이 목적을 이루기 위해 개발된 7가지 전략이 있다.

(1) 관계를 형성함(Bridge Building)

　비신자들을 교회의 생명력 있는 생활 속으로 이끄는 것은 신자들이 이들 개인
과 성실한 관계를 세울 때에야 이뤄질 수 있다. 교회는 신자들에게 비신자 친구
들과 성실한 관계를 세우도록 강력하게 도전하고 있다. 비신자들은 기독교로부
터 고립될 충분한 조건을 가지고 있다. 이들은 기독교 라디오 채널이나, 전도
스티커에 잘 감동되지 않는다. 자칫하면 그들에게 주어진 전도 문서들이 쓰레기
통으로 던져지기 쉽다.

　이들에게 나아갈 수 있는 유일한 길은 비신자들과 성실한 관계의 개발을 통해
서 가능하다.

(2) 입술로 증거함(Sharing a Verbal Witness)

　일단 비신자들과 성실한 관계가 세워지면, 신자들은 그들이 간증을 나눌 기회
를 갖는다. 이런 기회는 노력하는 사람에게 먼저 주어진다. 그러나 비신자들이
이런 간증에 즉각적인 반응을 나타내기는 어렵다. 이들이 적절하면서도 창조적

이고 그들에게 호소력 있는 방식으로 그리스도의 주장들을 생각하도록 계속적인 도전을 받을 수 있는 장소로 이들을 데려가는 것이 중요하다.

(3) 초신자를 위한 예배를 제공함

초신자를 위한 예배(a service for seekers)는 그리스도를 믿으려는 결심의 과정 속에 있는 사람늘과 기독교가 무엇인지 알려는 사람들, 그리고 최근에 그리스도에게로 자신의 삶을 헌신한 사람들을 위한 것이다. 주말에 갖는 이 예배는 기존의 신자들이 비신자 친구들인 '해리', '메리'와 관계를 형성함으로써 만들어진 이들의 복음적인 노력들을 보완하려는 의도를 가지고 있다('해리'와 '메리'는 전도대상을 삼는 비신자 남성과 여성을 대표적으로 통칭하는 이름). 세상 생활방식에 젖은 비신자들에게는 그리스도의 급진적이고 삶을 변화시키는 메시지가 당황스럽게 느껴질 수 있다. 따라서 이들이 편안한 환경 속에서 메시지를 들을 수 있게 하는 것이 중요하다.

(4) 기존 신자들을 위한 주 중 예배에 출석(Attending the New Community Service)

한번 예수님을 자신의 구주로 받아들이고 일정 기간 동안 주말예배에 참석한 사람은 주 중 신자들을 위한 예배에 참석하도록 권유를 받는다. 윌로우크릭에서 'New Community'라고 부르는 이 예배는 신자들에게 공동의 예배에 참여하게 하고, 그들이 성숙할 수 있도록 의도된 성경 강해를 듣는 기회를 제공한다. 이 예배는 온전히 헌신된 그리스도의 제자가 되려고 하는 사람에게 절대적으로 중요하다.

(5) 소그룹에 참여함(Participating in a Small Group)

주 중 예배에 참여한 신자들은 다음 단계로 소그룹에 참여하도록 권유받는다. 소그룹 참여는 참여자에게 상호책임성, 제자도, 격려와 후원은 물론 교제를 가질 수 있는 기회를 제공한다. 소그룹은 2년의 기간 동안 매주 모이며, 8 - 10여 명의 인원으로 구성된다. 이 기간 동안 소그룹의 멤버들은 윌로우크릭의 소그룹 사역에 의해서 기획된 교과과정을 공부한다.

(6) 봉사에 참여함(Involve in Service)

월로우크릭 커뮤니티교회를 자신이 뿌리내릴 모교회로 여기는 신자들은 그들의 영적 은사를 발견하고, 그것을 개발하며 봉사의 어떤 형태로든 그 은사를 사용하기를 권유받는다. 신자들은 하나님으로부터 받은 은사를 확인하고, 개발하고, 사용함이 없이는 그들의 영적인 잠재력을 경험하지 못할 것이다.

(7) 청지기 의식(Stewardship)

신자들은 돈을 관리하는 영역에서 교육받고 그들의 돈을 하나님을 영광스럽게 하는 방법으로 관리하는 개인의 책임을 인정해야 한다. 신자들은 빚지는 것을 거부하고, 재물을 탐하는 것을 중지하며, 자신의 수단 내에서 살고, 자신의 소유물에 인색하지 않고, 필요한 사람에게 나눠 주며, 주님의 일에 너그러이 주는 것을 배워야 한다. 모든 신자가 청지기 의식이 제자로서의 한 형태이며, 헌금이 예배의 한 형태임을 인정하는 것은 중요하다.

월로우크릭은 이 7가지 전략을 가지고 '보조사역' 프로그램을 운영하고 있다. 이 보조사역들은 월로우크릭 사역의 핵심이다. 이 보조사역은 7가지 전략을 가지고 신자들을 돕는 역할을 한다. 약 85개의 보조사역들은 교회 내에서 적극적인 활동을 하고 있는데,

① 복음전도사역(1 - 2단계)
② 구도자를 위한 예배(3단계)
③ 기존 신자를 위한 예배(4단계)
④ 소그룹 사역(5단계)
⑤ 네트워크 사역(6단계)
⑥ 청지기 사역(7단계) 등이다.

월로우크릭 지도자들은 교회 내에서 수행되었던 전략은 월로우크릭 커뮤니티교회를 향하신 성령에 의해서 개발된 청사진을 반영하고 있다고 믿고 있다.

이 전략은 월로우크릭 커뮤니티교회의 지도자들과 하나님으로부터 받은 그들

의 은사와 정열들을 고려하고 있다. 그러므로 위의 7가지 단계별 전략이 윌로우크릭 커뮤니티교회에 효과적임에도 불구하고, 그들은 이것이 성경을 믿는 모든 다른 교회들에 대한 성령님의 청사진이라고는 믿지 않는다. 그것은 교회마다 하나님께서 주신 비전이 다르기 때문일 것이다.

윌로우크릭 커뮤니티교회의 사역에 참여하고 있는 지도자들은 하나의 예배라는 제한 속에서 복음도 전하고, 신자들도 양육하며, 동시에 하나님을 찬양하는 것과 각각의 영역에서 필요를 가진 사람들을 효과적으로 사역하는 것이 가능하다고 믿지 않는다.

1) 설문조사와 분석

구도자 예배는 1975년 교회의 설립에 앞서 교회의 지도자들에 의해 취해진 지역사회 조사의 결과로부터 발전되었다. 질문은 "당신은 지역 교회에 적극적으로 참여합니까?" 하는 것이다. 조사 결과 교회출석에 전혀 흥미를 갖지 않는 사람들은 그들의 무관심의 다섯 가지 강력한 이유를 가지고 있었다.

(1) 교회는 언제나 돈을 요구한다.

(그러나 어떤 중요한 것도 돈의 사용을 통하여 일어나고 있는 것처럼 보이지 않는다.)

(2) 교회예배는 지겹고 생명력이 없다.

(3) 교회예배가 판에 박은 듯이 뻔하며 동일한 것을 마냥 되풀이하는 것과 같다.

(4) 설교는 현실의 세계에 뿌리를 두고 있는 일상생활에 부적합하다.

(5) 목사가 사람들에게 죄책감과 무지함을 느끼게 하고 그래서 불신자들은 그들이 교회 문을 들어올 때보다 나갈 때에 더욱 비참한 감정을 가지고 교회를 떠난다.

이런 조사 결과를 심각하게 받아들인 지도자들은 교회를 포기한 사람들의 삶에 중요성을 부여하는 교회예배를 설계하기 시작했다. 지도자들은 누구를 이 예배의 대상으로 삼을 것인지 파악하는 것이 중요하다고 생각했다. 막연히 비신자 모두를 대상으로 삼는 것으로는 불충분했다. 그래서 예배 대상의 폭을 좁히고 특정적인 사람을 구도자 예배의 대상으로 삼고자 했다.

당시 교회 주변의 지역사회에는 전문직에 종사하는 많은 사람들이 있었다. 그래서 25세에서 50세까지의 남성 전문 직업인을 주말의 구도자 예배의 대상으로 삼았다. 복음을 전하는 것이 더 어려우며, 교회에 대한 그들의 요구가 보다 강경하기 때문에 예배는 이들을 중심으로 디자인되었다.

여자들은 교회의 문제들에 보다 마음을 열고, 용서하며 쉽게 포용하는 경향이 있다. 따라서 구도자 예배가 남성들에게 성공적으로 전달된다면, 여자들에게도 물론 전해질 것이다. 뿐만 아니라, 전통적으로 남자는 가정의 모범역(Role Model)이기 때문에 만일 남자가 가정의 영적인 생활에 참여하지 않으면 가정의 영적인 성장은 그만큼 줄어들게 된다.

2) 구도자 예배의 철학적인 원리들

기본적인 가치와 원리들은 어떤 중요한 노력을 시작하기 전에 확인되어야 한다. 구도자 예배에서 무엇을 행하고, 무엇을 행하지 않을 것인지를 알기 위해서 예배의 모양과 구도자들에 대한 태도를 결정할 기본적인 철학적 원리들을 발견하는 것이 중요하였다.

윌로우크릭 커뮤니티교회는 다음의 철학적인 원리 위에 세웠다.

(1) 모든 사람들은 하나님께 중요하다. 그러므로 그들은 우리에게도 중요함에 틀림없다.

(2) 길을 잃은 사람들을 찾아야 하며 발견되어야 한다.

(3) 복음전도와 신앙교육은 기존 신자의 필요와 비신자들의 필요가 크게 다를 때 동일한 예배에서 효과적으로 수행될 수 없다.

(4) 교회가 구도자의 영적인 여정을 존중한다는 것이 구도자들에게 전해지고, 허용되며, 정당하게 인정되어야 한다.

(5) 구도자들은 (익숙하지 않은 교회의 분위기에) 당황하게 되거나 자신의 의사와는 다른 (무엇을 말하거나 헌금 따위의) 외적인 압력을 받거나 신분이 밝혀지는 것을 원치 않는다.

(6) 탁월함(교회의 모든 것에 탁월함을 유지시키는 것)은 하나님의 영광을 반

영하며 사람들에게 긍정적인 결과를 가진다.

3) 전략

비신자가 교회에 오는 것을 방해하는 장애물과 예배의 철학적인 원리를 파악
하므로써 윌로우크릭 커뮤니티교회는 구도자 예배를 위한 전략들을 적극적이면
서도 사려 깊게 개발하도록 하였다. 교회에 나가지 않는 사람이 교회에 관해서
경험하는 모든 면들이 이러한 장애물과 원리들을 통하여 걸러져야만 이들에게
복음의 메시지를 가장 잘 전할 수 있는 방법들을 결정할 수 있다.

* 초신자 예배의 요소들

(1) 우리 자신의 지역사회에서부터 시작하여, 세상을 복음화하라고 하는 성경
　　의 명령을 믿음.
(2) 하나님의 왕국에서 어떤 사람도 결코 지루함을 느끼지 않도록 하려는 열망.
 -이를 위해서 동시대적이고 창조적인 것에 전념.
(3) 구도자들의 익명성을 깊이 존중.
(4) 구도자들이 결정을 내리는 데 시간이 필요함을 이해.
 -그러므로 강조점은 구도자가 예수님을 영접하는 행사에 있지 않고 영접하
　　는 과정에 있음.
(5) 우리가 하는 모든 일에 탁월함의 필요성을 인지함.
 -특별히 하나님의 성품과 속성을 전달하는 것들에 있어서
(6) 사람들이 그들의 시간, 재능, 그리고 재물 때문에 교회에 나오지 못하는
　　이유를 두려는 것을 이해함. 그런 원인이 탁월하게, 정직하게, 그리고 성
　　실하게 다루어질 때 예수 믿는 결과를 낳게 된다.
(7) 기독교와 구도자들의 일상생활 사이를 적합하게 연결하는 일에 전념.
 -구도자들이 기독교를 실생활화할 수 있도록 전념.

구도자들은 교회의 시설물을 포함하여 교회의 모든 면에서 비판거리를 찾으
려고 한다. 이런 이유로 직원이나 자원 봉사자들은 모든 일에 탁월함을 유지하

도록 전념한다. 어떤 구도자가 윌로우크릭 커뮤니티교회를 방문할 때 만나는 경험은 다음과 같다.

☞ 처음에, 교통정리를 위해 마당 입구에 서 있는 경찰을 만나게 된다. 마당은 깨끗하며 잔디는 정돈되어 있고, 나무나 꽃들이 심어져 있으며, 보이는 전체가 눈에 흡족함을 제공한다. 마당에 들어서자마자 밝은 오렌지 유니폼을 입은 교통정리팀에 의해 주차를 도움받는다. 그리고 교회에 다가가면 또다시 안내원에 의해 도움을 받으며 건물 안에서는 그들이 가질 수 있는 어떤 질문이든지 기쁘게 대답해 주는 사람들을 만나게 된다.

예배드리는 장소로 들어가면서 구도자는 구도자로서 그에게 필요한 활동 정보를 담은 안내지를 받는다. 그가 자리에 앉으면 그는 그에게 평안함을 주도록 만들어진 녹음된 음악을 듣는다. 왜냐하면 대부분의 사람들에게 침묵은 불안감을 주기 때문이다. 앉아서 예배시설물을 돌아보면서 그는 기분을 상하게 하는 혹은 미심쩍은 것들이 전혀 없음을 발견하게 된다.

그를 산만하게 할 십자가도 없고 종교적인 상징물들도 없다. 이 모든 경험들은 그에게 평안함을 주고 구도자가 메시지를 순응적으로 받아들이도록 디자인되어 있다. 구도자들에게 윌로우크릭 커뮤니티교회의 리더십이 세상과 접촉을 유지하고 있으며, 세상에서 일어나고 있는 일들을 알고 있음을 음악, 드라마 그리고 미디어를 통해 알리는 것은 중요하다.

* 구도자 예배의 구성요소
음악과 드라마와 성경읽기에서 가장 중요시되는 것은 모두 설교자의 메시지에 적합하도록 기획된다는 것이다.
- 음악: 공연되는 음악은 경쾌하며 현대적이다. 예배 중에 모두 함께 부르는 시간, 뮤지컬도 있다.
- 드라마: 설교의 서론 역할로 현재의 논쟁거리와 관심들을 유머러스하고 드라마틱하게 그리고 민감하게 다룬다.
- 성경읽기: 개인적인 스토리나 시사 사건들과 관계되는 구절들이 읽히며 성

경이 오늘날의 문화에 적합하다는 사실을 예시한다.

· 알림: 구도자 예배에서의 알림은 참석한 모든 사람들을 환영하며, 교회에 관한 부가적인 정보를 원하는 사람들에게 정보를 얻는 방법을 알려주도록 만들어져 있다.

· 헌금: 구도자는 그가 손님이며, 이 순서에 참여하지 않아도 된다는 말을 듣는다. 구도자는 그 자체로 환영을 받으며, 물질적인 기여 때문에 환영받는 것이 아님을 분명히 한다.

· 메시지: 메시지는 오늘날 구도자와 기존 신자들의 삶에서 예수그리스도의 적합성을 강조하며 현재의 논쟁거리나 문제들을 다룬다.

· 익명성: 구도자 예배의 전체 순서에 흐르는 신념은 구도자가 익명성을 바란다는 것이다. 참석자들에게 요구되는 것은 한 번의 짧은 코러스를 부르는 시간에 함께 참여하고 자신이 앉아 있는 주위에 인사하는 정도이다. 윌로우크릭 커뮤니티교회에서는 사건 지향적이 아니라 과정 지향적인 선택을 하고 있기 때문에 세계에 참여하는 사람들의 간증을 통해서 대개 교회에 발을 딛고, 예수 믿기까지 6개월에서 8개월의 기간이 걸리는 것을 인지시키고 있다.

- 사역의 인력 -

1) 담임목사(Senior Pastor)

담임목사의 중요한 책임은 윌로우크릭의 신자들에게 리더십, 양육(nourishment), 비전을 제공하는 것이다. 주 중, 주말 예배의 중요한 설교자이며, 이사회의 의장이며, 당회의 일원이다. 이와 함께 사역하는 직원들에 대한 총관리의 책임을 가지고 있다.

2) 부목사(Associate Pastor)

부목사는 보조사역의 책임자들이 리더십을 가지고 각각의 보조사역을 부흥시키는 것을 감독하는 책임을 갖고 있다. 또 직원들을 모집하는 것, 고용하는 것, 그리고 해고하는 것을 책임지고 있으며, 주말과 주 중 예배에 필요에 따라 가르치며, 사역진들을 전체적으로 관리하는 책임이 있다. 그리고 부목사는 담임목사에게 직접 보고한다.

3) 기획책임자(Director of Programming)

기획책임자는 모든 예배와 특별 프로그램 행사에 다양함과 영감을 주는 혁신적인 아이디어를 개발하는 책임을 맡고 있다. 기획팀의 전체적인 비전을 감독하며 담임목사에 의해 주어지는 메시지와 시행되는 프로그램이 조화를 이루도록 하고, 매년 기획 부서에서 제시되는 음악 연출의 총연출자 책임을 맡고 있다. 담임목사에게 직접 보고한다.

4) 경영 관리팀(The Management)

경영 관리팀은 담임목사, 부목사, 기획책임자, 한 명의 장로로써 구성되며 여기에 부목사에게 보고하는 5 - 6명의 스태프 멤버들이 더해진다. 이 그룹은 기획과 상호 간의 의사소통을 위해서 주기적으로 만나며 위원회와 장로들에게 방향을 제시하는 책임을 맡고 있다.

5) 장로(Elders)

윌로우크릭 커뮤니티교회는 8명의 장로로 이루어진 위원회를 가지고 있다. 이 위원회에 속한 각각의 멤버들의 책임은 다음과 같다. 교인들을 전도하고 지도하고 보호하는 것, 성경적인 모범역을 제시하고 질서 있는 삶의 모범을 보이는 것, 교회가 성경의 가르침과 훈계를 통해 자라는지 감독하는 것, 진리를 오도하는 자를 징계하는 것, 신앙의 돈독한 지도자들의 도움을 받아 교회를 감독하는 것, 교인들의 영적인, 육적인 건강을 위해서 기도하는 것, 장로들은 또한 담임목사와 이사회, 스태프들과 함께 교회 공동체를 살피는 일을 한다.

6) 이사회(Board of Directors)

이사회는 17명으로 구성된다. 각각의 멤버들은 윌로우크릭 커뮤니티교회의 법적, 재정적 문제들을 감독하는 책임을 부여받고 있다. 그리고 교회가 소유한 모든 재산들의 보호, 관리, 유지하는 책임을 가지고 있다.

☞ 윌로우크릭 커뮤니티교회의 목적

우리는 교회가 그리스도를 높이고, 신자들을 교화하며, 복음을 전하고, 사회에 봉사하는 4가지 목적을 위해서 존재한다고 믿는다.

1) 높임(Exaltation)

교회는 그리스도를 위해 존재한다(빌2;8 - 11). 교회의 목적은 우리가 우리 자신에게 속한 것이 아니라 그리스도의 죽음을 통해 값으로 사신 바 되었다는 것, 즉 그리스도만이 우리의 주님이심을 인정하는 것에서 시작한다. 그리스도는 모든 권위를 가지시고 보좌에 앉으신 그리스도는 교회의 머리이며, 모든 충성을 받으시기에 합당하신 유일한 분이시다. 따라서 우리는 모든 일에서 성경에 나타난 대로 그의 뜻을 따라서 그의 이름이 영광을 받으시도록 힘써야 한다(빌2:8 - 10, 엡1:220 - 3, 고전6:19, 골1:18, 2:8 - 10, 벧전1:18 - 19, 요19:21, 막14;16장, 마27 - 28장).

2) 교화(Edification)

교회는 자신을 위해 존재한다(엡4;11 - 13). 교회의 주요한 목적 중의 하나는 교회에 속한 교인의 삶을 변화시키는 것이어야 한다. 이렇게 하기 위해서는 성경을 가르치고 제자도와 개인적인 복음 전도 훈련을 시키는 강력한 프로그램이 필요하다. 신자들은 서로를 섬기는 일에 헌신해야 한다. 그러므로 그리스도의 몸은 상호 의존적인 지체들로써 구성되며 각 사람은 성령으로부터 받은 은사를 전체의 몸을 세우고 서로의 영 · 육 간의 짐들을 지기 위해서 사용되어야 한다. 따라서 우리는 "온몸이 각 마디를 통하여 도움을 입으므로 연락하고 상합하여 각 지체의 분량대로 역사하여 그 몸을 자라게 하며 사랑 안에서 스스로 세우는 것"을 알고 서로 간에 각 사람의 능력의 개발과 사용을 격려하기를 심히 바라고 있다(엡4:11 - 13, 4:16, 딤후 4:2 - 4, 딛2:15, 3:14, 갈6:1 - 2, 신6:1 - 2, 고전12: - 14장, 롬12;4 - 8, 히10:24 - 25, 3;13, 행4:34 - 35, 2:42, 수1:8).

3) 복음전도(Evangelism)

교회는 복음 선포를 위해 존재한다(마28:19 - 20). 우리는 복음 전도의 사명을 교회와 개인의 최우선 순위로서 받아들이며, 가능한 널리, 그리고 효과적으로 그리스도 안에서 하나님의 용서의 복음을 전하는 것이 우리의 바람이다. 하나님께서는 신자들을 무장시키고 다양한 직업과 사역 속으로 들어가서 각 사람의 영역 내에서 말과 행위로써 그리스도 예수 우리 주님을 증거하도록 우리를 부르셨다. 하나님은 그의 사랑을 차별 없이 모든 사람들에게 주시며 신자들이 그리스도 안에서 자신들이 받은 능력을 충실히 사용하기를 바라신다. 복음 선포에는 모든 사람에 대한 참사랑과 관심이 함께 수반되어야 한다(마28:19 - 20, 5;13 - 16, 9:36, 22:37 - 39, 행1:8, 골4:3 - 6, 막16:15, 롬10:14 - 17, 엡3:16 - 19, 4:13).

4) 사회봉사(Extension)

교회는 사회봉사를 위해 존재한다(마25:34 - 36). 복음선포와 함께 교회는 세상으로 나가서 그리스도의 긍휼을 베풀고 악에 대한 선지자적인 항거를 하도록 그리스도에 의해 사명을 부여받았다. 교회는 성경의 명령에 따른 해결책과 개입이 필요로 하는 도덕의 타락, 정치의 부패와 억압, 폭력, 범죄, 불의, 자원의 이용과 부의 분배, 그리고 다른 사회적인 재앙에 의해서 난파된 세상에서 자신의 편안함에만 결코 안주할 수 없다.

교회는 세속적이고 다원적인 사회에 기독교의 표준을 강제적으로는 부과하지 않으면서도 말과 희생적인 행위에서 하나님의 사랑과 의를 나타내므로 세상에 양심으로써 행동하도록 명령받았다(눅3:10 - 14, 4:16 - 21, 행4:34 - 35, 고후 10:4, 갈6:10, 약2;14 - 26, 5:1 - 5, 요일3:16).

☞ **왜 교인 자격을 강조하는가?**

지역 교회의 헌신이 그리스도에 대한 헌신의 한 부분인가?

－질문－

최근에 나는 정교인이 되는 것에 대해서 교회로부터 이야기를 들은 적이 있다. 나는 5년 동안 이 교회에 출석하고 있으며 적극적으로 봉사 활동에 참여하고 있다. 그러나 나는 지역교회(Local body)에 '가입'하는 것이 필요하다고 생각지 않는다. 내가 (세례를 통하여) 나 자신이 우주적인 교회(entire body)의 일원이 됨을 밝히는 것으로 충분하지 않은가? 지역교회의 일원이 되라고 하는 성경의 명령이 어디에 있는가?

- 대답 -

어떤 상업 광고가 우리에게 "회원으로 가입하시면 특권을 누릴 수 있습니다."라고 말하고 있음에도 불구하고 우리들 중 많은 사람들은 어떤 것에 가입하는 것을 꺼린다. 그중에서도 특히 격식을 갖춘 헌신은 우리가 종종 저항하는 것이다.

그것은 교회에 가입할 때도 마찬가지다. 어떤 사람들이 교회에 가입하기를 주저하는 이유는 성경에 교인 자격(membership)이라는 단어가 나타나지 않기 때문이기도 하다. 그러나 그 단어가 나타나지 않는다는 것이 성경에 그 단어의 개념이 없다는 것을 의미하지는 않는다.

성경에서는 지체가 되는 것(being members)에 관해 많이 말하고 있다. 성령께서 우리에게 세례를 주어 한 몸을 이루게 하셨을 때 우리는 그리스도의 지체가 되었다. 이것은 우리가 회심할 때 일어나며 종종 우주적인 교회의 일원이 되는 자격으로서 언급되고 있다.

그러면 이것이 어떻게 지역 교외의 교인과 연결될까? 흥미롭게도, 보편적인 신약의 양식은 우주적인 교회에 속하는 신자가 되기 위해서는(마치 신자가 되기 위해서 세례를 받는 것이 일반적인 양식인 것처럼) 지역교회에 속하여야 한다는 것이다. 성경은 지역 교회에서의 멤버십을 상정하고 있다. 지역 교회는 '실제하는' 교회이다.

교인이 되는 것이 무엇을 의미하는지 이해하기 위해서는 신약 성경의 기념을 이해하여야 한다. 성경은 교회를 몸에 비유하여 지체를 설명하고 있다. 불행히도 많은 사람들은 지역 교회에 속한다는 개념을 마치 로터리클럽에 속하는 것과 같이 생각한다. 그러나 사회적인 클럽에 속하는 회원은 그의 회원 자격을 포기해도 자기 자신의 정체성과 존재를 잃지 않지만, 몸의 지체는 몸을 떠나서 존재할 수 없다. 교회의 일원은 몸의 다른 지체와 적극적으로 밀접하게 상호관계를 하고 있다.

불행히도 오늘날 대부분의 교회에서의 교인 자격은 이런 의미를 가지지 않는다. 많은 교인들은 관계를 가지지 않고 봉사를 하지 않는 것은 물론 전혀 출석조차도 하지 않는 교인들을 많이 가지고 있다. 윌로우크릭에서는 성경적인 의미에서의 교인을 기대한다. 즉 지체와 연결되어 있고 헌신하는 교인 말이다.

이제 정반대의 물음을 물을 수 있다. "내가 기능적으로는 교회의 일원이지만 공식적인 교회의 일원은 아닐 수 있습니까?(즉 교회의 활동에 참여하면서도 교회의 공식적인 교인 자격을 가지지 않을 수 있습니까?)"

윌로우크릭 커뮤니티교회의 공식적인 교인이 되기 위해서 우리는 사람들에게 교회의 헌신된 부분으로서의 직분을 다하는 것을 요구할 뿐 아니라 장로들과 인터뷰를 통해 개인적으로 공인을 받고 교회 앞에서 공표되고 매년 교인 자격 갱신을 위한 헌신서에 서명을 해야 한다. 물론 이 과정이 당신을 성경적인 의미에서의 지체를 만들지는 않는다.

그러나 이런 행위들은 사적인 헌신에 의미 있는 공적인 증거를 준다. 이와 함께 이것은 상호 책임성의 중요한 척도(근거)를 제공한다(교인 자격은 위한 프로필에 서명함으로써 교회가 그들에게 신앙적인 삶을 살도록 요구할 수 있는 지위를 가지게 될 뿐만 아니라 교인 또한 교회에 개인의 영적인 성장의 보장을 요구할 수 있다.).

기능은 그리스도인이 살아가기 위한 절대적인 요건이며, 형식은 이 기능을 수행하기 위한 방식이다. 신자들은 그들에게 기능을 가장 잘 수행하도록 보장하는 형식을 선택할 권리가 있다. 예를 들면 복음전도는 타협할 수 없는 모든 교회의 기능이지만 어떻게 우리가 복음을 전할 것인가 하는 것은 각 교회가 결정한다.

교인자격 - 지체로서의 연결과 헌신 - 은 지역 교회의 기능이다. 윌로우크릭 커뮤니티교회에서의 공식적인 교인 자격 과정은 우리가 그 기능을 표현하기 위한 형식이다. 그것을 통해 성경적인 교인 자격 내용이 개인에게뿐만 아니라 의미 있는 방식으로 명시되는 것이다. 헌신을 기피하는 사회에서 헌신 서약서의 서명은 단순함에도 불구하고 신자의 지역 공동체의 헌신을 공고히 하는 데 기여

할 것이다.

1) 교인자격의 허가절차

모든 사람과 자유롭게 교제의 폭을 넓히는 것은 윌로우크릭 커뮤니티교회의 간절한 바람이다. 그러면서도 동시에 윌로우크릭 커뮤니티 교회는 성경에서 가르치고 있는 그리스도와 교회에 대한 헌신의 원리들이 그리스도 몸에서 참된 지체 의식을 동반해야 한다고 생각한다. 그리스도를 개인적으로 자신의 구세주로 받아들이면서 신자로서 세례를 받고 신자들로 구성된 지역교회인 윌로우크릭에 헌신하기를 바라는 18세 이상의 사람들은 누구나 다음과 같은 절차를 통해서 윌로우크릭의 교인 자격을 얻을 수 있다.

(1) 일 년 동안 규칙적으로 주말과 주 중 예배에 참석.

(2) 교인 자격 강좌에 참석: 교인 자격 강좌는 주기적으로 열려 다음과 같은 주제들에 대해서 가르치고 있다.
  - 첫째, 윌로우크릭 커뮤니티 교회의 행정원리
  - 둘째, 그리스도의 몸에 대한 헌신의 성경적인 원리.

(3) 개인적인 인터뷰: 장로나 교회의 임명을 받은 교회 지도자가 윌로우크릭 커뮤니티교회의 교인 자격을 얻기를 바라는 사람과 개인적인 인터뷰를 통해 그의 신앙 간증을 듣고 윌로우크릭 커뮤니티교회에 대한 그들의 헌신의 정도를 파악한다.

(4) 헌신 서약서에 사인한다: 이것은 교인 자격을 바라는 개인의 열망을 확인하는 도구로서, 그리고 개인의 교인 자격의 공적인 기록으로 사용된다.

(5) 교인들 앞에서 새로운 정식 교인이 됨을 공포.

2) 교인 자격 갱신

모든 정교인은 매년 자신이 윌로우크릭 커뮤니티교회의 교인 자격을 계속적으로 원한다는 것을 재공언하기 위해 헌신 서약서에 서약한다. 이 서약서는 그가 다음과 같은 교인 자격 요구들에 어떻게 부응하고 있는지에 대한 간략한 언급을 포함한다.

(1) 윌로우크릭 커뮤니티교회의 신조에 대한 자신의 헌신을 재공언.

(2) 그리스도와의 개인적인 동행을 계속적으로 더욱 풍성하게 이끌 수 있는 앞으로의 계획에 대해서 기술.

(3) 교회의 공동의 교제(예배와 소그룹)에 규칙적으로 참석하겠다고 하는 재공언.

(4) 자신의 영적인 은사, 달란트, 그리고 물질을 하나님의 영광과 사람의 유익을 위해 어떻게 관리하고 있는지 기술.

3) 장로의 선택

성경은 처음에 장로들이 교회를 세운 사람들에 의해서 어떻게 선택되고 있는지를 보여주고 있다. 성경에서는 장로들을 선택하는 과정에서 표면적인 조건보다는 영적인 기준에 의해서 선택해야 함을 암시하고 있다. 이것 외에는 선택의 과정에 대한 특정한 가이드라인이 제시되어 있지 않다. 그러므로 이것은 개개의 교회에게 자신의 특별한 필요와 상황에 가장 잘 부합하는 절차를 개발하는 자유가 주어져 있음을 보여주고 있다.

4) 장로 선택의 절차

매년 9월, 현재 봉사하고 있는 장로들이 장로들을 더 뽑을 것을 결정하면 그들은 장로 선택을 위해 다음의 과정을 시작한다.

(1) 기존 장로들이 후보 지명위원회를 설치한다. 후보 지명위원회는 최소한 3인 이상으로 구성된다. 후보 지명위원회의 위원은 현재 장로로서 봉사하는 사람이거나 이번에 장로가 되려는 사람이어서는 안 된다. 그리고 각 위원은 집사의 마땅한 자격을 지닌 사람들이어야 한다. 질서의 목적을 위해서 후보 지명위원회의 위원 중 한 명이 위원회의 위원들에 의해서 위원장으로 선출된다.

(2) 동 위원회에서 기존의 장로들과 협의하여 장로의 자격을 점검하고 장로 후보자들에게 제출된 문제들을 결정한다.

(3) 교인들에게 장로의 자격과 그들의 성경적인 역할에 관해 가르친다.

(4) 교인들에게 장로의 성경적인 자격을 명심하면서 장로로서 고려되는 후보

자 명단을 기도하는 마음으로 제출하도록 30일의 기간을 부여한다.

(5) 제출된 이름은 본인들에게 알려지고 이들에게 성경적인 자격의 관점에서 장로의 자격에 자신이 부합되는지 자기 판단을 하도록 한다. 이때 누구라도 자신의 이름을 점검하고 이들 각각과 인터뷰를 한다.

(6) 후보 지명 위원회에서 후보자 명단에 올라 있는 후보자들의 이름을 점검하고 이들 각각과 인터뷰를 한다.

(7) 각각의 후보자들은 기도하면서 고려한 후에 동 위원회는 장로들에게 최종적으로 후보자를 추천한다. 여기에서 탈락된 후보자들은 자신의 결격 사유를 듣게 된다.

(8) 장로들은 후보자를 검토하고 마지막 선택을 한다. 이때 선택되지 않은 후보자는 그들이 선택되지 않은 이유를 장로들에 의해서 듣게 된다.

(9) 예비 장로 후보의 이름들이 교인들 앞에 공표되며, 이들 중에서 장로로서 섬길 자격을 가지고 있지 못할 경우, 결격사유를 밝힐 수 있도록 교인들에게 30일간의 기간을 준다. 후보자 중 장로로서의 결격 사유를 밝힐 수 있는 교인은 예비 장로가 되어서는 안 되는 자신의 이유를 설명하고 다음에 장로 위원회에 이유를 밝힌다.

(10) 30일의 기간이 지나면 예비 장로 후보자는 참석한 교인들에게 소개가 되고 과반수의 득표에 의해서 결정된다(정족수는 기존 교인의 25% 이상의 참석이 요구된다.).

5) 장로의 임기

특정의 정해진 기간이 없는 대신 각각의 장로는 일 년간의 헌신을 한 후, 점검의 기간을 갖고 이 기간 동안 본인이나 다른 장로들이 장로로서 그의 계속적인 직무를 평가한다. 장로로서 개인의 직무는 자신의 결심에 따라 그만둘 수 있다. 그리고 자신의 헌신을 갱신하는 - 즉 일 년 더 할 것을 헌신하는 장로들은 매년 1월 교인들의 재공인을 받기 위해 교인들 앞에서 소개된다. 기존의 장로가 위의 이유로 당회를 떠난다고 하여 앞으로도 장로로서의 그의 봉사를 배제하는 것은 아니며, 장로가 되기 위해서는 장로 선택 절차를 밟으면 된다.

6) 집사의 선택

(1) 집사의 리더십이 필요한 이유를 교인들에게 알린다.

(2) 교인들은 장로들과 사역의 책임자들로부터 필요하다고 생각하는 사역에서 요구되는 자격이나 수행될 특정한 역할에 대해서 듣는다. 또한 성경적인 집사의 자격에 관하여 성경적인 가르침을 듣는다.

(3) 교인들에게 집사의 자격과 역할을 염두에 두면서 기도하는 마음으로 후보자 명단을 제출하도록 요청한다.

(4) 후보로 제출된 명단은 본인에게 알려 스스로 성경적인 집사의 자격에 비추어 자신을 평가하도록 한다. 이때 집사를 원하지 않거나 성경적인 자격에 부합되지 않는다면 누구라도 자신의 이름을 취소할 수 있다.

(5) 장로들에 의해서 임명된 후보 지명위원회는 관계되는 사역의 책임자와 함께 명단을 검토하고 각각의 후보자와 인터뷰를 한다.

(6) 각각의 후보자를 기도하는 가운데 고려한 후에 장로들에게 최종적인 명단을 제출한다. 장로들에게 제출되지 않는 후보자에 대해서는 그 이유를 본인들에게 밝힌다.

(7) 장로들은 후보자들을 검토한 후에 최종적인 선택을 한다. 이때 선택되지 않은 후보자들은 장로들에 의해서 본인들에게 왜 선택되지 않았는지 이유를 듣는다.

(8) 예비 집사 후보 명단이 교인들 앞에 소개되고 교인들에게 이들 각각의 예비 집사 후보 명단 중에서 부적격자의 이유를 밝힐 수 있도록 30일간의 시간을 준다. 마태복음 18:15, 5:45에 준하여 부적격 이유를 알고 있는 신자는 부적격의 이유를 본인들에게 밝히고 당회에도 알린다.

(9) 30일의 기간이 지나면 예비 집사 후보자는 참석한 교인들에게 소개가 되고 과반수의 득표에 의해서 결정된다(정족수는 기존 교인의 25% 이상의 참석이 요구된다.).

7) 집사의 임기

성경에 집사의 임기에 대해서는 기술되어 있지 않기 때문에 집사직의 특정한 임기를 교회는 제시하지 않고 있다. 대신에 각 집사는 약속에 따라서 일 년간의 헌신, 헌신에 대한 검토, 재헌신 그리고 다음 해의 일 년 동안 집사로서 더 섬길 수 있도록 교인들의 재공인이 있다. 집사로서의 계속적인 헌신을 작정한 집사들은 재공인을 위해서 교인들에게 다시 소개된다. 집사로서 그의 봉사를 그만둔다고 하여 앞으로도 집사로서의 봉사를 할 수 없는 것은 아니다. 다시 집사가 되기 위해서는 동일한 집사 선택의 절차를 밟으면 된다.

8) 이사회

윌로우크릭 커뮤니티교회의 이사회는 집사 자격을 가진 15명 이상의 사람들로 구성된다. 장로들이 교회 감독의 궁극적인 책임을 지고 있는 반면, 이사회는 교회의 법적, 재정적인 문제들을 감독하고 윌로우크릭 커뮤니티교회가 소유한 모든 재산을 보호하고 유지하는 대리 책임을 수행하고 윌로우크릭 커뮤니티교회의 법적인 대리인으로 행하는 데 필요한 요건들을 이행하기 위해서 교회 내부의 어떤 조직이라도 가질 수 있다. 조정과 원활한 의사소통을 위해서 이사회는 장로를 대리하는 사람을 포함한다. 이사회의 보충 인원이 필요할 시에 이사회의 기존 멤버들은 장로들에게 추천자 명단을 제출하여 고려하도록 한다. 이사회 멤버들은 이사회의 독특한 역할과 책임을 부여받았기 때문에 장로들에게 추천을 하기 전에 후보자와 독자적인 인터뷰를 갖는다. 장로들은 후보자 명단을 검토하고 최종 선택을 하며, 그러면 위원회 멤버로 선택된 사람은 그의 직무를 수행한다. 이사회 멤버의 임기는 다른 집사직의 임기와 동일하다.

9) 사역의 스태프 멤버들

신약의 리더십 원리에 따르면 사역의 스태프들은 사역 동역자로서 고려되어야 하며 따라서 전문 자격증이나 수행 능력에 의해서만 선택되어서는 안 된다. 오히려 우리는 사역의 스태프를 선택하는 다음의 기준들을 인정하고 있다.
(1) 일관된 신앙적인 행보와 주님에 대한 사랑.
(2) 윌로우크릭 커뮤니티교회와 동역 지도자들에 대한 헌신.
(3) 자신의 사역 영역에 부합하는 은사, 능력과 전문 자격증

모든 사역의 스태프들은 그들의 특정한 사역의 영역에 관계없이 기본적으로 집사의 자격 요건을 갖는 것이 요구된다. 그들은 리더십을 수행할 것이며 다른 신자의 모범역으로서 섬길 것이다. 그러므로 영적인 자격과 행보가 사역의 스태프로서 가장 중요한 것이다. 장로들은 필요시에 스태프들을 복고, 해고하는 것을 포함하여 사역 스태프들에 대한 전반적인 감독의 책임이 있다.

10) 담임목사의 역할

신약성경의 은사에 대한 개념에 따르면 담임 목사는 교회의 다른 지체처럼, 독특하게 은사를 받고 그의 은사 내에서 사역을 추구해야 한다(엡4:11, 고전12장). 장로로서의 그의 목회 역할과 함께 담임 목사는 하나님의 말씀, 성경을 가르치는 가장 주요한 교사이다. 그의 말씀과 모범에 의해서 가르치고 권면해야 한다. 이것의 목적은 신자들을 교회 내에서의 참된 '사역자'로 무장시키면서 정확하고 통찰력 있는 제사와 말씀의 선포를 통하여 신자들이 성숙하도록 돕는 것이다. 성경 교사로서 그의 하나님의 진리의 이해와 적용을 모두 강조해야 한다 (롬12:6 – 7, 살전 2:4 – 5, 2:10, 딛1:7, 엡4:11 – 12, 약2:22).

그러므로 담임목사는 가르치는 장로로서의 그의 주요한 기능과 관련이 없는 영역에서까지 사역의 책임을 져서는 안 된다. 담임목사를 다른 기능(예를 들면 기금 모집, 행정, 상담, 심방, 공적인 관련 사항)으로 부담 지우는 것은 그에게 성경 말씀을 연구하고 몰두하는 시간을 뺏는 것이며, 그로 하여금 자신의 은사가 아닌 다른 영역에서 사역하도록 몰아넣는 것이다. 이것은 교회를 약하게 만드는 부정확한 가르침이다. 또한 교회를 적당주의로 이끌 수 있다(딤후2:15, 1:13).

교회의 목사로서 충분한 은사를 가진 다른 지도자들이 담임 목사에 의해서 수행될 수 없는 여러 가지의 사역을 수행하도록 리더십의 자리에 임명하는 것은 장로들의 역할 중 하나이다(행20:28). 교회 내에서의 가르치는 일은 담임 목사에게만 국한되어서는 안 된다. 신약은 가르치는 장로들의 필요성과 이러한 영역에서 은사를 가진 다른 지체들의 활용을 강조하고 있으며, 여러 가지 가르치는 모범역들을 제시하고 있다(딤전3:2, 딤후2:2).

11) 담임 목사의 선택

담임 목사의 자리가 비게 된 경우, 장로들은 그 직에 맞는 후보들을 찾는 책임을 진다. 장로들이 후보자를 선택하게 되면 그 후보자는 이사회, 사역의 스태프, 그리고 집사들에게 제시된다. 어떤 경우라도 2/3 이상의 다수 득표에 의해서 공인된다.

12) 개정의 절차

이 문서는 신실하지만 잘못을 범할 수 있는 사람들에 의해서 작성되었다. 만일 하나님의 성령께서 어떤 식으로든 이 문서를 개정할 필요를 지적한다면, 장로들은 이사회와 사역 스태프들에게 개정안들을 미리 알리고 궁극적으로는 신자들에게 제시하여 과반수의 득표를 개정한다.

윌로우크릭 커뮤니티교회는 이상의 원리들을 가지고 여러 가지 사역들을 펼치고 있다.

그 사역들은

(1) 성인 사역: 상담센터, 복음전도 사역, 선한 청지기 사역, 국제선교 사역, 소그룹 사역, 여성 사역

(2) 가정 사역: 결혼준비 사역, 회복 사역, 홀부모가정 사역.

(3) 독신자 사역: 포커스 사역, 프라임타임 사역

(4) 청소년 사역: 캠프 사역, 어린이 사역, 중학생 사역, 고등학생 사역 등

정확한 문제의식은 그 자체 속에 해답을 가지고 있다는 것을 우리는 잘 알고 있다.

한국교회는 폭발적으로 부흥하였다. 그러나 그것은 사회적불안이 부흥을 하게 만들었고, 이러한 상황은 후에 부흥을 질적인 것 보다는 양적인 것으로 만드는 문제점으로 만들기도 하였다. - 잘된 모든 일은 과정이 어떻든 결과를 보고 모두가 좋다고 이야기하는 버릇이 있다. 모로 가도 서울만 가면 된다는 우리의 정서가 깊게 박혀 있기 때문일 것이라 생각한다. 잘된 일에서도 잘못된 부분이 있을 수 있다. 실패한 일 속에서도 잘된 부분을 찾을 수 있을 것이다. 이 안목을 가지는 것이 중요하다. 옥 목사님은 한국교회의 부흥 속에서 그 부흥의 문제점

을 지적하고 있다.

교회부흥의 문제점

양적 성장이 모두가 아니다.

교회의 궁극적인 목표는 전 국민의 복음화요, 전 세계의 구원이다.

그러나 그것은 복음의 능력이 평신도의 인격과 삶을 통해 세상을 정복하는 데서 얻어지는 것이라야 할 것이다. 맛을 잃어가는 교회는 결국 평신도가 세상에서 그 능력을 상실하고 있다는 것이다.

웨버 "하나님의 계산법과 사람의 계산법은 다르다……. 참전도는 교인의 숫자를 깎는 결과를 가져올지 모른다. 우리가 물어야 할 첫째 질문은 교회가 어떻게 양적으로 성장할 수 있느냐가 아니라 어떻게 은혜 가운데서 성장할 수 있느냐에 있다. 신약교회의 선교는 통계와 관계를 가지고 있는 것이 아니라 헌신과 관계를 가진다."

- 삼허현상(허수, 허세, 허상)

허수 - 교인 부풀리기

허세 - 영향력이 없다

허상 - 빵을 얻기 위해 몰려든 무리는 모두 허상이다

지금 교회는 맛을 잃은 소금이 사람들의 발에 짓밟히듯, 이제는 교회가 점점 사람들의 비판의 과녁이 되고 있다.

한국교회가 지금까지 이룬 값비싼 부흥을 헛되이 돌리지 않기 위해서, 그리고 더 큰 하나님 나라의 비전을 가지고 전진하기 위해서 옷을 갈아입지 아니하면 안 될 것이다. 교회의 주체요 얼굴인 평신도를 예수의 제자로 가르치고 훈련하는 것 외에는 다른 길이 없다고 확신한다.

여기에 교회의 사활이 달려 있다. 성경의 원리로 돌아가라. 예루살렘교회는 그들의 문제가 오히려 평신도 지도자들을 발굴하는 계기가 되지 않았는가?(행 6:1 - 7)

Chapter 2 귀중한 각성

평신도의 재발견

우리의 유일한 개혁의 근거는 성경이다. 그 말씀 가운데 감추어져 있던 진리가 성령의 인도 아래 현실의 요구와 접촉점을 가질 때 비로소 우리는 그것을 하나님의 뜻으로 받아 적용하게 된다.

존스토트 "평신도가 깨어나야 한다는 것은 실용주의나 편의주의 때문이 아니다. 그것이 성경적이기 때문이다. 그것은 교역자가 평신도의 도움을 필요로 해서도 아니고 평신도가 유용한 존재가 되기를 원해서도 아니다. 지금 세상이 그런 식으로 생각하니까 그런 것이 아니라 하나님 자신이 그렇게 되기를 그의 뜻으로 보여주셨기 때문이다……. 하나님 말씀 앞으로 나와 자기 백성을 향하신 하나님의 뜻으로 그들 자신을 인정하는 것이다."

참기독교는 언제나 서 말의 가루에 있는 것이 아니라 한두 숟갈의 누룩에 있다.

평신도는 누구인가?

평신도(laos)는 예수그리스도를 믿는 무리로 사용되었다. 성경에서 사람을 구분할 때는 그리스도를 믿는 사람과 그렇지 않은 사람으로 구분되었지, 교회 안에서 교역자와 하나님의 자녀를 구분하는 구분은 성경에서 찾아볼 수 없다. 교역자는 사람을 구별하는 신분이 될 수 없기 때문이다.

그러나 중세시대 그 평신도란 말은 사제와 구분되는 말로 변질되었다.

평신도는 교회의 객체가 아니라 교회의 주체이다. 교역자와 평등하게 그리스도의 몸에 속한 지체들이다. 그들 모두는 머리 되신 그리스도께 소명을 받고 있다.

오늘의 평신도들의 현실

평신도는 잠자고 있다. "네 안에 잠든 거인을 깨우라."는 책 제목처럼 잠자는 평신도들은 대개 통상적인 봉사활동을 하는 데서 벗어나지 못하고 있는 것이다.

또 평신도들은 편안하게 살기를 요구한다. 그렇다고 그 요구를 들어주면 나는 복사로서 자격이 없는 사람일 것이다.

만일 평신도가 잘못되어 있다면 그것은 교회가 잘못되어 있다는 것을 말한다.

이 책임은 주님께서 자기 피로 사신 교회를 치라고 맡기신 감독 된 교역자가 전적으로 져야 할 것이다.

교역자와 평신도의 관계

"그가 혹은 사도로 혹은 선지자로 혹은 복음 전하는 자로 혹은 목사와 교사로 주셨으니 이는 성도를 온전케 하며 봉사의 일을 하게 하며 그리스도의 몸을 세우려 하심이라."(엡4:11 - 12)

칼빈은 성직의 중요성에 대해 논하면서 교직을 교회에서 교인들을 하나로 규합시키는 중요한 열쇠로, 교회를 보호하는 역할로, 주님 자신이 현림하시는 제도로 보고 있다.

우리는 교회에서 합법적으로 소명을 받고 그 일을 하도록 보냄을 받기 전에는 아무도 대중설교의 직을 맡든지 성례를 집행하는 일을 할 수 없다는 것을 잘 알고 있다. 그러나 이것은 질서의 문제이지 교리의 문제는 아니라는 것을 명백히 해야 한다. 질서는 교리만큼 권위를 가질 수 없다.

그리고 그 권위도 하나님이 주신 것이지만 교회 위에 군림하는 권위가 아니라 섬기기 위한 권위이다. "만일 교회에서 누구에게 속한 자가 있다면 그것은 교역자에게 속한 평신도가 아니라 평신도에게 속한 교역자이다."

사도행전 6:4절에 말씀 전하는 것을이라는 말의 뜻은 말씀의 디아코니아(섬김)라고 표현한 것은 말씀을 전하는 교역자의 최고의 권위도 평신도를 섬기는 봉사에 지나지 않는다는 것을 가르쳐 준다고 할 수 있다. 교역자의 역할은 본에 있다. "맡긴 자들에게 주장하는 자세를 하지 말고 오직 양 무리의 본이 되라."(벧전5:3)

세상으로 보냄 받은 교회

증거와 봉사의 공동체

목회철학 - 교회론

목회전략 - 제자도

목회방법 - 제자훈련

목회현장 - 제자들

목회철학이란 무엇인가?

한 가지 놀라운 사실은 교회를 맡아 목회를 하는 지도자들이 교회가 무엇인가를 잘 생각하지 않는 경향이 있다는 것이다. 고작해야 신학교에 다니면서 조직신학에서 배운 단편적인 지식이나 교회 헌법책에 나와 있는 내용을 답습하는 정도가 아닌가 한다. 어딘지 모르게 우리 모두가 안일한 생각에 젖어 있는 것이다.

목회자는 날마다 교회가 무엇인가를 물어야 한다. 왜냐하면 그가 교회를 어떻게 보느냐에 따라 그의 목회 방향이 결정되기 때문이다. 예를 들어 예배당 장소의 개념으로 생각하는 사람이 있다면 - 그는 항상 건물과 그곳에 모이는 예배인도에 자기 사역의 가장 큰 비중을 두는 목회자가 될 것이다.

또 교회는 상처 입은 자들이 모여 친교하고 어루만져 주는 곳이라고 생각하면 그의 목회가 어느 방향으로 갈지 물으나 마나 한 일일 것이다.

그러므로 우리 모두는 달려가던 발걸음을 잠깐 멈추고 자신이 섬기는 교회가 무엇인지 왜 교회가 존재하고 있는지에 대해 스스로 대답을 할 수 있어야 하고, 동시에 그 대답이 과연 바른 것인가를 확인해 보아야 한다.

릭워렌 "모든 교회는 무엇인가에 의해 움직인다. 교회에서 일어나는 모든 일에 인도하는 힘과 조절하는 가정과 이끌어 가는 확신이 작용한다. 어쩌면 이것들은 이야기되지 않고 많은 사람들에게 알려지지 않는 것들인지 모른다. 이것들이 공식적으로 투표된 적은 아마 한 번도 없었을 것이다. 하지만 이것들은 분명히 존재하며 교회 생활의 모든 면에 영향을 끼친다.

당신의 교회를 움직이고 있는 추진력은 무엇인가?

교회를 움직이는 추진력 이것이 목회철학이다.

솔직하게 말하면 우리가 목회를 하면서 온갖 종류의 좌절을 맛보는 이유 가운데 하나는 한 가지 확고한 철학, 다시 말하면 교회가 어디로 움직여야 하고 왜 움직여야 하는지에 대해 잘 정의된 개념을 가지지 못한 지도자의 리더십에 있다고 해도 과언이 아닐 것이다.

흔히 목회철학은 방법론에 가려서 보이지 않는다. 그래서 흔히 목회 성공을 어떤 방법 탓으로 돌리고 그 뒤에 숨어 있는 철학이나 원리를 방관하여 버리기 쉽다. 건강한 교회는 방법론에 의존하지 않는다. 그러므로 무엇보다 시급한 과제는 목회철학을 정립하는 것이다.

그러므로 교회가 무엇이며 왜 존재하는가라는 질문에 대해 우리가 어떤 해답을 얻느냐에 따라 우리의 목회 전략과 방법을 결정하게 될 것이다. 이런 의미에서 목회철학은 다름 아닌 목회자 자신의 교회론에서 나온 목회신념을 말하는 것이라고 할 수 있다.

목회철학을 가지라. 그렇게 하기 위해 교회론을 다시 연구하라. 왜 평신도를 깨워야 하는가에 대한 흔들림 없는 확신이 생길 때까지 '교회가 무엇인가?'를 반복해서 질문하라.

한국교회의 목회자는 교회가 무언인가에 대한 이렇다 할 목회철학 하나 제대로 갖지 못하고 오래 묵은 관행에 따라 목회를 할 수밖에 없었던 것이다.

확실한 철학은 사람을 미치게 한다.

많은 지도자들이 목회현장의 묵은땅을 갈아엎고 양질의 교회로 그 체질을 바꾸려면 제자훈련을 통해 평신도를 깨우는 것 외에는 별다른 길이 없다는 데 크게 반대하지 않는 것 같다. 그러나 평신도를 깨우는 것은 막연한 생각을 가지고 할 수 있는 일이 아니다. 남이 한다고 따라할 수도 없는 일이다.

제자훈련은 자신이 발견한 목회철학이 하나님의 손에서 직접 받은 계시처럼 너무나 분명하고 확고해서 입을 다물고 가만히 앉아 있을 수 없는 강렬한 내면의 불길을 가진 자라야 할 수 있다. 그래서 제자훈련을 하는 사람은 미쳐야 한다 (옥한흠 목사의 광인론).

철학이 있고 가슴에 불이 있고 내일의 비전이 분명하면 일을 저지르지 않고는 견디지 못하는 사람이 된다. 아무리 큰 희생이 따른다 해도 그만두지 못한다. 우리가 몸담고 있는 대부분의 목회현장은 미쳤다는 소리를 들을 정도로 생명을 거는 자세로 임하지 않으면 제자훈련이 거의 불가능하다고 볼 수 있다. 토양이 너무 박하다. 묘목을 심어도 금방 말라 죽는다. 말라죽지 않으면 밟혀 죽는다.

목숨을 걸고 제자훈련을 반대하는 세력이 버티고 있다.

이미 체질화된 자기신앙에 어떤 변화가 일어나는 것을 끔찍하게 두려워하는 사람들이 수두룩하다. 어디 그뿐인가? 설교, 심방, 행정을 주로 하는 기존 목회도 체력이 달리고 시간이 모자라고 교인들의 요구를 다 들어주지 못하는데, 여기에다 제자훈련을 보태서 자신을 혹사한다는 것은 생각만 해도 끔찍한 공포의 대상이 될 수 있다. 이런 상황에서 해도 그만, 안 해도 그만 하는 식의 안일한 생각에 젖어 있는 사람이 어떻게 제자훈련의 칼을 뺄 수 있겠는가?

다시 말한다. 평신도를 깨우고 싶은가? 당신은 미쳐야 한다. 예수님도 미쳤다는 소리를 들었고, 바울도 그랬다. 제자훈련 외에는 다른 길이 없다고 하는 막다른 골목을 만난 자의 심정으로 임해야 한다. 이것을 안 하면 목회를 그만두겠다고 하는 결의로 임해야 한다.

그러기 위해서는 목회철학을 정립해야 한다. 그 목회철학이 교회본질에 일치할수록 우리는 바른 목회를 할 수 있다. 본질을 붙드는 곳에는 길이 열리기 때문이다. 목회철학이 정립되면 거기에서 목회의 전략이 나온다. 그리고 자연히 목회방법이 분명해지는 것이다. 교회가 무엇인가? 교회는 왜 존재하는가?

교회는 왜 존재하는가?

교회란 무엇인가? 교회는 그리스도 안에서 부름 받은 하나님의 백성이다(고전 1:1 - 2, 엡2:19).

- 종교개혁자들의 유산

교회는 하나님나라와 동일하지 않다. 하나님의 나라가 보다 포괄적인 하나님의 통치 영역을 의미한다면 교회는 그 통치권 안에 속해 있는 과도기적 제도라고 할 수 있다.

교회는 불완전하기 때문이다. 교회를 하나님나라와 동일시하면 교황의 교권주의 같은 비극이 발생할 수 있다. 지상교회는 하나님나라의 완성된 실체처럼 보이지만 그것은 천국에 가는 유니버설 처지에서 그렇게 될 것이다.

이 땅의 교회는 불완전하다. 하지만 교회가 세상에 아직 남아 있는 존재이유는 독특한 소명을 가지고 있기 때문이다. 이 소명은 세상을 구원하시려는 하나님의 뜻을 이루어 드리는 것이다.

지상교회는 해야 할 일이 있다. 구원받았고 끝이 아닌 것이다. 지상교회를 천상의 교회와 착각할 때 구원 외에 아무것도 영향력을 끼치지 못하는 영적 오합지졸들로 만드는 것이다.

평신도가 깨어나기 위해서는 지상교회의 정의를 다시 써야 한다. 지상교회는 세상으로부터 부름 받은 특권만 가진 것이 아니다. 세상으로 보냄 받은 소명을 함께 가지고 있다.

신약성경의 교회는 지역교회다.

지상교회의 정의를 논의할 때 또 생각해야 할 것은 지역교회의 정체성을 확인하는 일이다. 신약성경 어디에도 교단에 소속된 개교회들을 총괄해서 부르는 집합적인 의미로서의 교회는 존재하지 않는다.

한국교회라는 국가적인 교회개념도 없다. 오직 전 우주적 교회가 아니면 고린도, 데살로니가라고 하는 지방에 자리 잡고 있는 지방교회, local church.

아무리 작은 교회라 할지라도 그것은 완전히 하나님의 공동체, 하나님의 교회인 것이다. 지역교회가 하나님의 교회의 한 부분이 아니라 교회 그 자체이며 그 실체의 확실한 표현이요, 어떤 의미에서는 대표하는 것이라 말할 수 있다.

사람이나 지역에 따라 교회의 열등감을 가져서는 안 된다. 하나님의 눈에 우리 교회의 한 부서는 완전한 교회이기 때문이다. 완전한 하나님의 교회이기 때문이다. 평신도를 깨우고 싶은가? 주님이 자신에게 맡기신 몇 명의 양들을 놓고 그 자체가 완전한 하나님의 에클레시아라는 사실을 확신할 수 있어야 한다.

지상교회는 세상으로부터 부름 받은 하나님의 백성이요, 또한 세상으로 보냄 받은 그리스도의 제자이다.

도전받는 전통적인 교회론

종교 개혁자들의 교회관이 성경적인 것은 확실하다. 그러나 선교의 콘텐츠 속에서 교회를 생각하지 않은 것이다.

칼빈과 루터시대에서는 참교회와 그렇지 않은 교회를 구분하는 것이 중요했다. 그래서 교회의 3대 표지가 말씀선포, 성례전 집례, 권징의 집행에서 그 순결성을 유지하는 곳이 곧 예수그리스도의 교회라고 선언하였다.

칼빈 주석에서의 교회론

"목사와 사도를 구분하였다. 사도는 돌아다니면서 복음을 전하는 사람, 목사는 복음을 전하는 사명을 주시지 않고 그가 맡은 교회를 목양하게 하셨다." - 고린도전서 12:28 -

칼빈과 루터의 교회론이 잘못되었다는 것이 아니다. 단지 완전하지 않다는 것이다. 그들이 말씀을 가지고 현실을 개혁한 것처럼 우리도 개혁정신을 가진다면 칼빈이 자신을 비판하더라도 그것을 좋아할 것이다.

－ 성성을 강조, 말씀선포, 성례전의 집례, 권징의 집행

그들이 잘못된 것이 아니라 완전하지 않다는 것이다. 종교개혁의 유산은 개혁정신이다. 칼빈과 루터의 교회관을 개혁하는 것을 그들은 좋아할 것이다.

교회의 사도적 본질에 눈을 돌려야 한다.

프란시스쉐퍼 "우리는 성경이 밝히 말씀하는 교회의 절대표준을 성경이 침묵하고 있는 비절대표준과 혼동하는 일이 없어야 할 것이다."

교회의 사도적 본질

개혁주의 교회론의 교회 본질은 성성, 통일성, 보편성이다(벌코프 조직신학).

그러다가 한스큉의 [교회란 무엇인가?] 그의 교회론 사도의 계승자로서 세상에 보냄 받은 소명자이다. 왜냐하면 교회는 사도의 터 위에 세워진 본질을 가지고 있기 때문이다. 교회의 사도성 니케아회의 교회의 네 가지 속성 중 하나였지만 가톨릭이 베드로와 왕권으로 교황의 권력을 위한 버팀목으로 악용하였다.

무엇이 사도성인가?

교회는 사도들의 증거와 사역의 터 위에 세워졌다. 그래서 사도는 교회의 시

작이며 영구한 기초석이 된다. 이런 근거에서 교회는 사도적인 것이다.

사도직은 독특한 것이어서 반복될 수 없다. 사도는 존재하지 않는다. 그러나 사도의 교훈과 사도의 사역은 계속 존재하고 있다. 그렇다면 지금 시대에 누가 사도의 계승자가 되는가? "오직 한 가지의 기본적인 대답이 있는데 그것은 교회이다."

첫째, 사도의 교훈을 계승하는 것

이것은 신앙고백을 그대로 따르는 것을 의미한다. 말씀을 따르고 성경을 믿는다는 것이다.

둘째, 사도의 사역을 계승하는 것

교회가 하는 모든 일은 세상을 향한 사도적 사명을 완성하는 데 집중되지 아니하면 안 된다. 교회가 된다는 것과 선교를 한다는 것은 별개의 것이 아니다. 세상에 보냄을 받았다는 이 사실을 교회가 복종을 통해 계속적으로 인정하고 나타내는 데서 사도직은 계승된다.

쉐렌크 신약성경에 나오는 하나님의 뜻이라는 말은 복수형이 없고 거의 단수형으로 되어 있다. 그 이유는? 그것이 하나님의 뜻이라는 개념이 전적으로 하나님의 구원목적과 일치되는 뚜렷한 통일성을 가지고 있기 때문이다.

딜레마(하나님의 뜻)가 단수라는 것은 그의 뜻이 오직 한 가지 목적을 지향하고 있다는 것을 의미한다. 그 목적은 예수그리스도를 통하여 세상을 구원하려는 하나님의 구속사역을 완성하는 것이다.

예수그리스도를 모든 사람들이 주님이라고 시인하게 하는 일, 이것이야말로 하나님의 영광과 직결된 그의 뜻인 것이다. 이 일을 위해 교회가 부름을 받았다.

그러므로 교회가 존재하는 가장 중요한 한 가지 목적은 모든 족속에게, 복음을 전하는 데 있다. 그 외에 속한 모든 것 – 봉사, 성례, 교리, 예배는 이 목적을 위한 부수적인 것이다.

교회라면 그 어떤 교회의 일도 세상에 복음을 전하고 사랑으로 그 복음을 인치는 것보다 중요한 일은 없다. 세상을 위한 사도적 소명을 외면한다는 것은 왕의 재림과 영원한 왕국의 실현을 기다리는 소망을 포기하는 것이나 다름이 없는 것이다.

성령과 교회의 관계

예수님이 세례를 받으시고 성령으로 충만하시자마자 오랜 세월의 침묵에 종지부를 찍게 되고 드디어 하나님이 다시 밀씀하시기 시작하였다. 예수님에게 임하셨던 그 성령께서 교회 안에 계시는 이상 침묵은 반드시 끝이 나지 아니하면 안 된다. 성령행전이라는 별명을 가진 사도행전 전체를 통해 증인 혹은 증거라는 말이 30여 차례나 나오는 것은 교회가 절대로 입을 다물 수 없었기 때문이다.

신약교회와 구약교회의 차이

구약교회는 제사중심의 교회였다. 신약에서는 더 이상 제사를 지내지 않는다. 이제 신약교회에서 남은 것은 죄를 사하시고 영원한 제사를 드린 예수그리스도를 자랑하는 일이다(고전2:2). 성령이 오셔서 세상 앞에 나타나는 첫날부터 교회는 증거하는 공동체로서의 성격을 띠고 있었다. 고백하는 교회, 전파하는 교회, 찬양하는 교회가 되었던 것이다.

교회는 세상에서 부름 받은 그의 백성인 동시에 그의 동일한 뜻에 의해 세상으로 다시 보냄을 받은 증인의 공동체이다. 사도적 사명은 아직 끝나지 않았다. 교회가 그 사도성을 회복하여서 땅끝까지 복음을 전하여야 하는 것이다.

"오직 성령이 너희에게 임하시면 너희가 권능을 받고 예루살렘과 온 유대와 사마라이와 땅끝까지 이르러 내 증인이 되리라."(행1:8)는 말씀은 교역자만이 독점할 수 있는 말씀이 아니다. 이것은 온 교회에 주신 사명인 것이다.

교회의 존재이유

1) 하나님을 위해 - 성령의 예배

첫 번째 의무는 예배이다. - 예배는 하나님의 인격에 근거를 둔다. 우리는 그가 누구인지 알고 예배를 드려야 된다(성령의 예배 = 뜨거운 기도, 영감 있는 찬양, 능력 있는 말씀 선포).

2) 세상을 위해 – 복음전도

교회는 그리스도의 증인으로 부름 받아 다시 세상으로 보냄을 받은 성도의 모임이다. 땅끝까지 복음을 전하는 것은 세상을 위해 교회가 해야 할 가장 중요한 의무이다. "평신도가 부름 받은 가장 큰 봉사 사역은 복음을 전하는 전도, 즉 그리스도의 증인이 되는 것이다."

3) 교회 자체를 위해 – 제자 사역

칼빈의 교회론은 교회의 필요성을 무지와 나태가 빚을 수 있는 인간 속성의 결점을 보완하기 위해 하나님이 주신 것으로 보았다. 그래서 교회는 어머니의 배려가 있어야 한다. 신자는 그의 연약함 때문에 교회라는 공동체를 평생 떠날 수 없는 것이다.

교회가 하나님과 세상과 교회 자체를 위해 존재하는 이상 떨어질 수 없는 세 가지는 예배와 전도와 훈련이다. 이 세 가지는 독립된 개체가 아니라 상호 연관되어 작용한다. 이 세 가지 중 어느 하나를 강조한다고 한쪽을 소홀히 할 수는 없는 일이다. 균형감각이 필요하다.

평신도의 위치와 역할

교회가 사도성을 유지하려면 무엇보다 중요한 것은 평신도의 위치와 역할이다.

1) 성경은 교회를 하나님의 백성이라 표현하고 있다.

교역자만이 아니라 전 백성을 뜻한다. 그러므로 모든 신자는 근본적인 평등의 바탕에서 교회요 하나님의 백성의 일원인 것이다. 한 사람도 예외 없이 선택받은 자며 성도며 형제며 자매이다.

2) 교회는 성령의 전이다.

예수그리스도를 통하여 믿는 자는 모두가 죄로부터 놓임을 받은 자유인이다.

3) 교회는 그리스도의 몸이다.

머리는 그리스도요 우리 각 지체는 다 유기적으로 연결되어 있다. 교역자가 우선이고 평신도는 나중이 아니라 한 몸으로 서로가 서로를 도와 상호 사역하게 연결되어 있는 것이다.

그리스도의 몸을 세우기 위해 다시 확립해야 하는 것은 만인제사장직이다. 만인제사장이란

첫째, 하나님께 직접 나아가는 특권을 가진 것이다.

이제 우리는 예수그리스도 외에 인간 중보자를 전혀 필요로 하지 않는다. "인간이 하나님을 직접 만나서 내린 이런 결단에 대해서는 아무도 판단하거나 지배하거나 명령할 수 없다."

둘째, 그것은 영적 제사를 드리는 것이다.

우리는 삶 전체로 영적인 제물로 자신을 하나님께 드리는 것이다. 여기에는 성과 속의 구별이 없다. 이제 하나님의 자녀들은 예루살렘이나 그리심 산에서 예배하지 않고 신령과 진정으로 어디에서나 예배할 수 있는 은혜의 시대가 도래한 것이다(요4:21 - 23).

셋째, 그것은 말씀을 증거하는 것이다.

행동의 증거만 아니라 말씀을 입으로 전하는 구체적인 증거까지 다 포함하는 것이다.

"왕 같은 제사장이요…… 아름다운 덕을 선전하게 하려 하심이라."(벧전2:9)

아름다운 덕을 선전하기 위해 하나님은 우리를 부르신 것이다. 여기서 덕이란 말은 복음을 의미하고 있다 신자는 누구나 제사장으로서 자기의 인격과 삶 전체를 가지고 예수님을 증거하고 찬양하는 데 바쳐야 한다.

신약성경에는 복음을 증거하는 것과 관련된 30여 종의 용어들이 가득 차 있다.

설명하다, 선포하다, 전파하다, 권면하다…… 모든 신자는 하나님에 의해 배움을 받아 다른 사람을 가르칠 수 있으며 또 가르치지 않으면 안 된다. 성령의 다양한 은사를 고려하면 모든 사람이 다 모든 일을 할 수 있는 것은 아니지만 신자는 누구나 다 넓은 의미에서 말씀의 증거자로 부름을 받고 있다.

넷째, 그것은 중보하는 기능이다.

신자의 제사장직은 자신이 하나님 앞으로 나가는 데서 머무르는 것이 아니라 더 나아가 교회 안에 있는 다른 형제들과 세상에 있는 이웃을 위해 봉사하는 데까지 발전하지 아니하면 안 된다.

만인제사장직은 신자들이 세상 앞에서 하나님과 그의 뜻을 증거하고 세상을 봉사하기 위하여 생명을 바치게 하려고 부르신 소명으로 이루어져 있다.

현대교회는 소수의 사람이 아닌 전 교회가 하나님께 직접 나아가 제사 드리며, 복음을 증거하며, 이웃에 봉사하는 에클레시아의 공동체가 되지 아니하면 안 될 것이다.

3. 효과적인 소그룹 운영을 위한 방법들

* 내가 만난 최고의 소그룹 리더(Disciple Journal No.99, p.81)

1) 하나님의 말씀을 사모하는 리더

2) 변화를 두려워하지 않는 유연성 있는 리더

3) 솔직한 리더

4) 신실함을 보여주는 리더

5) 하나님을 철저히 의지하는 리더

6) 창조적인 리더

7) 말씀을 철저히 실천하는 리더

* 삶의 변화를 일으키는 질문들(DJ No.112, p.95)

1) 본문은 오늘을 사는 우리에게 어떤 문제를 제기하는가?

2) 이 구절에서 얻은 진리를 어떻게 당신의 삶에서 적용할 수 있을까?

3) 이 구절들은 현대사회를 사는 우리에게 어떤 도전을 주는가?

4) 본문의 가르침을 당신의 삶의 방식과 비교해 보자.

5) 오늘 공부한 결과를 통해 하나님이 이번 주에 당신에게 원하는 것은 무엇인가?

6) 본문을 통해서 당신이 변화돼야 할 것은 무엇인가? 이 변화를 위해 당신은 당장 어떤 일을 시작하려는가?

7) 오늘 공부를 통해서 하나님에 대해 새롭게 깨달은 사실은 무엇인가? 또한 오늘 공부한 내용이 당신 자신, 불신자, 친구 등에 대한 태도에 도전이 되는 것은 무엇인가?

* 낙심한 그룹원을 격려하는 방법(DJ No. 110, p.89)

1) 지속적으로 기도하라.

2) 지속적인 관계를 맺으라(카드 보내기, 선물 보내기).

3) 건전하고 능력 있는 멘토를 소개하라.

4) 실제적으로 도울 방법을 찾으라.

5) 생활 속에서 기쁨을 찾게 하라(자연 속의 꽃, 하늘, 구름, 석양 등을 통해서 기쁨을 누릴 수 있도록).

6) 지혜롭게 말하라(격려하라).

* 소그룹을 편안하게 만드는 5단계(DJ No.83, p.80)

1) 서로를 알라.

2) 투명하라.

3) 신뢰를 유지하라.

4) 서로의 짐을 지라.

5) 서로를 책임지라.

* 그룹원들이 소그룹 모임에 적극적으로 참여하도록 격려하는 방법(DJ No. 99, p.80)

1) 그룹원을 만나거나 전화를 해서 다음 모임에 대답하거나 나눌 문제를 미리 말해 주라. 미리 준비하고 생각할 시간을 주라는 것이다.

2) 모임 이틀 전에 그룹원 한두 명에게 지난주에 가졌던 하나님과 교제를 설명 하도록 부탁하라. 은혜로운 나눔은 모임을 활성화하는 기폭제가 된다.

3) Icebreak 질문을 던지라. 또한 자신의 삶을 나누는 것을 통해 부끄러움을 해소시키도록 하라.

4) 그룹원들 각자에게 책임을 주라.

5) 주 중에 공부할 과의 교훈에 관한 질문을 미리 주고 준비하도록 여유를 주라.

6) 모임 후에 소극적이고 조용한 그룹원을 따로 만나서 그날 배운 내용에 관 해서 feedback을 하게 하라. 그리고 주 중에 그가 받은 인사이트에 관해서 칭찬하는 카드나 편지를 쓰라.

7) 모임 중에 그룹원의 의견에 신속한 반응을 보여주고 격려하라.

* 이렇게 QT를 가르치라(DJ No.94, p.84)

1) 초기

(1) QT가 무엇이며 QT가 주는 유익이 무엇인지 가르치라.

(2) 성경을 정하고 그 성경개론을 설명하라. 한 장을 정해서 반 정도를 읽게 하라.

(3) 기도를 가르치라. 만약 초보자라면 무엇을 기도할지 가르치라.

(4) 실제로 QT를 해 보게 하라. 주 중에 개인적인 만남이나 전화를 통해 QT 하는 것을 돕고 함께 QT를 해 보는 것도 유익하다.

2) 마무리

(5) 종종 함께 QT를 할 수 있는 기회를 마련하라.

(6) QT를 통해 얻은 유익과 축복을 나누도록 하라.

(7) 지속적으로 QT를 할 수 있도록 도우라(QT에 관한 저널, 책자 소개).

(8) QT를 방해하는 요소들에 관해 말해 주라.

(9) 그를 위해 기도하라.

(10) 다른 사람에게 QT를 소개하도록 격려하라.

* 의미 있게 소그룹을 마무리하려면(DJ No.110, p.89)

1) 지난날을 기억하게 하라.

– 소그룹을 통해 주님께서 역사하심을 서로 나눈다(응답 받은 기도제목들, 변화된 부분들, 말씀을 통해 깨달은 것들).

2) 앞으로의 사역에 대하 청사진을 공개하라.

3) 성취한 것을 인정하라.

4) 평가하라.

5) 파티를 열어라.

* 논쟁을 다루는 방법(DJ No.94, p.86)

1) 질문을 미리 예측하라.

- 본문을 철저하게 연구하라.
- 본문이 주는 유익을 발견하고 본문에서 나올 수 있는 질문을 미리 생각해 보라.
2) 강의와 토론시간을 병행하라.
- 어떤 본문을 공부할 때 본문의 역사적, 신학적 배경에 관해 설명해서 그룹 원들로 본문을 철저히 이해하도록 하라.
- 해석한 내용에 관한 적용을 서로 나누라.
3) 다른 의견에 동의하라. 그리고 새로운 이슈로 넘어가라.
4) 시간을 철저히 지켜라.

* 성숙을 위해 서로 격려하는 법(DJ, No.93, p.58)

1) 그룹원의 비전을 발견하라.
2) 발전을 위한 작은 단계를 인식하라.
3) 겉으로 드러나 보이는 행동보다 그 사람의 중심 태도를 파악하라.
4) 짧은 격려의 편지를 쓰라.
5) 그가 존경하는 어떤 사람 앞에서 훈련생을 칭찬하라.
6) 잘한 것을 축하하라.
7) 영적 퇴보에 민감하게 반응하라.

* 소그룹을 위한 십계명(DJ No.87, p.89)

1) 이 그룹의 유일한 리더는 하나님이시다.
2) 이 그룹은 창조주 하나님을 인식하고 하나님의 기준으로 모든 사람, 관계 와 사물을 분별할 것이다.
3) 이 그룹은 하나님의 창조, 신실함과 열정에 대해 이야기하고 주장할 것이다.
4) 이 그룹은 하나님과 정기적으로 교제하는 시간을 최우선으로 둔다.
5) 이 그룹은 하나님 안에서 한 가족으로서 서로를 위엄, 존경의 마음으로 대 할 것이다.
6) 이 그룹은 갈등과 분노 가운데서도 용서를 주고받는 연습을 할 것이다.

7) 이 그룹은 남녀 사이에서 건강한 관계를 배양할 것이다.

8) 이 그룹은 그들이 가지고 있는 것들을 서로 나누기 위해 시간과 공간을 투자할 것이다.

9) 이 그룹은 사랑과 신뢰와 성실 안에서 서로를 격려할 것이다.

10) 이 그룹은 서로의 은사와 관계를 확인하고 그룹 밖의 사람들과 함께 하나님께서 하신 선한 일들을 나눌 것이다.

* 그룹원이 탈락할 위기에 처해 있을 때(DJ No.93, p.60)

1) 관계의 끈을 놓치지 않도록 하라.

2) 결석을 문제 삼지 말고 소속감을 확인하라.

3) 주님의 사랑에 관해 확인해 주고 하나님을 신뢰하도록 하라.

4) 모든 그룹원이 그녀에게 사랑의 격려가 담긴 편지를 쓰게 하라.

5) 다시 돌아왔을 때 따스하게 맞아주라.

* 그룹의 위기를 막는 방법(DJ No.93, p.60)

1) 리더로서 그룹원과 긴밀한 관계를 가지라.

2) 그룹원의 관심을 파악하라.

3) 그룹원 서로를 수용할 수 있도록 도와라.

4) 당신의 어려움을 나눌 수 있는 투명한 그룹을 만들라.

5) 남을 판단하는 태도나 편견을 버려라.

6) 하나 됨과 주인의식을 가지도록 도와라.

7) 가능한 기도시간을 자주 가지라.

* 소그룹 리더로서 그룹원에게 무엇을 줄 것인가?(DJ No.84, p.81)

1) 비전

2) 은사배치 - 그룹원의 장점을 파악하고 그것을 사용할 방법을 제시하라.

3) 멘토

4) 좋은 읽을거리들

5) 확신감

6) 은혜 받은 말씀

7) 고백

8) 흥미: 새로운 세계로의 경험(낚시 가기, 커피숍, 운동 등)

* 건강한 소그룹 vs 건강하지 않은 소그룹의 체크리스트(DJ No.83, p.81)

- 건강한 소그룹

1) 육체적 및 감정적 안정성

2) 개방된 대화: 갈등이 허락되고 해결되는 소그룹

3) 서로에 대한 관심

4) 개인의 은사를 인식함

5) 변화에의 자유: 변화에 개방

6) 웃을 수 있는 여유

- 건강하지 않은 소그룹

1) 감정적 부적응성 혹은 리더십의 상실

2) 겉도는 상태 혹은 겉도는 영성

3) 서로의 감정이 숨겨짐

4) 갈등과 분노가 부인되고 무시됨

5) 변화에 저항

6) 언제나 진지하다.

* 소그룹 인도자가 모임 5분 전에 해서는 안 될 행동

1) 성경공부(교재, 인도자 지침서, 주석 혹은 성경구절을 공부)

2) 집 안 청소

3) 식사

4) 회의

5) 모임장소로 이동(운전)

성장하는 미래교회 메타교회

칼 F. 조지 저. 김원주 역. 요단출판사. 1997.

저자 Carl F. George

찰스 풀러 복음전도, 교회성장 연구소 소장이며, 백여 개 교파의 지도자들에게 널리 인정받는 교회성장 컨설턴트이다. 저서로는 로버트 E. 로간과의 공저, 「당신의 교회 지도와 경영」과 워렌 버드와의 공저, 「교회성장의 장애물을 제거하는 법」이 있다.

우리시대의 지도적 분석가들이 제시하는 미래 사람들의 필요 8가지

1) 아직도 인간적인 접촉을 소중하게 생각한다.

존 나이스비트(John Naisbitt)는 그의 책 「메가트렌드」와 「메가트렌드 2000」에서 "과학기술 진보의 새 물결이 닥칠 때마다 사람들은 그것을 보상하는 인간적인 접촉을 추구한다는 것이다."라 강조하고 있고 저자인 조지도 인간적인 접촉을 할 수 있는 기회들이 그 어느 때보다 필요하다고 생각한다.

2) 계속해서 선택하고 싶다.

시청자에게 단지 3개가 아닌 200여 개의 채널 가운데서 원하는 대로 선택할 수 있도록 하는 세계에서 교회가 더 이상 한 가지 프로그램만을 제공할 수는 없다. 오늘날 신자들은 자기형편에 가장 알맞은 것을 고를 수 있도록 교회가 다양한 프로그램을 제공받기를 원한다.

3) 90년대를 평가할 수 있는 법을 가르쳐 주시오.

정보화 시대에 들어가는 때에 교회가 반드시 해야 할 일이 두 가지 있다고 말한다. 첫째는 그리스도인들이 미국교회를 포함해서 우리 세계가 극적인 변화를 겪고 있는 중이라는 사실을 직시해야 한다는 것이고, 둘째는 교회 지도자들은 다른 모든 '주의'나 '경향'이 그렇듯이 정보시대에도 그 나름의 가치기준과 우선순위가 있다는 사실을 기억해야 한다는 것이다. 그러기에 교회가 성장하고 적용하는 방법을 가려내는 과정에서 우리는 항상 성경을 들고 있어야 한다.

4) 변화에 대처할 수 있게 해 달라.

미래학자 조엘 바커(Joel Barker)는 「미래를 발견함」에서 피할 수 없는 급격한 변화를 극복할 수 있는 적극적인 태도를 계발해야 한다고 강조한다. 우리 사회는 이전 어느 세대보다 빠르게 변하고 있다. 이런 환경으로 인해 목회기회가 더욱 확산되고 있지만 변화에 대처하지 못한다면 다른 사람에 대한 우리의 영향력은 줄어들 것이다.

5) 여성을 무시하지 말라.

흔히 목회자로 찾고 있는 사람은 '목회에 가장 적합한 남자'였다. 그러나 이제는 사역의 필요성이 더 중요하게 되었고, 교인이라면 누구나 사역을 감당할 수 있게 되었다.

6) 동기부여를 자본화하라.

모든 교회의 지도자들이 똑같이 스스로에게 이런 질문을 해 보면 도움을 얻을 것이다. "마케팅 전문가가 볼 때 우리 교인들에게 근본적으로 동기를 부여해 주는 것은 무엇이라고 말할 것인가?" 이 질문의 답이 얻어지면, 그 답을 이용해서 교인들에 대한 사역과 구조를 형성해야 한다. 그러면 사역을 좀 더 효과적으로 하고 더욱 확산시킬 수 있을 것이다.

7) 사람을 중요시하는 조직구조를 보여주시오.

8) 나를 돌봐주시오.

조직체는 개개인이 변화를 받아들일 수 있도록 해야 한다. 그러면 어떻게 할 수 있나? 개개인을 세심하게 살피고, 지도층이 자기에게 관심을 가지고 있다는 것을 알려 고객의 욕구를 충족시켜 줌으로써 그렇게 할 수 있다.

네 가지 예견

장차 교회는 어떤 비전을 붙잡아야 할까? 교회구조는 어떠해야 할까? 그 구조를 도입한다면 과연 교회는 그리스도의 대명령(마22:37 – 40)과 지상명령(마 28:18 – 20)을 성취할 수 있을까? 여기에 네 가지 예견을 제시한다.

1) 우리는 광대한 미래의 계획을 세울 것이다.
2) 도시교회들이 앞장설 것이다.

우리 세대에는 유사 이래 최대의 인구증가가 있을 것이다. 그 과정에서 도시교회들이 점점 더 중요한 위치를 차지하게 될 것이다.

그리스도의 대위임을 성취하려면 미래교회는 사람들이 있는 곳에 있어야 한다. 2025년까지의 성장은 대부분 대도시 지역에서 이루어질 것이다. 그리고 대부분 제3세계에서 이루어질 것이다.

3) 작은 교회들은 시간제 목사를 둘 것이다.

2000년을 지날 때쯤에는 대부분의 작은 교회들은 자원봉사자나 자비량선교사가 돌볼 것이다.

4) 거대교회들은 교인들을 세심하게 돌볼 수 있을 만큼 작아질 것이다.

교회가 점점 성장하면서도 '교인'을 매우 작은 집단으로 조직하여 그들을 훨씬 더 개인적인 방식으로 돌볼 수 있게 하는 것이다. 따라서 미래교회는 오늘날 일반 지역교회보다 규모는 훨씬 더 커지면서도 중앙집회 장소가 아니라 소그룹 사역의 장소가 될 것이다.

지도자들이 목회현장에서 관찰하였거나 경험했던 16가지 방법론

1) 설교와 부흥운동: 복음 전도자 무디는 "교회를 부흥시키는 가장 좋은 방법은 강단에 불을 지르는 것이다."
2) 주일학교: 주일학교는 강단에서 행해졌던 설교 이상으로 교회성장에 기여하였다. 평신도 참여를 강조하는 주일학교는 초기단계의 교회를 조직적으로 지시하는 데 널리 활용된 방법 중 하나였다.
3) 버스사역: 1960년대에 유행했던 버스사역은 대대적인 수적 성장을 일으

키기 위해 많은 교회들이 돌파구로 사용했던 전략이다. 버스사역으로 인해서 새 신자를 모으는 일과 가르치는 일이 분리되었다.

4) 작은 교회와 대교회: 작은 교회에서 문제가 발생되거나 나와야 되는 경우에 대부분은 대교회를 찾아 옮겨간다.

5) 의도적인 위치설정(입장설정): 위치설정(positioning)이라는 용어는 좀 더 사람들이 자기 교회로 오고 싶어 하도록 하기 위해 의도적으로 이미지를 바꾸려는 교회에 적용할 수 있을 것이다. '위치를 정한다'고 해서 반드시 큰 교회가 되는 것은 아니지만 그렇게 함으로써 많은 사람의 교제를 수용하는 교회로 성장할 수 있다.

6) 음악센터: 카리스마 운동을 하는 많은 오순절교회들이 보인 성장은 대개 음악이 곁들여진 열광적인 찬양에서 비롯되었다. 사람을 끌어들이는 똑같은 현상은 좀 더 수준 있는 음악을 제공하는 교회들에서도 적용된다. 그 교회들은 좋은 오르간이나 수준 높은 성가대로 사람들에게 알려지고 클래식 음악센터가 된다. 예견할 수 있는 것은 그런 교회의 규모는 그 교회에서 보여주는 음악적 분위기에 끌리는 교인들 수와 관계가 있다는 것이다.

7) 강단설교와 웅변기술: 오늘날의 설교는 대화식이면서 아주 명쾌한 커뮤니케이션 스타일에서 시작되었다. 오늘날의 설교자들은 거대한 무리를 매혹시키는 커뮤니케이션의 귀재들이다. 출석 교인 수가 점점 늘어나고 있는 주요 요인은 바로 그들의 강력한 설교이다.

8) 기적 사역: 신적 치유에 대해서는 사회의 모든 계층을 막론하고 병든 사람은 누구나 관심을 갖고 있다. 그리고 사람이 치명적인 병에 걸렸을 때는 매우 이성적인 사람도 치유사역에 초점을 둔 교회나 단체를 아주 진지하게 찾는다는 것이다.

9) 당회나 제직회의 간섭: 기차 승객 중에 어느 누구나 어느 객차건 브레이크를 밟을 수 있다면 아마 많은 혼잡이 일어날 것이다. 교회의 부서와 당회가 교회를 이끌어 갈 새로운 비전이 제시되는 것을 방해한다.

10) 주간학교: 기독교 주간학교 전략은 부모들이 반정부적인 성향을 가지고

있거나 공립학교들이 영적으로 안심할 수 없거나 학문적으로 보통수준인 곳에서는 효과가 있다. 이 체제를 활용한다고 해서 반드시 교회가 성장하는 것은 아니지만 적어도 가정들이 교회를 떠나가는 비율은 감소시킨다.

11) 교단기관 가까이 있는 증후군: 교회가 교단기관으로부터 도움을 받을 수 있고, 교단기관은 그 지역에서 오래된 교인들을 고용하거나 훈련할 수 있다.

12) 저명인사들을 초빙함

13) 혼합 미디어를 사용하는 매력적인 예배: 몇몇 교회들은 설교에 다양한 합주와 멀티미디어를 사용한 예배형식을 실험하고 있다. 사람들은 초청을 받아 통역이나 합창, 연극, 기막힌 합주 등을 듣고 교육을 받으며 설명을 듣는다. 목사는 알아듣기 쉬운 말로 현대문제들을 들어 이야기한다. 참석자들은 카슨 쇼보다도 재미있는 것을 볼 수 있고, 교회에 다니지 않는 이교도라는 비난이나 정죄를 받지 않고서 하나님을 향하여, 그리고 성경적인 생활방식을 향하여 나아갈 다음 단계를 취하는 법을 배울 수 있다.

14) 다양한 교역자: 교회가 성장하면서 사역자들도 늘어난다. 그리고 이러한 모든 사역자들이 선교현장과 전도를 위해 개별적으로 사람을 접촉할 때, 매우 좋은 결과가 나온다.

15) 이주와 식민지화: 이주민들은 자기들의 필요와 두려움을 이해하고 자기들 문화에서 영적 성장을 효과적으로 일으킬 수 있는 사람을 필요로 하고 기다리고 있다.

16) 장년교인들: 자원봉사 장년교인들이 있다.

위에서 살펴보았듯 성장하는 건강한 교회를 위한 모델에서는 성장을 일으키는 핵심요소로서 평신도 주도의 소그룹을 강조한다. 그러기에 미래교회는 전통적인 방법론을 뛰어넘어 소집단에 초점을 맞출 것이다.

이 책의 중심 전제는 목사가 소그룹을 장려하고 증가시키는 일을 최우선 순위로 삼아야 한다는 것이다. 소그룹들이 성장의 핵심요소이기 때문이다.

이로 인해 형성된 것이 바로 메타교회인 것이다.

메타교회라는 전문적인 용어는 월드미션의 풀러신학교에서 수년 동안 함께 가르쳤던 선교 인류학자인 폴 히버트(Paul Hiebert)가 제안하였다. 그는 미시이론(microtheory)에서 거시이론(macrotheory)으로, 그 다음에 메타이론(metatheory)으로 넘어가는 과정처럼 다음의 논리적 범주를 나타내는 '메타'라는 용어를 쓸 것을 제안하였다. '메타'는 메타볼리즘, 메타모르포시스, 메타피지컬에서처럼 '변화'의 뜻을 지닌다. 이에 해당하는 그리스어 '메타노이아'(metanoia)는 '마음을 바꾸다' 혹은 '회개하다'라는 뜻을 가지고 있다.

그래서 '메타교회'는 '메가교회'(초거대교회)와는 전혀 다르다. 이 새로운 명칭은 더 많은 교인 수를 가진 교회를 가리키지만 그 초점은 변화에 있다. 즉 목회방식에 대해 목회자가 생각을 바꾸는 것이며, 교회가 수의 압박에서 벗어나기 위해 조직의 형태를 바꾸는 것이다.

메타교회는 다른 동물, 이 지구상에서 있는 거대한 동물로는 표현할 동물이 없다. 그렇다면 포유동물 중에 튼튼하고, 적응력이 강하며, 번식력이 강한 동물은 무엇일까? 그것은 두말할 것도 없이 토끼나 쥐 같은 작은 동물들이다. 그래서 초대형 교회를 쥐 유형을 그룹으로 표현하는 것이다.

전통교회와 메타교회의 비교

메타교회	전통교회
조직은 셀그룹이다.	조직은 부서조직이다.
셀 그룹은 가족단위로 5 - 35명 정도	셀그룹보다는 크고 공동예배보다는 작다.
교회 스태프들의 역할은 리더십을 발전시키는 구조를 효과적으로 운영하는 것.	전통교회의 체제는 관료주의식의 지도부를 만든다. 권위가 지위와 연장자들에게서 나오기 때문이다.
목사의 과중한 직무와 교인들의 지나친 의존도에서 초점을 다른 곳으로 옮김.	한 목회자에게 의존한다.

메타교회	전통교회
메타교회의 중심은 사람	
가정단위의 셀그룹에서 형성된 튼튼한 관계 때문에 예배실은 규모를 제한할 필요가 없다.	도시수준의 집회나 교단집회 같은 큰 예배의식보다는 사람들이 군중 속에 묻혀 불편을 느끼지 않도록 하기 위해 부서별 모임을 더 중요하게 생각한다.

메타교회는 소그룹이며, 가족단위나 동질성의 단위이기에 다른 사람들의 상처를 다독여 주는 반면 전통교회는 많은 사람의 깊은 상처를 구조적으로 무시하

게 만든다.

메타교회는 새로운 사람이 들어와도 그룹 간의 새로운 관계가 형성되지만 전통교회의 부서조직은 내부의 파벌이 형성되기 쉬워 새 신자들이 적응하기가 어렵게 되는 경우가 많고, 그 부서조직 안에서도 소외감을 느껴 교회를 떠나는 경우도 있다.

메타교회의 이점들

1) 소속감

교회에 새로 나오는 사람들은 그룹에게 자신의 이야기를 할 수 있도록 도움을 받아야 한다. 메타교회의 셀그룹은 다른 사람의 심정을 이해하고 다른 회원을 동료 나그네로 여기고, 그 사람이 받아들여졌다는 것을 느끼도록 만든다. 소속감은 소그룹 사역에서 결정적이다.

2) 교제권 안에 들어감: 옆문으로 들어가는가? 아니면 앞문으로 들어가는가?

어느 쪽을 통해서 들어오든 신입회원들이 교회에 적응하고, 정착할 수 있도록 도움을 제공한다.

3) 위로지대

다양한 크기의 그룹을 선택할 수 있도록 하는 교회가 선택할 것이 별로 없는 교회보다 성장을 더 잘할 수 있을 것이라고 믿는다. 더욱 중요한 사실은 사람을 '붙잡아 두는 일'을 가장 잘 해내는 그룹은 쥐 유형의 가정 셀그룹이다.

4) 계속적인 성장

메타교회는 대안적인 구조를 만들어 내어 적절한 관심을 말한다. 그것은 새로 정한 조직상의 우선순위, 즉 '사람 중심이고', '사역 중심이며', '양육중심인' 조직적인 목회적 양육을 제공할 수 있는 '교회 내의 교회구조'를 요구한다. 메타교회의 체제를 도입한다면 교인 전체 수가 얼마든지 상관없이 각 신자들이 하나님께서 그들에게 주신 은사가 무엇인지 깨닫고 다른 사람의 유익을 위해 계속해서 그 은사를 사용하는 위치에까지 이르도록 양육할 수 있다.

출발을 위한 준비: 셀 조직 운영법

1) 셀을 기초단위로 삼으라.

교회의 결정이나 모든 조직체계, 모든 리더십 계발은 쥐 유형 구조를 통한 사역의 증대에 얼마나 기여하느냐에 따라서 평가할 것이다.

2) 교회의 모든 소그룹을 파악하라.

3) 상호 양육그룹의 활력을 발견하라.

무엇이 양육그룹의 활력소가 되는가? 서로 섬기며, 성경으로 서로 가르치며, 격려하고, 서로 돌보는 것들이 활력소가 된다.

4) 다른 사람의 이익을 위하는 업무그룹의 잠재력을 발견하라.

미래교회는 대체로 그룹활동에 참여하지 않고서 주변 인물로 남아 있는 교인들에게 초점을 맞추는 새로운 형태의 업무그룹이 있어야 한다.

셀그룹의 사역은 네 가지를 중점적으로 다룬다. 이는 사랑과 학습, 행동, 결정이다.

셀 조직을 구성하라

1) 평신도 사역

평신도들도 자신에게 주어진 그룹의 사역을 아주 진지하게 받아들여 사역을 잘 감당할 것이다. 그리고 평신도는 사역자의 이동과는 관계없이 장기적이고 지속적으로 사역을 감당할 수 있다.

2) 목회가 교육을 대신한다.

3) 모든 사람이 신입교인을 환영한다.

셀은 사람을 구원하는 기관이기 때문에 교회의 선교명령을 깨뜨리지 않고 오히려 선교적 명령에 동참한다.

영양실조를 없애라

1) 회원들에게서 오는 신호에 유의하라.

(1) 의식의 결핍: 다른 사람과의 유대관계로 소그룹에서 얻을 수 있는 관계를 느끼지 못함

(2) 유연성이 없다: 전부터 알고 믿어 오던 교회의 오래된 프로그램에 의지해 신앙생활을 함.

(3) 친교의 두려움: 친숙한 감정이나 나눔을 불편하게 느끼게 됨.

(4) 과거의 선입관: 제자훈련과 소그룹의 가치를 낮게 평가하는 교회의 생활관

(5) 잘못된 기대: 담임목사에게서만 교육을 받을 것이라는 기대

(6) 좋지 않은 기억: 제대로 조직되지 않고, 좋지 못한 그룹에서 지냈던 불행한 경험 등.

(7) 불균형을 이룬 시각: 양육이 균형을 이루지 못하는 그룹에서 배운 사람.

(8) 접촉 부족: 초청할 사람이 없는 사람들.

(9) 상실의 두려움: 기존에 가지고 있는 것을 잃어버릴지도 모른다는 생각을 가진 사람들.

2) 평신도 지도자에게서 오는 신호에 유의하라.

(1) 과중한 사역에서 오는 피로

(2) 비현실적인 목표

(3) 무례한 사람 보내기: 그룹에 상처를 입히는 사람 때문에 고민하는 사람

(4) 통찰력 부족: 고집이 세서 자신이 다 하려고 하는 사람

3) 목회자로부터 오는 신호에 유의하라.

(1) 분열의 두려움: 목회자들은 분열과 거짓교리를 두려워한다.

(2) 질투: 목회자들은 때때로 교인들을 지도하고 조언하는 일에서 그동안 누려 왔던 배타적인 권위를 잃게 될까 봐 두려워한다.

(3) 자심감이나 훈련부족: 셀 사역에 대한 비전을 자신의 교회 리더들에게 심어 주어야겠다는 확신 부족

리더들을 훈련시켜라

목회자들은 코치와 동등한 팀 리더로서의 평신도가 필요하다는 것을 인식해야 한다. 그리고 평신도팀 전체를 가동시키는 가장 좋은 방법은 목사 한 사람이 팀 리더들로 구성된 그룹들을 훈련시키는 것이다.

메타교회의 한 목표인 최종적인 역동성은 할 수 있는 한 예비그룹 리더들을 많이 확보해 두는 것이다. 훈련받은 리더가 많으면 많을수록 교회는 더 성장할 수 있다. 그리고 이러한 리더는 어느 특정한 평신도가 아니다. 메타교회 이론의 장점 가운데 하나는 성령께서 모든 신자를 서로를 돌보는 사역에 공식적으로 위임한다는 성경적 신념이다. 이는 목회자나 집사, 그리고 남성에게 국한된 것이 아니다.

메타교회와 함께 미래로 가는 길

1) 미래교회들은 제자들을 더 많이, 그리고 더 훌륭하게 키우는 일에 헌신할 것이다.
2) 미래교회는 교회건물 크기보다는 거두어들일 수확량에 관심을 가질 것이다.
3) 사람들은 교회를 가르치는 기관보다는 양육하는 곳으로 알게 될 것이다.
4) 목회자들은 수 세기 동안 내려오던 관행과는 반대가 될지라도 평신도 사역을 진심으로 장려할 것이다.
5) 평신도 사역의 과제 가운데는 그룹에 대한 리더십도 포함될 것이다.
6) 기회를 부여받은 평신도들은 목회일을 잘 해내는 데 필요한 기술들을 배우기 위해 시간과 정력과 돈을 투자할 것이다.
7) 미래교회에서도 목사와 교인들은 서로를 교육하는 상호 사역에 자신의 은사를 사용토록 하시는 성령님을 의존할 것이다.

이 외에도 메타지구본과 다른 사례들을 통해 메타교회에 대해 설명하고 있으나 도표와 설명이 일일이 들어가야 하기에 생략하였다. 나머지 부분은 꼭 책을 사서 읽어보라. 돈이 아깝지 않을 것이다.

새들백교회 목회철학

The Great commandment와 The Great commission의 The Greatcommitment는 The Great Church를 만든다.

위대한 계명(마22:37 – 40) + 위대한 사명(마28:18 – 20)

1) 마음을 다해 주님을 사랑하라(예배).

2) 이웃을 네 몸처럼 사랑하라(사역).

3) 가서 제자 삼으라(전도).

4) 세례를 주라(교제).

5) 지키도록 가르치라(훈련).

Magnity 찬미 – 우리는 예배를 통해 하나님의 임재를 찬양한다.

Mission 선교 – 우리는 전도를 통해 하나님의 말씀을 전한다.

Membership 소속 – 우리는 하나님의 가족을 '교제'로 끌어들인다.

Maturity 성숙 – 우리는 '제자훈련'을 통해 하나님의 백성을 교육한다.

Minstry 사역 – 우리는 '봉사'를 통해 하나님의 사랑을 나타낸다.

새들백 목적 진술

사람들을 그리스도께 인도하여 그의 가족에 소속되게 하고 그들을 그리스도를 본받는 성숙에 이르도록 계발하고 그들을 교회에서 사역하고, 세상에서 선교하도록 준비시킴으로써 우리는 하나님의 이름을 찬미한다.

1) 전도 – Community

2) 예배 – Crow

3) 교제 – Congregation

4) 제자훈련 – Committed

5) 봉사 – Coremember

새들백 다이아몬드, 새들백 동심원

새들백교회 이야기 소그룹 스터디

[영적 파도타기]

1) 영적 파도타기에서 '파도'가 가르치는 것은 무엇이라 생각하는가? 또 '파도

타는 기술'은 무엇이라 생각하는가?(22P)

2) 성장하지 않는 교회는 병든 교회라는 저자의 말에 동의하는가? 동의하지 않는다면 그 이유는 무엇인가?(25P)(seeing the Big Picture) 새들백교회 이야기

3) 이 책은 누구를 위해 무엇에 도움을 주려고 쓴 것인가?

4) 릭워렌의 개척스토리를 읽으면서 어떤 것을 느꼈는가? 각자 돌아가면서 나누어보라.

5) 새들백교회는 누구를 대상으로 만들어진 교회인가?(p.51)

6) 사람들이 느끼는 현실적 필요(felt need)와 진정한 필요(real need)를 어떻게 설명하고 있는가?(p.52)

7) 새 가족이 많이 모여서 사람의 수가 많아지자, 새들백교회의 또 다른 고민은 무엇이었는가?(p.59) 교회는 부흥하는 데 왜 고민을 하는가? 교회부흥이 자신들의 비전과 맞지 않기 때문이었다. 새들백교회의 비전은 무엇인가?(p.55)

성장하는 교회에 대한 신화들

신화1: 대형교회들의 유일한 관심사는 출석인원이다.

진리1: 관심사는 출석인원(Attendance) _____(Assimilate)시키는 것이다.

1) "지속적인 성장을 위해서는 사람들이 다른 곳에서 얻을 수 없는 무엇을 당신의 교회가 제공할 수 있어야 한다."에서 다른 곳에서 얻을 수 없는 무엇이란 어떤 것인가?(p.62 참조)

2) 사도행전 2장 42 - 47절을 보면서 초대교회에서 이루어졌던 5가지 모습을 살펴보고 나누어 보라.

[행2:42 - 47]

[개역](행2:42) 저희가 사도의 가르침을 받아 서로 교제하며 떡을 떼며 기도하기를 전혀 힘쓰니라. [개역](행2:43) 사람마다 두려워하는데 사도들로 인하여 기사와 표적이 많이 나타나니 [개역](행2:44) 믿는 사람이 다 함께 있어 모든 물건을 서로 통용하고

[개역](행2:45) 또 재산과 소유를 팔아 각 사람의 필요를 따라 나눠 주고

[개역](행2:46) 날마다 마음을 같이하여 성전에 모이기를 힘쓰고 집에서 떡을 떼며 기쁨과 순전한 마음으로 음식을 먹고 [개역](행2:47) 하나님을 찬미하며 또 온 백성에게 칭송을 받으니 주께서 구원받는 사람을 날마다 더하게 하시니라.

3) 릭워렌이 사도행전 2장에서 강조하는 두 가지는 무엇인가?(p.62)

◆ 교회성장은 교회의 건강의 자연스러운 결과이다. 교회의 건강은 우리의 메시지가 (Biblical)이고 (Balanced)에만 유지될 수 있다.

4) 균형이란 저절로 이루어지는 것이 아니다. 균형은 의도적으로 노력해야지만 이룰 수 있는 것이다. 교회가 5가지 목적에 균형을 이루기 위해서 꼭 갖추어야 할 두 가지는 무엇인가?(p.63)

신화2: 모든 대형교회들의 성장은 소형교회들의 희생을 바탕으로 이루어진다.

진리2: 건강한 교회는 새 신자들의 유입으로 성장한다.

신화3: 우리는 양과 질 둘 중의 하나를 선택해야 한다.

진리3: 질(Quality)과 양(Quantity) 모두 선택할 수 있다.

5) '질은 양을 낳는다'라는 말의 뜻과 '양이 질을 창조한다'는 말의 뜻을 서로 상충적이지 않게 설명해 보라.

6) 많은 교회들이 작은 규모로 머무는 이유를 저자는 어떻게 말하고 있는가?(p.65)

신화4: 교회의 메시지와 사명을 타협해야만 성장할 수 있다.

진리4: _____(compromise) 없이 _____(contemporary)이 되어야 한다.

7) 새 신자들에 대한 기대와 일반 성도들에 대한 기대가 혼동하는 것이 잘못된 신화를 가지고온 이유라고 저자는 말하고 있다. 새들백교회에서는 어떻게 그 혼동에 질서를 잡고 있는가?(p.67)

8) 타협하지 않는 교회, 현대적이기만 한 교회의 문제점은 무엇인가? 이 두 가지를 동시에 이루는 것은 예수님의 방법이라고 저자는 말한다. 예수님은 어떻게 타협함 없이 현대적인 삶을 사셨는지 성경의 예를 통해 이야기해 보자.

신화5: 철저히 헌신하기만 하면 교회는 성장할 것이다.

진리5: 교회를 성장시키는 데는 헌신과 _____이 모두 필요하다.

9) 사역을 하면서 치우치는 양 극단은 무엇과 무엇인가? 그리고 그것에 대안점은 무엇인가?(p.73)

10) 하나님과 내가 함께 사역한다는 것을 어떤 성경구절을 통해 증명하고 있는가?(p.74)

신화6: 교회 성장에는 단 '하나'의 비결이 있다.

진리6: 교회를 성장시키는 데에는 하나 이상의 길이 있다.

11) 여러 종류의 사람들을 그리스도께 인도하기 위해서는 여러 종류의 교회가 필요하다는 말을 어떻게 생각하는가? 각자의 느낌을 이야기해 보자(p.76)

신화7: 하나님이 우리에게 원하시는 것은 오직 충성됨이다.

진리7: 하나님은 충성(Faithfulness)될 뿐 아니라 _____(Fruitfulness)도 맺기 원하신다.

12) 여기에서 말하는 '열매'란 구체적으로 무엇을 가리키는 말인가?

13) '우리는 성공적이 되라고 부르심을 받지 않고 오직 충성되라고 부르심을 받았다.'라는 말을 저자는 강하게 반박하고 있다. 왜 그런가? 릭워렌에게 있어 '성공적'이란 말과 '충성됨'이란 말의 뜻은 어떤 의미인가?(p.79)

신화8: 대형교회들로부터는 배울 것이 없다.

진리8: 교훈과 원리들을 뽑아낼 수 있다.

14) '우리 모두는 개발자로 부르신 것이 아니라 효과적이 되라고 부르신 것이다'라는 릭워렌의 말의 뜻은 무엇인가? 다른 사람의 것을 모방해서 나의 사역에 가지고 오는 것에 대해 어떻게 생각하는가?

15) 다른 교회로부터 전수 받을 수 있는 것은 무엇인가?

(1) 당신은 _____ 배울 수 있다.

(2) 당신은 _____을 배울 수 있다.

(3) 당신은 _____을 배울 수 있다.

목적이 이끌어 가는 교회로 정립하기—Becoming a Purpose – Driven church

무엇이 당신의 교회를 움직이는가? – What Drives Your church?

1) 웨스트사이드 교회의 월례제직회의의 문제점이 무엇인지 자신의 생각을 나누어 보라.

2) 릭워렌의 글을 함께 소리 내어 읽어보자.

"모든 교회는 무엇인가에 의해 움직인다. 교회에서 일어나는 모든 일에는 인도하는 힘과 조절하는 가정과 이끌어 가는 확신이 작용한다. 어쩌면 이것들은 이야기되지 않고 많은 사람들에게 알려지지 않은 것들인지도 모른다. 이것들이 공식적으로 투표된 적은 아마도 한 번도 없었을 것이다. 하지만 이것들은 분명히 존재하며 교회 생활의 모든 면에 영향을 끼친다. 당신의 교회를 움직이고 있는 추진력은 무엇인가?" – '이 교회를 움직이는 추진력을 이미 배운 평신도를 깨운다'에서 옥한흠 목사는 무엇이라 정의하였는가?

3) 저자는 대부분의 교회를 이끌고 있는 7가지 잘못된 추진력에 대해 말하고 있다.

ⅰ) 전통에 따라 움직이는 교회

중요한 질문 "_____"

ⅱ) 인물에 의해 움직이는 교회

중요한 질문 "_____"

ⅲ) 재정에 의해 움직이는 교회

중요한 질문 "_____"

ⅳ) 프로그램에 의해 움직이는 교회

교회가 프로그램만을 위한 행사치레로 변질되고 그것을 유지하고 지속하는데만 목적을 두는 것은 문제이다.

ⅴ) 건물에 의해 움직이는 교회

(1) 감당할 수 없는 이상의 돈을 써서 건물을 사는 경우

(2) 건물이 협소하므로 성장이 더딘 경우

ⅵ) 행사(Event)에 의해 움직이는 교회

많은 활동으로 교회가 분명한 _____없이 그냥 바쁘기만 할 수 있다. 모든 활동에 이렇게 질문해 볼 필요가 있다. "_____?"

vii) <u>구도자(seeker)</u>에 의해 움직이는 교회

교회는 구도자에게 _____(sensitive) 하지만 그들에 의해 _____(Driven) 안 된다.

4) 위의 7가지 예를 통해 내가 섬기는 교회는 어떤 추진력이 주로 이끌어 가는 지 이야기해 보자(하나씩이 아니라 여러 가지가 함께 섞여 있을 수 있다.)

5) 성경적이고 균형 잡힌 추진력은 바로 하나님의 목적이 교회를 이끌어 가는 것이다. 전통적인 목회에서 목적이 이끌어 가는 교회의 패러다임으로 전환 하기 위해서 두 가지 핵심적인 요소를 이야기하고 있다. 그 두 가지는 무 엇인가?

6) 새로운 관점(Perspective)과 과정(Process)을 이 책에서 나오는 릭워렌의 방 법으로 설명해보라, 관점은 어떤 관점을 가지는 것인가? 과정은 어떤 과정 을 말하는 것인가?

7) "교회가 먼저 물어야 할 질문은 '왜 우리가 존재하는가?'이다. 당신이 무엇 을 위해 존재하는가를 알기까지 당신은 사역을 위한 기초도, 동기부여도, 방향도 갖지 못한다. 만약 당신이 개척교회를 하려고 한다면 당신이 가장 먼저 해야 할 일은 목적을 '규정'하는 것이다. 또한 의기소침한 교회를 생 기 왕성한 교회로 바꾸는 데 교회의 목적을 다시금 발견하는 것보다 더 빠 른 길은 결코 없다."라고 릭워렌은 말하고 있다. 왜 목적을 규정하는 것이 가장 중요하다고 생각하는가?

8) 교회 자문위원 원안의 조사에 따르면 "왜 교회가 존재하는가?"라는 질문에 교인 중 89%가 "교회의 목적은 나와 가족의 필요를 돌보아 주는 것이다." 라고 말했다. 그러나 목회자 중 90%는 "교회 목적은 세상을 구하는 것이 다."라고 대답했다. 무엇이 이런 차이를 가지고 왔다고 생각하는가? 이 설 문을 통한 목회적 인사이트를 모두 이야기해 보라.

건강한 교회의 기초 - The Foundation for a Healthy church

1) 기초에 따라 건물의 규모와 튼튼함이 결정된다. 기초가 감당할 수 있는 규모보다 더 크게 건물을 지을 수 없다. 만약 당신이 건강하고 튼튼하고 성장하는 교회를 세우기 원한다면 당신은 기초를 놓는 일에 시간을 보내야 한다. 이 일은 교외인들의 마음속에 _____, _____ _____ 분명히 밝혀줌으로써 이루어진다.

2) 분명하게 규정된 목적이 가져오는 5가지 유익을 설명하고 있다.

ⅰ) 분명한 목적은 _____ 북돋운다.

[NLT](고전1:10) I appeal to you by the authority of the Lord Jesus Christ to stop arguing among yourselves. Let there be real harmony so there won't be divisions in the church. I plead with you to be of one mind, united in thought and purpose.

[개역](고전1:10) 형제들아 내가 우리 주 예수그리스도의 이름으로 너희를 권하노니 다 같은 말을 하고 너희 가운데 분쟁이 없이 같은 마음과 같은 뜻으로 온전히 합하라.

고전1:10 "진정한 조화를 이루어서 교회 안에 분열이 생기지 않게 하시오……. 한마음을 품고 생각과 목적에 하나가 되시오."(리빙바이블)

* 화목의 열쇠는 목적을 중심으로 일치하는 것이다.
* 존재의 이유를 모르는 것보다 교회를 맥 빠지게 하는 것은 없다.

ⅱ) 분명한 목적은 _____ 줄인다.

사26:3 You, LORD, give perfect peace to those who keep their purpose firm and put their trust in you(TEV).

사26:3 주께서 심지가 견고한 자를 평강에 평강으로 지키시리니 이는 그가 주를 의뢰함이니이다[개역].

사26:3 하나님은 자신들의 목적을 굳게 지키고 하나님을 신뢰하는 자들에게 온전한 평강을 주신다(투데이스 잉글리쉬 버젼).

* 분명한 목적은 우리가 <u>해야 할</u> 일을 보여줄 뿐 아니라 우리가 <u>하지 않아도</u> 될 일을 보여준다.

약1:8 "충성심이 나누어진 사람의 삶은 모든 순간에 불안정함을 나타낸다."(필립스 역)

[개역](약1:8) 두 마음을 품어 모든 일에 정함이 없는 자로다.

* 교회가 그 목적을 잊어버리게 되면 무엇이 중요한가를 결정할 때 어려움을 겪게 된다.

* 목적이 있으면 결정이 쉬워진다는 말에 동의하는가? 왜 그렇다고 생각하는가?

iii) 분명한 목적은 _____ 가져온다.

빌3:13 형제들아 나는 아직 내가 잡은 줄로 여기지 아니하고 오직 한 일, 즉 뒤에 있는 것은 잊어버리고 앞에 있는 것을 잡으려고[개역]

빌3:13 No, dear brothers and sisters, I am still not all I should be,* but I am focusing all my energies on this one thing: Forgetting the past and looking forward to what lies ahead[NLT]

빌3:13 나는 나의 모든 에너지를 이 한 가지에 쏟고자 합니다. 즉 뒤에 있는 것은 잊어버리고, 앞에 있는 것을 고대하는 것입니다(리빙바이블).

* 중요한 것은 중요한 것을 중요하게 여기는 것이다(The first thing first).

* 정기적으로 모든 불필요한 것들을 치우는 일은 교회 건강의 필수적이라고 저자는 말한다. 어떤 것이 중요하고 어떤 것이 중요하지 않는지를 판가름하는 기준은 무엇인가?

* 새들백교회에서 중요한 사역에 집중하기 위해서 취한 방법은 무엇인가?(p.106) '이 방법이 평신도를 깨운다'를 공부할 때 배웠던 엡4:11 – 12절을 통해 설명해 보라.

[엡4:11 – 12]

(엡4:11) 그가 혹은 사도로 혹은 선지자로 혹은 복음 전하는 자로 혹은 목사와 교사로 주셨으니(엡4:12) 이는 성도를 온전케 하며 봉사의 일을 하게 하며 그리스도의 몸을 세우려 하심이라.

iv) 분명한 목적은 _____을 가져온다.

* 왜 분명한 목적은 협력을 가지고 오는가?

[개역](스10:4) 이는 당신의 주장할 일이니 일어나소서 우리가 도우리니 힘써 행하소서

[NLT](스10:4) Take courage, for it is your duty to tell us how to proceed in setting things straight, and we will cooperate fully.

스10:4 우리에게 어떻게 모든 것을 바로잡을 수 있을지를 알려주십시오. 그러면 전적으로 협조하겠습니다(리빙바이블).

* 사람들은 교회가 어디로 가는지 모르면 참여하지 않는다. 그래서 새들백교회는 사람들을 참여시키기 위해서 어떤 방법을 취하고 있는가? 이렇게 함으로써 얻게 되는 유익은 무엇인가?(p.108)

* 새들백교회 개척 초기 릭워렌의 충고로 교회를 떠난 교인에 대해 어떻게 생각하는가? 당신은 릭워렌의 조치에 동의하는가? 아니라면 그 이유는 무엇인가?(p.109)

* 이 경험을 통해 릭워렌이 가지게 된 지도력에 대한 두 가지 교훈은 무엇인가?(p.109)

ⅴ) 분명한 목적은 _____를 도와준다.

[개역](고후13:5) 너희가 믿음에 있는가 너희 자신을 시험하고 너희 자신을 확증하라

* 교회를 평가하는 가장 중요한 두 가지 질문은 무엇인가?

1) 하나님이 우리에게 _____ 무엇인가?(목적)

2) 우리는 그 일을 얼마나 _____ 있는가?(결과)

* 당신교회의 목적 진술은 당신의 교인들의 건강과 성장을 측정하는 기준이 되어야 한다(p.110).

당신의 목적을 규정하기
Defining Your Purposes

1) 교회의 목적을 규정하기 위해 따라야 할 4단계는 무엇인가?

(1) 성경의 가르침을 공부하라.

교회의 목적은 "창조해 내는 것"이 아니라 "_____"이다.

(2) 네 가지 질문에 답을 찾으라.

① 교회는 왜 존재하는가?

② 교회로서 우리는 무엇이 '되어야' 하는가?(우리는 누구이며, 무엇인가?)

③ 교회로서 우리는 무엇을 '해야' 하는가?

④ 우리는 그것을 어떻게 행할 것인가?

(3) 발견한 것들을 글로 옮기라.

(4) 결론을 한 문장으로 요약하라.

2) 효과적인 목적 진술은 어떤 것인가? 네 가지를 말해 보라.

3) 새들백교회의 목적 진술은 성경의 두 구절로 요약할 수 있다. 마태복음 22:37 - 40과 마태복음 20:18 - 20절이다. 이 구절을 통해 요약된 교회의 5가지 목적은 무엇인가?

4) '세례를 주고'라는 구절에서 교제라는 목적이 나왔다. 왜 세례를 주는 것을 교제라고 말하고 있는가?

5) 요한복음 17장과 사도행전 2장을 읽어보라. 그 속에서 교회의 5가지 목적을 발견해 보라.

6) 릭워렌은 "이 5가지 목적에 대해 이 일을 '어떻게'(How) 행할 것인가에 대해서는 각 교회마다 다를 수 있지만 우리가 '무엇을' 해야 하는가에 대해서는 다를 수가 없다."라고 말하고 있다. 이 말에 동의하는가? 무엇을 해야 하는지는 다를 수 없다는 말의 뜻이 무엇이라고 생각하는가?

7) 새들백 교회의 목적 진술의 세 가지 특징은 무엇인가?

ⅰ) 활동을 나타내는 용어가 아닌 결과를 나타내는 용어로 쓰였다.

ⅱ) 모든 교인에게 '참여하기'를 격려하는 형식으로 쓰였다.

ⅲ) 이 목적들을 순서적 과정으로 배열했다는 것이다.

8) 순서적 과정으로 5M(125P)을 다시 배열해 보라.

9) 교회를 향하신 하나님의 목적들을 이루기 위해 우리가 세운 네 단계 과정

은 사람들을 _____, 그들을 _____, _____, _____이다.
우리는 사람들을 끌어들여 교인으로 _____시키고 그들을 세워
_____에 이르게 하고 _____을 위한 훈련을 실시하고 _____ 위
해 내보내는 과정을 통해 하나님을 _____ 한다.

10) 새들백교회의 내용을 토대로 해서 자신의 교회의 목적 진술을 만들어 보라.

당신의 목적을 전달하기

Communicating Your Purposes

1) 릭워렌이 말하는 '느헤미야 원리'란 무엇인가?

2) 교인들에게 비전과 목적을 전달하는 5가지 방법

ⅰ) 성경(Scripture)

ⅱ) 상징들(Symbols)

ⅲ) 구호들(Slogans)

ⅳ) 이야기들(Stories)

ⅴ) 구체적인 행동지침(Specifics)

* 목적을 가장 명확하게 전달하는 방법은 그것을 각 교인들의 삶에 개인적으
로 적용하게 하는 것이다.

3) 132P의 '목적을 개인화하라'에서 목적 속에 개개인의 특권과 책임이 있다
고 말한다. 5가지 목적이 각각의 책임이며 동시에 특권이라는 것을 보여주
기 위해 새들백에서는 어떻게 5가지 목적을 개인화하고 있는가?(p.132)

ⅰ) 책임들(Responsibilities)

① 하나님은 내가 가족의 일원(member)이 되기 원하신다 - (교제)

② 하나님은 내가 그분의 성품의 본보기(Model)가 되기 원하신다 - (_____)

③ 하나님은 내가 그분의 은혜의 사역자(Minister)가 되기를 원하신다 - (_____)

④ 하나님은 내가 그분의 사랑의 사신(messenger)이 되기를 원하신다 - (전도)

⑤ 하나님은 내가 그분의 이름을 찬미하는 자(Magnifier)가 되기 원하신다 -
(예배)

ⅱ) 특권들(Privileges)

① 사람들로 하여금 삶의 초점을 하나님께 집중하게 해 준다 - (_____)

② 삶의 문제들을 직면할 수 있는 힘을 준다 - (   )

③ 믿음을 강건케 해 준다 - (훈련)

④ 사람들의 재능을 발견하게 해 준다 - (   )

⑤ 그들의 사명을 완수하게 해 준다 - (   )

4) 목적을 반복해서 말해야 하지만 똑같은 반복은 사람들을 지루하게 한다. 그래서 릭워렌은 반복하지만 지루하지 않은 '창조적 반복'을 하라고 말한다. 어떻게 하면 창조적으로 반복할 수 있겠는가?(책에 소개된 모든 내용을 말해 보라)

제자훈련이란 것이 새로운 개념이 아니라, 원래의 개념이라 할 수 있다. - 실제의 내용을 보면 전혀 새롭게 느껴지는 것은 우리가 아니라는 것이다…….

결국 제자훈련이란 것은…… 선택의 문제가 아니라 모두가 해야 하는 것이다. 그러나 또 모두가 하지도 않는다? …… 제자훈련의 보람, 수만 수천의 사람이 아니라 한 명의 성도, 한 명의 성도……

제자훈련의 방법론……

시그모이드 곡선 - 다음 단계로 새로운 변화와 전진을 추구할 때는 최절정기가 아닌…… 절정기로 올라오기 전에 다음 단계를 준비해야 한다.

- 모델과 원리 - 여기에서 중요한 것은 모델(시간과 공간의 제한이 있다. 무대가 다르면 실패할 수 있다.) ⇒ 원리는 어디에서든지…… 통한다.

현상에서 원리, 뿌리, 감동의 근원지를 발견할 수 있는 깊이 있는 시각이 필요하고, 결국 중요한 것은 원리에 충실한 것이다.

제자훈련의 가장 중요한 문제는?

사도성의 기능적인 차원? 기존의 교회들이 가지고 있는 교회론은?

- 사도성…… 보냄 받은 제자의 모습…… 과거 교회의 모습은 교회의 순결, 정체성에 중심적인 시각을 가지고 있었다.

왜 이런 사도성의 모습이 교회에서 증인된 삶, 전도의 삶을 강조하고 있지만 왜 그런 모습이 나타나지 않는 것일까? ⇒ 성장의 측면에서 강조되기 때문이다.

목회철학이 아닌 필요에 의해서 나오기 때문이다. 결국 접근법이 거꾸로 되어 있기 때문이다./목회철학의 부재 시에는 사람들의 삶의 열매가 남지 않는 것이 중요한 문제라고 할 수 있다./목회철학이 없으면 구색을 맞추는 목회가 될 수밖에 없다고 생각한다. 철학을 가지고 시작하면 제자훈련은 프로그램이 될 수 없지만, 제자훈련이 목회철학을 통해 시작되면 그것에 따른 교회의 모든 것들이 방향을 맞추기 시작한다. 심지어는 설교자를 불러도 관계로 부르지 않는다./바른 목회철학을 가지고 가면 신뢰를 얻을 수 있는 것을 보게 된다.

평신도에 대한 이해 – 택자, 성령의 전, 그리스도의 몸/단지 역할과 기능의 차이뿐

  * 제자훈련의 주의 점: 자기의 제자, 자기의 철학을 만들려는 오류, 오해

  * 리더십의 수준의 가장 최하 – 포지션에 의지하는 리더십

진정한 목사의 권위 – 높아지는 권위가 아닌 속박당하는 권위, 칼빈 – 불편한 권위, 그럼에도 불구하고 함부로 취급하면 안 되는 신성한 권위

실제로 하나님의 나라를 이 세상에 나가서 확장하는 인물은 누구인가?/목회자의 역량은 그 목회자의 모습보다 성도들의 실제적인 삶의 모습에서 나타나는 것이다.

하나님이 목회자를 부르셨을 때의 실제적인 역할이 무엇인가? – 섬김의 리더십, 우리가 해야 하는 본질적인 일을 방해할 정도로 섬기는 것은 부정적이다……. 성령을 통해서 주신 것 – 방언, 은혜…… 이 모든 것을 주신 것…… 교회, 복음의 확장……

  * 독서의 여러 부분…… 다독이 필요, 그러나 중요한 것 하나를 집중적으로
    하는 것도 필요하다.

계속된 질문…… 나의 삶에, 교회의 모습에, 좋은 질문……

인생의 일정표를 만드는 것……(하나님께서 나를 사용하시는 목적)……/사명선언문……/멘토링의 과정 – 예전에…… 영적 지도자 만들기란 책에서 본 것 같다…….

기적의 사명 선언문……/자기관리(신체, 지적, 인격)

9월 29일

교회 컨설팅 - 진단, 처방, 실행의 영역에서 교회의 사역을 점검하는 부분(평신도 30명과 목회자 1명)

유머와 리더십의 관계: 꼭 필요한 것이라 할 수 있다. 유머가 저급, 경솔하다고 생각하는 경우가 많다. 유머를 잘하는 사람은 기질적으로 그런 사람이라고 오해하기가 쉽다. 소그룹이건, 대그룹이건 유머가 리더에게 중요하다고 할 수 있다. 리더의 역할은 자신이 못 하면 다른 사람이 할 수 있도록 하는 것.

보호 차원에서 끝나는 우리의 목회 현실에 대해서 훈련 체질의 교회 현실로 바뀌어야 한다. 훈련 체질의 교회로 가기 위해서는 목회철학의 전환이 필요하다.

최성기 전도사님의 목회철학

예배에 목숨을 걸어라

 - 영으로 드리는 예배 -

 - 육체로 드리는 예배 -

 - 믿음으로 드리는 예배 -

 - 삶으로 드리는 예배 -

말씀으로 철저히 훈련하라

 - 제자훈련

 - 성경읽기의 생활화(맥 체인식)

복음을 들고 땅끝까지 나라가

 - 가정 복음화

 - 지역 복음화

 - 세계 복음화

목회철학: 교회론

 - 성경적이어야 한다.

 - 우선순위가 성경적으로 중요한 것인지……

 - 성경에서 말씀하고 계신 중요한 것을 포괄적으로 가지고 있는가?

 - 구체적이어야 한다. - 실행도 있고 전략도 있는데…… 합리적, 구체적이지 않다(실천적? 가시적? ⇒ 측정 가능).

 - 어떻게 그렇게 할 수 있을까?

내가 제자훈련에 성공하기 위해서 필요한 것은?

- 내가 먼저 제자가 되어야 한다. 각오와 몸부림을 하고 있다는 자각과, 예수 그리스도를 만나고 있다는 확신이 없이는 중간에 좌절하기 쉽다 → 우리가 목회를 하기에 필요한 만병통치약, 성장 촉진제로 생각하면 안 되지 않을까? 우리가 한 템포 늦추어 내가 소화하는 과정을 갖는 것이 필요하다고 생각한다.

성도들을 전도하게 만들기 위해서는 목회자가 어떤 조력자가 되어야 할까? 리더십(영향력을 통해서 하나님의 일을 하도록, 조직의 리더십? 일반사회)의 요소? 내가 있기 때문에 그들이 하게 하기 위해서는 무엇을 해야 하는가?

1: 내 생각을 심는다/성경적인 가치, 중요성을 인식시켜 준다/내가 할 일에 대한 확신 - 소명/체험 vs 말 vs 보여줌/본을 보인다/같이 동참하는 것/관계

⇒ "내가 복음의 전도자로 전해야 할 것은?" 이와 같은 질문을 성도들에게 했다면, 그들은 뭐라고 대답할 것인가, 전도에 대한 열정이 그들에게도 있다. 그들도 목회철학, 방법, 목표를 가지고 있다……

내가 성도에게 동기를 부여시킬 수 있는 모델……

1. 왜 하는지를 알려 주어야 한다(중요성을 인식시켜 주어야 한다.). - 우리는 항상 성경적인 것, 하나님의 뜻으로만 이야기한다. 개인화를 시켜야 한다. 개인화를 시키기 위해서 the right is the good - 제자들이 고통을 넘어서서 주의 일을 할 수 있었던 것은 그것이 왜 좋은지를 알았다. 보상 물질, 축복, 성장, 성령의 일하심을 본다. 하나님의 뜻을 분별할 수 있는 것, 삶의 참된 기쁨을 찾을 수 있을 것이다. - 개인화, 하나님이 옳다고 중요하다고 말씀하시는 것은 우리에게도 중요하다는 것이다. 하나님이 중요하다고 말씀하시는 것은 하나님에게뿐 아니라 당신에게도 유익하다는 것을 알아야 한다. - 이것이 진리라는 것을 인식하고, 진리라는 것을 체험해야 한다. ⇒ 이것을 예수님은 보여주셨다.

2. 어떻게 해야 하는가?
   - 모범을 보인다.
   - 가르침
   - 같이하게 했다가 나중에는 혼자하게 하는 것

⇒ 이것이 예수님의 제자훈련의 내용

이것들을 함께 모으면 목회 철학이고, 이것들 하나하나를 목회 전략과 방법이라고 할 수 있다.

– 모두가 선생이고 모두가 제자이다……. 설교 중에도…… –

하워드 핸드릭스의 가르치는 자의 일곱 가지 법칙 중 첫 번째, 교사의 법칙(교사는 가르치는 자가 아니라 먼저 배우는 사람이 되어야 한다. – 배우기 위해서 들어야 한다. 다른 사람이 말할 수 있도록 좋은 질문을 통해서) 두 번째가 교육의 법칙(학습자에게 변화가 일어나지 않으면 아무리 성실하게 잘 가르쳤을지라도 그것은 교육이 아니다. – 변화가 없다는 것은 교사의 책임), 세 번째는 활동의 법칙(학습자는 그 학습의 과정에 직접 참여했을 때 가장 많은 것을 배울 수 있다. – 배우는 사람을 교사의 교육 과정 속에 동참시켜서, 스스로 발견하도록 해야 한다.) – 다독보다 중요한 정독 기본적인 것을 확실히 아는 것의 중요성 – 제자훈련의 기본 법칙인 것 같다.

함께한다는 것의 중요성……

소그룹에서 대화하는 방법 – 내가 하고 싶은 말, 그런데 이 말이 여기 있는 모든 사람들에게 유익이 된다는 것을……>지나치게 개인적인 관심사……

전인격적인 위탁을 과연 초신자에게 요구할 수 있는가?

선교단체에서 제자훈련이 가능할 수 있는가? 선교단체의 제자훈련이 교회에서 가능한가? 교육하는 학습서에 대한 충분하고, 부족하고의 기준들?

우리가 가져야 할 목회철학은 동일해야 하나? 독특해야 하나?

– 여러 개 중 하나가 아니라 성경이 말하는 불변의 목회철학에 대해 말하고 있는 것이다. 확고부동한 가장 중요한 것으로 본다……. 이 외에도 불변의 목회철학이 있을 수 있다. 또한 가변적인 것도 있다. 그러나 불변적인 것을 제외한 가변적인 것을 중요시하면, 잘못된 것이라 할 수 있다.

불변적인 부분 – 성경/가변적인 부분 – 시대, 공간, 개별목회

왜 사람들이 교회에 다녀야 하는가에 대한 대답과 함께, 왜 내가 다니는 교회에 다녀야 하는가에 대한 대답, 목회 철학의 명백한 해답이 준비되어 있어야 한다. – 왜 성도들이 내가 사역하는 이 교회에 나와야 하는가에 대한 대답이 있어

야 한다. 불변과 가변의 문제를 성경적 목회철학이 옳다는 확신이 있을 때에 우리의 태도는 이렇게 바뀌게 된다…….

- 이건 분명히 해야 한다(should).

- 이건 할 수 있어(can). - 구체적으로 적용 가능하다.

- 이건 성공할 수 있어(the good).

구체적인 것을 생각하지 않으면 큰 것은 의미를 잃을 수 있다. = 이것이 이 교회에 나와야 하는 이유를 발견하게 된다는 것이다.

평신도가 목회철학을 알게 될 수 있는 부분

비전(목회철학 - 가변적인 부분)

비전 형성/비전 공유/비전 실행

내가 생각한 것을 깨닫게 해야 한다는 것에서 우리 교회의 성도들이 교회에 필요한 것을 더 잘 알고 있을 수 있다는 패러다임의 전환이 필요하다.

목회자의 두 가지 질문: 성경을 통해서 하나님께 하나님이 원하시는 것을 묻고 듣고/성도들에게 당신이 필요한 것을 묻는다…….

ex) 당신이 전도하시기 위해 필요한 것은 무엇입니까?

소그룹 리더십에 대해서 배울 수 있었던 점 - 리더는 다른 사람에게 할 수 있도록 힘을 실어주는 것이지 다 대신 해 주는 사람이 아니다. 조력자, 성령님도…… /목표가 있어야만…… /리더는 파도타기를 할 수 있어야 한다. 파도의 부정적인 에너지를 가지고 배를 움직일 수 있어야 한다. 에너지 전환의 법칙: 부정적인 에너지는 긍정적인 에너지로 전환하라……. 준비되어 있지 않으면 공격적인 또는 방어적인 자세를 가지게 된다.

오늘의 조크: 파전…… 잔디를 뽑아서…… 클로버…… 당첨되셨습니다…….

아이스 브레이크와 유머의 차이

아이스 브레이크

1) 목적적 - 주제와 관련되어서……

- 주제와 관련이 없어도 그룹 자체와……

2) 대상 - ice - sharing을 막는 ice

- 사람 간의 경계의 벽 - 개인 안의 벽

⇒ 이런 두 개의 벽을 깨기 위한 것

3) 시기: 언제든지 사용할 수 있다.

아이스 브레이크의 예……

공작, 레크리에이션의 경우, 팀 빌딩을 할 수 있는 것.

설교 중…… 질문…… 서로 대답……

둘씩 짝지어서 이야기한 것을 다시 대답하는 아이스 브레이크에 대한 중요성을 인식……

이미 관계가 형성되었을 때에도 아이스 브레이크의 사용이 필요할까?

-소그룹의 발달 단계에 대해 사용되는 아이스 브레이크가 달라진다.

평깨에는 중요한 성경 구절들이 있고, 기존의 해석과는 다른 해석을 통해서 (엡4:11) 그가 혹은 사도로 혹은 선지자로 혹은 복음 전하는 자로 혹은 목사와 교사로 주셨으니(엡4:12) 이는 성도를 온전케 하며 봉사의 일을 하게 하며 그리스도의 몸을 세우려 하심이라(엡4:13) 우리가 다 하나님의 아들을 믿는 것과 아는 일에 하나가 되어 온전한 사람을 이루어 그리스도의 장성한 분량이 충만한 데까지 이르리니

사도행전 2장-교회의 사도성

엡4장 11-13……

1) 교역자/평신도 평등

2) 사람을 키워야 한다(성도를 온전케 한다.).

3) 온전케 제자의 원리

4) 교역자와 평신도의 관계-교역자: 봉사의 일을 하는 사람/평신도: 봉사자
   -empowering leadership

5) 목회자는 교사, 목사와 교사……

벧전2장-만인제사장설

마28:19-20

1) 사도성의 계승(보편성)

2) 가르쳐/지키게 하라: 가르치는 것과 지키는 것을 함께

3) 제자를 삼아-주동사: 원래의 동사, 하나의 동사가 된다.

평깨에서 모두가 성경 구절을 중심으로…… 얻어지고 있다는 것을 알 수 있다…….

성경을 가지고 얻어지는 것이 목회 철학이라고 할 수 있다……

벧전2장 - 만인제사장설……

엡2:20

성경은 형태를 말해 주지 않는다…… 단지 원리만을 가르쳐 주고 있다……

왜일까? 자유를 허락하고 계시다고 할 수 있다……. 우리도 원형을 찾아갈 필요가 있다.

제자훈련의 개념 수준

1) 광의의 의미 수준 - 모든 사람을 제자 삼는 것

2) 중간의 의미 수준 - 평신도 지도자 계발 프로그램

3) 협의의 의미 - 제자훈련(1년차)

평신도 지도자를 세우는 훈련…… 3, 4부에서 사용되는 의미……

이 훈련이 성경적이지 못하다는 말을 하게 될 수 있다.

그룹 토의 주제……

1) 왜 사람들은 변하지 않는가?

2) 어떻게 해야 그들을 변화시키는가? - 1조 훈련에 대한 부재와 목회자의 리더십에 대한 부분(종의 리더십, 평신도를 세우지 못함) - 2조 강력한 말씀은 사람을 변화시킨다. 그러나 더 좋은 훈련이 있으면 더 많은 사람이 변화될 수 있었을 텐데…… 인격적인 관계가 없는 말씀은 변화의 능력이 없다.

변화는 교육을 통해서 일어난다…….

교육이란?(블루스 윌킨슨)

교사 혹은 목회자

성령(style) → 어떻게……

학생/성도   교재/내용

가르침의 스타일, 방법들도 필요하다…….

이론적인 부분뿐만이 아니라 우리의 삶에서 치열한 고민이 있어야 한다…….

무엇을 가르쳐야 하는가에 대한 고민이 우리에게 있어야 한다.

어떻게 가르쳐야 하는가에 대한 고민이 있어야 한다.

가르침을 받는 사람에 대한 고민이 있어야 한다.

성령님의 도우심에 대한 의뢰도 있어야 한다…….

다섯 가지 요소 중에서 가장 약한 것부터 우선순위를 정하라…….

나의 가장 약한 부분……

1) 무엇을 가르쳐야 할 것인가?

2) 학생/교사

3) 성령/어떻게……

나의 가장 약한 부분을 어떻게 보강할 것인지를 취해야 할 액션 플랜을 결정하라……

 → 성경을 읽고 묵상하는 시간을 좀 더 갖는다.

 → 독서하는 시간을 좀 더 갖는다.

 → 내 자신을 돌아보고, 성도들의 모습을 좀 더 주의 깊이 숙고해 본다……

Accountability Group - 서로가 서로에게 도움을 주는 그룹, 서로 짐을 나누어지라……. 각각의 지체가 한 몸을 세워 가는 과정, 그 속에서 개인이 자라가는 과정/내가 왜 나의 변화를 위해서 지체가 필요하고……

우리에게 네 개의 곳에서…… 부부 간에는 이런 것이 Acc……가 작동되지 않는다는 것을 알 수 있다…….

1) 주제 설정(목표 설정: 변화가 어떻게 일어나는가를……)

2) 그루핑(반성 → 동기부여: 왜 나는 변화가 안 되었을까? 어떻게 해야 변화가 될까? → 열정)

3) 가르침(브루스 윌킨스의 이야기)

4) 반성(자신의 약한 것을 우선순위로 정함. 우선순위를 정하므로 더 깊이 자신을 살펴볼 수 있었다)

5) 적용 - 행동계획

6) 점검 - Accountability

⇒ 귀납적 성경 공부의 핵심

이것을 평깨에서는……

관찰(성경) → 해석(성경) → 반응(삶, 인격) → 적용(삶, 인격)

관찰, 해석 → 위의 1, 2, 3의 예

반응 → 위의 예의 4

적용 → 위의 예 5, 6

성도들의 삶에 변화가 없다는 것은, 성도들의 삶 속에 변화가 없다는 것이다.

설교를……

– 설교 중의 디스커션……

– 설교를 하며 성경 공부……

– 설교의 예화를 대신해서, 설교를 통해서 설교의 고백과 삶의 이야기를 하도록 끌어올리도록 하라……(간증……지금 내 삶, 우리의 삶에 하나님의 역사하심을……)

예배: 하나님 되심을 인정하고 하나님께 나아가고, 하나님 되심을 올려 드리고…… 중요한 것은 내가 그분으로부터 능력을 공급받고, 굴복하고 내 삶을 변해야겠다는 결단이 예배 가운데 있어야 한다…….

예배에 대한 폼이 아닌…… 원리를 가르쳐야 한다.

제자훈련 목회는 프로그램이 아닌 목회의 모습, 패러다임이 제자훈련으로 바뀌어야 한다.

ex. 와라 프로그램에서…… 가라 프로그램으로……

1) 간증에 대하여…… 우리의 질문, 나눔이 나눔을 위한 나눔이 되지 않을까?
   – 좋은 간증 문화가 있으면, 충분히 해결될 수 있다.

2) 제자훈련이란 선입견을 가지고 증언 부분에 있어서, 잘 알고 있는 사람에게…… 책에 있어요…….

가르침에 있어, 성육신의 원리 – 가르침에 있어서 나에게 동질성에 있어서 나와 같은 사람일수록 교육의 효과가 크다.

만인제사장설의 약점 – 공동체를 상실시켰다. 신앙을 개인주의화시켰다. 만인제사장설과 같이 교회의 필요성, 신앙의 역동성을 가져야 한다. 삶을 나누는 것이 아닌 기능 때문에 모인 것에서는 문제가 될 수 있다.

(전12:11)지혜자의 말씀은 찌르는 채찍 같고 회중의 스승의 말씀은 잘 박힌

못 같으니 다한 목자의 주신 바니라

– 목회자의 가르침은…… 찌르는 채찍(목회자의 가르침은 항상 성도의 변화에 초점을 가져야 한다. 안 움직이려는 성도를 움직이게 삶에 변화가 일어나도록 해야 한다. 실천하게 하라), 잘 박힌 못(떨어지지 않고 성도들에게 기억되어야 한다. 기억되지 않는 진리는 어떤 변화도 기억되지 않는다. 많은 양의 정보를 줄까보다는 정보의 양을 질적인 수준으로 바꾸어서 성도들로 하여금 잊지 않게 할 것인가를 고민해야 한다.)

⇒ 깨닫고 적용하게 하라…… 릭워렌

1) 목회철학이란 무엇인가?

2) 교회가 무엇인가를 반복해서 물으면 "왜 평신도를 깨워야 하는가?"에 대한 흔들리지 않는 확신이 생긴다는 말에 대해 동의하는가? 성경적 교회론과 평신도를 깨우는 것은 어떤 연관이 있는가?(p.66)

3) 평신도를 깨우고 싶다면 미쳐야 한다는 저자의 말(p.69)은 어떤 느낌이 드는가? 그리고 왜 미치지 않으면 평신도를 깨울 수 없다고 생각하는가?

4) 교회의 기본적인 정의는 무엇인가?(p.71)

5) 택자의 모임이라는 그 정의에는 어떤 문제점이 있는가?

6) 성경적인 교회론을 정의해 보라.

7) 전통적인 교회론을 가지게 된 이유를 저자는 어떻게 설명하고 있는가? (chapter7)

8) 사도성이란 사도들의 무엇과 무엇을 계승하는 것인가?

9) p.99의 성령과 사도성의 관계를 통해 평신도가 사도의 계승자임을 논증하고 있다. 어떻게 이 관계를 설명하고 있는가?

10) 교회의 존재이유 3가지는 무엇인가?

11) p.113 골1:28, 29를 가지고 가르치는 방법으로 탁월한 모델을 주셨다고 설명하고 있다. 제자훈련의 대헌장이라고 불리는 이 골로새서 1:28 – 29절을 묵상해 보라. 이 구절이 왜 제자훈련의 모델을 설명하고 있는가?

고린도전서 4:15 – 20

"그리스도 안에서 일만 스승이 있으되 아비는 많지 아니하니 그리스도 예수

안에서 복음으로써 내가 너희를 낳았음이라.”(15)

사역은 본질에 강해야 한다. – 본질은 복음이 비밀을 담대히 선포하는 것이다.

기독교의 핵심은 말에 있지 않고 능력에 있다. 생명력 있는 사역을 통해 그 능력을 보여주어야 할 때이다. 한국교회는 지금 세상에 조롱거리가 되어 버렸다. 기독교의 그 능력을 잃어버렸기 때문이다.

고린도 전서 4:15절에 스승은 많이 있다. 그러나 아비는 많지 않다고 바울은 말한다. 스승은 많이 알고 지식이 많아야 한다. 그러나 아버지는 지식이 많지 않아도 된다. 아이는 누가 낳느냐? 지식이 많은 의사와 조산원들이 낳는 것이 아니라, 생명은 어머니가 낳고 아버지가 기르는 것이다.

생명을 양육하고 기르는 것은 지식이 아니다. 사랑이다. 아비의 심정을 품을 때만 우리는 자식을 양육하는 양육자가 되는 것이다. 아비의 심정은 눅15장에 ‘탕자의 비유’에 나오는 아버지의 심정을 가질 때 우리는 아비의 심정을 전수받는 것이다. 하나님 아버지의 마음이 내 안에 흘러넘칠 때 진정한 아비의 사역을 할 수 있는 것이다.

한국교회는 가르치기 좋아한다. 그러나 아이를 낳고 키우는 것이 참생명 있는 사역이다.

개혁신학의 전통 속에서는 이미 완성된 구원을 영혼을 얻으라고 말하는 것은 신학적으로 문제가 있다는 것이었다. 개혁신학이 좋은 것이지만 그것의 바탕 위에 생명력 있는 영혼사역에 눈떠야 한다. 생명을 살리는 신학이어야 한다.

한국교회와 신학의 문제는 성리학의 문제와 같다. 선지후행 – 먼저 깨닫고 뒤늦게 행하는 것으로 조선이 망했다. 그 잔재가 남아 있다. 이어서 나온 실학운동의 모토가 무엇이냐? 지행합일 아니냐. 그러나 그때는 이미 늦어 버렸다. 우리 사역도 지행합일이 되어야 한다.

“귀만 때리는 사역이 아니라 마음을 울리는 사역이 되어야 한다.”

들리는 설교의 두 가지 특징

1) 젊은 청년들이 얼마나 많이 나오느냐?

2) 청중 중에 초신자들이 얼마나 많이 나오느냐?

– 젊은 아이들은 들리는 설교에만 나온다. 초신자들이 이해하고 몰려드는 설

교를 해야 한다.

그것이 생명을 살리는 사역의 시작이다.

성령은 교회를 선교적 전도적 공동체로 만드신다.

1) 대각성 전도집회 시작동기

사랑의교회 개척 초기 부흥회를 매년 해 보았다. 제자훈련으로 신앙이 다져진 사람들에게 부흥회는 효과를 거두지 못했다. 신앙이 없거나 신앙이 바닥인 사람들이 부흥회를 통해 부흥되는 것인 데 반해 늘 은혜 가운데 양육된 사람들에게 기존의 강사가 와서 말씀을 전하는 부흥회는 별효과가 없었다(아마 특별부흥회라고 했지만 옥한흠목 사님의 주일설교만도 못 한 설교가 선포되지 않았을까?).

그래서 부흥회가 성공하지 못하자 옥한흠 목사님이 궁리 끝에 내놓은 것이 대각성 전도집회였다. 결과는 대성공이었다.

2) 대각성 전도집회의 철학

요한복음 20:21 "예수께서 또 가라사대 너희에게 평강이 있을지어다 아버지께서 나를 보내신 것같이 나도 너희를 보내노라."

이 고백은 사도성의 계승이다. 사도직은 중지되었지만 사도의 사역과 교훈은 계승되어야 한다. 교회는 증거하는 공동체로 체질이 개선되어야 한다. 교회는 부름 받은 자의 모임이 아니라 세상을 향하여 보냄을 받은 소명자까지 포함되어야 한다. 이것은 제자훈련의 연장선상이며 1년 내내 소명자로 살게 하는 힘을 성도들에게 준다. 모두 그리스도의 증인으로 살게 해 주는 것이다.

증인이란 누구인가?

(1) 증인이란: 사건진상에 대해 목숨을 걸고 사실을 고백하는 사람이다.

(2) 증거내용: 그리스도의 죽음과 부활을 증거한다.

(3) 증거태도: 안락과 안정에 머물지 않고, 힘들고 어려운데 구애받지 않아야 한다.

'회색지대란 없다' – 둘 중 하나이다. 그리스도의 증인으로 살든지 그렇지 않든지!

대각성 전도집회는 총동원전도주일과 다르다. 이것은 제자훈련 철학과 맞물려 있기 때문이다.

전도집회 – 기초양육 – 제자훈련 – 사역훈련

태신자

교회는 생명으로만 그 존재를 확인한다. 교회의 크기, 건물, 교인 수가 아니다. 오직 복음을 전할 때만 교회는 건강해진다. 건강한 교회는 자연적으로 성장한다.

3) 대각성 전도집회의 목적

하나님나라의 확장 – 즉 영혼구원이다.

사랑의교회는 매 주일 앉을자리가 없을 정도로 사람이 많다. 그런데 또 전도를 한다는 것이 말이 되는가? 욕심도 많다고 말한다. 그러나 그것은 욕심이 아니다. 교회의 크기가 작고 크고의 문제가 아니다. 사역의 본질이기 때문이다. 생명에 관한 문제이기에 복음을 전하는 것은 계속되어야 한다.

대각성 전도집회의 유익은

(1) 잃어버린 영혼을 얻는 전도에 있다.

(2) 기존신자의 각성이다.

기존신자들이 제일 감격할 때는 잃어버린 영혼이 돌아올 때이다. 생명을 건질 때 사람은 가장 큰 기쁨을 누리는 것이다. 이것을 교인들에게 느끼게 해 주어야 한다. 복음을 전할 때 내가 산다. 기존신자들이 생명력 있게 살아나는 것이다.

얼마나 많은 교회가 당회와의 갈등과 인간관계에 힘을 소진하는가? 안타까운 노릇이다. 교회는 본질에 힘써야 한다. 죽은 자가 살아나는 것, 그것보다 더 큰 기쁨은 어디 있는가?

4) 대각성 전도집회를 위한 실제적 준비

(1) 제자훈련으로 교회의 체질을 바꾸라.

사람이 먼저이고 일이 나중이다. 내가 예수 믿는 것이 너무 좋으면 사람들을 전도하게 된다. 훈련될 때 그들은 동역자가 된다. 좋은 예배를 원하면 좋은 예배자를 먼저 키워야 한다.

사랑의교회 2대 목사로 와서 설교 한 편 하기가 만만치 않은 자리다. 그러나 나는 편하게 한다. 그것은 우리 사랑의교회 수천 명의 사역자와 제자훈련생들이 이미 좋은 예배자로 훈련되었다는 것을 알기 때문이다. 나는 나 혼자 외롭게 설교하러 올라가지 않는다. 수천 명의 기도와 함께 올라가는 것이다. 나는 혼자 설교하는 것이 아니다. 수천 명과 함께 설교를 하는 것이다. 이것이 제자훈련의 힘이다. 그리고 교회는 생명을 살려서 새로운 사람들이 많이 올 때 교회의 물이 바뀐다.

(2) 커뮤니케이션의 능력을 기르라.

새로운 단어를 사용하면 좋다. 사랑의교회 "내 믿음의 전성기를 주옵소서." 좋은 슬로건들 사용하면 더 좋다.

5) 대각성 전도집회를 위한 목회자의 각오

"대각성 전도집회는 한국교회를 세우는 영원한 생명의 젖줄이다!"

world vision은 주님의 시야가 내 것이 되는 것이다.

목회자는 하나님의 마음을 가지고 있어야 한다. "모든 사람이 구원받기를 원하시는……" 하나님의 오래 참으심을 느껴야 한다. 그 오래 참으심은 고통 가운데 참으시는 마음이다. 하나님의 오래 참으심…… 그 고통의 마음을 가져야 한다.

Chapter 10 평신도 훈련의 전략적 가치

약간의 혼란

오늘날 제자훈련에 대한 용어와 개념이 혼란스러울 때가 있다. 비판적으로 보는 경향도 있다. 그러나 제자를 만들라고 명령하신 이는 예수님이시다. 그러므로 제자의 개념에 대해 올바른 이해를 할 수 있어야 한다.

교회는 제자 삼으라는 말에 대해 눈뜨지 못했다. 단지 '제자 삼으라'고 말한 것은 전도하라는 정도의 의미로만 이해하고 있었다. 그러나 땅끝까지 복음을 전하라는 의미 이상을 담고 있다는 사실에 눈을 뜨기 시작하였다.

성경에는 제자도(Discpleship)라는 말이 없다. 그 대신 무엇이 제자라고 불리는 사람의 인격이며 삶인가를 이야기하는 내용으로 가득 차 있다. 제자도는 정의를 내릴 문제라기보다 실제적인 삶과 인격을 통해 이해되어야 할 것이다(p.122).

다시 말해 제자도는 믿는 자의 삶이요, 걸어가야 할 과정이요, 끝까지 지향해야 할 목표요, 동시에 교회사역 자체라고 할 수 있다.

제자도는 목회전략이다.

제자도는 사도성이라는 교회본질에 일치하는 평신도의 자아상을 재건하는 성경적인 기본전략이라 할 수 있다. 세상으로 보냄 받은 평신도를 어떤 목표와 표준에 따라 훈련시킬 것인가를 분명하게 제시하는 전략적인 가치를 가지고 있다는 말이다. "내가 원하는 평신도는 이런 사람이다."라고 하시는 예수님 자신의 대답이 바로 제자도란 것이다.

예수님의 원리는 사람 만드는 것이 먼저요, 그 다음이 일하는 것이었다.

제자화 전략은 어떤 의미에서 평신도를 정예화하자는 운동이라고 할 수 있다. "사람은 방법을 찾지만 하나님은 사람을 찾으신다."

Chapter 11 예수님과 그의 제자

예수님이 공생애를 시작하면서 제일 먼저 한 일은 제자들을 부르시는 일이었다. 또 예수님은 전통적인 유대지도자들처럼 제자들이 오기를 기다리지 않고, 그 자신이 이니시어티브를 쥐고 찾아다니면서 그가 원하는 얼마의 사람들을 제자로 불렀다. 그가 제자를 택하신 이유는 그의 선교활동을 계속할 그의 사람이 필요했기 때문이다.

> "이에 열둘을 세우셨으니 이는 자기와 함께 있게 하시고 또 보내사 전도도 하며 귀신을 내쫓는 권세도 있게 하려 하심이러라."(막3:14 - 15)
>
> - 예수님의 공생애는 많은 사람들과 함께 시작했다. 그러나 복음서 뒤로 갈수록 소수의 제자들과 함께하는 시간들이 더 많아진다.

예수님은 어부들인 그들의 평범함 속에 묻혀 있는 위대한 가능성을 보는 혜안을 가지고 계셨다. 다 도망가는 사람들이었으나 그는 끝까지 그들과 함께 하나님나라의 청사진을 보여주셨고, 결국 아직도 미숙한 그들을 향해 '아버지께서 나를 보내신 것같이 나도 너희를 보내노라."(요20:21)고 선언하시는 가장 권위 있는 파송을 단행하셨다. - 한 사람을 통해 세상을 볼 수 있는 비전을 가져야 한다. - 빌리행크스 '옥한흠' 한 사람을 위해 목숨을 거십시오.

Chapter 12 사복음서와 사도행전에 나타난 '제자'라는 개념

광의적 의미의 제자

협의적 의미의 제자

사도행전이 지나면서 '제자'라는 용어가 사라지게 된 이유?

1) 헬라문화가 지배하는 시대 속에 기독교가 단지 철학적인 운동으로 오해받는 것을 원치 아니하였기 때문이었다. 2) 제자는 예수님이 지상사역을 하실 때 적합한 용어이고 승천하신 후 공동체 생활에서는 어울리지 않는다. 그래서 다른 이름이 제자라는 것을 대신하였다고 본다.

완전한 자, 온전한 자라는 말을 주목할 필요가 있다(고전14:20, 엡4:12, 골1:28, 딤후3:17). 가장 적절한 근거는 엡4:12 - 13절을 놓고 비교하는 데서 찾을 수 있다(p.132).

1) 이는 성도를 온전케 하며 봉사의 일을 하게 하며 그리스도의 몸을 세우려 하심이라

2) 우리가 다 하나님의 아들을 믿는 것과 아는 일에 하나가 되어 온전한 사람을 이루어 그리스도의 장성한 분량이 충만한 데까지 이르리니

'온전케 하고(12절)'는 준비시킨다는 의미이다. 이것은 적절한 조건을 갖추게 하는 동적인 행동을 나타내고 있다. 곧이어 '온전한 사람을 이루어'라는 말이 뒤따라 나온다. 이 구절의 '온전한'이라는 말은 설정된 목표에 이르거나 성숙에 도달하는 것을 의미하고 있다.

온전한 사람이 되는 것은 어떤 것인가? 그것은 그리스도의 충만으로까지 자라는 것이다. 예수님처럼 되고 예수님처럼 살기를 원하는 제자를 가리키는 말과 동일한 말이라 할 수 있다. 제자에서 온전한 자로 대치되었다고 해도 무방하다.

잘못된 오해 - 성도가 온전하게 된다는 것은 불가능한 것이기 때문에 그런 문제를 가지고 교회가 부담을 주는 것은 바람직하지 않다는 견해를 가진 사람들이 있다. 그래서 예수님처럼 되고 예수님처럼 살도록 가르치는 제자훈련을 과격한 목회방법이라 비판한다.

그러나 이런 태도는 교회의 세속화를 부추하는 결과를 낳는다.

평신도에게 어떤 사람이 되어야 하고 어떻게 살아야 하는가에 대한 뚜렷한 목표와 표준을 제시하지 못하면 자연히 그들의 신앙생활은 위를 향하기보다는 아래를 향하기가 쉬워지는 것이다.

Chapter 13 믿는 자는 다 제자인가?

믿는 자는 다 제자이다. 교회 안에서 구분이 있을 수 없다.

그러나 그들 각자 영적 수준에 있어서는 차이가 있다.

초기단계 - 믿기는 믿는 데 간헐적으로 동행하였던

동거단계 - 포기하고 따라다니며 살았던

훈련단계 - 마지막 사도로 지명되어 특별한 훈련을 받는 단계

어디 있든지 우리는 모두 그리스도의 제자이다.

제자도에 완성은 있을 수 없다. 그리스도인은 그리스도인 '이다'가 아닌 '그리스도인이 되어 가는 것'이다. 제자도는 삶의 방식이다. 우리는 계속적으로 성장하여야 한다.

Chapter 14 인격적 위탁자

제자라는 개념 안에는 세 가지 요소

인격적 위탁, 증인, 종이라는 세 가지 요소들이 들어 있다. 제자도란 실제 생활 속에서 구현되는 산 진리이다. 제자도의 세 가지 요소는 예수님의 인격과 절대적인 관계를 가지고 있어서 그를 떼어 놓고는 그 의미와 성격을 전혀 이해할 수 없다. 그것은 상호 연관된 복합요소라고 할 수 있다.

인격적인 위탁이 없이는 제자도가 존재할 수 없고, 증인의 요소 없이는 그 궁극적인 비전을 상실하게 되며, 종의요소가 따르지 아니하면 제자도의 맛을 잃어버리고 말 것이다.

인격적 위탁

제자도에는 예수님에게 우리 자신을 전적으로 내맡기는 인격적 위탁이 들어 있다. 신약성경에 나오는 제자의 의미를 고려해 볼 때 우리는 위탁이 안 된 사람을 절대로 제자라고 불러서는 안 된다.

마태복음과 마가복음을 보면 예수님의 인격을 전적으로 신뢰하고 따르지 못하는 사람은 예수님에게 합당치 않다. 포기하지 못하는 사람은 따라가지 못하였던 것이다.

마8:34절의 '오려거든', '부인하고', '지고'의 세 단어는 모든 것을 내버리는 자기포기를 의미하는 것인데 이것은 단 한 번 일어난 일을 나타낼 때 사용하는 헬라어의 단순과거동사로 되어 있다.

자기를 부인하고 십자가를 지고 그에게 오는 일은 계속적으로 반복되는 일이 아니라 단 한 번의 결단으로 일어나는 사건이어야 한다. 그리고 예수님의 제자가 되기를 원하는 사람들은 그가 치러야 할 대가를 미리 계산하여야 한다.

1) 예수님의 제자가 치러야 할 대가는 싸움이다(마10:34 – 36). 가장 가까운 집안 식구와의 불화이다. – 이 말씀은 가정을 버려야 한다는 말씀이 아니라 그리스도를 따르려면 수많은 장애물들이 있음을 의미한다. 모든 것을 버리고 그리스도만을 따를 때 우리는 환경을 극복하는 신앙인이 되는 것이다. 환경을 극복하지 못할 때 우리는 그리스도를 따라갈 수 없다.

2) 예수님의 제자가 치러야 할 대가는 선택의 희생이다(마10:37). 하나님의 뜻과 환경의 요구가 항상 일치하는 것은 아니다. 내 뜻을 꺾고 그리스도의 뜻을 붙잡는 것이 필요하다.

3) 예수님의 제자가 치러야 할 대가는 십자가를 지는 일이다. 지금까지 사랑했던 욕망, 평안, 꿈 등을 다 버려야 한다. 제자는 아무도 자기 좋아하는 대로 할 수 없다. 그는 예수님이 기뻐하시는 일을 해야 한다.

4) 예수님의 제자가 치러야 할 대가는 생명을 바치는 모험이다(마10:39).

신앙생활에는 자기안전이 우선시 될 수 없다. 그리스도의 제자는 그의 선생과 같이 하나님과 이웃을 섬기기 위해 세상에서 부름 받은 자다. 그 목적을 위해서 자기생명을 기꺼이 바칠 수 있어야 한다.

위탁이란 예수그리스도에게 모든 우선권을 두고 그의 권위에 무조건 복종하는 것을 의미한다. 제자는 종이다. 그래서 제자들과 예수님은 한 번도 논쟁을 일으킨 일이 없었다.

그들은 항상 경청하는 자들이었고, 가끔 한두 가지 질문을 던졌을 뿐이다. 제자는 예수님이 하나님의 뜻에 항상 절대적으로 복종하신 것같이 예수님의 뜻에 전적으로 복종하는 위탁자들이었던 것이다.

그러나 지금 우리 모두가 가정을 버리고 따라야 한다는 말이 아니다. 그것은 그들은 항상 주님의 뜻에 복종하는 것을 가장 중요하게 생각하고 산다는 말이다. 그들은 주님을 따르는 생활에 어떤 혼란을 일으키지 아니하였다.

그러므로 신약에 나오는 제자의 개념은 제자로 부름을 받은 자가 자기의 전 생애를 결정지어 주는 선생과의 인격적 연합을 그 특징으로 하고 있다. 이와 같은 인격적 관계가 없이 제자라는 말이 사용된 예가 신약성경에는 한 곳도 없다. 모든 강조점이 선생이 되는 예수님의 인격 위에 놓여 있다.

둘 사이의 인격적 관계가 얼마나 독특한 것인가는 예수님이 십자가에 돌아가시자마자 그가 평소에 남겨 놓았던 교훈이나 그가 보여주었던 이적과 기사에 대한 추억이 그의 제자들을 붙들어 맬 만한 능력이 될 수 없었던 사실을 보아 잘 알 수 있다.

제자에게는 부분적 위탁이라는 것이 불가능하다.

그리고 예수님의 제자가 아니라는 것은 곧 어두운 권세의 제자가 된 것을 의미한다. 그리고 세상과 죄의 종이 되면 예수님의 제자가 되는 것보다 더 헤아릴 수 없는 대가를 지불하게 된다. 예수님을 섬기기 위해 자아를 내버리는 대가는 예수님을 배척하고 치러야 할 대가에 비교하면 얼마나 하찮은 것인지 모른다.

Chapter 15 복음의 증인

엄격한 의미에서 예수님이 제자들에게 위임한 궁극적인 일은 그를 증거하는 것이었다. 그는 세상에서 자기를 증거할 사람들을 불렀다. 누가와 행전에서는 증거 혹은 증인이라는 말이 제자를 부르는 소명과 불가분의 관계를 가지고 자주 사용되고 있다.

증인이란 말과 순교자란 말은 같은 어원에서 나온 것이다. 당시에 예수님의 증인이 되는 자는 자기 생명을 잃을 각오를 하지 아니하면 안 되었다. 복음서와 사도행전에서 '보내다'라는 동사가 '제자'라는 말과 같이 얼마나 자주 사용되고 있는가를 보면 쉽게 알 수 있다. '보내다'라는 말이 무려 215번이나 나오고 있다. 거의 다 예수님이 제자들을 증인으로 파송하는 내용과 관계된 말이다.

그러나 신약에서 우리는 증인의 요소를 연구하면서 신기하게 느껴지는 것이 하나 있다.

딤후4:2 복음을 전하라는 말이 있지만 그것은 목회자인 디모데에게 주는 말이다. 성경을 찾아봐도 평신도에게 복음을 전하라고 말한 것을 찾아보기 힘들다. 초대교회의 가장 두드러진 특징은 복음전도와 자주 모이는 것인데 그 두 가지를 강조하지 않는 것처럼 보인다. 히10:25절 집회에 관한 말이 있지만 그렇게 강조되고 있지 않다.

직접적인 전도의 명령은 없었지만 새 생명을 가진 제자들은 담대하게 예수를 증거하였다. 성령의 사람에게는 증거란 일종의 본능이라 할 수 있다. 본능적인 것은 명령을 기다리지 아니한다. 그것을 필요로 하지 않는다. 보고 들은 것을 말하지 아니할 수 없는 충동은 명령을 앞지르기 마련이다. "신약에 전도의 명령이 없는 것은 전도와 같은 행동이 가지는 자증성(自證性)과 저연성으로 설명할 수 있다고 한다(중략). 오순절 이후 제자들은 그리스도와 그 안에 있는 새 생명을 자발적으로 증거하는 사람들이었기 때문에 거기에는 아무 명령이 필요 없었다는 것이다."

복음전도는 말의 증거이다.

사도행전의 증거는 모두 입으로 전하는 복음전도였다. 제자들의 증거는 말이었지 삶의 감동을 통한 전도가 아니었다. 그들이 핍박은 그들의 선한 행위 때문이 아니라 그들이 전한 복음 때문이었다. 선행은 절대로 복음의 핍박을 불러들이지 아니한다. 엄밀한 의미에서 선행은 증거가 될 수 없는 것이다. 그러므로 자기의 말에 그리스도가 빠져 버린 자는 참증인이라고 할 수 없다. 그가 입을 열지 아니하면 그의 행위 속에 계신다고 생각하는 그 예수는 목숨을 내놓고 자기를 증거하라고 제자들을 향해 명령하시던 그 예수님이 아닐 것이다.

Chapter 16 섬기는 종

'종'이라는 말(doulos)과 동사(diakoneo)인 '섬기다'라는 단어는 한 쌍이 되어 자주 성경에 나타난다. 종은 신분을 나타내고, 섬긴다는 것은 기능을 강조하는 말일 것이다.

종은 그리스도 안에서 어떤 존재가 되어야 하는가를 말하고 있고, 섬긴다는 말은 그리스도를 자기의 절대주인으로 모신 제자의 생활이 어떠하여야 하는가를 가르쳐 주고 있다.

종은 섬기는 사람이다.

그리고 제자가 종이 된다는 것은, 고난당할 준비를 하는 것이다. 예수님에게 종이 된다는 것과 십자가를 진다는 것은 서로 다른 무엇이 아니었다.

본회퍼 "나를 따라오너라. 나와 함께 죽으러 가자."

그러므로 종 된 제자의 입장에서는 생명을 내놓는 것이 사는 길이요, 생명을 아끼는 것은 죽는 길이 된다.

예수님과 그 제자들의 목적은 이 세상 나라를 세우는 데 있지 않다. 그들의 관심은 하나님의 나라와 그 영광의 시대에 있다. 그러나 이 목적을 달성하는 길은 고난과 죽음을 통과하는 데 놓여 있다.

예수님에게 사랑이란 의지와 행동의 문제였다. 왜냐하면 하나님의 사랑의 법은 언제나 행동으로 표현되기 때문이다. 예수님은 종으로 희생하는 행동이 결여된 사랑을 그의 입에 담으신 일도 없고 그런 위선을 보여주신 일도 없다. 그러므로 예수님의 제자는 증인이 되기 전에 먼저 종이 되어야 한다. 그리고 사랑으로 희생하신 예수그리스도 자신을 자기말과 함께 생활로 보여주어야 한다.

예수님의 사랑에는 목적이 있었다. 제자의 사랑에도 궁극적인 목적이 있어야 하고 그것은 주님의 것과 일치하지 아니하면 안 된다. 그 목적은 잃은 양을 찾는 것이다. 사도요한은 제자도의 종직을 이렇게 엄숙하게 선언하고 있다. "그가 우리를 위하여 목숨을 버리셨으니 우리가 이로써 사랑을 알고 우리도 형제들을 위하여 목숨을 버리는 것이 마땅하니라."(요한일서 3:16)

예수님의 희생은 단지 자기가 흠모의 대상이 되기 위한 사랑의 계시가 아니다. 그것은 본받아야 할 하나의 모범이다.

우리가 교회에서 제자훈련을 시킨다는 것은 그리스도를 닮은 사랑의 종 된 인격과 삶을 가르치는 것이다. 그러나 종직에 대해서 설명하는 것이 아니라 종의 생활을 실천하게 만드는 것이다.

예수님이 그의 종 된 생활을 입으로 설명하지 아니하셨다는 것이다. 그는 행하므로 보여주셨다. 사랑의 능력을 말 속에 담아 다니지 아니하시고 행동 속에 담고 계셨다. 이것이 성육신의 원리인 것이다. 스스로 종의 몸을 입고 낮아지지 아니하는 곳에는 십자가의 승리가 따라오지 아니 할 것이다. 거기에는 아무런 변화가 일어나지 아니할 것이다.

위탁자, 증인, 종 이 요소들을 그 사람의 인격과 삶에서 온전하게 갖출 수만 있다면 세상은 그에게서 예수님을 볼 수 있게 될 것이다. 세상은 그에게서 예수님을 볼 수 있게 될 것이다. 제자훈련의 절정은 우리를 통해 예수님이 반사되는 데 있다. 다른 말로 하면 작은 예수가 되는 변화와 성숙을 세상 앞에 숨길 수 없는 새로운 피조물이 된다는 것이다. 이것이야말로 날마다 세상 속에 살지 아니하면 안 될 오늘의 신자들에게 얼마나 절실한 과제가 되고 있는가?

Chapter 17 교회의 체질이 바뀐다(p.170).

1) 교회 이미지를 갱신할 수 있다.

- 보내는 교회로, 교회가 하나님의 영광을 위해 세상에서 쓰임 받는 그리스도
  의 몸이 될 때 더 기뻐하신다.

2) 평신도의 자아상을 정립할 수 있다.

- 교회의 객체가 아닌 주체로. 보호대상이 아니다.

3) 보호목회에서 훈련목회로 전환할 수 있다.

목양은 가르쳐 지키게 하는 것이다. - 훈련 - 과실을 맺는 것이다.

4) 전 교회가 상호 사역하는 유기적 관계를 회복할 수 있다.

코이노니아

5) 교역자 중심체제에서 평신도 중심체제로 바뀔 수 있다.

평신도가 교회의 주체로서 그 본연의 위치를 바로 찾아 그 기능과 역할을 다
할 수 있도록 교역자가 그들을 섬기는 교회라면 그것이 바로 평신도 중심의 체
제라고 할 수 있다.

6) 사역을 분담하는 평신도 지도자들을 많이 확보할 수 있다.

교역자는 늘 고독하다. 풍성한 사역을 하려면 지도자를 배출하는 수밖에 없다.

7) 지속적인 교회성장을 기대할 수 있다.

평신도가 가는 곳마다 선교지이다. 건강하면 자연스럽게 자란다.

설교도 바뀐다.

그리고 강한 요구가 더 교회를 성장시킨다.

Part 4 제자훈련 원리와 실제

Chapter 18 제자훈련의 목적

제자도가 목회전략임을 인정한다면 그 다음으로 그것을 목회현장에 적용할
수 있는 실제적인 방법을 찾아야 한다. 어떻게 하면 평신도를 제자도에 입각한

예수의 제자로 만들 수 있을까?

이 질문에 대답하는 실제적인 목회방법이다.

제자훈련에 대한 오해

1) 제자훈련은 성경공부이다.

2) 제자훈련은 전도와 가르침에 유능한 평신도 기능인을 만들어 내는 코스처럼 생각한다.

3) 제자훈련은 수준이 있는 중산층 이상의 평신도들에게만 가능하다.

 - 지도자가 어떤 사람이냐에 달린 것이지 평신도가 어떤 사람이냐에 달려 있는 것이 아니다.

제자교육이 아니라 훈련이다.

제자를 만드는 훈련이라 할 때 실제적인 특징이 있다.

첫째, 제자훈련은 궁극적인 목표를 가지고 있어야 하고

둘째는, 구체적인 훈련방법을 설정해 두어야 하며

셋째는, 훈련에 합당한 선택된 대상을 가져야 한다.

마지막 훈련을 통해 나타날 수 있는 실제적인 결과를 강하게 기대할 수 있어야 한다.

제자훈련의 목적

그리스도의 인격과 삶을 본받는 신자의 자아상을 확립하는 것이다.

인격이 예수님을 닮도록 하는 것이다.

사역을 계승하는 소명자로 만드는 작업이다.

제자훈련이 성도를 온전케 한다는 것은 믿음을 자라게 하고 인격이 성숙하여 날마다 승리하는 삶을 살도록 세워 주는 것을 말한다. 그리스도로 충만할 수 있도록 가르치고 훈련하는 사역이라고 할 수 있다.

봉사의 일을 하게 한다는 것은 예수님이 교회에 명령하신 사역에 직접, 간접적으로 헌신할 수 있도록 기회를 주는 것을 말한다.

Chapter 19 제자훈련을 누가 시킬 것인가?

어떤 유형의 평신도를 만드느냐는 전적으로 지도자의 목회철학에 달려 있는 문제이다. 건강한 부모는 건강한 자녀를 낳는다. 교역자의 영성, 실력, 인격은 자기 안에 묻어 둘 것이 아니라 평신도라는 토양에서 썩는 밀알이 되어 많은 열매로 증명되어야 한다.

먼저 제자가 되어야 한다. 교재를 보면 아는 것 같지만 시작하려면 감이 잘 잡히지 않는다. 무슨 일을 하든 지도자가 이 끝에서 저 끝까지 볼 수 있는 감각을 가지면 훨씬 더 효과적으로 그 일을 다룰 수가 있다. 무엇보다 감을 잡는 것이 매우 중요한 것이다.

자신이 제자가 되지 않고서는 다른 사람을 제자로 삼을 수 없다. 가서 제자 삼으라는 명령을 칼바르트는 "베드로야 너는 가서 너를 닮은 사람을 만들어라."

확신이 결여된 모방은 생명이 없다. 제자훈련은 예배석에 나와 앉아 있는 평신도를 내려다볼 때마다 세상으로 보냄 받은 사도의 계승자라고 여기는 믿음을 가진 지도자만이 손을 댈 수 있는 일이다. 어떻게 세상과 싸울 수 있는 무장을 시키지 않고 가라고 할 수 있겠는가? 이런 점에서 목회철학은 제자훈련의 존폐를 가늠하는 절대적인 잣대라고 해도 과언이 아니다.

가르치는 사역의 중요성(p.200)

가르치는 사역은 설교보다 더 중요하다. 가르치는 일을 가장 최우선적으로 두는 목사만이 제자를 만들 수 있기 때문이다.

Chapter 20 어떻게 시작할 것인가?

제자훈련도 좋은 결실을 얻으려면 정지작업을 지혜롭게 잘해야 한다. 먼저 자신의 철학을 나누라. 왜 이것을 해야 하는지에 대한 확실한 해답을 가지고 있다. 그는 자기의 사역이 어디로 가야 하는지에 대한 뚜렷한 목표를 가지고 있다. 그는 이 사역이 성공하므로 무엇을 얻을 수 있는지에 대한 선명한 비전을 가지고 있다.

지도자는 자기가 확신하는 것, 자기가 본 것을 사람들에게 나누어야 한다. 밤낮 제자훈련에 미친 분이라는 강렬한 인상을 받을 수 있도록 해야 한다. 꿈을 효과적으로 나눌 수 있기 위해서 용어와 내용이 명료해지고 미래지향적이고 시각적이고 도전적이고 그러면서 현실적인 것이어야 한다. 복잡하지 않고 단순하게 제자훈련을 잘하면 유능한 그리스도인이 될 수 있다는 내일을 향한 청사진을 그려줄 수 있어야 한다.

설교를 활용해야 한다. 제자훈련 하면 강성이어서 듣는 자들이 경직되기 쉬운 약점이 있다. 날카로운 칼일수록 단단한 칼집에 깊이 꽂아 두어야 한다. 함부로 빼서 흔들면 백해무익일 뿐이다. 복음의 칼집에 싸서 제자훈련의 축복을 이야기하는 것이 조금도 어려운 일이 아니다.

대상의 선택(p.208)

집중의 원리

처음부터 죽으면 죽으리라는 각오로 훈련생 앞에 임하여야 한다. 아프지도 말고 죽지도 말자는 구호와 함께 성공한 케이스도 있다.

첫 제자반의 중요성

Chapter 21 무엇으로 가르칠 것인가?

제자훈련은 무엇으로 시켜야 하는가? 그 구체적인 내용은 무엇인가?

하나님의 말씀과 자신의 모범과 제자들의 경험이다. 말씀의 기준과 본을 보이므로 그리고 실제로 적용되므로. 예수님이 가진 훈련의 내용은 인격적인 진리요, 인격적인 모범이요, 인격적인 경험이었다는 데서 당시의 랍비들이 방 안에서 죽은 지식으로 가르치던 율법과는 근본적으로 달랐다.

제자훈련에서 우리가 성경을 사용할 때 그 말씀은 언제나 살아계신 예수그리스도를 직접 만나는 산 진리로 다루어져야 한다. 그리고 지도자는 훈련생이 눈으로 보면서 진리를 객관적으로 확인할 수 있는 하나의 모범으로 개방되어야 한다. 그리고 배우고 본 그 진리는 각자의 생활현장에서 순종을 통해 개인적으로 체험되는 삶이 되어야 한다.

하나님의 말씀

예수님께서 가장 중요하게 다루시던 훈련내용이었다. 예수님은 늘 하나님의 말씀을 사용하셨다. 그러므로 제자훈련 지도자는 먼저 그리스도의 말씀이 자기 마음에 풍성히 거할 수 있게 준비해야 한다. 주야로 묵상한 말씀이며, 마음에 풍성히 거하는 말씀이다.

지도자의 모범

진리를 이론으로 던져 주는 선생이 아니었다. 그는 가르치는 대로 사셨다. 예수님의 가르침에 능력이 있었던 이유는 그의 교훈이 그의 생활에 일치하는 데 큰 원인이 있었다.

예수님은 제자들을 자신의 모범을 가지고 훈련하기 위해 그들과 함께 생활하셨다. 동거하는 것 그것은 프로그램 중의 백미이다.

"단도직입적으로 말하면 사람들을 훈련시키려는 우리들은 우리가 그리스도를 따르는 것처럼 그들로 하여금 우리를 따르게 할 수 있는 준비가 되어야 한다." 그들은 우리에게서 듣고 본 바를 행할 것이다. 그러므로 우리의 생활을 공개하여야 한다. 히브리서 저자는 가르치는 자가 입으로만 할 것이 아니라 그의 행위로 해야 한다는 것을 경고하고 있다.

모범, 이것이야말로 제자훈련의 승패를 결정하는 열쇠를 가지고 있다고 할 수 있다.

제자들의 경험

제자들에게 사역현장을 생생하게 경험할 수 있는 기회를 제공하셨다는 것이다. 경험적 지식은 생활현장을 가까이 접하고 직접 귀를 보고 귀를 기울이는 데서 얻는 것이다. 예수님은 제자들이 현실을 잘 알고 그 안에서 고생하는 인생을 바로 이해하기를 원하셨다.

"예수께서 무리를 보시고 민망히 여기시니"(마9:36) 예수님에게 어떻게 이런 목자의 심정이 가능했을까? 그는 세상을 너무나 깊이 알고 계셨던 것이다.

실습을 통해 생활에 적용할 수 있는 현장훈련이어야 한다. 세상과 격리된 제자훈련 그것은 예수님이 보여주신 훈련이 아니라는 점을 절대로 잊지 않도록 해야 할 것이다.

Chapter 22 훈련교재는 이런 것이 좋다

말씀도 적절한 교재가 없으면 효과적으로 가르칠 수 없다.
1) 복음이 살아 있는가?
2) 내용이 균형 잡혀 있는가?
3) 말씀 적용이 강조된 것인가?
4) 교리적인 뼈대를 어느 정도 유지하고 있는가?
5) 지도자의 목회철학이 반영될 수 있는가?
6) 귀납적인 방법인가?

Chapter 23 소그룹환경

소그룹이란 그 자리에 모인 사람들 사이에 인격적인 상호작용이 일어날 수 있는 교육환경이다. 소그룹은 치료가 일어난다. 성령께서 나눔 속에 역사하실 자연스러운 채널이다.

소그룹의 장점
1) 일반화
나만의 문제가 아니다. 다 같이 함께 느끼는 고통이라는 공감대 형성

2) 인격 상호 간의 학습

다른 사람을 통해 배운다. 은사가 개발된다.

3) 모방

그룹 내의 뛰어난 누군가에게 더 큰 영향을 받는다.

4) 애착심

자기가 속한 소그룹이 자기에게 대단히 중요하다는 것을 인정할수록 더 강하게 나타난다.

5) 카타르시스

감정을 고백하고 나서 느껴지는 솔직함. 감정을 받아주는 스펀지 같은 역할, 허물없이 말하고 듣는 상호 간의 대화는 마음의 안정과 평안을 빨리 회복시켜 준다. 소그룹에서 자신이 먼저 변화될 때 너무나 감격스럽다.

제자훈련이란 한마디로 사람을 사랑하는 것이다. 예수님의 말씀처럼 하나님을 사랑하고 사람을 사랑하는 것이 제자훈련의 뿌리이다.

제자훈련은 강한 군사를 만들어 내는 비장한 것이 아니다. 목적을 위해 키우는 군대가 아니라 사랑으로 사람을 변화시키는 것이다. 제자훈련의 뿌리는 사람을 사랑하는 것이다. 이것이 제자훈련 사역자의 기초가 되어야 한다.

나를 통해 제자훈련 받은 성도들이 "목사님을 통해 소그룹 인도를 어떻게 하는지를 배우게 되었습니다."라고 말할 때 나는 목사로서 행복을 느낀다.

－소그룹 인도는 인도법으로 되는 것이 아니라 좋은 인도자와의 모임을 통해 삶으로 체득되는 것이다.

＊ 소그룹 인도에 대한 책

윌로우크릭 소그룹 이야기 － 빌도나휴, 소그룹 어떻게 인도할것인가? － 소그룹하우스

우리가 언제까지 아이들만 가르치겠는가? 무엇을 하든지 Top leader의 관점으로 생각해 볼 필요가 있다.

Top Leadership － 지도력은 은사가 있는 사람만 해야 하는가?(빌 하이벨의 생각처럼)

사람들을 보면 정말 타고난 지도력을 가진 사람이 있다. 그러나 개발되는 부

분이 더 많다. 그래서 우리는 타고난 지도력을 인정해야 한다. 그리고 그렇지 않은 사람의 대부분은 개발된다고 생각하는 것이 좋다.

제자훈련 사역자는 정비사가 아니다. 우리는 정원사이다. 정비사와 정원사의 차이는 정비사는 자기가 만드는 것이 아니다. 생명이 없는 기계를 만든 그대로 고치면 된다. 정원사는 생명을 다룬다. 가꾸어 주는 것이다. 제대로 성장할 수 있도록…… 사람 안에 생명의 씨앗이 있다. 그리고 성령의 역사가 있다. 가장 최선의 가능성을 열어주면 그것이 누구를 만나느냐에 따라 활짝 필 수 있다. 내가 무엇을 고치고 사람을 변화시킨다는 생각은 정비사이다. 가장 좋은 환경과 필드를 만들어 주고 가꾸어 주면 스스로 자란다. 이것은 또 현실능력과 잠재능력의 차이로 설명할 수도 있다. 동물은 현실능력이 엄청나다. 잠재능력을 발휘하지 않는다. 그러나 사람은 잠재능력이 더 많다. 사람 안에는 가능성이 있기 때문이다. 하나님의 눈으로 사람을 바라볼 때 사람은 자라난다. 예수님이 베드로를 보고 게바라고 바라보았듯이, 제자훈련 사역자는 사람을 바라보는 기대감이 있어야 한다. 그 안에 있는 잠재력을 세워 주어야 한다.

제자훈련 사역자들은 "사람이 생기기 전까지 일하지 않는다." 그러나 일반 전통목회는 "일이 사람을 만든다."라는 신화를 바탕으로 일이 먼저이고 사람이 나중이다.

사람에게 일을 맡길 때 두 가지 사항을 고려해야 한다. 위임에도 수준이 있다.

1) 일의 위험성과 중요도를 보고 위임해야 한다.

2) 사람의 수준을 고려해서 위임을 해야 한다.

정말 중요한 일인데 준비되지 않았다면 돈을 써서라도 사람을 스카우트해야 한다. 또 사람에게 일을 맡기면 그를 서포트해 주어야 한다. 그가 자라도록 인도해야 한다. 도움을 주어야 한다.

제자훈련을 할 때 자상하고 섬세해야 한다. 그러나 너무 전화하고 사람을 끼고 다니는 것은 그리 좋지 못하다는 것을 오랜 세월 겪으면서 깨달았다. 너무 끼고 다니는 것은 좋지 않다. 또 소수의 제자와 다수의 사람들의 균형을 이루어야 한다. 우리 목사님은 제자훈련 하는 사람만 좋아한다는 생각이 들면 안 된다.

또 제자훈련을 할 때는 동역자들과 함께 생각하라. 교회를 생각하라. 내가 내 반을 잘 인도하는 것보다 더 중요하다. 좋은 아이디어를 나눠야 한다. 교역자들의 피드백이 필요하다.

개인적인 이야기 - 굉장한 관심을 나타낸다.

사람의 필요에 민감하게 반응해야 한다. 훈련의 내용보다 더 중요한 것은 사람들의 need이다. 그 need에 깊은 관심을 표명해야 한다. 13,000여 명의 미국 목회자들에게 전한 릭워렌의 'Purpose - Driven' 컨퍼런스 강연 요지

Primed for Purpose
- Rick Warren, Jerry Falwell Meet at 'Purpose - Driven' Common Ground
Virginia pastor Jerry Falwell and California pastor Rick Warren, embraced a "Purpose - Driven" common ground during "SuperConference 2003" at Liberty University Oct. 5 - 8.

버지니아의 제리팔웰 목사와 캘리포니아의 릭워렌 목사는 리버티대학교에서 10월 5일부터 8일까지 열렸던 2003슈퍼컨퍼런스에서 '목적이 이끄는' 공동의 입장을 채택했다(or 깨달았다).

Rick Warren and Jerry Falwell may seem worlds apart, but their worlds merged when the California pastor brought Saddleback Church staffers to the Liberty University campus in Virginia to teach more than 13,000 ministers and students how to be purpose - driven.

릭워렌과 제리팔웰의 분야는 동떨어진 것 같았지만, 캘리포니아의 목사인 릭워렌이 새들백교회의 직원들을 이끌고 13,000명 이상의 사역자들과 학생들에게 목적에 이끌리는 법을 가르쳐 주기 위해 버지니아의 리버티대학 캠퍼스로 왔을 때, 그들의 세계는 융합되었다.

Pastors from 47 states and a variety of denominations, including two Eastern Orthodox priests, came to Liberty for this first - ever East Coast training in

Warren's "Purpose – Driven" concepts. Falwell, chancellor of Liberty University and pastor of Thomas Road Baptist Church, introduced Warren, pastor of Saddleback Church and author of the bestseller "The Purpose – Driven Life" as a leader who could not be recalled because he had been called by God.

두 명의 동방 정교회 사제들을 포함해서, 47개 주와 여러 다른 교단 출신의 목사들이 동부 연안에서는 처음으로 열린 이 워렌의 '목적이 이끄는' 개념의 훈련을 받기 위해 리버티로 온 것이었다. 리버티대학의 총장이며 토마스로드 침례 교회의 목사인 팔웰은 새들백교회의 목사이고 베스트셀러인 '목적이 이끄는 삶' 의 저자인 워렌을 하나님께서 그를 부르셨기 때문에, (다른 누구도) 소환할 수 없는(or 철회할 수 없는) 리더라고 소개했다.

At one point, Falwell and Warren switched their characteristic dress, with Falwell donning a Hawaiian shirt and Warren wearing a business suit. Falwell acknowledged the two were cultures apart but it takes different people to reach all people for Christ. Warren added that regardless of any differences, we all serve one Spirit, one Lord, and one God.

첫 시점에서 팔웰은 하와이언 셔츠를, 워렌은 정장을 입었는데, 팔웰과 워렌 은 그들 특유의(or 특징을 나타내는) 복장을 바꿔 입은 것이었다. 팔웰은 그 두 사람의 문화가 다른 것은 인정하지만, 그리스도를 위해 모든 사람들에게 다가가 기 위해 (서로) 다른 사람들이 필요한 것임을 표명했다. 워렌은 어떤 차이점들과 상관없이 우리 모두는 한 성령, 한 주님, 한 하나님을 섬긴다고 덧붙였다.

Warren told the crowd packed into Liberty's basketball arena(as well as an overflow crowd of nearly 5,000 watching by television) that when he was a teenager a sermon by Falwell kept him focused in ministry when he was completely discouraged. Falwell's message, which the Virginia pastor delivered to the crowd on Tuesday evening, was that the character of a man is measured by how easily he is discouraged.

워렌은 리버티의 농구장을 꽉 메운(농구장에 들어가지 못해 TV를 통해 듣던 거의 5,000명의 청중들을 포함해서) 청중들에게 십대 청소년 시절 그가 완전히 낙심했을 때에, 팔웰의 설교가 그로 하여금 사역에 집중하게 해 주었다고 말했다. 버지니아목사로서 화요일 저녁에 청중들에게 들린 팔웰의 메시지는 한 사람의 성품은 그가 얼마나 쉽게 낙심하는가에 따라 결정된다는 것이었다.

If one overarching message was clear during the Oct. 5 − 8 "SuperConference 2003", it was this: You don't have to change the biblical message to bea purpose − driven church. Being purpose − driven, Warren said, is about targeting who your church will reach and staying focused on that target while balancing the five biblical purposes taught in the Great Commission and the Great Commandment: worship, fellowship, discipleship, service and evangelism.

10월 5일부터 8일까지의 2003슈퍼컨퍼런스 기간 동안에 하나의 지배적인 메시지가 있었다면, 이것이다. "당신은 성경의 메시지를 목적이 이끄는 교회가 되는 것이라고 생각할 필요는 없다." 워렌은 목적이 이끈다는 것은 지상명령과 지상계율에서 배운 예배, 교제, 제자도, 섬김, 그리고 전도의 다섯 가지 성경적인 목적들을 균형 있게 유지하면서, 당신의 교회가 다가가려는 사람들에게 초점을 맞추는 것이고, 그 목표에 계속해서 초점을 두는 것이라고 했다.

When Warren stepped onto the stage in the Vines Center at Liberty University, the enthusiasm of the audience, after battling traffic snafus and snarls, did not appear diminished.

리버티대학의 바인스센터에서 워렌이 단위에 오르자, 청중의 열기는, after battling traffic snafus and snarls(싸우는 듯한 교차하는 환호성들로 혼란스러운 상태를 의미하는 듯…… 그 후에도……), 줄어들 것 같지 않았다.

"How do you turn an audience into an army?" asked Warren. The goal, he said, is to move people from the outer circle of community to an inner circle, core group.

워렌이 질문했다. "어떻게 청중을 군대로 바꿉니까?" 목표는 공동체의 외곽에 있는 사람들을 내부로, 핵심그룹으로 가게 하는 것이라고 했다.

Warren said a survey by George Gallup once found that only 10 percent oflaypeople are involved in ministry, yet another 40 percent are interested in ministry opportunities but they've never been asked to serve.

워렌은 단지 평신도의 10퍼센트만이 사역에 참여하고 있고, 다른 40퍼센트는 사역의 기회들에 관심은 있지만 한 번도 사역에 참여하기를 권유받지 못했다는 것이 한때 조지 갤럽의 한 조사를 통해 밝혀졌다고 말했다.

Citing his own church in Lake Forest, Calif., Warren discovered he had members who had done such things as planning Dick Clark's New Year's ball drop, the 1984 Olympics and the Main Street parade for Disney. Warren said he was astonished: "Something I do not like about big churches is how easy it is for talent to hide."

캘리포니아의 레이크 포레스트에 있는 그의 교회를 인용하며, 워렌은 그의 교회멤버들 중에 딕 클라크의 신년무도회(ball drop?), 1984년 올림픽, 디즈니 메인 스트릿 퍼레이드와 같은 일들을 기획했던 사람들이 있었다는 것을 발견하고, 그는 엄청 놀랐다고 했다. "내가 큰 교회들에 대해 좋아하지 않던 점이 은사가 너무나 쉽게 감춰진다는 것입니다."

He then asked, "If I could show you how to get half of your laypeople into ministry, would you be interested?" The crowd responded with a cheer that shook the foundations of the arena.

그리고 나서 그는 물었다. "만약에 내가 여러분에게 평신도들 중 절반을 사역에 참여하게 하는 법을 가르쳐 줄 수 있다면, 관심을 가지시겠습니까?" 청중은 그 경기장을 뒤흔드는 환호로 응답했다.

"Streamline the meetings", Warren said. "Most churches have too many meetings. Christ did not say, 'I have come that you might have meetings.' The most valuable thing people can give you is not their money; it's their time."

워렌은 말했다. "모임을 간소화하십시오. 대부분의 교회들은 너무 많은 모임을 갖고 있습니다. 그리스도는 '나는 너희가 모임을 갖게 하려고 왔다.'고 말하지 않았습니다. 사람들이 여러분에게 줄 수 있는 가장 가치 있는 것은 그들의 돈이 아니라, 그들의 시간입니다."

Warren asked, "How many agree you can drain the life out of people with meetings?" Hands shot up across the arena.

워렌은 물었다. "여러분은 모임들과 함께 사람들로부터 생명이 다 빠져나오게 할 수 있다는 것에 얼마나 동의하십니까?" 경기장 전체로 손들이 빠르게 들려졌다.

Warren responded, "Minimize meetings to maximize ministry."
워렌이 대답했다. "사역을 최대화시키려면 모임을 최소화하십시오."

"You must trust your people with authority", Warren said. "You have to decide, 'Do you want to have control or growth?' You can't have both."

워렌은 말했다. "여러분은 권위를 가지고 여러분의 사람들을 신뢰해야만 합니다. 여러분은 '여러분이 지배력(or 조종, 관리, 통제)을 갖기 원하는지, 아니면 성장하기 원하는지'를 결정해야만 합니다. 두 가지를 다 가질 수는 없습니다."

The pastor must give up some of his ministry and the people in leadership must give up some of their control in order to have growth, Warren said. "You bring out the best in people by giving them a challenge, the control, and the credit."

성장하기 위해 목사는 그의 사역의 얼마를 포기해야 하고, 리더그룹의 사람들은 그들의 통제력의 얼마를 내버려야만 한다(관리하던 것의 어느 정도를 그만두어야만 한다)고 워렌은 말했다. "여러분은 그들에게 도전(목표)과 통제력과 신뢰를 줌으로써 그들 안에 있는 최선을 끄집어내게 될 것입니다."

He finished by asking a simple question: "Would you like your church to be healthier, to be stronger, and to grow?"

그는 간단한 질문으로 끝을 맺었다. "여러분은 여러분의 교회가 더 건강해지고, 더 강해지고, 그리고 자라나기를 원하십니까?"

"Then release your leaders to lead", Warren urged.

"그렇다면 여러분의 리더들이 이끌도록 놓아주십시오." 워렌은 강조했다.

In another session, Warren noted that each church needs to find its own style for reaching its target population, but he also said many churches confuse traditional methodology with biblical theology.

다른 강의에서, 워렌은 각각의 교회는 그 교회의 목표 대상인 사람들에게 다가가기 위한 그 교회만의 스타일을 발견할 필요가 있다는 것을 지적하면서, 또한 많은 교회들이 전통적인 방법론과 성경적 신학을 혼동하고 있다고 말했다.

"The message never changes, but the methods do", Warren said, adding that churches should "work smarter, not harder" in their efforts to evangelize and disciple. He said he keeps Saddleback members focused with simple slogans like, "Bring them in······ Build them up······ Train them for······ Send them out!"

워렌은 말했다. "메시지는 결코 변하지 않지만, 방법은 바뀝니다." 그리고 교회는 복음을 전하고 제자를 만드는 노력을 하는 데 있어서 "더 현명하고, 더 힘들지는 않게" 일해야만 한다고 덧붙였다. "그들을 데려오라······ 그들을 세우라······ 그들을 훈련하라······ 그들을 보내라!"와 같은 간단한 표어들로 새들백 멤버들을 계속 집중하게(or 목표를 잃지 않게) 한다고 그는 말했다.

Then, "you position your church as a family, not an institution", Warren said.

"The Christian life is more than believing; it's belonging and becoming."

그리고 나서, 워렌은 "여러분은 여러분의 교회를 어떤 교육기관이 아니라, 하나의 가족과 같은 위치에 두어야 한다."고 말했다. "그리스도인의 삶은 믿는다는 것보다 더 큰 것입니다. 그것은 소속되는 것이며 무엇이 되는 것입니다."

Citing a tremendous need for love and acceptance among the lost, Warren said churches should create a climate based on John 13:35, "By this all men will know that you are my disciples, if you have love for one another."

잃은 자들 가운데 사랑과 용납의 엄청난 필요성을 언급하며, 워렌은 교회들이 요한복음 13장 35절에 기초한 분위기(or 환경, 풍조)를 만들어야만 한다고 했다. "만약 너희가 서로 사랑한다면, 이것으로 모든 사람들이 너희가 나의 제자들이라는 것을 알게 될 것이다."

People need to be told the value of church membership to the church, Warren said. "You become a church member by committing yourself", he said. Accountability, support and identification as a believer are only a small amount of the benefits of church membership.

교회에 있어서 그 교회멤버가 되는 것의 가치가 얼마나 되는지를 사람들은 배워야 할 필요가 있다고 워렌은 말했다. "당신은 당신 자신을 위탁함(or 맡김, 스스로 의무를 지움)으로써 교회의 멤버가 됩니다." 신자로서의 책임, 후원, 정체성은 교회의 멤버가 가지는 유익의 단지 작은 분량에 지나지 않는다.

"People are not looking for friendly churches; they're looking for friends", Warren said. Every member should be encouraged to participate in a small group. The connection of community and communication are the fundamental goals of joining a small group.

"사람들은 친절한 교회를 찾는 것이 아니라, 그들은 친구를 찾고 있다."고 워렌은 말했다. 모든 멤버가 소그룹에 참여하도록 장려되어야 한다. 공동체와의 연결과 의사소통(or 교제, 교통, 친밀한 관계)은 소그룹에 참여하는 것의 근본적인 목표들이다.

In order to join a church, Warren said, a membership class should be required: "A strong membership class will produce a strong church."

교회에 참여하기 위해, 멤버십 수업은 필수적이어야 한다고 워렌은 말했다. "강한 멤버십 수업은 강한 교회를 만듭니다."

A membership covenant commits the members to the church: "When your church adopts a membership covenant, you are choosing who stays!" The unity, responsibility, ministry and testimony of the church are protected through a membership covenant.

멤버십 서약은 멤버들을 교회에 위탁하게 한다. "여러분의 교회가 멤버십 서약을 사용한다면, 여러분은 머무를 사람을 선택하고 있는 것입니다!" 교회의 하나 됨과 책임, 사역, 그리고 증거는 멤버십 서약을 통해 보호받는다.

- From 'Baptist Press News'

간증의 유익

1) 오직 당신만의 이야기이다. - 그와 똑같은 이야기는 없다. 당신이 침묵하면 영원히 그 이야기는 사라질 것이다.

2) 개인적인 경험을 대상으로 논쟁하는 것은 쉽지 않다. - 전도의 논쟁을 막는 가장 효과적인 수단이다.

3) 간증은 설교보다 더 효과적이다.

믿지 않는 사람들은 목사들을 월급 받는 세일즈맨으로 취급하지만 당신은 그 제품을 써보고 '만족하는 고객'으로 보기 때문에 더 신뢰하는 것이다.

4) 지식적인 내용이 풍기는 거리감을 피할 수 있다. - 성경권위를 인정하지 않는 사람도 이야기는 듣는다.

5) 우리의 이야기는 예수님이 그들의 마음으로 찾아갈 수 있는 교량역할을 한다. 그래서 바울도 사도행전에서 6번이나 성경 대신 자신의 간증을 통해 복음을 전했다.

"너희 마음에 그리스도를 주로 삼아 거룩하게 하고 너희 속에 있는 소망에 관한 이유를 묻는 자에게는 대답할 것을 항상 예비하되 온유와 두려움으로 하고"(벧전3:15)

대답할 것을 예비하는 가장 좋은 방법은 간증문을 작성하고 포인트를 암기하는 것이다.

간증작성의 네 부분

(1) 예수님을 만나기 전의 내 삶이 어떠했는지

(2) 예수님이 필요하다는 사실을 어떻게 깨달았는지

(3) 어떻게 나의 삶을 예수님께 헌신했는지

(4) 예수님이 나의 삶을 어떻게 변화시키셨는지

구원받은 이야기 말고도 여러 가지 간증이 있을 수 있다.

하나님이 우리를 도와주신 모든 경험에 대해 말할 수 있다.

하나님이 겪게 하신 모든 문제, 상황, 위기들을 기록해 두라.

그리고 가운데 믿지 않는 친구들이 공감할 수 있는 이야기들을 상황에 맞게 사용하라.

상황이 다르다면 다른 간증이 필요하다.

내가 복음을 전하지 않는 이유?

사랑은 선택의 여지가 없다.

[개역](요일4:18) 사랑 안에 두려움이 없고 온전한 사랑이 두려움을 내쫓나니 두려움에는 형벌이 있음이라 두려워하는 자는 사랑 안에서 온전히 이루지 못하였느니라.

부모는 아이에 대한 사랑이 두려움보다 더 커서 불타는 집 안으로 아이를 구하러 들어간다.

만일 주위에 복음을 전하기를 두려워하고 있다면, <u>하나님께 그들에 대한 사랑을 달라고 기도하라.</u>

복음전도의 유익

천국에 올라갔을 때 누가 "정말 감사합니다. 당신이 제게 복음을 전해 주었기 때문에 제가 이곳에 올 수 있었습니다." 인사하는 사람을 만난다면 얼마나 감격적일까!

사람의 영혼만이 영원하다.

복음전도의 긴급성

다섯 가지 목적, 예배, 교제, 훈련, 사역, 전도 나머지 넷은 하늘에서도 계속하게 될 것이다.

그러나 전도는 이 땅에서만 이루어지는 일이다.

(1) 지역사회(community) – 지역사회를 전도하기 위한 전도 소그룹

(2) 등록자, 교인(Congregation) – 셀, 가정교회, 다락방 – 흔히 말하는 소그룹이다.

(3) 헌신자(committed) – 셀리더, 순장, 핵심지도자를 키우는 제자훈련

(4) 핵심지도자(Coremember) – 소그룹지도자 모임, 당회, 순장반

형태가 아닌 내용별로 구분할 때 주로

소그룹이 교회 자체를 의미하는(Church is small group) – 셀, 가정교회

교회 안에 소그룹이 있는가(Church has small group) – 보통 구역조직

소그룹 중심의 목회인가(Church of small group)로 구분한다.

훈련 없는 소그룹 전략을 경계하라 제자훈련은 사관학교이고 다른 소그룹은 소대장을 만드는 훈련이다. 둘은 다르다.

셀과 G12

기존 구역모임 – 예배중심

셀 – 전도중심

1) 셀의 4W 구조

15~20분 Welcome – 경직된 분위기 깨뜨리고 친근감을 느끼는 활동을 하는 시간

20~30분 Worship – 하나님을 높이는 경배와 찬양

20~30분 Words – 지난 주일 설교말씀을 어떻게 구체적으로 삶 가운데 적용했는지 나눔

20분 Work – 구성원 각자가 최근 사역하도록 받은 부담이나 비전 나눔/전도대상자 소개

2) G12

시작: 남미 콜롬비아 보고타의 ICM 교회담임 세자르 카스텔라노스 목사

핵심: 모든 멤버들을 잠재적 셀리더로 본다는 데 있다. 셀운동을 번식이라는 관점에서 강화

G12의 구조는 4 – 12 – 144 – 1,728 – 20,736명으로의 확장

셀과 G12의 문제점

1) G12의 구조 속에서 번식 이외에 다른 영적인 가치들이 균형 있게 자리 잡을 만한 여유가 없어질 가능성이 있다.

2) 영혼구원 – 강화 – 제자화 – 파송이라는 4단계가 너무 시간이 짧아 인격적 관계가 형성되지 못한 채 짧은 기간 강의로 구성되어 있다.

가정교회

로버트뱅크스, 최영기 목사의 영향 – 많은 교회가 셀과 가정교회 개념을 혼동!

제자훈련과 가정교회, 셀을 접목한 성공케이스

제자교회, 안산동산교회 – 셀 도입

화평교회 – 가정교회 도입

그러나 훈련된 지도자 없이 급조된 지도자를 중심으로 하는 셀이나 가정교회의 전환은 심각한 교회의 후유증으로 시달리는 경우가 많다. 또 모델로 내세울 만한 교회가 아직 없다는 점에 유의해야 한다.

소그룹, 어떤 길을 선택할 것인가

첫째, 소그룹 지도자를 무장시켜야 한다.

우리 사역은 조정경기가 아니라 급류타기이다.

한 사람의 구령에 맞추는 조정경기가 아니라 각자의 역할을 충실히 해야 난관과 파도를 넘을 수 있는 급류타기이다.

둘째, 말씀 중심으로 소그룹을 인도하라

소그룹의 두 가지 적 반지성주의의 영성중심과 또 지성주의식 공부

뜨거운 가슴과 차가운 머리를 소유해야 한다.

어설픈 코이노니아만으로 사람은 근본적으로 바뀌지 않는다.

건강한 소그룹 진단을 위한 7가지 질문

1) 소그룹 사역에 대한 분명한 목회철학과 목표를 가지고 있는가?

2) 대를 이어갈 소그룹 지도자가 준비되고 있는가?

3) 소그룹 지도자가 계속 영적 지원을 받고 재충전되고 있는가?

4) 소그룹 안에서 새로운 생명이 지속적으로 탄생하고 있는가?

5) 소그룹 지도자를 믿고 위임하는 목회자의 구심력이 있는가?

6) 하나님의 말씀이 소그룹 멤버의 삶에 영향을 끼치고 있는가?

7) 성령의 인도하심 속에 소그룹원들의 필요가 채워지고 있는가?

5월 23일(월) 제자훈련 특강
옥한흠 목사

1) 미국 칼 세미나 이야기

미국 교포교회도 변화의 바람이 일고 있다.

1.5세들의 목회자들이 제자훈련의 목회방식을 받아들이고 있다.

사람에게 포커스를 두는 것이 오래 남는다(35년 전 제자훈련 원년멤버들과의
만남에서……). 우리는 10년 후 20년 후에 한국교회를 이끌어 갈 사람들이다.

2) 변하는 시대 속의 교회의 모습

상당한 변화가 예상된다. 30% 정도는 예상하겠지만 70%는 미지수다.

지금의 틀로는 힘들어질 것이다. 교역자시대도 지각변동이 일어날 것이다.

의식변화를 위해서라도 radical한 책도 수용해야 한다.

'가정교회' 중에서

"메시지를 가지고 있을 뿐 아니라 교회 자체가 메시지가 되어야 한다.

오늘날의 교회는 메시지가 없다.

그 본질에 있어서 종교적(부정적)이지 않은 교회

하나님은 교회를 변화시키고 변화된 교회는 세상을 변화시킬 것이다.

오늘의 교회가 사실은 교회가 교회되는 데 가장 큰 장애가 되고 있다.

교회는 제도화된 교회가 분산되어서 가정교회로 돌아가야 한다.

"교단에 갇혀 있고 얽매인 교회들은 사라져야 한다." 다소 혁명적인 책이다. 그러나 우리가 수용해야 할 것을 수용하여야 한다.

겉으로 드러난 결과에 너무 연연하지 마라.

앞으로 얼마든지 변화된다.

중요한 것은 원리이다.

앞으로 갈고닦아라.

가슴 뜨겁게 받아들일 때 그 다음에 방법론도 중요하고 한 것이다.

3) 제자훈련을 하는 신학생들에게……

합신에서 5년 동안 제자훈련에 대해 강의할 때(당시는 제자훈련의 원리에 대한 연구가 임신해서 베고 있을 때……)

그래서 신학교에서 제자훈련을 강의하는 것은 무리가 따랐다.

박윤선 박사의 패러다임을 못 벗어났다(합신).

지금은 신학생들이 많이 성숙해 있다. 다독, 인터넷,

이론적으로 잘 정리하기 바란다. 의식 세계를 계속 넓혀 가라!

한 교단, 교포, 한국이라는 장벽에서 벗어나라.

하나님의 교회를 세계적으로 보아 나가기 바란다.

그래서 옥 목사님은 교제권(fellowship)을 의도적으로 넓히기도 한다.

나 하고 정 반대편에 있는 사람들과 자주 접촉한다.

예) 곽선희 목사님과 원수다(서로가 목회철학에서는 절대 동의하지 않는다.).

그러나 서로가 서로에게 배우기를 원했다. 지난 15년 동안 연변 과기대 발족 때부터 인간적으로 아주 가까운 동지로 일한다.

평신도를 너무 가르치려고 하면 머리에 뿔이 난다.

그 뿔로 누구부터 들이받는지 아는가! 목사부터다.

동의하지 않지만 fellowship은 계속 유지되고 있다.

그러나 옥 목사님은 곽 목사님의 우민정책을 동의하지 않는다.

목회자의 가장 중요한 본질은 성도를 온전히 세우는 것이다.

앞으로의 시대는 또 다를 것이다.

그때에 성경적 원리에 맞춰 시대에 맞는 옷을 입어야 할 것이다.

4) 제자훈련은 성경적인 목회철학이다.

제자훈련은 이제 한물갔다! 제자훈련을 프로그램으로 보기 때문에 그렇다.

원리는 프로그램이 아니다. 어떤 프로그램도 영원한 것은 없다.

15년 동안 세미나(65회)를 했다. 평신도를 깨운다. 단행본으로는 최고의 부수가 되었다.

제자훈련을 프로그램으로 보는 사람들은 당황하게 될 것이다.

하나의 프로그램이 아니고 성경적인 목표요 방법이라고 생각하면 시대의 기류를 타지 않을 것이다. 제자양육은 옥 목사의 브랜드가 아니다. 제자를 만드는 것을 무시하는 것은 성경을 부인하는 것이다. 그것은 주님의 명령이다.

그 나무는 열매를 보고 판단하는 것이다.

질문: 앞으로 10년 후의 목회적 변화는 어떠할 것이라 생각하십니까?

앞으로 10년 20년 후의 향후 목회 방향이 예측 가능한 영역

<u>목회청중이 전혀 다를 것이다.</u>

지금은 그래도 유교문화권 아래 있는 구성원들이 주류를 이루지만

앞으로는 유비쿼터스의 이점을 이용하여 자기 표출을 거르지 않고 표현하는 시대이다.

약삭빠른 재주 가지고는 절대 불가능할 것이다. 병자들이 많기 때문에 우리의 사역이 절실할 것이다. 어떻게 보면 황금어장이 될 것이다. 어쨌든 우리 시대의 청중들은 다를 것이다.

앞으로의 50년 후의 목회 방향은 교파의 장벽은 무너질 것이다.

다음 세대는 이성적 세대가 아니라 감성적 세대일 것이다(동방정교가 21세기에 뜰 것이다. 라는 지론에 대하여……).

우리 시대부터도 벌써 이성보다는 감성이 앞서는 시대이다.

농담(앞으로는 오순절 교파가 없어질 것이다.)

복음전파에 많은 기여를 했지만 오순절의 맹점은 도덕성의 문제이다.

질문: 제자훈련을 하면 가정을 소홀히 하기 쉽다?

가정문제는 목회와는 관계가 없다. 목회가 가정생활을 제대로 못 하도록 방해를 하는 것이 아니다. 그 문제는 목회자의 취향이다. 나도 지금 가정문제를 놓고 가장 후회한다.

그 사람의 자세고 마음이다. 그 짧은 시간에 다 할 수 있는 것이다.

제자훈련 때문에 가정생활을 소홀히 한다는 것은 문제가 있는 것이다.

영적으로 성의를 보이지 못한 것이다. 제자훈련과 가정소홀은 전혀 근거가 없는 것이다.

질문: 감성의 시대에는 어떻게 대처해야 하는지, 옥 목사님 교재(이성적 접근이 많다) 앞으로 시대는 어떠해야 하는가?

감성교재가 따로 있고 이성교재가 따로 있는 것이 아니다. 어차피 우리가 성경을 이해하는 것은 이성적으로 접근하는 것이다. 지성을 먼저 앞세워서 성경에 접근할 수밖에 없다.

머리의 지적 동의를 무시할 순 없다. 앞으로 제자양육의 많은 시간을 통해 통찰력을 얻을 것이다. 이 토대 위에 새로운 기반을 더 세워 주길 바란다.

질문: 주일학교 선생님들…… 헌신하지 않아서 고민이다…… 어찌해야 하는지?

주일학교 선생님들이 전도사님의 말을 잘 안 들을 것이다!

왜냐하면 전도사들에 대한 인식이 좋지 못하다. 대단하게 생각하고 따르지 않는다.

문제 해결하려고 하지 말고 학생들이나 잘 관리하라! 학생들은 전도사님을 잘 믿고 따를 것이다. 주일학교에서 교사들까지 좌지우지하려 하지 말라! 담임목사님이 그 부분은 장악할 것이다. 아이들을 어떻게 하면 예수님을 닮는 사람으로 성장시킬 수 있을까 그 부분을 고민하며 사역하라.

질문: 제자훈련과 셀의 차이점은?

제자훈련과 셀의 차이점 - 셀의 강조점은 번식에 있다.

랄프네이버의 글은 탁월하다. 제자훈련은 사람에게 포커스를 맞추고 있다.

셀은 번식이 목적, 한 사람이라도 더 복음을…… 그래서 오순절 계통에서는 쉽다. 열정이 있는 사람에게 맡겨 주면 되기 때문이다. 그러나 맹점이 있다. 사람을 세우는 데 어려움이 있다.

셀에서는 말씀공부를 가볍게 여긴다. 셀에서는 성경공부를 하지 말라고 강조한다. 딱딱해지니까. 셀에서는 성경공부를 하지 말라고 가르친다. 분위기 좋게 잡다한 이야기를 하다 보면 처음엔 좋지만 나중엔 허탈함을 느낀다.

셀은 신학적으로 걸린다.

가정교회도 마찬가지로 신학적인 부분이 걸린다.

그것은 성찬의 문제이다. 그래서 장로교의 정신으로는 할 수 없다.

이런 신학적인 문제를 잘 해결해야 한다.

칼 세미나 전에 '광인론' '제자도'에 관해서 한다.

포용력을 가지고 바라보자!

균형 잡힌 제자훈련을 경험해 보지 못했기 때문이다.

그것은 지도자가 어떻게 준비되었는가가 중요하다.

사람이 준비되지 않으면 안 하는 것이 원칙이다.

소그룹 안에서는 사람들이 양육이 되어야 한다.

제자훈련 하면서 셀로 가는 교회들이 있다. 이 부분은 4-5년 후에 살펴볼 일이다.

셀과 G12로 가는 교회는 단기간 교회성장에 염두를 둔 교회라고 할 수 있다.

부교역자로 한계를 빨리 인정하라!

교회에서 헌신하지 못하는 사람들은 바빠서 못 하는 것이 아니다.

동기부여가 안 되었기 때문이다.

많은 책들과 만남을 통해서 동기부여를 만들라!

청소년이나 아이들이 제자훈련의 term이 짧다.

분당우리교회 이찬수 목사 시무

사랑의 교회 자체

청주 꿈이 있는 교회(반기성 목사)

어떻게 양육했는가

목적이 이끄는 삶

개인 독서용이 아니라 교회 전체가 40일 동안 프로그램으로 실행하기 위해 만들어진 것이다. 개인의 삶에 있어서 40일 동안 집중해서 영적인 성장에 동참시키는 것이다.

변화를 하려면 turning point가 중요하다.

어느 날 갑자기 표어를 제정한다고 되는 것이 아니다. 나누는 것이 중요하다. 그러나 목적이 이끄는 삶은 turning point하기 좋은 기회가 될 것이다.

새들백교회의 5가지 목적

예배 - 하나님과의 관계

교제 - 성도들 간의 교제

훈련 - 하나님 닮아가는 것

사역 - 교회 안에서

증거 - 교회 밖에서

교회의 세 가지 존재이유

예배 훈련 증거(평깨)

평깨에서도 그것을 다 포함하고 있다.

사람을 어떻게 키울 것인가! 그것은 배워야 한다.

옛날식으로 가르치면 어려울 것이다.

그 사람들을 어떻게 훈련시킬 것인가는 배워야 한다.

소그룹 호스트

교육환경, 시간, teaching style

공동체를 세우는 40일

peace - 전 세계를 어떻게 세울 것인가!

대규모의 선교프로그램

새들백교회와 사랑의교회를 보면서 느끼는 느낌은……
한 교회가 깨어나는 것이 얼마나 소중한지 모른다는 것이다.
한 사람의 그늘에서 얼마나 유익이 있는가
그런 사역자들이 되기를……

1부 내가 얻은 황홀한 구원(롬1:1 – 5:21)
2부 아무도 흔들 수 없는 나의 구원(롬6:1 – 11:36)
3부 구원받은 자는 이렇게 산다(롬12:1 – 16:27)

1부 로마가 들어야 했던 복음(롬1:1 – 8:39)
2부 로마를 깨뜨린 복음(롬9:1 – 11:36)
3부 로마를 바꾸어 놓은 사랑(롬12:1 – 16:27)

복음이란 무엇인가로 바로 들어간다.
1) 예수그리스도의 복음이란 무엇인가?
(1) 하나님이란 단어 횟수 많이 나온다. 왜?
(2) 복음은 하나님의 가슴으로부터 나왔기 때문이다.
– 설명하는 다른 구절 롬11:33, 16:27절

2) 왜 로마교회에게 복음을 전하는가?
(1) 다른 학자들의 이야기
(2) 목회적 관점에서 썼다.
(롬13:13절로 증명)
교회 안에 두 부류
복음에 대해 거부하는 부류
복음에 대해 불감증에 걸린 부류

(3) 복음의 감격을 위해 다시 썼다.

감격의 예 – 조지횟필드

(4) 복음의 감격이 식는 이유 세 가지

깨닫지 못하면, 오래가면, 죄를 범하면

우리도 다시 들어야 한다.

(1) 여집사님의 간증

(2) 펜을 들고 15절 쓰라.

3) 로마교회는 복음을 다시 들어야 했다.

롬1:8 – 17 동일한 본문으로 2번 설교

왜 로마는 다시 복음을 들어야 했는지를 설명

왜 로마는 복음을 다시 들어야 했냐? 두 번째 이유

(1) 복음의 능력을 회복하기를 원했기 때문이다.

(2) 구원이란 무엇인가? 설명 – 구원 자체의 능력

 – 전인격적이다. 이 땅의 삶 속에서도 역사하는 것이다.

(3) 왜 이렇게 대단한 것인가? 하나님의 능력 때문이다.

(4) 복음 = 능력(고전2:2. 행1:8) – 예수 믿는 사람에게 주시는 능력

(5) 그 복음은 믿음으로 받는 것이다.

(6) 오직 믿음으로

4) 왜 능력을 나타내지 못하는가?

(1) 우리 육신의 연약으로 제재를 받기 때문이다.

(2) 요새의 함락 예화 – 빈 실탄

5) 능력을 회복해야 한다.

(1) 말씀 읽고

(2) 기도하므로

(3) 전도하므로

로마가 복음을 다시 들어야 했던 세 번째 이유

6) 전도의 열매를 맺기 위해서
바울의 꿈은 이루어졌다. - 세계사를 통해
우리도 그렇게 되어야 한다(공사장 인부의 예).
C, C, C 부총재 아들의 예화

전도 설교의 준비와 실제
  첫 시간이 중요하다. 전도는 절대로 위치 이동은 아니다.
  태신자와 인도자가 함께 참석해야 한다. 그러기 위해선 관계전도가 좋다. 때문에 준비 기간이 있어야 한다(6개월). 전도 설교: 담임 목사의 해산의 작업이다.
  - 집회 때 강사가 복음 설교에 미흡했지만 사람들이 결신한다. 왜냐하면 6개월의 준비, 기도, 헌신, 관계가 되어 있었기 때문이다.
  - 간증은 감동과 유머가 있지만 결신자 수는 많지 않다.
  - 복음 설교는 딱딱하고 부담되지만 결신자 수는 많다. 왜냐하면 말씀과 성령의 역사가 사람을 변화시키기 때문이다. 인간의 아름다운 말로 사람을 변화시키지 못한다.
  복음은 선포되는 것이지 재주 부리는 것이 아니다. 선포 속에서 능력이 나타난다. 전하는 입술에 능력이 나타난다.

전도 설교
1) 집회 전 설교(중요)
 - 준비 기간이 긴 경우
 - 대각성 집회의 목표
 = 기성신자를 깨우는 일(가장 흥분하는 때는 해산의 진통과 그의 결신이다.)
 = 영혼 구원하는 일 '기성신자에겐 가성, 불신자에게 전도'의 은혜가 나타난다.
 - 6개월 전(선포)
 - 3개월 전: 워밍업
 = 강해 설교(1달 전): 끝 부분에서 전도 집회에 연결시킴 "힘이 약하다."

전도 설교가 어려운 이유

1) 기간이 길다: 한 가지 주제의 설교를 계속하는 것은 어렵다.

2) 균형: 기도, 한 영혼, 전투, 세계선교, 선포, 영적 세계…… 균형을 이뤄야 함

3) 참신성 유지

4) 성도의 지금 이 순간에 필요한 은혜를 채워야 함

 – 그렇기 때문에 설교자는 교인들의 필요에 고민하고 민감해야 하며 '평신도
   의 눈높이'에서 설교를 준비해야 한다. "내가 평신도라면……" 예민한 감
   각이 필요

대각성 집회 6개월 전(선언 '카운트다운')

 "영혼 구원하는 일에 씨름하는 일을 해야 합니다. 여러분이 동참하지 않으면 하
나님은 싫어하십니다. 모두 준비합시다." – 첫 설교는 정확하고 분명하게 해야 함.
(가장 기본적인 사실을 놓고 힘 있게 도전할 수 있는 주제를 다뤄야 함 – 3주)

대각성 집회 1달 남겨둔 설교(중요!)

 – 균형, 신선미, 교인의 필요를 채워 주어야 함

 – 획일적인 메시지가 되지 않도록 잘 분석해야 한다.

1) 왜 하나님의 나라인가?(기본이다.)

2) 어느 부자의 생각?(세상 사람들의 바보 같은 생각의 결과는 멸망이다.)

 – 교회 부흥 차원이 아니다. 마땅히 해야 한다.

3) 하나님의 경고(복음을 거부하는 자의 종말)

 – 사람의 말로는 무엇인가?

4) 성령 충만을 받으면(복음, 성령) – 전도자의 필수요건

5) 구원의 잔을 높이 들고

 – 전도를 하려면 내가 구원의 기쁨이 있어야 다른 사람에게 권하는 것이다.
(예: 음식점 '메차쿠차')

6) 한 영혼의 소중함

- 물량주의에 빠지면 한 영혼의 소중함을 잃을 수 있다.

전도집회 인도하는 사람은 영적으로 섬세해야 한다(목회는 장난이 아니다.).

- 열정이 있어야 한다.

집회 설교 – 복음을 전해야 한다.

1) 복음의 요소

① 하나님은 살아계신다.

② 인간은 죄인이다.

③ 예수그리스도가 인간이 되셨다. 그분이 우리를 위해 죽으시고 부활하셨다.

④ 예수, 죄 사함, 영생, 자녀의 권세

2) 초점을 정해야 한다.

예: 사랑, 죄, 권세, 예수……

복음의 포장시대(로버트 슐러)

- 믿지 않는 사람들의 눈높이를 생각해야 한다.

'설교가 자신에게도 유익이 있다. 해산, 복음의 정리'

"기존 교회에서 중요한 부재는 복음의 부재이다. 더 이상 십자가를 기쁜 소식으로 받지 않는다. 때문에 내가 기쁜 소식을 듣고 성도가 되어야 한다." – 영광스러운 작업 '고민해야 한다.'

집회 설교의 어려운 이유

1) 은혜 체험이 없는 자는 복음의 기쁨, 감격을 경험하지 못했기 때문에 사람에게 기쁨을 전하지 못한다. = 전도 집회에서 '땡' 잡은 교회는 '목회자 자신'이다.

2) 기존 신자가 앉아 있다는 사실이 설교를 어렵게 한다.

= 이 둘은 충족시키는 것을 심도 있게 고민해야 한다(목회자에게 책임 있다.).

마지막으로 어떤 설교를 했던 간에 마무리는 '예수를 영접하게 해야 한다.' 마무리가 분명해야 한다. 믿게 해야 한다. 안 믿는 사람들도 절대로 우습게 여기게 만들어선 안 된다.

"아부할 필요도, 눈치 볼 필요는 없다. 우리는 분명히 설교해야 한다."

4. 설교 예화를 통한 제자훈련

이동원 목사의 짧은 이야기 긴 감동

1) 하나님의 유머

기독교 철학자인 엘튼 트루블러드(Elton Trueblood)의 저서 중에는 '그리스도의 유머'라는 유명한 책이 있습니다. 그 책에는 "하나님은 매우 유머가 풍부한 분이다. 만일 우리가 하나님께서 얼마나 유머 넘치는 분인지 알 수만 있다면, 하나님의 백성들이 그분께 다가가는 방법은 훨씬 더 부드러워지고 훨씬 더 친밀해질 것이다."라고 쓰여 있습니다.

성경 속에 그 예가 있습니다. 하나님께서 아브라함에게 아들을 약속하셨을 때의 상황은 거의 절망적이었습니다. 아브라함의 나이는 100세가 다 되어 가고 그의 아내는 이미 경수가 끊어져 생산할 수 없는 처지였습니다. 그런데 어느 날 하나님이 아브라함을 불러서 아내 사라에게 아들이 있을 것이라고 말씀하셨습니다. 이때 사라가 그 뒤 장막문에서 그 이야기를 듣고 킥킥거리고 웃었습니다. 속으로 이렇게 생각했습니다. '하나님 웃기시네요. 제가 이 나이에 어떻게 아이를 낳아요?' 그러나 하나님께서는 이 아브라함 부부에게 약속한 자녀를 주셨고 웃음이라는 뜻의 이삭을 아들로 주셨습니다. 이것은 하나님이 웃기셨다는 뜻입니다.

한 여집사님 한 분이 어느 날 저에게 찾아와서는 "목사님, 제가 하나님을 웃겼더니 하나님이 제 기도에 응답하셨어요."라고 하는 것입니다. 무슨 얘기인지 물어보니까 이러한 내막을 이야기했습니다.

"목사님, 제가 오랜 시간 동안 우리 남편을 위해 금식하고 통곡하며 기도도 해 봤지만 소용없었어요. 오히려 남편은 교회에 나올 생각은 전혀 하지 않고 요지부동이었지요. 그러다가 어느 날 새벽예배 때 남편 구두를 교회 가지고 나와서 강대상에 놓고 이렇게 기도를 했습니다. '하나님, 구두가 먼저 나왔사오니 주인도 이 구두 따라 나오게 하여 주시옵소서.'라고요. 제가 기도하긴 했지만 제가 생각하기에도 너무 우스워서 한참을 웃었지요. 그래서 그날 다른 기도는 하나도 못 하고 실컷 웃다가 돌아갔는데 그 다음 주일날 남편이 갑자기 저를 따라 교회 간다고 하지 않겠습니까? 그러더니 요즘 계속 교회에 나오고 있답니다. 제가 하나님 한 번 웃겼더니 제 소원이 이루어졌습니다."

주께서 생명의 길로 내게 보이시리니 주의 앞에는 기쁨이 충만하고 주의 우편에는 영원한 즐거움이 있나이다. - 시편 16:11

2) 용서받을 기회

미국에서 서부를 개척할 당시에 텍사스에서 이런 일이 있었습니다. 텍사스에서는 하도 살인사건이 많이 일어나 아예 살인자는 반드시 사형에 처한다는 법을 제정해 놓았습니다.

어느 날 한 술집에서 젊은이들이 서로 어울려 술을 마시고 있었습니다. 한참 흥겨워진 술자리에서 갑자기 총성이 들렸습니다. 그중에 한 젊은이가 옆에 앉은 친구를 권총으로 쏴 죽인 것입니다. 그런데 놀라운 것은 총을 쏜 사람이 평소에 아주 선량한 사람으로 언제나 이웃들에게 칭찬을 많이 받던 젊은이였습니다.

살인을 한 젊은이가 사형에 처할 운명이 되자 그 젊은이를 아끼는 많은 사람들이 구명운동을 시작했습니다. 많은 지역 주민들의 간곡한 바람이 담긴 탄원서가 주지사에게 전해졌습니다. 탄원서를 읽은 주지사는 큰 감동을 받았습니다. 그래서 자신이 직접 그 청년을 만나 죄를 용서해 주겠다고 주민들에게 약속했습니다.

그런데 그 청년은 죄를 짓고 난 뒤 성격이 완전히 변해 버렸습니다. 그는 자기의 삶을 자포자기 하여 비뚤어진 생각만 하고 나중에는 행동까지 난폭해졌습니다. 주지사가 사면장을 가지고 그를 면회하려고 했지만 그는 이를 거부했습니다. 여러 사람의 구명 운동 덕분에 죄를 용서받을 수 있는 큰 은혜를 그는 저버렸습니다. 결국 그는 사형으로 인생을 마칠 수밖에 없었습니다.

사람들은 자신이 지은 죄 때문에 모두 하나님의 심판을 받게 될 것입니다. 그러나 그들은 죄 때문만이 아니라 그를 용서하려고 이 땅에 오셔서 십자가를 지신 예수그리스도를 거절했기 때문에 용서받을 기회를 잃고 결국은 멸망의 길로 갈 수밖에 없습니다.

너희의 아는 바와 같이 저가 그 후에 축복을 기업으로 받으려고 눈물을 흘리며 구하되 버린 바가 되어 회개할 기회를 얻지 못하였느니라 - 히브리서 12:17

3) 설교는 곧 삶

어느 시골 교회에 한 목사님이 취임하여 오셨습니다. 목사님은 첫 취임 예배 때 아주 감동스럽고 놀라운 설교를 해서 은혜 받은 교인들이 너무도 기뻐했습니다. 교인들 모두가 새로 오신 목사님을 좋아했고 정말 잘 모셔왔다고 생각했습니다. 그런데 한 주일이 지나서 설교를 듣는데 그 목사님께서 취임 예배 때 하신 설교와 똑같은 설교를 하는 것이었습니다. 교인들은 고개를 갸우뚱거리며 지난 주일에 설교하신 것을 혹시 잊었거나, 아니면 취임 예배로 정신이 없어서 설교 원고를 정리하는 과정에서 착각했을 것이라고 생각하고 그냥 이해했습니다. 그런데 세 번째 주간에도 그 목사님은 취임 예배 때 했던 설교를 또다시 하셨습니다. 교인들은 "우리가 목사님을 모셔 와도 단단히 잘못 모셔 왔다."고 수군거리며 술렁거리기 시작했습니다.

이때 한 용감한 교인이 목사님에게 찾아가 이렇게 물었습니다.

"목사님, 목사님께서는 언제 새로운 설교를 시작하실 겁니까?"

이 질문에 목사님께서는 이렇게 대답했습니다. "여러분들이 이 말씀을 정말로 삶 속에 적용할 그때 저는 새로운 설교를 시작할 것입니다."

너희는 도를 행하는 자가 되고 듣기만 하여 자신을 속이는 자가 되지 말라 - 야고보서1:22

4) 인생의 초점

세계에서 부자로 유명한 록펠러(Rockefeller)는 33세가 되었을 때 최초로 자기 인생에서 100만 불의 순수한 이익을 얻는 백만장자가 되었습니다. 43세에는 미국에서 가장 커다란 회사를 소유했고 53세에는 억만장자가 되어 세계 최대의 부호(富豪)가 되었습니다.

그런데도 그는 53세까지 행복한 사람이 되지 못했습니다. 그에게는 알로피셔

(alopecia)라는 탈모증 비슷한 병이 있었는데 머리카락과 눈썹이 빠지고 몸이 초췌하게 말라 가는 병이었습니다. 어느 날 그는 의사로부터 결정적인 소식을 듣습니다. "이런 상태로 1년을 견딜 수 있을까 싶습니다." 그 선언을 들은 그날 밤 그는 잠을 이루지 못하고 괴로워했습니다. 그 당시 사업은 너무나도 잘돼서 하루에 100만 불을 벌었지만, 그는 먹지도 못하고 자지도 못하는 괴로운 인생을 보내야 했습니다. 그는 순간 이 많은 재산이 무엇을 의미하는가 하는 허무한 생각이 들었습니다. 밤새 괴로워하다가 한순간 그는 침대에서 벌떡 일어나서 "돈은 아무것도 아니다! 하나님은 모든 것 되신다."라고 소리쳤습니다. 그리고 그는 그 자리에 털썩 주저앉아 침대 곁에 무릎을 꿇고 기도하기 시작했습니다.

기도와 함께 새벽을 맞이한 록펠러의 인생은 그 다음부터 달라졌습니다. 피상적으로 교회에 나갔던 모습은 사라지고 성실하게 교회에 출석하며 진정한 그리스도인이 되었습니다. 그는 신실하게 신앙생활을 시작한 지 얼마 지난 후 교회 하나를 지었습니다. 그 교회가 바로 뉴욕에 있는 유명한 리버사이드 교회입니다. 그리고 그는 록펠러 재단을 만들어 가난한 사람들을 돕는 의료사업을 위해서 자기 모든 재산을 쏟아부었습니다. 이러한 결단을 내린 직후 이상하게도 그는 잘 먹기 시작했고 잠도 잘 자게 되었습니다. 의사들은 그가 거의 55세를 넘기기 어려울 것이라고 판단했지만 이 록펠러는 98세까지 살았습니다.

너희는 먼저 그의 나라와 그의 의를 구하라 그리하면 이 모든 것을 너희에게 더하시리라 - 마태복음 6:33

5) 창조적인 삶

미국 샌프란시스코 남부에 가면 꽃들이 많이 있는 로스 알토힐이라는 꽃마을이 있습니다. 그 거리에는 아주 아름다운 꽃들이 있는데 그곳에 아름다운 꽃이 피게 된 이야기입니다. 오래전에 이 도시에는 요한이라는 우편 배달원이 있었습니다. 그는 매일 똑같은 자전거를 타고 항상 똑같은 길로 "편지 왔어요, 소포 왔어요."라고 외치며 우편물을 배달했습니다. 그는 열심히 쳇바퀴처럼 순환되는 삶을 15년 동안 살았습니다.

그러나 서서히 중년이 되면서 인생과 직업에 대한 회의와 위기를 느끼게 되었습니다. 그는 자신의 단순하고 단조로운 삶에 싫증이 났습니다. 그는 이 우편배달 일을 계속할 것인지, 아니면 다른 일로 바꿀 것인지, 바꾼다면 어떤 일을 할 것인지에 대해 매일 고민했습니다. 그리고 기도했습니다. 그랬더니 하나님은 그 일을 계속하라고 하셨습니다. 그는 하나님께 그 일이 너무나 지겹고 지루한데 어떻게 계속하느냐고 묻자 하나님께서 그 일을 계속하면서 보람 있게 살 수 있는 방법을 생각해 보라고 말씀하셨습니다. 계속 이 문제로 기도하던 그에게 어느 날 좋은 생각이 떠올랐습니다. '그래, 그것 참 좋은 방법이로구나. 자, 이제부터 다르게 살아보는 거야.'

그는 여전히 똑같은 직업을 가지고 똑같은 거리를 똑같은 자전거로 똑같은 말을 하면서 돌아다녔습니다. 그러나 달라진 것이 하나 있었는데, 그것은 우체부 가방 안에 꽃씨를 넣고 다니며 지나가는 집집마다 계속해서 꽃씨를 뿌리는 것이었습니다. 어떤 꽃씨는 죽기도 했지만 어떤 꽃씨는 세월이 지나면서 그가 지나가는 길에 아름다운 꽃을 피우기 시작했습니다. 그가 지나가는 거리는 꽃의 거리가 되었고 그가 다닌 마을은 꽃마을이 되기 시작했던 것입니다. 그런즉 누구든지 그리스도 안에 있으면 새로운 피조물이라 이전 것은 지나갔으니 보라 새것이 되었도다 - 고린도후서 5:17

6) 죄에 대하여 죽은 자

한국 초대 교회에서 아주 유명한 김익두 목사님이라는 분이 있습니다. 그 목사님은 예수님을 믿고 회개한 다음 맨 처음으로 사람들에게 자신의 부고장을 돌렸습니다.

"김익두는 죽었다."

사람들은 깡패 김익두가 죽었다는 부고장을 받고는 모두들 기뻐했습니다. 평소에 그분이 얼마나 잔인하고 못된 일을 많이 저질렀기에 사람들이 그렇게 좋아했겠습니까?

그런데, 어느 날 사람들이 많은 시장 한복판에 그 죽었다던 김익두가 나타났습니다. 목사가 된 그의 손에는 시커먼 성경책 하나가 들려 있었습니다. 그의 등장에 사람들은 놀라기도 했지만 어떤 사람은 변화된 그를 시험해 보려고 지나가는 김익두 목사님에게 물 한 통을 뒤집어씌웠습니다. 그는 아무렇지도 않다는 듯이 물을 툭툭 털고는 물 끼얹은 사람을 쳐다보면서 이렇게 말했습니다.

"너는 옛날 김익두가 죽었다는 그 사실을 기뻐해라. 살았다면 너는 요절이 났을 것이다." 이와 같이 너희도 너희 자신을 죄에 대하여는 죽은 자요 그리스도 예수 안에서 하나님을 대하여는 산 자로 여길지어다 - 로마서 6:11

7) 왕자가 된 거지

어느 날 임금님이 궁궐 밖을 나가서 암행 시찰을 하게 되었습니다. 임금님은 이곳저곳을 두루 돌아다니다가 다리 밑에서 한 거지 소년을 보게 되었습니다. 임금님이 보기에 그 소년의 모습은 너무나 더럽고 꾀죄죄해서 애처롭기가 그지없었습니다. 임금님은 그 소년을 궁궐로 데려가 모든 신하들 앞에서 왕자로 삼겠노라고 공포합니다. 이제 소년은 더 이상 거지 신분이 아니라 왕자의 신분이 되었습니다. 그 소년은 여기저기가 찢어져 누더기가 된 자기 옷을 벗어 던지고 화려한 장식과 좋은 옷감으로 만든 왕자의 옷을 걸쳤습니다. 식사도 예전처럼 구걸하지 않고도 너무나 맛있고 많은 음식을 먹을 수 있었습니다.

그런데 왕자는 자신이 이제 거지가 아니라 왕자라는 사실을 믿을 수 없었습니다. 모든 환경이 소년에게는 너무나 낯설고 어색했습니다. 아침이 되자 소년은 급히 일어나 밖으로 나가려고 했습니다. 그러자 시중드는 신하가 당황하며 "왕자님, 어디 가십니까?"라고 물었습니다. 그랬더니 "사실은 저 다리 밑에 가면 제가 세수할 수 있는 곳이 있답니다."라고 왕자가 된 소년은 말하는 것입니다. 이 얼마나 황당한 말입니까? 왕자는 아직도 자신의 신분이 거지라는 생각에서 벗어날 수 없었던 것입니다. 왜냐하면 왕자다운 생활을 하기에는 이미 거지 생활에 너무나 익숙해져 있었기 때문입니다. 그러나 왕자가 진정한 왕자로서 생활하기 위해서는 먼저 생각을 완전히 바꾸고 왕자다운 행동을 익히는 데 노력해야 할 것입니다. 너희는 유혹의 욕심을 따라 썩어져 가는 구습을 좇는 옛사람을 벗어 버리고 오직 심령으로 새롭게 되어 하나님을 따라 의와 진리의 거룩하므로 지으심을 받은 새사람을 입으라 - 에베소서 4:22 - 24

8) 한 변호사의 간증

젊은 나이에 벌써 성공의 길에 들어선 영국의 한 변호사가 있었습니다. 어느 날 그는 영국 의사당 앞에서 비중 높은 변호를 하기로 되어 있었습니다. 그러나 그는 그 일에 대해 많은 긴장과 부담감을 가진 나머지 지나친 스트레스로 인하여 그만 쓰러지고 말았습니다.

그 이후 출세 가도를 달리던 그의 인생은 점차 망가지기 시작했습니다. 그는 정신착란 증세로 정상적인 생활을 유지할 수 없었습니다. 급기야 그는 자신이 더럽고 추한 무가치한 존재라고 자학함으로써 자살까지 하려고 했습니다. 그러나 그는 주변에 그를 불쌍히 여기며 관심을 가진 그리스도인들을 통해서 복음을 알게 되었고 하나님의 사랑을 깨닫게 됩니다. 자신의 존재를 쓸모없다고 여기며 자살하려 했던 그가 죽음의 쇠사슬로부터 풀려나오는 데는 10년이라는 긴 시간이 필요했습니다. 그는 주님께서 자신의 죄를 담당하여 십자가에 달려 돌아가심으로써 더럽고 추한 자신의 삶이 새로운 삶으로 변했다고 믿었습니다. 그리고 자신의 변한 삶의 모습과 그 사랑의 감격을 시로 고백하기 시작합니다.

샘물과 같은 보혈은 임마누엘 피로다
이 샘에 죄를 씻으면 정하게 되겠네
저 도적 회개하고서 이 샘에 씻었네
저 도적 같은 이 몸도 죄 씻기 원하네
속함을 얻은 백성은 영생을 얻겠네
샘솟듯 하는 피 권세 한없이 있도다

찬송가 190장이 바로 그의 간증의 노래입니다.

그는 바로 윌리엄 카우퍼(William Cowper)로서 영국 문학사에 있어서 고전 문학가로 손꼽힐 만한 인물입니다. 그는 스가랴서 13장 1절 "그날에 죄와 더러움을 씻는 샘이"라는 구절을 읽다가 더러움을 씻는 샘이 바로 예수그리스도께서 십자가에 흘리신 보혈이라는 사실을 깨닫게 되었던 것이다. 이제 그는 세상의 굴레로부터 영원히 해방된 자유의 몸이 되어 이렇게 찬양합니다.

날 정케 하신 피 보니 그 사랑 한없네
살 동안 받는 사랑을 늘 찬송하겠네

새사람을 입었으니 이는 자기를 창조하신 자의 형상을 좇아 자식에까지 새롭게 하심을 받는 자니라 - 골로새서 3:10

9) 동명이인(同名異人)

명장 알렉산더 대왕(Alexander the Great)과 같은 이름을 가진 병사 하나가 있었습니다. 그런데 어느 날 알렉산더 대왕의 귀에 이 병사에 대한 나쁜 소문이 들렸습니다. 이 병사의 행동 때문에 자신의 이름이 땅에 떨어지고 웃긴 꼴이 되고 있다는 것이었습니다. 이 병사가 잘못할 때마다 다른 병사들은 "알렉산더, 자네는 졸장부 같네."라며 나무랐습니다. 그의 행동이 알렉산더라는 이름에 먹칠을 했던 것입니다. 알렉산더 대왕은 이러한 사실을 도저히 참지 못하고 어느 날 이 병사의 막사로 찾아갔습니다. 그때에도 아니나 다를까 이 병사는 술에 취해 바닥에 뻗어 있지 않았겠습니까? 대왕이 오셨다는 소리에 그 병사는 놀란 토끼처럼 벌떡 일어나 경례를 했습니다. 그런 졸개 병사에게 알렉산더 대왕이 남긴 유명한 말이 있습니다. "병사 이름이 알렉산더인가? 나와 이름이 똑같군. 병사는 두 가지 중 하나를 선택하라. 네 이름을 바꾸든지 아니면 네 인생을 바꾸어라."

그러므로 주 안에서 갇힌 내가 너희를 권하노니 너희가 부르심을 입은 부름에 합당하게 행하여 - 에베소서4:1

10) 찰스 콜슨의 획기적인 전환

그는 미국 닉슨 대통령 시절에 대통령 보좌관으로 있으면서 정치적인 권력을 누렸던 사람입니다. 그는 머리가 비상할뿐더러 지독할 정도로 냉철한 사람으로 유명했습니다. 그런 그가 워터게이트 사건에 연루되어 옥에 갇히게 되었습니다. 그때 상원의원 세 사람이 그의 삶을 완전히 변화시킵니다. 그들은 바로 항상 콜슨에게 복음을 전하고자 애썼던 헤트필더, 휴스, 퀴에라는 의원들입니다. 찰스 콜슨이 투옥되자, 그들은 그를 위해 날마다 기도 시간을 정하여 함께 기도하였고 그를 찾아가서 위로하며 책을 주었습니다. 찰스 콜슨의 형 집행 기간이 7개월가량 남았을 때의 일입니다. 어느 날 평상시처럼 기도하는 가운데 퀴에의 마음에 그를 위해서 대신 옥살이를 해야겠다는 감동이 생겼습니다. 변호사였던 퀴에는 특수 법조문 안에 다른 사람을 대신하여 형기를 치를 수 있다는 내용이 언급되었다는 사실을 알아내고 법원에 제안해 보았지만 거절당하고 맙니다. 그러나 퀴에의 노력은 헛되지 않았습니다. 콜슨이 마침내 감옥에서 마음을 열고 복음을 받아들인 것입니다. 믿는 자들이 값없이 베푼 사랑 앞에 교만하기 그지없던 그의 자아가 무너져 내리기 시작했습니다. 그리고 자신도 누군가에게 사랑을 베풀어야겠다는 마음을 먹습니다. 남아 있는 형기 동안 그가 사랑을 베풀 수 있는 대상은 오로지 동료 죄수들밖에 없었습니다. 그때부터 그는 어떻게 하면 저들을 사랑할 수 있을까 하고 기도하기 시작했습니다. 그리고 죄수들이 제일 싫어하는 빨래를 자청해서 하기 시작했는데 처음에 죄수들은 그런 그의 태도를 믿지 못하고 다른 속셈이 있을 것이라고만 생각했습니다. 그러나 얼마 지나지 않아 죄수들은 자신들의 반응에도 아랑곳하지 않고 한결같이 봉사하는 그의 모습을 보고 하나둘씩 감동을 받기 시작합니다. 그리고 그들과 더불어 기도 모임을 시작하고 사랑의 교제를 나눕니다. 콜슨은 그의 자서전에서 "평생 동안 집안에서 손가락 하나 까딱하지 않던 나는 저들을 사랑하면서 인생의 진정한 행복을 발견했다."고 고백할 만큼 비참할 수밖에 없는 감옥에서 사랑을 베풀며 지냈습니다. 그리고 그때 그는 일평생 죄수들을 위해서 살겠다는 다짐을 하게 됩니다. 그는 형기를 마치고 나와서 '거듭나기'(Born Again)라는 책 한 권을 발행했는데, 그 책은 한때 미국 사회의 커다란 화젯거리가 되었습니다. 그리고 그는 감옥에서 결심한 대로 '교도소 선교회'(Prison Fellowship)라는 단체를 조직해서 죄수들에게 복음을 전하는 일에 힘씁니다. 그 후에 그는 종교계의 노벨상이라고 불리는 템플턴상을 받게 됩니다.

어느 외국잡지에서 템플턴상을 수상한 찰스 콜슨에 대해서 이렇게 평가하였습니다.

"현재 미국의 가장 건강한 사상적 영향을 끼치고 있는 저술가이자 예수그리스도의 복음을 통해서 가장 강력한 영향을 끼치고 있는 전도자, 그리고 가난하고 억눌린 사람들의 가장 따뜻한 이웃인 그가 새로운 이웃이 되어 우리 곁에 돌아왔다." 어느 누구도 그가 그런 존재가 되리라고 상상할 수 없었을 것입니다. 그를 변화시킨 것은 세 사람이 나누어 준 주님의 사랑이었습니다. 무엇보다도 열심으로 서로 사랑할지니 사랑은 허다한 죄를 덮느니라 – 베드로전서 4:8

11) 작은 겨자씨의 위력

페르시아의 유명한 장군이자 대왕이었던 다리우스 황제가 구라파를 정복하기 위해 처음 치른 전쟁은 알렉산더 대왕이 이끄는 군대와의 전쟁이었습니다. 그때 다리우스 황제는 알렉산더 대왕에게 선전포고를 하면서 병사를 통해 선물을 하나 보냈습니다. 그 선물은 참깨가 잔뜩 들어 있는 부대였습니다. 다리우스 황제는 그의 군대가 이렇게 많으니 너희는 승산 없는 싸움을 하지 말고 항복하라는 의미에서 그 참깨를 보냈습니다.

깨가 가득 들어 있는 부대를 받은 알렉산더 대왕은 답장으로 작은 봉투에 작은 겨자씨 하나를 넣어서 다리우스 황제에게 보냈습니다. 그 선물에는 이런 의미가 담겨져 있었습니다.

"우리가 작다고 우리를 무시하지 말라. 우리는 무섭고 놀라운 생명력을 가지고 있다. 우리는 거칠다. 우리는 너희들을 충분히 맞이해서 싸울 준비가 되어 있다." 그리고 결국은 알렉산더가 승리했습니다.

가라사대 너희 믿음이 적은 연고니라 진실로 너희에게 이르노니 너희가 만일 믿음이 한 겨자씨만큼만 있으면 이 산을 명하여 여기서 저기로 옮기라 하여도 옮길 것이요 또 너희가 못 할 것이 없으리라 – 마태복음 17:20

12) 하나님 만날 준비

월터리드 미 육군병원에서 아이젠하워 대통령이 마지막 임종 순간을 맞이하기 얼마 전에 빌리 그래함 목사님이 병원을 방문하였습니다. 30분의 면회시간을 얻어서 들어간 빌리 그래함 목사님이 시간이 다 되어 나갈 때가 되자, 아이젠하워 대통령은 그가 조금 더 있기를 원했습니다.

빌리 그래함 목사님이 "아니, 더 하실 말씀이 있으십니까?"라고 묻자 대통령은 이렇게 말했습니다. "하나님을 어떻게 만나야 할지 제게는 확신이 없습니다. 도와주십시오. 저의 마지막 부탁입니다." 그러자 빌리 그래함 목사님은 주머니 속에서 성경을 꺼내 어떻게 죄 사함을 받고, 어떻게 하나님의 자녀가 될 수 있는 지에 대하여 진지하게 설명해 주었습니다. "구원은 무슨 업적이 있다거나 선행을 많이 해서 얻을 수 있는 것이 아닙니다. 우리의 모든 노력으로는 죄의 문제를 해결할 수 없기 때문에 하나님께서 독생자 예수를 보내주셨습니다. 내 지난날의 모든 죄를 회개하고 예수그리스도를 나의 구주와 주님으로 영접하는 순간, 당신은 하나님의 자녀가 될 수 있습니다."

빌리 그래함 목사님의 인도로 그는 예수그리스도를 구주와 주님으로 영접했습니다. 영접기도를 마쳤을 때 아이젠하워가 마지막 유언을 남겼습니다. "목사님, 감사합니다. 나는 이제 준비되었습니다." 그러므로 네가 어떻게 받았으며 어떻게 들었는지 생각하고 지키어 회개하라 만일 일깨지 아니하면 내가 도적같이 이르리니 어느 시에 네게 임할는지 네가 알지 못하리라 - 요한계시록 3:3

13) 기초의 차이

일본 동경에 있는 제국 호텔은 미국의 건축가인 프랭크 로이드 라이트라는 사람이 건축하였습니다. 그는 호텔의 공사를 맡은 뒤 그 기초공사를 하는 데만 무려 2년이라는 시간을 매달렸습니다. 기초공사를 하는 데 너무 많은 시간을 보냈기 때문에 그만큼 돈도 두 배 이상 들 수밖에 없었습니다. 주변 사람들은 저렇게 많은 시간과 투자를 통해서 기초공사 하는 것에 대해 낭비라고 비난했습니다. 결국 기초공사에 2년, 나머지 공사에 2년이 걸려 결국 4년 만에 이 호텔이 완성되었습니다. 그리고 이 공사는 돈을 무리하게 많이 들여서 지은 대표적인 케이스로 손꼽혔습니다. 그런데 이 호텔이 지어진 지 52년이 지난 후 동경에 대지진이 발생했습니다. 이 대지진 때 많은 건물과 도로들이 파손되었지만 바로 이 호텔만큼은 그 안에 있는 것이 하나도 손상되지 않은 채 견고하게 서 있었습니다. 그 후로 라이트라는 이름은 일본 건축계의 신화처럼 남아 있습니다. 그러므로 누구든지 나의 이 말을 듣고 행하는 자는 그 집을 반석 위에 지은 지혜로운 사람 같으리니 - 마태복음 7:24

14) 외줄 하나에 목숨 건 믿음

줄타기 곡예사인 블론딘은 나이가라 폭포(Naigara Falls)에서 미국과 캐나다 양쪽에 외줄을 걸어 놓고 신기한 줄타기 곡예에 성공해서 유명해진 사람입니다. 그가 막대기 하나를 들고 그 거센 물살과 폭포가 휘몰아치는 나이가라 위를 가로질러 외줄을 타고 캐나다 쪽에 도착하자 사람들은 우렁찬 환희의 박수를 보냈습니다.

도착한 그는 박수를 치던 사람들에게 한마디 질문을 했습니다.

"여러분, 제가 이 막대기를 들고 또다시 미국 쪽으로 갈 수 있다고 믿으십니까?"

사람들은 한목소리로 "예 믿습니다."라고 소리쳤습니다. 그때 그는 다시 그 앞에 앉은 꼬마들에게도 "여러분들도 내가 이 막대기를 들고 미국 쪽으로 건너갈 수 있다고 믿습니까?"라고 물었습니다. 역시 꼬마들도 그렇다고 소리쳤습니다.

그때 그는 다시 이렇게 말합니다. "여러분, 제가 이 앞에 있는 소년들 중 한 소년을 등에 업고 건너갈 수 있다고 믿습니까?" 사람들의 대답 소리가 아까보다는 작았지만 상당히 많은 사람들과 꼬마들이 할 수 있다고 대답했습니다. 그러자 그는 맨 앞줄에서 소리치던 꼬마에게 "얘야, 내 등에 업혀라."고 말했습니다. 그러나 크게 믿는다고 소리쳤던 꼬마는 업히기를 주저했습니다. 그래서 또 다른 꼬마에게 물으려 할 때, 느닷없이 어떤 꼬마 하나가 "아저씨, 저는 아저씨를 믿어요. 제가 업힐게요." 하며 앞으로 나오는 것이었습니다. 그는 그 천진난만한 꼬마를 등에 업고 안전벨트로 잘 묶은 다음 다시 막대기를 들고 미국 쪽으로 줄을 타고 건너기 시작했습니다. 결국 그는 꼬마를 업고 줄타기를 성공했습니다. 많은 사람들과 아이들이 믿는다고 소리치긴 했어도 막상 자기의 생명을 맡길 만큼 그를 믿어준 사람은 어린 꼬마 하나밖에 없었던 것입니다. 네가 하나님은 한 분이신 줄을 믿느냐 잘하는도다 귀신들도 믿고 떠느니라 - 야고보서 2:19

15) 암흑 가운데서도 노래할 수 있는 이유

1930년대 미국에 큰 공황이 찾아왔을 당시, 법률가 출신이자 무정부주의자(無政府主義者)인 클래런스 대로라는 유명한 무신론자가 있었습니다. 그는 미국이 경제 공황에 들어가자 자기의 무신론을 선전할 수 있는 절호의 기회가 왔다고 생각했습니다. 그래서 그는 강연을 할 때마다 "여러분, 이 사태를 보십시오. 하나님이 살아 계신다면 이 어려운 상황을 우리에게 주시겠습니까? 우리가 모든 것을 잃어버리고 있는 것만 보아도 분명히 하나님은 없습니다."라고 말했습니다. 그리고 정부를 비판하면서 무정부주의적인 자기의 신념을 선전했습니다. 하루는 흑인들이 모여 있는 자리에서 그가 무신론 강연을 하고 있었습니다. "여러분, 우리는 다 잃어버렸습니다. 꿈과 재산을 잃었고 노래까지 잃었습니다. 이런 상황 속에서 어떻게 노래를 부를 수 있단 말입니까?"라고 소리치니까 갑자기 맨 뒷자리에 앉아 있던 한 할머니가 손을 번쩍 들면서 "저는 노래할 수 있습니다."라고 말하는 것이었습니다. 그 말에 그는 "아니, 어떻게 우리가 이 지경이 됐는데 노래할 수 있단 말입니까?" 했더니, 그 할머니는 큰 소리로 "예수님 때문에 노래할 수 있습니다."라고 외쳤습니다.

그런데 할머니 한 사람이 자신만만하게 외치자 여러 곳에서 사람들이 "맞습니다. 할렐루야! 예수님 때문입니다."라고 동조의 목소리를 높이기 시작했습니다. 금세 한 무신론자가 하나님이 없다고 외치던 강연장의 분위기는 하나님의 살아 계심을 인정하는 군중들로 인해 바뀌었고, 그는 이런 군중들의 모습에 큰 충격을 받았습니다.

이 어렵고 힘든 역경 가운데서도 우리들 마음에 노래를 빼앗기지 않고 기쁨과 평안을 가질 수 있는 것은 바로 예수님 때문입니다. 내게 능력 주시는 자, 우리를 위해 죽으시고 부활하신 예수님 안에서 우리는 모든 것을 할 수 있습니다. 새 노래 곧 우리 하나님께 올릴 찬송을 내 입에 두셨으니 많은 사람이 보고 두려워하여 여호와를 의지하리로다 - 시편 40:3

16) 환경을 극복한 믿음

1858년 뉴욕의 어느 가정에서 한 아이가 태어났는데, 그 아이는 어려서 소아마비를 앓아 다리를 절었고 시력도 극도로 나빴습니다. 게다가 천식까지 앓아서 앞에 있는 촛불을 끌 힘도 없는 호흡 곤란을 가지고 있었습니다. 가까스로 생명을 연장하여 드디어 열한 살이 되던 날 아버지는 이 아이에게 이런 말을 해 주었습니다.

"아들아, 네가 가진 장애는 장애가 아니란다. 네가 만약 전능하신 하나님을 참으로 신뢰하고 믿는다면, 그리고 하나님의 도우심이 너와 함께한다면, 오히려 너의 장애 때문에 모든 사람이 너를 주목할 것이고 너는 진실로 역사에 신화 같은 기적을 남기는 놀라운 삶을 살 수 있단다."

그 후 그는 23세가 되던 해에 뉴욕 주를 대표하는 의회의 의원이 되었고, 28세에는 뉴욕 시장 선거에 출마했습니다. 얼마 후에는 뉴욕 주지사가 되고, 부통령을 거쳐 미국 역사의 가장 어두웠던 시절에 미국의 신화를 재건하는 대통령이 되었습니다. 1906년에 노벨 평화상까지 수상하였던 이 사람은 바로 데오도르 루스벨트(Theodore Roosevelt)입니다.

대저 하나님께로서 난 자마다 세상을 이기느니라 세상을 이긴 이김은 이것이니 우리의 믿음이니라 - 요한일서 5:4

17) 당당한 그리스도인

6·25사변 당시 충남에서 강경 침례교회를 담임하셨던 이종덕 목사님의 이야기입니다. 조용하던 강경 지방에 어느 날 공산당이 들어오자 마을 사람들에게 두려운 마음이 생겼습니다. 그래서 그 다음 날부터 마을 사람들은 그들의 눈 밖에 나지 않기 위해 모두들 공산주의자가 되어 버린 듯이 행동을 했습니다. 그리고 예수를 믿던 사람들까지도 자신이 그리스도인임을 나타내는 사람은 한 사람도 없었습니다. 이 상황을 지켜보던 목사님은 후배인 김장배 목사님을 찾아가 도와달라고 부탁하며 두껍고 큰 종이를 가져왔습니다.

"목사님, 이 두꺼운 종이는 무엇을 하려고 그러십니까?"

"내 명함을 만들려고 하네."

"명함이요? 생전에 명함 한 장 안 지니시다가 갑자기 명함을 만들려고 하는 이유가 무엇입니까?" 이종덕 목사님은 물음에 대답은 하지 않고 후배 목사님에게 큰 종이를 명함 크기로 자르도록 시켰습니다. 그리고 그 명함종이에 '강경 침례교회 목사 이종덕'이라고 쓰도록 했습니다. 후배 김장배 목사님은 시키는 대로 쓰면서 다시 목사님께 물었습니다.

"그런데 목사님, 이 명함을 어디에 쓰시려고 하십니까?"

"이 명함을 가지고 다니면서 경찰이고 공산당원이고 내가 만나는 사람마다 모두 나눠 주려고 하네."

"아이고 목사님, 다른 사람들은 다 그리스도인이라는 것을 숨기려고 하는데 이게 무슨 말씀이십니까? 큰일이라도 당하시면 어떡하려고요."

"아니 이 사람이! 자네도 그리스도인이라는 것이 부끄러운가? 내가 복음을 전하는 목사라는 사실을 숨겨야 할 이유가 어디 있나?"

그 목사님은 그 명함을 뿌리고 다니면서 복음을 전하다가 결국 공산당의 총탄에 맞아서 순교하였습니다.

내가 복음을 부끄러워하지 아니하노니 이 복음은 모든 믿는 자에게 구원을 주시는 하나님의 능력이 됨이라 첫째는 유대인에게요 또한 헬라인에게로다 - 로마서 1:16

18) 우찌무라 간조의 명언

우찌무라는 일본의 유명한 종교가입니다. 하루는 그에게 어떤 대학생이 찾아와 심각하게 질문을 합니다.

"우찌무라 선생님, 저는 성경에 나오는 모든 기적들을 믿을 수 없습니다. 예수께서 물 위를 걸으셨다는 이야기, 부활하셨다는 이야기 등은 정말로 제 이성으로는 도무지 이해할 수 없습니다. 그런 황당한 이야기나 이해할 수 없는 기적 등은 빼놓고 다른 내용으로만 성경공부를 하면 안 될까요?"

그의 대답은 이러했습니다.

"학생, 성경에서 사람의 이성으로 받아들이기 어려운 기적들을 다 제하고 성경공부를 한다면 성경에 꼭 두 가지만 남는다네. 그것은 바로 성경의 앞과 뒤표지뿐이지."

믿음이 없어 하나님의 약속을 의심치 않고 믿음에 견고하여져서 하나님께 영광을 돌리며 - 로마서 4:20

19) 영생의 약속

여러 해 전 사랑해 주셨던 나이 많으신 권사님이 병원에 입원하셨습니다. 저는 그분이 아무래도 오래 사시지 못할 것 같아 구원을 받으셨는지 확인하기 위해서 병원을 방문하였습니다. 물론 이분은 평생 동안 교회에 출석하신 권사님이셨지만 제 마음에 이 사실을 확인하지 않고는 견딜 수 없는 무언가가 있었습니다. 그래서 저는 권사님과 여러 가지 이야기를 나누는 도중 이런 질문을 던졌습니다. "권사님, 이 세상을 떠나신다면 하나님 앞에 서실 확신이 있으십니까?"

그런데 뜻밖에도 권사님은 "확신이라뇨? 목사님, 전 자신 없어요."라고 하는 것이었습니다. 저는 권사님에게 요한복음 3장 16절을 암송해 보라고 했습니다. 권사님은 "하나님이 세상을 이처럼 사랑하사 독생자를 주셨으니 이는 저를 믿는 자마다 멸망치 않고 영생을 얻게 하려 하심이라."고 한 구절도 틀리지 않고 또박또박 암송했습니다.

저는 권사님께 "하나님은 세상을 사랑하셨습니다. 그렇다면 이 세상 가운데에는 권사님이 포함되었다는 사실은 믿으시는지요?"

"네, 당연히 믿죠."

"자, 그러면 이렇게 바꿔서 천천히 읽어보세요. 하나님이 나를 이처럼 사랑하사 독생자 예수를 주셨으니 이는 예수그리스도를 믿는 자마다 멸망치 않고 영생을 얻게 하려 하심이라. 권사님, 이 말씀이 누구의 약속이지요?"

"예수님의 약속이지요."

"그렇다면 이 약속이 진실인 것을 믿으시나요?"

"믿지요"

"그러면 이 약속처럼 권사님이 진심으로 예수님을 신뢰하신다면 멸망치 않고 어떻게 될까요?"

여기까지 대화하다가 갑자기 권사님이 이렇게 외쳤습니다.

"영생을…… 멸망치 않네요! 그렇다면 저는 천국 가는 거죠?"

하나님이 세상을 이처럼 사랑하사 독생자를 주셨으니 이는 저를 믿는 자마다 멸망치 않고 영생을 얻게 하려 하심이니라 - 요한복음 3:16

20) 천국시민의 자격

존 웨슬레(John Wesley) 선생님의 유명한 일화입니다.

존 웨슬레가 주님과 교통하며 기도하다가 깊이 잠이 들어 천국에 들어서게 되었습니다. 그가 천국에 들어서기 전에 천국 문을 지키고 있던 천사에게 이렇게 물어보았습니다. "나와 함께 영광스런 복음 운동인 메소디스트(Methodist) 운동을 하던 친구들이 얼마나 천국에 들어와 있습니까?" 그 천사는 잠깐 기다리라고 한 후 명부를 한참 뒤져보더니 "미안하지만 감리교인은 한 사람도 없습니다."라고 말하는 것입니다.

깜짝 놀란 웨슬레는 다시 물었습니다. "나의 신앙은 잘못된 모양이군요. 그렇다면 영광스런 칼빈의 5대 교리를 강조하던 장로교인들이 다 천국에 온 모양이지요? 그들은 몇 명이나 왔습니까?" 천사는 한참을 뒤져보더니 "미안하지만 장로교인은 한 사람도 오지 않았습니다."라고 대답했습니다. "아무래도 우리 종교개혁은 대단한 실수였나 보군요. 그러면 천주교인들이 다 온 모양인데 그들은 얼마나 들어와 있습니까?" 이번에도 천사의 대답은 똑같았습니다.

웨슬레는 천사의 대답에 큰 소리로 되물었습니다. "그렇다면 누가 천국에 들어왔단 말이오?" 천사는 방긋 미소를 지으면서 이렇게 대답했습니다. "이 천국에는 예수그리스도를 참으로 개인의 구주와 주님으로 영접한 사람인 성령으로 거듭난 그리스도인들만이 와 있습니다."

교회는 그리스도인의 것이므로 교회의 머리이신 그리스도를 통해서만 진정한 교회를 이룰 수 있습니다.

다른 이로써는 구원을 얻을 수 없나니 천하 인간에 구원을 얻을 만한 다른 이름을 우리에게 주신 일이 없음이니라 하였더라 - 사도행전 4:12

21) 영생의 선물

오래전에 미국에서 일어난 실화입니다. 미국의 모든 시민의 가슴을 울리고 그리스도인들에게는 더욱 신앙의 도전을 주었던 한 어린 소년에 대한 이야기입니다.

그 어린 소년의 이름은 라이언 화이트(Ryan White)였습니다. 라이언은 13살 때 혈우병을 앓아서 수술을 받았는데 수혈을 잘못해서 그만 에이즈(AIDS)에 걸리고 말았습니다. 자신의 잘못도 아닌 어른들의 부주의로 소년의 인생은 이제 죽음의 길에 놓이게 되었던 것입니다. 그런데 그는 자신이 곧 죽을 것을 알면서도 그 누구를 원망하지 않고 변함없이 너무나 밝게 학교생활을 했습니다. 오히려 다른 사람들에게 아주 친절하게 대하였고, 그를 염려하는 부모님을 위로하면서 기쁘게 지냈습니다.

이러한 사실이 신문 기자들에게 알려지게 되면서 소년의 이야기는 신문에 매일 게재되었고 텔레비전 등의 매체에서 보도되어 많은 사람들에게 각광을 받기 시작했습니다. 레이건 대통령, 도널드 트럼프라는 거부 부동산 업자, 마이클 잭슨 등 유명 인사들과 많은 사람들이 그를 찾아가 선물도 주고 위로하며 관심을 표현해 주었습니다. 그럼에도 죽음은 그를 놓아주지 않았습니다. 그 후 라이언은 5년 동안 살다가 결국 18살에 죽었습니다.

소년이 죽기 전에 그의 아버지와 마지막으로 나눈 대화 내용이 한 크리스천 잡지에 실렸습니다.

"아들아, 미안하다. 이제는 네게 아무것도 해 줄 것이 없구나. 이 아빠가 더 이상 어떤 선물도 줄 수 없음을 용서해다오."

"아빠, 전 지금까지 많은 선물을 받았지만 아무도 아빠 같은 선물을 준 사람은 없었어요. 아빠는 저에게 죽어서도 천국에 갈 수 있는 티켓을 선물로 주셨잖아요. 바로 예수님을 소개해 주셨어요. 아빠 때문에 교회에 나가서 예수님을 믿고 영생을 선물로 얻었는걸요. 이보다 더 위대한 선물은 없을 거예요."

죄의 삯은 사망이요 하나님의 은사는 그리스도 예수 우리 주 안에 있는 영생이니라 - 로마서 6:23

22) 구원받은 사람은 몇 명인가?

영국의 런던을 방문하는 사람들은 누구나 유명한 웨스트민스터 사원에 가고 싶어 합니다. 오래전에 어떤 방문객들이 이 유명한 웨스트민스터 사원을 방문하게 되었습니다. 안내자는 방문객에게 사원에 대한 역사적인 내력과 무덤에 묻혀 있는 찬란한 영웅들의 삶의 내용을 장황하게 설명해 주었고, 현재 교회가 어떤 프로그램을 어떻게 운영하고 있는지도 알려주었습니다. 안내자는 모든 설명을 끝내고 마지막으로 방문객들에게 더 궁금한 것이 있는지를 물었습니다.

이때 미국의 아이오아 주에서 온 한 여신도가 안내자에게 이런 질문을 던졌습니다.

"선생님께서 이 웨스트민스터 사원에 관해서 여러 가지 내용을 자세히 말씀해 주신 것에 대해 감사를 드립니다. 그런데 한 가지 질문이 있습니다. 최근에 이 사원을 통해서 구원받은 사람은 몇 명이나 됩니까?"

이 뜻밖의 질문에 답을 준비하지 못한 안내자는 몹시 당황할 수밖에 없었습니다

이제 내가 사람들에게 좋게 하랴 하나님께 좋게 하랴 사람들에게 기쁨을 구하랴 내가 지금 사람의 기쁨을 구하는 것이었다면 그리스도의 종이 아니니라 - 갈라디아서 1:10

23) 자녀의 특권

미국에 월버 체프만이라는 유명한 전도자이자 목사님이셨던 분이 있었습니다. 그 목사님의 교회에 어떤 교인이 13세 때 가출한 아들을 찾으러 매일 돌아다녔답니다. 이곳저곳을 찾아 헤매던 중 드디어 18년 만에 우연히 필라델피아 역전에서 그 아들을 발견했습니다. 그 역전에서 막 나오려는데 어떤 남루한 옷차림의 청년이 초점 없는 눈으로 방황하며 구걸을 하고 있었습니다. 마치 마약환자처럼 보이는 이 청년이 그에게로 다가와서 "25전만 주세요."라고 말했을 때, 그는 구걸하는 청년이 자기 아들인 것을 단번에 알아볼 수가 있었습니다.

"야, 너 톰 아니냐. 나는 니 애비다."

그러나 이 청년은 그 말에 아랑곳하지 않고 여전히 초점 없는 눈동자로 "아저씨, 25전만 주세요."라고 계속 구걸했습니다. 이 아버지는 아들을 덥석 껴안으며 이렇게 소리를 질렀습니다.

"이제 25전이 문제가 아니다. 내가 바로 네 아버지야. 너는 나의 아들이고. 그렇기 때문에 내 집과 내 돈 그리고 나의 농장이 다 네 것이야. 내 생명조차도 네 것이란다. 나의 가진 모든 것이 네 것이야. 가자 집으로 가자. 그리고 나와 함께 같이 살자."

자기 아들을 아끼지 아니하시고 우리 모든 사람을 위하여 내주신 이가 어찌

그 아들과 함께 모든 것을 우리에게 은사로 주지 아니하시겠느뇨 - 로마서 8:32

24) 어느 한 사람의 쓸모 있는 인생

어느 한 사람의 인생을 소개하고자 합니다. 그는 중학교 입학할 때 집안형편이 어렵게 되었습니다. 그래서 중학교 1학년인데도 가정교사로 이 집, 저 집을 전전하며 살았습니다. 그래도 그는 자기 자신이 꽤 똑똑하다고 생각했기 때문에 언젠가는 성공하리라고 믿었습니다. 그러나 대학입시에 실패하고 엎친 데 덮친 격으로 그나마 힘겹게 지탱해 나갔던 가세가 완전히 기울어지게 되어 그가 집안 식구들을 책임지게 되었습니다. 인생에서의 첫 실패와 가장으로서의 무거운 책임은 그에게 너무나 힘겹고 가슴이 찢어질 것 같은 고통이었습니다. 미래가 전혀 보이지 않는 세상에서 그는 종종 죽기로 결심하기도 하고 때로는 가족 전체와 자살을 기도하기도 했습니다. 그의 인생은 아무런 희망이 없었습니다.

그러던 어느 날 누군가가 그를 영어 성경공부 모임에 나오라고 권유했습니다. 그는 혹시 영어공부가 인생의 마지막 도움이 될지 모른다는 생각에 그 모임에 참석했습니다. 그런데 그 모임에서 그는 인생의 주인을 발견하게 되었고 예수그리스도의 구속과 복음을 깨닫게 되었습니다. 암흑과 같은 그의 삶에서 하나님의 구원은 한줄기 빛과 같았습니다.

그 후 그는 400명이나 되는 많은 사람들 앞에서 간증하게 되었습니다. 간증이 끝났을 때 여러 사람들이 그에게 찾아와 이런 말을 했습니다. "형제의 간증은 이상하게 놀라운 감동이 있어. 만약 형제가 주님께 삶을 드린다면 주님은 형제를 놀랍게 쓰실 것 같은데 왜 전도자로 헌신하지 않소?" 이와 같은 말을 여러 사람으로부터 계속 듣게 되자, 그는 마음에 말할 수 없는 감동의 물결이 용솟음 쳤습니다. 쓸모없게만 느꼈던 나의 인생이 주님께 쓰임을 받을 수 있다는 사실에 감격하지 않을 수 없었습니다. 그날 일은 그의 인생을 180도로 변하게 만들었습니다. 이제 그의 삶에서 어둠은 사라지고 빛이 쏟아지고 있었습니다. 복음이 그의 삶을 바꾸었고, 찬송은 그의 간증이 되었습니다. 새로운 삶을 찾은 후 그가 즐겨 부르던 찬송의 가사가 있습니다.

"그분이 살아 계시기 때문에 내 인생의 미래를 만날 수 있네.

그분이 살아 계시기 때문에 모든 공포는 사라졌네.

그분이 내 인생의 미래를 붙들고 있다는 사실을 알기 때문에

그분이 살아 계시기 때문에 인생은 살 만한 가치가 있는 것."

이 찬송의 간증 때문에 그는 오늘도 이렇게 복음을 전합니다. 저 이동원의 삶을 바꾸었던 살아 계신 주님은 오늘 당신의 삶도 바꿀 수 있습니다. 그분은 내게 주셨던 기쁨의 삶을 당신에게도 주실 것입니다. 나의 연약함에도 불구하고 나의 믿음을 지키신 부활의 주님이 동일하게 당신을 지키실 뿐만 아니라 하나님의 영광을 위하여 쓸모 있는 인생으로 살아가도록 우리를 사용하실 것입니다. 그분은 죽음에서 다시 사셨고 지금도 살아 계십니다. 그 살아 계신 주님이 당신에게 기쁨의 삶, 소망의 삶을 약속하십니다.

"살아 계신 주 나의 참된 소망 걱정 근심 전혀 없네

사랑의 주 내 갈길 인도하니 내 모든 삶의 기쁨 늘 충만하네."

예수께서 또 일러 가라사대 나는 세상의 빛이니 나를 따르는 자는 어두움에 다니지 아니하고 생명의 빛을 얻으리라 - 요한복음 8:12

25) 진주와 같은 삶

오래된 서구 풍습에는 엄마가 시집가는 딸에게 진주를 건네는 관습이 있습니다. '얼어붙은 눈물'이라고 불리는 이 진주에는 두 가지의 중요한 의미가 있었습니다. 하나는 딸이 시집가서 흘려야 할 눈물에 대한 교훈이고, 또 하나는 눈물을 흘려야 함에도 불구하고 그 눈물은 가치 있는 것임을 교훈해 주려는 엄마의 의도라고 합니다.

이 의미는 진주가 생성되는 과정을 보면 더욱 쉽게 이해할 수 있습니다. 이 진주는 본래 아비큘레대라고 불리는 굴속에서부터 만들어집니다. 굴속에 모래알들이 굴러 들어오게 되면 즉각적으로 나카라는 물질이 생성되는데 이것이 모래알을 둘러싸기 시작합니다. 시간이 지나서 나카가 많이 쌓이면 쌓일수록 진주

는 더욱 커져 값진 진주가 만들어지는 것입니다. 작은 진주라도 수개월이 걸리고 어떤 진주들은 수년씩 걸려서 만들어지는 것도 있습니다.

그런데 굴속에 들어오는 모든 모래알이 진주가 되는 것이 아니라 굴 자체의 선택 의지에 따라서 달라집니다. 모래알을 그대로 놓아 둘 수도 있지만 굴이 모래알을 일단 받아들이면 나중에는 결국 그 모래알 때문에 병들고 죽어 버리게 됩니다. 처음에는 상당히 고통스럽지만 나카를 생산해서 모래알을 둘러싸기 시작하면 이것이 고귀한 진주를 만들게 됩니다.

우리의 삶 가운데서도 크고 작은 모래알들이 계속 굴러 들어옵니다. 그때 우리들이 이 고난에 대하여 어떻게 반응하느냐에 따라서 우리의 삶을 보배로운 진주로 만들 수 있는지를 결정합니다. 하나님께서는 우리 모든 그리스도인들이 자신들의 인생에서 하나의 값진 진주를 생산하기를 기대하십니다.

도가니는 은을, 풀무는 금을 연단하거니와 여호와는 마음을 연단하시느니라
– 잠언 17:3

26) 요나가 다닌 신학대학

데어도로 에프라는 목사님이 이런 유명한 이야기를 했습니다.

"요나를 삼킨 이 물고기는 얼마나 위대하냐. 이 물고기의 배 속은 요나에게 있어서 가장 훌륭한 신학대학이었다." 맞습니다. 요나는 물고기의 배 속에서 고난의 의미를 깨달았고 하나님께로 향하게 되었으며 변화되었습니다. 또한 그곳에서 기도를 배웠고 하나님과 교제를 시작했으며 하나님을 생각하고 감사했습니다.

이 신앙의 감격을 알지 못하고 인생을 살아가는 사람들에게 주님께서 또 하나의 물고기를 예비하실 수 있습니다. 환난과 파도와 커다란 물고기로부터 삼킴을 당하기 전에 주님을 잘 섬기는 사람들은 정말 복된 사람일 것입니다. 그가 마땅히 배워야 할 모든 교훈을 다 배웠을 때 주님께서는 물고기에게 명령하십니다.

"그를 토하라!"

요나는 물고기 배에서 나왔습니다. 그 순간은 얼마나 감격적이고 위대한 순간이었을까요? 이날은 요나가 물고기 신학대학을 졸업하는 날이었을 뿐 아니라 새

사람이 되었던 날이기도 했습니다.

그런즉 누구든지 그리스도 안에 있으면 새로운 피조물이라 이전 것은 지나갔으니 보라 새것이 되었도다 - 고린도후서 5:17

27) 하나님 앞에서

몇 년 전 제가 평양에 다녀올 때에는 북한과의 왕래가 드물었기 때문에 주위의 많은 분들이 염려하셨습니다. 평양에 도착하기 전에 함께 갔던 목사님들 사이에서는 이런 대화가 오갔습니다.

"평양의 모든 호텔에는 빈틈없이 도청 장치가 되어 있기 때문에 호텔에서는 특별히 말을 조심해야 합니다." "아니 도청 장치 정도가 아니라 감시 카메라가 작동하고 있으니까 행동까지도 각별히 조심해야 할 겁니다."

처음에는 농담처럼 얘기했었는데 일단 호텔 방에 들어가 보니까 모든 것이 다 저를 감시하는 것 같았습니다. 등골이 오싹해지면서 정말 말과 행동 하나하나가 모두 신경이 쓰였습니다. 제 평생에 방 안에서 그렇게 경건한 행동을 한 적이 없었습니다. 어떤 목사님은 공산당이 지켜보고 있는데 목사 체면에 속옷 바람으로 돌아다닐 수 없어서 옷을 다 입은 채로 잠자리에 들었답니다.

누군가가 나를 보고 있다고 생각하면 우리는 작은 행동까지 달라집니다. 지금 이 순간 하나님께서 우리를 관찰하시며 보고 계십니다. 우리가 성실하게 생활하는지, 하나님의 말씀대로 그리스도인답게 살고 있는지 세밀히 보시며 듣고 계십니다.

존 칼빈의 삶의 좌우명은 '하나님 앞에서'입니다. 그는 일평생을 하나님 앞에 산다고 생각했기에 함부로 말하고 행동할 수 없었습니다. 그래서 그는 언제나 주님 앞에서 경건하게 살았습니다. 우리도 칼빈처럼 하나님 앞에서 아주 작은 부분까지 성실하게 감당하며 부끄럽지 않게 행동해야 합니다. 하나님께서는 일상생활 가운데서 우리를 시험하십니다.

이는 금식하는 자로 사람에게 보이지 않고 오직 은밀한 중에 계신 네 아버지께 보이게 하려 함이라 은밀한 중에 보시는 네 아버지께서 갚으시리라 - 마태복음 6:18

28) 무사들을 위한 문구

고대 그리스의 연무장에는 무사들의 경기 모습을 그린 그림이 걸려 있습니다. 그리고 그 그림 밑에는 이런 문구가 적혀 있었다고 합니다.

"주목하라! 모방하라! 반복하라!"
이 문구를 우리 그리스도인의 삶에 한번 적용해 봅시다.

'주목하라.' 그리스도인들은 하나님께 주목해야 합니다. 이 땅에 하나밖에 없는 외아들을 보내셔서 우리의 죄를 짊어지고 죽도록 하신 그 사랑에 주목해야 합니다.

'모방하라.' 그리스도인들은 예수님을 본받아야 합니다. 예수님을 닮아 가는 삶을 살아야 합니다.

'반복하라.' 예수님을 본받는 삶의 노력을 거듭거듭 반복하십시오.

우리가 다 수건을 벗은 얼굴로 거울을 보는 것같이 주의 영광을 보매 저와 같은 형상으로 화하여 영광으로 영광에 이르니 곧 주의 영으로 말미암음이니라
– 고린도후서 3:18

29) 로마의 독특한 성인식

로마에서는 아들로 태어나면 한국에서 아들이 대접받는 것과 정반대인 듯합니다. 로마는 아들에 대한 독특한 관습을 치릅니다.

먼저 아들을 양자 삼고 성인식(成人式)을 치르기 전까지는 친아들이라도 아들처럼 대우하지 않습니다. 그 대신 가장 영리한 노예를 아들의 가정교사로 두어 자기 아들을 종처럼 혹독한 훈련을 받게 합니다. 가정교사는 시간이 흘러 아들이 성인이 되면 주인에게 이렇게 보고합니다.

"주인님, 이제야 아드님께서 인간다운 인간이 되었습니다. 지적, 도덕적인 부분뿐만 아니라 폭넓은 지식과 올바른 정신 그리고 건강한 육체를 갖게 되었습니다."

주인은 그때서야 성인식을 치르고 아들을 진짜 아들로 받아들입니다.

내가 또 말하노니 유업을 이을 자가 모든 것의 주인이나 어렸을 동안에는 종과 다름이 없어서 그 아버지의 정한 때까지 후견인과 청지기 아래 있나니 이와

같이 우리도 어렸을 때에 이 세상 초등 학문 아래 있어서 종노릇하였더니 - 갈라디아서 4:1 - 3

30) 역사적 반성

한 배에 열 명의 사람들이 탔는데 그들은 각각 자신의 나라를 대표하는 사람들이었습니다. 그런데 한참 항해를 하던 중에 큰일이 발생했습니다. 배 밑바닥에 구멍이 났는지 물이 스며들기 시작했고 열 명 중에 세 사람만 없으면 그런대로 무게를 지탱해 육지까지 갈 수가 있었습니다. 과연 어떤 나라의 사람들이 다른 사람들을 위해서 자진하여 죽음을 선택할 것인가! 서로 눈치만을 보고 있었습니다. 몇 분이 지났을까요?

갑자기 영국 사람이 일어나서 "대영제국의 명예와 신사도를 발휘하여 내가 먼저 뛰어내리겠습니다."라고 말하며 물속으로 뛰어들었습니다. 그 다음으로 미국 사람이 "저도 카우보이 정신을 지켜 여러분들을 위해 희생하겠습니다."라며 뛰어내렸습니다. 이제 마지막 한 사람만 남았는데, 그때 한국 사람이 벌떡 일어나더랍니다. 그리고 "대한민국 만세" 삼창을 하더니 발을 들어 옆에 앉아 있는 일본 사람을 걷어차 물속으로 빠뜨렸답니다. 참으로 재미있지만 의미 있는 우스갯소리입니다.

한국이 일제통치하에 있으면서 받았던 말할 수 없는 민족의 서러움 때문인지 아직도 한일 관계를 보면 그리 긍정적이지 못한 것 같습니다. 그러나 우리는 그들의 잘못을 탓하기 이전에 먼저 어떻게 해서 나라를 잃게 되었는지 깊은 역사적 반성이 이루어져야 할 것 같습니다.

나는 너를 애굽 땅에서 종 되었던 집에서 인도하여 낸 너희 하나님 여호와로라 - 신명기 5:6

31) 감당할 시험

어느 아버지가 어린 아들을 데리고 쇼핑센터에 갔습니다. 아들이 시장바구니를 들고 아빠 뒤를 졸졸 따라다니면 아빠는 사고 싶은 물건들을 골라 아들의 장바구니에 넣었습니다. 한두 개는 거뜬했는데 여러 개를 집어넣으니까 점점 장바구니가 처지기 시작했습니다. 아들은 무거워하면서도 낑낑거리며 장바구니를 들고 아빠를 따라다닙니다. 그 광경을 보고 있던 한 여인이 속으로 '속 좁은 남자지, 자기 아들에게 저렇게 무거운 짐을 들게 하다니'라고 생각하면서 아이에게 물었습니다. "애야, 너 그거 무겁지 않니?" 그러자 꼬마가 뜻밖의 대답을 했습니다.

"아니에요. 우리 아빠는 제가 얼마만큼 들 수 있는지, 제가 얼마큼 감당할 수 있는지 알아요."

하나님께서는 우리가 어디까지 견딜 수 있는지 아십니다. 우리가 감당할 수 없는 환난 가운데 빠져서 좌절하고 있다면 하나님께서는 반드시 찾아오셔서 도와주십니다. 우리는 인생의 절망과 한계 상황 속에서도 오직 하나님만을 의뢰하고 믿음의 사람으로 일어나도록 도우시는 하나님을 찬양해야 합니다.

사람이 감당할 시험밖에는 너희에게 당한 것이 없나니 오직 하나님은 미쁘사 너희가 감당치 못할 시험 당함을 허락지 아니하시고 시험 당할 즈음에 또한 피할 길을 내사 너희로 능히 감당하게 하시느니라 - 고린도전서 10:13

32) 선택의 긴박성

마틴 루터가 말한 이야기 중에 하나입니다.

어느 날 사단과 그의 부하들이 땅으로 내려가기 직전에 전략을 짜기 위해 모였습니다. 사단이 모여 있는 모든 부하들에게 이렇게 물었습니다.

"너희들은 무슨 계략으로 인간들을 사로잡겠는가?"

한 악령이 대답하길 "나는 사람들의 마음에 하나님은 계시지 않는다는 의심을 넣겠습니다."라고 말했습니다. 이 대답에 사단은 "우리가 그 전략을 오랫동안 써 봤는데 이제는 잘 통하지 않더군. 사람들의 마음에는 종교를 부인하면서도 신은 부인할 수 없는 종교적인 본능이 있기 때문에 그들 마음 깊은 곳에 아직도 하나님을 찾는 열정이 있어. 그렇기 때문에 그 방법으로는 사람들을 무너뜨릴 수 없네."라고 말했습니다.

또 다른 악령은 "나는 인간들의 마음속에 지옥은 존재하지 않는다는 생각을 집어넣을 것입니다. 그래서 인간들이 안심하고 있을 때 지옥으로 끌고 오겠습니다.”라고 말했습니다. “그 전략도 통하지 않을 걸? 인간들이 살고 있는 그 세상 자체가 무서운 지옥 같기 때문에 지옥을 항상 두려워할 걸세.”라며 사단이 반대했습니다.

그러자 다른 악령 하나가 말하였습니다. “그렇다면 나는 기독교인들만을 집중해서 공격하겠습니다. 그들에게 끊임없는 고난을 주어서 예수를 믿으면 재앙이 온다는 의식을 집어넣고 필요할 때에는 죽는 고통까지 주겠습니다.” 이 말을 들은 사단은 “그 방법은 가장 어리석은 방법이야. 예전 우리가 완전히 실패한 전략이기에 절대 사용해서는 안 되네. 우리가 지난 역사를 통해 선교사들과 그리스도인들에게 핍박도 많이 하고 죽이기까지 했네. 그러나 오히려 박해받는 성도들을 보며 주님을 위해 당하는 죽음을 영광스럽게 여기더군. 그래서 더욱 많은 사람들이 그리스도를 위해 죽기를 결심하고 있다네.”라고 말했습니다.

그때 구석에서 모든 이야기를 듣고 있던 한 악령이 미소를 지으며 이렇게 말했습니다. “저는 사람들에게 급히 서두를 것 없다, 천천히 믿으면 된다는 마음을 불어넣겠습니다. 이 전략이 어떻습니까?”

그러자 갑자기 지옥에서는 “바로 그거다!” 하며 시끌시끌한 박수소리가 터져 나왔습니다. “바로 그거야! 우리가 사용한 전략 중에 지금까지 수없이 많은 인간들을 포박한 가장 좋은 방법이었지.”

만일 여호와를 섬기는 것이 너희에게 좋지 않게 보이거든 너희 열조가 강 저편에서 섬기던 신이든지 혹 너희의 거하는 땅 아모리 사람의 신이든지 너희 섬길 자를 오늘날 택하라 오직 나와 내 집은 여호와를 섬기겠노라 – 여호수아 24:15

33) 흔들리지 않는 신앙

번역 선교사인 타우센트(Townsend)는 남미를 전도하는 중에 돈 빌레모라는 한 원주민 젊은이를 만나 복음을 전했습니다. 그 젊은이는 복음을 받아들여 그리스도인이 되었을 뿐만 아니라 주님의 명령대로 복음 전도자가 되기로 결심했습니다. 그 후 전도자가 된 돈 빌레모는 열심히 복음을 전하고 주님을 위해 최선을 다해 일했습니다.

그런데 어느 날 그가 타우센트 선교사에게 찾아와 이렇게 말했습니다. "선교사님, 전 이제 사표를 내겠습니다. 여기 전도자 사표를 가지고 왔으니 받아주십시오." 타우센트는 너무나도 기가 막혀서 그에게 물었습니다.

"왜 사표를 내려고 하지요?"

"저는 전도가 이렇게 어렵고 힘든지 몰랐어요. 전도하기가 너무너무 힘들어요. 이제 사람들이 욕하는 소리와 고함소리 그리고 그들의 비난을 견딜 수가 없어요. 제가 왜 그런 비웃음을 받아가면서 전도해야 하지요? 사실 제가 아쉬운게 뭐 있어요?"

이 젊은 전도자인 돈 빌레모의 불평을 듣고 있던 타우센트가 말했습니다.

"돈 빌레모, 당신이 예수님을 영접하고 나서 얼마 지난 후에 나에게 찾아와서 한 말을 기억합니까? 그때 당신은 '주님께서 저를 복음을 전하는 자로 부르십니다.'라고 말하지 않았습니까?"

"네, 그랬습니다."

"그렇다면 나는 그 사표를 받을 수 없습니다. 왜냐하면 주님께서 당신을 부르셨으니 그 사표를 받을 수 있는 분도 주님뿐입니다. 당신이 지금 나에게 말한 그대로 주님께 아뢰고 주님 앞에 직접 사표를 내십시오."

청년은 주저하면서 기어 들어가는 목소리로 이렇게 말했습니다.

"제가 주님께 사표 낸다고 말씀드리면 아무래도 안 받으실 것 같은데요."

그러자 선교사는 기다렸다는 듯이 크게 호통을 쳤습니다.

"주님께서 사표를 받으시지 않으신다면, 그분은 아직도 당신을 사용하셔서 복음 전하기를 원하신다는 뜻이 아닙니까?"

젊은이는 선교사의 말을 듣고 마음의 감동을 받아 곧 이렇게 대답했습니다.

"아! 그렇군요. 선교사님 말씀이 맞습니다." 그는 곧장 일어나서 다시 기도하기 시작했고 성령 충만한 가운데 복음 전도의 길을 걸어갔습니다.

신앙생활을 하다 보면 영적 침체에 빠지는 순간이 있고 어떤 때는 신앙 자체를 포기하고 싶은 유혹을 받을 때도 있습니다. 그러나 내 삶에서 경험하는 모든 고통에도 불구하고 주님은 나를 찾아오셨습니다. 그리고 내 안에 거하시는 주님으로 인하여 우리는 모든 것을 기쁨으로 슬기롭게 이겨 나갈 수 있습니다. 문제는 환경이 아니라 온전히 주님 안에 거하는 것입니다.

내 안에 거하라 나도 너희 안에 거하리라 가지가 포도나무에 붙어 있지 아니하면 절로 과실을 맺을 수 없음같이 너희도 내 안에 있지 아니하면 그러하리라 - 요한복음 15:4

34) 그리스도인을 죽이는 마음의 부패

옛날 로마의 황제는 그리스도인이 자꾸 늘어나는 것에 대하여 큰 위협을 느껴 신하들을 불러 놓고 그리스도인들을 없앨 방법을 논의했습니다.

황제가 먼저 로마의 법률을 강화시켜 그리스도인들을 무조건 죽이는 법을 만들자고 제의했습니다. 그랬더니 한 신하가 황제의 의견에 반대하였습니다. 그 이유는 믿는 자들을 죽여 순교자로 만들면 그리스도인들이 더욱 순교자들을 추앙하기 때문에 역효과가 난다는 것이었습니다. 그 신하는 황제의 방법보다는 예수 믿는 사람들을 찾아내어 죽이지는 말고 잔인하게 고문을 하는 것이 어떻겠느냐고 대안을 내놓았습니다. 그러자 다른 신하가 "저 예수쟁이들은 심한 고문을 받기만 하면 예수의 십자가 고난에 동참한다고 좋아합니다. 또 고난을 받으면 받을수록 하늘의 상급이 더 많아진다고 기뻐하며 오히려 고문의 흔적을 자랑하고 다닙니다. 그 방법으로는 그리스도인들을 없앨 수 없습니다."라며 반대했습니다.

이때 구석에 있던 한 신하가 조용하게 의견을 내놓았습니다.

"그리스도인들이 편안하게 즐기고 놀 수 있도록 환경을 만들어 놓으면 간단합니다. 그들은 그런 환경 속에서 죄를 지을 것이고 그러면 기독교는 있어도 힘을 발휘하지 못할 것입니다."

그리스도인을 없애는 가장 무서운 요인은 외부의 박해가 아니라 내부의 부패입니다. 우리는 마지막 때에 주님이 기대하는 거룩함을 지니는 사람들이 되어야 합니다.

뱀이 그 간계로 이와를 미혹케 한 것같이 너희 마음이 그리스도를 향하는 진실함과 깨끗함에서 떠나 부패할까 두려워하노라 - 고린도후서 11:3

35) 올바른 선택

미국에서 실제로 있었던 일입니다.

어느 주일 저녁에 두 명의 젊은이가 타락하기를 작정하고 도박장을 찾아갔습니다. 그런데 공교롭게도 도박장 바로 옆에는 한 작은 교회가 있었습니다. 아무 생각 없이 도박장으로 들어가던 두 청년 중 한 명은 우연히 교회 입구에 적혀 있던 그 주일의 설교 제목을 보게 되었습니다. 거기에는 '죄의 삶은 사망이다'라고 쓰여 있었습니다. 그 글귀를 보자 그 청년의 마음에 갑자기 죄 의식이 생기기 시작했습니다.

그는 다른 친구에게 "야, 우리 오늘 도박장에 가지 말고 교회에 가자."고 말했습니다. 그러자 그 친구는 "한번 결심을 했으면 가야지. 교회라니 무슨 소리야?"라며 단번에 거절했습니다.

결국 한 사람은 처음 결심한 대로 도박장으로 갔고, 다른 사람은 교회로 들어갔습니다. 그날 교회에 가서 예배를 드린 청년은 설교 말씀을 듣고 예수그리스도를 구주로 영접하고 새사람으로 거듭나는 체험을 했습니다.

그때 회심한 청년은 그로부터 30년이 지난 후 미국의 대통령으로 취임하게 되었습니다. 그가 바로 미국의 유명한 클리블랜드(Cleveland) 대통령입니다. 그가 대통령에 취임하는 그 순간, 30년 전 도박장을 선택했던 젊은이는 감옥에서 자신의 친구가 대통령으로 취임하는 기사를 읽게 되었습니다. 그는 친구의 취임 소식을 듣고 가슴을 치며 후회했습니다. 왜냐하면 과거 한순간의 선택이 자신들의 삶을 얼마나 다르게 만들었는가를 깨달았기 때문입니다.

상품 광고에는 순간의 선택이 10년을 좌우한다는 내용이 있지만 우리 인생은 어떤 선택을 하느냐에 따라 영원이 좌우됩니다. 클리블랜드 대통령이 도박장과 교회 사이에서 한쪽을 선택해야만 하는 어려운 갈등에 놓였던 것처럼 우리에게도 영원한 생명과 영원한 죽음 사이에서 선택해야 하는 갈등에 끊임없이 놓이게 됩니다. 우리는 그럴 때마다 하나님이 우리에게 기대하시는 대로 올바른 선택을 할 수 있어야 합니다.

지혜로운 자는 두려워하여 악을 떠나나 어리석은 자는 방자하여 스스로 믿느니라 - 잠언 14:16

36) 감만 보이네

제가 예수님을 믿은 지 얼마 되지 않은 초보 신자였을 때의 일입니다. 저는 좀 더 성숙한 신앙생활을 하고 싶어서 주변 분들의 권유로 금식을 하기로 마음 먹었습니다. 저에게 40일 금식은 부담될 것 같아 20일을 작정하고 경기도 화성군 장안면 독정리 마을에 방 하나를 얻어 기도에 들어갔습니다.

작심삼일이라고 사흘이 되니까 서서히 배에서부터 요동을 치며 유혹이 오기 시작했습니다. 너무나 괴로웠습니다. 그때 창문 틈 사이로 보이는 감나무에 몇 개의 감이 매달려 있더군요.

'먹음직도 하고 봄 직도 한 감! 나와 세상은 간 곳 없고 감만 가득하네.'

눈을 감아도 감만 보이기 시작하는데 몇 번이고 입에 침이 고이더라고요. 그래서 감을 떼어 던져 버릴까 생각해 보았지만 예수님도 40일 금식하실 때 마귀의 시험을 당하셨다고 하는데…… 나도 한번 유혹을 이겨보리라 마음먹었습니다.

그러나 1주일을 넘기고 하루하루를 보태며 넘기는데 12일 아침, 결국 나의 인내는 바닥이 나고 감을 따 먹음으로써 금식기도는 끝이 나고 말았습니다.

이는 세상에 있는 모든 것이 육신의 정욕과 안목의 정욕과 이생의 자랑이니 다 아버지께로 좇아온 것이 아니요 세상으로 좇아온 것이라 – 요한일서 2:16

37) 최선의 삶

지미 카터가 쓴 '살아 있는 신앙'이라는 책에는 그의 신앙생활에 대해 적혀 있는데 그중에 이런 대목이 있습니다.

"우리들, 특히 신앙을 가진 사람들에게는 보다 높은 삶의 표준과 기대치가 있어야 한다. 그것은 말할 것도 없이 복음서를 통해 예수께서 보여주신 삶의 원칙이다. 그리스도인들에게 이 원칙은 일반적인 종교 규범들 가운데 하나가 아니라 우리 개인의 행동과 일생을 기준 하는 유일한 규범이어야 한다고 나는 믿는다. 그런 기준들을 따르기 위해서 우리는 자진해서 때로는 억지로라도 최선을 다해야 한다고 믿는다. 탁월한 삶, 그것은 율법을 순종하는 그 이상이어야 한다고 나는 믿는다. 성경에서 말하는 최고의 가치관, 그 가치관의 실현을 위해서 드려지는 최선의 삶, 우리는 그 이하일 수 없다고 나는 믿는다."

카터가 이러한 삶의 좌우명을 갖게 된 데에는 사연이 있습니다. 그가 해군사관학교를 졸업하고 임관을 받기 전에 유명한 해군 제독인 릭오버 제독과 면담을 갖게 됩니다. 이 해군 제독은 젊은 해군장교인 카터에게 전술과 전략에서부터 군인의 자세, 태도에 이르기까지 날카로운 질문을 던졌습니다. 카터는 땀을 흘리면서 대답하기 위해 애를 썼습니다.

그런데 갑자기 이 제독이 화제를 돌려서 해군사관학교 시절에 어떻게 살았고 어떻게 공부했는가를 물었습니다. 또한 웃으면서 성적은 어떠했느냐고 물었습니다. 카터는 성적에는 자신이 있어 점수와 등수를 대답했더니 대뜸 이렇게 묻는 것이었습니다. "그 성적이 자네가 최선을 다한 결과인가?" 카터는 식은땀을 흘리며 이렇게 대답했습니다. "글쎄요. 최선을 다했다고 말씀드릴 수는 없겠지요." 이때 제독은 무섭게 쏘아보면서 이런 질문을 던집니다. "왜 최선을 다하지 않았다는 말인가?" 카터는 더 이상 답변을 할 수 없었습니다.

그날 밤 카터는 이런 생각을 했습니다. "내가 인생을 다 살고 주님 앞에 서는 날, 주님은 이 해군 제독이 던진 것과 비슷한 질문을 나에게 던지실지 모른다. 이때 만약 주님께서 이렇게 물으신다면 나는 어떻게 대답할까?"

그날 그는 인생의 좌우명을 얻었습니다. "왜 최선을 다하지 않았는가?"

각각 공력이 나타날 터인데 그날이 공력을 밝히리니 이는 불로 나타내고 그 불이 각 사람의 공력이 어떠한 것을 시험할 것임이니라 만일 누구든지 그 위에 세운 공력이 그대로 있으면 상을 받고 누구든지 공력이 불타면 해를 받으리니 그러나 자기는 구원을 얻되 불 가운데서 얻은 것 같으리라 – 고린도전서 3:13 – 15

38) 하늘을 우러러 한 점 부끄럼이 없는 삶

삶의 마지막까지 최선을 다해서 삶을 살고자 했던 민족 청년 시인 윤동주의 이야기입니다. 그는 1943년 7월 14일 일본에서 일본 유학생 사상범으로 체포되어 1945년 2월에 해방을 보지 못하고 감옥에서 인생을 마쳤습니다.

그의 인생에 관심이 많았던 사람들은 그의 생애를 추적하면서 그가 어떻게 2년 동안의 감옥생활을 했는지 알아보았습니다. 그가 있었던 일본의 규수 후쿠오

카 형무소에 남아 있는 기록을 보면 그가 최후의 순간을 앞두고 한 가지 일에 몰두했다는 사실을 알 수 있습니다.

"윤동주는 고향집에 편지해서 차입한 신약성서를 옥중에서 읽고 있다. 그는 날마다 이 책에 빠져 있다."

이 글은 형무소에서 그의 삶의 동태를 항상 감시하고 있었던 사람들이 적어 놓은 기록이었습니다. 하나님의 말씀을 붙들고 인생의 최후를 마무리하고 있었던 그에게 시는 그의 신앙 고백이라고 할 수 있습니다. 죽는 날까지 하늘을 우러러 한 점 부끄럼이 없는 삶을 산 그는 진정 최선의 삶을 산 사람입니다.

이는 우리가 다 반드시 그리스도의 심판대 앞에 드러나 각각 선악 간에 그 몸으로 행한 것을 따라 받으려 함이라 - 고린도후서 5:10

39) 하나님의 시선

16세기 교황 율리우스 2세가 천재 미술가 미켈란젤로를 불러 유명한 시스틴 성당의 천지창조 벽화를 그려 달라고 의뢰했습니다. 당시 이런 제의는 정말 미술 역사상 있을 수 없는 최대의 특권이자 위대한 특권이기에 사람들은 흥분하기 시작했습니다. 그러나 당사자인 미켈란젤로는 이 엄청난 특권 앞에 흥분하지 않고 오히려 엎드렸습니다. 그리고 거꾸로 누워 4년 동안 천장만 바라보며 벽화를 그리는 일에만 자신의 열정과 땀을 모두 쏟아부었습니다. 마침내 그의 전 인생을 바친 벽화가 완성되었는데, 그는 여전히 천장에 붙어서 계속 작은 선을 그려 넣고 있었습니다. 미켈란젤로와 가까이 지내던 어느 추기경이 성당에 들어와 둘러보더니 "그림이 다 완성되었는데 뭘 그리는가? 내가 볼 때는 다 끝났는데?"라고 말했습니다. 이때 미켈란젤로는 이렇게 말했습니다.

"내가 볼 때는 끝났을지라도 하나님이 보실 때는 아직 안 끝났습니다."

사람이 마땅히 우리를 그리스도의 일꾼이요 하나님의 비밀을 맡은 자로 여길 지어다. 그리고 맡은 자들에게 구할 것은 충성이니라 - 고린도전서 4:1 - 2

40) 전진하는 인생

1961년 9월 30일은 이화여대 총장이셨던 김활란 박사님께서 이임하시는 날이었습니다. 이임식장의 분위기는 그의 이임을 아쉬워하는 흐느낌 소리가 이곳 저곳에서 들려 매우 침통했습니다. 마침내 김활란 박사님께서 단상에 오르셨는데, 오르자마자 갑자기 민요를 부르기 시작했습니다. "내가 가면 아주 가며 아주 간들 잊을소냐. 닐리리야 닐리리야 니나노 얼씨구 좋다." 이임식장은 갑자기 웃음바다가 되었습니다. 이어서 그는 담담하게 이임사를 낭독하다가 이렇게 마무리를 지었습니다.

"시인인 로버트 브라우닝의 시 가운데는 이런 구절이 있습니다. '가장 좋은 것은 앞날이 있네. 맨 처음의 일은 오직 그것을 위하여 있나니.' 이 시는 저의 경우와 같습니다. 저 역시 학교를 그만두는 것이 참으로 아쉽지만 이것으로 인생을 끝맺는 것이 아니라 다만 더욱 나은 미래를 향해 전진하기 위해서 떠나갑니다."

형제들아 나는 아직 내가 잡은 줄로 여기지 아니하고 오직 한 일, 즉 뒤에 있는 것은 잊어버리고 앞에 있는 것을 잡으려고 - 빌립보서 3:13

41) 내가 할 수 있는 일

한 소년이 깊은 산골에서 살고 있었습니다. 하루는 비가 억수같이 퍼붓는 바람에 집 앞에 있는 나무가 쓰러져 길을 막아 버렸습니다. 소년은 혼자서 그 나무를 치워 보려고 기를 썼지만 소년의 힘으로는 끄떡도 하지 않았습니다. 소년이 나무 앞에서 쩔쩔매고 있는데 아버지가 나와서 물었습니다.

"애야, 네가 할 수 있는 일은 모두 다 해 보았니?"

"예, 아빠. 제가 할 수 있는 일은 모두 다 해 보았는데도 이 나무는 전혀 움직이지 않아요."

"아니다, 네가 아직도 하지 않은 일이 한 가지 있단다. 그게 무엇인지 알겠니?"

"잘 모르겠는데요?"

"너는 이 아빠에게 도와달라는 말을 하지 않았어."

당신은 정말 할 수 있는 일을 다 했습니까?

야하시엘이 가로되 온 유다와 예루살렘 거민과 여호사밧왕이여 들을지어다 여호와께서 너희에게 말씀하시기를 이 큰 무리로 인하여 두려워하거나 놀라지 말라 이 전쟁이 너희에게 속한 것이 아니요 하나님께 속한 것이니라 - 역대하 20:15

42) 진정한 승리

이 사건은 아프리카 우간다 어떤 교회에서 일어난 일입니다. 그 당시 우간다는 독재자인 이디 아민이라는 악명 높은 사람의 통치 아래 있었습니다. 이 교회의 목사인 케파 샘팡기 목사님은 종종 정부의 불의를 책망하는 예언적인 설교를 하곤 했습니다. 이 사건이 난 아침에도 7천 명이나 되는 교인들이 부활절 주일예배를 드리고 있었습니다. 설교를 마친 후 목사님이 교회 사무실로 들어섰을 때 거기에는 5명의 비밀경찰이 그를 기다리고 있었습니다. 그들 중 한 사람이 "우리는 국가의 명으로 반국가 사범을 처단하기 위해 왔소."라고 하면서 목사님에게 총을 겨누었습니다.

이때 케파 목사님은 아주 담담하게 이런 부탁을 했습니다. "오늘은 부활절 아침입니다. 나는 부활을 믿는 사람으로 죽는 것이 전혀 두렵지 않지만 나에게 2분의 시간을 주신다면 잠시 주님께 기도를 드리고 생을 마무리하고 싶습니다." 2분의 시간을 허락받은 목사님은 기도를 시작했습니다. "하나님 아버지, 우간다의 통치자 이디 아민을 용서해 주시옵소서. 그의 명령을 원하지 않으면서도 받들어야 하는 불행한 이 5명의 형제들을 용서하여 주시옵소서. 그리고 우간다 국민에게 자유를 주시옵소서. 내 사랑하는 조국이 사랑의 땅과 의의 땅이 되도록 도와주시옵소서. 나의 죽음으로 다시는 이러한 비극이 이 땅에 되풀이되지 않도록 긍휼을 베풀어 주시옵소서."

기도를 마쳤을 때, 목사님의 눈에 눈물이 흐르고 있었고 기도를 듣던 경찰들의 눈에서도 뜨거운 눈물이 흘렀습니다. 경찰의 통솔자인 한 사람이 무릎을 꿇으면서 "목사님, 죄송합니다. 우리가 큰 실수를 저지를 뻔했습니다. 목사님은 피신하여 교회에 계시지 않는 것으로 보고하겠습니다. 빨리 이 자리를 떠나 주십시오."라고 했다고 합니다.

이 사건을 통해 부활의 믿음은 죽은 후의 육체적인 부활의 소망을 약속할 뿐 아니라 오늘을 사는 지금 이 순간에도 승리의 삶을 살게 한다는 것을 알 수 있습니다.

예수께서 가라사대 나는 부활이요 생명이니 나를 믿는 자는 죽어도 살겠고 무릇 살아서 나를 믿는 자는 영원히 죽지 아니하리니 이것을 네가 믿느냐 - 요한복음 11:25 - 26

43) 아니마밈의 노래

2차 세계대전 이후 유대인들은 유월절이 되면 꼭 아니마밈의 노래를 부릅니다. 노래 제목인 아니마밈은 히브리어로 '나는 믿는다'라는 뜻을 가지고 있습니다. 이 노래는 본래 혹독한 아우슈비츠 수용소에서 작사, 작곡된 노래였습니다.

"나는 믿는다. 나의 메시아가 나를 돕기 위해서 반드시 나를 찾아오리라는 사실을."

그런데 그들은 자기의 동료들이 비참하게 가스실로 불려 나가는 모습을 보면서 다음 절을 이렇게 슬프게 불렀습니다.

"그런데 때때로 그 메시아는 너무 늦게 오신다."

그러나 그 수용소 안에 있던 젊은 외과 의사 출신의 한 유대인은 이 노래 부르기를 거절했습니다. 왜냐하면 그의 마음에는 하나님에 대한 믿음이 있었기 때문입니다. "내가 하늘에 올라갈지라도 거기 계시며 음부에 내 자리를 펼지라도 거기 계시나이다. 내가 새벽 날개를 치며 바다 끝에 가서 거할지라도 곧 거기서도 주의 손이 나를 인도하시며 주의 오른손이 나를 붙드시리이다."라는 다윗의 고백이 그의 믿음이었습니다.

그는 자신의 삶에 대한 하나님의 뜻이 있기에 절대로 죽지 않는다는 확신이 있었습니다. 그래서 그는 수용소에 갇혀 죽을 수밖에 없고 언제 가스실로 데려갈지 모르는 상황 가운데서도 자신의 추한 모습을 다듬기 시작했습니다. 다른 동료들은 죽음을 받아들인 듯 체념하고 깊이 잠들어 버린 한밤중에도 그는 홀로 일어나 어느 날 우연히 줍게 된 유리 파편 조각 하나를 날카롭게 갈아서 피가 날 정도로 면도를 했습니다.

그 다음 날 아침, 또다시 죽음의 사자처럼 나치 군병들이 그들의 방을 찾아옵니다. 그런데 나치 군병들은 수염하나 없는 창백한 청년의 모습을 보고는 차마 그를 죽음의 가스실로 데려가지 못하고 매번 다른 사람을 데리고 갔답니다. 왜 냐하면 깨끗한 청년의 모습에서 삶의 강렬한 의지가 보여 죽이기에는 너무 아까 웠기 때문입니다.

그런데 얼마 지나지 않아 전쟁이 끝나고 그는 적은 수의 생존자들 중에 하나 가 되어 풀려나게 되었습니다. 그는 자신을 향해 활짝 열려 있는 수용소의 문을 빠져나오면서 아니마밈의 노래를 이렇게 고쳐 불렀습니다.

"나는 믿는다. 나의 메시아가 나를 돕기 위해 반드시 나를 찾아오리라는 사실 을. 그런데 사람들은 너무 서두른다. 사람들은 너무 서둘러 믿음을 포기한다."

그 후 그의 일기가 세상에 공개되었는데 그 일기 속에는 이런 글귀가 쓰여 있었습니다.

"고통 속에서 죽음을 택하는 것은 가장 쉽고 가장 나태한 방법이다. 죽음은 이렇게 서두를 것이 못 된다. 죽음 앞에서 살아 보려는 부활의 의지, 이것이 새 로운 창조이다."

전쟁이 끝나 그는 스웨덴으로 가서 병원을 개업했습니다. 그리고 해마다 유월 절이 되면 친척들을 불러 놓고 이 가정만은 전혀 다른 아니마밈의 영가를 불렀 습니다.

우리의 기도가 응답되지 않고 우리의 삶이 막혀 있을 때 사람들은 하나님을 원망하고 불평합니다. 그리고 회의하면서 하나님은 내 삶을 간섭하지 않으시거 나 너무 더디 오신다고 결론을 내려 버립니다. 그러나 이러한 절망의 한복판에 서도 우리는 유대인 청년처럼 이렇게 노래할 수 있어야 합니다.

"아닙니다. 그가 늦게 오시는 것이 아니라 우리가 너무 서두르고 있을 따름입 니다."

오직 여호와를 앙망하는 자는 새 힘을 얻으리니 독수리의 날개 치며 올라감 같을 것이요 달음박질하여도 곤비치 아니하겠고 걸어가도 피곤치 아니하리로다
- 이사야 40:31

44) 핍박받는 자의 복

주님은 핍박의 가시밭길을 통하여 우리의 인격을 단련시켜서 주님을 사랑하는 순수한 마음을 가르치십니다. 그리고 우리가 주님을 사랑하는 마음으로 주 앞에 엎드릴 때 주께서 우리를 영원한 땅으로 인도하십니다. 열두 제자의 마지막 최후를 보면 이러한 사실을 알 수 있습니다.

수제자였던 베드로는 로마에서 십자가에 거꾸로 매달려 죽었습니다.
빌립은 소아시아에서 십자가를 지고 죽었습니다.
바돌로메는 몸의 가죽을 벗기는 죽임을 당했습니다.
도마는 인도에서 순교했습니다.
마가는 알렉산드리아에서 기도하며 순교했습니다.
마태는 에티오피아에서 창에 찔려 순교를 당했습니다.
안드레는 에데사에서 십자가에 못 박혀 순교했습니다.
맛디아는 예루살렘에서 돌팔매질을 맞고 쓰러진 뒤 목 베임을 당했습니다.
누가는 헬라에서 감람나무에 매달려 죽임을 당했습니다.
바울은 로마에서 칼에 목이 떨어지면서도 예수의 이름을 부르다 죽었습니다.
사도 요한은 백 살까지 온갖 시련을 겪다가 죽어간 살아 있는 순교자였습니다.

초대 교회의 유명한 교부인 터툴리안은 "순교자의 피는 교회의 종자가 된다." 라고 했습니다. 그리스도인들은 시련의 광야를 통과하지 않고는 젖과 꿀이 흐르는 땅을 얻을 수 없습니다. 하나님의 나라에 들어가려면 그리스도를 위하여 많은 환난을 겪어야 합니다.

의를 위하여 핍박을 받은 자는 복이 있나니 천국이 저희 것임이라 - 마태복음 5:10

45) 영광의 주인공

2차 세계대전이 끝난 후 영국 군인들이 사랑하는 고국으로 돌아오는 날, 아침부터 런던 거리에서는 전쟁에서 승리하고 돌아오는 군인들을 환영하기 위하여 수많은 시민들이 몰려들었습니다. 영국의 상, 하원 의원들과 귀족들이 새벽부터 길 양쪽에 자리를 잡고 기다리고 있었고 영국 여왕이 자리에 앉자 마침내 영국 군인들의 개선 행진이 시작되었습니다. 그 행렬의 처음에는 육군이 앞장서고 뒤를 이어 해군과 공군이 따르며 해병대가 지나갔습니다.

마지막으로 한 작은 부대가 입구에 들어서자 갑자기 영국 여왕을 비롯해 귀족들과 서민들이 벌떡 일어섰습니다. 그리고 지나가는 그 작은 부대를 향해 한없이 박수를 칩니다. 그 작은 부대는 상이(傷痍) 군인들로 전쟁터에서 싸우다가 팔과 다리를 잃어버리거나 눈 혹은 몸뚱이 한 부분을 잃어버린 군인들로 이루어진 부대였습니다. 그들이야말로 개선 행렬의 진정한 스타들이었습니다.

이 땅에서의 모든 삶이 끝나고 역사의 주인이신 살아 계신 하나님 앞에 서는 그날에는 앞의 상이군인들처럼 예수님과 복음 때문에 고난을 받았던 사람들이 바로 주인공일 것입니다.

오직 너희가 그리스도의 고난에 참예하는 것으로 즐거워하라 이는 그의 영광을 나타내실 때에 너희로 즐거워하고 기뻐하게 하려 함이라 - 베드로전서 4:13

46) 순교의 신앙

루마니아에서 가장 큰 침례교회를 맡아 시무하셨던 조셉 톤 목사님은 너무 유명해서 루마니아의 공산정권과 독재자들에게 경계와 두려움의 대상이 되었습니다. 결국 루마니아 정부는 국제적인 여론 때문에 차마 이 목사님을 죽이지 못하고 추방하였습니다.

그분은 미국으로 오셔서 여러 신학교에서 설교를 하셨는데, 그분이 가는 곳마다 많은 신학생들이 그의 설교를 듣기 위해 모여들었습니다. 그분은 위대한 목회자였을 뿐만 아니라 훌륭한 신학자이기도 했습니다. 조셉 톤 목사님은 "당신의 신학은 무엇입니까?"라는 질문을 받을 때마다 항상 이렇게 대답했다고 합니다.

"내게는 단 하나의 신학밖에 없습니다. 나의 신학은 순교의 신학입니다. 그리고 나는 단 하나의 신앙밖에 알지 못합니다. 그것은 순교의 신앙입니다."

저는 미국에서 공부하고 있을 때 그분을 만난 적이 있었습니다. 제가 공부하고 있던 학교에서 말씀을 전하실 때쯤에는 공산권이 서서히 무너지고 동구권이 개방되었던 시기였습니다. 그때에 미국 복음주의 잡지사의 한 기자가 조셉 톤 목사님께 이런 질문을 던졌습니다. "동구권이 개방되는 것에 대한 소감이 어떻습니까?" 이 질문에 그분은 "저는 두렵습니다."라고 대답했습니다. 그 기자가 의아한 얼굴로 "아니, 공산권이 무너지고 당신이 조국으로 돌아갈 수 있는 기회가 왔는데 왜 두려워하십니까?"라고 다시 물었습니다.

"나의 조국에는 예수그리스도를 위해 고난 받는 것을 은혜로 여기고 사는 성도들이 많이 있습니다. 그들은 복음을 위해 고난을 받고 핍박을 받더라도 그것 때문에 더 예수님을 바라보고 더 열심을 낸답니다. 하지만 제가 두려운 것은 동구권이 개방이 되어 나의 조국에 돌아갔을 때, 내 조국의 교회가 주님을 위한 고난을 은혜로 알지 못하는 사람들로만 채워질까 봐 두렵습니다."

그리스도를 위하여 너희에게 은혜를 주신 것은 다만 그를 믿을 뿐 아니라 또한 그를 위하여 고난도 받게 하심이라 - 빌립보서 1:29

47) 하나님께로 나오게 하는 고난

'천로역정'의 저자, 존 번연(John Bunyan)은 인생에서 헤어나기 어려운 깊은 수렁을 지나 마지막 벼랑 끝에 섰을 때에 자기의 삶의 처지를 이렇게 표현했습니다.

"만약 예수께서 나를 맞으실 때 칼을 들고 나오실지라도 나는 그분의 발아래에 내 몸을 던질 것입니다. 왜냐하면 그분만이 나의 최후의 희망이기 때문입니다." 이 이야기는 고난의 극한 상황이 바로 예수님에 대한 절박한 신뢰를 불러 일으킨다는 것을 말해 줍니다.

예수님께서는 우리가 고난을 당하지 않고도 그분을 신뢰하고 믿는 것을 더 복되고 귀한 신앙으로 평가하십니다. 그러나 평범한 가운데 사는 사람이나 절망의 깊이를 모르고 사는 사람들을 위해 하나님께서는 어떠한 폭풍우를 준비하고 계십니다. 이 폭풍우는 우리를 흔들어 깨우려는 하나님의 사랑이자 은총의 손길입니다.

그래서 C. S. 루이스(C. S. Lewis)는 "고난이란 하나님의 메가폰이다."라고 말했습니다.

너희 중에 고난당하는 자가 있느냐 저는 기도할 것이요 즐거워하는 자가 있느냐 저는 찬송할지니라 - 야고보서 5:13

48) 가이사가 주님이시다

로마제국이 세계를 통치할 때, 많은 그리스도인들은 심한 박해를 당했습니다. 그리스도인들은 단지 자신의 주님이 가이사가 아니라고 부인하는 이유로 때로는 콜로세움 형장에서 야수의 밥이 되기도 하고 노예로 팔려 가기도 했습니다.

로마 사람들은 서로 만나면 반드시 "가이사는 주님이시다.", "그렇습니다. 나의 주님은 가이사입니다."라고 인사를 나누어야 했습니다. 그렇게 하지 않으면 어떤 사람이든지 바로 로마 군인에게 잡혀가야만 했습니다. 가이사는 로마황제의 칭호로서 황제 이외에 그 누구도 왕이 될 수 없었습니다. 황제의 말이 곧 법과 같았습니다.

그런데 그리스도인들의 주인은 오로지 예수그리스도이시기에 결코 가이사가 주님이라고 고백할 수 없었습니다. 다시 말해 초대교회 그리스도인들은 자신의 하나밖에 없는 목숨을 내걸고 믿음을 지키는 사람들이었던 것입니다.

만일 너희가 믿음에 거하고 터 위에 굳게 서서 너희 들은바 복음의 소망에서 흔들리지 아니하면 그리하리라 이 복음은 천하 만민에게 전파된 바요 나 바울은 이 복음의 일꾼이 되었노라 - 골로새서 1:23

49) 현재에 충실

11세기 독일에 살았던 왕 하인리히 3세는 어느 날 왕궁 생활에 대한 깊은 회의와 허무를 느껴 수도사가 되기로 결심했습니다. 그래서 그는 수도원을 찾아가 수도원장에게 수도사가 되기를 원한다고 말했습니다. 수도원장은 그가 수도사가 되려는 동기가 올바르지 않다며 한 가지 질문을 던졌습니다.

"폐하, 수도사가 되기 위해서는 반드시 지켜야 할 규율이 있는데 그것은 바로 절대적인 순종입니다. 수도사가 되려면 폐하도 이 규율을 지켜야 합니다. 하나님의 어떠한 명령에도 절대적으로 순종할 수 있습니까?"

"그렇소!"

"우리 수도원에서 말하는 하나님께 대한 순종이라는 것은 구체적으로 이 수도원 원장인 저와 이 수도원에서 지도하는 모든 스승들에 대한 절대적인 순종을 요구합니다. 거기에도 순종할 수 있습니까?"

"알겠소. 그렇게 하겠소."

"그러면 이제 첫 번째 명령을 내리겠습니다. 폐하는 다시 왕궁으로 돌아가셔서 백성 다스리는 일을 잘하시기 바랍니다. 백성을 잘 다스리지 못하는 자는 하나님을 위한 수도사가 될 수 없습니다."

우리가 하나님께서 우리에게 주신 삶의 자리에서부터 인내하고 하나님을 신뢰하고 살아간다면 장차 우리에게 어떠한 환경이 찾아오더라도 승리할 수 있습니다.

생각건대 현재의 고난은 장차 우리에게 나타날 영광과 족히 비교할 수 없도다 - 로마서 8:18

50) 주 예수보다 더 귀한 것은 없네

빌리 그래함 목사님과 평생을 동역하신 조지 베브리 쉐아(George B. Shea)라는 복음 성가 가수의 간증입니다.

1931년 미국의 보험회사에서 세일즈맨으로 일하고 있던 그는 NBC의 라디오 공개방송에서 노래할 수 있는 기회를 얻게 되었습니다. 그가 들려준 저음의 바리톤은 방송을 통해 전 미국 국민에게 울려 퍼졌고 노래에 매료된 사람들이 그에게 끝없는 박수갈채를 보냈습니다. 갑자기 그는 유명 스타가 되어 여러 방송사에서 끊임없는 계약제의가 들어왔습니다. 앞으로의 그의 인생은 출세와 돈이 보장된 스타로서의 길을 걷게 된 것입니다.

그럼에도 불구하고 그의 마음에는 왠지 기쁨보다는 두려움이 밀려들어와 견딜 수 없게 되었습니다. 그래서 그는 조용히 머리 숙여 기도하였습니다. 그가 기도하던 그 시간에 그의 어머니도 그를 위해 기도했습니다. 기도하는 어머니의 마음에도 아들의 출셋길이 눈앞에 보였지만 기쁨은 없었습니다. 그의 어머니는 사랑하는 아들의 책상 위에 조그마한 쪽지 하나를 갖다 놓았습니다. 그가 종이를 펼쳐 보니 어머니가 자주 애송하던 밀러 부인의 성시가 쓰여 있었습니다. 그는 그 성시를 조용히 읽다가 감동을 받고 뜨거운 눈물을 흘렸습니다. 그리고 마음에서 울려 나오는 멜로디를 종이에 써 내려갔습니다.

"주 예수보다 더 귀한 것은 없네.
이 세상 부귀와 바꿀 수 없네.
영 죽을 내 대신 돌아가신 그 놀라운 사랑 잊지 못해
세상 즐거움 다 버리고 세상 자랑 다 버렸네.
주 예수보다 더 귀한 것은 없네.
예수밖에는 없네."

그는 지금 여든이 넘는 나이에도 백발을 휘날리면서 전도와 간증과 찬양을 하고 있습니다. 1983년 네덜란드의 암스테르담에서 전 세계의 전도자들이 모두 모였을 때, 그는 특별 찬양을 했습니다. 찬양이 끝나자 장내의 수많은 사람들이 일어나서 끝없는 박수갈채를 보냈습니다. 그 박수가 끝난 후 그가 남긴 한마디는 그곳에 있던 모든 사람들을 오랫동안 숙연케 했습니다.

"감사합니다. 그러나 나는 여러분이 주신 박수갈채와 그리스도를 바꾸지 않겠습니다."

이 세상이나 세상에 있는 것들을 사랑치 말라 누구든지 세상을 사랑하면 아버지의 사랑이 그 속에 있지 아니하니 - 요한일서 2:15

51) 오직 그리스도뿐

모라비안의 지도자였던 진젠도르프 백작이 자기가 가지고 있었던 사회적인 지위와 조건들을 모두 다 버리고 복음을 전하기 위해서 맨발로 뛰쳐나갔을 때 그의 친구들이 물었습니다.

"자네의 야망은 도대체 무엇인가?"

그는 이렇게 대답했습니다.

"그리스도뿐, 오직 그분뿐."

깊은 밤에 성 어거스틴이 성경을 묵상하다가 잠이 들었습니다. 꿈속에서 주의 천사가 나타나 주님의 메시지를 전했습니다. "그대는 무엇을 원하는가?"

그는 깊은 꿈속이었지만 그의 의식과 신앙을 지배하는 고백을 했습니다. "아니요. 저는 아무것도 원하지 않습니다. 주님밖에는요."

에콰도르 강가에 자기의 젊은 피를 뿌렸던 선교사 엘리옷은 이렇게 간증하였습니다.

"내가 진짜 붙들고 있을 수 없는 것, 어차피 놓아 버릴 수밖에 없는 것을 붙들려고 애쓰는 것보다 어리석은 사람이 어디 있는가? 그러나 절대로 잃어버리지 말아야 할 거, 그 영원한 것을 얻기 위해서 생명을 버린 것은 결코 어리석은 사람이 아니다."

세상에서 우리를 만족하게 하는 것은 아무것도 없습니다. 그렇기 때문에 전도서 기자는 이렇게 고백합니다. "만물이 피곤함을 사람이 말로 다 할 수 없나니 눈은 보아도 만족함이 없고 귀는 들어도 차지 아니하도다."

우리는 두 주먹을 불끈 쥐고 태어나 욕망이라는 인생의 행로를 달려갑니다. 그러나 마지막 숨을 거두기 전에 우리의 손을 펴야 합니다. 이 사실을 빨리 깨닫는 사람은 복이 있습니다. 우리는 아무것도 가지고 갈 수 없으나 가져갈 수 있는 것이 단 한 가지 있습니다. 주께서 내 안에 계시면 또 내가 주 안에 있으면 내 삶이 참으로 만족할 수 있다는 사실입니다.

"주님이 내 중심에 계시니 주님 한 분만으로 나는 만족합니다."

이는 내게 사는 것이 그리스도니 죽는 것도 유익함이니라 - 빌립보서 1:21

52) 레오나르도 다빈치의 '최후의 만찬'의 진실

레오나르도 다빈치(Leonardo da Vinci)의 명작인 최후의 만찬이 어떻게 해서 그려졌을까요? 최후의 만찬은 그의 나이 43세 때에 밀라노의 어떤 백작의 요청에 따라 3년 동안 심혈을 기울여 만들어졌다고 합니다. 그 그림은 예수님이 중앙에 앉아 계시고 제자들이 양옆에 앉아서 함께 마지막 식사를 하는 장면이지요.

그런데 '최후의 만찬' 그림에는 잘 알려지지 않은 사연이 있습니다. 본래 처음 그림에는 예수님께서 오른손에 컵을 들고 계셨다고 합니다. 현재 그림은 그렇지 않습니다. 왜 그렇게 되었을까요?

작품이 완성될 무렵 다빈치는 친구에게 그림을 보여주었는데 그 친구가 대뜸 "다빈치, 여기 예수님이 든 컵은 꼭 진짜 같은데."라고 말했기 때문입니다. 대수롭지 않은 말일 수 있겠지만 다빈치에게는 예수님보다 더 중요하게 드러나는 부분이 있어서는 안 된다고 생각했습니다. 그렇기 때문에 당장 진짜같이 보이는 컵을 지워버리고 예수님의 팔이 가만히 탁자 위에 올라가 있는 모양으로 그림을 수정했던 것입니다.

우리 인생의 도화지에 그려진 그림들 가운데 그리스도보다 더 중요하게 드러나 있는 것은 없는지요. 신앙의 어려움은 삶의 초점이 그리스도에게서 멀어질 때부터 시작됩니다.

그는 흥하여야 하겠고 나는 쇠하여야 하리라 하니라 - 요한복음 3:30

53) 인생의 주인

미국의 디트로이트 시에서 공부할 때, 어떤 목사님께서 그 도시에 전해 내려오고 있는 아주 흥미로운 이야기를 해 주셨습니다. 자동차 공장들이 많이 몰려 있는 디트로이트 도시의 어느 겨울날, 시외에 살고 있는 유명한 정비사가 아침에 출근하는 도중 자동차가 고장이 났습니다. 차를 길옆에 세워 놓고 고장의 원인을 찾기 위해 열심히 차를 들여다보고 있었습니다. 그런데 원인은 발견할 수 없고 날씨는 점점 추워져 어쩔 줄 몰라 당황하고 있었을 때였습니다. 그때 지나가던 세단(sedan) 하나가 멈춰 서더니 노신사 한 분이 차에서 내려 "도와드릴까요"라고 말을 건네는 것이었습니다. 이 정비사는 속으로 '디트로이트에서 가장 유명한 정비사인 내가 못 고치는 차를 자기가 고치겠다니'라고 생각하며 노신사를 보았습니다. 노신사는 차의 몇 군데를 만지더니 시동을 켜 보라고 했습니다. 그 정비사는 별 기대감 없이 시동을 켜는 순간, 깜짝 놀라고 말았습니다. 시동이 쉽게 걸린 것입니다. '도대체 저 노신사가 누구인가? 나도 고칠 수 없었던 차를 손쉽게 고칠 수 있다니……' 궁금해하는 그에게 노신사는 명함 한 장 주고 떠나버렸습니다. 그 명함에는 놀랍게도 '헨리포드'라고 적혀 있었습니다. 바로 그가 그 자동차를 만든 사람이었던 것입니다.

주 하나님, 그가 우리 인생의 홀로 주인이십니다.

그러므로 누구든지 이런 것에서 자기를 깨끗하게 하면 귀히 쓰는 그릇이 되어 거룩하고 주인의 쓰심에 합당하며 모든 선한 일에 예비함이 되리라 - 디모데후서 2:21

54) 교회의 참된 주인

한국 교회 목사님들이 자주 하는 농담 중에 이런 이야기가 있습니다.

어느 날 목사님 한 분이 천국에 도착하였는데 예수님께서 이 목사님을 보자마자 너무 열렬히 환영하는 것이었습니다. 그 모습을 바라보던 주변의 평신도들이 예수님께 거세게 항의하기 시작했습니다.

"주님, 세상에서도 목사님들이 제일 대접을 많이 받았는데 천국에서까지도 예수님은 사람을 차별하며 환영하십니까? 너무하십니다."

이런 항의에 예수님이 말씀하시기를 "아니다. 너희들이 참으로 오해하였구나. 목사를 차별 대우하는 것이 아니라 목사가 하도 오지 않다가 아주 오랜만에 왔기에 너무 반가워서 내가 이렇게 환영하는 것이란다."라고 하셨답니다.

교회의 주인은 목사가 아닙니다. 그러기에 목사를 너무 바라보거나 높여서도 안 됩니다. 주님께서는 교회를 향하여 나의 교회라고 주장하십니다. 그러므로 교회의 참된 주인은 주님 자신이십니다.

56) 파인애플의 진짜 주인

정글지역에서 선교하시는 한 분이 계셨는데, 그분은 정글에서 사역하면서 인간적인 소원이 한 가지 있었습니다. 그 소원은 다른 것이 아니라 파인애플을 실컷 먹었으면 하는 것이었습니다. 그래서 원주민 형제들과 함께 파인애플 나무를 심었는데 시간이 흘러 파인애플을 먹을 때가 되어 가보니 열매가 하나도 없더랍니다. 왜냐하면 파인애플이 익자마자 바로 원주민 형제들이 따 가지고 갔기 때문이지요. 선교사님은 너무나 황당해서 그들에게 물었습니다.

"형제들이여, 어찌하여 내가 필요해서 나무를 심었는데 말도 없이 열매를 모두 따 갈 수 있소?"

"선교사님, 당연히 우리가 심었으니깐 그 파인애플은 우리들의 소유입니다. 왜냐하면 정글의 법칙은 심은 사람이 주인이기 때문이지요."

그래서 선교사님은 "그렇다면 다시 나무를 심되, 심는 대가를 주겠소. 그러니 열매를 반반씩 나누어 가지기로 합시다."라고 말하며 확약을 했습니다.

그 후 추수 때가 되어 가 보니 또 열매가 하나도 없었습니다. 화가 난 선교사님은 원주민들에게 그들을 위해서 운영하고 있는 간이병원의 문을 닫겠노라고 위협하기도 하고, 파인애플 주변에 개로 경비를 서게 하기도 했습니다. 그러나 그렇게 해도 문제는 해결되지 않았습니다. 그래서 선교사님은 애간장이 탔습니다.

그러던 어느 날 성경을 읽는 가운데 하나님의 음성을 듣게 됩니다.

"파인애플이 누구의 것이냐? 네 거냐? 내 거지."

선교사님은 인간적인 생각으로 욕심을 부리다가 진정한 주인이 누구인가를 망각하고 있었음을 깨닫게 되었습니다. 그 후 또다시 원주민 형제들이 열매를 모두 따 갔지만 선교사님은 화를 내지 않았습니다. 달라진 것입니다. 이를 이상하게 생각한 원주민 형제들이 선교사님을 찾아와서 묻습니다.

"선교사님, 올해는 왜 우리에게 화를 내지 않으십니까?"

"여태 난 그 나무가 내 것이라고 생각해서 화가 났습니다. 그러나 그것은 잘못된 생각이었습니다. 왜냐하면 하나님께서 진짜 주인이기 때문입니다. 저는 그 사실을 잊고 있었습니다."

그 후에도 더러 파인애플을 훔쳐 가는 원주민들이 있었지만, 이상하게도 훔쳐 간 사람들의 아이가 병이 난다든지 하면 자기들끼리 이렇게 말하곤 했답니다.

"우리들이 하나님의 것을 훔쳐서 아이가 아픈 것 같아."

이렇게 하다 보니 점점 그 정글에서는 도둑이 없어졌고, 선교사님도 자기가 심은 파인애플을 나누어 먹을뿐더러 진정한 그리스도의 사랑을 나누며 살게 되었다고 합니다.

온유한 자는 복이 있나니 저희가 땅을 기업으로 받을 것임이요 - 마태복음 5:5

57 겉보기와 다르다

남아프리카의 한 인쇄업체에서 미국 시카고의 유명 회사로부터 인쇄기 한 대를 비싼 값에 지불하고 수입했습니다. 그런데 얼마 지나지 않아 인쇄기에 문제가 생겼는지 작동이 되지 않았습니다. 그래서 미국의 인쇄기 판매업체에 문의해서 나름대로 손을 대보았지만 문제를 해결할 수 없었습니다. 결국 미국 시카고 회사에서 현지로 전문가를 파견해 줄 것을 요청했습니다.

얼마 후에 한 명의 전문가가 남아프리카 공항에 도착했는데 그를 본 현지인들은 모두 당황하고 말았습니다. 그 이유는 파견되어 나온 전문가가 20대 정도밖에 보이지 않는 너무나 젊은 사람이기 때문이었습니다. 현지인들 생각에는 어떻게 저런 애송이가 우리도 해결 못 한 이 문제를 해결할 수 있을 것인가 의아해했습니다. 그들은 미국에 다시 이런 내용의 팩스를 보냈습니다.

"우리는 지금 시간이 없소. 그러니 노련한 전문가를 다시 파견해 주시오."

이런 내용의 팩스에 대하여 시카고 회사에서는 단 세 줄로 답신을 보내왔습니다.

"당신들이 겉모습으로만 어리게 판단한 그 젊은이가 바로 그 기계를 설계한 장본인입니다. 그 사람만이 그 기계를 고칠 수 있습니다. 아무 말 말고 그의 지시에 절대적으로 따르십시오."

그는 몸인 교회의 머리라 그가 근본이요 죽은 자들 가운데서 먼저 나신 자니 이는 친히 만물의 으뜸이 되려 하심이요 - 골로새서 1:18

58) 짧은 인생

한 설교자는 자신의 어떤 글에서 미국 사람들이 평균 75년 정도를 산다고 기준할 때 그 75년을 어떻게 사용하며 사는지 설명했습니다. 그의 글을 보면 사람들은 20년은 잠자는 데, 20년은 일하는 데, 7년은 노는 데, 6년은 먹는 데, 5년은 텔레비전 보는 데, 5년은 내가 어떤 옷을 입을 것인가 고민하며 옷을 사는 쇼핑에 시간을 보내고, 3년은 누군가를 만나고 기다리는 일에 소모하고, 2년 반은 화장실에서, 2년 반은 잡념과 잡생각을 위해서 그리고 일생 중 2년은 커피를 마시는 일에, 그리고 1년은 전화 받는 일 등에 75년의 시간을 사용했다는 내용이었습니다.

그래서 어떤 사람이 우리의 인생을 아침 6시부터 저녁 12시까지 나눠 생각해 보았습니다. 15살이라면 그 학생은 아침 9시 38분을 지나고 있는 것입니다. 20세라면 10시 51분, 25세라면 12시 4분, 30세라면 1시 17분, 45세라면 4시 56분, 50세라면 6시 8분, 55세라면 7시 55분, 60세가 되면 저녁 8시 34분을 맞이하고 있는 것입니다. 만일 당신이 65세라면 9시 47분, 70세라면 11시, 70세를 넘으셨다면 당신은 12시에 가까워지고 있는 것입니다.

하나님 앞에 서서 우리의 삶을 결산한다면 우리는 우리의 삶에 가장 중요한 무엇을 드릴 수 있을까요? 이 짧은 인생에서 우리에게 가장 소중한 것이 무엇인지 다시 생각해 보아야 할 것입니다.

외인을 향하여서는 지혜로 행하여 세월을 아끼라 – 골로새서 4:5

59) 하나님이 맡기신 시간

수년 전에 우르바나(URBANA) 세계 선교 대회에서 런던의 세계적인 신학자이고 목회자인 존 스타트 목사님이 설교를 하시게 되었습니다. 설교 중반에 사람들은 계속해서 박수갈채를 보냈는데, 그때마다 존 스타트 목사님은 시계를 보셨습니다. 나중에는 사람들이 요란한 박수와 함께 자리에 일어나자, 목사님은 앉아 달라고 부탁하면서 이렇게 말했습니다.

"앞으로 제게 할당된 설교 시간은 2분밖에 남지 않았으니 제발 제 시간을 빼앗지 말아 주십시오."

그분은 자기에게 주어진 시간 앞에서 하나님이 맡겨 주신 복음의 거룩한 명령을 순종하기 위하여 한순간도 시간을 낭비하지 않았습니다.

나를 능하게 하신 그리스도 예수 우리 주께 내가 감사함은 나를 충성되이 여겨 내게 직분을 맡기심이니 – 디모데전서 1:12

60) 시간을 잘 사용하는 지혜

교회 역사에서 짧은 생애 동안 엄청나고 극적인 성취를 이룬 모델을 든다면 존 웨슬레(John Wesley)라고 말할 수 있을 것입니다. 어떤 사람이 웨슬레에게 이런 질문을 했다고 합니다. "예수님이 만약 10시간 후에 오셔서 우리 생애의 종말이 된다면 그동안 당신은 무엇을 하시겠습니까?" 이때 웨슬레는 이런 대답을 했습니다. "평소처럼 내가 계획한 대로 살 것입니다."

이 짧은 대답을 통해 그의 삶이 얼마나 철저하게 기도와 계획 속에 이루어졌는가를 알 수 있습니다. 그렇기 때문에 웨슬레는 그의 생애 50년 기간에 42,000번의 설교를 하였고, 200권 이상의 책을 썼으며, 약 40만 km의 전도 여행을 할 수 있었던 것입니다. 이 모든 일이 가능했던 이유는 50년 동안 매일 새벽 4시에 일어나 먼저 기도로 시작하고 기도하는 동안 그의 하루하루를 철저하고 빈틈없이 계획하였기 때문입니다.

그가 시작한 감리교 운동과 감리교도들을 가리켜 영어로 '메소디스트'(methodist)라고 하는데, 이 단어는 본래 방법, 규율, 질서를 뜻하는 '메소드'(method)에서 나온 것입니다. 이것만 보더라도 초기의 감리교도들이 얼마나 철저한 계획과 질서 속에서 살았는가를 알 수 있습니다.

그런즉 너희가 어떻게 행할 것을 자세히 주의하여 지혜 없는 자같이 말고 오직 지혜 있는 자같이 하여 세월을 아끼라 때가 악하니라 – 에베소서 5:15, 16

61) 시간의 청지기

어느 날 어떤 사람이 은행에서 걸려온 이상한 전화를 받았습니다. "당신 앞으로 어떤 사람이 1,440만 원을 입금했습니다. 그런데 그분이 입금을 하면서 당신에게 꼭 전화를 걸어 이 말을 전해달라고 부탁했습니다. 당신이 오늘 안에 반드시 이 돈을 써야 하는데 조건은 없다고 합니다. 그렇지만 유익하게 쓰라고 하더군요." 이 사람은 어리둥절했지만 기분이 좋아 1,440만 원을 어떻게 쓸 것인가 궁리하다가 그 돈을 다 써 보지도 못하고 어영부영 하루가 지났습니다.

그런데 그 이튿날 아침에 또 전화가 걸려왔습니다. "당신 앞으로 1,440만 원이 또 입금되었습니다. 그런데 어제 입금된 돈은 쓰지 않았기 때문에 그 돈은 주인이 도로 찾아갔습니다. 그런데 그분이 말하기를 오늘 그 돈을 찾아서 쓰시면 그 돈은 당신 것이라고 말했습니다." 이 사람은 조금 미심쩍어 하면서도 은행에 가서 그 돈을 찾다가 기분 좋게 다 써버렸습니다.

그 이튿날 아침에 또 전화가 걸려왔습니다. "오늘 아침에 또 당신 앞으로 1,440만 원이 입금되었습니다. 오늘 하루 동안 또 쓰십시오." 그래서 이 사람은 또 썼습니다. 이런 일이 매일같이 반복되었는데 그 돈을 쓰면서 기분은 좋았지만 마음 한구석에는 '어느 날 갑자기 돈이 입금되지 않으면 어떻게 할 것인가?' 하는 불안한 생각이 자꾸만 들었습니다.

하나님께서는 우리들에게 하루 24시간을 주셨습니다. 이 시간은 분으로 계산하면 1,440분이 됩니다. 하나님께서 우리에게 돈 1,440만 원은 주지 않으셨지만, 우리에게 1,440분의 시간은 공평하게 주셨습니다. 우리는 이것을 마음대로 할 수 있습니다. 하나님은 우리들에게 마음대로 사용할 수 있는 24시간을 공평하게 맡겨 주셨습니다. 그러나 기억해야 할 것은 이것이 계속되는 것은 아니라는 것입니다. 시간이 끝나는 날, 하나님이 내게 맡겨주신 시간을 어떻게 관리했는가에 대해 우리를 심판하실 것입니다. 우리는 모두 시간의 청지기입니다.

내가 너를 아껴 보지 아니하며 긍휼히 여기지도 아니하고 네 행위대로 너를 벌하여 너의 가증한 일이 너희 중에 나타나게 하리니 너희가 나를 여호와인 줄 알리라 - 에스겔 7:4

5. 질문과 답을 통한 제자훈련

1) 우울한 잔치

어느 날 함께 일하던 선교사님 한 분이 이런 질문을 했습니다.

"궁금한 게 있는데 말이야. 왜 예수 믿는 사람들의 표정이 항상 저렇게 울상이지? 특별히 한국 교인들은 예배당 안에만 들어오면 그렇게 짜증스럽고 울상인 분위기가 되는 것은 무엇 때문인지 모르겠네."

그 질문에 저는 한참 생각하다가 별로 신통한 대답이 생각나지 않아서 이렇게 대답했습니다. "그것은 한국 교인들이 늘 주님의 십자가를 묵상하기 때문에 그렇습니다."

그러나 선교사님은 웃으시면서 다시 반문했습니다. "아니, 한국 교인들은 그 예수님이 다시 사신 것을 잊어버렸나?"

예수께서 저희에게 이르시되 혼인집 손님들이 신랑과 함께 있을 동안에 슬퍼할 수 있느뇨 그러나 신랑을 빼앗길 날이 이르리니 그때에는 금식할 것이니라 - 마태복음 9:15

2) 변화의 법칙

우리가 생각하는 모든 생산의 80%는 20%의 사람을 통해서 생산되고 우리가 소비하는 80%의 소비는 20%의 사람들이 소비한다는 법칙이 있습니다. 이것을 경영학에서는 80대 20법칙이라고 합니다.

일본의 어느 학자가 근면과 성실의 상징인 개미를 가지고 연구를 했습니다. 그러나 이 학자가 개미를 자세히 연구해 보니 실제로는 개미 가운데 열심히 일하는 개미는 20%에 불과했다고 합니다. 그러니까 결국 80%의 대부분의 개미를 열심히 일하는 20%의 개미들이 먹여 살린다는 얘기입니다.

이 이야기를 보면서 오늘 한국 사회에서 그리스도인이 차지하는 인구 비율 중에 20%를 차지하는 우리 그리스도인들이 그리스도인답게 살고, 하나님의 백성답게 살기를 추구하며 주님의 바람처럼 소금과 빛으로 살아간다면 우리의 사회와 역사는 매우 달라질 것입니다. 20%가 아니라 10%만이라도 정말 살아 계시고 전능하신 하나님을 신뢰하고 그분의 말씀을 삶의 원리와 지침으로 여기고 살아간다면 우리나라 사회, 문화, 경제, 역사 모두가 새롭게 변화될 것입니다.

너희는 세상의 소금이니 소금이 만일 그 맛을 잃으면 무엇으로 짜게 하리요 후에는 아무 쓸데없어 다만 밖에 버리어 사람에게 밟힐 뿐이니라 - 마태복음 5:13

3) 환상을 좇는 어리석은 자

크롬웰(Cromwell)은 영국의 유명한 장군이자 정치가이며 수상까지 역임한 바 있는 사람입니다. 그런데 그는 어느 날 자신에게 있어 가장 인기가 많고 최고의 권력을 가졌을 때 갑자기 은퇴를 선언했습니다.

크롬웰이 그의 가장 가까운 부하 직원에게 이렇게 말했습니다.

"나는 이제 내 시골로 돌아가고 싶네. 이제부터는 작은 교회에서 사람들에게 말씀을 가르치며 조용히 주님을 섬기고 싶어." 그의 부하 직원은 고개를 갸우뚱거리며 "수상 각하, 각하께서는 아직 충분히 능력이 있고 많은 일을 할 수 있는데 왜 이 모든 것을 포기하고 시골로 떠나려고 하십니까?"라고 물었습니다. 그러자 그는 힘차고 단호한 어조로 이렇게 대답했습니다.

"나는 결코 환상을 좇지 않네. 오직 주님의 뜻을 좇고자 하네."

크롬웰에게는 사람들이 갈망하는 권력이나 존경받는 것이 환상 같은 것이었습니다. 그에게 더욱 중요한 것은 오직 하나님의 뜻이었습니다.

그리고 아이들이 즐겨 보는 동화책 중에 이런 이야기가 있습니다.

어느 맑은 날에 엄마와 어린 딸이 넓은 들판으로 소풍을 나왔습니다. 아이가 꽃 사이로 날아다니는 나비를 보고 잡으려고 쫓아가자 어머니는 딸에게 급하게 소리 질렀습니다.

"안 돼, 거기로 가면 안 된다." 어머니는 아이가 나비를 보느라고 바로 앞에 있는 절벽을 보지 못한 것을 알고 소리 지른 것입니다.

우리가 추구하고 바라보는 권력과 성공의 바로 건너편에는 어쩌면 인격의 파멸과 영혼의 파멸이 기다리고 있을지 모릅니다. 이런 환상을 좇다가 정말 중요한 것을 잃을 수 있습니다.

이 세상도, 그 정욕도 지나가되 오직 하나님의 뜻을 행하는 이는 영원히 거하느니라 - 요한일서 2:17

4) 적용하기 어려운 말씀

마크 트웨인(Mark Twain)이라는 작가의 이야기입니다.

어느 날 마크 트웨인이 성경을 읽고 있는데 어떤 청년이 찾아왔습니다. 청년은 마크 트웨인이 성경을 읽는 모습에 의아하다는 듯 이렇게 묻습니다.

"선생님께서 성경을 읽고 계실 줄은 몰랐네요. 선생님은 성경의 모든 말씀들을 이해하시나요?"

그러자 마크 트웨인은 빙그레 웃으며 말합니다.

"성경을 이해한다는 것은 어려운 일이지요. 그러나 제가 마음 아픈 것은 이해할 수 없는 말씀 때문이 아니라 알고 있는 말씀조차 삶에 적용시키지 못하고 있다는 것입니다."

살리는 것은 영이니 육은 무익하니라 내가 너희에게 이른 말이 영이요 생명이라 그러나 너희 중에 믿지 아니하는 자들이 있느니라 하시니 이는 예수께서 믿지 아니하는 자들이 누구며 자기를 팔 자가 누군지 처음부터 아심이러라 - 요한복음 6:63 - 64

5) 1페니의 힘

영국의 어떤 교회에서 5살 먹은 소년이 지정헌금을 했습니다. 그 소년은 1페니를 헌금하면서 이것으로 꼭 신약성경을 사서 인도에 보내달라고 지정을 했던 것입니다. 그 교회 목사님은 그냥 우습게 지나칠 수 있는 이 5살 된 소년의 헌금을 소중하게 여겼습니다. 그래서 그 소년의 뜻대로 돈을 조금 더 보태어 아주 작은 신약성경 한 권을 샀습니다. 그리고 그 소년의 사인을 넣어 인도로 보냈습니다. 그리고 시간이 지나면서 목사님과 소년은 그 일을 잊었습니다.

20년이 지난 후 목사님은 인도의 어떤 마을을 방문하게 되었습니다. 그 마을 사람들은 예수님을 믿고 참으로 진지하게 신앙생활을 하고 있었습니다. 그래서 목사님은 그 마을 사람들에게 이런 질문을 했습니다.

"어떻게 이 마을에 복음이 전파되기 시작했습니까?"

그 마을 사람들은 말하기를 20년 전 어떤 선교사가 찾아와서 작은 신약 성경 한 권을 건네주셨는데, 그 성경이 복음화의 기초가 되었다는 것이었습니다. 그러면서 다 떨어지고 남루한 작은 신약 성경을 보여주었습니다. 그런데 놀랍게도 그 허름한 신약성경의 마지막 표지에는 20년 전 자기 교회의 5살짜리 소년의 사인이 그대로 남아 있었습니다.

또 어떤 가난한 과부의 두 렙톤 넣는 것을 보시고 가라사대 내가 참으로 너희에게 말하노니 이 가난한 과부가 모든 사람보다 많이 넣었도다 - 누가복음 21:2 - 3

6) 십일조의 축복

시골에 살던 열여섯 살 된 어떤 소년이 가슴에 큰 꿈을 안고 뉴욕 도시로 올라왔습니다. 그는 뉴욕의 바닷가를 거닐다가 한 그리스도인을 만나게 되었습니다. 그 그리스도인은 소년에게 예수그리스도의 복음을 전했습니다. 그리고 의미 있게 삶을 사는 방법까지도 가르쳐 주었습니다.

"너는 무슨 재주가 있니?"

"저는 시골에서 아버지와 함께 비누나 양초를 만들었던 경험이 있어요."

"그러면 비누 만드는 공장에 취직하면 좋겠구나. 그리고 일해서 돈을 벌게 되면 하나님께서 너에게 복을 주시는 대로 십일조를 드리거라. 만일 하나님이 너에게 계속 더 큰 복을 주시거든 십일조만 드리지 말고 십의 이조, 십의 삼조, 십의 사조, 그 이상까지 드려서 하나님을 위해 멋있는 삶을 살아보렴."

"아저씨, 고맙습니다. 그렇게 해 볼게요." 그 그리스도인은 소년에게 축복 기도를 해 주고 떠났습니다.

그 후 소년은 비누 공장에서 일하면서 돈을 벌기 시작했습니다. 그리고 그 그리스도인의 말대로 꼬박꼬박 하나님께 정성껏 십일조를 드렸습니다. 그가 하는 일은 조금씩 잘 풀려나가게 되어 조그만 비누공장을 인수하게 되었고 하나님의 계속적인 축복으로 그의 사업은 날로 번창하였습니다. 그래서 그의 사업은 비누 공장뿐 아니라 양초와 치약까지 만드는 공장으로까지 확장했습니다. 이 소년이 바로 '콜게이트 치약'을 만든 윌리엄 콜게이트(William Colgate)입니다.

만군의 여호와가 이르노라 너희의 온전한 십일조를 창고에 들여 나의 집에 양식이 있게 하고 그것으로 나를 시험하여 내가 하늘 문을 열고 너희에게 복을 쌓을 곳이 없도록 붓지 아니하나 보라 - 말라기 3:10

7) 하나님 돈은 내 돈, 내 돈은 내 돈

주일 아침이 되었습니다. 엄마는 주일학교에 다니는 유치부 꼬마 아들에게 헌금을 줍니다.

"우리 예쁜 아들, 엄마가 동전을 몇 개 줬지? 두 개지? 한 개는 교회에 가서 하나님께 헌금으로 드리고 나머지 한 개는 네가 사먹고 싶은 것을 사먹는 거야." 엄마는 아들에게 돈을 주면서 꼭꼭 다짐을 해 둡니다. 엄마가 동전을 두 개 준 이유는 혹시 동전 하나만 주면 교회에 가다가 다른 것에 유혹을 받아서 쓸까 봐 염려되었기 때문입니다.

아이는 신바람이 나서 노래를 부르며 교회로 달려갑니다. 그러다가 아이가 발을 잘못 디뎌 넘어지는 바람에 손에 꼭 쥐고 있던 동전 두 개 중 하나를 떨어뜨렸습니다. 그런데 그만 떨어진 동전이 하수구 속으로 쏙 들어가고 말았습니다.

그때 그것을 본 꼬마가 안타깝다는 듯이 말합니다.

"아이 참, 하나님 동전이 하수구 속으로 들어갔잖아."

오직 각 사람이 시험을 받는 것은 자기 욕심에 끌려 미혹됨이니 - 야고보서 1:14

8) 하나님께 빚진 자

그리스도인이었던 A. A. 하츠는 사업을 하다가 실패하여 십만 불의 빚을 지게 되었습니다. 그는 완전히 파산하게 된 것입니다.

어느 날 아침에 그는 말씀을 읽고 기도하다가 하나님께서 그의 마음 깊은 곳에 말씀하시는 음성을 듣습니다. 감동을 받은 하츠는 그날 저녁에 자기의 재산을 모두 정리하면서 상당한 액수를 교회에 헌금하였습니다. 친구와 친척은 물론 아내까지도 그의 행동에 무척 놀랐습니다. 주변의 사람들은 빚을 많이 진 상태에서의 그의 결정을 못마땅하게 여겼습니다.

그때 하츠는 사람들에게 이렇게 말했습니다.

"나는 사업을 하면서 늘 이런 생각을 했습니다. 이 사업이 조금만 더 잘되면 주님께 모든 것을 바쳐야겠다고. 저는 마음으로만 헌신하려고 했던 거지요. 그런데 오늘 새벽 우연히 말라기 말씀을 읽는데, 그 말씀 가운데 십일조를 드리지 아니함이 하나님의 것을 도적질하는 것임을 깨닫게 되었습니다. 나는 많은 사람들에게 빚을 지고 있지만 정작 내가 빚을 지고 있는 분은 바로 하나님이라는 사실을 알았습니다. 그래서 가장 중요한 분의 빚부터 갚기로 결심하여 헌금을 한 것입니다."

그 후 하츠는 사업을 재기하여 성공하였고 신화적인 백만장자까지 되었습니다. 그는 그의 재산으로 복음 사역을 위해 힘쓰는 놀라운 하나님의 사람이 되었습니다.

사람이 어찌 하나님의 것을 도적질하겠느냐 그러나 너희는 나의 것을 도적질하고도 말하기를 우리가 어떻게 주의 것을 도적질하였나이까 하도다 이는 곧 십일조와 헌물이라 - 말라기 3:8

9) 아빠 마음은 달라

때로 사람들은 운전면허를 따기 전에 운전하는 법을 조금 배우고 나면 너무 재미있어서 자꾸만 차를 몰고 싶어 하는 경향이 있습니다. 저의 아이들도 운전을 배울 때 얼마나 운전하고 싶어 하든지 시간만 나면 열쇠를 달라고 해서 운전하려고 합니다. 그런데 사실 열쇠만 주고 혼자 내보내는 일이 얼마나 위험한 일입니까?

어느 날 둘째 아이가 "아빠, 차 열쇠 주면 멀리 나가지 않고 집 앞에서 조금만 타고 올게."라고 하더군요. 저는 아무 대꾸도 하지 않고 그냥 쳐다봤습니다. 서로 한참을 째려본 후에야 아이는 "아빠, 난 알아." 하면서 가더군요. 그 아이의 뒷모습을 보면서 제가 속으로 "너는 아빠를 몰라."라고 했습니다.

만약 우리 아이가 장성한 성인이 되어 운전하는 모습을 보면 무척 대견스럽고 자랑스러울 것입니다. 지금이라도 당장 열쇠를 주고 싶지만 아직 때가 안 되었기 때문에 열쇠를 줄 수가 없는 것입니다. 그런 아빠 마음을 아들은 모릅니다.

하나님과 우리의 관계도 마찬가지입니다. 하나님의 마음을 안다면 주님이 주시는 경계와 금지의 말씀이 무겁지만은 않습니다. 그것이 나를 위한 말씀이고 나의 유익과 축복 그리고 인생의 승리를 위해서 주신 말씀이라면 그 말씀을 따르는 것이 큰 감격일 것입니다. 참으로 그리스도의 제자로서 이 시대를 살기를 원한다면 주님의 마음을 알고 그 말씀을 따라 지키는 자가 되어야 합니다.

너희 천부께서 이 모든 것이 너희에게 있어야 할 줄을 아시느니라 - 마태복음 6; 32

10) 존재를 원하시는 하나님

한 선교사가 인디안 부락만을 찾아다니며 선교하다가 어느 날 인디안 추장을 전도하는 데 성공하였습니다. 이 인디안 추장은 예수그리스도를 구주와 주님으로 영접한 후 그리스도 안에서 삶이 변화되자 어린아이처럼 기뻐하였습니다.

얼마 지난 후 선교사에게 구원받은 것에 대해 감사하고자 사슴 가죽을 가지고 찾아왔습니다. 그는 선물을 드리면서 "선교사님, 우리들은 은혜를 입었으면 반드시 갚아야 하기 때문에 이 사슴 가죽을 하나님께 바치기 원합니다."라고 말하였습니다. 선교사는 "미안하지만 하나님은 사슴 가죽을 쓸 수가 없습니다."라고 말했습니다.

그러자 인디안 추장은 실망하며 돌아가더니 얼마 후에 아주 멋진 백마를 가지고 다시 찾아왔습니다. "선교사님, 이것은 나와 아주 중요한 사람들만 타고 다니는 귀한 말인데 이 말을 하나님께 바치겠습니다." 선교사는 "죄송하지만 하나님께서는 이 말을 받으실 수 없습니다."라고 말했습니다.

추장은 더욱 낙심하여 돌아갔고 그 다음에는 뼈로 만든 머리장식을 가지고 다시 왔습니다. 머리장식을 보고 이상이 여긴 선교사가 "왜 이것을 드립니까?"라고 물어보니, "이 장식은 추장의 상징으로서 나의 권위와 명예까지도 다 주님께 바친다는 마음의 표현입니다. 내가 그렇게 하는 이유는 그분이 나를 구원하셨기 때문입니다." 그러나 이번에도 선교사는 "미안하지만 하나님에게는 이 장식이 쓸모없습니다."라고 거절했습니다.

그러자 추장은 낙심하면서 "그러면 내가 무엇을 바칠 수 있겠습니까? 지금까지의 저의 소중한 모든 것은 다 바쳤고 이제는 제 생명밖에 남지 않았습니다."라고 말했습니다. 그러자 선교사는 밝은 표정으로 이렇게 말했습니다.

"하나님께서는 바로 당신의 생명을 원하십니다." 그리고는 성경을 펼쳐 인디안 추장에게 한 구절을 읽어주었습니다. "내 아들아 네 마음을 달라."

그러므로 형제들아 내가 하나님의 모든 자비하심으로 너희를 권하노니 너희 몸을 하나님이 기뻐하시는 거룩한 산 제사로 드리라 이는 너희의 드릴 영적 예배니라 - 로마서 12:1

11) 다스리지 못한 분노

'나는 더 이상 정복할 땅이 없다'고 말했던 알렉산더 대왕이 자기의 분노를 다스리지 못하므로 큰 불행을 겪은 일이 있었습니다.

그에게는 아주 어렸을 때부터 함께 자란 클레토스라는 절친한 친구가 있었습니다. 그 친구는 어른이 되어서도 친구인 알렉산더 대왕의 휘하에서 장군으로 봉사하였습니다. 한번은 이 친구가 술에 잔뜩 취해 알렉산더의 많은 군졸들 앞에서 대왕을 모욕하는 실수를 저지르게 되었습니다. 화가 난 알렉산더 대왕은 순간적으로 옆에 있던 군졸의 창을 빼앗아 클레토스에게 던졌습니다. 죽이려는 의도로 그런 행동을 한 것은 아니었지만 불행하게도 그 창이 그 친구의 가슴에 정확히 꽂혀 결국 죽고 말았습니다.

알렉산더는 자신의 순간적인 행동을 후회했습니다. 자신의 손으로 친구를 죽였다는 생각에 몹시 괴로워하며 자살하려고 했다가 옆에 사람들의 만류로 포기하기도 했습니다. 그는 전 세계는 정복했지만 자기의 분노를 다스리는 일에는 실패했습니다.

노하기를 더디하는 자는 용사보다 낫고 자기의 마음을 다스리는 자는 성을 빼앗는 자보다 나으니라 - 잠언 16:32

12) 미지의 신

제가 처음 교회에 출석하기 시작한 지 3년 동안은 하나님을 제대로 알지 못하고 단순히 세상 사람들이 생각하는 신(神)을 숭배하고 있었습니다. 그런데도 사람들이 교회 나간 지 얼마 되지 않은 저에게 청년회 총무와 회장이라는 중임을 맡겼습니다.

그러던 어느 날 저녁에 갑자기 담임 목사님이 저에게 기도부탁을 하셨습니다. 그날따라 매일 가지고 다니던 기도문도 없었기 때문에 저는 매우 당혹스러웠습니다. 그러나 저는 솔직히 기도 하나 못해서 자존심을 깎이기는 싫었습니다. 그리고 가능하면 멋지게 기도해서 사람들에게 깊은 인상을 남기길 원했습니다. 한참 고민하다가 갑자기 영감처럼 떠오른 말이 있어서 기도를 시작했습니다.

"오! 미지의 신이시여."

지금 생각해도 그렇게 부끄러울 수가 없습니다.

우리가 다 실수가 많으니 만일 말에 실수가 없는 자면 곧 온전한 사람이라 능히 온몸도 굴레 씌우리라 - 야고보서 3:2

13) 연약한 피조물

인류의 역사 속에 나오는 인물 중 최고의 군사적인 천재를 말하라면 단연 나폴레옹일 것입니다. 이 나폴레옹이 군사를 이끌고 러시아를 침략하기로 계획을 세웠을 때, 그와 가까웠던 신복이 그에게 나와 이렇게 충고했습니다. "제발, 부탁드립니다. 이번만큼은 러시아 침략을 취소하시면 좋겠습니다. 정복한 나라들도 많은데 이만하면 족하지 않습니까?"

그러나 나폴레옹은 그의 충고를 듣지 않았습니다. 그러자 그 신하는 마지막으로 간곡히 폐하에게 매달리며 이렇게 말했습니다. "폐하시여! 모든 일은 사람이 계획하지만 하나님만이 그 일을 성취시키십니다. 이번 러시아 침략은 취소하십시오." 이 말을 들은 나폴레옹은 "나는 모든 일을 계획도하고 성취도 한다."고 호언장담하였습니다.

그러나 러시아 정복의 계획은 나폴레옹 생애에서 몰락을 알리는 시작이 되었습니다. 나중에서야 나폴레옹은 센트 헬레나의 고독한 섬에서 자신이 그 한계성을 받아들여야 할 연약한 피조물임을 비로소 깨닫게 되었습니다.

내일 일을 너희가 알지 못하는도다 너희 생명이 무엇이뇨 너희는 잠깐 보이다가 없어지는 안개니라 – 야고보서 4:14

14) 여호와는 나의 목자

한 부흥 강사 목사님이 어떤 교회의 집회에 앞서서 그 교회로부터 한 전화를 받았습니다. 교회 사무직원으로부터 걸려온 전화였는데 설교 제목과 본문을 알려달라는 내용이었습니다. 그래서 목사님은 본문이 시편 23편이고 제목은 '여호와는 나의 목자시니'라고 대답해 주었습니다.

그런데 그 사무직원은 제목이 이상하게 들렸는지 "그것이 전부입니까?"라고 다시 묻는 것이었습니다. 그러자 목사님은 "맞습니다. 그것이 전부입니다."라고 했습니다. 그런데 또다시 사무직원이 "여호와는 나의 목자시니가 전부입니까?"라고 되묻는 것입니다. 사무직원의 물음에 목사님이 하도 답답하셔서 "여호와가 나의 목자시면 다 됐지, 뭐가 더 필요합니까?" 하고 크게 소리치셨습니다.

이때 목사님의 말을 듣고 있던 사무직원에게 갑자기 큰 깨달음이 왔습니다.

"맞습니다. 하나님이 우리의 삶에 목자가 되신다면 무엇이 더 필요하겠습니까? 여호와가 목자시면 족하군요."

여호와는 나의 목자시니 내가 부족함이 없으리로다 – 시편 23:1

15) 참된 성별(聖別)

한 사람이 유명한 전도자인 빌리 그래함 목사님께 다가와서는 "목사님! 안식일에 소가 구덩이에 빠진다면 건져내야 할까요? 아니면 그냥 두고 교회에 가야 할까요?"라고 물었습니다.

그러자 목사님께서는 "당연히 그 소를 건져내야 하겠지요. 그러나 안식일마다 계속 구덩이에 빠지거든 제발 그 소를 팔아 치우십시오."라고 대답하였습니다. 빌리 그래함 목사님은 그 사람에게 안식일에 무엇을 어떻게 하느냐가 중요한 것이 아니라 이와 같은 날들을 통해서 이 모든 것이 주님의 것이라는 헌신과 성별의 교훈을 배울 수 있다는 점을 가르쳐 준 것입니다.

모든 것이 내게 가하나 다 유익한 것이 아니요 모든 것이 내게 가하나 내가
아무에게든지 제재를 받지 아니하리라 - 고린도전서 6:12

16) 모방과 진짜의 차이

오래전 미국과 중국의 사이가 좋지 않았을 때의 일입니다. 미국에서 스파이
활동을 하고 있던 한 중국 사람이 체포된 적이 있었습니다. 그런데 이 중국 사람
이 어찌나 미국 사람과 똑같은지 전혀 구분이 되지 않았습니다. 영어를 능숙하
게 구사하는 것은 당연한 일이었고 제스처에 얼굴 생김새까지 미국 사람과 똑같
았습니다. 아마도 중국 정부에서 10억에 가까운 사람들 중에 미국 사람을 가장
많이 닮은 사람 한 명을 뽑아서 아주 철저하게 훈련시켰을 것입니다.

그러나 아무리 철저한 훈련을 받았다 할지라고 그 사람은 미국 사람과 비슷할
뿐이지 진짜 미국 사람은 아닌 중국 사람입니다. 왜냐하면 미국 사람으로 태어
난 사실이 없기 때문입니다. 겉모양만 비슷하게 모방했을 뿐 그 본질이 변하지
는 않았습니다.

예수께서 대답하여 가라사대 진실로 진실로 네게 이르노니 사람이 거듭나지
아니하면 하나님 나라를 볼 수 없느니라 - 요한복음 3:3

17) 뜻이 맞는 자와의 동행

80년대만 해도 골프라는 스포츠는 평범한 사람들의 입에 쉽게 오르내리지 않
는 운동이었습니다. 그만큼 대중화되지 못한 고급 스포츠였지요. 그러나 박세리
선수의 등장으로 골프는 왠지 한국인이라면 누구에게나 어울릴 수 있는 친숙한
스포츠가 된 것 같습니다.

골프에 얽힌 이야기가 있습니다. 한 프로 골퍼가 미국의 제38대 대통령인 제
럴드 포드(Gerald R. Ford)의 초청으로 함께 골프를 칠 기회가 있었답니다. 이
기회는 모든 사람들이 부러워할 만큼 영광스러운 것이었습니다. 대통령과 함께
필드를 거닐며 자신의 기상을 펼칠 수 있다는 것이 얼마나 흥분된 일입니까? 골
프 회동을 마치고 돌아온 그에게 친구는 무척 궁금한 듯이 물었습니다.

"자네, 지금 심정이 어떤가? 대통령과 함께 골프를 친 소감 말일세."

"소감이라고? 말도 말게. 기분이 너무 언짢았네."

"그게 무슨 소리인가? 모두가 자네를 부러워했는데."

"대통령만 나온 게 아니라 빌리 그래함 목사도 함께 나왔거든."

"빌리 그래함 목사가 자네 기분을 언짢게 만들기라도 했나? 혹시 예수 믿으라고 전도하던가?"

"아니, 그런 것이 아니라……."

"그러면 도대체 기분이 왜 나빴는데?"

"자네도 나와 함께 골프를 쳐봐서 잘 알다시피, 다른 때와 달리 골프 칠 때는 내 입버릇이 좀 거칠지 않은가? 더욱이 그린에서 퍼팅할 때면 약간씩 욕을 내뱉어야 시원스럽게 경기가 풀리는데, 나와 함께한 대상이 이 나라 정부와 교회에서 가장 높은 분들이니 마음 놓고 욕을 할 수가 있어야지. 정말 오늘의 골프 경기는 최악이었네."

성중의 행순하는 자들을 만나서 묻기를 내 마음에 사랑하는 자를 너희가 보았느냐 하고 - 아모스 3:3

18) 진리를 찾는 사람들

'천로역정'의 저자인 존 번연(John Bunyan)은 인생과 영혼에 대한 의문이 자기 마음에 일어나기 시작했을 때 이런 결심을 했습니다. "내가 구원을 받기 전까지는, 이 진리를 확실히 알기 전까지는, 하나님의 아들인 예수님을 분명히 깨닫기 전까지는 먹지도 않고 자지도 않으리라. 아니 이 문제를 해결할 수만 있다면 나는 지구 어디라도 갈 것이며 무엇이라도 할 것이다."

그의 이러한 결심이 예수님을 만나게 된 계기가 되었습니다. 예수님은 마침내 그에게 자신을 나타내셔서 깨닫게 해 주셨고 진리를 알게 하셨습니다. 그는 주님을 찾은 그 놀라운 감격을 기록하여 위대한 저서, '천로역정'을 남겼습니다. 그 책에 나타난 기독교도의 모습은 자신의 모습이자 지금도 진리를 찾고 있는 순례자들의 모습이었습니다. 그들은 참으로 많은 고난과 고통을 경험함으로써 하나님의 아들을 만나고 하나님의 나라를 소유하며 위대한 주의 진리를 체험하게 됩니다.

이 '천로역정'에서는 크리스천이라는 주인공이 순례의 여정에서 여러 명의 사람들을 만나게 됩니다. 그중 '신실'과 '소망'이라는 이름의 두 사람과 만나 함께 길을 가다가 의미가 없는 헛된 박람회에 들어가게 되었습니다. 장사꾼들은 그들에게 유익하지 못한 물건들을 사라고 외쳤습니다. 그들은 애써 귀를 막고 지나가려고 하는데 한 장사꾼이 이렇게 묻습니다. "당신들은 무엇을 사길 원하십니까?"

이때 그들은 이렇게 대답했습니다. "우리는 진리를 사기 원합니다." 그들은 진리를 얻어 잠시 있다가 없어지는 것이 아닌, 오늘 있다가 내일 없어지는 것이 아닌, 물질이 아닌 내 인생에 대한 대답을 얻기 원한다고 했습니다. 바로 그들은 허무하고 불안한 마음에 영광스러운 진리를 얻어서 자신들의 영혼의 문제를 해결할 수 있는 하나님을 만나기를 원했던 것입니다.

너희가 전심으로 나를 찾고 찾으면 나를 만나리라 - 예레미야 29:13

19) 정글은 내가 곧 길

아프리카에 파송된 선교사 한 분이 선교 대상 지역을 답사하는 도중에 깊은 정글에서 길을 잃어버리고 말았습니다. 그래서 할 수 없이 그 지역에 사는 원주민 한 사람을 가이드로 고용했습니다. 그런데 그 원주민이 안내하는데 계속 이상한 곳으로만 다니며 정글 속을 헤매는 것처럼 보였습니다.

선교사는 의심스러운 목소리로 "당신 도대체 길을 아시오? 길을 잃어버린 것이 아니오?"라고 물었습니다. 그 물음에 원주민은 웃으면서 이렇게 말했습니다. "선교사님, 정글에는 길이 없어요. 내가 가는 길이 곧 길입니다."

예수께서 가라사대 내가 곧 길이요 진리요 생명이니 나로 말미암지 않고는 아버지께로 올 자가 없느니라 - 요한복음 14:6

20) 진리를 깨닫게 하시는 하나님

제가 진지하게 교회를 다니기 시작한 것은 1962년부터였지만, 처음 3년 동안은 '도대체 이 기독교 신앙이라는 것이 무엇인가?'를 고민하며 헤맸습니다. 그러다가 드디어 1965년에서야 진정한 복음을 찾았습니다.

그때까지는 풀리지 않는 인생의 수수께끼를 끌어안고 답답해하면서 진리가 무엇인지 알기 위해 여러 교회들을 찾아다녔습니다. 그런데 그 수많은 교회를 다녀보았지만 별 차이가 없고 결국 기독교라는 것이 도덕의 추구가 아닌가 하는 생각까지 들었습니다. 다른 종교와는 전혀 다른 기독교의 독특성과 왜 꼭 예수를 믿어야만 구원을 얻는지에 대해 알 수가 없었습니다. 나중에는 야간 신학교를 기웃거리면서 그 문제를 풀어보려고 했습니다.

그러다가 우연히 캐나다의 오스왈드 J. 스미스 목사님이 쓴 '구원의 길'이라는 작은 책자를 읽게 되었습니다. 그 책에는 구원의 진정한 길이 아닌 것 여러 가지를 열거해 놓았습니다. 그리고 이러한 모든 종교적인 노력과 도덕적인 선행을 통해서는 결코 구원받을 수 없기 때문에 하나님께서 예수그리스도를 보내셨다고 설명되어 있었습니다. 나아가 책의 마지막 부분에는 갈라디아서 2장 21절이 적혀 있었습니다.

"내가 하나님의 은혜를 폐하지 아니하노니 만일 의롭게 되는 것이 율법으로 말미암으면 그리스도께서 헛되이 죽으셨느니라."

그 말씀을 읽는 순간, 저는 저의 노력을 통해서는 의롭다 함을 받을 수 없을 정도로 지독한 죄인임을 알게 되었습니다. 그래서 나의 죄 문제를 해결하시고자 하나님이 예수그리스도를 보내셔서 그분이 십자가에 내 대신 죗값을 치르셨다는 것을 깨닫게 되었습니다. 저는 즉시 무릎을 꿇고 하나님께 깊이 고백했습니다. "나의 오만했던 지성을 십자가에 못 박고 예수그리스도 앞에서 예수님을 나의 구주와 주님으로 인정하겠습니다. 내 마음에 들어와 주십시오. 당신은 나의 구주이십니다."

그날 밤의 깨달음은 저에게 형언할 수 없는 큰 감격을 주었습니다. 그때부터 복음과 십자가가 참으로 제 눈앞에 다가오기 시작했습니다. 그리고 예전에는 재미없고 지루하게 느껴졌던 성경의 말씀이 한 구절 한 구절 저를 지배하고 감격하게 했습니다. 그날부터 저는 성경을 들고 나가 만나는 사람마다 그리스도를 믿는 믿음으로 구원을 얻는 이 영광스러운 구원의 복음을 증거하기 시작했습니다.

내가 하나님의 은혜를 폐하지 아니하노니 만일 의롭게 되는 것이 율법으로 말미암으면 그리스도께서 헛되이 죽으셨느니라 - 갈라디아서 2:21

21) 진리를 무시한 군중심리

어떤 심리학자는 군중 심리가 개인의 결정에 미치는 영향을 연구하기 위해 한 실험을 했습니다. 비슷한 크기의 두 판에 하나는 검은색으로 칠하고 또 다른 하나는 회색으로 칠했습니다. 그리고는 선생님과 50명의 학생 중 40명의 학생들끼리만 미리 약속을 했습니다. 그 약속은 이러했습니다. 선생님이 "어느 판이 검은색입니까?"라고 물으면 40명의 학생 모두가 회색 판을 가리키기로 한 것입니다. 이때 나머지 10명의 학생들이 어떠한 반응을 나타내는가를 보는 실험이었습니다.

심리학자는 이 실험을 열 번에 걸쳐 실시하였습니다. 처음에는 열 명 모두가 진짜 검은색 판을 가리켰습니다. 그러나 계속 실험을 반복하자 마지막에 가서는 한 명의 학생을 제외하고는 나머지 9명이 모두 회색을 검은색이라고 가리켰습니다.

이 실험을 통해서 대부분의 사람들이 어떤 결정을 내릴 때 진리를 좇기보다는 다수의 의견에 따라 결정한다는 것을 알 수 있었습니다.

무리가 일제히 소리 질러 가로되 이 사람을 없이 하고 바라바를 우리에게 놓아 주소서 하니 - 누가복음 23:18

22) 평화의 제물

돈 리처드슨(Don Richardson) 선교사로부터 들은 간증입니다. 인도네시아에 속한 큰 섬인 이리안자야에는 식인종이라고 알려진 사위 족속 부락이 있었습니다. 이들은 워낙 싸움을 즐기고 공격적인 성향이 강한 족속이라 복음을 전하는 데 어려움이 있었습니다. 더욱이 이들은 배반을 미덕으로 여겼기 때문에 오히려 예수님보다 가리옷 유다를 더 받아들이고 영웅으로 떠받드는 웃지 못할 일까지 벌어졌습니다. 선교사님은 이런 사람들에게 어떻게 복음을 전할 수 있을까 고민하기 시작했습니다.

그러던 어느 날 이들의 전통의식을 바라보다가 아주 멋진 영감을 하나 얻었습니다. 이들에게는 두 부족이 싸우다가 한 부족이 지면 진 부족의 추장이 자기 아들을 상대 부족에게 제물로 갖다 바치는 전통이 있었습니다. 그 전통을 치름으로써 전쟁은 끝나고 평화가 이루어졌던 것입니다. 선교사님은 그 모습을 보고 요한복음 3장 16절 말씀을 생각해 냈고 그 의식이 행해질 때 이 말씀을 전하기 시작했습니다.

"하나님이 세상을 이처럼 사랑하여 평화의 아이를 주셨으니 이는 아이가 제물로 바쳐짐으로써 평화가 이루어지는 것처럼 그 평화의 아들을 믿는 자마다 멸망치 않고 영생을 얻게 하기 위함이라."

그때부터 이 사위 족속은 복음을 깨닫게 되었고 점차 싸움을 즐기며 공격적이던 그들의 모습이 변하기 시작했답니다.

곧 우리가 원수 되었을 때에 그 아들의 죽으심으로 말미암아 하나님으로 더불어 화목되었은즉 화목된 자로서는 더욱 그의 살으심을 인하여 구원을 얻을 것이니라 – 로마서 5:10

23) 걸인 행세하는 부자 걸인

영국에 사는 줄리안 모리스는 어린 시절 미아가 되어 구걸하며 삶을 유지했던 걸인이었습니다. 그러던 어느 날 그는 자신이 굉장한 부자의 아들이라는 사실이 밝혀져서 졸지에 막대한 유산을 물려받고 엄청난 부자가 되었습니다.

그런데 이 사람은 부자가 되었는데도 걸인처럼 행세를 했습니다. 매일 아침 날이 밝으면 걸인의 옷을 다시 입고 면도날이나 비누, 샴푸 같은 것을 집집마다 팔러 다녔습니다. 그러다가도 일 년에 한두 번쯤은 파리를 비롯한 구라파의 다른 나라들을 여행하기도 하고, 한 달의 한 번은 자기의 최고급 리무진을 타고 런던의 초호화 레스토랑에 가서 식사를 하기도 했습니다.

그러나 또다시 날이 밝으면 다시 비누와 샴푸를 들고 나가 집집마다 돌아다녔습니다. 그의 다 떨어진 남루한 옷차림과 초점 없이 흐릿한 눈동자를 보면 그는 영락없는 거리의 걸인이었습니다.

너희 마음 눈을 밝히사 그의 부르심의 소망이 무엇이며 성도 안에서 그 기업의 영광의 풍성이 무엇이며 그의 힘의 강력으로 역사하심을 따라 믿는 우리에게 베푸신 능력의 지극히 크심이 어떤 것을 너희로 알게 하시기를 구하노라 – 에베소서 1:18 – 19

24) 신분에 맞는 삶

목사는 목사다워야 하는데 목사답게 산다는 것은 그리 쉬운 일이 아닙니다. 늘 사람들의 시선을 의식해야 하기 때문에 어쩌다 사람을 의식할 필요가 없는 시간을 갖게 되면 그렇게 좋을 수 없습니다.

오래전에 저희 내외가 하와이로 모처럼 여행을 떠난 적이 있었습니다. 우리 부부는 오래간만에 아는 사람이 하나도 없는 하와이에 있는 동안만큼은 실컷 편하게 지내고 옷도 야하게 입기로 마음먹었습니다. 들뜬 기분으로 한껏 폼을 잡고 호텔 엘리베이터를 탔는데 어떤 사람이 타면서 저를 위아래로 훑어보는 것이었습니다. 그러더니 대뜸 "이동원 목사님 아니십니까?" 하는 것입니다. 당황한 쪽은 나보다도 내 옆에서 아주 야한 옷을 입고 서 있는 아내였습니다. 괜히 그 사람에게 소개하지 않으면 오해할 것 같아 아내를 소개하자, 아내는 몸 둘 바를 몰라 했습니다.

엘리베이터에서 내려 해변을 향해 가면서 아내는 이런 말을 하더군요. "여보, 이 세상에 피할 데가 어디 있겠어요. 당신과 저는 어차피 공인이에요." 아내의 말을 들으며 이제부터는 해변에 갈 때도 검은 양복은 한 벌씩 가지고 다니기로 결심했습니다.

오직 너희는 그리스도 복음에 합당하게 생활하라 이는 내가 너희를 가보나 떠나 있으나 너희가 일심으로 서서 한뜻으로 복음의 신앙을 위하여 협력하는 것과 - 빌립보서 1:27

25) 연약한 심령

아프리카에는 뱀잡이수리라는 아주 특이한 새가 있습니다. 이 새는 평소에는 잘 날아다니다가도 어느 순간 고통을 감지하거나 위험한 것을 느끼면 갑자기 날 수 있는 능력을 망각하고 맙니다. 날 수 있는 능력을 망각한 새는 땅을 기어 다니다가 끝내는 목숨을 잃어버리거나 다치게 되는 특이한 특징을 가지고 있습니다.

뱀잡이수리를 보면서 우리의 모습을 비추어 볼 수 있습니다. 처음에는 상당한 훈련에 의해서 의지적으로라도 날마다 조금씩 기도를 하며 주님을 바라보고 삽니다. 그러나 막상 기도가 정말 필요한 순간에는 갑자기 기도를 잊어버려 어쩔 줄 모르고 당황하며 방황하는 자신의 모습을 발견하게 됩니다.

이와 같이 성령도 우리 연약함을 도우시나니 우리가 마땅히 빌 바를 알지 못하나 오직 성령이 말할 수 없는 탄식으로 우리를 위하여 친히 간구하시느니라 - 로마서 8:26

26) 내가 산 것이 아니요

한국 초대교회 선교사였던 모펫트가 한국에서 선교사역을 모두 마치고 고국인 미국으로 돌아가게 되었을 때의 일입니다. 한국 교회의 지도자들은 그를 위해서 비석을 세우자는 의견을 나누었습니다. 그를 아는 많은 사람들이 우상의 개념이 아니라 기념의 차원에서 비를 세우는 데 동의했습니다.

이때 유명한 최권능 목사님이 그 자리에서 일어나서 이렇게 말씀하셨습니다. "저는 누구보다도 모펫트 선교사님을 존경합니다. 그는 한국 교회의 은인이자 내 신앙의 선배이십니다. 나는 진심으로 그분을 존경합니다. 그러나 여러분이 그분의 동상을 세우신다면 나는 도끼로 그 동상을 때려 부술 것입니다. 여러분들은 세우십시오. 또다시 나는 부술 것입니다."

결국 이와 같은 최권능 목사님의 충정을 이해하신 모펫트 박사의 간절한 만류로 기념관만을 세우기로 결정되었다고 교회사에 남아 있습니다. 칼빈도 자신이 죽은 후에 자기의 비석을 세우지 말라고 사람들에게 당부하였습니다. 그것은 자기 때문에 그리스도가 가려질까 두려워한 이유 때문입니다.

내가 그리스도와 함께 십자가에 못 박혔나니 그런즉 이제는 내가 산 것이 아니요 오직 내 안에 그리스도께서 사신 것이라 이제 내가 육체 가운데 사는 것은 나를 사랑하사 나를 위하여 자기 몸을 버리신 하나님의 아들을 믿는 믿음 안에서 사는 것이라 - 갈라디아서 2:20

27) 우리는 하나님 편

미국 남북전쟁 중 북군이 남군에 비해서 전세가 불리할 때가 있었습니다. 그때 링컨에게 한 참모가 와서 이렇게 질문했습니다. "각하, 하나님은 우리 북군

편에 계실까요, 남군 편에 계실까요?"

이 질문에 링컨은 이렇게 대답했습니다. "나는 하나님이 우리 편에 계신가, 적의 편에 계신가 하는 것을 가지고 고민하지 않네. 오직 나의 고민은 내가 하나님 편에 서 있나 하는 것이네."

우리는 모두 하나님의 도우심과 축복을 바라지만, 진정 우리가 어떻게 하면 하나님의 도우심을 받을 만한 합당한 사람이 될 수 있을 것인가에 대해서는 고민하지 않습니다. 우리가 하나님이 기뻐하시는 삶의 자리에 있다면 하나님께서는 우리의 삶을 책임져 주십니다.

여호수아가 또 백성에게 이르되 너희는 스스로 성결케 하라 여호와께서 내일 너희 가운데 기사를 행하시리라 - 여호수아 3:5

28) 우리가 그대 곁에 있음을 잊지 말라

2차 세계대전 초기에 영국의 작은 기선 한 척이 중요한 임무를 띠고 미국을 향해서 항해를 하게 되었습니다. 수많은 적선들의 공격을 피해 미국까지 항해할 수 있을까 염려하는 선장에게 임무를 지시한 상관이 이렇게 말했습니다. "당신이 위험에 처할 때마다 이 비밀부호를 사용해서 무전을 치면 당신에게 곧 답신이 갈 것이오." 선장은 이 말을 믿고 그 험한 바다를 자그마한 배로 헤쳐 나갔습니다. 저 멀리서 갑자기 적의 함선이 나타나자 그는 재빨리 지시받은 비밀부호로 무전을 쳐서 이런 답신을 받았습니다.

"다 알고 있다. 우리도 적을 보고 있다. 그러나 우리가 그대 곁에 있음을 잊지 말라."

선장은 이 답신을 받고 용기백배하여 무사히 자기 배를 끌고 샌프란시스코 항구에 도착할 수 있었습니다. 이 배가 항구에 들어올 때, 그는 자신의 배 바로 뒤에 보이지 않던 배 한 척이 갑자기 나타난 것을 발견했습니다. 알고 보니 그 배는 바로 잠수함으로서 적들로부터 선장의 작은 배를 보이지 않게 지켜주고 있었던 것입니다.

보이지는 않았지만 곁에서 계속해서 용기를 불어넣었던 그 답신 - "두려워말라. 우리가 그대 곁에 있음을 잊지 말라." - 때문에 위대한 작전의 임무를 무사히 수행할 수 있었습니다.

두려워 말라 내가 너와 함께 함이니라 놀라지 말라 나는 네 하나님이 됨이니라 내가 너를 굳세게 하리라 참으로 너를 도와주리라 참으로 나의 의로운 오른손으로 너를 붙들리라 – 이사야 41:10

29) 한 소년의 헌신

스코틀랜드 어느 작은 마을 교회에서 부흥회가 열렸습니다. 그러나 한 주간 동안 계속되는 집회에도 불구하고 사람들은 별로 모이지 않았습니다. 목사님은 예수를 영접하고 헌신할 사람을 계속해서 초청했지만 아무도 앞으로 나오지 않았습니다. 그런데 부흥회 마지막 날, 한 작은 소년이 앞으로 나왔습니다. 목사님은 부흥회 기간 동안 예수를 영접하고 헌신한 사람이 겨우 한 명밖에 없다는 사실에 무척 실망했습니다.

그러나 단 한 명의 사람, 예수를 영접하고 헌신하기 위해서 앞으로 나온 이 소년만은 달랐습니다. 그의 눈에 뜨거운 불꽃이 일어났으며, 그 소년은 "오! 하나님, 저의 생명을 주님께 드립니다. 저에게 아프리카를 주십시오."라고 외쳤습니다. 이 소년이 바로 리빙스턴입니다. 작은 한 소년의 눈에 일어났던 불꽃이 흑암의 아프리카 대륙에 새벽을 가져다주었습니다.

우리는 어떠합니까? 단지 먹고사는 것이 우리들의 삶의 전부가 되고 있지 않습니까? 우리는 이 땅에 할 일이 있습니다. 바로 복음을 전하는 일입니다. 꿈이 있는 사람은 성공합니다.

겨자씨 한 알과 같으니 땅에 심길 때에는 땅 위의 모든 씨보다 작은 것이로되 심긴 후에는 자라서 모든 나물보다 커지며 큰 가지를 내니 공중의 새들이 그 그늘에 깃들일 만큼 되느니라 – 마가복음 4:31 – 32

30) 더 높으신 분의 부름

현대 선교의 아버지라 불리는 윌리암 케리(William Carey)는 구두 수선공으로 일하면서 독학을 했습니다. 독학을 하면서도 그는 여러 나라의 언어를 꾸준히 공부하여 능숙하게 구사할 수 있는 능력까지 키웠습니다.

그런데 어느 날 케리의 친척동생이 자신이 들어가기로 한 옥스퍼드의 단과대학에 케리를 데리고 갔습니다. 그들은 단과 대학의 한 유명한 어학교수를 찾아가 이야기를 나누었습니다. 대화 중에 그 교수는 케리의 어학 실력에 주목하게 되었습니다. 그 교수는 케리에게 "당신이 이 학교에 들어오면 이 나라 역사에 큰 영향을 미칠 것이오. 그리고 이 나라의 여왕께서도 당신을 기뻐하실 것입니다."라고 말했습니다.

그분의 말에 케리는 이렇게 거절하였습니다. "교수님께서는 영국이라는 나라의 여왕을 말씀하셨는데, 제게는 이미 저의 전 생애를 건 한 나라가 있습니다. 그 나라는 바로 하나님의 나라입니다. 저는 여왕보다 더 높으신 분의 부름을 받았고, 그분을 향한 저의 충성은 변할 수 없습니다."

결국 케리는 그 교수의 제의를 거절하고 세계 선교를 위해서 인도로 떠났습니다.

푯대를 향하여 그리스도 예수 안에서 하나님이 위에서 부르신 부름의 상을 위하여 좇아가노라 - 빌립보서 3:14

31) 하나님께 영광 돌린 무신론 철학자

무신론 철학자인 머들린 머리 오헤어(Maudlin Marey O'Hare)는 미국의 무신론 협회장을 지냈고, 미국에서 벌어지고 있는 각종 반 크리스천 운동(Anti Christian Movement)의 핵심 리더였습니다. 그가 몇 해 전 미국 공립학교에서 기도하면 안 된다고 하는 기도금지 운동을 벌였고, 결국 이 문제를 가지고 법정까지 가게 되었습니다. 모두들 그가 법정에서 패할 것이라고 생각했는데, 시카고 법원에서 내린 마지막 판결은 그의 승리였습니다. 승리를 전혀 기대하지 않았던 그는 이기는 순간, 법정에서 손을 들어 "오 마이 갓"(Oh, My God)이라고 외쳤습니다. 그 모습이 기자들 눈에 띄었고, 뉴스에 보도되었습니다. 그 내용은 무신론자가 승리의 축하를 하나님께 돌렸다는 것이었습니다.

칼 융(Carl Jung)이라는 심리학자는 "사람들의 여러 의식 가운데 가장 강렬한 의식은 신(神) 의식이다. 그리고 이것은 무신론자의 마음속에서도 그렇다."는 말을 했습니다. 무신론자들은 신이 없다는 것을 증명하기 위해서 온 세월을 보내는데, 아이러니하게도 그들은 그러기 위해서 주야로 신을 묵상해야 합니다. 그들의 마음에서 절대로 벗어 버릴 수 없는 의식이야말로 신 의식입니다.

인간은 하나님을 떠나고 신앙을 떠나서 결코 살 수 없습니다. 사람마다 어떤 의미로든지 종교적인 것을 추구하며 사는데, 이 필요는 어느 누구도 부정할 수 없습니다.

'내가 두루 다니며 너희의 위하는 것들을 보다가 알지 못하는 신에게'라고 새긴 단도 보았으니 그런즉 너희가 알지 못하고 위하는 그것을 내가 너희에게 알게 하리라 - 사도행전 17:23

32) 어떤 할머니의 독특한 전도법

아프리카에서 선교를 하시던 선교사님께서 어떤 원주민 할머니의 독특한 전도법에 감탄하여 말씀하신 내용입니다. 이 할머니는 문맹에다가 시각 장애를 가지고 계신 분이셨다고 합니다. 그런 분이 어떻게 전도를 기가 막힐 정도로 잘할 수 있었을까? 할머니의 독특한 전도법은 이러했습니다.

할머니가 예수님을 영접한 지 얼마 되지 않은 어느 날 선교사님을 찾아와서 대뜸 이렇게 묻는 것이었습니다. "선교사님, 요한복음 3장 16절이 성경 어디에 있습니까?" 선교사님은 영문도 모른 채 할머니의 요구대로 성경을 찾아 빨간 줄을 그어주었습니다. 선교사님은 글을 읽을 수도 볼 수도 없는 할머니인데 왜 그런 부탁을 할까 의아하기만 했습니다.

그날 이후부터 할머니는 전도를 하기 시작했습니다. 할머니는 날마다 학생들이 수업을 마칠 시간쯤에 동네 학교 정문 앞으로 나갔습니다. 그리고 수업을 마치고 나오는 학생들에게 "학생, 나 좀 도와줄 수 있겠어?"라며 말을 건넵니다. 앞을 보지 못하는 할머니가 도와달라고 하니 학생들은 거절 못 하고 "뭘 도와드릴까요?"라며 다가옵니다.

"사실은 이 할미가 좋아하는 책이 있는데 눈이 잘 안 보여서 볼 수가 있어야지. 그래서 말인데 여기 빨간 줄 쳐 놓은 부분만 좀 읽어주겠어?"

그러면 학생은 요한복음 3장 16절을 할머니가 잘 들을 수 있도록 또박또박 읽어줍니다.

"정말 고마우이. 그런데 학생은 방금 읽은 말이 무슨 뜻인지 알겠어?"

"잘 모르겠어요."

"내가 가르쳐 줄게. 이 말씀은 바로 하나님께서 우리를 사랑하셨다는 거야. 나와 학생을 사랑하셔서 그분의 하나밖에 없는 외아들인 예수님을 주셨다는 거야. 그런데 우리가 그 예수님을 믿으면 죄를 다 용서함 받고 자녀가 되며 영생을 얻게 된단다."

할머니의 독특한 전도법은 이러했던 것입니다. 할머니로 인해 많이 사람들이 예수님을 알게 되었고 그 가운데는 그 나라의 기독교 지도자로 성장한 사람도 많이 있다고 합니다.

또한 우리를 위하여 기도하되 하나님이 전도할 문을 우리에게 열어 주사 그리스도의 비밀을 말하게 하시기를 구하라 내가 이것을 인하여 매임을 당하였노라
– 골로새서 4:3

33) 먼저 네 눈 속에서 들보를 빼어라

미국에서 유명한 바바라 월터는 저널리스트이자 텔레비전에서도 매우 인기가 있는 여자입니다. 그의 남편도 유명한 기자이자 컴퓨터 전문가입니다. 이렇게 완벽한 여자와 남자가 부부가 되었다면 남보다 더 잘 살아야 할 텐데 이들은 이혼을 했습니다.

이 여자와 이혼한 남자는 '이제는 좀 더 새로운 인생을 찾아야겠다. 나에게 가장 잘 맞고 적합한 사람을 찾아봐야겠다'며 컴퓨터 통신에 광고도 내고 사람들의 추천도 받아서 컴퓨터에 많은 여자들의 리스트와 자료들을 입력하였습니다. 그 다음으로 그 여자들 가운데 자신과 잘 맞고 어울리는 사람을 순위별로 살펴본 결과 10위까지 리스트를 뽑았습니다. 그런데 놀랍게도 그 순위 중 가장 적합한 결과로 나온 1위의 여인은 바로 자기와 이혼했던 바바라 월터였던 것입니다. 부인을 바꾸면 남보다 더 잘 살 것이라고 생각했지만 그것은 잘못된 결정이었습니다.

중요한 것은 상대방이 아니라 내가 바뀌는 것입니다. 우리는 상대방 때문에, 상대방이 바뀌면 좀 더 우리 가정이, 직장이, 사회가 바뀌겠지 생각하지만 결코

그렇지 않습니다. 진정 변화되고 바뀌어야 할 사람은 바로 나입니다.

너는 네 눈 속에 있는 들보를 보지 못하면서 어찌하여 형제에게 말하기를 형제여 나로 네 눈 속에 있는 티를 빼게 하라 할 수 있느냐 외식하는 자여 먼저 네 눈 속에서 들보를 빼어라 그 후에야 네가 밝히 보고 형제의 눈 속에 있는 티를 빼리라 - 누가복음 6:42

34) 부정적인 삶의 태도

오래전에 미국에서 방영되었던 스누피(snoopy)라는 만화 중에 한 남편이 매사에 부정적인 자기 부인과 대화를 나누는 내용이 있었습니다.

작가였던 부인은 어떤 주제로 글을 쓰든지 항상 글의 첫머리에 "어둡고도 우울한 밤이었습니다."라는 문장으로 시작했습니다. 이런 부인의 글을 보다 못 한 남편이 이렇게 말했습니다.

"여보, 좋은 글은 그렇게 쓰는 것이 아냐. 조금 더 적극적으로 써보지 그래?"

"그럼 어떻게 써야 하는 데요?"

"음, '옛날 옛적에'라는 말로 시작해 보면 어떨까?"

부인이 남편의 조언을 좋게 받아들여서 큰마음을 먹고 첫 문장을 다시 썼습니다.

"옛날 옛적에 어둡고도 우울한 밤이었습니다."

이렇듯 매사에 부정적인 생각에 젖어 있는 사람들은 언제 어디서나 항상 부정적일 수밖에 없습니다.

누추함과 어리석은 말이나 희롱의 말이 마땅치 아니하니 돌이켜 감사하는 말을 하라 - 에베소서5:4

35) 히스토리컬(historical)과 히스테리컬(hysterical)의 차이

나타난다는 단어에는 역사적(historical)인 사건과 관련이 있습니다. 이 히스토리컬(historical)이라는 단어와 연관되는 이야기입니다.

어떤 남자가 친구에게 이런 말을 했습니다.

"내 마누라는 부부 싸움을 할 때마다 얼마나 히스토리컬(historical)한지 모르겠어."

그러자 말을 듣고 있던 친구가 지적하기를 "그럴 때에는 히스토리컬(historical)
이라고 하는 것이 아니라 히스테리컬(hysterical)이라고 하는 거라네." 그러자 남
자가 다시 말했습니다.

"아, 이 친구가…… 내가 영어를 모르는 줄 아나? 나도 잘 아는데 우리 마누
라는 너무나 히스토리컬(historical)하다구."

친구가 그 말이 무슨 뜻이냐고 묻자 그는 이렇게 설명해 주었습니다.

"우리 마누라는 싸울 때마다 늘 과거를 들추기 때문에 히스토리컬(historical)
이라고 한 거라네."

서로 인자하게 하며 불쌍히 여기며 서로 용서하기를 하나님이 그리스도 안에
서 너희를 용서하심과 같이하라 - 에베소서 4:32

36) 장점을 보는 눈

C. S. 루이스(C. S. Lewis)는 성경을 읽다가 "비판하지 말라"는 말씀을 보고 다
음과 같은 풍자적인 이야기를 했습니다.

어느 날 푸쉬라는 이름을 가진 고양이 한 마리가 영국의 런던을 방문하게 되
었습니다. 루이스는 의기양양하게 런던을 방문하고 돌아오는 고양이에게 이렇
게 물었습니다.

"푸쉬야, 너 지금 어디를 갔다 오니?"

"예, 저는 영국의 여왕을 만나러 런던에 갔다 오는 길입니다."

"푸쉬야, 그럼 너는 런던에 가서 무엇을 보았니?"

"저는 여왕의 의자 밑에 있는 생쥐를 보았습니다."

그 고양이는 크고 아름다운 런던의 왕궁에 어렵게 가서는 위대한 엘리자베스
여왕이나 황홀하고 찬란한 궁궐 안을 본 것이 아니라 어처구니없게도 겨우 여왕
의 의자 밑을 기어 다니는 생쥐를 보고 온 것입니다.

사람들은 다른 사람의 무한한 가능성과 아름다움은 보지 않고 그 안의 어두움
이나 단점들만 캐내어 보기를 원합니다. 이런 사람들은 모든 것을 비판적으로
보는 데 혈안이 되어 있습니다. 그렇다면 나는 어떤 사람입니까?

비판을 받지 아니하려거든 비판하지 말라 - 마태복음 7:1

37) 청년과 노인의 차이

시드니 그린 버그(Sydney Greenberg)라는 사람은 이런 이야기를 했습니다.

"만약 우리가 사람들을 믿으면 우리는 청년이다. 그러나 우리가 사람들을 믿지 않으면 우리는 노인이다.

만약 우리가 인생을 즐길 줄 안다면 우리는 청년이다. 그러나 만약 우리가 모든 것을 포기하면 우리는 노인이다.

만약 우리가 새로운 아이디어를 찾고 있다면 우리는 청년이다. 그러나 우리가 과거의 전통과 방법에만 의지하고 있다면 우리는 참으로 노인이다.

만약 우리가 아름다워지려고 노력한다면 우리는 청년이다. 그러나 만약 우리가 과거만을 회상하고 있다면 우리는 노인이다.

만약 우리가 친교와 즐거움을 찾고 있다면 우리는 청년이다. 그러나 만약 우리가 고독에서 헤어나지 못하고 있다면 우리는 노인이다.

만약 우리가 행복을 갈망한다면 우리는 청년이다. 그러나 만약 우리가 회상만을 하고 있다면 우리는 노인이다.

만약 우리가 사랑을 줄줄 안다면 우리는 청년이다. 그러나 우리가 받으려고만 하고 있다면 우리는 노인이다.

만약 우리가 꿈을 아직도 갖고 있다면 우리는 청년이다. 그러나 우리가 꿈을 포기하고 오늘만을 바라보고 있다면 우리는 노인이다."

자녀들아 너희 부모를 주 안에서 순종하라 이것이 옳으니라 네 아버지와 어머니를 공경하라 이것이 약속 있는 첫 계명이니 이는 네가 잘되고 땅에서 장수하리라 - 에베소서 6:1 - 3

38) 의인은 없다

네 명의 그리스도인 친구들이 있었습니다. 그들은 함께 신앙생활을 하면서 성경공부를 했습니다. 어느 날 야고보서를 공부하던 중에 그들은 "이러므로 너희 죄를 서로 고하며"(약5:16)라는 말씀에 감동을 받았습니다. 그래서 그들은 자신의 약점에 대하여 서로 솔직하게 고백하기로 했습니다.

먼저 한 사람이 자기의 약점을 고백했습니다. "나는 교회에 다니긴 하지만 줄담배를 끊을 수가 없어서 교회에 갈 때에는 담배 피우고 나서 입을 닦고 간다네."

두 번째 사람도 어쩔 수 없는 자신을 고백했습니다. "나는 어떤 사실을 말할때 자꾸만 거짓말이 입에서 나도 모르게 튀어나온다네. 나도 어쩔 수가 없어."

세 번째 사람도 고백했습니다. "나는 교인이면서도 아직 도벽을 버리지 못했어. 남의 물건만 보면 자꾸만 손이 간다네."

그런데 이야기를 다 듣고 있던 네 번째 사람은 전혀 말을 하지 않았습니다. "야, 너는 약점이 없냐? 너도 자백하라고!"

세 사람이 모두 재촉하니까 한참 후에야 네 번째 사람이 고백을 했습니다. "실은 난 남의 약점을 알기만 하면 그것을 불고 다니는 것이 내 약점이야."

기록한바 의인은 없나니 하나도 없으며 - 로마서 3:10

39) 빈손

알렉산더 대왕은 죽기 직전에 마지막으로 이러한 유언을 남겼습니다.

"내가 죽으면 들어갈 관의 양쪽 옆에 구멍을 내라. 그리고 내 양손을 관 바깥쪽으로 내밀어라!"

그래서 알렉산더 대왕의 유언대로 관 양쪽으로 난 구멍에 손을 내밀어 그가 죽을 때 아무것도 가지고 가지 않았다는 것을 실제로 보여주었습니다.

알렉산더는 아버지 필립이 그의 주변 나라를 모두 다 정복할 때, 그는 달을 쳐다보면서 '이제 나는 이 땅에서는 더 이상 정복할 곳이 없구나.' 하면서 눈물을 흘렸다고 합니다. 그러나 이런 알렉산더 대왕도 다른 이들처럼 죽을 때는 아무것도 가져가지 못했습니다. 그런데 우리는 가지고 갈 수 없는 것들을 붙들기 위해서 하나님의 말씀을 버리는 사람이 많습니다.

우리가 세상에 아무것도 가지고 온 것이 없으매 또한 아무것도 가지고 가지 못하리니 - 디모데전서 6:7

40) 황금의 손

그리스 신화 중에 나오는 황금에 눈이 어두웠던 마이다스 왕의 이야기입니다. 어느 날 마이다스 왕에게 낯선 신이 찾아와 소원을 말하면 그대로 이루어주겠다는 제의를 합니다. 그래서 이 왕은 자신의 손으로 만지는 모든 것을 모두 황금으로 만들어 달라고 소원을 빌었습니다. 그 소원을 말하자마자 왕이 만지는 모든 것은 다 황금으로 변했습니다. 신이 난 왕은 하루 종일 황금 만드는 일에 열중했습니다. 자신이 가진 모든 것을 황금으로 만들다가 마침내 사랑하는 딸도 그의 손이 닿는 순간 황금으로 변하고 말았습니다. 그가 만지는 모든 사람들이 황금으로 변했습니다. 그는 자기가 만들어 놓은 황금의 세계를 바라보면서 해가 지는 황혼녘에 절망하며 절규했습니다.

"내가 원한 것은 황금이 아닙니다! 나의 딸 메리의 생명을 돌려주십시오.
내가 원한 것은 황금이 아닙니다. 한 모금의 물입니다.
내가 원한 것은 황금이 아닙니다. 지나간 시절 친구들과의 우정입니다."

이 어리석은 마이다스 왕의 절규를 통해서 우리들은 하나님 앞에서 자신의 삶에 대한 정직한 통찰력 없이 시간을 흘러 보내다가 삶의 의미를 상실해 버린 우리들의 초라한 모습을 발견할 수 있습니다.

저희에게 이르시되 삼가 모든 탐심을 물리치라 사람의 생명이 그 소유의 넉넉한 데 있지 아니하니라 하시고 - 누가복음 12:15

41) 세상 부요의 허무함

1888년에 인류 역사상 최초로 다이너마이트를 만든 유명한 사람이 있었습니다. 그는 다이너마이트로 당대에 명사가 되었고 수많은 돈을 벌어 사람들의 관심과 촉망을 받는 대상이 되었습니다. 어느 날 아침 그는 일어나자마자 평상시처럼 신문을 읽으려고 펴는 순간 깜짝 놀라고 말았습니다. 어떤 기사의 서두에 자기가 죽었다고 쓰여 있었기 때문입니다.

사실 그의 동생이 죽었는데 기자들이 혼돈하여 그가 죽은 것으로 기사를 냈던 것입니다. 작은 실수로 실린 기사였지만 그는 큰 충격을 받았습니다. 그는 자신의 사망 기사 앞에서 깊은 침묵과 말할 수 없는 도전을 받기 시작했습니다. 내가 수많은 사람을 죽일 수 있는 다이너마이트를 만들어서 재물과 명성을 얻었지만, 결국 내 인생의 마지막은 이렇게 허무하게 끝나는 것이 아닐까 하는 생각에 잠기게 되었습니다. 그는 "많은 사람들을 죽음에 이르게 하는 다이너마이트를 만든 제조업자가 드디어 죽다."라고 실린 신문을 찢어 버리면서 새로운 삶을 살겠다고 결심했습니다.

그리고 훗날 그는 하나님을 알게 되었고 하나님과 사람들을 위해서 자신의 모든 재산을 쓰기로 결심했습니다. 그것이 그 유명한 알프레드 노벨의 노벨 평화상이 시작된 이유였습니다. 사람들은 자신을 위해서 돈을 벌지만 정작 무엇을 위해서 써야 할지 잘 모르는 사람들이 너무나 많습니다.

자기를 위하여 재물을 쌓아 두고 하나님께 대하여 부요치 못한 자가 이와 같으니라 - 누가복음 12:21

42) 허무한 세상

요즘 학생들 사이에 유행하는 유머 중에는 이런 퀴즈가 있습니다.

'한 버스가 어떤 길을 가다가 큰 교통사고를 내서 그 안에 타고 있던 많은 승객들이 죽었는데 그들 중 가장 억울하게 죽은 사람은 누구일까요?'

가장 억울하게 죽은 첫 번째 사람은 96번 버스를 타려다가 69번 버스를 96번으로 착각하고 탄 사람이고, 두 번째 사람은 결혼식을 하루 앞둔 젊은 총각, 세 번째 사람은 버스가 출발할 때 놓칠까 봐 급하게 달려와서 간신히 버스를 탄 사람, 네 번째 사람은 버스 안에서 졸다가 자기가 내려야 할 곳에서 못 내리고 한 정거장 더 가다가 죽은 사람이라고 합니다.

웃기지요. 그런데 이 웃음 뒤에 결코 웃어넘길 수 없는 진리가 그 속에 숨어 있는 것을 우리는 발견합니다. 이런 비극이 우리가 살고 있는 이 세상에 보편적으로 일어나고 있기 때문입니다.

인생은 그날이 풀과 같으며 그 영화가 들의 꽃과 같도다 - 시편 103:15

43) 부(富)의 허무

미국 역사 중에 모든 미국인들의 생활에 경종을 울렸던 사건이 하나 있었습니다. 1923년 어느 날 시카고에 있는 에드워드 비치호텔에서 그 당시 미국 최고의 부자라고 불리는 7명의 사람이 모였습니다. 어느 정도의 부자냐 하면 그들의 전 재산을 모두 합칠 때 미국 전체의 국고를 능가할 정도였습니다. 그런데 어느 신문 기자가 시카고에 모였던 그날로 시작해서 정확히 25년이 지난 후의 그들의 생애가 어떻게 되었는지 추적하여 발표를 했습니다.

첫 번째 사람이었던 강철회사 사장, 찰스 슈업은 25년 후 무일푼의 거지가 되어 죽었습니다.

두 번째 사람인 알써 카튼은 밀농사로 거부가 된 사업가였는데 그 역시 파산하여 모든 것을 잃어버리고 쓸쓸하고 고독한 가운데 혼자 임종을 맞이하고 죽었습니다.

세 번째 사람인 리차드 위트니는 뉴욕 은행의 총재였지만 자기를 둘러싼 여러 가지 상황이 잘못되어 감옥에서 고독하게 여생을 보내고 있었습니다.

네 번째 사람인 엘버트 홀은 미국의 재무장관까지 지냈지만 감옥에서 막 풀려나와 집에서 자신의 죽음을 기다리고 있었습니다.

다섯 번째 사람인 웰스프리트의 회장이었던 J. C. 리버모아는 인생의 끝을 자살로 마쳤습니다.

여섯 번째 사람인 국제은행 총재였던 리온 프레이져 역시 자살로 자신의 삶을 마쳤습니다.

일곱 번째 사람인 이반 크루컬은 부동산 업계의 거부였지만 자살 미수로 병원에서 치료를 받고 있었습니다.

그들의 인생은 미국인들에게 부의 허무를 알려주는 커다란 충격과 교훈이 되었습니다.

부자 되기에 애쓰지 말고 네 사사로운 지혜를 버릴지어다 네가 어찌 허무한 것에 주목하겠느냐 정녕히 재물은 날개를 내어 하늘에 나는 독수리처럼 날아가리라 - 잠언 23:4, 5

44) 영원의 값어치를 아는 법

한 로마의 황제는 인생을 엄숙하게 살아가는 지혜를 얻기 위해서 매일 아침 신하가 문안할 때마다 이렇게 인사하도록 명령했습니다.

"폐하시여! 죽음을 기억하십시오."

황제는 이 신하의 아침 인사를 통해 죽음을 인식하고 그의 삶에 대한 지혜를 얻을 수 있었습니다.

또한 어느 그리스의 철인은 사랑하는 제자가 짧고 허무한 세상에 우리가 태어난 이유를 물었을 때 이렇게 대답했습니다.

"그것은 진정한 영원의 가치를 알기 위해서이다."

우리는 시간의 허무를 통해서 비로소 영원의 의미를 배울 수 있습니다. 시간의 허무를 깨달을 때 우리는 그리스도 안에서 누릴 영원의 값어치를 알게 됩니다.

여인에게서 난 사람은 사는 날이 적고 괴로움이 가득하며 그 발생함이 꽃과 같아서 쇠하여지고 그림자같이 신속하여서 머물지 아니하거늘 - 욥기 14:1, 2

45) 소망을 이루는 기도

펜실베이니아 주의 필라델피아 근처에 가면 시골답지 않은 아주 큰 교회가 있는데, 이 교회가 세워진 데에는 깊은 사연이 있습니다. 본래 이 마을에는 교회가 없어서 사람들은 예배를 드리기 위해 먼 도시까지 나가야 했습니다. 그런데 이 마을에 사는 스잔이라는 어린 소녀로 인해 교회가 생기게 되었다고 합니다.

어린 소녀 스잔은 항상 이런 기도를 했습니다. "하나님, 우리 마을에 교회를 세워 주세요. 많은 친구들과 마을 사람들이 함께 하나님을 예배하고 하나님을 자유롭게 찬양할 수 있게 해 주세요." 이 기도는 스잔의 꿈이었고 열망이었습니다. 그러나 스잔은 이름 모를 질병에 걸려 어린 나이에 죽어 가고 있었습니다. 얼마 후 스잔은 세상을 떠났고, 그 소녀가 누웠던 자리 밑에는 그녀의 간절한 기도와 열망이 담긴 편지 한 장과 그 속에 마지막 헌금 5달러가 들어 있었습니다.

그 후 스잔의 이야기는 마을 주민들과 미국 전역에 있는 그리스도인들에게 전해졌습니다. 그 소녀의 이야기는 그들의 마음에 큰 감동을 주어 모두 앞다퉈 헌금을 하기 시작했습니다. 그 결과 이 소녀를 기념하고 복음을 전하기 위해 이 마을에 아름다운 예배당이 들어서게 되었습니다. 이 소녀의 작은 기도와 5달러 짜리 지폐 하나가 가져온 아주 감동적인 이야기입니다.

너의 길을 여호와께 맡기라 저를 의지하면 저가 이루시고 - 시편 37:5

46) 기도의 확실한 응답

기도의 성자라고 불리는 조지 뮬러(George muller)는 자기 평생을 통하여 구체적으로 기도응답을 받았다고 생생하게 기억할 수 있는 사건만 해도 무려 50,000가지라고 합니다. 그런데 그가 가장 시간을 많이 들여서 한 기도 제목이 있었습니다. 그것은 자기가 어렸을 때부터 같이 삶을 나누었던 다섯 친구의 구원 문제였습니다. 뮬러는 다섯 명의 친구들을 위해 오랜 시간 동안 계속해서 기도했습니다. 한두 사람이 믿기 시작해서 3명은 구원받았지만 끝까지 믿지 않는 친구가 두 사람 있었습니다. 뮬러는 이 두 친구를 위해 얼마나 기도를 했는지 무려 52년 동안이나 그들의 구원을 위해서 기도했지만 헛수고였습니다.

이제 노년이 되어 병석에 누운 뮬러는 서서히 자기 인생의 마지막 날이 다가오는 것을 느끼게 되었습니다. 어느 날 그는 자기 인생의 마지막 남은 힘을 가지고 사랑하는 교회에서 마지막으로 설교하기를 간청했습니다. 마지막 설교를 하던 그날, 그의 안 믿는 친구가 우연히 그곳에 참석했다가 뮬러 목사님의 설교를 듣고 회개하고 예수님을 믿게 되었습니다.

그러나 나머지 한 친구의 구원을 보지 못하고 뮬러는 세상을 떠났습니다. 그후 그때까지 안 믿고 있었던 친구가 뮬러의 죽음 소식을 듣게 되었습니다. 그리고 그 친구는 뮬러가 자기를 위해서 무려 52년간이나 기도했다는 이야기까지 듣게 되었습니다. 뮬러가 죽은 바로 그해 그 소식을 들은 이 친구는 결국 예수님을 믿게 되었습니다. 믿은 후 그 친구가 전 영국을 순회하면서 이러한 간증을 했습니다.

"뮬러 목사님의 기도는 모두 응답되었습니다. 그리고 저는 그 최후의 응답입니다."

이 이야기를 통해서 우리의 모든 기도는 다 응답된다고 확신 있게 말할 수 있습니다.

너희가 내 안에 거하고 내 말이 너희 안에 거하면 무엇이든지 원하는 대로 구하라 그리하면 이루리라 – 요한복음 15; 7

47) 그릇된 적용

예배 후에 문 앞에 서서 예배를 마치고 나오는 성도들 한 명 한 명에게 인사를 하는데 한 청년이 설교에 은혜를 많이 받았다며 이렇게 얘기하는 것이었습니다. "전도사님의 설교 마지막 부분 중에 구하고 찾고 문을 두드리고 기도하면 된다는 말씀이 저에게 큰 격려가 되었습니다. 이제 말씀대로 전도사님께서 저희 집에 오셔서 아파서 죽게 된 돼지를 위하여 안수 기도를 해 주시면 좋겠습니다." 그 청년은 구하고 찾고 문을 두드린다는 말을 안수 기도를 받으면 모든 일이 다 해결된다는 뜻으로 받아들인 것이었습니다. 저는 그때처럼 마음에 커다란 허탈감을 느껴 본 적이 없었습니다.

거룩한 것을 개에게 주지 말며 너희 진주를 돼지 앞에 던지지 말라 저희가 그것을 발로 밟고 돌이켜 너희를 찢어 상할까 염려하라 – 마태복음 7:6

48) 나를 변화시키는 기도

교회 안에서 생활하다 보면 때때로 인간관계의 위기를 경험하게 됩니다. 예전에 저의 속을 썩이던 집사님 한 분이 계셨습니다. 제 마음이 너무 불편하고 아파서 그분을 위해 30일 작정기도를 시작하였습니다. 새벽기도를 그렇게 싫어하던 제가 매일 새벽에 나와서 그 집사님을 위해서 30일 동안을 작정하고 기도했습니다. 저는 하나님께 그 집사님의 마음을 좀 바꾸어 달라고 기도했습니다. 그러고 나서는 하나님의 응답을 기다리며 매 주일마다 집사님이 어떻게 변하는가를 주시해서 보았습니다.

그런데 여전히 그 집사님은 험상궂은 얼굴 그대로이고 저를 향한 태도에 조금도 변화가 없었습니다. 그래서 저는 그 기도를 계속했습니다. 그런데 한 3주간쯤 지나서 보니 저의 기도 내용이 갑자기 변했다는 사실을 발견할 수 있었습니다. 제가 의도하지도 않았는데 기도하다 보니 어느새 제 마음에 이런 기도가 나오고 있었습니다.

"하나님, 그 집사님을 사랑하지 못했던 저를 용서해 주십시오."

어느 날 새벽 저는 울면서 이렇게 기도하고 있었습니다.

"하나님, 저를 변화시켜 주십시오. 제가 잘못했습니다."

그 후 주일에 그분을 보니 그렇게 달라져 있을 수가 없었습니다. 누가 달라졌는지는 모르지만 아무튼 달라졌습니다.

너희를 저주하는 자를 위해서 축복하며 너희를 모욕하는 자를 위해서 기도하라 - 누가복음 6:28

49) 절망을 극복하는 기도

아멜리아 할트는 미국에서 아주 유명한 여자 비행사였습니다. 그녀는 대서양 횡단을 처음으로 성공시킨 장본인이었습니다. 그러나 그녀의 대서양 횡단은 쉽게 이루어진 것이 아니었습니다.

그녀는 대서양 횡단 중에 바다 한복판에서 엔진이 고장 나는 엄청난 어려움을 겪게 되었습니다. 도저히 비행을 더 이상 할 수 없는 상황이었습니다. 그러나 그런 위험한 상황에도 불구하고 그녀는 당황하지 않고 그 위기를 넘겨 무사히 대서양 횡단 항공을 마쳤습니다.

대서양 횡단을 성공하고 돌아와 보스턴에서 기자회견이 열렸을 때 기자들은 이렇게 물었습니다. "당신은 엔진이 고장 났을 때 그 위급하고 어려운 순간을 어떻게 견딜 수 있었습니까?" 그 질문에 그녀는 이런 유명한 이야기를 했습니다.

"그것은 간단합니다. 그 위기를 넘길 수 있었던 것은 제가 바다 위 한복판에 있었기 때문입니다." 이 말을 이해하지 못한 기자는 자세한 의미를 말해 달라고 요청했습니다. 그녀는 이어서 말했습니다. "제가 위기에 있었을 때는 이미 대서양의 반을 넘어왔을 때였습니다. 그런데 어떻게 돌아갈 수가 있었겠습니까? 포기하면 떨어져서 죽을 것이 당연했지요. 그 당시 제가 할 수 있었던 것은 앞으로 가는 것밖에 없었습니다."

기도한다는 것은 앞으로 가는 것과 같습니다. 나를 둘러싸고 있는 상황이 모두 막혀 있더라도 하나님을 의지한다면 앞으로 나아갈 길은 열려 있습니다.

어떤 그리스도인의 시입니다.

"한 걸음이 당신을 그리 멀리 데려다 주는 것은 아니어도 당신은 계속 걸어야 합니다.

한마디 말로 당신 자신을 다 설명하는 것이 아니어도 당신은 계속 말해야 합니다.

한 인치가 당신을 크게 자라게 하는 것이 아니어도 당신은 계속 자라가야 합니다.

하나의 행동이 모든 것을 이루어 놓는 것은 아니어도 당신은 계속 행해야 합니다."

이 시에 한 줄을 덧붙이고 싶습니다.

"단 한 번의 기도가 모든 것을 다 해결하는 것은 아니어도 당신은 계속 기도해야 합니다. 그것은 절망을 극복하는 희망이기 때문입니다."

쉬지 말고 기도하라 - 데살로니가전서 5:17

50) 기도의 대상

오래전에 미국의 보스턴에 있는 교회에서 어떤 전도 집회가 열렸습니다. 목사님은 그 도시에서 가장 명성이 높은 훌륭한 학자 한 분에게 대표 기도를 부탁했습니다. 대표 기도를 부탁받은 학자는 그 집회에서 모든 수식어를 총동원해 아주 멋지고 아름다운 기도를 했습니다. 그러나 집회에 참석한 신실한 그리스도인들은 그의 기도를 들으면서 그의 기도 속에 하나님이 계시지 않음을 느꼈습니다.

그 이튿날 아침에 어떤 기독교 신문기자가 이 학자의 기도를 평가하는 글을 신문에 냈습니다. "이 위대한 학자의 기도는 아마도 보스턴 시가 창설된 이래로 보스턴 청중에게 바친 가장 웅변적이며 가장 지성적인 기도였다."

이 기도는 하나님께 바친 기도가 아닌 보스턴 청중에게 바친 기도였습니다.

또 너희가 기도할 때에 외식하는 자와 같이 되지 말라 저희는 사람에게 보이려고 회당과 큰 거리 어귀에 서서 기도하기를 좋아하느니라 내가 진실로 너희에게 이르노니 저희는 자기 상을 이미 받았느니라 - 마태복음 6:5

51) 미움을 이기는 기도

홀리데이인(Holy day Inn)의 창업자인 케몬스 윌슨의 이야기입니다. 미국 제재소 직원이었던 그는 아침에 출근해 보니 자기의 책상 위에 해고 통지서가 있었습니다. 아무런 설명도 없이 황당하게 해고된 그는 굉장히 화가 났고 직장과 자기 상관에 대한 복수심이 끓어올랐습니다. 그는 제재소 옆에 똑같은 제재소를 만들어 볼까 생각해 보았지만 자본이 없었습니다. 그는 자포자기 한 나머지 집을 떠났습니다. 여러 달 동안 방황하면서 모든 것을 잊으려 했지만 잊을 수가 없었습니다. 그는 가진 돈을 모두 다 써버리고 다시 집에 돌아와 아내에게 이렇게 말했습니다.

"여보, 나는 자살하고 싶어. 모든 노력을 다 해 보았지만 아무것도 되는 일이 없어."

이때 아내는 남편을 향해서 이렇게 말했습니다. "여보, 당신이 한 가지 시도해 보지 않은 일이 있어요. 당신은 당신이 처한 이 상황과 문제에 대해서 진지하게 기도해 보신 적이 없잖아요."

아내의 말 한마디는 그에게 큰 감동으로 다가왔습니다. '맞아, 나는 기도해 본 적이 없지.'

그 후 그는 아내와 더불어 기도하기 시작했습니다. 며칠 기도하는 동안 신기하게도 자기 마음에 있었던 직장과 상사에 대한 미움과 복수심이 모두 사라졌습니다. 그리고 그의 머리에서 새로운 아이디어가 솟아나기 시작했습니다. 그는 자기 집을 담보로 융자를 얻어서 조그마한 건축업을 시작했는데 건축업이 너무 잘되어 5년 만에 제 발로 설 수 있는 조그마한 사업가로서 자기 기업을 갖게 되었습니다.

그러던 어느 날 기도하는 중에 하나님께서 그의 마음에 새로운 소원을 주셨습니다. "하나님, 제가 건축을 하면서 여러 곳을 여행하다 보니까 맘에 드는 호텔이 없습니다. 좋은 호텔은 있지만 너무 비싸고 작은 호텔은 너무 분위기가 좋지 않더군요. 제가 호텔을 지어보고 싶습니다. 저는 사람들에게 좋은 서비스를 하고 아주 깨끗하며 적절한 가격에 쉼을 제공할 수 있는 그런 호텔을 짓고 싶습니다."

하나님께서는 그의 기도를 응답하셨습니다. 그는 하나둘 호텔을 짓기 시작하였고 그것이 세계적인 체인이 되어 홀리데이인이라는 호텔이 되었습니다.

나는 너희에게 이르노니 너희 원수를 사랑하며 너희를 핍박하는 자를 위하여 기도하라 - 마태복음 5:44

52) 이웃에게 비춰진 기도의 빛

한 미국 사업가의 간증입니다. 그가 불신자였을 때 한번은 서부의 어떤 도시를 여행하다가 호텔을 잡으려고 하는데 여행객이 너무 많아서 방을 구할 수 없었습니다. 그는 힐튼 호텔(Hilton Hotel)의 비싼 방은 있을 것이라 생각했지만 그곳도 마찬가지였습니다. 그가 어디서 자야 하나 난감해하고 있을 때, 갑자기 어떤 신사가 곁에 와서 말을 걸었습니다. "제 방이 2인 실이라 침대가 하나 남는데 같이 주무시겠습니까?" 그는 고마워하며 그 신사의 방에 함께 들어갔습니다.

그가 막 잠자리에 들려고 하는데, 그 신사가 "먼저 주무세요. 저는 조금 할 일이 있거든요. 불은 꺼 드릴게요."라며 불을 꺼주었습니다. 그는 속으로 '저 사람이 어두운 데에서 도대체 무슨 일을 하려고 하나' 하고 자는 척하며 보았더니, 그 신사는 침대 앞에서 무릎을 꿇고 기도를 하는 것입니다. 그가 자는 데 방해가 되지 않도록 소리를 삭이며 조용히 기도하는 그 신사의 기도 소리는 병상의 신음과도 같았습니다.

그는 속으로 이렇게 생각했습니다. '저 사람은 예수쟁이거나 좀 이상한 사람이 아닐까? 그것도 아니면 인생에 매우 절박한 문제가 있는 모양이다.'

그 다음 날 아침에 일어나 그는 신사에게 물었습니다.

"크리스천이신 모양이지요. 기도할 문제가 많았습니까?"

"너무너무 문제가 많습니다."

"무슨 문제인데요?"

"나라 문제입니다."

"나라 문제라니요?"

"우리나라가 여러모로 위기에 처해 있지 않습니까?"

"선생님은 도대체 누구십니까?"

이렇게 해서 서로 명함을 교환하게 되었는데 그 신사의 명함을 보니까 국무장관을 지내시는 분이었습니다. 그는 예수를 믿지 않았지만 국무장관이 나라 문제 때문에 그렇게 간절한 기도를 하는 것을 보고 너무나 감동했습니다. 결국 그는 그 국무장관이 아침에 기도하는 자리에 함께 참석했다가 복음을 듣고 예수님을 영접했습니다.

누구든지 등불을 켜서 움 속에나 말 아래 두지 아니하고 등경 위에 두나니 이는 들어가는 자로 그 빛을 보게 하려 함이니라 - 누가복음 11:33

53) 담대한 기도

한국 교육계에 신선한 새 모델로서 자극과 도전을 준 살아 있는 고등학교의 표본, 거창 고등학교 교장이었던 전영창 선생님의 이야기입니다. 전영창 선생님은 미국 유학을 마치고 돌아온 후 부채가 많아 쓰러져 가는 거창 고등학교를 맡게 되었습니다. 그런데 그는 아무리 학교 부채를 갚으려고 노력해도 도저히 그의 힘으로는 어쩔 도리가 없었습니다. 결국 1958년 4월 학교는 넘어가게 되었습니다.

그는 성경과 찬송 그리고 담요 하나를 가지고 거창읍에서 40리 떨어진 웅안현 어떤 산마루 언덕에 있는 굴속에 들어가서 자리를 펴고 일주일 금식 기도를 시작했습니다. "하나님, 제가 미국 유학을 갔다 와서 이 나라에 새로운 고등학교 교육을 해 보려고 하는데 이렇게 학교 하나도 제대로 움직이지 못하는 제가 어떻게 하겠습니까? 하나님 해결할 수 있도록 도와주십시오." 그는 사흘 동안 주야로 매달려 부르짖어 기도했습니다.

그런데 사흘이 지나도 아무런 응답도 없자, 그는 너무 가슴이 답답해서 사흘째 밤에는 이런 기도를 했습니다. "하나님, 아무리 기도해도 마음이 답답합니다. 응답의 확신이 없습니다. 하나님이 응답하지 않으시면 저도 생각이 있습니다. 제가 일주일 금식 기도를 마치고 서울에 올라가서 동아일보에다가 하나님은 안 계시다고 광고를 내겠습니다." 그는 하나님을 협박할 수 있는 담대함으로써 기도를 하고 나니 가슴이 뻥 뚫리는 것같이 가슴이 시원해져서 찬양을 부르기 시작했습니다.

그가 일주일 금식기도를 마치고 산에서 내려와 보니 학교 서무과로 편지 한

통이 와 있었습니다. 조우복이라는 미국 크리스천 성도가 수표 하나를 보낸 것이었는데 그 수표에는 놀랍게도 2,050불이라고 쓰여 있었습니다. 2,050불이라는 돈은 그 당시 부채를 정확하게 갚을 수 있는 돈이었습니다.

그 후 그가 1971년 학교 강당을 위해서 다시 한 번 엎드려 기도했을 때 하나님의 도움이 유명한 미국 수정교회 로버트 슐러 목사님을 통해서 이루어졌습니다.

강하고 담대하라 여호와를 바라는 너희들아 – 시편 31:24

54) 이기적인 기도

어느 교회 청년회원들이 기도모임을 가지게 되었습니다. 청년회를 지도하시는 전도사님이 "그동안 우리의 기도가 너무 이기적 관심에 매여 있었던 것 같습니다. 앞으로 기도할 때는 자신들만을 위해서 기도하지 말고 자신을 넘어서 부모님이나 나라의 지도자를 위해서도 기도하시고 국가와 민족을 위해서도 기도해 주시기 바랍니다."라고 말씀하신 후 기도회를 시작하셨습니다. 청년회원들이 차례대로 기도하는데 어떤 자매의 차례가 되었습니다. 그 자매는 큰 소리로 이렇게 기도하는 겁니다.

"하나님, 용서해 주세요. 그동안 저는 자신만을 위해 기도해 왔습니다. 오늘 이 시간에는 저의 부모님을 위해서 기도합니다. 저의 부모님은 무엇보다도 인품이 훌륭하고 능력이 있는 사위를 보기 원하십니다. 부디 좋은 사위를 맞이하여 그들의 딸이 행복한 것을 보게 하옵소서."

구하여도 받지 못함은 정욕으로 쓰려고 잘못 구함이니라 – 야고보서 4:3

55) 자격 없는 자를 위한 탄원

나폴레옹이 이끄는 병사들 중에 한 사람이 탈영을 했다가 붙들려 왔습니다. 그 병사는 이번이 두 번째의 탈영이었기 때문에 벌로써 최고형인 사형을 언도받았습니다. 그런데 그의 어머니가 나폴레옹에게 달려와서 아들을 살려달라고 애절하게 탄원했습니다. 그러자 나폴레옹은 "두 번씩이나 탈영한 당신의 아들을 위해서 이런 탄원을 하는 것은 의롭지 않다."고 거절했습니다.

이때 그 어머니는 이렇게 말했습니다. "황제시여, 저는 의를 베풀어 달라고 탄원하는 것이 아니라 폐하께 자비를 구하고 있습니다. 저는 자비를 탄원하고 있는 것이지 의를 탄원하는 것이 아닙니다." 이에 대해 나폴레옹은 단호하게 "한 번도 아닌 두 번씩이나 탈영을 한 당신의 아들은 자격이 전혀 없다."라고 뿌리쳤습니다.

그러나 어머니는 단념하지 않고 다시 엎드려 간절하게 빕니다. "황제시여, 제 아들이 자격이 없기 때문에 긍휼을 구하는 것입니다. 자격이 없기 때문에 제 아들에게 자비를 구하는 것입니다. 자격이 있다면 제가 왜 긍휼과 자비를 구하겠습니까? 그러니 폐하, 제 아들에게 당신의 자비를 베풀어 주십시오."

여호와여 내가 주께 대한 소문을 듣고 놀랐나이다 여호와여 주는 주의 일을 이 수년 내에 부흥케 하옵소서 이 수년 내에 나타내시옵소서 진노 중에라도 긍휼을 잊지 마옵소서 - 하박국 3:2

56) 환난 중에 도움을 구하는 기도

오래전 영국에서는 "국가의 허가를 받지 않고 설교하는 자는 무조건 벌을 받는다."라며 신앙을 제한한 때가 있었습니다. 그런데 한 젊은이가 이 법을 어겨 12년 동안 감옥에서 지내야 했습니다. 그 긴 세월 동안 앞을 보지 못하는 그의 아내는 거지처럼 구걸하다가 죽게 되었고, 그의 세 자녀들도 졸지에 고아가 되어 생계를 스스로 책임져야 하는 처지가 되었습니다. 이런 비참한 상황 속에서도 그 젊은이는 감옥에서 이런 기도를 드렸습니다. "하나님, 전 너무나 고통스럽습니다. 그러나 제가 주를 위해서 할 수 있는 일이 있을까요? 만약 제가 하나님을 위해 할 수 있는 일이 있다면 저는 절망하지 않겠습니다."

이때 주께서 그의 마음에 감동을 주셨습니다.

"너는 글을 쓰거라. 나는 너에게 글을 쓸 수 있는 달란트를 주었노라."

주 앞에 엎드려 기도하는 그 젊은이에게 이런 환상이 보였습니다. 주님의 나라를 향하여 걸어가는 한 사람의 모습이 보였던 것입니다. 이 젊은이가 바로 그 유명한 존 번연(John Bunyan)이며, 그가 쓴 책이 바로 '천로역정'입니다.

이에 저희가 그 근심 중에서 여호와께 부르짖으매 그 고통에서 인도하여 내시고 광풍을 평정히 하사 물결로 잔잔케 하시는도다 - 시편 107:28, 29

57) 요구할 대상이 있는 행복

아주 오래간만에 만난 두 사람이 서로 자기 살아온 이야기며, 가정이야기를 나누고 있었습니다. 마침내 자녀들의 이야기를 하게 되었을 때 한 사람이 "자네 아들은 어떤가?"라고 물었습니다. 질문을 받은 사람은 "자네와 마찬가지로 밤낮 돈 드는 일뿐이네. 처음에는 자전거 사줬더니 조금 있다가는 자동차를 사달라고 난리야. 눈만 뜨면 자식들이 그저 돈만 요구한다네. 자네는 어때?"라고 했습니다.

그러자 그 친구는 가만히 생각하더니 이렇게 대답했습니다. "내게도 자네같이 요구하는 아들이라도 있었으면 좋겠네. 내 아들은 2년 전에 교통사고로 세상을 떠났네. 죽은 내 아들은 내게 아무것도 요구하지 않는단 말이야."

구하라 그러면 너희에게 주실 것이요 찾으라 그러면 찾을 것이요 문을 두드리라 그러면 너희에게 열릴 것이니 - 마태복음 7:7

58) 길가에 떨어진 씨

C. S. 루이스(C. S. Lewis)는 그의 저서, 「악마의 편지」에서 길가에 떨어진 씨를 설명하는 마음 밭의 비유를 탁월하게 설명하였습니다. 어느 날 영국의 어떤 노신사는 일주일에 한 번씩 습관적으로 도서관에 들어갔습니다. 그는 도서관에서 책을 뒤지다가 수많은 책 중에 우연히 신앙에 관한 책을 한 권 집어 들었습니다. 그런데 그는 그 책을 읽다가 마음에 갑자기 하나님에 대한 생각이 싹트기 시작했습니다.

"그분은 어떤 분일까? 나는 그분과 어떤 관계를 맺어야 하는가?"

이런 생각을 하고 있는 노신사에게 그 순간 사단이 찾아와 그의 마음에 이렇게 말합니다. "점심시간이야. 배고픈데 뭘 그렇게 생각하나? 골치 아프게?"

그 순간 그는 마음에 생긴 하나님에 대한 생각을 누르고 식당으로 갔습니다. 왜냐하면 하나님에 대한 생각을 하다가 갑자기 배가 고파서 식사를 하고 싶은 생각이 들었기 때문입니다. 그런데 그는 점심을 먹다가 또다시 하나님에 대한 생각이 마음에 일어나기 시작했습니다. "그분은 도대체 어떤 분일까? 나는 그분과 어떻게 관계를 맺어야 하는가?"

이때 사단은 노신사의 마음에 다시 찾아와 방해를 했습니다. 노신사는 사단의 말대로 "밥 먹는데 뭘 골치 아프게 쓸데없는 생각을 하지? 우선 식사를 끝내고 보자"면서 우선 식사를 끝냈습니다. 또다시 하나님 생각이 어렴풋이 나오려 했지만 사단의 방해 때문에 노신사는 "그거, 뭐 있을 수 있는 생각이지. 오늘은 너무 바빠. 집에 가서 할 일이 너무 많은데 지금은 쓸데없는 생각을 하고 있을 때가 아니지."라고 그의 마음에 솟아오르는 생각을 막았습니다.

그는 밖으로 나와 버스 타자마자 자리에 앉아 신문을 읽으면서 아무 일도 없었던 것처럼, 아무런 자극도, 아무런 변화도 경험하지 않았던 사람처럼 다른 때와 마찬가지로 집으로 돌아갔습니다. 이때 마치 자신에게 아무 사건도 일어나지 않은 것처럼 생각하며 버스를 타고 가는 노신사의 뒤에서는 사단이 '회심의 미소'를 짓고 있었습니다.

말씀이 길가에 뿌리웠다는 것은 이들이니 곧 말씀을 들었을 때에 사단이 즉시 와서 저희에게 뿌리운 말씀을 빼앗는 것이요 - 마가복음 4:15

59) 시기, 질투를 누르는 축복의 힘

옛날에 영국 런던에는 세 분의 아주 유명한 목사님이 있었습니다. 한 분은 그리스도 교회의 F. B. 마이어 목사님인데 책을 무척 많이 쓰신 목사님이었습니다. 또 한 분은 기독교 역사상 제일 설교를 잘하시는 침례교회 스펄전 목사님입니다. 그리고 마지막 한 분은 웨스트민스터 교회의 캠벨 몰간 목사님입니다.

그런데 이 세 분 중에 몰간 목사님이 잠시 미국에 가서 사역을 하게 된 때가 있었습니다. 몰간 목사님과 친구 사이였던 마이어 목사님은 그분이 미국에 있는 동안 그를 위해서 열심히 기도했습니다. 그러다가 몰간 목사님이 다시 영국으로 돌아와 웨스트민스터교회를 담임하게 되었을 때 마이어 목사님은 이런 고백을 했습니다.

"몰간 목사님이 미국이 있을 때에는 기도하기가 좋았는데 서로 같은 도시에서 일하게 되니까 그를 위해서 기도하지 않게 되더군요." 이 말의 의미는 세탁소에서 일하는 사람이 보석상 하는 사람을 위해서 기도하기는 쉽지만 같은 직종에 있는 사람들을 위해서 축복하며 기도하기란 쉽지 않은 마음과 같다는 뜻이었습니다.

어느 날부터인가 자꾸만 마이어 목사님의 마음에 다른 목사님에 대한 시기심이 일어났습니다. '나는 스펄전 목사님처럼 설교에 인기를 얻지 못하고 몰간 목사님처럼 권위 있는 목회를 하지도 못하는구나.'라는 마음이 자꾸 생겨 하나님께 기도를 했습니다. "하나님, 저의 마음에서 이 시기와 질투를 없애 주시옵소서." 그러나 아무리 기도를 해도 그 시기는 그치지 않았습니다.

그런데 어느 날 깊이 기도하는 마이어 목사님에게 하나님의 인자한 음성이 들려왔습니다.

"네 기도를 바꾸어라. 질투를 없애 달라고 기도하지 말고, 그들을 위해서 축복의 기도를 해라." 주님의 음성을 들은 후부터 마이어 목사님은 이렇게 기도를 바꾸었습니다. "하나님, 스펄전 목사님과 그 교회를 축복하여 주옵소서. 캠벨 몰간 목사님과 웨스트민스터 교회를 축복하여 주옵소서."라고 기도하니 마음에 평안과 기쁨과 자유가 가득 생기기 시작했습니다.

어느 날 자기가 담임하는 교회의 공개 기도석상에서 마이어 목사님은 이런 기도를 했습니다. "하나님, 몰간 목사님의 교회를 축복해 주셔서 사람들이 가득 메워지게 해 주옵소서. 그래서 들어갈 자리가 없어서 사람들이 남거든 우리 교회에 보내 주시옵소서." 그 후 이 세 분은 아주 가까운 친구가 되었고 이 세 교회는 모두 크게 성장했습니다. 그리고 모두 아름답게 주를 위해 사역했습니다.

우리 각 사람이 이웃을 기쁘게 하되 선을 이루고 덕을 세우도록 할지니라 - 로마서 15:2

60) 하늘 향해 두 손 든 하이든

위대한 성가를 많이 작곡했던 하이든(Franz Joseph Haydn)에게 하루는 어떤 사람이 이런 질문을 했습니다. "당신은 그 놀라운 음악을 작곡하는 영감을 어디에서 얻습니까?"

하이든은 이렇게 대답합니다. "나는 기도할 때마다 이렇게 고백합니다. 하나님, 하나님은 내 삶의 주인이십니다. 하나님이 제게 지혜를 주시기 때문에 아름다운 음악을 작곡할 수 있습니다. 제가 작곡하는 것은 하나님의 영광을 위해서

이며 또한 제가 작곡한 음악을 주님 앞에 드립니다."

그의 곡 가운데 '천지창조'라는 유명한 곡이 있는데, 이 곡은 성경의 창세기와 존 밀턴의 '실락원(失樂園)'에 근거하여 지은 것입니다. 이 곡이 비엔나에서 공연되던 날 하이든은 몸이 몹시 아파 뒤에 앉아 있을 수밖에 없었습니다. 연주가 끝났을 때 수많은 청중들이 지휘자에게 박수를 보내자 지휘자는 박수를 중단시키며 뒷좌석 발코니에 앉아 있는 하이든을 가리켰습니다. 그리고 이렇게 외쳤습니다. "저분입니다. 저분이 이 놀랍고 아름다운 음악을 작곡했습니다." 사람들은 일제히 고개를 돌려 하이든에게 박수를 보냈습니다.

그러자 하이든은 청중들의 우레와 같은 박수를 중단시키고는 두 손을 들어 하늘을 가리키면서 이렇게 말했습니다. "아니오. 나는 아무것도 아닙니다. 그분이 모든 것입니다. 이 모든 것은 하늘로부터 온 것입니다. 주님께서 나에게 지혜를 주셨습니다. 오직 그분께만 영광을 돌리십시오."

영광의 왕이 뉘시뇨 만군의 여호와께서 곧 영광의 왕이시로다 – 시편 24:10

61) 도둑질한 영광

제가 전도사로 있었을 당시, 선명회의 총재였던 스탠 무니햄 박사가 한국에 방문하여 부산 구덕체육관에서 집회를 열게 되었습니다. 제가 그 집회의 통역을 맡게 되어 생애 처음으로 많은 사람들 앞에 서게 되었습니다. 저는 떨리고 두려운 마음으로 주님의 도우심을 구하면서 열심히 통역했습니다. 그날 밤 집회는 성령의 놀라운 은혜 가운데 진행되었고 많은 사람들이 회개하고 주님께 돌아오는 역사가 일어났습니다.

집회가 끝난 후 숙소로 돌아왔을 때 부산 시내의 많은 목사님들과 장로님들이 저를 찾아왔습니다. 그분들은 한결같이 매우 은혜로운 집회였다고 말했습니다. 그리고 저에게는 세상에 이렇게 통역 잘하고 목소리와 외모까지 좋은 사람은 처음 본다며 입에 침이 마르도록 칭찬을 해 주셨습니다. 저는 정말 기분이 좋아 '드디어 내가 한국 교회에서 떠오르는 샛별이 되는구나.' 하며 자아도취에 빠졌습니다. 기분이 어찌나 좋은지 그날 밤에는 잠조차 이룰 수 없었습니다.

그 다음 날 저녁 집회 때 또다시 통역을 하기 위해 강단에 올라갔는데 어처구니없게도 집회가 시작된 지 5분쯤 지나자 목이 완전히 잠겨 버렸습니다. 통역이고 뭐고 목소리 자체가 나오지 않았습니다. 소리를 내 보려고 안간힘을 쓰다가 결국 포기하고는 다른 목사님께 통역을 부탁해야만 했습니다. 저는 참담한 심정으로 집회가 끝나기도 전에 택시를 타고 숙소로 돌아왔습니다. 체면 손상이 이만저만이 아니라고 생각하니 잠을 이룰 수 없었습니다. 그런데 밤 12시가 지나자 갑자기 제 마음에서 조용한 주님의 목소리가 들려왔습니다.

"그 목소리가 네 목소리냐? 통역하는 능력이 네 것이냐? 내가 준 선물, 내가 준 은사, 내가 준 목소리, 내가 준 능력을 가지고 하면서 왜 네가 영광을 가로채려고 하느냐?" 그 즉시 저는 바로 침대에서 내려와 무릎을 꿇고 기도했습니다. 그리고 주님의 영광을 도둑질하려 한 것을 회개했습니다. 저는 주님 앞에 너무나 부끄러웠습니다. 그리고 성경을 펼쳤는데 시편 115편이 눈에 들어왔습니다.

"여호와여 영광을 우리에게 돌리지 마옵소서 우리에게 돌리지 마옵소서 오직 주의 인자하심과 진실하심을 인하여 주의 이름에 돌리소서."

저는 마음이 찔려 밤이 깊어 가는 줄도 모르고 눈물로 얼굴을 적시며 기도하였습니다. 그때 저는 커다란 손이 저를 붙잡는 느낌을 받았습니다. "이제 나를 의지하고 겸허하게 사역을 계속하라." 저는 그날 새벽 주님의 위로와 받은 은혜를 잊을 수 없습니다.

셋째 날 저녁이 되었는데 목사님들이 걱정되는 눈빛으로 저를 바라보셨습니다. 그날 제가 다시 기회를 얻어 통역을 시작했는데 첫날과 같은 깨끗한 목소리가 되살아나서 은혜 가운데 무사히 집회를 마쳤습니다. 저는 지금도 제가 제 자신을 높이고 싶은 유혹이 찾아오면 부산에서 새벽을 맞이하며 주님 앞에 엎드렸던 그 시간으로 다시 돌아갑니다.

시 115:1 여호와여 영광을 우리에게 돌리지 마옵소서 우리에게 돌리지 마옵소서 오직 주의 인자하심과 진실하심을 인하여 주의 이름에 돌리소서

62) 죽음으로부터의 자유

한 세기에 가장 커다란 발자취를 남겼던 실존주의 철학자 사르트르(Sartre)는 1980년 3월에 불란서 파리의 부르세 병원에 폐수종으로 입원했습니다. 그는 한

달 동안을 이 병원에서 발악하며 보냈습니다. 소리를 지르고 찾아온 사람들을 향하여 고함을 치며 절규했습니다. 그러면서도 그는 죽음에 대한 불안과 공포 때문에 자기의 병명이 무엇인지 곁에 있는 아내에게조차 묻지 못했습니다. 그는 현대인에게 깊은 감동을 주었고 자유라는 수많은 수필과 글을 남겼지만 그의 마지막은 실로 비참했습니다. 그는 1980년 4월 16일 입원한 지 한 달 만에 몹시 괴로워하다가 병원에서 세상을 떠났습니다.

그가 세상을 떠나고 난 후 불란서의 신문들은 사르트르의 죽음에 대하여 떠들기 시작했습니다. 죽음으로부터의 자유를 그렇게도 외쳤던 그의 말로가 이렇게 비참했던 이유에 대해서 어떤 독자는 이렇게 신문에 투고했습니다. "사르트르의 말로가 그렇게도 비참했던 이유는 사르트르에게 돌아갈 고향이 없었기 때문이다." 사르트르에게는 진정으로 돌아갈 고향이 없었습니다.

반면 독일 고백교회 신학자인 디트리히 본회퍼(Dietrich Bonhoeffer)는 세계대전 중에 독일의 수용소에서 나치에게 항거하다가 죽음을 맞이했습니다. 어느 날 갑자기 한 간수가 문을 두드리고 들어오는데 그는 직감적으로 이것이 자기의 마지막이라는 것을 알았습니다. 그는 벌떡 일어나 감방에 있던 자기의 동지들에게 이렇게 인사를 했습니다.

"동지 여러분! 이제 나에게는 죽음이 왔습니다. 그러나 기억하십시오. 이것은 마지막이 아니고 시작입니다. 주님께서 나를 위해서 예비하신 아버지의 집에서 만날 때까지 여러분! 안녕히 계십시오." 마지막 인사를 하고 감방을 나서는 그에게서 놀라운 평안과 기쁨이 넘쳐 났습니다. 그 감옥에 있었던 사람들은 하나님을 신뢰하는 사람의 마지막 모습을 충격과 감동으로 보았습니다. 본회퍼에게는 돌아갈 고향이 있었습니다.

저희가 이제는 더 나은 본향을 사모하니 곧 하늘에 있는 것이라 그러므로 하나님이 저희 하나님이라 일컬음 받으심을 부끄러워 아니하시고 저희를 위하여 한 성을 예비하셨느니라 - 히브리서 11:16

63) 천국으로 보낸 재료

밴 다이크(Van Dike)는 이러한 이야기를 하였습니다.

로마의 어떤 부자가 천국에 갔는데 한 천사의 안내를 받아서 천국의 이곳저곳을 구경하게 되었습니다. 천국을 구경하던 중 매우 아름다운 집이 있는 것을 발견했습니다. 그 집은 아주 근사하고 멋있는 집이었습니다. 부자는 부러움의 말투로 "도대체, 이 아름다운 집의 주인은 누구요?"라고 물었습니다. 그러자 천사는 "그 집은 당신이 종으로 부렸던 사람의 집이오."라고 대답했습니다. 깜짝 놀란 부자는 당황하며 "그럴 수는 없습니다. 어떻게 그 사람이 천국에서 이런 멋진 집을 소유할 수 있습니까?"라고 천사에게 불평했습니다. 그의 불평에 천사는 태연하게 이렇게 대답했습니다.

"천국에는 실수가 없고 오류가 있을 수 없는 곳입니다. 우리는 땅에서 그가 보낸 재료로 이 집을 지었을 뿐입니다."

천사의 단호한 대답에 더 이상 우길 수 없었던 부자는 천국의 다른 장소로 한참을 가게 되었습니다. 더 가다 보니 이번에는 너무나 낡고 허술한 집 한 채가 보였습니다. 부자는 천국에도 이런 초라한 집이 있는가 의아하게 생각되어 "도대체 저 집은 누구의 집이요?"라고 천사에게 또 물었습니다. 그러자 천사는 놀랍게도 "당신 집이오."라고 말하는 것입니다.

"그럴 수는 없습니다. 어떻게 이런 더럽고 누추한 집이 내 집일 수 있습니까?"

"천국에는 절대 오류가 없습니다. 실수도 없습니다. 착각도 전혀 없습니다. 이 집은 당신이 세상을 살면서 보낸 재료로 지어진 집입니다."

지금 우리의 물질은 무엇을 위해서, 어떤 일에 쓰이고 있습니까?

오직 너희를 위하여 보물을 하늘에 쌓아 두라 거기는 좀이나 동록이 해하지 못하며 도적이 구멍을 뚫지도 못하고 도적질도 못하느니라 네 보물 있는 그곳에는 네 마음도 있느니라 - 마 6:20 - 21

64) 하늘 집을 분양받은 할머니

제가 잘 아는 할머니 한 분을 소개하려고 합니다. 그분은 일찍이 홀로 되셔서 콩나물 장사를 하면서 자녀들을 모두 교육시키셨습니다. 그 자녀들이 장성하여 나름대로 세상에서 인정받고 잘사는데도 할머니는 자녀들과 같이 살지 않고 작은 오두막집에 혼자 검소하게 사셨습니다.

자녀들은 혼자 사시는 어머니를 보며 "어머니, 이제 우리들도 모두 잘사니 어머니를 호강시켜드리며 살 수 있어요. 이런 보잘것없는 집에서 혼자 살지 마시고 저희랑 좋은 집에서 사세요."라고 애원했습니다.

그러자 이 어머니는 자녀들에게 이렇게 말했습니다. "너희들이 애원하니 나도 어쩔 수가 없구나. 그렇다면 나를 위해 이런 집을 지어다오. 집 바닥은 온통 유리로 하되 기둥은 12개로 하고 그 기둥 밑바닥에는 반드시 보석을 박아라. 보석은 각기 다른 색깔로 하고 문은 12개가 되어야 한다."

어머니의 말을 들은 자녀들은 하나같이 "어머니, 농담이시죠. 세상에 그런 집이 어디 있으며, 그런 집을 어떻게 짓나요?"라며 기가 막힌다는 듯이 되물었습니다. 그들의 반응에 대한 어머니의 말은 더 걸작이었습니다.

"그런 집이 어디 있냐고? 왜 없냐? 나는 그런 집을 하늘나라에 분양받았는데…… 그래서 곧 그곳에 살게 될 테니 나보고 더 좋은 집으로 가서 살자고 하지 말려무나."

만일 땅에 있는 우리의 장막 집이 무너지면 하나님께서 지으신 집 곧 손으로 지은 것이 아니요 하늘에 있는 영원한 집이 우리에게 있는 줄 아나니 – 고린도후서 5:1

6. 예화적용을 통한 제자화

1) 천당지점

일제시대에 목숨을 걸고 예수님을 전한 최권능 목사님이 계십니다. 그분이 전하는 메시지는 오로지 "예수 천당!"이었습니다. 하루는 일본 경찰이 길을 지나가는데 목사님이 큰 소리로 "예수 천당"이라고 외쳤다가 경찰서로 잡혀가게 되었습니다.

"당신은 도대체 뭐하는 사람이기에 이상한 소리를 외치고 다니는 거요?"라고 일본 경찰이 묻자, 목사님은 아무 대답도 하지 않고 다시 "예수 천당"이라고 외쳤답니다. 그러자 일본 경찰이 약간의 호기심이 담긴 어투로 목사님께 이렇게 물었답니다.

"당신은 예수 천당이라고만 외치는데, 진짜 천당이라는 것이 있기는 하오? 만일 있다면 예수를 보여주든지 천당을 보여주든지 하시오."

그때 목사님은 자신에 찬 목소리로 말했답니다.

"지금 당장 천당 본점은 보여줄 수 없어도 천당 지점은 언제든지 보여줄 수 있소. 바로 내 마음이 천당 지점이라오."

눅 17:21 또 여기 있다 저기 있다고도 못하리니 하나님의 나라는 너희 안에 있느니라

2) 희망의 종

2차 세계대전이 발발할 때 영국의 국민들은 불확실한 미래에 대한 불안과 공포에 휩싸여 있었습니다. 이때 영국의 황실과 윈스턴 처칠 수상은 영국 교회의 요청에 의해서 온 교회에서 같은 시각에 일제히 종을 울리도록 했습니다. 그 종은 전쟁 중에 모든 사람들에게 희망을 심어 주기 위한 '희망의 종'이라고 불렸습니다. 그 희망의 종이 울리기 전 영국 황실은 영국 성공회의 주교였던 윌리엄 템플(William Temple)에게 전 국민에게 보내는 설교 방송을 의뢰하였습니다.

윌리엄 템플 주교는 방송을 통해 역사적인 설교를 시작하였습니다.

"대영제국 국민 여러분, 잠시 후 이 땅의 모든 교회에서는 종이 울릴 것입니다. 종소리를 듣거든 모두 교회로 나아갑시다. 그리고 역사의 주인 되신 전능하신 하나님을 바라봅시다. 지금이야말로 하나님의 인도를 받을 때입니다."

우리 하나님이여 저희를 징벌하지 아니하시나이까 우리를 치러 오는 이 큰 무리를 우리가 대적할 능력이 없고 어떻게 할 줄도 알지 못하옵고 오직 주만 바라보나이다 하고 - 역대하 20:12

3) 희망을 심어 준 기사

2차 세계대전이 일어났을 때 영국 런던이 첫 번째 폭격을 받았습니다. 그 이튿날 아침에 런던에 있던 모든 언론계 기자들이 한자리에 모였는데 그때 한 저널리스트가 이런 제안을 했습니다.

"영국 언론은 사회에 대하여 아주 예리한 비판적 안목을 가진 언론으로 유명합니다. 그러나 지금은 비판할 때가 아닙니다. 지금은 전시(戰時)이고 지금은 국민에게 희망을 주어야 할 때입니다. 비판은 나중에 하기로 하고 이제 잠시 동안만은 희망을 선전하고 희망의 기사를 씁시다. 신문에서 희망을 보게 하여 우리의 현실이 절망적인 상황이 아니라 우리가 승리할 수 있다는 낙관과 희망을 우리 민족에게 주도록 합시다."

그 자리에 모여 있던 신문 기자들은 그 저널리스트의 말에 모두 합의하여 모든 기사의 논조를 다르게 썼습니다. 전쟁에 대한 긍정적인 메시지를 실었고 군대에 출정하는 젊은이들의 늠름한 모습을 보도했습니다. 그리고 사랑하는 남편과 아들을 전쟁터로 보내고 그들을 위해 기도하러 예배당에 모인 성도들의 모습이 신문의 헤드라인을 차지했습니다. 또한 이 전쟁에서 승리할 것이라는 지도자들의 희망에 찬 메시지가 실리기 시작했습니다. 그러자 갑자기 영국 국토 전체는 한순간에 변하기 시작했습니다. 그들은 희망을 갖기 시작했고 승리를 믿기 시작했습니다.

나의 영혼아 잠잠히 하나님만 바라라 대저 나의 소망이 저로 좇아 나는도다 - 시편 62:5

4) 작은 희망

유명한 심리학자였던 빅터 프랭클(Viktor E. Frankl)이 나치 독일 수용소에 갇혔을 때 그는 감옥 안에 있는 동료들이 삶을 포기하고 죽어 가는 광경을 지켜보면서 이렇게 말했습니다.

"친구 여러분, 저 조그마한 창이 보이지 않습니까?"

그의 말에 한 죄수가 신경질적으로 대답했습니다.

"창을 봐야 시커먼 회색 담벼락밖에 없지 않소."

"아니, 그 회색 담벼락 저 건너편에 있는 맑고 푸른 하늘을 바라보십시오. 밤에도 빛나는 별들을 바라봅시다."

우리가 성령으로 믿음을 좇아 의의 소망을 기다리노니 – 갈라디아서 5:5

5) 꿈을 위한 대가

알렉산더 대왕은 자기의 꿈을 실현하기 위해서 그리스와의 대대적인 전쟁에 출정하기 직전에 자기의 보물창고를 열어 자기 휘하의 장군들에게 그 보물을 다 나누어 주었습니다. 한 참모가 물었습니다. "보물을 하나도 남겨 두지 않고 다 나누어 주시면 어떻게 합니까?"

알렉산더 대왕은 이렇게 대답했습니다. "나는 가장 중요한 것을 남겨 두었네. 바로 희망을 남겨 두었지. 나는 동(東)과 서(西)로 나누어진 이 세계가 나의 꿈으로 하나가 되는 위대한 희망을 가지고 있네. 그리고 이 희망을 위해서라면 나는 이 보물을 얼마든지 사용할 수 있네."

그의 희망은 세계를 향한 비전이었습니다. 그에게는 창고에 모아 두었던 보물보다 희망이 더 위대한 보물이었습니다. 그는 그의 위대한 비전을 위해서 그 어떤 대가도 지불할 수 있는 각오와 준비가 되어 있었습니다.

극히 값진 진주 하나를 만나매 가서 자기의 소유를 다 팔아 그 진주를 샀느니라 – 마태복음 13:46

6) 내일이 없는 삶

6 · 25 동란 중에 한 미국인 군목이 전선을 방문했습니다. 그는 적과 싸움을

하고 있는 미군 병사들을 위로하며 여러 가지 이야기를 나누었습니다. 그들 중 전쟁터에서 고생을 하고 있는 한 미군 병사에게 이런 질문을 했습니다. "만일 나에게 한 가지만 요구한다면 당신은 무엇을 요구하겠습니까?"

이때 미군 병사는 군목에게 이런 유명한 말을 했습니다.

"나에게 내일을 주시오."

그에게는 내일이 없다는 불안과 운명에 대한 불안이 가장 고통스러웠습니다.

너는 내일 일을 자랑하지 말라 하루 동안에 무슨 일이 날는지 네가 알 수 없음이니라 - 잠언 27:1

7) 꿈을 잃어버린 사람

불란서의 레지스탕스 저항운동이 한창일 때에 저항운동을 하던 학생들이 있었습니다. 그런데 어느 날 그들이 조국을 위하여 거사하려던 모의 계획이 모두 탄로가 나게 되었습니다. 절망한 청년들은 "이제 우리는 모든 것이 끝났다."라고 소리치며 낙심했습니다.

그때 한 청년이 우뚝 서서 이렇게 절규하며 외쳤습니다.

"동지 여러분! 아직 끝나지 않았습니다. 우리가 꿈을 잃어버릴 때, 그때가 마지막입니다."

우리에게 진정한 마지막은 꿈을 잃을 때 찾아옵니다.

잠 29:18 묵시가 없으면 백성이 방자히 행하거니와 율법을 지키는 자는 복이 있느니라

8) 꿈이 없는 자

리처드 바크의 저서, '갈매기의 꿈'에 나오는 내용입니다.

주인공인 갈매기 조나단은 고독한 선구자였습니다. 갈매기들은 해변가를 조금 날아서 겨우 먹이를 찾아 먹고는 제자리로 돌아가 있다가 다시 배가 고프면 다시 가서 먹이를 먹는 일이 고작이었습니다. 그것밖에는 갈매기들이 더 이상 날아다닐 곳이 없었습니다. 그것이 갈매기 인생의 전부였던 것입니다.

그러나 그중에 꿈을 가진 조나단이라는 갈매기가 도전을 시작했습니다. 그는 친구들에게 이렇게 말했습니다. "우리는 더 높이 날 수 있어. 그리고 우리는 더 멀리 바라볼 수 있어." 그는 친구들에게 미지의 나라를 향하여 가자고 속삭였습니다. 그러나 다른 갈매기들은 조나단을 미쳤다며 쫓아내어 그 사회에서 추방하였습니다.

추방당한 조나단은 너무나 슬펐습니다. 그 슬픔은 그들의 사회에서 쫓겨났기 때문이 아니라 그들이 더 커다란 꿈을 모르는 데에서 나온 것입니다. 고독한 선구자 조나단의 슬픔은 높이 날 수도 있는데, 멀리 갈 수도 있는데 친구들이 자기의 한계 이상을 거부하는 짧은 안목에 대한 슬픔이었습니다.

오직 나는 여호와를 우러러보며 나를 구원하시는 하나님을 바라보나니 나의 하나님이 나를 들으시리로다 - 미 7:7

9) 한 심리학자의 시각

빅터 프랭클(Viktor E. Frankl)이라는 유대인 심리학자가 있었습니다. 그는 2차 세계대전 당시 다른 동료들과 함께 수용소에 갇혀 있었지만 실망하지 않고 심리학자로서 의무를 다합니다. 죽음의 기로에 선 사람들의 모습을 보면서 "모든 사람들이 같은 상황에 처해 있으면서도 나이와 건강 등에 상관없이 어떤 사람은 일찍 죽고 또 어떤 사람은 그렇지 않은가?"에 대한 연구를 하기 시작했습니다. 그는 끊임없이 관심을 가지고 사람들을 유심히 관찰한 결과, 살 수 있다는 희망이 생명을 지탱하게 하는 힘이라는 사실을 알게 되었습니다. 죽을 수밖에 없는 실제 상황에서도 희망을 포기하지 않고 하루하루를 기대하는 사람들은 그나마 수용소 생활을 잘 견디고 버텨 나갔던 것입니다.

그는 동료들의 심리를 분석하면서 자신도 이렇게 마음을 먹었다고 합니다.
'내가 지금은 수용소에서 죽음을 기다리고 있는 처지지만, 끝까지 삶을 포기하지 않고 희망을 가지고 있는 한 나는 죽지 않는다. 그리고 이곳에 있다는 것이 얼마나 내게는 행운인가! 이런 곳에서 심리학계에 공헌할 만한 진정한 삶의 의미와 생존의 상관관계에 대하여 연구하고 있으니 말이다. 난 곧 이곳을 나가 많은 사람들 앞에서 강의하게 될 것이다.'

결국 그는 희망대로 살아남아 수용소를 나오게 되었고 그 후에 「실존 분석적 의미의 정신요법」(Logo - therapy)을 창안하는 위대한 업적을 남겼습니다.

시25:1 여호와여 나의 영혼이 주를 우러러 보나이다

10) 큰 바위의 얼굴

어느 마을 산마루에는 사람들이 보기만 해도 마음을 편안하게 해 주는 사람 얼굴을 닮은 큰 바위가 있었습니다. 그래서인지 큰 바위에 얽힌 전설이 그 마을에 전해져 내려오고 있었습니다. 그 마을 사람들은 언젠가 큰 바위의 얼굴을 닮은 사람이 나타나서 자신들에게 행복을 안겨 줄 것이라고 믿고 있었습니다.

그러던 어느 날 큰 바위 얼굴을 닮았다고 하는 어떤 장군이 나타나서 마을 전체가 소동이 났습니다. 마을 사람들은 모두 그에게 기대를 걸었지만 얼마 지나지 않아서 장군은 실망을 안겨준 채 떠나고 말았습니다. 그 후에 큰 바위의 얼굴을 닮은 정치가도, 시인도 나타났지만 그들 역시 마을 사람들에게 상처만 남기고 떠나 버렸습니다.

마을 사람들은 이제 더 이상 행복을 가져다줄 큰 바위 얼굴을 닮은 사람은 나타나지 않으려나 보다며 희망을 포기하기 시작했습니다. 그런 그들의 모습을 보고 오랫동안 그 마을에 살던 한 사람이 위로의 말을 합니다. "우리는 여전히 포기하지 않고 그 사람을 기다려야 합니다."

그때 그의 모습이 붉은 저녁노을에 비추이자 마을 사람들 중 하나가 외쳤습니다.

"어네스트를 보셔요. 저 사람이 바로 큰 바위의 얼굴입니다."

큰 바위의 얼굴을 닮은 사람은 바로 마을 토박이인 어네스트였던 것입니다. 그는 어릴 적부터 산마루의 바위의 얼굴을 보고 그 바위를 닮은 사람을 기다리면서 자랐기 때문에 그는 자신도 모르게 점차 그 큰 바위의 얼굴을 닮아가고 있었던 것입니다.

이 스토리는 청교도 작가인 나다니엘 호돈(Nathaniel Hawthorne)의 작품입니다. 작가는 이 "큰 바위의 얼굴"을 통해 그리스도인의 꿈을 이야기하고 있습니다. 우리들은 과연 예수님을 닮은 사람들인지요.

민음의 주요 또 온전케 하시는 이인 예수를 바라보자 저는 그 앞에 있는 즐거움을 위하여 십자가를 참으사 부끄러움을 개의치 아니하시더니 하나님 보좌 우편에 앉으셨느니라 - 히브리서 12:2

11) 산 소망

유명한 종교개혁자인 마틴 루터(Martin Luther)도 개혁의 말기에 지쳐서 모든 것을 포기하고 싶은 유혹을 받았습니다. 그래서 사실상 그는 모든 것을 포기하고 자리에 누워 '모든 것이 끝났어.' 하며 넋두리를 늘어놓았습니다. 그때 지혜로운 그의 아내가 상복을 입고 방으로 들어왔습니다. 상복을 입은 아내를 보고 깜짝 놀란 그는 "아니 누가 죽었소?"라고 다급히 물었습니다.

아내는 "예, 하나님께서 돌아가셨습니다."라고 말했습니다. 아내의 황당한 대답에 루터는 "하나님이 돌아가시다니! 무슨 소리요?"라고 소리쳤습니다.

루터의 아내는 정색을 하고 말했습니다.

"하나님이 안 돌아가셨으면 당신이 그렇게 누워 있을 리가 없지요."

이 아내의 말 한마디가 루터를 흔들어 깨웠습니다.

"그렇지! 살아 계시지."

그는 벌떡 일어나 그의 사명을 수행하기 시작했습니다.

찬송하리로다 우리 주 예수그리스도의 아버지 하나님이 그 많으신 긍휼대로 예수그리스도의 죽은 자 가운데서 부활하심으로 말미암아 우리를 거듭나게 하사 산 소망이 있게 하시며 - 베드로전서 1:3

12) 인생을 주관하시는 하나님

유명한 찬송가 작사가 패니 크로스비(F. J. Crosby)는 신앙이 좋은 할머니와 어머니 밑에서 성경을 배우며 자랐습니다. 그러나 그녀는 육체의 질병과 앞을 보지 못하는 어둠 때문에 날마다 괴로워했습니다. 그래서 자신의 인생을 원망하고, 사회를 원망하고, 부모와 하나님을 원망했습니다. 그의 원망의 마음은 설교를 들어도 변화되지 못했습니다.

그런데 그녀에게는 그녀를 진심으로 사랑하는 데오드르 캠프라는 선생님이 있었습니다. 그 선생님은 항상 그녀에게 하나님의 말씀을 가지고 복음을 들려주었습니다. 뉴욕에 전염병이 유행하던 어느 날 패니 크로스비는 꿈속에서 자기의 선생님이 죽어 가는 광경을 보게 되었습니다. 그는 죽어 가면서 "네가 나를 천국에서 만나 주겠니?"라고 묻는 것이었습니다. 잠에서 깬 크로스비는 자신이 천국에 갈 확신이 없음을 깨닫고 불안해졌습니다.

그때부터 크로스비는 어떻게 하면 하늘나라에 갈 수 있을지, 어떻게 하면 인생의 의미를 찾고 풍성한 열매를 맺을 수 있을지를 고민하기 시작했습니다. 그녀는 고민 끝에 간호사가 되기로 결심합니다. '착한 일을 하다가 죽는 것이 가장 좋겠다.'고 생각한 그녀는 전염병이 유행하고 있는 뉴욕에서 간호사가 되려고 지원했지만 그녀의 마음 깊은 곳에는 여전히 평안히 없었습니다. 왜냐하면 그녀에게는 죽음 건너편에 있는 영원한 생명에 대한 확신과 참된 소망이 없었기 때문입니다.

그녀는 1850년 11월 20일 어느 교회의 전도 집회에 참석했습니다. 집회의 설교가 끝나고 이 찬송을 부를 때 그녀는 예수그리스도께서 자기를 부르시는 음성을 듣습니다.

"웬 말인가 날 위하여 주 돌아가셨나
이 벌레 같은 날 위해 큰 해 받으셨나
늘 울어도 눈물로서 못 갚을 줄 알아
이 몸밖에 더 없어서 이 몸 바칩니다."

그녀는 주님 앞에 걸어 나와 주님께 고백했습니다.
"주님! 내가 스스로 내 인생을 고쳐 보려고 노력했지만 실패했습니다. 나의 인생을 주님께서 맡으시고 주관하시고 변화시켜 주십시오."
너희가 전에는 양과 같이 길을 잃었더니 이제는 너희 영혼의 목자와 감독되신 이에게 돌아왔느니라 - 베드로전서 2:25

13) 돈으로 살 수 없는 것
미국의 한 신문에서 이런 기사가 실린 적이 있었습니다.

"우리는 돈으로 어디든지 다 갈 수 있다. 다만 천국을 빼놓고는.
우리는 돈으로 무엇이든지 다 살 수 있다. 다만 행복을 제외하고는."

이 신문기사의 내용은 제가 인도하는 새 생활 세미나에서 말한 이야기와 비슷합니다.

"우리는 돈으로 침대는 살 수 있으나 돈으로 잠은 살 수 없습니다.
돈으로 음식은 살 수 있으나 돈으로 식욕은 살 수 없습니다.
돈으로 집은 살 수 있으나 돈으로 참된 가정은 살 수 없습니다.
돈으로 약은 살 수 있으나 돈으로 건강은 살 수 없습니다.
돈으로 사치는 살 수 있으나 돈으로 문화는 살 수 없습니다.
돈으로 쾌락은 살 수 있으나 돈으로 행복은 살 수 없습니다.
돈으로 금 십자가는 살 수 있으나 돈으로 십자가에 못 박히시고 부활하신 그리스도는 살 수 없습니다."

네가 이 세대에 부한 자들을 명하여 마음을 높이지 말고 정함이 없는 재물에 소망을 두지 말고 오직 우리에게 모든 것을 후히 주사 누리게 하시는 하나님께 두며 - 디모데전서 6:17

14) 김구 선생의 변화된 꿈

김구 선생의 '백범일지'를 보면 그가 어렸을 때에 관상쟁이를 희망한 적이 있었다는 내용이 있습니다. 그 시대에 출세하기 위해서는 과거에 급제해야만 하는데, 그 당시만 해도 돈이 있어야 급제할 수 있었답니다. 김구 선생에게는 그런 운이 찾아올 수 없었는데, 어느 날 아버지의 농담이 그의 귀에 들렸습니다.

"관상쟁이가 되면 돈 걱정 없이 살 수 있겠다."

그래서 그는 관상쟁이가 되기로 마음먹습니다. 그는 그것에 관련된 책들을 읽다가 자신의 관상에 대하여 보게 되었습니다. 그런데 자신의 관상이 천하에 불길하고 흉한 상이라고 적혀 있더랍니다. 그래서 '내 관상이 이 모양인데 남의 관상을 본들 무엇하리오.'라는 생각이 들어서 관상쟁이가 되는 것을 포기했다고 합니다.

그러나 그 책에 "관상(觀相)은 신상(身相)만 못 하고 신상은 심상(心相)만 못 하다."(얼굴이 잘생긴 관상은 몸이 튼튼한 신상만 못 하고 몸이 튼튼한 신상은 마음이 순전한 심상만 못 하다는 뜻)라는 마지막 글귀가 김구 선생의 마음을 움직였다고 합니다.

'그렇다. 무엇보다 바른 심상을 가져야 하는데 어떻게 가질 수 있을까?' 계속 그 책을 읽어 가는 가운데 "심상은 마음먹은 대로 결정된다."라는 것을 깨닫게 되었습니다. 그 순간 그는 조국과 민족을 구해야겠다는 마음을 먹었다고 합니다. 결국 그의 결정이 그로 하여금 애국자의 길에 서게 만들었던 것입니다.

무릇 지킬 만한 것보다 더욱 네 마음을 지키라 생명의 근원이 이에서 남이니라 - 잠언 4:23

15) 포기하지 않는 충성

어느 선교사가 여러 해 동안 아프리카에 수많은 열정과 노력을 쏟았음에도 불구하고 선교의 열매를 거두지 못하였습니다. 그러던 어느 날 큰아들과 작은아들이 병에 걸려 시름시름 앓다가 세상을 떠났습니다. 두 아들을 잃은 충격에 부인도 얼마 지나지 않아 세상을 떠나고 말았습니다.

그 선교사는 한꺼번에 두 아들을 잃고 부인마저 세상을 떠나보낸 슬픔에 비관하게 됩니다. '하나님께서는 왜 나에게 이런 큰 시련을 주실까? 나에게 이 선교가 무슨 유익이 있는가.' 그는 고민하다가 결국 선교를 포기하기로 결심했습니다.

그는 모든 짐을 싸서 고향인 미국으로 돌아가는 배에 탔습니다. 마침 그 배에는 휴가를 얻어 아프리카에서 사냥을 하고 돌아오는 미국의 대통령이 타고 있었습니다. 배가 샌프란시스코에 도착하였을 때 대통령을 맞이하기 위하여 온 수많은 사람들이 선착장에 나와 있었습니다. 군악대들의 예포소리와 함께 붉은 주단이 깔리고 사람들은 환호했습니다. 대통령이 선착장을 빠져나가자 군악대의 나팔소리도 멈추고 사람들도 모두 돌아갔습니다. 그 뒤를 선교사는 홀로 고독하게 내려오면서 이런 생각을 했습니다. '휴가를 갔다 오는 대통령은 저렇게 큰 환영을 받는데, 선교를 하다가 두 아들과 부인을 잃고 돌아오는 나를 맞이하는 사람들은 아무도 없구나?' 그리고는 고독감과 실패감으로 정신없이 거리를 헤맸습니다.

그때 어디선가 한 음성이 들려왔습니다.

"내 아들아! 너는 아직 고향으로 돌아오지 않았다. 네가 고향에 돌아오는 날에는 군악대의 나팔소리와는 비교도 안 되는 하늘의 천군 천사의 나팔소리와 함께 내가 직접 너를 맞이할 것이다. 붉은 주단이 문제가 아니라 황금의 유리 길을 깔고 내가 너를 마중 나오마. 사랑하는 내 아들아! 끝까지 충성하라!"

이 음성을 들은 선교사는 그 자리에서 그동안 하나님의 진리를 깨닫지 못하고 충성하지 못했던 죄를 깊이 회개했습니다. 그리고는 다시 아프리카로 돌아가 마지막까지 충성을 다하였습니다.

네가 장차 받을 고난을 두려워 말라 볼지어다 마귀가 장차 너희 가운데서 몇 사람을 옥에 던져 시험을 받게 하리니 너희가 십일 동안 환난을 받으리라 네가 죽도록 충성하라 그리하면 내가 생명의 면류관을 네게 주리라 - 요한계시록 2:10

16) 맡은 자의 자부심

유명한 지휘자 마이클 코스타가 어느 날 오케스트라 연습을 시키다가 갑자기 악기 하나가 조용해진 것을 알아차렸습니다. 상황을 보니 한 피콜로 연주자가 연주를 멈추고 가만히 있는 것입니다. 아마도 장엄한 오르간 소리와 천둥 같은 드럼 소리가 울려 퍼지고 있으니 나 하나쯤 소리를 안 내도 표가 안 날것이라고 생각한 모양이었습니다.

그의 마음을 예리하게 알아차린 지휘자는 갑자기 이렇게 소리쳤습니다.

"피콜로 어디 있소! 당신이 있음으로 해서 오케스트라가 산다오. 자부심을 가지시오. 피콜로! 당신이 있음으로 해서 오케스트라가 산단 말이오."

지극히 작은 것에 충성된 자는 큰 것에도 충성되고 지극히 작은 것에 불의한 자는 큰 것에도 불의하니라 - 누가복음 16:10

17) 하나님께 드린 기업

미국 오하이오 주 나이마에 사는 스텐리 팜(Stanley Pam)이라는 사업가가 있었습니다. 그는 젊은 나이에 사업을 시작하면서 하나님께 이런 기도를 드렸습니다.

"하나님, 이제 제가 사업을 시작합니다. 그런데 이 일이 주님을 위한 사업이 되기를 원합니다. 하나님, 이 사업을 통해 최상의 것을 주께 드리며 영광 돌리기 원합니다. 그렇게 할 수 있는 경영 방법을 가르쳐 주십시오."

그는 기도하던 중에 하나님의 음성을 들었습니다. "나를 위해 사업을 하고 나에게 영광 돌리기를 원한다면, 너는 단순히 종업원이 되어라. 끝까지 종업원으로 일하여라."

하나님의 음성에 따라 스텐리는 회사 설립 신고를 할 때 회사의 주인을 '하나님'이라고 써넣었습니다. 그리고 주님의 말씀에 생애를 걸고 도전해 보기로 결심했습니다.

그가 사업을 하는 동안 다른 기업처럼 여러 번의 어려움을 겪게 되었습니다. 그러나 그의 사업은 놀랍게 발전했으며 그는 은퇴할 때까지 하나님의 음성대로 월급을 받는 종업원으로 일했습니다. 그리고 그의 기도대로 하나님의 영광을 위해 자신의 모든 것을 드렸습니다.

그런즉 너희가 먹든지 마시든지 무엇을 하든지 다 하나님의 영광을 위하여 하라 - 고린도전서 10:31

18) 미국 50개 주의 최고봉에 오른 장애인

20세 타드 허스턴은 1981년 4월 미국의 수상스키 선수를 꿈꾸는 청년이었습니다. 어느 날 그가 수상스키 경주를 마치고 스키 로프를 끌다가 그만 배에 달린 기어 프로펠러에 다리가 끌려 들어가 두 다리를 잃게 되었습니다. 결국 그는 두 다리를 절단하고 의족에 의지할 수밖에 없는 처지가 되었습니다. 그러나 이러한 절망 속에서도 그 청년은 그리스도인이었기 때문에 성경을 매일 읽었습니다. 그는 하박국서를 읽으며 이렇게 기도했습니다.

"하나님, 저의 남아 있는 포기할 수 없는 인생과, 나의 가능성 그리고 내가 도달하고 살아야 할 삶의 모습은 무엇입니까?"

그는 기도하는 가운데 심리학을 공부하고 싶은 마음이 생겼습니다. 그래서 그는 대학에 들어가 심리학을 전공한 후 남부 캘리포니아 재활병원 의학센터에 상담원으로 취직을 했습니다. 그곳에서 자기와 같은 발을 잃어버리고 손을 잃어버린 장애인들을 돕고 그들에게 희망과 용기를 불어넣는 일을 했습니다.

그러던 어느 날 그가 기도하다가 잠들었을 때, 꿈에서 하나님이 자꾸만 산으로 올라가라고 하시며 미국의 각 주를 보여주셨습니다. 캘리포니아 주, 몬태나 주, 뉴멕시코 주 등을 계속 보여주시며 각 주마다 제일 높은 산에 올라가라고 하셨습니다. 그는 꿈속에서 하나님께 "올라가라면 올라가야지요."라고 대답했습니다. 그런 희한한 꿈을 몇 번이고 자꾸 꿨습니다.

그러다가 어느 날 그는 꿈에서 깨어나 웃으면서 이렇게 결심했습니다. "하나님, 재미있네요. 주님은 저에게 정말 저의 불편한 의족을 가지고 미국 50개 주마다 최고로 높은 산을 정말로 올라가라고 요구하시는 겁니까? 좋습니다. 한번 해 보겠습니다. 이 도전은 저와 같은 장애인 친구들에게 놀라운 꿈과 삶의 격려가 될 것입니다. 제가 그 계획을 세워서 도전해 보겠습니다."

그는 미국 50개 주의 최고봉을 의족으로 정복하는 "서키트 아메리카"(Circuit America)라는 프로젝트로 도전했습니다. 1994년 6월 1일 드디어 알라스카 주 매킨리봉에서부터 그의 정복은 시작되었습니다. 그는 여러 차례 죽음에 다다르는 위험한 고비를 넘기며 아슬아슬하게 위기를 넘겼습니다. 수많은 기자들이 이런 무모한 도전에 의아해하며 물었습니다. 그러자 그는 이런 대답을 했습니다. "나는 전능하신 하나님을 믿습니다. 그 하나님께서 나에게 주신 가능성에 대해 도전하려고 합니다. 그리고 이 도전이 내가 사랑하는 장애인 친구들에게 꿈과 용기가 될 수 있기를 소망합니다."

드디어 그는 이 힘든 정복의 여정을 출발한 지 66일째 되던 날인 1994년 8월 7일 오전 11시 57분에 50번째 주 50번째 산인 하와이의 마흐나키아 정상에 우뚝 섰습니다. 이것은 바로 50개의 산 정상을 66일 21시간 47분 만에 다 정복한 기록이었습니다. 그는 그 마지막 정상 높은 곳에서 전능하신 하나님을 찬양했습니다. '저 높은 곳을 향하여' 찬송을 부르는 그의 모습이 텔레비전을 통해 미국

전 지역에 방송되었습니다. 그는 그 자리에 엎드려 기도를 드렸습니다.

"전능하신 하나님, 정상을 도전할 수 있는 나의 가능성을 열어주신 하나님을 찬양합니다. 이 땅의 모든 장애인들이 자신들에게 주어진 삶의 가능성을 포기하지 않고 저 높은 곳을 향하여 오르도록 도와주시옵소서."

주 여호와는 나의 힘이시라 나의 발을 사슴과 같게 하사 나로 나의 높은 곳에 다니게 하시리로다 이 노래는 영장을 위하여 내 수금에 맞춘 것이니라 – 하박국 3:19

19) 실패를 딛고 일어선 성공

1940년대에 에드먼드 힐러리(Edmund Hillary)라는 영국의 청년은 세계에서 가장 높은 산인 에베레스트 산 정복에 나섰다가 실패하였습니다. 그는 내려오는 길에 이런 유명한 말을 남겼습니다.

"산아, 너는 자라나지 못한다. 그러나 나는 자라날 것이다. 나의 기술도, 나의 힘도, 나의 경험도, 나의 장비도 자라날 것이다. 나는 다시 돌아온다. 그리고 기어이 네 정상에 설 것이다."

약 10년 후인 1953년 5월 29일, 그는 다른 산악인 두 명과 함께 역사상 처음으로 에베레스트 산 정상을 정복했습니다. 실패는 인생의 가장 보편적인 경험으로서 다만 큰 과제는 어떻게 실패를 딛고 일어서 승리의 미래를 향하여 전진할 수 있느냐 하는 것입니다.

저희의 넘어짐이 세상의 부요함이 되며 저희의 실패가 이방인의 부요함이 되거든 하물며 저희의 충만함이리요 – 로마서 11:12

20) 가능성의 안목

조각가 미켈란젤로는 어느 날 아주 잘생긴 돌 하나를 발견했습니다. 그는 그 돌을 보고는 거의 미칠 지경으로 큰 소리로 웃으면서 이렇게 외쳤습니다. "야, 다윗이 걸어 나온다. 다윗이 걷고 있어." 주변 사람들은 그의 한심하고도 도저히 이해할 수 없는 반응을 보고 의아해했습니다.

그러나 미켈란젤로는 그 돌을 보면서 그 돌이 다듬어지고 깎여 다윗상이 만들어질 위대한 가능성을 보았습니다. 이것이 바로 가능성의 안목입니다. 하나님은 하잘것없는 기드온을 바라볼 때 그의 가능성을 보시고 선택하셨습니다. 주님께서는 그와 함께하시고 그를 사용하실 때 일어날 놀라운 미래를 보셨습니다.

기드온이 그에게 대답하되 주여 내가 무엇으로 이스라엘을 구원하리이까 보소서 나의 집은 므낫세 중에 극히 약하고 나는 내 아비 집에서 제일 작은 자니이다 여호와께서 그에게 이르시되 내가 반드시 너와 함께하리니 네가 미디안 사람 치기를 한 사람을 치듯 하리라 – 사사기 6:15, 16

21) 때를 얻든지 못 얻든지 전할 말씀

저는 몸이 무척 피곤할 때마다 "한두 주간만 설교하지 않고 지내면 얼마나 좋을까?" 하는 생각을 하곤 합니다. 목사로 부름 받은 후부터 20년 동안을 거의 한 주간도 빠짐없이 설교를 했습니다. 군대에 가서도 논산훈련소에서만큼은 설교를 안 할 거라고 생각했지만 훈련소에 입소한 지 일주일 되는 날부터 훈련소를 졸업할 때까지 설교를 했습니다.

훈련소에 입소한 지 얼마 되지 않은 어느 날 군종실에서 저를 불렀습니다. 그래서 가봤더니 환경 조사서에서 신학교에 다닌 것을 보고 불렀다면서 설교할 수 있냐고 물어보더군요. 군종 참모가 갑자기 자리를 비우게 되어 설교할 사람이 없다며 오늘 당장 설교를 하라는 것입니다. 그래서 시작한 것이 계속 설교를 하게 된 것입니다. 훈련을 끝내고 강원도 춘천으로 부대 배치를 받았을 때에는 부대 앞 교회 목사님이 일주일 전에 사임하시는 바람에 제대할 때까지 그 교회에서 설교를 했습니다. 또 다행인지 불행인지 일주일 이상을 아파 본 적도 없어서 이따금씩 피곤할 때마다 제 마음에 그런 소원이 생깁니다.

그러나 한두 주간만 설교 안 하고 푹 쉬었으면 하는 생각을 하다가도 정말 두 주간을 쉬게 되면 그 다음에는 못살 것 같은 기분이 든답니다. 어떤 때에는 정말 피곤해서 쓰러질 것 같다가도 막상 강대상에 올라가서 말씀을 전하다 보면 어디서 생기는지 새로운 용기와 능력이 속에서 솟아오릅니다. 하나님께서 저에게 말씀을 가르치고 전하라는 은사를 주셨기 때문에 이런 힘이 생기는 것일 겁니다. 오히려 설교를 못 하게 되는 때에야말로 저의 생(生)의 마지막 날이 될 것입니다.

너는 말씀을 전파하라 때를 얻든지 못 얻든지 항상 힘쓰라 범사에 오래참음과 가르침으로 경책하며 경계하며 권하라 - 데모데후서 4:2

22) 그리스도인의 D - day

2차 세계대전 당시 독일의 로멜이라는 명장이 있었습니다. 로멜 장군은 1944년 6월 1일 독일 군대에게 불란서 서부 해안의 경계를 한층 강화하라는 명령을 내렸습니다. 왜냐하면 연합군에게 불란서 상륙을 허용하게 된다면 독일군이 한층 불리해질 것이라고 판단했기 때문입니다. 그런데 갑자기 기상이 악화되어 한 치 앞을 내다볼 수 없는 안개가 불란서 서부 해안을 덮고 있었습니다. 기상 상황을 본 로멜 장군은 안개가 낀 며칠 동안은 아무 일도 없으리라 생각했습니다. 그래서 자기 아내의 생일을 축하하러 가도 되겠다고 판단해 6일 날 비행기를 타고 베를린으로 날아갔습니다.

그러나 로멜 장군이 안심하고 자리를 비운 그 다음 날 연합군의 대대적인 상륙 작전이 시작되었습니다. 역사는 그날을 가리켜서 '디데이(D - day)'라고 부릅니다. 연합군이 독일을 패배시키고 세계대전을 결정적인 승리의 자리로 바꿨던 날, 결정적인 승리가 확보된 날을 '디데이'라고 합니다.

물론 디데이로 다 끝난 것은 아닙니다. 연합군이 불란서에 상륙한 뒤에도 독일은 최후의 저항을 계속했지만 마침내 독일이 패배하고 연합군이 최후의 승리를 합니다. 이 2차 세계대전이 끝나던 날은 '디데이'라고 안 하고 '브이데이(V - day)'라고 합니다. 바로 승리의 날인 것입니다.

그리스도인들의 디데이는 십자가 사건입니다. 예수님께서 우리의 허물과 죄를 담당하여 죽으시고 장사한 지 사흘 만에 부활하신 그날이야말로 그리스도인들의 디데이인 것입니다. 예수님께서 십자가에서 사단의 모든 계교를 물리치고 하나님의 백성들을 위한 구원의 새 시대를 활짝 열어 놓았지만 아직도 사단의 격렬한 저항은 계속되고 있습니다. 사단은 주님께서 재림하실 때 최종적으로 완전히 패배하고, 우리가 새 하늘과 새 땅에 들어가게 될 때 바로 브이데이가 될 것입니다. 지금 우리는 '디데이'와 '브이데이' 가운데 살고 있습니다. 우리는 초림과 재림 사이의 긴장 지대에서 살아가고 있는 것입니다.

정사와 권세를 벗어 버려 밝히 드러내시고 십자가로 승리하셨느니라 - 골로새서 2:15

23) 수전절의 유래

예루살렘의 절기 중 하나인 '하누카'라 불리는 수전절의 유래입니다. BC 168년 알렉산더 대왕이 자신의 영토를 크게 몇 등분으로 나누어서 다스렸을 때, 그 당시 유대 나라를 포함한 그 주위의 지역을 시리아(수리아)라고 불렀습니다. 그런데 이 시리아 지역을 다스리던 안티오쿠스 에피파네스가 팔레스틴을 완전히 장악한 후, 유대인들을 핍박하기 시작했습니다.

그는 먼저 성전에서 하나님을 경배하며 하나님께 제사드리는 일체의 예배 행위를 금지시켰고 하나님 대신에 제우스 같은 그리스의 신들을 성전 안으로 들여 놓았습니다. 그것뿐만 아니라 유대인들이 부정한 동물이라고 생각하는 돼지를 잡아서 그 머리를 성전 제단에 놓고 유대인들에게 예배하라고 강요했습니다. 이러한 행위는 유대인들에게 가장 치욕스럽고 모욕적인 일이었습니다. 그러나 당시 대부분의 유대인들은 마음으로만 분노하였고 얼마의 시간이 지나자 먹고살기 위해서 이 악한 지도자와 타협했습니다.

그러나 이때 끝까지 치를 떨며 분노했던 마카비라는 가문이 있었습니다. 그 가문 중에서도 유다 마카비 형제들이 유명했는데 그들은 자기들의 땅을 어지럽히고 부패시키는 이 적들로부터 야훼 하나님에 대한 신성한 신앙을 보존하기 위해 게릴라 전쟁을 시작했습니다. BC 164년부터 시작되어 2, 3년 동안의 혈전을 벌인 끝에 드디어 악한 세력들을 완전히 몰아내고 마침내 더럽혀졌던 성전을 깨끗하게 하여 하나님 앞에 바칠 수 있게 되었습니다.

그런데 성전을 회복해서 봉헌하는 날 놀라운 일이 벌어졌습니다. 금촛대에 겨우 하루 정도만 쓸 수 있는 기름을 넣었는데 그 촛불이 8일 동안이나 계속 활활 타올랐습니다. 그래서 꺼지지 않고 환하게 성전을 비추는 그 불빛 아래서 이스라엘 백성들은 다시 찾은 성전을 기뻐하며 하나님의 영광을 노래했습니다.

예루살렘에 수전절이 이르니 때는 겨울이라 - 요한복음 10:22

24) 황금률의 원리

제가 미국에 있을 때 한 교포 2세인 대학생 한 명이 이런 이야기를 해 주었습니다.

그 학생이 한국 식당에서 아르바이트를 하고 있는데 한국 관광객이 와서 설렁탕을 먹다가 깍두기가 떨어졌는지 "깍두기 더!"라고 소리를 치더랍니다. 이 학생이 "조금만 기다리세요."라고 했더니 그 관광객은 더 큰 소리로 "야, 너 내가 누군 줄 알아? 난 사장이야 사장. 직원을 70명이나 거느리고 있어."라며 신경질을 내더랍니다. 이 학생은 당혹스럽기도 하고 하도 기가 막혀서 이렇게 말했답니다.

"선생님, 제가 누군 줄 아세요? 저는 손님에게 깍두기를 얼마나 많이, 얼마나 빨리 주느냐를 결정하는 사람이에요."

그러므로 무엇이든지 남에게 대접을 받고자 하는 대로 너희도 남을 대접하라 이것이 율법이요 선지자니라 - 마태복음 7:12

25) 심은 대로 거둔다

제가 아주 공과 대학에서 사역을 하고 있었을 때의 일입니다. 제가 성경 공부 모임을 주관하여 인도하였는데 그중에 교수님 내외가 참석하고 있었습니다. 사모님은 신앙이 매우 좋은 데 비해 교수님은 그렇지 않아서 그분을 위해 따로 많은 시간을 내야만 했습니다. 사실 저는 와서 성경공부를 인도해 달라고 하는 요청에도 못 가는 형편이었는데도 그 사모님의 열성 때문에 교수님 집으로 직접 찾아가서 사정사정해 가며 끈질기게 성경 공부를 인도했습니다. 그렇지만 교수님의 태도는 여전히 냉담해서 제가 실망한 적이 한두 번이 아니었습니다.

그러다가 연락이 끊기게 되었는데 3년 전 어느 날 갑자기 그 교수님이 저에게 전화를 하신 겁니다. 전화내용은 자기 집에 꼭 한 번 들러달라는 것이었습니다. 그래서 시간을 내어 찾아갔더니 그 완고하던 교수님이 완전히 변해 있었습니다.

저는 너무 놀랍고 반가워서 어떻게 예수님을 믿게 되었는지 그 동기를 물었습니다.

그 교수님이 대답하기를 "어떤 특별한 동기는 없었어요. 그런데 예전에 목사님과 성경 공부할 때 별 관심 없이 보고들은 것이 나중에서야 깨달아지더군요. 그 후에 예수님을 믿을 결심을 하게 되었고 그때부터 전도도 열심히 하고 있답니다."

저는 예전에 그 교수님을 보면서 그분은 절대로 예수님을 믿지 않을 것이라고 생각하여 깨끗이 단념했었습니다. 그런데 그런 교수님이 예수님을 영접하고 신앙생활도 아주 뜨겁게 하는 사람이 되었던 것입니다. 지금 그분은 교수 선교사가 되어 C국에서 사역하고 계십니다. 그때 그 교수님 댁을 나와 집에 오면서 이런 말씀이 생각났습니다.

"우리가 선을 행하되 낙심하지 말지니 피곤하지 아니하면 때가 이르매 거두리라."

남을 돕고 격려하는 일처럼 피곤하고 힘든 일이 없습니다. 그리고 열매가 나타나는 일은 더더욱 힘이 듭니다. 그러나 일단 심어 놓는다면 언젠가는 반드시 영광스러운 열매로 나타날 것입니다.

우리가 선을 행하되 낙심하지 말지니 피곤하지 아니하면 때가 이르매 거두리라 - 갈라디아서 6:9

26) 배워야 할 인내

유명한 설교가인 필립 브룩스에게는 무엇이든지 참지 못하는 큰 약점이 있었습니다. 자신의 참지 못하는 약점 때문에 그는 무슨 문제든지 늘 고민하며 하나님께 매일 기도를 드렸습니다. 하루는 어떤 일을 참지 못하여 더욱 심각하게 고민을 하고 있었습니다. 곁에서 그를 보고 있던 한 사람이 그에게 이렇게 물었습니다.

"브룩스 박사님, 오늘따라 무엇을 그리 고민하십니까?"

그는 이렇게 말했습니다.

"오늘 내게 있는 문제도 고민이지만, 더 큰 고민은 나는 이렇게 급한데 하나님은 도무지 급하시지 않다는 것이오."

우리에게도 참지 못하는 상황이 많이 일어납니다. 우리는 급한데 하나님은 잠잠히 계시는 것 같이 느껴지기 때문입니다. 그러나 성경은 우리에게 욥의 인내를 배우라고 말씀하십니다.

보라 인내하는 자를 우리가 복되다 하나니 너희가 욥의 인내를 들었고 주께서 주신 결말을 보았거니와 주는 가장 자비하시고 긍휼히 여기는 자시니라 - 야고보서 5:11

27) 인내의 필요성

한국인이 가지고 있는 기질 가운데 가장 문제가 되는 특성은 무슨 일이든 참지 못하고 성급하다는 것입니다. 반면에 미국인들은 잘 참아서 그들 중에서 한국인을 가려내는 일은 그다지 어렵지 않습니다. 왜냐하면 어느 곳이든 줄을 설 때 참지 못하고 안절부절못하는 사람이 있으면 틀림없이 그 사람이 한국인이기 때문입니다.

어떤 사람이 자신에게 인내가 너무 부족한 것을 느끼고 하나님께 이렇게 절실히 기도했습니다.

"하나님, 저는 인내가 부족합니다. 저에게 인내를 주십시오. 지금 당장 인내를 주십시오."

또 형제들아 너희를 권면하노니 규모 없는 자들을 권계하며 마음이 약한 자들을 안위하고 힘이 없는 자들을 붙들어 주며 모든 사람을 대하여 오래 참으라 - 데살로니가전서 5:14

28) 쉼의 축복

우리나라의 유명한 작가 이어령은 '신한국인'이라는 책을 썼습니다. 그 책에 보면 지난날의 한국인과 오늘날의 한국인의 생활양식을 밥 세대와 라면 세대로 나누어 놓았습니다. 이 두 세대의 차이를 한마디로 말하자면 속도감이라고 할 수 있습니다.

예전 우리의 어머니들과 아내들은 밥을 짓기 위해 뜸을 들이고, 또 늦게 들어오는 남편과 자녀들을 위해서 밥을 아랫목에 묻어 둡니다. 이러한 모습에서 한국인의 어머니와 아내의 따뜻한 기다림을 느낄 수 있습니다. 그러나 요즘 세대가 잘 먹는 라면은 끓여 먹는 데도 시간이 걸리지 않고 아주 간편합니다. 그리고 금세 불어버리기 때문에 누구를 기다려 줄 수도 없습니다.

근래에는 패스트푸드(fast food) 산업이 급속도로 발달하여 먹는 습관이 많이 변했습니다. 그러나 이런 것들이 가져온 현대 문화에는 비극이 있습니다. 그것은 서로 빠른 것을 추구하느라 기다리지 못하는 문화가 생기고 있다는 것입니다. 우리는 기다림과 휴식의 중요성을 많이 잊고 살아서 오히려 가만히 있거나 기다리는 것은 낭비라고 생각합니다. 그러나 그런 생각이 결국 안식의 축복을 잃어버리게 했습니다.

마11:28 수고하고 무거운 짐진 자들아 다 내게로 오라 내가 너희를 쉬게 하리라

29) 1,000년을 1초처럼

어떤 그리스도인 사업가가 열심히 신앙생활을 하면서 사업을 하는데도 사업이 영 풀리지 않습니다. 그래서 하나님께 이런 기도를 드렸습니다.

"하나님, 당신에게는 1,000년도 1초와 같은 시간이 아니겠습니까?"

그랬더니 하나님께서 "나는 영원한 존재이니 네가 한 말이 맞다."라고 말씀하시더랍니다.

그래서 이 사업가가 다시 되물었습니다.

"그러면 1,000달러도 하나님께는 1달러나 마찬가지가 아니겠습니까?"

"그 말도 맞단다."

"그렇다면 하나님, 제게 1달러만 주십시오."

그랬더니 하나님께서 "네가 원한다면 줄 테니 1초만 기다려라."고 하셨답니다.

사랑하는 자들아 주께는 하루가 천 년 같고 천 년이 하루 같은 이 한 가지를 잊지 말라 - 베드로후서 3:8

30) 목표를 가리는 장애물

지금으로부터 약 50년 전 영국 해협을 헤엄쳐서 왕복한 수영선수 플로렌스 채드윅이라는 여성이 있었습니다. 그 후 1952년 7월 4일, 36세의 플로렌스는 로스앤젤레스(Los Angeles)에서 가까운 카타리나 섬에서부터 캘리포니아 해변까지 수영해서 가겠다는 선언을 했습니다. 그 선언은 미국에서 큰 화제가 되었고, 미국전 지역에서는 그 도전 광경을 텔레비전을 통해 방송했습니다. 그리고 수많은 캘리포니아 사람들은 도착지점인 해변가에 와서 그녀를 기다리고 있었습니다.

그녀는 16시간 동안 계속 수영을 했습니다. 그런데 갑자기 짙은 안개가 몰려오기 시작했습니다. 그녀는 안개를 헤치고 사력을 다해 나아갔지만 자기의 힘이 점점 떨어지는 것을 느꼈습니다. 결국 그녀는 안타깝게도 기권하고 자기를 따라오던 구조선에 승선하게 되었습니다. 그런데 그녀가 배로 해변에 도달하고 보니까 안개 때문에 안보였던 도착지점이 포기한 지점에서 불과 500미터도 안 되는 거리였습니다.

이 실패 후에 그녀는 기자들과의 인터뷰에서 매우 흥미로운 대답을 했습니다.

"제가 실패한 이유는 추위 때문도 아니었습니다. 피곤했기 때문도 아니었습니다. 사실은 안개 때문이었습니다. 더 정확하게 말하면 안개로 인해 제가 목표를 볼 수 없었기 때문이었습니다. 목표 지점을 볼 수 있었다면 저는 어떻게 해서든지 도착했었을 것입니다." 그녀에게 있어서 안개는 마지막 장애물이었습니다. 그 장애물을 극복하지 못한 것이 실패의 요인이 되었습니다.

31) 한 코미디언의 유언

미국 뉴욕에 살던 한 코미디언이 몇 해 전 그가 죽기 전에 이러한 유언을 남겼습니다.

"내가 죽고 난 후 나의 시체를 대학의 해부용 실험 대상으로 기증하겠습니다. 특별히 대학 중에서도 꼭 하버드 대학으로 보내주시길 바랍니다. 왜냐하면 이것이 내 부모님의 소원을 풀어드릴 수 있는 유일한 방법이기 때문입니다. 내 부모님의 평생소원은 내가 하버드 대학에 입학하는 것이었는데, 내가 하버드에 들어갈 수 있는 방법은 이 길밖에 없습니다."

평생 동안 다른 사람들을 웃기며 살았던 그의 마지막 순간이었습니다. 그는 가쁜 숨을 몰아쉬면서 이어서 이런 말을 남기고 세상을 떠났습니다.

"죽음은 역시 고통스럽습니다."

푯대를 향하여 그리스도 예수 안에서 하나님이 위에서 부르신 부름의 상을 위하여 좇아가노라 - 빌립보서 3:14

32) 하나님의 침묵

잉거솔(Ingersoll)이라는 독일의 유명한 무신론 철학자가 있었습니다. 그는 어느 강연에서든지 하나님이 없다고 외치는 사람이었습니다. 그날도 여느 때와 같이 무신론 강연에 열을 내고 있었습니다. 그런데 강연이 절정에 이르자 갑자기 자기가 차고 있던 시계를 풀더니 하나님에 대한 도전장을 냈습니다.

"하나님이여, 나는 당신에게 5분이라는 시간을 주겠소. 나는 5분 동안 당신을 저주할 것이오. 만약 당신이 살아 있다면 나를 저주하고 형벌을 내리시오."

그리고 그는 5분 동안 입에 담을 수 없는 욕설로 하나님을 저주하고 모독하기 시작했습니다. 그 후 5분이 지났는데도 자신에게 아무런 변화도 일어나지 않자 그는 더욱 의기양양해져서 외쳤습니다.

"여러분, 저를 보십시오. 이만하면 하나님이 존재하지 않는다는 사실이 충분히 입증되었다고 말할 수 있지 않습니까?"

그때 그의 강연장 뒤편에 있던 한 노인이 서서히 앞으로 나오기 시작했습니다. 그리고 조심스러우면서도 감히 그 누구도 막을 수 없는 단호한 목소리로 말하기 시작했습니다.

"나는 하나님이 계시다고 믿는 한 그리스도인이오. 내가 감히 당신의 연설에 대해서 평가를 한다면, 오늘 당신은 하나님이 존재하지 않는다는 사실을 입증한 것이 아니라고 생각하오. 단지 당신이 하나님과 아무 상관이 없는 사람이라는 사실을 많은 사람들 앞에서 증명했을 뿐이지요. 내가 믿고 경험한 하나님은 내가 그분을 떠나서 거스를 때 책망하시고 때로는 징계까지 하셨던 분이시오. 하나님께서는 그의 자녀를 그냥 내버려 두지 않으시기 때문이지요. 그런데 오늘 하나님은 당신에 대해서 침묵하셨소. 그분의 침묵은 곧 당신이 그의 자녀가 아니라 버림받은 사람이라는 사실을 입증하는 것이오."

또한 저희가 마음에 하나님 두기를 싫어하매 하나님께서 저희를 그 상실한 마음대로 내어버려 두사 – 로마서 1:28

33) 끊을 수 없는 하나님의 사랑

독일의 아우슈비츠 수용소는 수많은 유대인들이 학살당했던 곳입니다. 그 참혹한 수용소에서 유대인들은 눈물을 뿌리면서 하나님을 향해 이렇게 외쳤습니다.

"하나님, 지금 어디에 계십니까? 왜 이런 일을 허용하고 계십니까?"

그들의 피맺힌 절규는 연합군이 독일을 물리쳐 수용소를 탈환할 때까지 계속됩니다. 드디어 전쟁이 끝나 연합군이 탈환한 수용소를 점검하러 들어갔습니다. 점검하던 연합군 병사 중 한 명이 한쪽 벽 후미진 곳에 글씨가 쓰여 있는 것을 우연히 발견하게 됩니다. 어느 그리스도인의 신앙고백인 것 같은 그 글에는 놀라운 내용이 담겨져 있었습니다.

"그 크신 하나님의 사랑 말로 다 형용 못 하네.

하늘을 두루마리 삼고 바다를 먹물 삼아도

한없는 하나님의 사랑 다 기록할 수 없겠네."

이 지옥 같은 수용소에서 죽음만을 기다리고 있던 한 유대인이 하나님의 사랑을 찬양하고 있다니? 그 연합군 병사는 놀라지 않을 수 없었습니다. 그런데 그 밑에 또 하나의 문장이 눈에 띄었습니다.

"하나님은 여기에 계십니다."

누가 우리를 그리스도의 사랑에서 끊으리요 환난이나 곤고나 핍박이나 기근이나 적신이나 위험이나 칼이랴 – 로마서 8:35

34) 존 듀이의 도전 정신

교육 철학자로서 유명한 존 듀이(John Dewey)의 일화입니다. 그의 90세 되는 생일잔치에 많은 사람들이 그를 축하하기 위해 모였습니다. 그들은 한마디씩 축하 메시지를 그에게 전했습니다. 그런데 한 젊은 의사는 그에게 이런 질문을 던졌다고 합니다.

"선생님, 저는 선생님께 궁금한 것이 있습니다. 어떻게 해서 연로하신 나이에도 불구하고 젊은 사람들 못지않은 정열을 가지고 삶을 사시는지…… 그 비결은 어디에 있습니까?"

"비결? 나는 산에 오른다네. 자네도 산에 한번 올라 보게나."

"산에는 왜 오르십니까?"

"나는 또 다른 산을 보기 위해서 산에 오른다네."

그는 나이를 뛰어넘어서 산을 향해 끊임없이 도전장을 내밀었던 것입니다. 이런 그의 도전 정신이 나이를 초월한 정열적인 삶의 원동력이었습니다.

예수께서 이르시되 손에 쟁기를 잡고 뒤를 돌아보는 자는 하나님의 나라에 합당치 아니하니라 하시니라 - 누가복음 9:62

35) 인생의 기회

인간이 사용할 수 있는 모든 자원 중에서 가장 강력한 자원은 기회입니다. 세리 삭개오에게도 그가 소유할 수 있는 가장 소중한 기회가 있었는데, 그것은 바로 예수님이었습니다. 삭개오는 자신의 삶에서 예수님을 만나는 것이 가장 큰 기회라고 생각했기 때문에 그 기회를 놓칠 수 없었습니다. 결국 그 기회를 잡았을 때 그의 인생에 있어서 최고의 축복인 구원을 받게 되었습니다.

이와 같은 '기회'가 어떻게 생겼는지 그 모습을 잘 설명해 주는 이야기가 있습니다. 그리스에 시라큐스라는 이상한 동상 하나가 있었습니다. 그 동상의 모습을 묘사해 보면 발에 날개가 붙어 있고 앞머리에는 무성한 머리카락이 있는 반면 뒷머리에는 머리카락이 하나도 없는 대머리였습니다. 이 이상한 동상 아래에는 다음과 같은 글귀가 새겨져 있었습니다.

누가 당신을 만들었습니까? 리시퍼스

당신의 이름은 무엇입니까? 기회

왜 날개가 발에 달렸습니까? 빨리 날아다니기 위해

왜 당신의 앞머리는 그렇게 무성합니까? 그것은 내가 지나갈 때 사람들이 쉽게 잡을 수 있도록 하기 위해서

왜 뒷머리는 대머리입니까? 지나가면 도저히 다시 붙잡기가 어렵기 때문에

가라사대 내가 은혜 베풀 때에 너를 듣고 구원의 날에 너를 도왔다 하셨으니 보라 지금은 은혜 받을 만한 때요 보라 지금은 구원의 날이로다 - 고린도후서 6:2

36) 진정한 깨달음

어느 날 토레이 목사님에게 어떤 부인이 찾아와서 상담을 하였습니다. "목사님, 저는 집회에 많이 참석하고 기도도 많이 하는데 하나님의 은혜가 실감나지 않습니다. 구원받았다는 사실도 실감나지 않는데 왜 그럴까요?"

이 말을 듣고 있던 토레이 목사님은 고민하는 이 부인에게 기도하는 법을 가르쳐 주었습니다. "부인, 오늘부터 집에 가서 다른 기도는 하지 말고 이 한 가지 기도만 계속하십시오. 하나님께 부인 자신의 모습을 보여 달라고 한 주간만 계속 기도하십시오."

그래서 목사님의 충고에 따라 이 부인은 집에 돌아가 이 기도만을 계속해서 했습니다. "하나님, 제 자신의 모습을 보여주십시오. 내가 하나님 앞에서 어떤 사람인가를 보여주십시오." 이 기도를 계속하던 그녀는 마침내 자신의 모습을 깨닫기 시작했습니다. 하나님 앞에서 추하고 불결하고 머리부터 발끝까지 더러운 자신의 모습을 발견했습니다. 마침내 부인은 자기의 죄악을 보며 절망한 채 일주일 만에 토레이 목사님을 다시 찾아왔습니다.

"목사님, 이제는 죽어 버리고 싶습니다."라고 고백하는 그녀에게 토레이 목사님은 "이제부터는 주님의 십자가를 보여 달라고 기도하십시오."라고 말했습니다. 이 부인은 집에 다시 돌아가 두 번째의 기도를 시작했습니다. "주님, 주님께서 지신 십자가를 보여주십시오." 그때 이 부인은 십자가의 의미를 진정으로 깨닫기 시작했습니다.

내 자신이 나의 죄 문제를 해결할 수 없다고 완전히 포기하고 절망을 선언했을 때, 하나님이 나를 사랑하셔서 독생자 예수그리스도를 보내셨고 그분을 통해 십자가에서 피 흘려 돌아가심으로써 나의 죄에 대한 대가를 치르셨으며 그로 인해 깨끗하게 용서받았다는 사실을 깨닫게 된 것입니다.

우리가 아직 죄인 되었을 때에 그리스도께서 우리를 위하여 죽으시므로 하나

님께서 우리에게 대한 자기의 사랑을 확증하셨느니라 - 로마서 5:8

37) 인생의 의미

오래전에 '리더스 다이제스트'의 기사로 실린 글입니다.

그리스도인이자 작가였던 아서 고든(Arthur Gordon)이 어느 날 갑자기 우울증에 빠졌습니다. 무력증에 빠진 그는 더 이상 글을 쓰지 못할 지경에까지 이르렀습니다. 작가가 글을 쓸 수 없다는 충격은 사망 선고나 마찬가지였기 때문에 그는 자살을 생각하기도 했습니다. 그러다가 의사이면서 상담자인 친구를 찾아가 자신의 어려운 사정을 모두 털어놓았습니다.

"나는 더 이상 살고 싶지 않네."

우울증과 무력증으로 고민하는 고든의 이야기를 듣고 있던 친구가 물었습니다.

"자네가 어렸을 때 가장 하고 싶어 했고 좋아했던 일은 무엇이었나?"

"내가 어렸을 때 좋아했던 것은 해변에서 파도 소리를 듣는 일이었지."

"그러면 내가 시키는 대로 한번 따라 보겠나?"

의사인 친구는 시간마다 다른 처방전을 네 장의 종이에 써 주었습니다. 별다른 대안도 없고 희망도 없었던 고든은 친구가 써 준 처방전을 가지고 어린 시절 자주 놀러 갔던 해변으로 갔습니다.

친구의 말대로 아침 아홉 시에 첫 번째 처방전을 펴 보았습니다.

"자네가 좋아하는 파도 소리, 갈매기 소리를 잘 들어보게." 우스꽝스럽지만 처방대로 바닷가에 앉아 어린 시절 듣던 파도 소리와 갈매기 소리에 귀를 기울입니다.

조금 후 열두 시가 되어 두 번째 처방전을 펼쳤습니다.

"이제 자네가 어렸을 때부터 지금까지 살면서 참 행복했다고 기억되는 순간들을 생각해 보게." 그는 바다를 바라보며 행복했던 추억들을 하나씩 떠올리자 마음에 조금씩 기쁨이 생겼습니다.

시간이 더 지나 세 시에 세 번째 처방전을 펴 보았습니다.

"자네 인생의 동기와 의미를 다시 한 번 검토해 보게." 그는 자신이 왜 글을 쓰는지 생각해 보았습니다. 깊이 생각해 보니 글을 쓰는 이유가 자기의 명예와 이름을 내고 사람들에게 박수갈채를 받기 위한 것이었음을 알게 됩니다. 생각이 여기까지 미치자 갑자기 마음에서 '나는 그리스도인이면서도 하나님의 영광을 위해 살지 않고 의미 없고 헛된 내 이름을 위해서 살았구나.'라는 깨달음이 왔습니다. 그동안 자신의 추했던 삶의 모습을 발견하자 그의 눈에서 눈물이 쏟아지기 시작합니다.

저녁 여섯 시가 되자 친구가 준 마지막 네 번째 처방전을 폈습니다.

"이제 자네의 죄를 하나님께 자백할 시간이네. 자네가 자백해야 할 죄들을 모래사장에 써 보게." 고든은 눈물을 흘리면서 모래사장에 이렇게 써 내려가기 시작합니다.

"하나님, 저는 하나님의 영광을 위해서가 아니라 제 이기심과 욕망과 출세를 위해서 살았습니다. 하나님을 제대로 섬기지 못했고 내 이웃을 진정으로 사랑하지도 못했습니다." 그런데 그가 자신의 수많은 죄들을 다 쓰기도 전에 갑자기 바다의 밀물이 들어와 그가 써 놓은 그의 죄들을 한꺼번에 다 지워 버리는 것입니다. 이 모습을 본 고든은 그 자리에서 일어나 하나님을 찬양하였고 그 순간은 그의 인생의 전환점이 된 시간이었습니다.

만일 우리가 우리 죄를 자백하면 저는 미쁘시고 의로우사 우리 죄를 사하시며 모든 불의에서 우리를 깨끗하게 하실 것이요 - 요한일서 1:9

38) 도박으로부터의 탈출

"목사님, 제 왼손의 손가락을 한번 보시겠어요?"

어느 날 제가 성경공부 모임을 인도하는 중에 한 장로님이 저에게 물었습니다. 그리고 보니 장로님의 왼손 손가락 중에 가운데 손가락이 없었습니다. 그래서 어떻게 된 일인지 사연을 물어보니 장로님의 기막힌 사연은 이러했습니다.

"저는 예전에 도박을 밥 먹듯 즐겼습니다. 도박을 끊기 위해서 별별 노력을 다 해 보았지만 한 번도 성공한 적이 없었습니다. 예수님을 믿고도 도박은 계속했지요. 그날도 밤새도록 도박판을 벌이다가 새벽녘에 집으로 돌아왔는데 아내가 울고 있더군요. 그 순간 제 모습이 너무나 비참하다는 생각이 들더군요. 그래서 아내가 보는 앞에서 도박을 하지 않겠다고 다짐하면서 부엌에 있는 칼을 들어 손가락 하나를 잘랐습니다. 그래서 이렇게 된 것입니다." 성경공부에 참석한 모든 사람들이 놀라서 쳐다보자 장로님은 내밀었던 잘린 손가락을 감추며 계속 해서 말을 이었습니다.

"그런데 작심삼일이라는 속담이 맞더군요. 사흘이 지나자 다시 도박을 하고 싶은 마음이 꿈틀거리더니 저로 하여금 도박장으로 떠밀더라고요. 결국 아내 앞에서 한 나의 다짐들은 한순간 물거품이 되고 말았습니다."

······

몇 분이 지났을까요? 마지막으로 그는 이렇게 고백했습니다.

"그런데 이상한 일입니다. 제가 성경공부를 시작하고 예수님의 사랑을 체험한 후로는 손가락이 잘려 나가는 아픔도 별 수 없었던 나의 도박 인생이 달라졌습니다. 완전히 도박으로부터 벗어난 것입니다."

이런 것들은 자의적 숭배와 겸손과 몸을 괴롭게 하는데 지혜 있는 모양이나 오직 육체 좇는 것을 금하는 데는 유익이 조금도 없느니라 - 골로새서 2:23

39) 참행복의 의미

기독교 철학자이며 전도자였던 프란시스 쉐퍼(Francis A. Schaeffer) 박사님은 그의 생애 말년에 암에 걸려 투병생활을 해야 했습니다. 그럼에도 불구하고 아픈 몸을 이끌고 사랑하는 조국과 젊은이들에게 말씀을 전하기 위해서 강단에 섰습니다. 그리고 얼마 남지 않은 생애의 마지막 설교를 자신의 온 힘을 쏟아 피를 토하듯 전합니다.

"사랑하는 젊은이들이여! 여러분의 젊음을 어디에 쓰려고 합니까? 행복한 삶을 사는 데에 인생의 목표를 두고 계십니까? 예수 믿지 않는 사람들도 행복을 추구하며 그것을 목표로 삼고 삽니다. 그러나 예수님을 믿는 우리들은 달라야 하지 않겠습니까? 지금 우리들의 문제는 바로 행복만을 구하고 거룩을 구하지 않는 데 있습니다. 행복은 영어로 happiness라고 하는데 이 단어는 본래 happen, '우연히 발생하다'라는 뜻의 동사에서 나왔습니다. 그렇다면 우리들의 인생 목표가 우연하게 일이 잘되고 우연하게 돈이 벌어지고 우연하게 성공하는 것이 되어야겠습니까?

산상수훈에서 복은 happiness가 아니라 blessing이라는 단어를 들어 말하고 있습니다. blessing이라는 단어는 본래 bleed, '피를 흘리다'라는 단어에서 나왔으며, 앵글로색슨족은 피의 제사를 통해서 하나님과의 바른 관계를 맺는 것을 축복으로 간주했습니다. 바로 축복이라는 것은 하나님과 바른 관계를 맺는 것입니다. 예수님을 믿는 우리들은 세상의 행복이 아니라 하나님이 주시는 축복을 구해야 하는 것입니다. 하나님 앞에 부끄럽지 않는 거룩한 삶이 바로 축복된 삶입니다."

일한 것이 없이 하나님께 의로 여기심을 받는 사람의 행복에 대하여 다윗의 말한 바 그 불법을 사하심을 받고 그 죄를 가리심을 받는 자는 복이 있고 주께서 그 죄를 인정치 아니하실 사람은 복이 있도다 함과 같으니라 - 로마서 4:6-8

40) 참된 만족

저는 어느 날 이름만 대면 모를 사람이 없을 정도로 유명한 부자를 우연히 만나게 되었습니다. 언젠가 그분을 만나면 예수그리스도를 소개하고 싶었는데 마침 얘기할 수 있는 기회가 생겨 제일 먼저 이런 질문을 하였습니다.

"회장님은 행복하십니까?" 그분은 병석에 누워 있으면서 이렇게 대답했습니다.

"행복이라고? 나는 매일 아침에 눈을 뜨면 항상 초조하고 불안하다네." 한국 사람들에게 부의 대명사로 불려 왔던 그분의 대답 속에서 생활의 부유함이 곧 행복이 아니라는 것을 구체적으로 확인할 수 있었습니다.

미국의 갑부 록펠러에게 어느 날 타임지 기자가 이런 질문을 했다고 합니다. "당신은 현재 가지고 있는 부유함에 만족하십니까?" 그는 아니라고 대답했습니다. 그 기자는 다시 물었습니다. "그렇다면 당신은 얼마만큼의 돈을 벌어야 만족할 수 있겠습니까?" 그때 록펠러는 "조금만 더!"라는 대답을 했답니다. 그는 현재에 만족하지 않고 많이도 아닌 조금 더 돈을 벌어야겠다는 아주 흥미로운 대답을 하였습니다.

돈을 사랑치 말고 있는 바를 족한 줄로 알라 그가 친히 말씀하시기를 내가 과연 너희를 버리지 아니하고 과연 너희를 떠나지 아니하리라 하셨느니라 - 히

브리서 13:5

41) 한 사람의 가치

스코틀랜드에서 목회하시는 두 분의 목사님이 계셨습니다. 두 목사님은 그 누구보다도 더 열심히 최선을 다해 사역했지만 그분들을 아는 사람들은 그리 많지 않았습니다. 어느 날 두 분이 만나 이야기를 나누게 되었습니다.

먼저 한 목사님이 "사실 저는 지난 3년 동안 사역을 했지만 진정한 의미에서 거듭난 성도는 아직 한 사람밖에 얻지 못했습니다."라고 말했습니다. 바로 그 한 사람이 로버트 마펫이라는 청년이며 그가 어떻게 예수님을 영접하게 되었는지에 대하여 말했습니다.

또 다른 목사님은 이렇게 말했습니다. "최근에 우리 교회에서 한 주간 동안 부흥회를 가졌습니다. 저는 커다란 기대를 걸고 열심히 집회를 인도했는데 예수를 영접하고 헌신한 사람은 단 한 사람밖에 없었습니다." 이렇게 두 목사님은 서로 목회 생활의 쓰라린 경험을 나누었습니다.

그런데 수년이 지난 후 놀라운 사건이 일어났습니다. 한 목사님이 3년 만에 얻은 한 명의 사람, 로버트 마펫은 아프리카 선교의 기초적인 틀을 마련한 선교사가 되었습니다. 그뿐 아니라 다른 목사님이 부흥회를 통해 영접한 단 한 사람, 리빙스턴은 아프리카 대륙에 예수그리스도 복음의 불을 지른 위대한 하나님의 종이 되었다는 것입니다.

사람들이 보기에는 보잘것없는 단 한 사람이라 할지라도 그 한 사람의 가치는 정말 소중합니다. 성경은 결코 하나의 가치, 그리고 작은 것을 작다고 하지 않습니다.

내가 너희에게 이르노니 이와 같이 죄인 하나가 회개하면 하늘에서는 회개할 것 없는 의인 아흔아홉을 인하여 기뻐하는 것보다 더하리라 – 누가복음 15:7

42) 보물의 가치를 모르는 사람

중동 사막에는 베드윈이라는 무리가 있는데 이들은 장막을 치며 이리저리로 옮겨 다니는 유목민입니다. 1947년 어느 봄철 이들 중 한 목동이 이스라엘 사해

북서쪽 어느 지역을 우연히 지나가게 되었습니다. 그곳은 유난히 동굴이 많았는데, 그는 심심풀이로 돌 하나를 들어 어떤 동굴을 향해 던졌습니다. 그런데 그가 던진 돌이 동굴로 들어가더니 쨍그랑하면서 소리를 내는 것이었습니다. 이 소리를 신기하게 여긴 목동이 들어가서 보니 그 동굴 안에는 10개의 항아리들이 있었습니다. 그는 그 10개의 항아리 속에 무엇이 있는지 궁금해서 하나씩 열어보기 시작했습니다. 그러나 기대와는 달리 아홉 개의 항아리 속에는 아무것도 들어 있지 않았고 한 개의 항아리에서만 글씨가 적혀 있는 가죽으로 된 두루마리가 있었습니다.

그는 실망한 채 그 두루마리를 가지고 와서 자기 집에 매달아 놓았습니다. 처음에 그는 그 가죽으로 신발 끈이나 만들어야겠다고 생각했지만 어쩐지 신발 끈으로도 적합할 것 같지 않아 그냥 매달아 두었습니다.

그런데 이것이 바로 '사해사본'이라 불리는 성경사본이었던 것입니다. 그것은 어떤 보물이나 진주보다도 더 귀한 역사를 보여준 가장 오래되고 권위 있는 성경 사본이었습니다. 그러나 이 사람은 이 사본을 그저 신발 끈으로 사용하려 했을뿐더러 가치도 모른 채 2년 동안이나 묵혀둔 것입니다.

거룩한 것을 개에게 주지 말며 너희 진주를 돼지 앞에 던지지 말라 저희가 그것을 발로 밟고 돌이켜 너희를 찢어 상할까 염려하라 – 마태복음 7:6

43) 영원을 사모하는 마음

한국 사람들은 유독 자신의 존재와 이름에 대하여 강한 집착을 가지고 있습니다. 그래서 세계 어느 곳이나 한국 사람들이 다녀간 곳이면 어떤 곳이든지 자신의 이름과 흔적을 남기는 것을 봅니다.

수년 전 제가 스위스를 여행하면서 유명한 인터라켄을 통해 융프라우 꼭대기를 올라갔습니다. 그 산은 아주 아름다운 산인데 그 산꼭대기에도 한국 사람의 이름이 적혀 있었습니다. "왔노라 보았노라 가노라 한국 남자 김○○." 제가 이름까지 기억할 정도입니다. 이런 것을 볼 때 인간은 자기 이름을 남기고 싶은 아주 집요한 갈망이 있는 것 같습니다.

그것은 곧 영원을 사모하는 본능적인 몸짓이라 할 만합니다.

하나님이 모든 것을 지으시되 때를 따라 아름답게 하셨고 또 사람에게 영원을 사모하는 마음을 주셨느니라 그러나 하나님의 하시는 일의 시종을 사람으로 측량할 수 없게 하셨도다 - 전도서 3:11

44) 가치 있는 수고

유명한 영국 사상가 가운데 토마스 칼라일이라는 사람이 있는데 그의 평생소원은 '불란서 혁명사'라는 책을 쓰는 것이었습니다. 그는 자기가 쓴 책을 통하여 유럽 땅에서 더 이상 피비린내 나는 전쟁의 역사가 되풀이되지 않고 인간다운 민주주의와 건강한 국민의 문화가 꽃피우기를 원했습니다. 그래서 그는 정성을 다해 거의 10년에 걸쳐 원고를 썼습니다.

그리고 완성하기 전 절친한 친구이자 철학자였던 존 스튜어트 밀에게 마지막으로 원고의 검토를 맡겼습니다. 스튜어트 밀은 서재에서 친구가 보낸 원고를 검토하다가 너무 피곤해서 그대로 침대로 가 잠이 듭니다. 그런데 다음 날 아침 그 집 하녀가 서재를 청소하다가 방에 흐트러져 있는 원고지를 보고 쓰레기인 줄 알고 한꺼번에 집어서 불 속에 넣었습니다. 토마스 칼라일의 그 길고 긴 노력과 수고는 한순간 수포로 돌아갔습니다. 그는 낙담한 채 서너 달 동안 자는 것과 먹는 것조차 하지 않고 고민에 빠졌으며 생의 의욕조차 완전히 잃어 버렸습니다.

그런데 어느 비 오는 날 그가 하염없이 창밖을 바라보고 있을 때였습니다. 비가 서서히 그치자 자기의 집 앞에 새집을 짓는 일꾼들이 하나둘 나타났습니다. 그들은 터를 닦고 줄을 놓은 후 벽돌을 하나하나 쌓았습니다. 그러다 벽돌이 조금이라도 맞지 않으면 다시 허물고 다시 쌓고 하였습니다. 허물고 쌓는 일을 반복하면서 차근차근 벽돌을 쌓는 그 광경을 보던 토마스 칼라일은 무릎을 쳤습니다.

"한 채의 집을 짓기 위해서도 저토록 정성스러운 노력과 정성이 필요한데 유럽의 역사를 다시 일으켜 세우기 위한 일에 내가 다시 땀을 흘리지 못할 이유가 어디 있을까?"

그는 다시 원고를 쓰기 시작했습니다. 가치 있는 일에는 가치 있는 도전이 필요합니다.

우리가 선을 행하되 낙심하지 말지니 피곤하지 아니하면 때가 이르매 거두리

라 - 갈라디아서 6:9

45) 다섯 손가락들의 자랑

우리들이 잘 알고 있는 우화 중에 다섯 손가락이 각자 자기 자랑을 하는 내용이 있습니다.

첫째 손가락이 자신을 뽐냅니다. "내가 엄지니까 최고야."

둘째 손가락이 이에 질세라 자랑합니다. "무언가를 가리킬 때는 내가 제일 많이 사용된다."

셋째 손가락은 다른 손가락들을 쳐다보며 으스댔습니다. "그렇지만 나란히 놓고 키를 재 봐. 내가 우리 중에 제일 크다."

넷째 손가락은 잘난 체하며 이렇게 말했습니다. "약혼이나 결혼 같은 귀중한 사랑을 서약할 때 내 손가락이 사용되는 거 알지?"

손가락들은 모두 다 자기 자랑을 한 가지씩 내놓았지만 마지막 남은 다섯째 손가락은 내놓을 자랑이 없을 것이라고 생각했습니다. 그런데 그 마지막 손가락이 당당히 나와 큰 소리로 이렇게 말했습니다.

"야, 나 없으면 병신이다."

세상에는 존재하는 모든 것이 각각의 의미를 가지고 있습니다. 인간에게 할 수 있는 가장 잔인한 말은 쓸모없는 존재라는 말입니다.

큰 집에는 금과 은의 그릇이 있을 뿐 아니요 나무와 질그릇도 있어 귀히 쓰는 것도 있고 천히 쓰는 것도 있나니 - 디모데후서 2:20

46) 시한부 인생

제가 알고 지내는 집사님 한 분이 어느 날 몸이 이상하여 병원에 가서 검사를 받게 되었습니다. 검사를 받고 병실에 누워 있는데 병실 밖에서 가족들이 하는 이야기가 들렸답니다. 검사 결과가 나왔는데 병명은 암이고 몇 달밖에 살지 못한다는 사실이었습니다. 집사님은 무척 놀랐지만 신앙이 있었기 때문에 자신의 죽음을 담담하게 받아들였습니다.

그때부터 집사님은 자기의 삶을 하나하나 정리하기 시작했습니다. 그동안 집사님은 못 만났던 사람들을 만나고, 해결해야 할 문제들을 해결하기도 하고, 용서를 구해야 하는 사람에게는 용서를 구했습니다. 심지어는 자기의 전 재산을 털어 불우한 이웃에게 나누어 주고 유서까지 써 놓았습니다.

그런데 병원에서 암을 선고한 지 여섯 달이 지났는데도 집사님의 몸이 멀쩡한 것입니다. 너무나 이상해 다른 큰 병원에 가서 다시 검사를 해 보았답니다. 그랬더니 놀랍게도 전 병원의 암 진단이 오진으로 밝혀졌습니다. 얼마나 황당합니까? 주변사람들은 그가 병원의 오진을 모르고 그동안 모아놓은 재산을 거의 다 써 버린 것에 대하여 아까워하며 집사님의 심정을 물어보았습니다. 그러나 집사님은 오히려 이렇게 고백했습니다.

"6개월 동안의 시한부 인생이 저의 삶 전체 중에서 가장 진지하고 보람 있게 살았던 순간이었습니다."

관제와 같이 벌써 내가 부음이 되고 나의 떠날 기약이 가까왔도다 - 디모데후서 4:6

47) 잊어버린 보화

윌리엄 허스트(William R. Hearst)라는 신문 편집인이면서 고대 미술품 수집광인 미국인이 있었습니다. 그는 고대 미술품이라면 뭐든지 좋아해서 어떻게 해서든 그것이 자기 손에 들어와야만 직성이 풀리는 사람이었습니다. 그런 그가 유럽의 왕가에서만 사용되었다는 귀중한 도자기에 대한 소문을 듣게 되었습니다. 그래서 그는 해야 할 일을 모두 뒤로하고 즉시 유럽으로 날아갔습니다. 그는 도자기를 찾으려고 유럽의 이곳저곳 안 가 본 곳이 없을 정도로 돌아다니면서 도자기의 행방을 알아내려고 피나는 노력을 합니다.

그런데 어느 날 그는 한 도자기상에게 새로운 정보를 들었습니다. 몇 해 전에 미국의 어떤 언론인이 그 물품을 사갔다는 것입니다. 미국으로 돌아온 그는 그 도자기를 사간 사람이 누구인지 수소문하는 가운데 그 사람이 다름 아닌 바로 자신임을 알게 되었습니다.

행복을 찾아 이 산 저 산을 넘어 헤매다가 돌아와 보니 행복은 바로 옆에 있더라는 이야기가 있습니다. 그 이야기처럼 자신이 찾던 보화를 이미 오래전에 소유했음에도 불구하고 그것의 값어치도 모르고 창고에 처넣고 있었다니 얼마나 우스운 일입니까?

혹시 우리들도 그처럼 자신 안에 있는 보화를 잊어버리고 다른 곳을 찾아 헤매는 어리석음을 범하고 있지는 않는지요?

이는 저희로 마음에 위안을 받고 사랑 안에서 연합하여 원만한 이해의 모든 부요에 이르러 하나님의 비밀인 그리스도를 깨닫게 하려 함이라 그 안에는 지혜와 지식의 모든 보화가 감취어 있느니라 - 골로새서 2:2 - 3

48) 아는 데 드는 비용

제가 잘 아는 재미 교포 사업가가 한 분 있습니다. 그분은 제지업(製紙業)을 크게 하시는데, 어느 날 한번은 그 집에 들렀을 때 이런 얘기를 하더군요.

얼마 전 공장에 종이를 접는 대형 기계가 고장이 나서 기술자를 불렀다고 합니다. 그런데 수리하는 시간이 겨우 5분 정도 걸렸을 뿐인데 수리비로 5,000불을 청구하더랍니다. 그는 너무나 기가 막혀서 도대체 수리하는 데 겨우 5분밖에 안 걸렸는데 왜 비용이 5,000불이나 나왔냐고 따져 물었답니다. 그랬더니 수리하는 데 든 비용 100불에 고장 난 곳을 정확히 알아내는 데 든 비용이 4,900불이라고 하더랍니다.

정말 대단하지요. 어떤 것에 대하여 정확하게 안다는 것은 그만큼 가치가 있는 것 같습니다.

이는 지혜를 얻는 것이 은을 얻는 것보다 낫고 그 이익이 정금보다 나음이니라 - 잠언 3:14

49) 격려의 중요성

네덜란드 출신인 어떤 사람이 런던에서 그림을 파는 회사에 다니고 있었습니다. 그러다가 그는 전도자가 되어야겠다는 마음을 먹고 신학을 공부하게 되었습니다. 그는 하나님의 사람으로서 자기 생애를 드리기 위하여 열정적으로 헌신하였습니다. 열심히 교회 봉사하고 가난한 사람들에게 찾아가 전도도 했습니다.

그런데 그가 처음 사역했던 교회에서는 그의 서투른 설교에 대하여 이런저런 비판을 가했습니다. 비판적인 영성으로 충만했던 이 교회는 이 젊은이를 세워 주지 못했습니다. 그는 결국 거기서 좌절하고 다른 사람의 권유에 따라 다른 일을 하기로 결심했습니다. 거의 신앙을 잃어버릴 뻔한 위기였지만 그렇다고 신앙을 포기하지는 않았습니다. 그래서 그는 그림을 그리기 시작하였고 결국 세계적인 화가가 되었습니다. 그 사람이 바로 빈센트 반 고흐(Gogh, Vincent van)입니다.

그의 전기를 쓴 작가가 그에 대해 이런 흥미로운 기록을 했습니다. "이 사람이 가지고 있던 열정과 창의력을 보면 그가 만약 전도자로 헌신했더라도 세계에서 위대한 설교가가 될 가능성이 있었다. 인류는 위대한 화가를 얻었지만 위대한 설교가는 잃었다."

서로 돌아보아 사랑과 선행을 격려하며 - 히브리서 10:24

50) 자유를 주시는 하나님

어떤 사람이 군대 생활에서 느끼는 불편함과 좌절 등의 감정에 대해서 이런 재미있는 글을 썼습니다. "잠들 만하면 기상, 먹을 만하면 식사 끝, 외박할 만하면 외박금지, 놀 만하면 휴식 끝, 볼만하면 동작 그만 그리고 정들 만하면 전출, 휴가 갈 만하면 비상, 편지 볼 만하면 소등, 그리고 놀려고 하면 개인활동금지, 편안할 만하니까 전역."

군대에 가면 공짜로 먹여 주고 입혀 주고 재워 주고 모든 것을 책임져 주는 아주 편한 곳 같은데도 사람들이 매우 불편한 곳으로 느끼는 이유는 무엇일까요? 바로 그곳에서는 자유가 없기 때문입니다.

하지만 주님은 우리를 그렇게 인도하지 않습니다. 우리는 주님과 교제하며 그분의 도우심과 성령의 인도하심을 통해 날마다 살아갈 때 나를 둘러싸고 있는 불편한 환경 속에서도 자족하며 평안하고 넉넉한 승리의 삶을 살 수 있습니다. 이러한 자족함이 이 시대를 살아가는 우리의 모습이 되어야 합니다.

내가 궁핍하므로 말하는 것이 아니라 어떠한 형편에든지 내가 자족하기를 배웠노니 - 빌립보서 4:11

51) 축복이 된 짐

외국 어린이 동화 중에 '개미들의 사랑'이라는 동화가 있습니다. 한 청년 개미가 큰길 건너편에 사는 아가씨 개미를 사랑했습니다. 어느 날 그 청년 개미는 애인을 만나기 위해 용기를 내어 큰길을 건너가기로 결심했습니다. 그 큰길은 오래되어 낡고 험한 아스팔트길이기 때문에 아버지 개미는 무척 염려가 되었습니다. 그래서 아버지 개미는 아들에게 건너갈 때 쓰라고 아주 기다란 지푸라기 두 개를 등에다 업혀 주었습니다. 이 아들 개미는 이것을 왜 가져가야 하느냐고 아버지께 항의했지만 아버지의 명령이라 어쩔 수 없었습니다.

이 청년 개미는 무거운 짐을 등에 지고 투덜거리며 그 길을 걸어갔습니다. 그런데 조금 가다 보니 아스팔트에 상당히 넓어 보이는 갈라진 틈새가 있었습니다. 그 틈새는 개미에게 깊은 벼랑과도 같은 난관(難關)이었습니다. 이 청년 개미는 낙담한 채 등에 업고 있던 지푸라기 두 개를 팽개치면서 그 자리에 주저앉아 버렸습니다. 그랬더니 그 지푸라기가 그 틈새 사이로 떨어져 어느새 틈새를 건너갈 수 있는 다리가 되어주었습니다. 무거운 짐이라고 생각했던 지푸라기 두 개가 만든 구원의 다리를 건너가면서 청년 개미는 아버지 개미의 지혜에 감탄하며 감사드렸습니다.

이는 내 멍에는 쉽고 내 짐은 가벼움이라 하시니라 – 마태복음 11:30

52) 포기할 줄 아는 지혜

올랜도 매직 농구팀의 감독인 팻 윌리암스의 저서, '올랜도 매직의 성공 비밀'의 내용 중 재미있는 디즈니의 한 일화입니다.

디즈니 초창기에 워드 킴벨이라는 전설적인 만화가가 있었는데, 그는 23살에 미술대학을 졸업하여 월트 디즈니사에 스카우트되어 입사하였습니다. 그 당시 10분을 초과하는 만화가 없었는데, 그는 최초로 영화 길이와 맞먹는 '백설공주와 일곱 난쟁이'라는 야심만만한 작품을 만들었습니다.

그가 이 작업을 하면서 그린 많은 그림들 중, 백설공주를 위해 난쟁이들이 수프를 끓여서 바치는 장면이 있습니다. 그런데 그 장면은 불과 4분 30초밖에 되지 않았지만, 그 장면을 위해 그는 무려 8개월 동안이나 혼신을 다해 그렸습니다. 그는 자신의 그림에 매우 흡족해하며 월트 디즈니 사장에게 그것을 갖다 드렸습니다. 디즈니 사장은 그림을 보더니 매력적이고 참 잘됐다고 칭찬했습니다.

그러나 얼마 후 뜻밖의 일이 벌어졌습니다. 그렇게 힘들게 완성한 그 장면이 영화의 전체 줄거리에는 별 의미가 없다는 이유로 삭제되었다는 말을 사장으로부터 듣게 된 것입니다. 그의 8개월 동안의 모든 노력이 헛수고가 되는 순간이었습니다. 그는 그날 밤잠을 이루지 못하고 뒤척이는데 새벽녘쯤 자꾸만 사장의 얘기가 귓전을 맴돌았습니다. "전체 줄거리에 별 의미가 없잖아. 오히려 이야기 흐름에 방해가 된단 말이야." 이 말을 곰곰이 되씹어 보다가 그는 사장의 말에 동의하게 되었습니다. 작품 자체는 매력적이지만 전체 줄거리에 별 의미가 없다고 판단한 그는 자신의 그림을 깨끗이 포기하였습니다. 포기를 배운다는 것은 매우 중요한 것입니다.

또한 모든 것을 해로 여김은 내 주 그리스도 예수를 아는 지식이 가장 고상함을 인함이라 내가 그를 위하여 모든 것을 잃어버리고 배설물로 여김은 그리스도를 얻고 - 빌립보서 3:8

53) 하나님 없는 지식

옛날 로마에 작은 대학이 하나 있는데 그 정문 입구에는 대단히 인상 깊은 표어 하나가 붙어 있습니다. 대학 문을 드나드는 모든 사람들의 주목을 끌었던 간판에는 이런 글귀가 적혀 있습니다.

"그리고 그 다음에는……"

이 표어는 대학 설립자의 의도에 따라 정문에 설치되었고 거기에는 사연이 있었습니다.

아주 오래전 그 대학 설립자가 젊었을 때의 일이었습니다. 고학생이었던 그는 더 많은 지식을 얻기 위해 애를 썼지만 학비가 없어 전전긍긍하며 공부할 수 있는 길을 찾고 있었습니다. 이곳저곳 단체도 알아보고 사람들에게 동정도 구하다가 마침내 그는 로마에 사는 어느 유명한 그리스도인 귀족 부인이 젊은이들의 미래에 큰 관심을 갖고 그들을 돕고 있다는 정보를 알아내었습니다. 그래서 그는 귀족 부인을 찾아가 자신이 법률 공부를 하기 원하고 이 공부를 해서 사회에 기여하겠다는 뜻을 밝히며 장학금을 보태 달라고 요청했습니다. 그리 긴 시간을 대화하지 않았는데도 이 부인은 쉽게 청년의 뜻을 받아들였습니다.

"이번 학기부터 장학금을 드릴 테니 돌아가서 열심히 공부를 하십시오."

부인의 배려에 감격하여 감사의 눈물을 흘리면서 정중히 인사하고 집을 나오려는데 부인이 다시 이 청년을 불렀습니다.

"젊은이, 잠깐만 이리로 오세요. 그 장학금을 가지고 가서 제일 먼저 무엇을 하시겠습니까?"

"먼저 이번 학기부터 등록해서 공부를 시작해야겠지요."

부인이 다시 물었습니다. "그리고 그 다음에는요?"

"그 다음에는 열심히 공부해서 대학을 졸업할 것입니다."

"그리고 그 다음에는요?"

"시험에 합격하여 제 꿈이었던 훌륭한 법률가가 되겠습니다."

"그리고 그 다음에는요?"

"그 다음에는 저와 같이 어려운 환경에서 공부하는 사람들을 후원하고 그 밖의 많은 불행한 사람들을 도울 것입니다."

"그리고 그 다음에는요?"

"좀 더 돈이 축적되고 나이가 들면 더 많은 사람들을 돕기 위해서 본격적으로 사회사업을 시작할 것입니다. 그래서 부인처럼 살기를 원합니다."

질문은 그치지 않고 계속되었습니다.

"그리고 그 다음에는요?"

"그리고 ……그 다음에는 늙겠지요."

"그리고 그 다음에는요?"

"죽겠지요 뭐."

"그리고 그 다음에는……?"

"글쎄요……"

부인은 갑자기 청년에게 호통을 치기 시작했습니다.

"젊은이! 그 다음도 모르면서 무슨 공부를 한단 말인가? 아까 자네에게 주었던 장학금을 돌려주게."

부인의 호통에 청년은 매우 당황스럽고 곤혹스러웠습니다. 그러나 이 청년의 마음에 "그 다음에는……"이라는 질문이 계속해서 일어났습니다. 그 청년은 그 질문을 되새기다가 마침내 그리스도를 발견하고 하나님을 알게 되었습니다. 그는 그날 장학금을 얻으러 갔다가 그보다 더 위대하신 하나님을 만났습니다.

나중에 그는 자기가 세운 학교에 자기가 깨달은 뜻깊은 교훈을 학생들에게 알려주기 위해 그 경구를 정문에 붙여 놓았던 것입니다.

여호와를 경외하는 것이 지식의 근본이어늘 미련한 자는 지혜와 훈계를 멸시하느니라 - 잠언 1:7

54) 제 삼의 귀

유명한 철학자 제노는 "하나님께서 우리에게 두 개의 귀를 허락하셨는데 입술은 하나밖에 주시지 않은 이유는 우리가 말하는 일보다 듣는 일을 갑절이나 더하게 하시려는 의도였다."고 말했습니다.

듣기보다 말하기를 더 좋아하는 우리에게는 정말 타당한 이야기입니다. 오늘날 심리학자들은 대화의 기술에 대한 중요성을 말할 때 '제 삼의 귀'를 가져야 한다고 강조합니다. 귀는 두 개밖에 없지만 또 하나의 귀가 더 필요하다는 얘기입니다. 이 귀는 나와 얘기하고 있는 상대방이 입으로는 말하지 않지만 마음에 들어 있는 분노, 불안, 삶에 대한 짜증, 불만 등의 숨겨진 이야기를 듣는 역할을 하는 것입니다. 이것이 우리의 대화의 삶을 풍요하게 만들 수 있습니다.

그러나 어리석은 사람은 이 점을 이해하지 못하고 계속해서 쉴 새 없이 이야기를 쏟아 내며 자기의 무지를 드러냅니다. 우리는 그 사람의 언어생활의 태도와 자세를 통해서 그 사람의 지혜로움을 짐작할 수 있습니다.

사람의 마음에 있는 모략은 깊은 물 같으니라 그럴지라도 명철한 사람은 그것을 길어 내느니라 - 잠언 20:5

55) 하나님의 지혜

초대교회 시대에 그리스도인들의 숫자가 늘어나자, 기독교를 반대하던 세력들에 의해서 기독교 박해가 국법으로 선포된 때가 있었습니다. 그들에게 교회 나가는 것은 당연히 금지되었고 특히 성찬식에 참여하는 것은 가장 무서운 범죄로 간주되었습니다. 특별히 성찬식은 예수 믿는 사람들이 다 피를 좋아하고 피를 기념한다는 이상한 소문으로 기독교를 박해하던 사람들에게 큰 오해를 불러일으키기도 했습니다.

어느 날 한 소녀가 성찬식에 참여하기 위해 길을 가다가 보초를 서 있는 군인에게 붙잡혔습니다. 군인은 소녀를 잡자마자 어디 가냐고 다그쳐 물었습니다. 이때 소녀는 마음에 선의의 거짓말을 하고 싶은 충동이 일어났지만 하나님 앞에서 선의의 거짓말까지도 하고 싶지 않은 순결함 때문에 그 자리에서 잠시 기도를 했습니다.

"하나님, 어떻게 대답해야 할까요?"

이때 하나님께서는 소녀에게 지혜를 주셔서 소녀는 이렇게 대답했습니다.

"얼마 전에 저의 큰오빠가 돌아가셨어요. 그래서 오늘 저녁 가족들이 다 모여서 큰오빠의 유언장을 읽기로 했어요. 오늘은 큰오빠를 기념하기로 작정한 날이에요." 이 말을 들은 군인은 빨리 가 보라며 놓아 주었습니다.

이 소녀는 진짜 사실을 말한 것입니다. 우리가 하나님께 기도할 때 아버지라고 하니까 소녀와 예수님의 촌수를 따져보면 큰오빠가 되는 것입니다. 그런 큰오빠가 돌아가셨고 큰오빠의 유언장인 성경 말씀을 낭독하는 날입니다. 그리고 큰오빠의 죽음을 기념하는 날인 것입니다.

힘든 고난과 빠져나가기 어려운 상황 속에서도 당당하게 사실을 말하고 살아남을 수 있는 이 놀라운 지혜를 주님께서 소녀에게 주셨던 것입니다.

너희 중에 누구든지 지혜가 부족하거든 모든 사람에게 후히 주시고 꾸짖지 아니하시는 하나님께 구하라 그리하면 주시리라 - 야고보서 1:5

56) 영원한 샘물

영국의 유명한 학자이며 군인이자 저술가인 토마스 에드워드 로렌스(Thomas Edward Lawrence)에 관한 재미있는 일화입니다.

그는 1919년 파리에서 개최된 평화 회담 때에 아랍 대표들과의 중재역할을 맡는 특별한 임무를 맡았습니다. 그는 아랍 대표들을 위해서 프랑스의 최고급 호텔에 방을 예약해 놓고 그들에게 프랑스의 유명한 명소를 관광시켜 주었습니다. 그들은 관광했던 에펠탑과 루브르 박물관 등의 유명한 명소보다도 호텔의 목욕탕을 훨씬 더 인상적으로 보았습니다. 왜냐하면 물이 아주 귀한 사막지역에서 온 아랍 대표들에게는 조그만 꼭지만 틀면 물이 펑펑 나오는 호텔의 목욕탕이 너무도 신기했던 것입니다. 그래서 그들은 목욕탕을 볼 때마다 "야, 여기 이런 신기한 것이 있었구나!" 하며 환호성을 지르며 감탄했습니다.

그런데 그 회담이 끝날 무렵 로렌스에게 그들이 묵고 있던 호텔의 직원이 황급히 찾아왔습니다. "정말 큰일 났습니다. 로렌스 경, 지금 아랍 대표들이 호텔의 목욕탕을 다 뜯고 있습니다. 빨리 와 보십시오." 그래서 달려가 보니 그들이 정말로 정신없이 목욕탕을 뜯고 있는 것이었습니다. 그는 황급히 그들에게 물어보았습니다. "아니 왜 목욕탕은 모두 뜯고 있습니까?" 그러자 아랍 대표들은 "이것을 다 뜯어서 아라비아로 가져가려고 합니다."라고 대답하는 것이 아니겠습니까?

그들의 대답에 당황한 로렌스는 자세한 내용을 차근차근 다시 물었습니다. 그러자 그들의 대답은 정말 황당했습니다. "물이 없는 사막에서 이 목욕탕은 정말 인기가 있을 것입니다. 사람들은 정말 놀랄 겁니다. 사막 한가운데에 이 목욕탕을 놓고 수도꼭지만 틀면 물이 펑펑 쏟아질 테니까요." 속사정을 들은 로렌스가 아랍 대표들에게 목욕탕에 물을 공급해 주는 수도관이 따로 연결되어 있다는 사실을 땀을 뻘뻘 흘리면서 겨우 설명했답니다.

내가 주는 물을 먹는 자는 영원히 목마르지 아니하리니 나의 주는 물은 그 속에서 영생하도록 솟아나는 샘물이 되리라 - 요한복음 4:14

57) 세상에서 가장 아름다운 그림

한 예술가의 소원은 이 세상에서 가장 아름다운 그림을 그리는 것이었습니다. 그러나 문제는 세상에서 가장 아름다운 것이 무엇인가 하는 것이었습니다. 그래서 그는 사람들을 찾아가 물어보기로 결정했습니다.

맨 처음 찾아간 사람은 종교인이었습니다. "당신에게 있어서 가장 아름다운 것은 무엇입니까?" 그 종교인은 믿음이라고 대답했습니다. 이번에는 한 숙녀에게 세상에서 가장 아름다운 것이 무엇이냐고 물었습니다. 그녀는 사랑이라고 대답했습니다. 그리고 어떤 군인은 세상에서 평화가 가장 아름답다고 했습니다.

어떤 이는 믿음, 어떤 이는 사랑, 어떤 이는 평화라는 대답에 그렇다면 이 세 가지를 한곳에 모을 수 있는 그림은 없을까 고민하며 집으로 돌아갔습니다. 그가 집 초인종을 누르자 그의 어린아이들이 마중을 나와 "아빠!"를 외치며 그의 품에 안겼습니다. 그때 그는 자기 팔에 매달리는 꼬마들의 눈동자 속에서 아버지를 신뢰하는 믿음이 반짝거리고 있음을 보았습니다. 그리고 아이들 뒤에 나오며, "여보, 이제 오세요?" 하는 아내의 눈동자에서는 자기를 향한 사랑이 가득 담겨져 있는 것을 보았습니다. 그 집 안에는 진정한 평화가 감돌고 있었습니다.

내게 줄로 재어 준 구역은 아름다운 곳에 있음이여 나의 기업이 실로 아름답도다 - 시편 16:6

58) 부모의 영향

조나단 에드워즈(Jonathan Edwards)는 프린스턴 대학의 총장으로 지낸 바 있고 미국 영적 대각성기에 가장 영향을 많이 끼쳤던 인물입니다. 그의 부인 역시 신앙이 훌륭한 사람이었습니다.

어떤 사람이 이렇게 훌륭한 인물이었던 조나단 에드워즈와 그의 후손을 추적하여 그의 가계(家系)를 연구하였습니다. 그의 직계 후손은 현재까지 873명이었는데 그 가운데 대학 총장을 지낸 사람이 12명, 교수 65명, 의사 60명, 성직자 100명, 군인 75명, 저술가 85명, 변호사 100명, 판사 30명, 공무원 80명, 하원의원 3명, 상원의원 2명, 미국 부통령 1명, 그리고 260명이 평범한 신앙인으로 지냈다고 합니다.

한편 조나단 에드워즈에게는 어린 시절을 함께 보낸 맥스 쥬크라는 친구가 있었습니다. 이들은 함께 교회 주일학교에 빠지지 않고 다녔습니다. 그러나 맥스 쥬크는 어느 날부터인가 믿음을 잃어버리고 교회를 떠나 방탕한 생활로 빠지게 되었습니다. 그러다가 신앙이 없는 여자와 결혼해서 자녀들을 두었습니다.

조나단 에드워즈를 연구했던 사람은 그의 친구인 맥스 쥬크의 후손들도 추적해 보았습니다. 그의 후손은 1,292명인데 그 가운데 유아사망 309명, 거지 310명, 불구자 440명, 매춘부 50명, 도둑 60명, 살인자 70명, 별 볼일 없이 산 사람 53명이라는 조사 결과가 나왔습니다.

이 두 가계의 대조는 부모가 자녀에게 미치는 영향이 얼마나 큰 것인가를 실제로 보여주는 결과입니다. 부모가 경건한 삶을 살 때, 자녀들이 올바른 길을 갑니다.

또 아비들아 너희 자녀를 노엽게 하지 말고 오직 주의 교양과 훈계로 양육하라 - 에베소서 6:4

59) 사랑받지 못한 케네디의 암살자

오스왈드(Oswald), 그는 한 불행한 가정이 낳은 희생양이었습니다. 그의 어머니는 두 번이나 결혼에 실패하였고 두 번째 남편으로부터는 구타까지 당하며 육체적, 정신적으로 상처를 많이 받았습니다. 그래서 결국 그가 열세 살이 되었을 때 그의 어머니는 세 번째 남편하고도 온전한 결혼 생활을 유지하지 못하고 이혼하게 됩니다. 세 남자들로부터 배신과 큰 상처만 받은 그의 어머니는 자식에게조차 사람을 믿거나 사랑해서는 안 된다고 가르칩니다.

그리고 그녀 또한 자식인 오스왈드에게 사랑을 베풀지 않습니다. 그는 부모의 사랑을 받아야 할 시기에 소외되어 홀로 지내야 했습니다. 처음에는 잘 지냈지만 점차 다른 사람들로부터 이탈되었고 부정적인 성향이 드러나게 되었습니다. 그래서 그는 사람들에 대해 공격적인 성격이 되어 급기야 고등학교에서 패싸움으로 인해 퇴학까지 당하게 됩니다. 중퇴를 하고 난 후 해병대에 입대했지만 그곳에서조차 적응하지 못하고 불명예제대를 합니다. 그 후 유럽으로 건너가 지내다가 정체불명의 여자와 결혼을 하고 다시 미국으로 돌아왔지만, 생계는 어려웠습니다. 아내는 끊임없이 돈이 없다고 화를 내며 그를 구박했습니다.

그러던 어느 날 아내는 차라리 집에 들어오지 말라며 그를 밀어냈고 쫓겨난 그는 밤새도록 술을 마십니다. 새벽녘에야 집으로 돌아온 그는 몇 푼 안 되는 돈을 내밀며 아내에게 진심으로 사정합니다.

"여보, 이거 얼마 되지 않지만 당신이 사고 싶은 것을 사오. 그리고 나를 용서

하오. 내가 당신을 사랑하듯 당신도 나를 사랑해 줄 수 없겠소?"

그러나 아내는 남편의 사랑의 호소에도 불구하고 화를 내며 그가 내민 몇 푼 안 되는 돈을 집어 던져 버립니다. 그런 아내의 행동에 그는 절망감에 휩싸여 그만 밖으로 뛰쳐나가게 됩니다. 그리고 그가 숨겨둔 총을 꺼내들고 얼마 전 취직한 회사 건물의 옥상으로 올라가 누군가를 기다립니다.

그가 기다리고 있는 사람은 다름 아닌 케네디(John F. Kennedy).

1963년 11월 22일 시계바늘이 막 정오를 넘어가려는 순간.

"탕!"

이 세상에 태어나 한 번도 사랑을 받아보지 못한 한 사람의 비관적인 행동이 엄청난 비극을 저지른 것입니다. 미국의 유명한 기독교 의사 제임스 답슨(James Dobson)은 이렇게 말합니다.

"가정의 비극이 우리 사회에 가장 큰 비극을 만들었습니다. 어머니로부터 사랑받지 못한 아들이 저지른 역사적인 비극이었습니다."

케네디의 죽음을 놓고 많은 사람들은 이런저런 이야기들을 합니다. 그런데 이 오스왈드라는 사람에 대한 설은 가장 유력시되고 있다고 합니다.

무엇보다도 열심으로 서로 사랑할지니 사랑은 허다한 죄를 덮느니라 - 베드로전서 4:8

이동원 목사님의 설교

1) 용서받아야 할 인간

어느 날 존 웨슬레는 사람들에게 용서에 관한 설교를 하였습니다. 설교가 끝난 후에 그 자리에서 설교를 듣고 있었던 아주 거칠고 난폭하기로 소문난 한 장군이 웨슬레 앞에 나와서 말했습니다.

"목사님, 그러나 나는 죽어도 나에게 총부리를 겨누는 사람들을 절대 용서할 수 없습니다."

이때 웨슬레는 그 장군에게 이런 유명한 말을 했습니다.

"장군님, 그렇다면 장군님은 앞으로 죽어도 죄를 짓지 마셔야 합니다."

또한 존 웨슬레가 길을 가다가 한 친구를 만났습니다. 웨슬레는 그 친구가 오랫동안 어떤 사람과 원수로 지내고 있었다는 사실을 알고 있었습니다. 웨슬레가 친구에게 물었습니다.

"아직도 그 사람을 미워하고 있는가?"

그러자 그는 "그럼!" 하고 당연하다는 듯 대답했습니다.

웨슬레가 이제 그만 그를 용서하고 화해하기를 권면했지만 그 친구는 죽어도 그렇게 할 수 없다고 말했습니다.

"그렇다면 좋네. 그럼 계속해서 그 사람을 미워하게. 하지만 자네가 알아두어야 할 것이 있네. 앞으로 자네는 절대로 다른 사람에게 미움받을 짓을 해서는 안 되네. 혹시 그 상대가 자네처럼 용서할 줄 모르는 사람일 줄 누가 알겠나?"

누가 뉘게 혐의가 있거든 서로 용납하여 피차 용서하되 주께서 너희를 용서하신 것과 같이 너희도 그리하고 - 골로새서 3:13

2) 모두가 축복받는 용서

존경받는 그리스도인이었던 아브라함 링컨(Lincoln, Abraham) 대통령은 언제나 그를 붙들고 늘어지면서 그에게 말할 수 없는 수모와 욕을 안겨주는 정적한 사람이 있었습니다. 그 사람은 사람들에게 "여러분, 우리는 고릴라를 보기 위해서 아프리카까지 갈 필요가 없습니다. 일리노이의 스프링필드에 가면 오리지널 고릴라를 볼 수가 있습니다."라며 링컨을 욕되게 하였습니다. 그가 그렇게 말한 이유는, 스프링필드가 링컨의 고향과도 같은 곳이고 링컨의 생김새가 고릴라 같았기 때문에 빗대어 말한 것입니다.

그런데 링컨은 대통령으로 당선된 후 내각을 조직하면서 가장 중요한 국방부 장관 자리에 바로 이 사람을 임명하였습니다. 모든 참모들은 링컨의 이런 개편에 충격을 받고 놀라지 않을 수 없었습니다.

참모들이 링컨에게 어떻게 당신의 적을 그런 중요한 자리에 앉힐 수 있냐고 물었더니 링컨은 이렇게 대답했습니다. "이제 그 사람이 적이 아니지 않소. 나는 적이 없어져서 좋고, 그가 나를 돕게 되었으니 내가 저 사람에게 도움을 받아서 좋지 않소. 내가 이 사람을 용서하고 중요한 자리에 임명한 것으로 인해서 내가 도대체 무엇을 잃었단 말이오?"

복수는 복수하는 사람과 복수당하는 사람 모두를 파멸시킵니다. 그러나 용서는 하는 사람과 받는 사람 모두를 축복합니다. 복수를 해서 승리를 얻는 것이 아니라 용서하므로 링컨은 진정한 승리자가 되었습니다.

노하기를 더디 하는 것이 사람의 슬기요 허물을 용서하는 것이 자기의 영광이니라 - 잠언19:11

3) 사람을 변화시키는 용서

어느 날 영국의 웰링턴 제독이 자기의 병사 가운데서 구제불능인 병사 하나를 사형시키게 되었습니다. 그는 마지막 순간에 이런 이야기를 했습니다. "나는 너를 가르치려 했지만 너는 그 가르침을 받지 않았고 다시 너를 징계하여 고치려 했지만 그 징계도 너의 삶을 돌이키지 못했다. 그리고 내가 너를 감옥에 가두기까지 했지만 너는 끝까지 반성하지 않았다. 이제 할 수 있는 일은 단 하나밖에 없다. 그것은 너를 사형하는 길이므로 사형을 집행한다."

이때 그 병사의 친구가 갑자기 뛰어 들어와 이렇게 말했습니다.

"웰링턴 제독님, 하지만 제독님이 저 병사에게 안 한 것이 꼭 한 가지 있습니다. 각하께서는 저 친구를 용서하지 않으셨습니다." 이 친구의 말에 제독은 마음에 감동을 받아 사형을 취소하고 그를 용서했습니다. "용서한다. 내가 조건 없이 너를 용서한다."

그 다음부터 이 병사는 완전히 달라져 새사람이 되었습니다.

용서는 사람을 변화시킵니다.

너희가 각각 중심으로 형제를 용서하지 아니하면 내 천부께서도 너희에게 이와 같이 하시리라 - 마태복음 18:35

4) 아내의 기도

제 아내는 저보다 마음이 넉넉하고 관용이 많은 것 같습니다. 때로는 많은 인간관계를 통해 상처를 받을 수도 있을 텐데 저는 한 번도 아내가 남을 비판하거나 욕하는 소리를 들어본 적이 없습니다.

그래서 하루는 아내에게 물었습니다.

"여보, 당신은 어떻게 남에 대해 흉을 보거나 하지 않소? 싫은 사람이 한 명도 없나 보오."

"왜 저라고 없겠어요. 저도 사람인데요. 하지만 싫은 사람이 있거나 저에게 상처를 준 사람이 생기면 먼저 하나님께 그를 불쌍히 여겨 달라고 기도합니다."

어느 날 외출을 하고 돌아왔는데, 아내가 울면서 기도하고 있었습니다.

"하나님, 불쌍히 여겨 주옵소서."

저는 지난번 아내와 나눈 대화가 생각이 나 '누구를 위해 기도할까' 하고 살며시 다가가서 기도소리를 들었습니다.

"하나님, 제 남편을 불쌍히 여겨 주옵소서."

너희 관용을 모든 사람에게 알게 하라 주께서 가까우시니라 – 빌립보서 4:5

5) 토마스 모어의 최후 진술

'유토피아'(Utopia)를 저술한 토마스 모어(Thomas More)가 사형 언도를 받고 마지막 재판관 앞에서 최후 진술을 하게 되었습니다.

"토마스 모어, 당신은 최후의 진술을 할 수 있소."

"재판관님, 마지막으로 내가 하고 싶은 말은 천국에서 당신과 친구로서 만나고 싶다는 것이오. 당신은 지금 내게 사형을 집행했을지라도 스데반을 죽인 사울이 하나님을 만나 바울이 되어 스데반과 함께 천국에서 만난 것처럼 나도 당신을 만나길 기대합니다."

재판관은 토마스 모어의 말에 의아하다는 듯이 물어봅니다.

"어찌, 당신은 내게 그런 호의적인 말을 하오. 난 당신에게 사형을 내린 사람이오."

그러자 토마스 모어는 "주님이 내게 그렇게 대해 주셨기 때문이라오."라고 대답했다고 합니다.

사랑하는 자들아 하나님이 이같이 우리를 사랑하셨은즉 우리도 서로 사랑하는 것이 마땅하도다 – 요한일서 4:11

6) 하나님의 긍휼

유대인들에게는 중요한 진리를 가르치기 위해 우화적인 이야기를 담아 놓은 책이 있습니다. 이 책 속에는 하나님께서 우주를 창조하시기 직전에 먼저 천사들을 창조하시고 그 천사들과 대화를 나누는 내용이 있습니다. 하나님께서 첫 번째 천사인 '의의 천사'라는 이름을 가진 천사를 불러 이렇게 말씀하셨습니다.

"내가 세상을 창조하고 그 세상에서 가장 으뜸 되는 피조물로 인간을 창조하려고 하는데 어떻게 생각하느냐?" 의의 천사가 대답했습니다. "하나님, 인간을 창조하지 마십시오. 그 인간들은 온갖 불의로 이 세상을 더럽힐 것입니다."

하나님께서 두 번째 천사인 '거룩의 천사'라는 이름의 천사에게 똑같은 질문을 했습니다. 거룩의 천사는 이렇게 대답했습니다. "하나님, 인간을 창조하셔서는 안 됩니다. 그 인간들은 이 세상을 더러움으로 가득 채워 놓고 말 것입니다."

하나님께서는 세 번째 천사인 '빛의 천사'를 불러 또다시 같은 질문을 했습니다. 빛의 천사는 "하나님, 절대로 인간을 창조하셔서는 안 됩니다. 인간들은 이 세상을 어두움으로 만들고야 말 것입니다."

하나님께서는 네 번째 천사인 '긍휼의 천사'를 불러서 또다시 질문을 했습니다. "내가 인간을 창조하려고 하는데 그대는 어떻게 생각하느냐?" 긍휼의 천사는 다른 천사와는 전혀 다르게 대답했습니다. "하나님, 인간을 창조하셔야 합니다. 하나님께서 인간을 창조하시면 이 세상은 불의하고 더러워지고 어두움에 잠길지도 모릅니다. 그러나 하나님, 이 불의와 더러움과 어두움 속에 있는 인간들에게 저는 기어이 그들을 사랑하시는 하나님의 사랑을 이야기할 것입니다. 그리고 그들이 새로워지고 하나님께서 기대하시는 사람들이 되도록 그들을 하나님 앞으로 인도할 것입니다."

하나님께서는 우리를 사랑과 긍휼로 돌보시며 아직 우리를 포기하지 않으셨습니다. 우리가 도저히 상대하고 싶지 않은 그 사람까지도 포기하지 않으시고 그를 향해서 다가오시고 기다리시고 기회를 주십니다.

우리를 구원하시되 우리의 행한바 의로운 행위로 말미암지 아니하고 오직 그의 긍휼하심을 좇아 중생의 씻음과 성령의 새롭게 하심으로 하셨나니 - 디도서 3:5

7) 반으로 줄어드는 고통의 비결

미국 인디애나 주의 어떤 시골마을에 브레인 튜머(brain tumor)라는 병을 앓고 있는 15세 소년 브라이언이 살고 있었습니다. 이 병은 뇌종양과 비슷한 것으로 브라이언은 수술을 받고 방사선 치료를 받아야만 했습니다. 수술을 받은 후에 그는 방사선 치료 때문에 머리가 다 빠졌지만 조금씩 회복되어 학교에도 갈 수 있게 되었습니다. 한 학급에 20명 정도 되는 시골학교였는데 드디어 브라이언이 학교에 가는 날이 되었습니다.

그런데 브라이언이 학교에 오기 전, 반 친구들은 그가 머리털이 하나도 없는 모습으로 오리라는 것을 알고 서로 연락해서 중요한 결정을 했습니다. 그 결정은 그들의 사랑하는 친구인 브라이언이 자존심을 다치지 않고 부끄러워하지 않도록 하기 위한 것이었습니다. 브라이언이 고통 속에서도 당당히 학교에 계속 나올 수 있도록 하기 위해 반 아이들 전체가 머리를 모두 밀기로 한 것입니다.

브라이언의 수업 첫날, 선생님이 교실에 들어와 보니 브라이언뿐만 아니라 반 학생들 모두가 머리를 밀고 앉아 있었습니다. 아이들이 머리를 깎은 이유를 알아차린 선생님은 교단에 서서 울었습니다. 그리고 모든 친구들도 같이 울었습니다.

고난의 현장에서 나눌 수 있는 최대의 위로는 바로 함께 있어 주는 것입니다.

너희를 위한 우리의 소망이 견고함은 너희가 고난에 참예하는 자가 된 것같이 위로에도 그러할 줄을 앎이라 - 고린도후서 1:7

8) 이심전심(以心傳心)

미국에서 아주 괴팍한 성격을 가진 여류 문학가가 있었습니다. 남편은 아주 큰 사업가였는데 이 여인은 사람들을 만나지 않고 늘 집 안에서 글만 썼습니다. 그녀의 인생에서 유일한 위로는 글 쓰는 것과 하나밖에 없는 아들을 사랑하는 일밖에 없었습니다.

그런데 그 귀한 외아들이 고등학교 다닐 때에 친구들과 함께 차를 타고 여행을 하다가 교통사고로 죽고 말았습니다. 그녀는 그 충격으로 더욱 고립되어 갔고 깊은 슬픔으로부터 헤어나지 못했습니다. 집안 형편이 부유해서 별별 치료를 다 받아보고 여행도 떠나 보았지만 그녀는 회복되지 않았습니다. 이제 그녀는 글 쓰는 일에도 더 이상 집중할 수 없었습니다.

그런데 어느 한순간 그 여인의 병이 치료되었습니다. 그 이유는 자기 아들과 같이 자동차를 타고 여행을 하다가 죽은 친구의 어머니를 만났기 때문이었습니다. 평생을 외부세계와 단절하고 살았던 이 괴팍한 여류 문학가가 처음으로 문을 열어서 이웃을 받아들였을 때 그녀는 회복되었습니다.

사람들은 너무나 궁금해서 여인에게 물었습니다. "그 죽은 친구의 어머니가 무슨 말을 했기에 갑자기 당신이 다시 일어설 수 있었습니까?" 그녀는 이렇게 대답했습니다. "그분은 아무 말도 하지 않았습니다. 단지 그냥 나를 끌어안고 울더라고요. 나도 같이 울었습니다. 그리고 회복되었습니다."

고통받는 사람들에게 가장 필요한 것은 그냥 같이 있어 주고 같이 울어 주는 것입니다.

우리의 모든 환난 중에서 우리를 위로하사 우리로 하여금 하나님께 받는 위로로써 모든 환난 중에 있는 자들을 능히 위로하게 하시는 이시로다 – 고린도후서 1:4

9) 주를 향한 무디의 순종

이 이야기는 D. L. 무디(D. L. Moody) 목사님이 하나님께 얼마나 순종하는 마음을 갖고 그의 일생을 살았는지 보여주는 일화입니다.

어느 날 무디 목사님이 자신이 가르쳤던 제자이자 동역자인 R. A. 토레이 목사님과 함께 시카고의 높은 빌딩 위에 올라갔습니다. 무디 목사님은 높은 곳에서 시카고 전경을 내려다보며 이런 고백을 했습니다.

"여보게 토레이, 나는 하나님이 여기서 뛰어내리라고 명하시면 지금 당장 뛰어내릴 수 있을 것 같네."

어처구니없는 말이지만 무디의 말에서 주님을 향한 깊은 순종과 애정을 읽을 수 있습니다.

오직 여분네의 아들 갈렙은 온전히 여호와를 순종하였은즉 그는 그것을 볼 것이요 그가 밟은 땅을 내가 그와 그의 자손에게 주리라 하시고 – 신명기 1:36

10) 절대적인 순종

어느 날 한 청년이 성 프란시스 형제회에 가입하고자 수도원을 찾아왔습니다. 그는 형제회 위원들에게 수도원에 들어가 함께 수도하며 전도하고 싶다는 포부를 밝혔습니다. 위원들은 이 열의가 가득한 청년을 받아들일 것인가에 대해 고심했습니다. 그러던 중 프란시스는 마지막으로 그 청년에게 한 가지 과제를 주었습니다.

"젊은이, 저기 배추가 한 포기 있는데 저 배추를 한번 거꾸로 심어 보겠는가?"

프란시스가 이런 엉뚱한 과제를 준 이유는, 청년이 상식에 맞지도 않고 자신의 생각에 합하지 않는 요구라 할지라도 영적인 스승의 지시에 그대로 순종하는 자질이 있는가를 알아보기 위해서였습니다. 예수님의 삶을 지배했던 가장 중요한 가치관은 하나님 아버지의 뜻에 절대적으로 순종하는 것이었습니다. 하나님께서는 오늘도 절대적으로 순종하는 사람을 찾으십니다.

너희 자신을 종으로 드려 누구에게 순종하든지 그 순종함을 받는 자의 종이 되는 줄을 너희가 알지 못하느냐 혹은 죄의 종으로 사망에 이르고 혹은 순종의 종으로 의에 이르느니라 - 로마서 6:16

11) 말 없는 순종

영국 런던에는 영국 성공회에 속해 있는 성 바울 대성당이 있는데 그 성당이 세워진 경위는 이렇습니다.

1600년 후반에 런던에서 대화재가 일어나 런던 시내가 모두 잿더미가 되었던 사건이 있었습니다. 그때 런던 시민들은 물론이고 영국 국민 전체가 침체되어 절망과 낙심에 빠졌습니다. 이런 상황이 닥치자 영국 여왕은 국민을 위하여 새로운 용기를 북돋아 주고 새로운 미래를 창조해 주고 싶었습니다. 그래서 생각한 것이 하나님께 예배드릴 수 있는 멋진 예배당을 짓는 것이었습니다.

여왕의 이런 마음을 알게 된 영국의 한 유명한 건축가는 자신의 평생 사역으로 그 일을 자원했습니다. 그 건축가의 이름은 크리스토퍼 랜(Christopher Wren)입니다. 이런 뜻깊은 의미의 성당이 건축된다는 소문이 영국 전역에 퍼지자 수

많은 사람들이 찾아와 성당의 일꾼이 되겠다고 자청했습니다. 그 성당은 무려 35년간에 걸쳐서 세워져 드디어 1710년에 성 바울 대성당을 헌당하게 되었습니다.

그때 모든 사람들은 여왕이 그 성당을 어떻게 생각할지 궁금해했습니다. 특히 이 성당을 설계하고 공사를 감독했던 크리스토퍼 랜은 여왕의 반응이 몹시 궁금했습니다. 여왕은 그 완성된 성당을 보자마자 입에서 "정말 놀랍군요."라는 감탄사가 쏟아져 나왔습니다. 이 말 한마디에 크리스토퍼 랜은 이렇게 말했습니다.

"지난 35년간의 모든 수고가 가치 있었습니다. 그러나 이 엄청난 성당은 나의 설계와 감독 때문에 세워진 것이 아닙니다. 나와 함께 열망을 가지고 35년간 그대로 따라준 이름 없는 수많은 노동자들의 순종이 있었기 때문에 완공할 수 있었습니다."

종들아 두려워하고 떨며 성실한 마음으로 육체의 상전에게 순종하기를 그리스도께 하듯 하여 – 에베소서 6:5

12) 피난처인 예수님

제가 미국에서 돌아오는 비행기 안에서 갑자기 기내를 돌아다니는 꼬마 한 명을 발견했습니다. 대여섯 살 정도 된 아주 예쁘게 생긴 여자아이였는데 아빠는 미국 사람이고 엄마는 한국 사람인 것 같았습니다. 그 여자아이는 아주 활달한 성격 탓인지 비행기 복도에서 춤을 추고 돌아다니면서 사람들을 쳐다보고 만져보기도 했습니다. 저에게도 와서 얼굴을 만지더군요. 순식간에 이 여자아이는 비행기 안의 마스코트가 되었습니다. 그 아이는 엄마, 아빠도 잊어버린 채 뒷좌석에 탄 사람들과 웃기도 하고 이야기도 하며 여기저기 돌아다녔습니다.

그런데 그렇게 명랑하던 아이가 순간 기류가 이상해지고 비행기가 흔들리기 시작하자 쏜살같이 엄마의 품으로 뛰어 들어갔습니다. 그 장면을 보면서 우리는 고통받으면 가야 할 품이 필요하다는 것을 느꼈습니다. 우리의 인생에서 감당하기 힘들고 어려운 고통을 만날 때 달려갈 수 있는 품이 있고 모든 것을 다 말할 수 있는 대상이 있는 사람은 행복한 사람입니다. 전지전능하시고, 사랑과 긍휼이 풍부하신 하나님 앞에 나와 자신의 심정을 내놓기를 바랍니다.

여호와는 나의 인자시요 나의 요새시요 나의 산성이시요 나를 건지는 자시요 나의 방패시요 나의 피난처시요 내 백성을 내게 복종케 하시는 자시로다 - 시편 144:2

13) 나보다 한 수(手) 위이신 하나님

제가 전도사 시절, 용인의 어느 시골 교회에서 부흥회 초청을 받은 적이 있습니다. 저는 두렵고 떨리는 마음으로 기도와 말씀을 준비하였고, 드디어 부흥회를 인도하는 날이 되었습니다. 그런데 첫날부터 비가 와서 예배실 이곳저곳에 빗물이 뚝뚝 떨어지고 있었습니다. 저는 성도들에게 "여러분, 비가 곧 그치도록 기도합시다. 여호수아가 하늘을 향해 '태양아, 머무르라.' 했을 때 태양이 머물렀던 것처럼 우리도 열심히 기도하면 이 비가 그칠 것입니다. 다 같이 통성으로 비가 멈출 수 있도록 기도합시다."라고 믿음으로 인도했습니다.

그런데 비는 그칠 기미도 보이지 않고 기도하면 할수록 더욱 거세게 내리는 것이었습니다. 저는 당황스럽기도 하고 이러다 비가 더 오면 체면이 말이 아니기 때문에 중간에 기도를 슬쩍 바꿨습니다. "여러분, 비가 계속 오더라도 부흥회에 지장이 없도록 해 달라고 기도하십시오." 하나님 앞에 살짝 도(度)를 낮춰 기도드린 것입니다.

기도가 끝난 후, 설교를 막 시작하려는데 이상하고 놀라운 일이 벌어졌습니다. 비가 그치기는커녕 더욱 세차게 몰아치고 있는데 갑자기 많은 사람들이 성전으로 들어오는 것이었습니다. 저뿐만 아니라 그 교회 전도사님과 성도님들도 이 광경에 놀랐습니다. 알고 보니 그때가 농번기라 동네 사람들이 열심히 일하고 있다가 갑자기 비가 쏟아지니까 비를 피해 성전으로 들어온 것입니다. 그래서 그날 밤 그 마을에 사는 많은 사람들이 예수를 믿고 주님 앞으로 돌아오는 놀라운 일이 일어났습니다. 내가 기도한 대로 응답되지 않아도 나보다 나를 더 잘 아시는 하나님의 주권 속에서 모든 것이 선하게 응답되었던 것입니다.

우리가 알거니와 하나님을 사랑하는 자 곧 그 뜻대로 부르심을 입은 자들에게는 모든 것이 합력하여 선을 이루느니라 - 로마서 8:28

14) 피할 수 없는 하나님

제가 수년 전 어떤 한 교회에서 새 생활 세미나를 인도했을 때 일입니다.

사흘째 되는 저녁에는 도덕적인 자유에 대한 강의로서 죄가 얼마나 무서운 것이며 인간과 인간, 하나님과 인간 사이의 화목에 대한 중요성을 설교하였습니다. 그때 집을 가출한 한 자매가 저의 설교를 들었는데 여러 해 동안 자기 부모를 원망하며 멋대로 인생을 살았던 자매였습니다. 그런 인생을 살았던 자매에게 인간 사이의 화목이 중요하다는 저의 설교는 그녀의 마음에 찔림을 주었습니다.

그 후 그녀는 하나님께 기도하려고 해도 기도가 나오지 않았고 자기의 죄악된 생활을 회개할 용기도 없었습니다. 더욱이 집으로 돌아가 부모와 화목할 마음도 없었기 때문에 고민만 하다가 교회 출석을 중단하였습니다. 그래도 양심에 찔림 때문에 다른 교회로 출석을 하기 시작했는데 제가 또 그 교회에 나타나 우연하게도 똑같은 도덕적 자유라는 제목으로 설교를 했던 것입니다. 제발 그 내용만은 설교하지 않기를 바랐던 그 자매는 그 설교를 듣고 더욱 괴로워져 다시 교회 출석을 중단하고 방황하기 시작했습니다.

그렇게 방황하던 중 그녀의 친구가 불광동 수양관에서 열리는 젊은이들을 위한 수양회에 초대하여 참석하게 되었습니다. 그런데 거기서 강사로 저를 또 만나게 된 것입니다. 그 자매는 같은 설교를 들으며 마음에 찔림으로 번민하면서도 집회는 끝까지 참석했습니다. 그러나 수양회에 돌아와서도 끝까지 용기가 없어 문제를 해결하지 못하고 계속 낙심 중에 세월을 보냈습니다.

1년이 지난 후 우연히 친구의 권유로 자매는 새생활 세미나에 참석하게 되었는데 거기서 다시 저의 강의를 접하게 되었습니다. 제발 그 설교만은 안 하길 기대했지만 그녀는 또 한 번 그 말씀을 듣고는 결국 더 이상 하나님을 피할 수 없다는 결론에 도달하게 되었습니다.

마침내 그녀는 자기의 마음을 하나님 앞에 털어놓았습니다. 비로소 그녀는 하나님께 항복을 선언하고 자기의 인생을 완전히 맡긴 후 그리스도의 보배로운 피로 씻음 받았다는 확신을 얻었습니다. 그리고 성령님께서 그 자매에게 집으로 돌아갈 수 있는 용기를 주셨습니다. 그녀는 오랜 세월 원망했던 부모를 찾아가 눈물로 용서를 빌었습니다. 그 후 그 집안이 모두 그리스도를 구주로 영접하는 놀라운 기적이 일어났습니다. 기쁨을 이기지 못한 자매가 저에게 전화로 그 기쁨을 알려주었을 때 저도 함께 울었습니다. 그분은 어느 곳에 있든지 우주를 뒤져서라도 우리를 찾아오셔서 "거기는 바른 길이 아니란다. 바른 길은 여기 있으니 이 길로 돌아오라. 그리고 이 길로 행하라."고 말씀하십니다.

너희가 우편으로 치우치든지 좌편으로 치우치든지 네 뒤에서 말소리가 네 귀에 들려 이르기를 이것이 정로니 너희는 이리로 행하라 할 것이며 - 이사야 30:21

15) 하나님의 오묘한 섭리

영국의 유명한 찬송 작가인 윌리엄 카우퍼(William Cowper)는 서른두 살이 되었을 때 인생이 너무나 고통스럽다고 느낀 나머지 이런 인생을 계속 살기보다 차라리 인생을 포기하겠다는 결론을 내렸습니다. 그래서 그는 강에 뛰어내릴 작정으로 마부에게 테임즈 강을 향해 가자고 말했습니다. 그런데 이 청년의 표정을 수상하게 여긴 마부는 청년을 내려놓고는 그를 지켜보고 있다가 그가 강에 투신하려는 순간에 붙잡았습니다. 그리고는 이 청년을 향해 이렇게 격려하고 돌아갑니다. "앞길이 창창한 젊은이가 이런 일을 하면 어떻게 합니까? 그 용기를 가지고 굳세게 사십시오." 그 마부 때문에 그의 첫 번째 계획은 실패합니다.

그는 집에 돌아오자마자 다시 음독자살을 시도했습니다. 그러나 그 이웃집에 사는 사람이 우연히 그의 집을 방문했다가 그가 아직 숨 쉬고 있음을 확인하고 해독제를 먹여서 살려 냈습니다. 두 번째 자살에도 실패한 그는 '내가 이래서는 죽을 수 없겠구나.'라고 생각하여 이번에는 면도날을 가지고 손목의 동맥을 끊고자 했습니다. 그러나 그 순간 놀랍게도 면도날이 부러지는 바람에 세 번째 시도도 실패하고 말았습니다. 그래도 그는 포기하지 않고 네 번째는 꼭 성공하리라 결심하며 목을 매달았습니다. 그러나 목을 매단 순간 또 이웃집 사람이 와서 매달려 있는 그를 발견하고는 곧 끈을 풀어 병원으로 데려가 살렸습니다. 그는 병원에서 어렴풋하게 '아, 나는 죽을 수도 없는 운명이구나!'라는 생각을 했습니다.

그러나 그의 정신적인 상태는 이루 말할 수 없이 피폐해져 정신병 징후에 시달렸고 계속해서 정신적인 고통을 당했습니다. 그렇지만 그를 사랑했던 이웃들의 배려와 손길을 통하여 교회로 초청받았고 복음의 말씀을 통해서 그는 그리스도를 영접하고 주님을 의지하기 시작했습니다.

이때 그에게 가장 도움을 주었던 분은 "나 같은 죄인 살리신"(Amazing Grace, 찬송가405장)을 작사했던 존 뉴톤 목사님이었습니다. 존 뉴톤 목사님은 그의 친구가 되어 늘 신앙적인 대화를 나누며 상담해 주고 격려하면서 그의 믿음을 북돋아 주었습니다. 그런데 그에게도 목사님처럼 시적인 재능이 있었습니다. 자기를 양육해 준 목사님을 따라 그도 자기를 구원해 주신 예수그리스도와 하나님을 위해서 찬송시를 쓰기 시작했습니다. 그래서 쓰인 찬송시 중에는 찬송가가 되어 전 세계 사람들에게 불리고 있는 곡이 무려 67곡이나 됩니다. 그중 우리 찬송가에 세 곡이 있는데 그중에 하나는 우리가 잘 알고 있는 "샘물과 같은 보혈은"(190장)입니다.

그가 쓴 찬송시 중 그가 죽지도 못하고 다시 살아난 자리에서 복음을 듣고 예수를 영접했을 때 쓴 찬송시가 있는데 "주 하나님 크신 능력"(80장)입니다. 한국 찬송가는 곡조에 맞추다 보니 원작사자의 생각이 잘 드러나 있지 않는데, 가사를 다시 번역하면 이런 내용의 찬송시입니다.

"하나님은 신기한 방법으로 섭리하시는도다.
그분은 경이롭게 일하시니 바다에 그분의 발자취를 남기며
폭풍우 위로 걸어가시는 도다.
저 깊고 깊은 생각 위에 내가 알 수 없는 신묘한 기술로써
자신의 밝은 계획을 높이 세우고 그분의 주권적인 뜻을 이루시는도다.
내 부족한 판단으로 주를 판단치 말지니 은혜로우신 그 주님을 의뢰할지라.
그분의 오묘한 섭리 뒤에 자신의 미소 짓는 얼굴을 숨기시는도다."
나를 또 넓은 곳으로 인도하시고 나를 기뻐하심으로 구원하셨도다 - 시편 18:19

16) 불행이 곧 행복

배 한 척이 파선하였는데 선원 중 한 명이 아무도 살지 않는 무인도에 극적으로 도달하게 되었습니다. 그는 무인도에서 살아나기 위해 땀 흘려 나무를 모아 거의

한 달 만에 살 수 있는 조그마한 오두막집을 만들었습니다. 이 오두막집이야말로 무인도에서 이 사람이 살아가기 위한 유일한 피난처이자 안식처였습니다.

어느 날 이 사람이 먹을 것을 구하기 위해 깊은 숲에 들어갔다가 해질 무렵 다시 자기 오두막집으로 돌아오고 있었습니다. 그런데 어찌된 일인지 자신이 애써 지은 오두막집이 불길 속에 휩싸여 있는 것입니다. 아무도 없는 이 고독한 섬에서 자신이 의지할 수 있는 유일한 피난처이자 안식처인 집이 불타는 광경을 보면서도 그는 어떠한 대책도 세울 수가 없었습니다. 그의 마음은 큰 좌절과 쓰라림으로 무너져 내려 그 자리에 그냥 멍하니 주저앉았습니다.

땅거미가 진 후 그는 나무 잎사귀들을 모아 해변가에 가서 임시 잠자리를 만들어 잠을 청했습니다. 오랜 날들을 땀 흘리고 애써서 만든 하나밖에 없는 안식처를 한순간에 잃어버린 절망적인 가슴을 안고 깊은 고통 속에서 잠을 청했습니다.

그런데 새벽녘쯤 갑자기 인기척 소리가 들려서 잠을 깼는데, 눈을 떠보니까 놀랍게도 배 한 척이 도착해 사람들이 막 내려오고 있었습니다. 영원히 무인도에서 홀로 살아갈 줄 알았던 그는 배와 사람들이 오는 것을 보고 기쁨의 소리를 지르며 어떻게 된 것이냐고 물었습니다. 이유를 들어보니 그들은 이 섬 앞을 지나가다가 불타는 집을 보고 '누군가 구조 요청을 하고 있구나.' 하고 이 섬에 오게 되었다는 것입니다. 그 소중한 집이 불타는 것은 불행한 사건이었지만 이 불행한 사건 뒤에 이 사람을 살리기 위한 극적인 하나님의 섭리가 내재되었다는 사실을 이 이야기를 통해 볼 수 있습니다.

대저 사람의 길은 여호와의 눈앞에 있나니 그가 그 모든 길을 평탄케 하시느니라 - 잠언 5:21

17) 종 된 자의 삶

교회에서 일하는 일꾼들은 모두 자기가 종이라고 합니다. 그러나 이런 종 의식은 교회뿐 아니라 사회에서도 나타납니다. 그래서 장관도 대통령도 모두 국민의 종이라는 사상은 기독교 사상에 근거한 것입니다. 한 나라의 대통령이 국민의 종노릇을 해야지 지배자가 되려고 하면 독재가 되어 나라가 잘못됩니다.

한국 교회에서는 주의 종을 잘 섬겨야 한다는 말이 있는데 사실 그 말은 잘못된 말입니다. 이것은 유교적 영향을 받은 우리 한국 사회 구조 때문에 그렇습니다. 그런 말 때문에 목사를 '주의 종님'이라고 부르기도 합니다. 그런데 이 호칭에서 '주'에는 '님' 자가 안 붙고 '종'에만 '님' 자가 붙어 있어 늘 부담스럽게 들립니다. 사실 정확한 호칭으로 맞는 것은 '주님의 종놈'(?)입니다.

종은 섬김을 받는 자가 아니라 섬기는 자인 것처럼 목자가 양을 섬기는 것이지 양이 목자를 섬기는 것이 아닙니다. 그래서 목회자와 제직들은 종으로서 교우들을 잘 섬기도록 세움을 받은 사람들입니다. 종은 종으로서 잘 섬겨야 하는 것입니다.

인자가 온 것은 섬김을 받으려 함이 아니라 도리어 섬기려 하고 자기 목숨을 많은 사람의 대속물로 주려 함이니라 – 마태복음 20:28

18) 섬길 수 있는 자만이 다스릴 수 있다

미국의 찰스 콜슨(Charles Colson)은 예수님을 알기 전 닉슨 대통령의 보좌관으로 있다가 거듭난 후 교도소 전도자로 다시 태어난 사람입니다. 그는 자신이 쓴 책에 미국 의회 역사상 가장 감동적인 순간에 대한 이야기를 했습니다. 그 순간은 인도 캘커타의 고인이 되신 테레사 수녀가 미국 국회를 방문하여 연설했던 때라고 합니다. 미국 사람들은 대부분 연설 때 연설자에게 박수를 아끼지 않는다고 하는데, 이상하게도 테레사 수녀가 연설을 마치자 그 누구도 박수를 치지 않더랍니다. 오히려 침묵만이 감돌았다고 합니다. 그들은 숨 막히는 감동과 전율이 그들의 가슴과 목을 누르고 있었기 때문에 박수를 칠 여유조차 없었던 것입니다. 그 이유는 마지막 테레사 수녀가 던진 한마디의 말 때문이었습니다.

"섬길 줄 아는 사람만이 다스릴 자격이 있습니다."

아무 일에든지 다툼이나 허영으로 하지 말고 오직 겸손한 마음으로 각각 자기보다 남을 낫게 여기고 각각 자기 일을 돌아볼뿐더러 또한 각각 다른 사람들의 일을 돌아보아 나의 기쁨을 충만케 하라 – 빌립보서 2:3, 4

19) 황금률

어느 날 나의 일상생활 속에서 '황금률이 진리다'라는 것을 체험한 일이 있었습니다.

아이들이 초등학교 다닐 때쯤, 어느 날 갑자기 아이들이 반말하는 것이 화가 났습니다. "아빠, 이리와, 이것 좀 줘" 하는데 이런 생각이 들었습니다. '이 녀석들이 건방지네. 왜 우리 아이들은 무례하고 건방질까?' 하는 생각에 "너 뭐라고 했어? 왜 아빠한테 반말해?" 그랬더니 단번에 "왜 못 해?"라고 되묻습니다. 그때 황금률이 생각났습니다.

'대접을 받고자 하는 대로 남을 대접하라.'

그래서 순간적으로 전략을 바꿨습니다.

"아니에요, 미안해요. 사실은 내가 얘기를 하고 싶어서 그랬어요." 그러자 "뭔데요? 아빠" 하고 되돌아왔습니다. 남을 높이며 대접하면 나에게 높이는 대접이 돌아오고, 남을 무시하는 말을 하면 나에게 무시하는 말이 돌아옵니다.

남에게 대접을 받고자 하는 대로 너희도 남을 대접하라 - 누가복음 6:31

20) 하나님의 사람을 소중히 여기는 사람

감리교 운동의 창설자인 존 웨슬레(John Wesley)는 그 당시 영국과 세계에 신앙으로 가장 강력한 영향력을 끼치던 사람이었습니다. 그런데 그 당시에는 신앙의 무대에 강력한 라이벌로서 조지 휫필드(George Whitefield)라는 신학자가 있었습니다. 두 사람은 신학적인 입장에서 약간의 차이를 가지고 있었고 설교에 관한 한 사람들은 조지 휫필드를 더 좋아하기도 했습니다. 외부에서는 두 사람의 사이를 갈라놓으려 했습니다.

그런데 어느 날 어떤 사람이 웨슬레에게 찾아와 이런 질문을 했습니다. "목사님은 천국에 가서 조지 휫필드 목사님을 만날 것이라고 생각하십니까?" 그러자 웨슬레 목사님은 뜻밖에도 이렇게 대답했습니다. "아마 만나지 못할 걸요?" 질문을 던진 사람이 "그렇지요. 목사님께서는 조지 휫필드 목사님의 신앙관으로는 천국에 못 간다고 생각하시는 거지요?" 그러자 웨슬레는 웃으며 이렇게 대답했습니다.

"내 말을 오해하셨군요. 내 말은 그런 뜻이 아니라 하나님께서 보시기에 너무나 귀하고 아름다운 종인 조지 횟필드는 천국에 가면 하나님의 보좌에서도 가장 가까운 곳에 있을 것입니다. 저는 감히 그분 곁에 가까이 갈 수 없을 것입니다."

웨슬레는 신학적인 입장 차이에도 불구하고 하나님의 사람을 소중히 여기고 존중하는 큰 가슴을 가진 사람이었습니다.

아무 일에든지 다툼이나 허영으로 하지 말고 오직 겸손한 마음으로 각각 자기보다 남을 낮게 여기고 - 빌립보서 2:3

21) 섬기는 기쁨

테레사 수녀가 미국을 여행하는 중에 어느 한 자매를 만나게 되었습니다. 그 자매는 자살하고 싶은 괴로운 심정을 테레사 수녀에게 고백했습니다. 테레사 수녀는 앞으로 어떻게 해야 할지 묻는 그 자매에게 이렇게 제안했습니다.

"자살하기 전에 내 부탁을 하나 들어주세요. 딱 한 달만 내가 일하고 있는 인도의 캘커타에 와서 나의 일을 좀 도와주신다면 그 다음에 당신이 어떻게 해야 될지 말씀해 드리죠."

그 자매는 테레사 수녀의 말대로 캘커타 슬럼가에 가서 가난하고 병들어 고통당하는 사람들을 돕고 섬겼습니다. 그들을 위해 몸 바쳐 일하다 보니까 그녀의 마음에 삶에 대한 의욕이 생기기 시작했습니다.

'여기에 나를 필요로 하는 사람들이 있구나!' 그 자매는 그들을 돕고 섬기는 데서 순수한 환희를 느꼈고 한 달 후에는 테레사의 다른 조언이 필요 없게 되었습니다. 그 자매는 그곳에 머물러 일하면서 테레사의 좋은 조력자가 되었습니다.

범사에 너희에게 모본을 보였노니 곧 이같이 수고하여 약한 사람들을 돕고 또 주 예수의 친히 말씀하신바 주는 것이 받는 것보다 복이 있다 하심을 기억하여야 할지니라 - 사도행전 20:35

22) 함께하는 삶

인도의 성자 선다싱의 일화로 잘 알려진 내용입니다.

어느 날 그가 히말라야 산맥을 넘어 네팔 전도에 나섰을 때, 친구 한 사람과 같이 가게 되었습니다. 그런데 가는 도중 길가에서 추위에 떨고 있는 행인을 만나게 되었습니다. 혹독한 추위 때문에 그들도 생명의 위협을 느껴 그 행인을 도울 여유가 없었습니다. 같이 가던 친구는 그냥 가자고 했지만 선다싱은 그 사람을 그대로 두고 갈 수 없었습니다. 친구와 한참을 다투다가 결국 친구를 먼저 가도록 하고 그는 추위에 떨면서 쓰러져 있던 행인을 들쳐 업었습니다.

얼마 동안을 걸었을까요. 한참 동안 행인을 업은 채 산길을 걸어가다 보니 먼저 떠났던 그 친구가 길에 쓰러져 죽어 있는 것이 아니겠습니까? 그 친구는 혹독한 추위 때문에 자신의 체온을 유지하지 못하고 죽었던 것이었습니다. 그러나 선다싱은 자기가 들쳐 업은 사람의 온기 때문에 오히려 땀을 흘리고 있었습니다. 두 사람의 체온이 얼어붙은 추위를 녹여 무사히 산을 넘어갈 수 있도록 한 것입니다.

한 사람이면 패하겠거니와 두 사람이면 능히 당하나니 삼겹 줄은 쉽게 끊어지지 아니하느니라 - 전도서 4:12

23) 결과를 예측하지 못한 선행

바그다드라는 중동의 어떤 왕국에 어린 왕자가 강에서 놀다가 그만 거센 급류에 휩쓸려 실종되었습니다. 왕은 자기의 군대를 총동원해서 사랑하는 아들을 찾기 위해 며칠간 혼신의 노력을 다했지만 어디에서도 찾을 수 없었습니다. 그 강 하류를 샅샅이 수색해도 왕자를 찾지 못한 왕은 자기 아들이 죽은 줄 알고 크게 낙망하였습니다.

그런데 뜻밖에도 여러 주간이 지난 후에야 왕자가 어느 깊은 강의 바위 위에서 살아 있는 채로 발견되었습니다. 왕은 놀랍게 살아난 왕자에게 어떻게 살아 있게 되었는지 물어보았습니다. 왕자는 그때의 상황을 자세히 설명해 주었습니다. 강 위를 떠내려가다가 다행히 강 한복판에 우뚝 솟은 바위에 걸려서 바위 위로 올라올 수가 있었고 아침저녁으로 빵이 들어 있는 가죽 주머니가 떠내려와 그것을 먹고 목숨을 유지할 수 있었다는 것이었습니다.

그 빵이 들어 있던 가죽주머니에는 '모하메트벳 핫산'이라는 이름이 새겨져 있었는데, 그 사람을 수색해 보았더니 강가에 정말 그 사람이 살고 있었습니다.

이 사람이 아침저녁으로 가죽에 빵을 담아서 강 하류로 떠내려 보냈던 것입니다. 왕이 그에게 그렇게 한 이유를 물어보았더니 그는 이렇게 대답했습니다.

"우리나라 속담에 '선행을 하라, 빵을 물 위에 던지라. 그러면 그대에게 어느 날 반드시 보상되리라'는 말이 있지 않습니까? 저는 그 속담이 사실인지 아닌지를 알아보고 싶었습니다."

자기가 물 위로 떠내려 보내는 이 빵 조각이 어떤 결과를 가져올 것인지 전혀 예측하지 못하고 한 선행이었지만 이것이 기대하지 않은 놀라운 결과를 가져오게 되었던 것이었습니다.

너는 네 식물을 물 위에 던지라 여러 날 후에 도로 찾으리라 – 전도서 11:1

24) 섬김의 자부심

테레사 수녀와 가까이하는 사람들은 그녀의 순결한 인격에 큰 감동을 받습니다. 특별히 그녀의 질투 없는 삶은 주변의 많은 사람들에게 큰 도전이 되었습니다.

어느 날 테레사가 한 어린아이의 고름을 만지며 치료하고 있을 때 함께 살고 있던 한 분이 이런 질문은 던졌습니다. "수녀님, 당신은 잘사는 사람이나 편안하게 살아가는 사람 혹은 높은 자리에 사는 사람들을 바라볼 때에 시기심이 생기지 않나요? 당신은 이런 삶에 만족하십니까?"

이러한 질문에 테레사는 유명한 대답을 했습니다.

"허리를 굽히고 섬기는 사람에게는 위를 쳐다볼 수 있는 시간이 없으니까요."

예수께서 앉으사 열두 제자를 불러서 이르시되 아무든지 첫째가 되고자 하면 뭇사람의 끝이 되며 뭇사람을 섬기는 자가 되어야 하리라 하시고 – 마가복음 9:35

25) 값진 선물

어느 전도자가 길을 지나가고 있는데 거리에서 구걸하는 걸인을 보게 되었습니다. 그는 걸인에게 돈을 주려고 주머니를 뒤지며 걸인 앞으로 다가갔지만 마침 그의 주머니에는 동전이 한 푼도 없었습니다. 차마 그냥 지나치기에는 그의 마음에 있던 연민이 깊었습니다. 그래서 전도자는 손을 내밀어 걸인의 손을 따뜻하게 쥐면서 이렇게 말했습니다.

"형제님, 죄송합니다. 마침 제게 준비된 것이 없군요. 그러나 추위에 차가워진 당신의 손을 잡아드리고 싶습니다. 부디 용기를 내어 일어나십시오. 그리고 하나님을 의지하고 새 생활을 시작해 보십시오."

걸인은 전도자의 말에 눈물 흘리며 대답했습니다.

"당신은 지금까지 나에게 적선한 모든 이들보다 더욱 값진 선물을 주셨습니다."

너는 구제할 때에 오른손의 하는 것을 왼손이 모르게 하여 네 구제함이 은밀하게 하라 은밀한 중에 보시는 너의 아버지가 갚으시리라 - 마태복음 6:3, 4

26) 되돌아오는 소리

어떤 바보스러운 사람이 한 고민에 빠졌습니다. 그의 고민은 어느 누구도 자기를 인정해 주지 않는다는 것입니다. 이 바보는 계속 고민하다가 자기의 인생을 비관하게 되었고 답답한 마음에 산에 올라갔습니다. 그러나 산도 자기를 아는 체하지 않습니다. 그는 얼마나 비관했는지 산에 올라가서 큰 소리로 소리를 질렀습니다.

"나는 너를 싫어한다." 그랬더니 산울림이 들려왔습니다.

"나는 너를 싫어한다." 바보는 산울림에 놀라서 산에 오른 한 사람에게 왜 산이 자신을 싫어하는지 물었습니다. 그분은 웃으면서 이렇게 대답했습니다.

"그러면 큰 소리로 이렇게 외쳐 보십시오. 나는 너를 사랑한다."

그 바보는 그의 말을 듣고 다시 이렇게 소리를 지릅니다.

"나는 너를 사랑한다." 그 소리가 다시 메아리로 들려옵니다.

"나는 너를 사랑한다."

그러므로 무엇이든지 남에게 대접을 받고자 하는대로 너희도 남을 대접하라 이것이 율법이요 선지자니라 - 마태복음 7:12

27) 천국에서의 만찬

어떤 사람이 천국과 지옥에서 식사하는 풍경을 구경하게 되었습니다. 음식이나 환경이 전혀 다를 것이라고 생각했는데 이상하게도 천국과 지옥에서 먹는 음식은 모두 같았습니다. 그리고 굉장히 긴 젓가락을 쓰는 것도 같았습니다.

밥 먹는 시간이 되자 드디어 천국과 지옥의 차이점이 나타나기 시작했습니다. 지옥에서는 밥을 먹으려고 긴 젓가락으로 음식을 각자 자기 입에 넣으려고 했습니다. 그러나 긴 젓가락 때문에 먹을 수가 없어 서로 짜증을 내며 아우성이었습니다. 그런데 천국에서는 그 긴 젓가락으로 맞은편에 앉아 있는 사람을 다정하게 먹여 주면서 식사하는 것이었습니다. 보기에도 너무도 평화롭고 즐거운 식사 시간이었습니다.

이 이야기는 나보다 다른 사람을 먼저 생각하고 행동할 때 행복의 기초가 세워짐을 말해 줍니다.

함께 먹는 사람 중에 하나가 이 말을 듣고 이르되 무릇 하나님의 나라에서 떡을 먹는 자는 복되도다 하니 - 누가복음 14:15

28) 우스꽝스러운 비극

미국에서 역사상 제일 지독한 구두쇠로 알려진 할머니가 있었습니다. 1916년에 죽은 그 할머니의 이름은 히티 그린(Hity Green)이라고 합니다. 이 세상에 사는 동안 할머니는 얼마나 돈을 쓰지 않고 인색하게 굴었기에 구두쇠라는 소리를 들었을까요?

그 할머니는 기본적으로 사람이 필요해서 써야 하는 것, 예를 들면 음식이 차면 데워서 먹는 것조차 전기가 든다고 일평생을 그냥 차갑게 먹으며 살았다고 합니다. 그뿐만 아니라 자기 아들이 다리를 다쳤는데도 조금 있으면 나을 거라고 생각하고 병원비용 때문에 계속 미루다가 결국 절단까지 하게 되었다고 합니다. 그러니 더 이상 무슨 말을 할 수 있겠습니까?

그런데 말입니다. 더 우리로 하여금 혀를 내두르게 하는 것은 할머니가 남긴 유산이 1억 불이나 되었다는 것입니다. 삶이 너무나 가난했기 때문에 구두쇠처럼 억척스럽게 돈을 모은 것이 아니라 할머니는 많은 돈이 있으면서도 그렇게 비참한 삶을 산 것입니다.

가끔 우리 주변을 보더라도 이런 할머니와 같은 삶을 사는 사람들이 있는 것 같습니다. 도리어 가난한 사람들이 먼저 더 불우한 이웃을 위해 구제의 손길을 펼치는 것을 보게 되지요. 어쩜 우리들도 이와 같지는 않을까요? 하나님이 주신 말할 수 없는 축복과 사랑을 가졌음에도 다른 사람들에게 구두쇠라는 소리를 듣고 있지 않습니까?

서로 인자하게 하며 불쌍히 여기며 서로 용서하기를 하나님이 그리스도 안에서 너희를 용서하심과 같이 하라 - 에베소서 4:32

29) 3등석에 탄 사람

미국 서부 개척시대에는 많은 사람들이 주요 이동 수단으로 역마차를 이용했습니다. 역마차 크기는 작아도 좌석이 세 칸으로 나뉘어 있어서 1, 2, 3등석 세 종류의 승차권을 판매하여 운행했다고 합니다. 그때만 해도 지금처럼 반듯한 도로가 아니라 포장되지 않은 길이었기 때문에 한참 달리다 보면 고장이 나서 몇 번씩 정차하여 수리를 해야 했습니다. 그 순간 어느 좌석에 앉았느냐는 역마차를 탄 사람들에게 무척 중요했습니다. 왜냐하면 그때야말로 1, 2, 3등석의 차이가 나타나게 되기 때문이다.

1등석에 앉은 사람은 고장이 나도 아무 관여하지 않고 자기 자리에 가만히 앉아 있는 사람이다. 2등석에 앉은 사람은 고장이 나면 마차에서 내려 마차가 수리될 때까지 서서 구경을 하는 사람이었다. 그런데 3등석에 앉은 사람은 고장이 나면 즉시 내려서 마부와 함께 마차를 수리하는 데 참여하는 사람이었다고 한다. 그래서 마부들은 출발하기 전에 누가 3등석에 앉았는지 눈여겨보곤 했다. 왜냐하면 3등석 승차권을 가진 사람들이 일꾼의 역할을 제대로 해 줄 때 역마차가 목적지까지 도착할 수 있었기 때문이다.

너희 중에 누구든지 으뜸이 되고자 하는 자는 모든 사람의 종이 되어야 하리라 - 마가복음 10:44

30) 그리스도인의 참된 교제

아시시의 성자 프란시스(Francis)가 세운 공동체는 중세기에 가장 유명한 공동체였다고 해도 과언이 아닙니다. 이 공동체는 그리스도인들의 사랑이 응집되어 있기로 소문나 있었습니다. 그래서 사람들은 그 모임을 매우 흠모하며 들어가고 싶어 했습니다. 그러나 아름다운 그리스도인들의 모임에도 인간관계의 위기는 언제나 있듯이 이 공동체 안에서도 인간관계의 위기가 있었습니다. 그 안에 모인 사람들의 사랑이 점점 식어가고 서로 냉담해져 갔던 것입니다. 그래서 수도원 사람들이 이 문제를 해결하기 위해 모였습니다.

여러 가지의 제안들이 나왔습니다. 한 사람은 말합니다.

"우리가 예배를 게을리했기 때문이다. 좀 더 예배를 드리자."

어떤 사람은 큰 소리로 이렇게 주장합니다.

"우리 수도원의 신앙훈련이 약화되었다. 좀 더 강력한 훈련을 시작하자."

또 다른 한편에서는 "수도원의 규칙을 강화해야만 문제를 해결할 수 있다."고 했습니다.

이런 얘기가 오가는 동안 프란시스는 조용히 침묵만을 지키고 있었습니다. 이런 모습을 보고 있던 한 사람이 "선생님, 선생님께서는 우리가 무엇을 해야 한다고 생각하십니까?"라고 묻자, 프란시스는 단순히 이런 대답을 했습니다.

"다 쓸데없는 일이네. 문제는 내 안의 교만이야. 내 안에 아직도 교만이 있단 말이야."

그 다음 날 전도 여행을 떠나게 되었는데 한 필의 말밖에 없어서 프란시스가 말을 타고 다른 제자들은 걸어서 그 뒤를 따라갔습니다. 프란시스는 자기 뒤를 따라오는 제자들 중에 레오나르도라는 형제가 있는 것을 알게 되었습니다. 그 형제는 귀족 출신으로 버릇없이 자라서인지 수도원 안에서도 늘 대접받기를 원했습니다. 사실 수도원의 불화 원인도 그 형제 때문이었습니다.

프란시스는 이 레오나르도 형제가 앞서가는 자신의 뒤통수를 불쾌하게 째려보는 것을 느꼈습니다. 그 순간 그는 말 위에서 하나님께 기도했습니다. "하나님, 이 형제를 어떻게 하면 좋습니까?" 그러자 성령께서 그에게 어떤 메시지를 주셨습니다. 그는 말에서 내려 레오나르도 형제 앞에 무릎을 꿇고 이렇게 말했습니다.

"형제여, 맞소. 나는 말 탈 자격이 없어요. 당신이 말을 타야 하오." 프란시스의 말을 들은 레오나르도는 그 자리에 엎드러지고 깨어지기 시작했습니다. 그리고 이렇게 고백하며 통곡했습니다. "맞습니다. 선생님, 제가 그런 생각을 하고 있었습니다. 용서해 주십시오." 그 형제가 말을 탄 프란시스의 뒤통수를 째려보면서 하던 생각을 성령께서 프란시스에게 알려 주신 것입니다.

그 순간 이 일을 통하여 놀랍게도 사랑이 회복되었을 뿐 아니라 이 공동체가 복음을 위해 영광을 나타내는 놀라운 공동체로 더욱 쓰임을 받기 시작했습니다. 그 후 그 수도원에 더욱 많은 사람들이 몰려들었고 그들의 복음 증거는 강력했으며 그 가운데 영적인 진보가 이루어졌습니다.

곧 내가 저희 안에, 아버지께서 내 안에 계셔 저희로 온전함을 이루어 하나가 되게 하려 함은 아버지께서 나를 보내신 것과 또 나를 사랑하심 같이 저희도 사랑하신 것을 세상으로 알게 하려 함이로소이다 - 요한복음 17:23

31) 사랑의 사귐

1772년 영국 런던에는 영향력 있는 설교자인 존 길(John Gill) 목사님이 사역하는 매우 잘 알려진 교회가 있었습니다. 존 길 목사님은 평생 동안의 사역을 마치고 그 교회 후임자로 시골 작은 교회에서 목회를 하던 존 휘세트(John Fawcett) 목사님을 초빙하였습니다. 작은 마을의 목회자였던 존 휘세트 목사님에게는 다시 올 수 없는 좋은 기회였습니다. 그래서 그는 이 초빙을 복음을 통해 영국 전역에 영향력을 끼칠 수 있는 가장 좋은 기회로 여기고 기꺼이 받아들였습니다.

오랜 세월 동안 함께 사랑을 나누었던 교인들과 교회를 떠나는 일이 마음 아프긴 했지만, 그는 하나님의 새로운 부르심에 순종하여 짐을 싸기 시작했습니다. 모든 짐을 마차에 싣고 뜰을 나서는데 교인들이 찾아왔습니다. 떠나는 목사님을 감히 붙잡을 수 없었던 교인들이 눈물을 애써 참으며 목사님을 배웅하러 나온 것이었습니다. 이 모습을 본 사모님이 갑자기 "여보, 작은 교회지만 복음 안에서 참 아름다운 사랑의 교제를 나누었던 교인들을 두고 어떻게 떠날 수 있겠어요?"

라며 울먹였습니다.

사모님의 말을 들은 목사님은 걷잡을 수 없는 마음을 참지 못하고 목사관으로 뛰어 들어가 눈물을 흘리며 엎드려서 기도했습니다. 잠시 후 그는 자기 주머니에서 펜을 꺼내어 찬송시 한 편을 쓰기 시작했습니다. 그것이 바로 찬송가 525장이 되었습니다.

> "주 믿는 형제들 사랑의 사귐은 천국의 교제 같으니 참 좋은 친교라
> 하나님 보좌 앞 한 기도 드리니 우리의 믿음 소망이 주 안에 하나라
> 피차에 슬픔과 수고를 나누고 늘 동고동락하는 중 위로를 나누네
> 또 이별할 때에 맘 비록 슬퍼도 주 안에 교통하면서 또다시 만나리"

형제가 연합하여 동거함이 어찌 그리 선하고 아름다운고 - 시편 133:1

32) 화합의 요건은 온유

공동체가 하나 되는 데에 가장 중요한 요건은 바로 온유한 태도입니다. 온유하지 못한 사람들의 말과 행동과 인격으로 인하여 우리 개인과 가정, 직장, 교회가 큰 상처를 받고 관계의 화합이 깨어지게 되는 겁니다. 남의 마음에 큰 상처를 주고는 내 스타일은 "뒤끝이 없어요."라고 말하는 사람들이 있습니다.

어느 날 한 부인이 빌리선디 목사님께 찾아와서는 "나는 화를 잘 내는 것이 큰 흠입니다. 그렇지만 오래가지는 않아요."라고 말하였습니다. 그러자 그 목사님은 "자매님, 당신의 화는 오래가지 않지만 당신이 성냄으로 인해서 누군가의 마음에 남겨진 그 상처는 아주 오랫동안 지속된다는 사실을 기억하십시오."라고 말했습니다.

그러므로 주 안에서 갇힌 내가 너희를 권하노니 너희가 부르심을 입은 부름에 합당하게 행하여 모든 겸손과 온유로 하고 오래 참음으로 사랑 가운데서 서로 용납하고 평안의 매는 줄로 성령의 하나 되게 하신 것을 힘써 지키라 - 에베소서 4; 1 - 3

33) 중보자이신 예수님

빌리 그래함이 한 이야기 중의 하나입니다.

어느 전쟁 중에 통신병이 중요한 연락 사항을 명령받았습니다. 그런데 모든 통신 수단이 두절되어 명령을 전달할 수 없는 상황이었습니다. 끊어진 전선을 연결하는 것 이외에는 다른 방법이 없었는데 시간도 급박하고 연결할 방법도 없었습니다.

이 급박한 절체절명의 상황 속에서 통신병은 양쪽의 전선을 자신의 양손으로 붙잡아 자기의 생명을 걸고 마지막 메시지를 아군 지원부대로 무사히 보냈습니다. 그리고 그는 자기의 생명을 마쳤습니다.

이것은 우리와 하나님과의 관계에서 일어난 사건과 같습니다. 우리가 하나님과 원수 되었을 때에 그리스도께서 한 손으로는 하나님을 잡고 또 다른 한 손으로는 우리를 붙잡아 우리와 하나님의 관계의 소통을 가능하게 하신 중보자의 모습입니다.

곧 우리가 원수 되었을 때에 그 아들의 죽으심으로 말미암아 하나님으로 더불어 화목되었은즉 화목된 자로서는 더욱 그의 살으심을 인하여 구원을 얻을 것이니라 – 로마서 5:10

34) 사랑의 희생

유명한 화가가 된 알버트 뒤러의 어린 시절은 무척 가난해서 학비조차 낼 수 없는 형편이었습니다. 그는 같은 처지에 있는 친구를 만나서 학교에 갈 수 있는 방법을 의논하던 중에 친구가 이런 제의를 했습니다. "뒤러야, 우리 두 사람 모두 공부를 계속할 수가 없으니 네가 먼저 학교에 가서 열심히 공부해라. 그러면 나는 식당 일을 하면서 돈을 벌어 널 도울게. 그리고 네가 공부를 마치고 나서 나를 지원해 주면 우리 둘 다 공부를 할 수 있지 않겠니?"

두 친구는 아주 좋은 생각이라고 결정하고 행동에 옮기기 시작했습니다. 뒤러의 친구는 식당에 가서 그를 위해 열심히 일하여 매월 꼬박꼬박 학비를 보냈고, 뒤러는 친구의 도움으로 미술학교에 다닐 수 있었습니다. 학교를 졸업한 후 뒤러는 자기의 학비를 벌기 위해 많은 희생을 한 친구의 도움을 생각하며 친구를 찾아갔습니다.

마침 그 친구는 식당 한 구석에서 절친한 친구 알버트 뒤러를 위해 열심히 기도하고 있었습니다. "하나님 아버지, 저의 친구 뒤러가 열심히 공부해서 훌륭한 화가가 되게 해 주세요. 그리고 하나님의 영광을 위하여 많은 그림을 그릴 수 있게 해 주세요. 그러나 하나님, 저의 손은 이미 식당 일로 인하여 그림을 그릴 수 없게 되었으니 제가 할 몫까지 뒤러가 모두 할 수 있게 도와주세요."

기도하는 친구의 모습을 보고 있던 알버트 뒤러는 자기를 위해 희생한 친구의 손을 바라보는 순간 커다란 감동을 받았습니다. 그 즉시 붓을 들어 사랑하는 친구의 기도하는 손을 스케치하였습니다. 그 그림이 바로 그 유명한 뒤러의 "기도하는 손"입니다.

성숙함이 없는 사람은 결코 남에게 줄 수 없습니다. 인간이 줄 수 있다는 것은 가장 거룩한 것이므로 주께서는 "주는 것이 받는 것보다 복이 있다."고 말씀하셨습니다.

범사에 너희에게 모본을 보였노니 곧 이같이 수고하여 약한 사람들을 돕고 또 주 예수의 친히 말씀하신바 주는 것이 받는 것보다 복이 있다 하심을 기억하여야 할지니라 - 사도행전 20:35

35) 이기심을 극복한 희생

빅토르 위고가 쓴 유명한 소설 '나인티 쓰리'라는 책에는 아주 인상 깊은 이야기가 있습니다.

불란서 혁명 직후에 숲을 지나가던 병사들이 우연히 배고픔에 지친 어머니와 세 아이들을 발견하게 되었습니다. 병사들 중 한 상사가 빵 한 덩이를 그들에게 던져주자, 어머니는 지체하지 않고 빵을 세 조각으로 똑같이 잘라 아이들에게 나누어 주었습니다.

이 광경을 옆에서 바라보던 한 젊은 병사가 빵을 주었던 상사에게 물었습니다. "저 여자는 배가 고프지 않은 모양이죠?" 그러자 상사는 "그게 아냐, 배가 고프지 않은 것이 아니라 어머니이기 때문이지."

어머니의 사랑이 이기심을 극복하게 하여 희생으로 나타난 것입니다.

인자의 온 것은 섬김을 받으려 함이 아니라 도리어 섬기려 하고 자기 목숨을 많은 사람의 대속물로 주려 함이니라 - 마가복음 10:45

36) 마땅한 권리를 포기한 성도

중국의 유명한 성도인 윗치만 니(Wachman Nee)가 간증한 내용입니다.

어떤 마을에 예수를 믿는 한 성도가 살았는데 그의 논에는 항상 물이 풍성하게 고여 있었습니다. 그런데 그해에 마침 심한 가뭄이 찾아옵니다. 그런데 이상하게도 하루 밤새에 자기의 논에 고여 있던 물이 다 빠져나가고 없는 것입니다. 그래서 알아보았더니 바로 옆에 있던 이웃집에서 자기 논의 물을 밤새도록 빼내어 간 것입니다. 그 성도는 그 물이 자기 논에 고여 있던 물이었기 때문에 당연히 자기 물이라고 주장할 권리가 있었습니다. 그는 자기의 권리를 주장하는 행동이 나쁜 것이라고 생각하지 않았기 때문에 이튿날 아침, 이웃을 찾아가 따졌습니다.

"왜 당신은 나의 논에 고여 있던 내 물을 다 빼내어 갔습니까?"

그의 주장에 변명할 여지가 없었던 이웃은 못내 사과를 하며 빼내어 갔던 물을 다시 돌려주었습니다. 그런데 이튿날, 논에 나가 보니 물은 또 다 빠져나가 버리고 없었습니다. 그래서 그는 다시 이웃을 찾아가 다시 되돌려 놓았습니다. 이러한 일이 몇 번씩이나 되풀이되었습니다.

그런데 이상하게도 이 성도는 자신의 마땅한 권리를 주장하여 물을 찾아왔는데도 마음이 도대체 편하지 않았습니다. 그래서 하나님께 기도하기 시작했습니다.

"주님! 제가 정당한 일을 하는데 왜 저의 마음에는 평안이 없습니까?"

그의 기도에 주님께서는 이렇게 응답하셨습니다.

"너는 왜 정당한 일만 하려고 하느냐? 나는 네가 정당한 일보다 더 위대한 일을 하길 바란다."

"하나님! 그렇다면 도대체 정당한 일보다 더 위대한 일이란 무엇입니까?"

"내가 너희에게 베풀어 준 것처럼 너도 그 사람을 대하여라."

그는 주님의 음성을 듣고도 그 의미를 몰라 여러 번 계속 물으면서 기도했습니다. 그러다가 마침내 그의 마음에 큰 깨달음이 생겼습니다.

그날 밤 그는 위대한 결단을 내렸습니다. 이튿날 새벽이 되기도 전에 일찍 나가서 이웃사람이 자기 논에서 물을 빼내어가기 전에 미리 자기 논의 물을 이웃의 논에 넣어주었습니다. 그러자 그의 마음에는 놀라운 기쁨과 평안이 다시 샘솟기 시작했습니다.

우리에게 권리가 없는 것이 아니요 오직 스스로 너희에게 본을 주어 우리를 본받게 하려 함이니라 - 데살로니가후서 3:9

37) 유대교와 기독교의 근본적인 차이

제가 이스라엘에 갔을 때의 일입니다. 그곳에서 저는 한 유대인을 만나 대화를 나누게 되었습니다. 저는 그에게 "왜 당신들은 예수님을 믿지 않습니까?"라는 질문을 했습니다. 그랬더니 그 유대인은 "어떻게 하나님께서 예수라는 인간이 될 수 있습니까? 그것은 불가능합니다. 그렇기 때문에 우리는 예수를 믿지 않습니다."라며 강한 어투로 대답했습니다.

그 순간 저는 그의 대답을 통해 기독교는 절대적으로 하나님께서 낮고 낮은 이 세상에 어리석고 보잘것없는 우리들을 구원하시려고 친히 인간의 몸으로 오셨음을 믿기 때문에 근본적으로 유대교와는 다르다는 사실을 더욱 실감했습니다. 그 유대인은 결코 하나님께서 인간의 몸으로 오실 수 없다고 믿고 있었습니다.

그래서 저는 그에게 또 다른 질문을 하나 던졌습니다.

"그런데 전 세계에는 당신들이 믿지 않는 예수님을 믿고 의지하며 그분의 뜻대로 살고자 헌신하는 사람들이 많이 있습니다. 그리고 점점 그 수가 늘어나고 있는 반면에 유대교는 그렇지 못한 것 같습니다. 그것에 대해 어떻게 생각하십니까?"

"당연하잖아요? 기독교는 열심히 전도하니까 그렇게 믿는 수가 증가할 수밖에요. 그러나 우리는 전도를 하지 않습니다. 우리 민족만 믿으면 되지 다른 민족까지 믿을 필요가 뭐 있습니까?"

그때 전 다시 한 번 유대교는 기독교와 전혀 다른 그들만의 하나님을 믿고 있음을 알았습니다. 그리고 왜 그들이 복음으로 인해 전 세계의 모든 그리스도인들이 한 지체이며 가족인 사실을 외면하면서 배타적이 되는지를 깨닫게 되었습니다.

이는 이방인들이 복음으로 말미암아 그리스도 예수 안에서 함께 후사(後嗣)가 되고 함께 지체가 되고 함께 약속에 참예하는 자가 됨이라 – 에베소서 3:6

38) 예수 안의 참기쁨

어느 추울 겨울날 밤에 술이 잔뜩 취한 한 남자가 교회의 문을 소란스럽게 두드렸습니다. 그런데 공교롭게도 그날따라 교회를 지키는 사찰 집사님도 술에 취해 있었습니다. 문 두드리는 소리를 들은 사찰 집사님은 취중에 소리를 질렀습니다.

"누구시오?"

"난 신도가 되기를 원하는 사람입니다."

"왜 신도가 되기를 원하시오?"

"저에게 슬픔이 많아서 기쁨을 찾고 싶습니다."

"기쁨을 얻고 싶은 사람이 하필이면 왜 예배당에 오셨소?"

"예수님이 기쁨을 주신다고 해서 왔습니다."

이때 사찰 집사님의 대답은 정말 놀라웠습니다.

"그런 양반 여기에 안 계시오."

예수님이 없는 교회에는 기쁨이 있을 수 없습니다. 예수님이 없는 마음에는 기쁨이 있을 수 없습니다.

주 안에서 항상 기뻐하라 내가 다시 말하노니 기뻐하라 – 빌립보서 4:4

39) 선택한 기쁨

A. W. 타겟(A. W. Target)이라는 사람이 쓴 '창'이라는 단편 소설 가운데의 내용입니다.

어느 작은 병실에 두 남자가 입원해 있었는데, 한 사람은 폐암 말기 선고를 받은 환자이고 또 한 사람은 디스크 환자였습니다. 디스크 환자는 수술받은 지 얼마 되지 않아 침대에 꼼짝없이 누워 있어야 했지만 폐암 환자는 하루에 한 시간 정도는 자리에 일어나서 창밖을 내다보곤 했습니다. 병세로 보자면 폐암말기 환자의 상황은 매우 절망적이었지만 그의 얼굴에는 왜 그런지 늘 기쁨을 간직하고 있었습니다.

하루는 디스크 환자가 창밖을 보고 있는 폐암 환자에게 도대체 밖에 무엇이 보이냐고 물었습니다. 그는 지그시 눈을 감고 이렇게 말했습니다. "아름다운 호수에 보트와 백조가 한가로이 떠 있고 호숫가를 산책하는 여인들과 잔디밭에서 놀고 있는 어린아이의 얼굴이 보이네요." 이 말을 듣고 있던 디스크 환자의 얼굴은 갑자기 분노로 일그러지기 시작했습니다. 그는 폐암 환자의 얼굴에 늘 기쁨이 있는 까닭이 그의 침대가 창문 곁에 있기 때문이고, 자기는 차별대우를 받고 있다는 생각을 했습니다. 그래서 빨리 폐암 환자가 죽어서 나가면 저 창가의 침대를 차지해야겠다는 생각까지 했습니다.

그러던 어느 날 밤 폐암 환자가 심하게 기침을 하면서 신음하기 시작했습니다. 디스크 환자는 비상벨을 눌러서 의사를 부를까 하다가 침대를 차지하겠다는 생각에 그대로 두었습니다. 아침이 밝아올 무렵 갑자기 옆 침대가 조용해졌고 고통받던 폐암 환자는 그의 기대대로 세상을 떠났습니다. 비어 있는 자리에 병원의 허락을 받아 드디어 창문 곁 침대로 옮기게 되었습니다. 그는 옮기자마자 그의 있는 힘을 다해서 침대를 붙들고 일어나 창밖을 내다보았습니다. 그런데 놀랍게도 창밖에는 회색의 콘크리트 담벼락뿐이었습니다.

그는 그제야 폐암 환자의 기쁨이 환경 때문에 생긴 기쁨이 아니라 그가 선택한 기쁨이었음을 깨달았습니다. 그는 기뻐할 수 없는 상황에서도 기쁨을 창조적인 상상으로 선택한 것입니다.

내가 너희를 향하여 하는 말이 담대한 것도 많고 너희를 위하여 자랑하는 것도 많으니 내가 우리의 모든 환난 가운데서도 위로가 가득하고 기쁨이 넘치는도다 - 고린도후서 7:4

40) 기쁜 삶의 창조

헬렌 켈러는 듣지도 말하지도 보지도 못하는 3중의 고통을 겪고 있었지만 설리번 선생의 도움으로 마음의 눈을 뜨기 시작했습니다. 한번은 설리번 선생이 헬렌 켈러와 이런 대화를 나눕니다.

"선생님, 갈색이 어떤 색깔이에요?"

"헬렌의 머리 색깔과 같단다."

"제 머리 색깔이 아름다운가요?"

"헬렌의 마음처럼 아름답고 곱단다."

설리번 선생님은 상상력과 마음의 눈으로 주변의 세계를 따뜻하게 감지하는 법을 가르쳤습니다. 그를 통해서 헬렌은 모든 것을 받아들이고 아름답게 느끼는 기쁨의 삶을 살기 시작합니다.

그녀가 고백한 기쁨은 그녀의 유명한 자서전인 '마이 스토리'라는 책에 "나는 기뻐했습니다. 그리고 행복했습니다."라는 구절이 계속 반복되는 것을 보더라도 알 수 있습니다. 그녀의 자서전의 절정을 이루는 부분을 보면 아주 감동적인 글이 있습니다.

"내가 사흘만 눈을 떠 볼 수 있다면, 첫째 날 나는 내 인생에 참된 사랑을 일깨워 준 고마운 사람들을 먼저 만나서 그들의 얼굴을 정말 오래오래 지켜보고 싶다. 그 다음은 천진난만한 아기들을 보고 싶고 그리고 나에게 더없이 신실한 친구였던 개 라이오네스의 모습을 보고 싶다. 저녁 무렵에는 숲 속을 거닐고 싶다. 둘째 날에는 아침에 일어나는 대로 동트는 광경을 바라본 다음 박물관과 미술관을 방문하고 싶다. 그곳에서 인류 역사의 발자취를 돌아보고 싶고 위대한 미술 작품이나 조각품을 감상하고 싶다. 저녁에는 아름다운 발레리나의 춤을 보고 싶다. 그리고 셋째 날에는 일찍 일어나 동트는 새벽의 여명을 한 번 더 지켜 보련다. 그 다음에 거리로 나가 사람들이 걷는 모습, 일하는 모습을 보고 싶다. 행복한 사람들의 표정도 보고 싶고 또 고통스러운 아픔의 표정도 보고 싶다. 그 후에 나는 내가 좋아하는 뉴욕 시내를 구경할 것이다. 가난한 슬럼가도 가 보고 싶고 또한 아름다운 공원도 내 눈으로 직접 보고 싶다. 셋째 날 저녁에 내가 마지막으로 하고 싶은 일은 극장에 가서 희극을 관람하면서 한없이 웃는 것이다. 그리고 그 웃음과 기쁨을 오래도록 간직하고 싶다."

주께서 생명의 길로 내게 보이셨으니 주의 앞에서 나로 기쁨이 충만하게 하시리로다 하였으니 - 사도행전 2:28

41) 관용에서 나오는 진정한 기쁨

월남전이 한창이던 시절, 월남에서 부상당하여 돌아온 군인들을 위한 대대적인 위문공연을 준비하고 있을 때의 일입니다. 프로그램의 총책임자인 감독은 미국의 유명한 코미디언인 밥 호프(Bob Hope)를 이 공연에 초대하기로 했습니다. 그러나 밥 호프는 너무나 바쁜데다가 선약이 있어서 갈 수 없다고 거절했습니다. 밥 호프가 없는 위문 공연은 아무런 의미가 없다고 생각한 감독은 "전쟁터에서 돌아온 군인들을 위로해 주는 아주 중요한 자리에 당신이 꼭 필요합니다."라며 여러 번 간곡히 부탁을 했습니다. 밥 호프도 끈질긴 감독의 부탁에 "그러면 제가 한 5분 정도만 얼굴을 보이고 내려와도 괜찮겠습니까?" 하고 물었습니다. 주최 측에서는 그렇게만 해 줘도 고맙겠다고 해서 밥 호프는 그 위로공연에 출연하기로 약속했습니다.

드디어 공연 당일, 5분을 약속하고 올라간 밥 호프가 얘기를 시작하자마자 사람들은 웃기 시작했습니다. 그런데 밥 호프는 5분이 지나도 끝낼 생각을 안 하고 10분, 15분, 25분이 넘었는데도 공연을 계속했습니다. 밥 호프는 거의 40분동안 공연을 하고 내려왔는데 그의 얼굴에는 눈물이 흐르고 있었습니다. 감독은 5분을 공연하기로 하고 40분을 하게 된 경위와 눈물을 흘리는 이유에 대해 물었습니다. 그의 물음에 밥 호프는 눈물을 닦으며 이렇게 말했습니다. "저 앞줄에 있는 두 친구 때문에 그렇습니다."

그래서 감독이 나가 보니까 앞줄에 상이(傷痍) 군인 두 사람이 열심히 박수를 치며 기뻐하는 모습이 보였습니다. 한 사람은 오른팔을 잃어버렸고 다른 한 사람은 왼팔을 잃어버린 상태였습니다. 오른팔을 잃어버린 사람은 왼팔을, 왼팔을 잃어버린 사람은 오른팔을 사용해서 두 사람이 함께 박수를 치고 있었던 것이었습니다. 그 광경을 보며 밥 호프는 이런 유명한 이야기를 남겼습니다.

"저 두 사람은 나에게 진정한 기쁨이 무엇인가를 가르쳐 주었습니다. 한 팔을 잃어버린 두 사람이 힘을 합하여 함께 기뻐해 주고 있는 모습을 보면서 나는 참된 기쁨을 배웠습니다."

슬픔 많고 고통 많은 세상에서 항상 기뻐하는 삶을 원한다면 이웃들의 허물을 덮고 그들의 삶을 세워 관용하는 정신을 배워야 합니다. 주님이 나에게 베푸셨던 동일한 관용을 구하여 이웃에게 베푸는 삶이야말로 우리에게 항상 기뻐할 수 있는 삶을 줄 것입니다.

오직 선을 행함과 서로 나눠 주기를 잊지 말라 이 같은 제사는 하나님이 기뻐하시느니라 - 히브리서 13:16

42) 희극배우 그리말디의 거짓된 기쁨

어느 날 프랑스 파리의 정신과 병원에 한 청년이 우울증을 호소하면서 찾아왔습니다. 의사가 상담을 하다가 이렇게 권면했습니다.

"그렇게 방 안에만 계시지 말고 밖에 나가서 그 유명한 희극 배우 그리말디의 쇼를 보십시오. 그 쇼를 보고 나면 한결 기분이 나아질 것입니다. 그리고 인생이 달리 보일 것입니다."

그 청년은 의사의 권고에 아무 대답도 안 하고 조용히 병원을 나서면서 이렇게 중얼거렸습니다. "선생님, 내가 바로 그 희극 배우 그리말디입니다." 그리말디는 무대 위에서 순간적으로는 기뻐할 수 있었지만 그의 생활 가운데서는 지속적으로 기쁨을 유지시켜 나갈 수 없었습니다.

순간적인 기쁨보다 중요한 것은 계속해서 기뻐할 수 있는 태도입니다. 순간적인 평안보다 더 중요한 것은 지속적으로 평안을 지켜 가는 것입니다.

너희는 내게 배우고 받고 듣고 본 바를 행하라 그리하면 평강의 하나님이 너희와 함께 계시리라 - 빌립보서 4:9

43) 기쁨의 원천

철학자인 키에르케고르(Kierkegaard)는 세상 사람들이 누리는 기쁨과 하나님을 아는 즐거움이 어떻게 다른가를 이렇게 비교해 보았습니다.

"캄캄한 시골길에 한 농부가 등불을 켜고 마차를 몰고 간다. 불행히도 이 농부는 마차에 켜 놓은 등불 때문에 아름답게 빛나는 밤하늘을 보지 못한다. 세상에서 누리는 즐거움, 세상 사람들이 말하는 즐거움은 그것이 고급한 즐거움이든 저급한 즐거움이든 간에 이 농부가 마차에 켜고 다니는 등불과 같은 것이다."

우리는 때때로 이 등불 때문에 밤하늘에 무수히 빛나는 아름다운 별빛을 보지 못합니다. 이와 마찬가지로 우리는 세상 즐거움으로 인해 하나님을 느끼지 못합니다. 하나님만이 우리에게 즐거움을 주실 뿐 아니라 기쁨의 근원이 되시고 원천이 되시는 분입니다.

나는 여호와를 인하여 즐거워하며 나의 구원의 하나님을 인하여 기뻐하리로다 - 하박국 3:18

44) 고통을 동반하는 기쁨

생물의 영역 속에서 지능이 높은 동물일수록 고통에 대한 감각이 뛰어나다고 합니다. 그런 의미에서인지 어느 철학자는 인간의 위대성은 인간의 고통에 있다고 말했습니다.

고대 그리스의 설화입니다. 한 여인이 현실 세계의 삶을 마치고 사후 세계로 가기 위해서 그 경계를 짓고 있는 스탁스 강 앞에 섰습니다. 그때 웨이론이라는 요정이 나타나 여인에게 말합니다.

"스탁스 강을 건너기 전에 미틀스 계곡의 물을 한번 드셔 보셔요. 이 세상의 모든 고통을 잊을 수 있어요."

"이 세상의 모든 고통을 잊는 물이라면 마시겠어요."

"그러면 이 세상의 모든 기쁨도 잊어버리게 됩니다."

"전 이 세상의 모든 실패의 기억들을 지우고 싶어요."

"그러면 당신의 모든 성공의 기억들도 함께 망각하게 됩니다."

"저는 빨리 세상의 모든 상처를 잊고만 싶습니다."

"그러면 당신은 모든 사랑도 망각하고 말 것입니다."

여인은 요정의 마지막 말에 조용히 생각을 합니다.

그리고는 "그렇다면 저는 그 샘물을 마시지 않겠어요"라고 대답했다고 합니다.

우리는 이 설화를 통해 인생의 법칙을 배웁니다. 인생 속에 고통과 실패, 상처만 있는 것이 아니라 그것과 동시에 기쁨과 성공, 사랑이 있다는 사실을 말입니다.

예수께서 무리를 보시고 산에 올라가 앉으시니 제자들이 나아온지라 입을 열어 가르쳐 가라사대 심령이 가난한 자는 복이 있나니 천국이 저희 것임이요 애통

하는 자는 복이 있나니 저희가 위로를 받을 것임이요 - 마태복음 5:1 - 4

45) 염려가 부르는 죽음

중세 유럽에서 콜레라가 한참 유행할 때, 한 농부가 마차를 몰고 성을 향해 가는데 갑자기 어느 부인이 마차를 불러 세웠습니다. 그 부인은 농부에게 성까지 태워 줄 수 없냐고 부탁했습니다. 농부는 부인의 부탁에 승낙하여 함께 성까지 가게 되었습니다. 그런데 한참 가다 보니 분위기가 좀 야릇하게 이상한 것을 느꼈습니다. 마차를 세울 때는 몰랐는데, 태우고 나서 부인을 보니 부인이 계속해서 소름끼치는 묘한 웃음을 자신에게 흘리고 있는 것이었습니다. 그래서 농부가 부인에게 물었습니다.

"당신은 누구십니까?"

"저는 콜레라 여사입니다."

"왜 제 마차에 타셨습니까?"

"저 성에 있는 사람들을 죽이러 가기 위해서지요."

"그렇다면 부인을 태워 줄 수 없으니 지금 당장 내리시오."

"지금 날 태워 주지 않으면 당신부터 죽이겠소."

"그러면 나와 한 가지 약속을 합시다. 내가 당신을 성까지 태워 줄 테니 다섯 명만 죽이시오."

그래서 꼭 다섯 명만을 죽이기로 약속한 후 농부는 콜레라 부인을 태우고 성 앞에 도착했습니다. 그런데 놀랍게도 성에 도착해 보니 천 명도 넘는 시체들이 성 앞에 즐비해 있는 것이었습니다. 농부는 화가 나서 "부인, 약속이 틀리지 않습니까? 다섯 명만 죽이기로 했는데 이것이 웬 시체들이오?"

"나는 아직 한 사람도 죽이지 않았습니다."

"그러면 저 사람들은 뭡니까?"

"저 사람들은 내가 온다는 소식을 듣고 지레 겁먹고 죽은 사람들입니다."

아무것도 염려하지 말고 오직 모든 일에 기도와 간구로, 너희 구할 것을 감사함으로 하나님께 아뢰라 - 빌립보서 4:6

46) 염려를 이기는 처방

한 풍자적인 기독교 작가가 어린이를 위하여 쓴 '참새와 물새의 대화'라는 동화내용입니다.

어느 날 물새가 참새에게 "참새야, 저 아래 땅 위에서 허덕거리며 걸어 다니는 인간들의 모습을 봐. 저 아우성치며 허우적거리면서 살고 있는 인간들의 꼴을 보란 말이야."라며 말을 걸었습니다. 이 말을 들은 참새는 이렇게 이야기했습니다. "물새야, 아마 쟤들은 우리를 돌보시는 하나님 아버지가 없는 모양이지!"

우리가 하나님의 은혜와 주권을 신뢰한다면 들에 핀 한 포기의 풀보다 더욱 소중히 여기시는 나의 존재를 깨닫고 허우적거리거나 삶을 걱정하는 일은 없을 것입니다. 하나님의 주권을 신뢰하는 것이 염려를 이기는 첫 번째 처방입니다.

공중의 새를 보라 심지도 않고 거두지도 않고 창고에 모아들이지도 아니하되 너희 천부께서 기르시나니 너희는 이것들보다 귀하지 아니하냐 – 마태복음 6:26

47) 쓸데없는 걱정

옛날 오래된 학교에서는 종을 치는 종치기가 있었습니다. 그는 종을 치다가 노이로제에 걸리고 말았습니다. 사람들은 그를 보면서 왜 그렇게 행복하지 못한지를 물어보았습니다. 그 종 치는 사람은 매우 고통스럽다는 듯이 이렇게 대답했습니다.

"저는 이 종을 36,000번 쳐야 합니다. 매일 이 학교에서 10번씩 종을 치는데 계산해 보면 일주일에 70번, 한 달이면 300번, 일 년이면 3,600번이기 때문에 내가 이 일을 다 끝내려면 앞으로도 10년을 더 쳐야 합니다."

그 대답을 듣고 있던 한 사람이 보다 못 해서 이런 지혜로운 충고를 했습니다.

"형제님! 하루에 10번씩만 종을 치시고 한 번에 한 번씩만 종을 치시면 되지 않습니까?"

그러므로 내일 일을 위하여 염려하지 말라 내일 일은 내일 염려할 것이요 한 날 괴로움은 그날에 족하니라 – 마태복음 6:34

48) 주둥이 보험

우리가 사는 이 세상은 눈 깜짝할 사이에도 수없이 변합니다. 눈을 뜨고도 코 베어간다는 세상 말도 있듯이 현대를 살아가는 사람들에게 두려움은 곧 삶 그 자체인 것 같습니다. 그래서 사람들은 조금이라도 그 두려움을 해소하기 위해 이것저것 궁리를 하지요. 그들의 궁리 끝에 생겨난 것이 바로 보험입니다.

자동차를 많이 타다 보니 자동차 사고에 대한 두려움이 생겨 자동차 보험에 들게 되고, 요즘은 비행기를 타는 기회가 많아지다 보니 항공 보험에까지 듭니다. 그리고 건강을 보장받기 위해서 의료 보험에 가입하고, 힘들게 장만한 보금 자리를 보호하기 위해서 주택 보험에도 듭니다. 또한 도난, 화재 등 여러 가지 상상할 수 없는 위험에 대한 두려움 때문에 갖가지 보험에 듭니다.

유럽의 유명한 축구 스타들은 그들의 발이 생명이라고 발 보험까지 든다는 이 야기를 들었습니다. 그뿐 아니라 한 유명한 피아니스트는 손 보험을 들었다고 합니다.

그렇다면 나도 다른 이들처럼 하나쯤은 보험에 들어야 할 것 같은데 무슨 보 험을 들어야 할까 곰곰이 생각하다가 '주둥이 보험(?)'에 들어야겠다고 생각했습 니다.

내가 여호와를 가리켜 말하기를 저는 나의 피난처요 나의 요새요 나의 의뢰하 는 하나님이라 하리니 - 시편91:2

49) 성숙한 자의 겸손

대학에서 수학을 전공한 어떤 학생이 졸업 여행으로 이곳저곳을 다니다가 어 느 산속에 있는 정자에서 쉬게 되었습니다. 그곳에서 우연히 한 노신사를 만나 수학에 대한 이야기를 나누게 되었습니다.

수학에 대해서 어느 정도까지 공부했는가를 묻는 노신사의 질문에 학생은 기 세당당하게 "수학을 정복했습니다."라고 대답했습니다. 이번에는 학생이 노신사 에게 "수학을 어느 정도까지 하셨습니까?"라고 묻자 그 노신사는 조용한 목소리 로 "나는 겨우 수학에 대하여 이해하기 시작했네."라고 대답했습니다.

그 노신사와 대화를 계속하면서 학생은 그분의 수학 지식이 비범한 것을 알게 되었습니다. 학생은 '도대체 이분이 어떤 사람인가' 하는 놀랍고도 궁금한 마음에 "도대체 선생님의 성함이 어떻게 되십니까?"라고 물었습니다. 그 노신사는 "내 이름은 화이트헤드(A. N. Whitehead)라네."라고 대답했습니다.

놀랍게도 그 이름은 아주 유명한 세계적인 철학자이자, 수리학자의 이름이었던 것이었습니다. 교만이 오면 욕도 오거니와 겸손한 자에게는 지혜가 있느니라 - 잠언 11:2

50) 부족한 겸손

두 명의 단짝 친구가 있었습니다. 한 사람은 크리스천이었지만 다른 사람은 불신자였습니다.

어느 날 불신자 친구가 크리스천인 단짝 친구를 찾고 있었습니다. 그런데 그는 친구를 어떤 곳에서도 찾을 수 없었습니다. 그래서 그는 곰곰이 친구가 있을 만한 곳을 생각해 보았습니다. 그러다가 갑자기 교회당이 떠올랐습니다. 왜냐하면 평소에 크리스천 친구가 자주 교회에 가서 기도를 드린다는 것을 알았기 때문입니다. 그래서 당장 교회당으로 달려가 교회 문을 열어보니 낯익은 목소리가 들리는 것이었습니다.

"하나님, 정말 전 부족한 놈입니다. 저는 매일 잘못을 저지릅니다. 용서해 주세요."

불신자 친구는 그 소리가 나는 앞자리로 조용히 갔습니다. 그리고 크리스천 친구의 기도를 듣고는 그를 시험해 보기로 했습니다.

"이 부족한 놈아!"

"뭐라고? 너는 뭔데? 내가 부족하다고?"

크리스천 친구는 하나님께 자신이 부족한 사람이라고 고백했지만 그의 마음에는 자신을 진정으로 부족하다고 인정하지 않고 있었던 것입니다.

누구든지 일부러 겸손함과 천사 숭배함을 인하여 너희 상을 빼앗지 못하게 하라 저가 그 본 것을 의지하여 그 육체의 마음을 좇아 헛되이 과장하고 - 골로새서 2:18

51) 무디의 겸손

D. L. 무디(D. L. Moody)가 미국의 한 도시에서 전도대회를 열고 있었을 때의 일입니다. 하루는 모 신문사의 한 기자가 무디에게 찾아와 인터뷰를 요청했습니다. 그러나 무디는 전도대회로 너무나 바쁜 나머지 그 인터뷰를 거절할 수밖에 없었습니다. 그랬더니 그 다음 날 신문 기사마다 "교만한 전도자 무디"라는 혹평의 글들이 실렸습니다.

무디의 동료들은 하나같이 "이런 거짓된 기사를 싣다니 말도 안 돼."라며 분노했습니다. 그런데 정작 화를 내야 할 무디는 아무렇지 않다는 듯이 미소 짓고 있었습니다. 이를 의아하게 생각한 동료 한 사람이 무디에게 물었습니다.

"선생님, 기사마다 공개적으로 선생님을 교만한 사람이라고 비판하고 있는데 선생님은 화나지 않으십니까?"

"제가 화가 날 이유가 어디에 있습니까? 그 기자는 나에 대해 잘 모르고 쓴 것 같은데 말입니다. 나는 그보다 더 교만한 사람입니다."

오직 온유한 자는 땅을 차지하며 풍부한 화평으로 즐기리로다 - 시편 37:11

52) 하나님의 음성

저의 인생에서 가장 크게 절망했던 때는 대학 입시에 실패했던 스무 살 때였습니다. 그때 저희 아버지는 집을 나가 버리셨기 때문에 어머니와 동생 여섯 그리고 조부모님과 함께 사는 살림은 무척 어려웠습니다. 그나마 살던 집에서 쫓겨나 수원 팔달산 토굴에서 살았던 시절도 있었습니다. 할머니는 이렇게 사느니 다 함께 죽어 버리자고 입버릇처럼 말씀하셨고 제 삶에는 아무런 희망이 없었습니다.

어느 날 밤 집에 가기 싫어서 여기저기 돌아다니다가 제 발길이 우연히 교회로 향하게 되었습니다. 교회 안으로 들어가니 저의 마음에 막연히 가졌던 신앙에 대한 동경과 하나님에 대한 기대감이 물밀듯 찾아들었습니다. 그렇게 밤은 깊어 갔고 피곤해진 저는 교회의 종탑 작은 마루방에서 잠을 청했습니다. 새벽녘쯤 갑자기 환한 빛이 들어오면서 종소리가 울려 퍼지자 저는 잠에서 깨어 벌떡 일어났습니다. 그런데 종소리가 여운을 남기며 제 마음에 이런 목소리를 들려주었습니다.

"나를 위해 일하라."

저는 그 소리가 무슨 뜻인지도 모른 채 하나님을 믿으면 새로운 미래가 찾아오려나 하는 막연한 기대를 갖게 되었습니다. 그리고 그 순간부터는 내가 처한 상황에서 절대로 절망하지 않겠다고 결심했습니다. 그날 새벽 교회 종탑에서 들었던 하나님의 음성은 저의 삶에 새롭고도 분명한 관점을 주었습니다.

몇 년 후 저는 아무것도 가진 것이 없는데다가 여섯 명의 동생을 책임져야 할 장남이었기 때문에 결혼하는 것이 무척 어려웠습니다. 제 아내는 부모님과 주변 사람들의 극심한 반대 때문에 결정을 내리지 못하고 고민하며 엎드려 기도하였습니다. 결혼한 후에 들은 얘기인데, 아내가 새벽기도 중에 계속해서 "내가 책임을 지겠다."는 주님의 음성을 들었다고 합니다. 지금도 저의 아내는 문제가 일어나면 주님이 책임지시기로 했다면서 어떤 어려움도 견뎌냅니다. 주님께서는 우리 부부를 한 번도 실망시키시지 않으셨습니다.

우리의 삶이 아무리 어렵고 힘든 상황이라 할지라도 좌절하지 말고 사람들의 훈수보다 하나님의 음성에 귀를 기울여야 합니다. 삶이 고달프다고 느낄 때 주님 앞에 엎드리고 주님의 말씀을 들어야 합니다. 여인 드보라가 불가능에 도전할 수 있었던 것은 하나님의 음성을 들었기 때문이었습니다.

여호와께서 너를 교훈하시려고 하늘에서부터 그 음성을 너로 듣게 하시며 땅에서는 그 큰 불을 네게 보이시고 너로 불 가운데서 나오는 그 말씀을 듣게 하셨느니라 - 신명기 4:36

53) 주님 한 분만으로 나는 만족해

의사였다가 기독교 작가로 변신한 크로닌 박사는 가난한 사람들에 대한 연민 때문에 광산촌에서 계속 의사 노릇을 하고 있었습니다. 그런데 그 광산촌에는 억울하게 오해를 받아 그곳으로 쫓겨 온 간호사가 있었습니다. 그녀는 쫓겨 온데다가 월급마저 아주 적었지만 불평하지 않고 오히려 항상 생글생글 웃으며 여유 있고 자신만만하게 일했습니다. 그리고 병원 진료시간이 끝났는데도 제일 늦게까지 남아서 일을 더 하곤 했습니다. 그런 간호사의 모습을 본 크로닌 박사는 안쓰러워서 간호사에게 이렇게 얘기를 합니다.

"당신은 당신이 가진 가치만큼 대우를 받지 못하고 있어요. 하나님은 그것을 아실 텐데 말이야."

이 간호사는 이 말을 듣자마자 이렇게 대답했습니다. "제가 가치 있는 존재라는 것을 하나님이 아신다면 그것으로 족하지 않습니까?" 간호사의 답변은 신앙적으로 헌신되어 있지 않던 크로닌 박사의 마음에 화살처럼 꽂혔습니다. 그녀의 그런 마음이 불편한 환경에서도 당당하고 빛나는 삶을 살게 한 비밀이었던 것입니다.

어느 곳에 사느냐, 무엇을 하느냐, 얼마나 내 상황이 불편한가 그것이 중요한 것이 아니라 나는 어떻게 살아가는 사람인가가 더 중요합니다.

나는 의로운 중에 주의 얼굴을 보리니 깰 때에 주의 형상으로 만족하리이다 – 시편 17:15

54) 좋은 미래를 보는 눈

'성공을 만드는 소중한 사람이'의 저자, 지그 지글러는 세계적인 기업 경영 강연자이면서 훌륭한 그리스도인이었습니다. 어느 날 한 직장 여성이 그를 찾아왔습니다. 이 여성은 자신이 다니고 있는 직장에 대해서 수많은 불평을 늘어놓았습니다. 그녀는 나쁜 대우와 괴롭히는 직장 상사, 좋지 못한 동료들에 대한 이야기들을 쭉 나열하면서 지글러에게 상당한 동정을 기대했습니다. 그녀의 이야기를 다 듣고 난 지글러는 이렇게 대답했습니다.

"내가 보기에는 아가씨의 환경이 앞으로 더욱 나빠질 것 같습니다. 앞으로 큰일이 닥칠 위험이 있습니다."

지글러의 동정을 기대한 여인은 무척 실망했습니다. 지글러는 계속 말을 이었습니다.

"아가씨는 직장과 동료들을 싫어하고 있죠?"

"맞아요. 저는 직장이 너무 지긋지긋하고 동료들은 꼴도 보기 싫어요."

"바로 그것이 문제입니다. 아가씨가 직장을 싫어한다면 직장도 아가씨를 싫어할 것이고, 아가씨가 동료들을 싫어한다면 동료들도 아가씨를 싫어할 것입니다.

성경을 보면 누가복음 6장 31절에 '남에게 대접을 받고자 하는 대로 너희도 남을 대접하라'고 되어 있습니다. 이 내용을 황금률이라고 하는데 아가씨의 삶이 바뀌려면 직장을 좋아하고 동료들을 좋아하는 것을 배워야 합니다."

지글러의 말을 듣고 있던 그 여성은 펄펄 뛰면서 말했습니다. "좋은 것이 하나도 없는데 어떻게 좋아할 수 있습니까?" 지글러는 백지 한 장을 주면서 직장과 동료들의 좋은 점을 작은 것이라도 써 보라고 주었습니다. 아무런 반응 없이 멍하게 종이만을 쳐다보고 있는 여성에게 지글러가 다시 물었습니다. "직장에서 월급은 받으시죠? 월급 받는 것이 싫습니까? 좋으면 종이에 적으십시오. 휴가 때 쉴 수 있어서 좋지 않습니까? 이것도 좋으면 쓰십시오. 또 다른 좋은 점이 있으면 생각나는 대로 적어 보세요." 그 여성은 한참 생각하다가 웃으면서 말했습니다. "한 가지 좋은 점이 있는데 직장이 저희 집에서 가까워서 출퇴근하기가 편해요." 그녀는 한 가지씩 좋은 점을 생각하며 쓰다가 보니 좋아하는 것이 스무 가지가 넘었습니다. "직장에 좋은 점이 이렇게 많은데도 맘에 안 드십니까?"

지글러는 그녀에게 마지막으로 충고를 하였습니다.

"아가씨가 다니는 직장이 무지하게 좋아질 것이라고 상상해 본 적이 있습니까? 그리고 주변의 동료들과 아름답고 소중한 관계가 될 것을 생각해 본 적이 있습니까? 우리가 주변의 환경과 사물과 사람들을 어떻게 보느냐에 따라 좋게 보이기도 하고 나쁘게 보이기도 하는 것입니다. 미래를 보는 눈을 가지십시오."

오직 여호와를 거역하지 말라 또 그 땅 백성을 두려워하지 말라 그들은 우리 밥이라 그들의 보호자는 그들에게서 떠났고 여호와는 우리와 함께하시느니라 그들을 두려워 말라 하나 - 민수기 14:9

55) 삶의 자부심

마틴 루터 킹 목사님이 워싱턴 시를 지나가다가 한 흑인 청소부가 있는 대로 욕설을 퍼붓고 짜증을 내면서 청소하고 있는 모습을 우연히 보게 되었습니다. 목사님은 그의 곁에 조용히 다가가 "이보게 젊은이, 하나님께서 자네에게 맡기신 지구의 한 모퉁이를 쓸고 있다는 자부심을 가질 수 없겠나?" 하며 등을 두드리며 계속 이야기를 했습니다.

"당신이 청소를 할 때에는 베토벤이 음악을 작곡하듯, 미켈란젤로가 조각을 하듯, 괴테가 작품을 쓰듯이 그렇게 하나님의 일을 하게나."

그런즉 너희가 먹든지 마시든지 무엇을 하든지 다 하나님의 영광을 위하여 하라 - 고린도전서 10:31

56) 항상 처음처럼, 항상 마지막처럼

어느 날 저는 설교 준비를 하다가 결혼 초기에 주 앞에 드렸던 기도문이 생각 났습니다. 그래서 설교를 준비하면서 다시 한 번 그 기도를 주 앞에 드렸습니다.

"하나님, 서투른 아마추어 같은 삶을 살아가게 하소서.
처음 보는 하늘이듯 그 하늘을 바라보게 하소서.
처음 만났던 그 감격으로 주님을 보게 하소서.
내가 처음 사랑했던 그 여인을 처음 그렇게 바라보던 그 눈초리로 그렇게 내 아내를 보게 하소서.
처음 들어서는 예배당이듯 그 설레임으로 예배당 안에 앉게 하소서.
처음 내 마음속에 그 구원의 메시지가 내 심장을 사로잡던 그 감격으로 처음 그 설교를 듣는 그 심정으로 설교를 듣게 하소서.
오 주님, 마지막 단두대에 올라 서 있는 사형수 같은 삶을 살아가게 하소서.
마지막 보는 하늘인 것처럼 하늘을 바라보게 하소서.
마지막 보는 아내인 것처럼 그 아내의 얼굴을 바라보게 하소서.
마지막 보는 예배당인 것처럼 그 예배당을 바라보게 하소서.
마지막 듣는 설교인 것처럼 그 설교를 듣게 하소서."

우리가 축복받는 것에 익숙하면 우리는 그 축복을 당연한 것으로 여기고 그 감격을 상실합니다. 감사를 망각합니다. 그리고 불평과 원망이 쌓입니다.

범사에 감사하라 이는 그리스도 예수 안에서 너희를 향하신 하나님의 뜻이니라 - 데살로니가전서 5:18

57) 만족할 줄 모르는 하녀

영국에는 그리스도인으로서 유명한 부자인 컨글튼 경이라는 사람이 있었습니다. 하루는 컨글튼 경이 집에서 쉬고 있는데 집에서 일하고 있는 하녀가 부엌에서 접시를 닦다 말고 한숨을 쉬며 중얼거리는 말을 우연히 듣게 되었습니다.

"나에게 만약 5파운드가 생긴다면 더 이상 소원이 없겠다."

이 말은 들은 컨글튼 경은 그 하녀에게 다가가 정말 소원이 그것인지 물었습니다. 그러자 하녀는 놀라면서 "그럼요, 주인님. 정말 그렇고말고요." 그래서 컨글튼 경은 일하는 하녀의 등을 두들겨 주면서 "내가 자네 소원인 5파운드를 줄테니 이제부터는 불평하지 말고 열심히 일하게."라고 격려해 주었습니다. 하녀에게는 혼자 그냥 중얼거린 한마디의 넋두리가 정말 이루어진 것이었습니다.

5파운드를 하녀에게 주고 난 후 오후에 컨글튼 경이 정원으로 나가서 산책을 하는데 이런 소리가 들렸습니다. "아이고, 이럴 줄 알았으면 10파운드라고 말하는 건데. 정말 아까워라." 그 하녀는 자신의 일에 만족하지 못하고 끝없이 불평했습니다. 이 하녀의 모습을 바라보면서 어떤 일에든지 만족하지 못하는 우리들의 모습을 볼 수 있습니다.

은을 사랑하는 자는 은으로 만족함이 없고 풍부를 사랑하는 자는 소득으로 만족함이 없나니 이것도 헛되도다 - 전도서 5:10

58) 폭풍우 속의 평안

어느 초등학교 선생님이 반 학생들에게 평화를 주제로 그림을 그리도록 했습니다. 학생들이 그린 그림 중에서 두 작품이 우수한 작품으로 뽑혔습니다.

한 학생이 그린 그림은 쳐다보기만 해도 평안을 느끼게 하는 아름답고 평화스러운 풍경이었습니다. 마을 앞에는 잔잔한 시내가 흐르고 따스한 햇살을 받으며 삽살개 한 마리가 초가집 마당에서 한가로이 졸고 있는 광경이었습니다.

그 그림은 슬쩍 보기만 해도 아주 평화스러워 보이는 반면에, 또 하나의 다른 그림은 아주 다른 평안의 모습을 그려내고 있었습니다. 폭풍우가 무섭게 몰아치는 높은 벼랑의 모습이 이 그림의 배경이었습니다. 그런데 이 깎아지는 벼랑의 틈바구니 속에 깊이 팬 부분이 있었습니다. 그 안에는 어미 새의 품 안에서 새록새록 잠들어 있는 아기 참새의 모습이 그려져 있었습니다.

성경에서 말하고 있는 평안은 전자의 평안이 아니라 후자의 평안입니다.

이것을 너희에게 이름은 너희로 내 안에서 평안을 누리게 하려 함이라 세상에서는 너희가 환난을 당하나 담대하라 내가 세상을 이기었노라 하시니라 – 요한복음 16:33

59) 사랑할 수 없는 사람을 사랑할 수 있는 힘

'주는 나의 피난처'라는 책을 쓴 코리 텐 붐(Corrie Ten Boom)은 전 세계에 큰 신앙의 감동과 영향을 남긴 분이십니다. 그분의 간증 속에 실린 감동적인 한 토막 이야기입니다.

코리 텐 붐은 그의 가족 모두가 유태인들을 숨겨 주었다는 이유로 체포되어 독일에서 2차 세계대전이 끝날 때까지 수용소 생활을 했습니다. 라벤스브룩이라는 참혹한 수용소에서 가족들은 모두 죽고, 독일의 패전으로 코리 텐 붐만이 기적적으로 살아 나오게 되었습니다.

감옥에서 나온 이 여인의 마음에 하나님께서는 한 가지 사명을 주셨습니다. 하나님은 그녀에게 자기를 핍박하고 가족들을 잔혹하게 죽인 독일 사람들에게 하나님의 말씀을 전하라는 부담을 주셨습니다. 그녀는 하나님의 사명에 순종하여 독일 마을과 도시를 찾아다니면서 간증집회를 시작했습니다. 그 집회로 인하여 죄책감 가운데 사로잡혔던 수없이 많은 독일 사람들이 죄에서 자유를 얻었고, 하나님 앞에 돌아오는 놀라운 부흥의 역사가 일어났습니다.

한번은 코리 텐 붐이 독일의 시골 도시에서 말씀과 간증을 모두 마치고 사람들과 인사를 하는데, 그 사람들 중에 어떤 한 사람이 그녀의 온몸을 얼어붙게 만들었습니다. 그 사람은 감옥에서 자기 언니 벳시가 죽는 데 결정적인 역할을 했고 죄수들을 못살게 괴롭혔던 라벤스브룩의 수용소 간수였던 것입니다. 그 순간 그녀는 꿈에도 잊을 수 없는 그 간수를 보고 피가 거꾸로 솟는 것 같아 주님께 속으로 몇 번이고 이렇게 외쳤습니다. '하나님, 저 사람은 안 돼요. 저 사람만은 용서할 수 없어요. 할 수 없어요. 저 사람만은 안 돼요.'

그러나 하나님께서는 부정할 때마다 계속해서 '사랑하라. 그것은 명령이다.'라고 말씀하셨습니다. 순간 그녀는 하나님의 명령을 깨달아 '하나님, 저는 그를 사랑하고 싶은 마음이 없습니다. 사랑할 용기도 없습니다. 그러나 주님의 명령이라면 해 보겠습니다.'라고 고백했습니다.

어느새 그 사람이 자기 눈앞에 다가오자, 그녀는 사랑의 감정 없이 그에게 손을 내밀고 그를 끌어안았습니다. 그런데 바로 그 순간 하나님은 그녀의 마음에 그를 사랑할 수 있는 넉넉한 감정을 부어주셨습니다. 그녀는 그 간수를 솔직히 사랑할 수 없었지만 하나님의 명령 앞에 순종하기로 결단한 순간, 사랑할 수 있는 능력을 주님께서 주셨습니다.

무엇보다도 열심으로 서로 사랑할지니 사랑은 허다한 죄를 덮느니라 - 베드로전서 4:8

60) 참된 사랑

그리스도인들을 무섭고 끔찍하게 박해했던 시대에 한 성도가 순교하기 직전 이렇게 말했습니다.

"나를 저주하십시오. 당신이 나를 저주하면 할수록 나는 더욱 당신을 사랑할 것입니다.

나에게 침을 뱉어 보십시오. 그러면 나는 당신에게 사랑의 숨결을 뿜어낼 것입니다.

나를 구타하십시오. 나는 신음소리로 사랑을 고백할 것입니다.

나를 찌르십시오. 나는 당신을 사랑한다고 절규할 것입니다.

나를 짐승의 먹이로 던지십시오. 나는 사랑의 제물이 될 것입니다.

나를 불태우십시오. 그러면 나는 사랑의 열기로 당신의 증오의 가슴을 녹일 것입니다."

사랑할 때 비로소 우리들은 용서를 알게 됩니다.
사랑할 때 비로소 우리들은 이해할 수 있습니다.

사랑할 때 비로소 우리들은 참으로 하나님을 알게 됩니다.

사랑할 때 비로소 우리들은 주님을 닮아갑니다.

사랑하는 자들아 우리가 서로 사랑하자 사랑은 하나님께 속한 것이니 사랑하는 자마다 하나님께로서 나서 하나님을 알고 사랑하지 아니하는 자는 하나님을 알지 못하나니 이는 하나님은 사랑이심이라 - 요한일서 4:7, 8

61) 사랑의 확인

서로 사랑하는 것을 알고 있어도 그 사랑이 확인되지 않으면 애인도, 부부도 멀어질 수밖에 없습니다. 어떤 아주 무뚝뚝한 경상도 사나이가 결혼을 했습니다. 그는 결혼 첫날밤에 신부에게 이러한 선언을 했습니다.

"나는 낯간지럽고 간사하게 사랑한다는 말은 절대 못 하는 사람이다. 그러나 오늘은 결혼한 첫날이니까 오늘밤에 딱 한 번만 하겠다. 이 한 번은 평생 유효하다는 것을 알고 있어라. 나는 너를 사랑한다."

이 말은 들은 신부는 매우 기막혔지만 지혜로운 여인이었기 때문에 이렇게 대답했습니다.

"여보, 당신이 모르는 문제가 나한테 한 가지 있어요. 이것은 매우 심각한 문제예요. 다른 문제는 없는 데 이상하게 어떤 얘기를 들으면 자꾸자꾸 잊어버려요. 그래서 당신이 그 말을 날마다 해 주지 않으면 나는 그 말을 잊어버릴 거예요."

이처럼 우리 인간에게는 사랑의 확인이 꼭 필요합니다.

은총의 표징을 내게 보이소서 그러면 나를 미워하는 저희가 보고 부끄러워하오리니 여호와여 주는 나를 돕고 위로하심이니이다 - 시편 86:17

62) 한 어머니의 마지막 유언

뉴욕 타임스의 베스트셀러로 소개되었고 우리나라에도 번역된 '마음을 열어주는 101가지 이야기'라는 책이 있습니다. 이 책을 보면 존 웨인 쉴레터라는 사람이 자신의 어머니에 대한 이야기를 했습니다. 그의 어머니는 세상을 떠나기 전 자기 병상에 모여든 자녀들에게 아주 흥미로운 유언을 남겼습니다. 죽음 앞의 고통 중에도 어머니는 의식을 차려 이렇게 자녀들에게 말했습니다.

"내 사랑하는 자녀들아, 내가 죽은 다음에 내 무덤에는 어떠한 꽃도 가져오지 마라. 왜냐하면 나는 무덤에 없을 테니까. 나는 육체를 떠나면 곧장 유럽으로 갈 예정이다. 네 아빠가 밤낮 유럽에 데려간다고 약속만 했다가 한 번도 가 보지 못했잖니." 그때 어머니의 임종 앞에 침통한 마음으로 있던 자녀들은 웃지 않을 수 없었습니다. 어머니는 다시 자녀들을 바라보시며 "내일 아침에 다시 만나자." 라고 말하며 눈을 감았다고 합니다.

이런 어머니의 모습, 바로 지식 있는 어머니라는 표현보다 지혜로운 어머니라는 표현이 적절할 것입니다. 떠나가면서도 자녀들에게 이런 아름다운 모습을 남길 수 있었던 어머니의 지혜가 아름답습니다.

그 어머니는 돌아가시면서 또 하나의 작은 메모를 남겼습니다. 그 메모에는 유언 같은 시가 기록되었는데 그 시가 더욱 감동스럽습니다.

"내가 죽은 후에 나 때문에 울고 싶다면 사랑하는 아이들아 너희 곁에 있는 형제들을 위하여 울어다오.

너희의 두 팔을 들어 나를 껴안고 싶거든 내게 주고 싶은 바를 네 형제들에게 베풀어다오.

아이들아 나를 만나고 싶거든 내가 알았던 그리고 내가 사랑했던 사람들 속에서 나를 찾아다오.

너희가 어미 없이 살 수 없다고 느끼거든 나로 하여금 너희의 눈, 너희의 마음, 너희의 친절한 행동 속에 살게 해다오.

사랑은 죽지 않은 것. 그러므로 나를 대신해 내 사랑을 너희 이웃들에게 베풀어다오."

네 마음을 다하고 목숨을 다하고 뜻을 다하고 힘을 다하여 주 너의 하나님을 사랑하라 하신 것이요 둘째는 이것이니 네 이웃을 네 몸과 같이 사랑하라 하신 것이라 이에서 더 큰 계명이 없느니라 - 마가복음 12:30, 31

63) 사랑의 넓이

제가 결혼할 당시 결혼을 앞둔 젊은이들 사이에는 "결혼은 사랑의 무덤이다."라는 말이 유행했습니다. 저는 그 말이 맞다고 믿었습니다. 결혼하면 처음에는 의지적으로 사랑하겠지만 늘 부딪치고 살다 보면 사랑의 불타는 감정은 모두 사라지고 그저 정으로 사는 것이겠지 생각했습니다. 그래서 저는 결혼하면 사랑의 애틋하고 달콤함은 금세 사라질 것으로 알았습니다. 그런데 막상 결혼을 하고 나니까 오히려 시간이 갈수록 더 아내를 생각하게 되고 한순간도 옆에 없으면 못 살 지경이었습니다. 저는 주야로 아내를 생각하다 보니 저절로 아내 때문에 나훈아가 부른 노래를 좋아하게 되었습니다.

"이 세상에 하나밖에 둘도 없는 내 여인아
보고 또 보고 또 쳐다봐도 싫지 않은 내 사랑아
비 내리는 여름날엔 내 가슴은 우산이 되고
눈 내리는 겨울날엔 내 가슴은 불이 되리라
온 세상을 다 준대도 바꿀 수 없는 내 여인아
잠시라도 떨어져도 못 살 것 같은 내 사랑아"

사람은 누구나 사랑하게 되면 사랑의 대상이 그 마음을 지배하고 다스리게 됩니다. 사랑하면 할수록 그는 내 삶의 가장 중요하고 소중한 부분이 되는 것입니다. 그래서 바울은 다음과 같이 말합니다.

"나는 여러분들이 그리스도의 사랑을 알게 되기를 바랍니다. 그리고 그리스도가 여러분의 모든 사고와 존재의 영역을 지배하는 주인이 되시기를 원합니다. 저는 여러분이 그리스도의 사랑의 넓이를 알았으면 좋겠습니다."

능히 모든 성도와 함께 지식에 넘치는 그리스도의 사랑을 알아 그 넓이와 길이와 높이와 깊이가 어떠함을 깨달아 하나님의 모든 충만하신 것으로 너희에게 충만하게 하시기를 구하노라(에베소서 3:18-19)

64) 나보다 나를 더 사랑하시는 주님

전도를 무척 잘하는 여대생이 있었습니다. 그 학생은 평소에도 얼마나 하나님의 말씀에 감동받고 전도를 잘하는지 항상 "예수 없이 살 수 없어요."라는 말을 입에 붙이고 살 정도였습니다. 그래서 "예수 없이 살 수 없어요."라는 별명까지 생겼습니다.

그런데 하루는 그 여대생이 목사님에게 찾아와서 이렇게 말합니다.

"목사님, 저는 오늘 굉장히 새롭고 놀라운 사실을 발견했어요." 그래서 목사님은 "그 예수 없이 살 수 없다는 얘기 말인가?"라고 물었습니다. 그러자 그 학생은 고개를 저으며 이렇게 대답했습니다. "아니에요, 목사님. 그보다 더 위대한 사실을 깨달았어요. 그것은 나뿐만 아니라 예수님께서도 나 없이 사실 수 없다는 사실이에요."

주님께서는 우리가 주님을 필요로 하는 것 이상으로 우리를 필요로 하십니다. 우리가 가지고 있는 괴로움은 나 자신 스스로를 알지 못하는 것에서 시작됩니다. 나도 어떻게 할 수 없는 나의 존재가 나를 괴롭히기 때문입니다. 그러나 나도 모르는 나의 삶의 깊이와 불안한 미래를 단번에 아시는 그분은 우리를 필요로 하시고 또 우리를 사랑하십니다.

성경은 "하나님이 세상을 이처럼 사랑하사 독생자를 주셨으니"라고 말씀하십니다. 그 말씀을 통해서 하나님께서는 자신의 독생자인 예수를 대신 십자가에 달아 죽이실 만큼 우리를 사랑하신다는 것을 알 수 있습니다.

이 말씀을 읽고 있던 성 아우구스티누스는 이렇게 말했습니다.

"참으로 이상하고도 놀라운 일이다! 만약 내가 창조주 하나님이었다면 벌써 이 세상을 박살내 버렸을 텐데, 이상하게도 하나님은 나를 사랑하시다니? 그분은 사랑하시는 것도 나 한 사람밖에는 사랑할 사람이 없는 것처럼 날 사랑하신다. 아니 내가 이 세상에 남아 있는 유일한 생존자라고 할지라도 그분은 나를 위해 십자가에 목숨을 버리셨을 것이다."

아버지께서 나를 사랑하신 것같이 나도 너희를 사랑하였으니 나의 사랑 안에 거하라 - 요한복음 15:9

65) 주님께서 기뻐하시는 이웃 사랑

어느 교회야사에 보면 예수님을 찾아간 동방박사가 세 사람이 아닌 네 사람으로 되어 있습니다. 그 네 번째 박사는 주님께 드릴 예물로 의약품을 가지고 있었습니다. 주님을 찾아가는 여행 도중 사막을 지나다가 병들어 신음하는 환자를 발견하게 되었습니다. 그는 환자를 보고 그대로 지나칠 수 없어 세 명의 박사를 먼저 보낸 후 그는 남아 자기의 식량과 의약품을 사용하여 그 환자를 정성껏 간호를 했습니다.

여러 날이 지나고 그 환자가 소생하게 되었지만 그때는 이미 주님께 드릴 의약품을 다 써 버린 후였습니다. 그리고 환자를 돌보느라 너무 피곤해서 더 이상 여행을 할 수도 없었습니다. 그래서 네 번째 박사는 환자 곁에 엎드려서 주님께 기도하기 시작했습니다.

"사랑하는 주님, 저는 메시아이신 주님의 탄생을 경배하기 위해 의약품을 가지고 왔습니다. 그러나 저는 이 아픈 사람을 그냥 두고 갈 수 없어서 이 사람을 위하여 의약품을 다 써 버렸습니다. 이제는 길을 안내하는 사람도 없고 몸도 너무 지쳐서 더 이상 갈 수가 없습니다. 그러나 주님! 제가 주님을 너무나 사랑합니다. 그리고 주님이 이 땅에 오심을 진심으로 환영하고 경배합니다. 제 마음을 알아주십시오."

그가 기도를 마쳤을 때 놀랍게도 그의 곁에서 신음하던 환자는 주님의 모습으로 앉아 있었습니다.

임금이 대답하여 가라사대 내가 진실로 너희에게 이르노니 너희가 여기 내 형제 중에 지극히 작은 자 하나에게 한 것이 곧 내게 한 것이니라 하시고 - 마태복음 25:40

66) 아가페 사랑

어느 마을에 인형을 무척 좋아하는 제인이라는 소녀가 살고 있었습니다. 어느 날 집에 놀러 오신 이웃집 아저씨에게 그 소녀는 여러 가지 인형들을 보여주며 자랑했습니다. 인형을 보고 있던 아저씨가 갑자기 소녀에게 이렇게 물었습니다. "제인아! 너는 이것들 중에 어떤 인형을 제일 좋아하니?" 그 물음에 소녀는 입을 꼭 다물고 한참 동안 생각에 잠겼습니다.

잠시 후 소녀는 아저씨를 바라보며 "아저씨, 제가 좋아하는 인형을 보여드릴게요. 그런데 한 가지 약속을 해 주세요. 제가 인형을 보여드릴 때 절대로 웃지 않겠다고요."라고 말했습니다. 아저씨는 이상했지만 소녀와 약속하고는 인형을 가져올 때까지 기다렸습니다. 소녀는 방 안에 들어가더니 코는 주저앉고 팔다리는 다 떨어져 나간 낡은 인형 하나를 들고 나왔습니다. 아저씨는 그 인형을 보며 조심스럽게 물었습니다.

"아! 이 인형을 제일 좋아하는구나. 그런데 한 가지 물어봐도 될까? 무슨 이유 때문에 너는 이 인형을 제일 좋아하니?" 제인은 이렇게 대답했습니다.

"왜냐하면요, 이 인형은 제가 사랑해 주지 않으면 아무도 사랑해 줄 사람이 없으니까요."

이 작은 소녀 제인의 대답에서 아가페 사랑을 볼 수 있습니다.

유월절 전에 예수께서 자기가 세상을 떠나 아버지께로 돌아가실 때가 이른 줄 아시고 세상에 있는 자기 사람들을 사랑하시되 끝까지 사랑하시니라 – 요한복음 13:1

67) 사랑의 언어

유명한 전도자인 D. L. 무디(D. L. Moody)가 설교를 마치고 나서 사람들과 인사를 나누고 있는데 어느 대학에서 문학을 가르치고 있는 교수가 다가와서 이렇게 말했습니다.

"목사님, 설교는 너무 좋았습니다만 유감스럽게도 문법적으로 틀린 부분이 50여 군데나 되는군요."

그 말을 들은 무디는 이런 대답을 했습니다.

"충고해 주셔서 감사합니다. 그런데 선생님께 물어보고 싶은 것이 한 가지 있습니다. 저는 감격스럽게도 지금까지 문법도 안 맞는 엉망진창인 언어로 수천 명의 영혼을 주님께로 인도할 수 있었습니다. 그런데 선생님께서는 그 정확하신 언어로 몇 사람이나 그리스도 앞으로 인도하셨는지요?"

주님께서는 거창한 웅변보다는 위대한 사랑으로 목마른 이웃들을 찾아가 사랑의 생수를 전달하는 것을 원하십니다.

내가 사람의 방언과 천사의 말을 할지라도 사랑이 없으면 소리 나는 구리와 울리는 꽹과리가 되고 - 고린도전서 13:1

68) 눈물 있는 사랑

한 부인이 신앙 상담을 하기 위해 스위팅 박사를 찾아왔습니다.

"저는 전도 훈련도 열심히 받았고, 성경 암송도 익숙할 정도로 많이 했습니다. 그런데 지금까지 저는 단 한 사람도 주님 앞으로 인도하지 못했습니다. 오늘도 이웃집의 한 자매를 전도하려고 했지만 아무 성과도 얻을 수 없었습니다. 왜 그럴까요? 박사님."

스위팅 박사는 부인의 질문에 이렇게 대답했습니다.

"그 이유는 아마도 당신의 눈에 사랑의 눈물이 메말라 있기 때문일 것입니다. 시편 126편 6절을 보면 '울며 씨를 뿌리는 자는 기쁨으로 단을 거두리라'라고 시편기자는 약속하고 있지 않습니까?"

부인은 박사의 대답을 듣고 즉시 집에 돌아가 주님께 사랑이 부족한 자신의 모습을 진심으로 회개하며 하나님의 사랑을 구했습니다. 그리하여 그날이 다 저물기 전에 그녀는 이웃의 자매를 주님께로 인도할 수가 있었습니다.

내가 내게 있는 모든 것으로 구제하고 또 내 몸을 불사르게 내줄지라도 사랑이 없으면 내게 아무 유익이 없느니라 - 고린도전서 13:3

69) 사랑의 힘

어떤 잡지에 이런 기사가 실려 있었습니다.

엘리나라는 78세 된 화란 출신의 할머니가 있었습니다. 이 할머니의 평생소원은 담배를 끊는 것이었다고 합니다. 그래서 할머니는 50년간 담배를 끊기 위해 클리닉에도 가 보고 약도 먹어 보았지만 번번이 실패하였습니다. 할 수 있는 것이라면 무슨 노력이라도 하면서 세월을 보내다 보니 할머니는 어느새 78세가 되었다는 것입니다.

그런데 어느 날 엘리나 할머니가 79세 된 제이슨이라는 할아버지를 만나게 되었습니다. 그리고 이들은 뒤늦게 사랑에 빠져 연애를 하게 되었습니다. 제이슨 할아버지가 할머니에게 말하기를 "나는 당신과 결혼하고 싶은데 단 한 가지 때문에 당신과 결혼하는 것이 마음에 걸리오. 당신이 담배를 피운다는 것이 나와 맞지 않는 거 같소."라고 했답니다. 그러자 이 할머니는 "그래요? 그러면 제가 담배를 끊지요."라면서 그 순간부터 담배를 끊었답니다. 그녀의 50년간 이루지 못한 평생소원이 이루어진 것입니다.

이 기사의 마지막 줄에는 "나는 이 경험을 통해서 사랑의 힘은 의지의 힘보다 위대하다는 것을 깨달았다."라는 할머니의 멋진 고백이 실려 있었습니다.

모든 것을 참으며 모든 것을 믿으며 모든 것을 바라며 모든 것을 견디느니라
– 고린도전서 13:7

70) 사랑의 순례

유명한 아시시의 성자인 프란시스(Francis)가 구원받은 지 얼마 되지 않아 겪은 이야기입니다.

어느 날 그는 길을 가다가 우연히 나환자를 만났습니다. 그 나환자를 본 순간 마음에서 전쟁이 일어났습니다. 한편은 그에게 가서 기도해 주고 싶은 마음이었고, 다른 한편은 '그에게 병이 전염되면 어떡하나'라는 두려움의 마음이었습니다. 결국 두려움의 마음이 이겨 나환자를 그냥 지나쳐 가도록 만들었습니다. 그런데 성령님께서 그의 다른 마음을 움직이기 시작하시고 부담을 주셨습니다. 그는 마음에 생긴 부담 때문에 그 자리에 서서 기도했습니다.

"주님, 제가 나환자를 그냥 지나쳤는데 그것이 잘못입니까?" 그러자 주님께서 "네가 왜 그를 그냥 지나쳤느냐?"라고 물으셨습니다. 그는 솔직하게 "그가 너무 더럽게 느껴져서 그 병이 전염될까 봐 그랬습니다."라고 고백했습니다.

그때 그에게 주님의 음성이 들렸습니다.

"너는 그 더러운 나환자보다 나으냐? 너는 이전에 그 나환자보다도 더 더럽혀진 죄인이었다. 그런데 난 그런 너의 모습을 그대로 받아주고 사랑했단다."

그 순간 그는 나환자보다 더 추하고 더러운 죄인이었던 자신에게 주님이 찾아

와 사랑으로 받아주셨음을 다시 한 번 깨닫게 됩니다. 그래서 그는 다시 나환자에게 돌아가 그에게 입 맞추고 축복을 합니다. 이때부터 아시시의 성자 프란시스는 알베르나의 산록에서 마지막 숨을 거두기까지 끊임없는 사랑의 순례를 하게 됩니다. 그리고 그는 생(生)의 목숨이 다하는 순간에 "나의 사랑, 나의 전부이신 예수여!"라는 고백을 합니다.

이러므로 그리스도께서 우리를 받아 하나님께 영광을 돌리심과 같이 너희도 서로 받으라 - 로마서 15:7

71) 모두 소중한 아들

저는 예전에 다른 목사님들로부터 이런 예화를 들은 적이 있습니다.

아들을 다섯이나 둔 어떤 사람이 아들이 하나도 없는 친구와 만나 저녁을 먹으면서 이런저런 담소를 나누었답니다. 그러다가 아들이 하나도 없는 친구가 "자네는 복도 많구려. 아들이 다섯이나 되니 말이야. 그중 하나만 내게 줄 수 없겠나?"라고 물었습니다.

아들 다섯 둔 사람은 웃으면서 "그래, 그렇게 하지. 우리 사이에 그것이 문제인가? 다섯 아들 중 하나를 줄 테니 자네 아들로 삼아 잘 키워 보게나."라며 엉뚱한 친구의 요청에 대답했습니다.

집에 돌아온 아들 다섯 둔 사람은 아내에게 친구와 만나서 나누었던 이야기를 했습니다. 그러자 펄쩍 뛰며 "말도 안 돼요. 절대 그럴 수 없어요."라며 완강히 반대했습니다. 그렇지만 그는 이미 친구와 약속한 것이니 지켜야 한다고 우기며, 다섯 아들이 잠자고 있는 방에 들어갔습니다. 그리고 어떤 아들을 줄 것인지 생각하기 시작했습니다.

한 명씩 쳐다보면서, 첫째 아들은 장남이라서 안 되겠고, 둘째 아들은 다섯 아들 중에 제일 똑똑하고 지혜로우니 안 되겠고, 셋째 아들은 제일 잘생겼을뿐더러 자기를 쏙 빼닮은 아들이라 안 되겠다는 생각이 들었습니다. 그래서 넷째 아들을 보니 그 아이는 늘 몸이 약해서 아플 때가 많았는데 준다고 생각하니 불쌍한 생각이 들었습니다. 그래서 마지막으로 막내아들을 보는 순간 눈물이 왈칵 나면서 도저히 줄 수 없을 것 같다는 생각이 들었답니다. 그 순간 그는 하나님께서 여러 명도 아닌 단 하나뿐인 외아들을 이 세상에 보내시기까지 우리를 사랑하셨다는 사실을 다시금 깊이 깨닫게 되었답니다.

자기 아들을 아끼지 아니하시고 우리 모든 사람을 위하여 내어주신 이가 어찌 그 아들과 함께 모든 것을 은사로 주지 아니하겠느뇨 - 로마서 8:32

72) 아버지의 마음

시골에 사는 어떤 아들이 아버지의 반대에도 불구하고 집을 나가려고 했습니다. 아버지는 아들을 떠나보내는 것이 못내 걱정스럽고 안타까웠습니다.

"아들아, 나는 네가 꼭 다시 돌아오리라고 믿는단다. 그날이 언제가 될지 모르지만 나는 너를 한결같이 기다리고 있을 게다. 혹시 일이 잘못되어 네게 어려움이 생기면 언제든지 집으로 돌아오렴. 혹시 아버지가 받아주지 않으면 어떻게 하나 하는 의심일랑 일체 하지 말거라. 어디서나 네가 붉은 단풍을 보게 되면 바로 그 심정으로 내가 너를 기다리고 있다는 것을 잊지 말거라."

아들을 그렇게 보낸 후 몇 해가 지나갔습니다. 아들에게는 아무런 소식도 없었지만, 아버지는 가을이 되면 더욱 간절하게 집 밖으로 나와 서성이며 기다립니다. 그런데 그해에는 유난히도 단풍이 일찍 지고 없었습니다. 그것을 본 아버지는 안 되겠다 싶어 가족들에게 홑이불을 단풍 색깔로 물들여 나뭇가지에도, 지붕에도, 돌아오는 아들이 볼 수 있는 곳 어디에든지 덮어두라고 시켰습니다.

그런데 어떻게 된 일인지 아들은 아버지가 계신 고향집으로 돌아오고 있었습니다. 아들은 걸어오면서 단풍나무며 지붕이며 온통 붉은빛으로 물들인 홑이불이 덮여 있는 것을 보고 애타게 자기를 기다리는 아버지의 심정을 깨닫고 눈물을 흘렸습니다.

율법이 가입한 것은 범죄를 더하게 하려 함이라 그러나 죄가 더한 곳에 은혜가 더욱 넘쳤나니 - 로마서 5:20

73) 아버지라는 이름

제가 처음 교회에 나왔을 때 가장 어색하게 느껴졌던 것이 있습니다. 그것은 모든 분들이 기도할 때마다 '아버지'라는 단어를 사용하는 것이었습니다. 인간적으로 혈육의 아버지가 계신데 굳이 하나님을 아버지라고 부르는 이유는 뭘까? 그래도 '아버지'라고 부르는 것은 괜찮았지만 북한이 고향이신 어르신네들은 "아바지시여!"라고 부르짖는 것이 너무 촌스럽게 느껴졌습니다. 제 마음에는 하나님이 우리를 만드신 절대적인 신이시니까 좀 더 거창하면서도 그분의 위엄을 나타낼 수 있는 단어로 표현하면 좋겠다고 생각했습니다. 그래서 다른 사람이 제게 기도를 시키면 언제나 "창조주이시며 모든 만물의 주관자이신 하나님!"이라고 거창한 서두로 하나님께 기도했습니다.

그런데 어느 날 하나님께서 나를 사랑하실 때의 마음을 알게 되었습니다. 그 사랑은 아버지가 자식을 사랑하듯 나를 사랑하시기 때문에 이 땅에 친히 사람의 몸으로 오셔서 나의 죄를 지시고 죽으셨다는 사실이었습니다. 혈육의 아버지가 자식을 사랑하는 심정, 그 이상의 마음으로 나를 사랑하셨던 하나님! 그 순간 '아버지'라는 단어만큼 가장 제 마음을 대신할 말이 없음을 깨닫게 되었고 저 역시 "나를 사랑하신 아버지!"라고 외칠 수밖에 없었습니다.

너희는 다시 무서워하는 종의 영을 받지 아니하였고 양자의 영을 받았으므로 아바 아버지라 부르짖느니라 - 로마서 8:15

74) 사랑이 기초가 되는 지식

집을 지을 때 기초공사가 잘되어야 튼튼하듯이 지식을 쌓는 데에도 기초공사가 필요합니다. 이 말의 뜻은 지식에는 바로 사랑이 기초가 되어야 한다는 말입니다. 사랑이 없는 지식 쌓기는 때때로 부정적인 결과를 낳기도 합니다. 그런 예가 있습니다.

어떤 감옥에 간수가 한 명 있었습니다. 그는 수많은 죄인들을 대하면서 그들이 죄를 짓는 이유가 제대로 배우지 못한 탓이라고 믿었습니다. 그래서 그에게 있어서 지식은 바로 삶의 목표이며 신념과도 같았습니다.

그러던 어느 날 한 젊은이가 수감되어 감옥에 들어오게 되었는데, 그는 글을 쓸 줄도 읽을 줄도 모르는 문맹(文盲)이었습니다. 그를 본 간수는 아는 것이 힘이고 배워야 산다는 신념에 따라 시간이 나는 대로 젊은이에게 글을 가르치기 시작했습니다. 처음에 젊은이는 꺼렸지만 간수의 끊임없는 설득에 의해서 글을 배우고 지식을 쌓기 시작했습니다. 그렇게 하루 이틀 지식을 쌓는 동안 세월이 흘러 젊은이는 출감하게 되었습니다. 간수는 기뻐하며 세상에 나가 지식을 풀어 쓸 기회가 왔다며 격려해 주었습니다.

그런데 얼마 지나지 않아 젊은이는 다시 교도소에 들어오게 되었습니다. 바로 그의 죄명은 문서위조죄였습니다. 이렇듯 사랑이 없이 쌓인 지식은 때때로 좋지 못한 결과를 초래하고 맙니다.

우상의 제물에 대하여는 우리가 다 지식이 있는 줄을 아나 지식은 교만하게 하며 사랑은 덕을 세우나니 – 고린도전서 8:1

75) 제 아내가 되어 주셔서

저는 지금도 총각 시절을 생각하면 절로 웃음이 납니다. 저의 모습은 젊은 청년답지 않게 늘 몸이 약했거든요. 그래서 '어떤 여자가 이런 나를 좋아하겠는가?'라는 생각에 결혼에 대해서 늘 비관적이었고 그 때문에 장가는 당연히 못 갈 줄 알았습니다. 더욱이 전도사 시절에는 빈혈이 심해서 1년에 한두 번씩은 설교 도중에 쓰러졌다면 말 다한 거지요. 그뿐 아니라 그런 빈약한 모습을 그 당시 처가 식구들이 다 보고 있었습니다. 그래서 아내가 저와 결혼한다고 했을 때 식구들이 모두 두 손 들고 반대할 수밖에 없었습니다. 그런데도 아내는 하나님께 기도하며 가족들의 심한 반대에도 불구하고 제게 시집을 와 주었습니다. 이 얼마나 감사한 일이 아닙니까?

"정말 제 아내가 되어 주셔서 몸 둘 바를 모르겠습니다." 첫날밤 아내의 얼굴을 보기만 해도 좋아서 입이 벌려지고 황홀하기만 했습니다.

그런데 말입니다. 평생 동안 아내를 업고 살아도 모자랄 판에 요새는 봐도 그저 그렇다는 것입니다. 이런 마음은 하나님과 우리 믿는 사람들과의 관계도 그런 것 같습니다. 하나님께 놀라운 은혜를 받아도 처음과 달리 그것에 익숙해지면 그것을 은혜나 축복으로 생각하지 않는다는 사실입니다.

내가 광야 마른 땅에서 너를 권고하였거늘 저희가 먹이운 대로 배부르며 배

부름으로 마음이 교만하며 이로 인하여 나를 잊었느니라 - 호세아 13:5 - 6

76) 입술의 범죄

고대의 로마시대에 기독교를 몹시 미워하고 박해하던 황제가 있었습니다. 그는 어느 날 기독교인을 불러 나사렛 예수의 이름을 들먹이며, 죽음을 앞에 둔 기독교도를 조롱했습니다. "도대체 네가 믿는 주라고 하는 목수 나사렛 예수는 어디서 무엇을 하느냐!"

그의 조롱에 앞에 서 있던 기독교도는 주님의 능력으로 충만하여 그 황제의 영혼을 주께 드리면서 황제에게 이렇게 대답했습니다. "폐하! 나사렛 예수는 그의 하늘나라의 목공실에서 폐하를 위하여 관을 만들고 계십니다." 그 말이 끝나자마자 하나님을 망령되게 말하던 황제는 그 자리에서 그 인생의 최후를 맞이했습니다.

사람이 무슨 무익한 말을 하든지 심판날에 이에 대하여 심문을 받으리니 네 말로 의롭다 함을 받고 네 말로 정죄함을 받으리라 - 마태복음 12:36, 37

77) 거짓말하는 죄

어느 교회의 주일학교 어린이가 엄마에게 질문을 합니다.

"엄마, 도적질하는 것과 거짓말하는 것 중 어느 것이 더 나쁜 거예요?"

엄마는 이 아이에게 "그야 물론 도적질하는 것이 더 나쁘지."라고 대답해 주었습니다.

그러나 이 아이의 생각은 엄마의 생각과 전혀 달랐습니다.

"엄마! 아니에요. 엄마는 틀렸어요. 거짓말이 훨씬 더 나빠요. 왜냐하면 도둑질은 돌려줄 수가 있지만 거짓말은 돌려줄 수 없잖아요."

네 이웃에 대하여 거짓 증거하지 말지니라 - 출애굽기 20:16

78) 명예의 탐심

한 마을에 존 부스라는 청년이 있었습니다. 그는 어렸을 때부터 똑똑한 형과 비교를 당하며 자랐으며 부모님께 야단을 맞을 때면 늘 '나는 못나서 그렇다'라는 생각을 했습니다. 그의 형은 매사에 일을 잘 처리하는 모범생이었고 나중에 아주 훌륭한 정치가가 되었습니다.

항상 그런 형에 대하여 많은 콤플렉스를 느끼며 살았지만 그의 마음 한구석에는 '나도 유명한 사람이 되고 싶은데 어떻게 해야 유명한 사람이 될 수 있을까?'라는 생각이 늘 가득했습니다. 그러다가 드디어 그에게 좋은 생각이 떠올랐습니다. '내가 아주 유명한 사람을 죽이면 나도 유명해지겠지?' 그래서 그가 죽이기로 마음먹은 사람이 링컨 대통령이었습니다. 그 청년은 주저함 없이 링컨 대통령을 향하여 방아쇠를 당겼습니다.

한 시대가 낳은 훌륭한 위인을 죽였던 그 청년의 죄의 동기는 바로 명예에 대한 탐심이었습니다.

저희에게 이르시되 삼가 모든 탐심을 물리치라 사람의 생명이 그 소유의 넉넉함에 있지 아니하니라 하시고 - 누가복음 12:15

79) 죽음을 부른 소유의 욕심

톨스토이가 즐겨하던 이야기 중에 어떤 농부의 이야기입니다. 어느 날 한 농부가 왕에게 엄청난 제안을 받았습니다. "네가 하루 동안 밟고 걸어 다니는 땅은 모두 다 네 것으로 주겠다." 이 농부는 그 다음 날 아침 일찍 일어나자마자 뛰기 시작했습니다. 하루 동안에 많은 땅을 차지하기 위해서는 최대한 빠르게, 그리고 좀 더 많은 땅을 밟아야 하기 때문에 힘을 다하여 밤늦게까지 전력을 다해서 뛰었습니다.

그러나 그는 그 많은 땅을 차지하고 나서 자신이 시작했던 출발점에 도달했을 때, 모든 힘을 다 쏟아 버린 나머지 쓰러져 죽고 말았습니다. 소유에 대한 욕심이 너무나 지나쳤기 때문입니다.

이 이야기는 단순히 어리석거나 우스운 이야기가 아닙니다. 지금 우리가 살아가는 이 시대에도 이러한 방식으로 살아가는 사람은 아주 많습니다.

부하려 하는 자들은 시험과 올무와 여러 가지 어리석고 해로운 정욕에 떨어지나니 곧 사람으로 침륜과 멸망에 빠지게 하는 것이라 - 디모데전서 6:9

80) 거짓 부부

아주 오래전 전도사 시절에 어느 부인과 면담했던 내용입니다. 그 부인은 남편이 월남전에 참전한 기간 동안 홀로 남아 있는 외로움을 달래기 위해 다른 남자와 만나 불륜의 관계를 가졌던 여인이었습니다. 남편과 함께 월남전에 있던 친구가 고국으로 먼저 돌아왔다가 친구 부인의 불륜을 알고 이 부인의 부정한 생활을 남편에게 폭로하였습니다.

월남전에서 돌아온 그 부인의 남편은 무섭도록 냉정한 성격을 가진 사람이라 이 문제를 자신만의 독특한 방법으로 처리하기로 결심했습니다. 그는 아무 일도 없었던 것처럼 평소같이 정확하게 회사에 출근하고 집에도 정확하게 퇴근했습니다. 그뿐만 아니라 가정과 자녀를 향한 경제적인 책임과 아버지로서의 역할을 아주 성실하게 지켰습니다.

그러나 집 안에서는 아내와 절대로 대화를 하지 않았고 마치 아내가 없는 것처럼 무시하며 한집에서 생활을 했습니다. 겉으로는 부부였지만 속으로는 전혀 남남이었던 것입니다. 그 부인의 마음과 몸은 날이 갈수록 병들어 갔고 남편과 이혼하는 것이 차라리 나을 것 같다는 생각에 상담을 요청해 온 것입니다.

그러므로 나 만군의 여호와 이스라엘의 하나님이 이같이 말하노라 보라 내가 유다와 예루살렘 모든 거민에게 나의 그들에게 대하여 선포한 모든 재앙을 내리리니 이는 내가 그들에게 말하여도 듣지 아니하며 불러도 대답지 아니함이니라 하셨다 하라 - 예레미야 35:17

81) 너 자신을 아는 것

소크라테스시대에 대표적인 지성인으로 꼽힌 소피스트들은 마치 자신들이 모르는 것이라고는 아무것도 없는 것처럼 행동했습니다. 이런 오만하고 교만한 지식인들을 보면서 소크라테스는 슬픈 마음이 들었습니다. 그래서 그는 그들과의 차별성을 강조하기 위하여 이런 말을 했습니다.

"저 사람들은 실제로 아무것도 모르면서 정작 자신이 모르고 있다는 사실조차 모른다. 내가 저들과 다른 점이 한 가지 있다면 나는 내가 모른다는 사실만은 알고 있다는 것이다. 너 자신을 알라."

우스갯소리로 만일 수학 선생님 같으면 "네 분수를 알라", 국어 선생님 같으면 "네 주제를 알라", 지리 선생님 같으면 "네 자리를 알라", 미술 선생님 같으면 "네 꼬라지를 알라"라고 했을 것입니다.

젊은 자들아 이와 같이 장로들에게 순복하고 다 서로 겸손으로 허리를 동이라 하나님이 교만한 자를 대적하시되 겸손한 자들에게는 은혜를 주시느니라 - 베드로전서 5:5

82) 어리석은 자존심

미국인 선교사인 모르갠 박사는 인디언 마을들만 찾아다니면서 인디언들에게 복음을 전했습니다. 그렇기 때문에 인디언 마을에 대해서만큼은 상당히 정확한 정보와 지식을 가지고 있었습니다.

어느 날 그는 숲 속을 지나가다 우연히 길을 잃은 인디언 청년을 만나게 되었습니다. 모르갠 박사는 친절하게 "젊은이! 길을 잃었나요?"라고 물었습니다. 이 인디언 청년은 자기들의 생활 터전인 숲 속에서 길을 잃었다는 것이 너무나 창피했습니다. 더욱이 백인에게 그런 말을 한다는 것은 더욱 자존심이 상해서 이렇게 대답합니다.

"아뇨, 난 길을 잃은 것이 아니라 단지 내 오두막집이 없어져서 찾고 있소."

미련한 자는 자기 행위를 바른 줄로 여기나 지혜로운 자는 권고를 듣느니라 - 잠언 12:15

83) 너도나도 정신병 환자

용인에 한 정신병원이 있는데 제가 1년에 한두 번 정도 설교를 하러 갔습니다. 어느 날 제가 설교를 하고 있을 때 한 사람이 중간에서 킬킬거리고 웃기 시작했습니다. 이 병원에서 예배가 허락된 사람들은 비교적 증상이 심하지 않은 환자들인데 한 사람이 막 웃기 시작하니까 옆에 앉아 있는 사람이 그를 쿡쿡 찌르면서 이렇게 말하는 것입니다.

"얘는 미쳤어요. 미쳤어."

미친 사람이 미친 사람보고 미쳤다고 하는 것을 보고 있자니 우스워서 견딜 수가 없더군요. 그래서 강대상에서 설교를 하던 저도 함께 웃어 버렸습니다. 그런데 한 사람이 저를 보고도 "저 사람도 미쳤다."고 하는 것이었습니다. 저는 제가 미친 것을 그날 처음 발견했습니다.

모든 사람의 결국이 일반인 그것은 해 아래서 모든 일 중에 악한 것이니 곧 인생의 마음에 악이 가득하여 평생에 미친 마음을 품다가 후에는 죽은 자에게로 돌아가는 것이라 - 전도서 9:3

84) 끊임없는 두려움

인도의 설화 중에 이런 이야기가 있습니다. 어떤 마술사가 쥐 한 마리를 관찰하다가 쥐가 고양이 앞에서 벌벌 떨며 두려워하는 모습을 보았습니다. 한참 동안 관찰하던 마술사의 마음에 쥐가 불쌍해지기 시작했습니다. 그래서 마술사는 마술을 부려서 이 쥐를 고양이로 변하게 했습니다. 그런데 변신한 고양이가 또다시 두려워하기 시작합니다. 이번에는 개를 몹시 두려워했습니다. 더 불쌍하게 느낀 마술사는 다시 한 번 마술을 사용해서 이 고양이를 개로 만들어 주었습니다. 그런데 개가 된 고양이는 개가 되자마자 이번에는 호랑이를 두려워하기 시작했습니다. 이 모습도 불쌍히 여긴 마술사는 또다시 마술을 부려 호랑이로 변신시켜 주었습니다. 그런데 변신하자마자 호랑이는 사냥꾼의 총을 두려워하기 시작합니다. 사냥꾼을 두려워하는 호랑이를 보면서 마술사는 모든 것을 포기하며 이렇게 말합니다.

"내가 아무리 해 보았자 너의 두려움이 끝나지 않으므로 너는 별 수 없는 쥐새끼다. 다시 쥐로 돌아가라." 그래서 다시 원래 모습인 쥐로 돌아왔습니다.

이 설화는 우리의 삶 속에서 끊임없이 엄습해 오는 두려움을 피하지 못하고 비틀거리는 인간의 모습을 상징한 것입니다.

사랑 안에 두려움이 없고 온전한 사랑이 두려움을 내쫓나니 두려움에는 형벌이 있음이라 두려워하는 자는 사랑 안에서 온전히 이루지 못하였느니라 - 요한일서 4:18

85) 욕심과 질투의 말로

유대인들의 랍비 이야기 중에 하나입니다.

어느 날 한 천사가 두 여행객을 만나 함께 여행을 했습니다. 그런데 그중에 한 사람은 아주 욕심이 많은 사람이었고 또 한 사람은 아주 질투심이 많은 사람이었습니다. 한참을 여행하다가 헤어지는 시간이 되었을 때 천사가 이렇게 말했습니다. "두 분 중에서 먼저 한 분이 저에게 소원을 말하시면 제가 그분의 소원을 들어 드리겠습니다. 그리고 두 번째 분에게는 첫 번째 사람이 얻은 것에 두 배를 드리겠습니다."

생각지도 않은 행운에 기뻐해야 할 두 여행객은 오히려 심각한 고민에 빠졌습니다. 욕심 많은 사람은 자신이 먼저 이야기했다가는 두 번째 사람이 자기보다 더 많이 얻을 것이므로 말하지 못했고, 질투가 많은 사람은 상대방이 자기보다 더 얻는 것을 견딜 수 없어 가만히 있었습니다. 그래서 서로 먼저 말하기를 기다리다가 둘 다 아무 말도 안 하고 침묵하는 시간이 계속되었습니다.

인내심이 극에 달한 욕심 많은 사람은 참다못해 질투심 많은 사람의 목을 꽉 잡고는 이렇게 말했습니다. "야! 네가 먼저 얘기해. 말 안 하면 죽인다." 그랬더니 질투 많은 사람이 고민하다가 이렇게 소원을 말하는 것입니다. "내 소원은 눈 하나가 장님이 되는 것입니다." 그 순간 어떻게 되었을까요? 질투 많은 사람은 눈 하나만 장님이 되었고 욕심 많은 사람은 두 눈이 다 멀어 버렸습니다.

만일 서로 물고 먹으면 피차 멸망할까 조심하라 - 갈라디아서 5:15

86) 혼돈을 만드는 정치인

몇 명의 친구들끼리 모여서 이 세상에 가장 오래된 직업이 무엇인지를 이야기했습니다. 먼저 의사 친구가 말을 꺼내었습니다. "가장 오래된 직업은 당연히 의사야." 다른 친구들이 그 이유를 묻자 그 의사 친구는 이렇게 대답했습니다. "하나님께서 아담의 갈비뼈를 뽑으셨던 때부터 수술이 있지 않았는가?" 그러자 옆에 있던 건축가 친구가 고개를 좌우로 흔들면서 반박했습니다. "아냐, 건축이 먼저지. 하나님이 우주를 창조하시기 위해 세계를 설계하실 때부터 건축업은 이미 있었네."

옆에서 깊은 사색에 잠겨 있던 철학자 친구가 무겁게 입을 열어 말했습니다. "자네도 잘 모르는군. 성경에 보면 세상이 창조되기 이전에 땅이 혼돈했다고 했네. 벌써 그때부터 혼돈이라는 철학적인 관념이 존재했다네."

그때 정치가 친구는 다른 친구들의 이야기를 듣다가 더 이상 참지 못하겠다는 듯이 한바탕 웃으면서 이렇게 말했습니다. "아니, 이 친구들 여태 그것도 모르는가? 그 혼돈을 만드는 장본인이 바로 우리 아닌가? 흐흐흐……"

예수님이 계셨던 당시의 대제사장들은 단순한 종교인이 아니라 일종의 정치가들이었습니다. 나라를 올바로 이끌어 가야 할 중요한 위치에 있는 사람들이 오히려 나라를 혼란하게 만드는 장본인이 되어 죄가 없는 예수님을 죽이려고 음모를 꾸몄던 것입니다.

이날부터는 저희가 예수를 죽이려고 모의하니라 – 요한복음 11:53

87) 혀의 파괴력

예전에 '애틀랜타 저널'이라는 잡지에 모간 블레이크라는 사람이 매우 인상 깊은 기사를 쓴 적이 있었습니다. 그 내용은 우리의 혀가 초래할 수 있는 중상모략의 파괴력에 관하여 시사한 글이었습니다.

"나는 다른 사람에게 치명적인 타격을 가할 수 있는 힘과 기술을 가지고 있다. 나는 사람을 죽이지 않고도 승리할 수 있다.

나는 가정과 교회와 국가를 파괴한다.

나는 수많은 사람의 인생을 파괴한다.

나는 바람의 날개를 타고 여행한다.

아무리 순결한 사람이라도 내게는 무력하며 아무리 정결한 사람도 내게는 무력하다.

나는 진리와 정의와 사랑을 경멸한다.

나는 나의 희생자를 전 역사와 전 세계에 갖고 있다.

나는 바다의 모래보다 더 많은 나의 노예를 거느린다.

나는 결코 망각하지 않으며, 결코 용서하지 않는다.
나의 이름은 중상모략이다."

다른 사람들의 신상에 관하여 이야기하는 것은 그 사람의 인격과 생애에 다시는 회복할 수 없는 큰 상처를 남깁니다. 혀의 영향력은 이처럼 무섭습니다.

혀는 곧 불이요 불의의 세계라 혀는 우리 지체 중에서 온몸을 더럽히고 생의 바퀴를 불사르나니 그 사르는 것이 지옥불에서 나느니라 - 야고보서 3:6

88) 투기의 악마성

오스카 와일드가 투기에 대한 악마성을 비유의 글로 설명한 이야기가 있습니다.

어느 날 마귀의 부하들이 리비안 사막을 지나다가 우연히 성자가 되기 위해 길을 떠난 한 순례자를 만나게 되었습니다. 마귀의 부하들은 이 순례자의 발걸음을 돌리게 하려고 세상의 아름다움을 보여주기도 하고 이성의 쾌락을 연상시키기도 하는 등 모든 방법을 다 동원했습니다. 그러나 부하들은 순례자의 마음을 돌리지 못하고 결국 실패하고 말았습니다.

그 사정을 대장 마귀에게 보고하자 대장 마귀는 그 부하들에게 잠자코 나를 따르라고 하면서 길 가던 순례자에게 접근하였습니다. 그리고 그의 귀에 은근한 목소리로 무슨 말을 속삭이자 갑자기 순례자는 얼굴을 일그러뜨리며 발걸음을 돌이키는 것이었습니다. 말 한마디에 순례자를 무너뜨린 것을 본 부하들은 무슨 말을 했는지 궁금해졌습니다. 부하들이 내막을 묻자 마귀는 빙그레 웃으면서 이렇게 말했습니다.

"아주 간단하지, 나는 순례자에게 너의 동생이 방금 알렉산드리아의 대주교가 되었다고 했지."

그 마귀는 계속해서 졸개들에게 이렇게 귀띔을 해 주었습니다.

"인간들은 투기하게만 만들어 놓으면 손쉽게 우리 손에 들어올 수 있게 돼."

그러나 너희 마음속에 독한 시기와 다툼이 있으면 자랑하지 말라 진리를 거슬러 거짓하지 말라 이러한 지혜는 위로부터 내려온 것이 아니요 세상적이요 정욕적이요 마귀적이니 - 야고보서 3:14, 15

89) 죄의 합리화

1931년 5월 미국 뉴욕에서는 사람을 잘 죽이기로 유명한 크라울리(Crowley)라는 살인범이 경찰에 의해서 체포된 사건이 있었습니다. 그는 어느 정도로 사람을 잘 죽이냐 하면, 우연히 길가는 사람이 잘못해 그의 모자를 건드리기라도 하면 "왜 기분 나쁘게 내 모자를 건드리냐?"고 하면서 총을 쏠 정도였습니다. 지나가는 사람뿐 아니라 신분증을 제시하라는 경찰까지도 죽이는 등 수없이 많은 사람들을 잔인하게 살해했습니다.

그런데 더욱 놀라운 사실은 그렇게 많은 사람을 죽이면서도 그는 한 번도 죄책감을 느끼지 않는 것은 물론이고 오히려 자기가 언제나 정당하다고 느끼는 것입니다. 그는 항상 정당한 이유로 살인했기 때문에 절대로 잘못한 일이 없다고 생각했습니다.

그러나 체포되어 사형을 언도받은 후 전기의자에 앉은 마지막 순간에 이르러서야 그는 마침내 이렇게 고백했습니다.

"내가 오늘 나의 삶을 비참하게 사형으로 마치는 것은 내 죄를 끝까지 합리화하려고 했기 때문이었습니다."

악인의 길은 어둠 같아서 그가 거쳐 넘어져도 그것이 무엇인지 깨닫지 못하느니라 - 잠언 4:19

90) 착각

어떤 여학교의 수업시간에 선생님이 학생들에게 '나르시시즘'(Narcissism)이라는 단어를 설명하였습니다. 선생님은 나르시시즘이라는 단어가 그리스 신화에서 유래되었다고 말씀하시면서 그 신화의 내용을 얘기해 주셨습니다.

나르시스라는 열여섯 살 된 소년이 숲 속의 은빛 고요한 호수를 지나다가 우연히 물에 비친 자기의 얼굴을 보게 되었습니다. 소년은 그 얼굴이 너무나 사랑스러워서 사랑을 고백했지만 상대방이 아무 반응을 보이지 않자 그만 호수에 빠지고 말았습니다. 그래서 그 소년이 수선화가 되었다는 이야기입니다.

바로 이 신화에서 나르시시즘이라는 단어가 유래되었는데 그 단어의 뜻은 자기를 지나치게 사랑하는 병, 즉 자애병이라고 했습니다. 이 설명을 듣고 있던 한 여학생이 손을 들더니 이렇게 말했습니다.

"선생님, 제가 아무래도 그 병에 걸린 것 같아요."

"정말? 왜 그렇게 생각하니?"

"저는 아침마다 거울을 보면 거울에 비친 제 모습이 너무나 아름다워서 거울 앞을 떠날 수가 없거든요."

"이봐 학생, 그것은 자애병이 아니라 착각이라는 병이란다."

사람들은 자기를 사랑하며 돈을 사랑하며 자긍하며 교만하며 훼방하며 부모를 거역하며 감사치 아니하며 거룩하지 아니하며 - 디모데후서 3:2

91) 웃지 못 할 이야기

김영삼 대통령의 정권 막바지에 이르러는 엄청난 경제적인 위기의 바람이 불어 닥쳤습니다. 우리는 국제화 시대에 어울리는 모양새를 갖추기도 전에 IMF라는 국제적인 용어만을 습득하게 되어 버렸습니다. IMF라는 용어는 시골 사람들뿐만 아니라 어린아이들까지 모르는 사람이 없을 정도였습니다. 그때 사오정 시리즈처럼 세상 사람들의 입에 오르내리던 조크가 있습니다.

IMF에 돌입하기 직전 참모 하나가 대통령에게 보고를 했답니다.

"각하, 이제는 더 이상 버틸 수가 없습니다. IMF로 진입해야 할 것 같습니다."

대통령이 이렇게 물었습니다.

"IMF가 뭐고?"

"각하, IMF는 국제통화기금의 약자입니다."

"어쩌자고 국민들이 그렇게 '국제통화'를 많이 했는고?"라고 하더랍니다.

어리석음을 버리고 생명을 얻으라 명철의 길을 행하라 하느니라 - 잠언 9:6

92) 동전 한 닢의 가치밖에 안 되는 죄

하루는 아버지가 예쁜 그림이 그려진 화병을 하나 사왔습니다. 겉에 그려진 그림 때문인지 속이 보이지 않는 큰 화병입니다. 아버지는 가끔 그 화병 속에 땡그랑 소리가 나게 동전을 집어넣습니다. 그 집의 꼬마는 아빠가 동전을 넣을 때마다 궁금하다는 듯이 고개를 갸우뚱합니다.

그러던 어느 날 꼬마는 화병이 거실 바닥에 있는 것을 보고 신이 나서 달려갑니다. 그리고 화병 안에 손을 집어넣어 보았습니다. 동전이 손에 잡혔습니다. 그러나 꼬마가 화병에서 손을 빼려고 하는 순간 일이 벌어졌습니다. 그만 병 안에 넣었던 손이 빠지지 않는 것입니다. 콧등에 땀이 날 정도로 안간힘을 썼지만 손이 빠지지 않자, 두려움에 소리를 지르며 울어댑니다. 아이의 울음소리에 놀라서 달려온 식구들은 아이의 손을 빼내보려고 애를 씁니다. 비누칠을 하고 식용유를 발라 보아도 손이 빠지지 않습니다. 시간이 흐를수록 가족들의 마음은 긴장되고 안타깝기만 합니다. 그런데 갑자기 아이가 이렇게 말합니다.

"아빠, 나 손에 쥐고 있는 것이 있어. 그것을 놓으면 내 손이 빠질까?"

"무엇을 쥐고 있는데?"

"아빠가 넣은 동전이야."

이제까지 손이 안 빠졌던 이유는 바로 동전 한 닢을 움켜쥐고 있었기 때문이었습니다.

"그럼, 동전을 놔야지."

쥐고 있던 동전을 놓자, 아이의 손은 쉽게 빠졌습니다.

우리들도 어쩌면 동전 하나의 가치밖에 안 되는 죄를 붙들고는 안간힘을 쓰며 고민하고 고통스러워하며 살고 있지 않습니까? 손에 쥐고 있는 것을 놓아야 합니다. 그것은 죄에서 돌이켜 회개하는 것입니다.

너는 말씀을 가지고 여호와께로 돌아와서 아뢰기를 모든 불의를 제하시고 선한 바를 받으소서 우리가 입술로 수송아지를 대신하여 주께 드리리이다 - 호세아 14:2

93) 죄의 무게

어느 목사님께서 집회 때에 죄가 얼마나 무거운 것이며, 그 죄가 우리를 어떻게 억누르는가에 대하여 설교했습니다. 예배를 마친 후 어떤 청년이 찾아와서 이런 질문을 했습니다. "목사님, 죄의 무게가 얼마나 됩니까? 저는 죄의 무게를 전혀 느낄 수 없습니다. 죄의 무게가 50kg입니까? 아니면 100kg입니까?"

이때 목사님은 청년에게 이렇게 되물었습니다.

"이보게 청년, 죽어 있는 송장 위에 100kg의 짐을 얹어 놓아 보게. 그 시체가 그 무게를 느끼겠는가?"

"죽은 송장은 느낄 수가 없지요."

우리는 하나님과 관계가 끊어져 있으면 영적으로 무감각한 상태에 놓여 자신이 죄인이라는 사실조차 깨닫지 못하게 됩니다. 이것이 모든 현대인들의 상태입니다. 거리로 나가 "당신은 죄인입니다."라고 전도해 보면 거의 대부분 죄인임을 거부하고 반발합니다. 왜냐하면 그들은 죄의 무게를 느끼지 못하기 때문입니다.

예전에 한 2년 동안 수원에 있는 교도소에 매주 목요일마다 가서 전도를 했습니다. 제가 2년간 교도소를 출입하면서 얻은 결론은 "수원 교도소 안에는 죄수가 한 사람도 없다."는 것입니다. 사람마다 사연을 들어보면 모두가 억울하게 들어온 사람뿐 죄수는 한 사람도 없었습니다.

죄인 됨의 깨달음이 없는 사람은 자기의 죄를 인정하지 않지만 진정한 깨달음이 있는 그리스도인들은 기도할 때마다 하나님 앞에서 죄인 됨을 고백합니다.

만일 우리가 우리 죄를 자백하면 저는 미쁘시고 의로우사 우리 죄를 사하시며 모든 불의에서 우리를 깨끗하게 하실 것이요 – 요한일서 1:9

94) 반복되는 역사

제가 좋아하는 이야기 가운데 하나입니다.

학교 선생님이 어떤 학생에게 시험 성적이 좋지 않아서 학교에 아버지를 불러오도록 했습니다. 그래서 학생과 그의 아버지가 함께 학교에 왔습니다. 그리고 담임선생님과 대화를 하기 시작했습니다. 담임선생님은 역사를 가르치는 분이셨는데, 이 아버지는 아들의 성적 얘기를 나누다가 갑자기 담임선생님에게 이렇게 물었습니다.

"선생님, 그래도 제 아들이 선생님이 가르치시는 역사 과목은 다른 과목에 비해 곧잘 할 테지요?"

담임선생님은 학생 아버지의 물음에 아무런 대답도 하지 않고 도리어 이렇게 되물었습니다.

"아버님은 옛날에 학교 다니실 때 역사 과목이 어떠셨나요? 잘하셨나요?"

그러자 아버지가 쑥스러운 듯이 "그게…… 썩 잘하지는 못했어요."라고 대답
했습니다.

이에 대한 담임선생의 말이 걸작입니다.

"역사는 반복되는 것입니다."

한 역사가는 "우리가 역사에서 배우는 가장 큰 교훈이 있다면 그것은 사람들
이 과거의 역사를 통해 아무것도 배우지 않는다는 사실이다."라고 말했습니다.
지나간 역사를 모르는 사람은 과거의 실패를 오늘의 역사에 되풀이할 수밖에 없
습니다.

그 세대 사람도 다 그 열조에게로 돌아갔고 그 후에 일어난 다른 세대는 여호
와를 알지 못하며 여호와께서 이스라엘을 위하여 행하신 일도 알지 못하였더라
- 사사기 2:10

95) 제 방으로 오세요

해마다 크리스마스 때가 되면 마음을 따뜻하게 해 주는 이야기들이 있는데,
이 이야기는 그중에서도 제가 가장 좋아하는 것입니다. 이 이야기는 캐나다 몬
트리올에 있는 크리스천 초등학교(Christian Elementary School)에서 일어난 실화
입니다.

크리스마스가 가까워오는 어느 날, 이 학교에서는 성탄을 맞이하여 크리스마
스 특별 드라마를 준비하기 위해 연극에 등장할 배우들을 모집했습니다. 그런데
그 학교에는 랄프라는 4학년 학생이 있었는데, 그는 다른 누구보다도 연극을 하
고 싶어 했습니다. 그러나 그는 연극에 출연하기 어려운 조건들을 가지고 있었
습니다. 그가 연극에 출연하기 힘들었던 이유는 선천적으로 말을 더듬고, 생각
도 민첩하지 못한 일종의 정서 장애를 갖고 있었기 때문입니다. 비록 장애는 심
했지만 그래도 랄프는 연극을 하고 싶었습니다. 그래서 선생님은 어떻게 해서든
지 랄프에게 용기를 주고 싶어서 배역을 하나 맡기기로 결정했습니다. 선생님은
랄프에게 가장 적합한 배역이 무엇일까 곰곰이 생각해 보다가 액션이 별로 없고
대사도 가장 적은 배역 하나를 찾아냈습니다. 그것은 바로 요셉과 어린 예수님
을 잉태하고 있는 마리아를 맞이하는 여관 주인의 역할이었습니다.

랄프가 맡은 장면은 요셉이 아기를 밴 마리아를 데리고 와서 여관 문을 두드렸을 때, 여관 주인이 나와서 한마디 말만 하면 끝나는 것이었습니다. 그 대사는 '방이 없어요.'라는 단 한마디입니다. 선생님은 이 대사 정도는 랄프가 충분히 감당할 수 있으리라고 생각했습니다. 그래서 선생님은 매일 랄프에게 열심히 연극 연습을 시켰습니다. 랄프도 '방이 없어요'라는 한마디이니까 정성스럽게 또박또박 발음하는 연습을 했습니다. 연극의 내용상 요셉과 마리아가 여관 주인과 몇 마디 더 주고받는 상황이기 때문에, 요셉이 "그럼, 큰일 났는데요. 제 아내가 곧 아기를 낳을 것 같아요. 어떻게 좀 봐 주세요."라고 말하면 "방 없어요."라고 같은 말을 세 번 반복하기로 서로 합의했습니다.

드디어 기다리던 크리스마스가 되었습니다. 연극이 시작되자 연극을 지도했던 모든 선생님들은 숨을 죽이고 랄프가 어떻게 역할을 감당하는가를 지켜보고 있었습니다. 마침내 요셉이 마리아를 데리고 여관 앞에 도착하는 장면이 되었습니다. 고통스러워하는 마리아를 부축하며 요셉은 다급히 여관 문을 두드립니다. 드디어 여관 주인이 나왔습니다. 랄프는 나와서 또박또박 연습한 대로 말을 했습니다. "방 없어요." 그러나 요셉과 마리아는 가지 않고 여관 주인에게 한 번 더 매달렸습니다. "그럼, 큰일 났는데요. 제 아내가 곧 아기를 낳을 것 같습니다. 어떻게 저에게 방을 줄 수 없나요?" "방 없어요." 그때까지 랄프는 아주 또박또박 맡은 배역을 잘 해나갔습니다. 이제 한 번만 더 하면 대성공이었습니다.

요셉이 마지막으로 사정합니다. "이렇게 사정하겠습니다. 이 추운데 어디로 가란 말입니까? 곧 아기가 나올 것 같은데요. 부탁드립니다. 저희에게 방을 좀 주세요." 이 말을 듣자 갑자기 랄프의 눈에는 눈물이 글썽거리기 시작했습니다. 그리고는 큰 소리로 이렇게 말하는 것입니다. "그러면요, 제 방으로 오세요."

랄프는 연극의 약속을 깼고 그 이후의 내용은 완전히 망가졌습니다. 그러나 랄프의 그 말 뒤에 숙연한 감동이 물밀듯 밀려들었습니다. "그러면요, 제 방으로 오세요."

단순한 마음을 가진 사람들이 그리스도를 받아들일 수 있습니다. 가난한 마음을 가진 사람들의 마음속에 하나님의 아들 예수그리스도는 지금도 오실 수 있습니다. 그것이 크리스마스의 사건인 것입니다.

심령이 가난한 자는 복이 있나니 천국이 저희 것임이요 - 마태복음 5:3

96) 판사의 긍휼

우리가 비행기를 타고 미국 뉴욕을 가게 되면 일반적으로 케네디 공항에 도착합니다. 그런데 뉴욕에는 케네디 공항 외에 또 하나의 공항이 있습니다. 그 공항은 라구아디아 공항입니다. 본래 이 라구아디아라는 이름은 뉴욕 시민이 아주 사랑했던 유명한 한 시장의 이름입니다. 라구아디아는 시장이 되기 전에 아주 유명한 명판사였습니다.

추운 겨울 어느 날 한번은 라구아디아 판사가 재판석상에서 한 노인을 만나게 되었습니다. 그 노인은 추운 겨울에 가족들 없이 외롭게 사는 분이었습니다. 그는 돈도 없고 너무나 배고픈 나머지 다른 사람의 지갑에서 20불을 훔치다가 체포되어 법정에 서게 되었습니다. 판결을 하기 전에 마지막으로 판사가 그 노인에게 이렇게 물었습니다.

"노인장 하실 말씀이 있습니까?" 이 노인은 라구아디아 판사를 가만히 쳐다보다가 이런 말을 했습니다. "판사님, 저에게 한 번만 긍휼을 베풀어 주십시오."

잠시 동안 그 노인장을 조용히 굽어보던 판사는 이렇게 대답을 합니다.

"맞습니다. 노인장에게는 정말 긍휼이 필요하군요. 그러나 노인이 잘못한 그 20불에 대해서는 책임을 져야 합니다. 마침 제게 10불이 있군요. 제가 이 10불을 노인장을 대신해서 변상하겠습니다. 노인장을 춥고 배고프도록 버려 둔 데에는 저의 책임도 상당히 크기 때문입니다. 그렇다면 10불이 더 필요한데 여기 계신, 이 법정에 계신, 방청하시는 여러분, 우리 사회와 여러분도 이 노인이 춥고 배고파 방황하도록 그리고 도둑질하도록 버려 둔 데 여러분도 공동 책임이 있습니다. 이 노인을 위해 자유롭고 자발적으로 기부를 좀 하시죠."

그 자리에 모인 사람들은 이 재판관의 명판결을 보고 감동하여 자발적으로 헌금을 하여 그 노인을 구했습니다. 그 후 뉴욕 시민들은 라구아디아 판사를 긍휼이 많은 판사라고 인정하였고 그는 후일에 존경받는 시장이 되었습니다.

긍휼을 행하지 아니하는 자에게는 긍휼 없는 심판이 있으리라 긍휼은 심판을 이기고 자랑하느니라 - 야고보서 2:13

97) 그게 무슨 뜻?

어느 날 한국 사람이 미국 사람과 인도 사람에게 식사를 대접하기 위해 함께 식당으로 갔습니다. 그들이 앉은 테이블에 웨이터가 오자 한국 사람이 음식을 주문했습니다. 그는 미국 사람과 인도 사람에게 비프스테이크를 대접하고 싶어서 웨이터에게 비프스테이크 3인분을 부탁했습니다. 그런데 웨이터가 말하기를 "죄송하지만, 비프스테이크가 떨어졌습니다."라고 말하는 것입니다.

그런데 웨이터의 말에 손님의 반응은 각각 너무나 달랐습니다. 미국 사람은 이런 반응을 보였습니다. "아니, 떨어졌다니? 그게 무슨 말입니까? 도대체 어떻게 해서 소고기가 없을 수 있다는 말입니까?" 미국 사람은 풍요의 나라에 살다 보니까 소고기가 없다는 말을 이해할 수 없었습니다. 인도 사람은 또 이런 반응을 보입니다. "비프스테이크가 도대체 뭡니까? 소를 먹다니요?" 인도 사람에게 소는 경배하는 대상이지 먹는 것이 아니었기 때문에 그 말을 납득할 수 없었습니다. 그렇다면 마지막으로 한국 사람은 어떠한 반응을 보였을까요? 한국 사람은 이런 반응을 보였답니다. "죄송하다는 뜻이 무슨 뜻입니까?" 한국 사람이 이해하지 못한 것은 '죄송합니다'라는 말이었습니다. 그런 상황에서 뭐가 그리 죄송하다는 것입니까? 그럴 수도 있지…… 잘못했다는 말을 잘 이해할 수 없다는 말입니다. 그러나 우리는 잘못을 인정할 줄 알고 낮아질 줄 알아야 합니다.

다 치우쳐 한가지로 무익하게 되고 선을 행하는 자는 없나니 하나도 없도다 - 로마서 3:12

98) 헛된 인생의 목표

과거 러시아의 수도인 페체르부르크에 아까끼에비치라는 노인이 살고 있었습니다. 사람들이 그 노인에게 "당신의 평생소원이 무엇입니까?" 혹은 "인생의 목표가 무엇입니까?"라고 묻기라도 하면 그는 조금도 주저하지 않고 매번 이렇게 대답했습니다.

"내 인생의 목표는 아주 고급 외투를 갖는 것이오." 그의 인생의 목표는 오직 고급 외투를 하나 갖는 것이었습니다. 그런 것이 어떻게 인생의 목표가 될 수 있을지 의아하게 생각할지 몰라도 그의 소원은 오직 고급 외투였습니다.

그 노인은 인생의 목표를 달성하기 위하여 평생 동안 일하고 저축했습니다. 오직 고급 외투를 위해서 열심히 노동을 했습니다. 그리고 드디어 그는 80루블의 돈을 저축하여 꿈에 그리던 그 외투를 샀습니다. 그 노인은 그 고급 외투를 입고 한번 고급 사교파티에 멋지게 등장해서 그곳에 모인 사람들에게 외투를 자랑하고 싶었습니다. 그날은 노인에게 성공한 날이자 인생의 목표를 이룰 수 있는 날이었습니다. 그의 마음은 큰 기대감과 흥분된 마음으로 가득 찼습니다.

그러나 안타깝게도 그는 외투를 사 가지고 집으로 돌아오다가 그만 강도를 만나게 되었습니다. 힘없는 노인은 강도에게 그 비싼 고급 외투를 강탈당했습니다. 그 노인은 매우 절망했습니다. 그 노인은 단순히 고급 외투를 강탈당한 것이 아니었습니다. 그날 그는 그의 성공을 강탈당하고 그의 행복을 강탈당했습니다. 그날 이후 그 노인은 좌절의 늪에 빠졌고 너무 속상한 나머지 하루하루를 시름시름 앓다가 결국 죽고 말았습니다. 그 후에 페체르부르크에 추운 겨울 되면 이 거리에 이 노인의 유령이 나타나서 비명처럼 지르는 소리가 사람들의 귀에 들렸다고 합니다.

이 이야기는 고골리라는 사람이 쓴 단편소설, '외투'라는 소설에 나오는 이야기입니다.

이 노인의 목표는 고급 외투였지만 어떤 사람은 열심히 돈을 벌어서 좀 더 좋은 아파트에 한번 들어가는 것을 평생소원으로 하고 있는 사람도 있습니다. 그런 사람들은 평생에 아주 좋은 자동차를 하나 사는 것 혹은 인생에 어떤 자리 하나 차지하는 것, 이 사회의 높은 자리를 얻는 것에 모든 것을 바칩니다.

우리 한국 사람들은 조상을 자랑할 때 '우리 조상이 원님을 지냈다, 무슨 참판을 지냈다, 장관을 지냈다'고 하는데 이것은 전혀 자랑할 거리가 안 됩니다. 그 자리 자체에 무슨 의미를 담는 것이 아닙니다. 그 자리에 있는 동안 무슨 일과 어떤 기여를 했느냐가 중요합니다. 그냥 자리를 차지하는 것, 좋은 집을 갖는 것은 아무런 의미가 없습니다. 소유에서 인생의 행복을 찾는 사람들이 많이 있습니다. 우리가 잘 아는 에리히 프롬(Erich Fromm)이라는 심리학자는 "소유에 행복이 없다. 행복은 존재에 있다. 행복은 나라는 존재에 있다."라고 말했습니다. 소유가 결코 우리에게 행복을 가져다주지 못하는데도 우리는 계속 속고 살고 있는 것입니다.

주의 율례에서 떠나는 자는 주께서 다 멸시하셨으니 저희 궤사는 허무함이니이다- 시편 119:118

99) 두 번 나면 한 번 죽고 한 번 나면 두 번 죽는다

우리는 예수를 믿지 않는 사람들을 전도할 때 이런 말을 제일 많이 쓰고 있습니다.

"예수 믿고 구원받으세요."

그러나 옛날 청교도들은 예수를 믿지 않는 사람들에게 기독교의 복음을 전할 때 이런 말을 많이 썼습니다.

"사람이 두 번 태어나면 한 번만 죽고, 한 번만 태어나면 두 번 죽습니다."

이 말에는 참진리가 들어 있습니다. 바로 우리의 육적인 부분과 영적인 부분을 말하고 있습니다. 사람이 두 번 태어나면 한 번만 죽는다는 말은 우리가 주님을 영접함으로써 거듭나면 한 번 육체는 죽지만, 우리의 영은 결코 죽지 않는다는 말입니다. 그러나 사람이 한 번 태어나면 두 번 죽는다는 것은 영원한 사망, 곧 지옥을 말하는 것입니다.

예수께서 대답하여 가라사대 진실로 진실로 네게 이르노니 사람이 거듭나지 아니하면 하나님 나라를 볼 수 없느니라- 요한복음 3:3

100) 기도하는 자의 자식은 결코 망하지 않습니다

역사가 중세기로 들어갈 무렵에 이탈리아의 밀라노의 한 교회당에서 일어난 일입니다. 어느 날 예배 시간도 아닌데 한 부인이 교회당에 들어와서는 교회당 뒤편에 앉아서 고개를 숙이자마자 통곡하고 울기 시작했습니다. 시간이 십 분, 이십 분, 삼십 분이 지나도 통곡소리는 멎지 않았습니다. 그때 그 교회를 지도하시던 암브로우스라는 유명한 감독이 그 모습을 보게 되었습니다. 감독은 통곡하며 우는 걸 보니 부인에게 굉장히 아픈 사연이 있나 보다 생각하고 그 부인 곁으로 다가갔습니다. 그리고는 흐느끼고 있는 부인의 어깨를 토닥거리면서 이렇게 물었습니다. "부인, 뭐 어려운 일이 있으십니까?" 그때 부인이 갑자기 그 암브로우스 감독을 보더니 "감독님, 내 아들이 이단에 빠졌어요. 어떡하면 좋아요?"라며 다시 흐느꼈습니다. 그때 암브로우스 감독은 이 부인에게 역사에 남을 만한 위대한 말을 한마디 남겼습니다.

"걱정 마세요. 부인, 기도하는 자의 자식은 결코 망하지 않습니다."

통곡을 하던 그 부인은 바로 성 어거스틴의 어머니인 모니카 여사였습니다. 결국 그 어머니에게 어거스틴은 돌아왔습니다. 그리고 다시 어거스틴은 주의 손에 붙들림을 받았습니다. 그리고 교회 역사에 가장 커다란 발자취를 남기는 거대한 거목이 될 수가 있었습니다.

우리가 아무것도 할 수 없다고 느낄 때 아직도 할 수 있는 것은 조용히 지켜보면서 기도하는 것입니다. 기도하면 돌아옵니다.

눈물을 흘리며 씨를 뿌리는 자는 기쁨으로 거두리로다 - 시편 126:5

101) 내가 하나님이다

제가 예전에 들었던 유머입니다. 어떤 정신병원에 한 정신병자가 들어왔습니다. 그는 늘 하는 소리가 "나는 하나님의 아들이다. 나는 하나님의 아들이다."라고 외쳐대는 것입니다. 같은 병원 안에 있는 다른 정신병자 한 사람이 매일 그 소리를 듣는 게 너무 지겨웠든지 어느 날 그러더랍니다. "야, 나는 너 같은 아들 둔 일이 없다."

AD 44년경에 유대 땅에 드다라는 사람이 나타났습니다. 그는 사도행전 5장 36절에 나오는 인물인데, 예수님이 승천을 하시고 나서 한 10년쯤 지난 후에 태어난 사람입니다. 이 사람은 자기가 부활하고 승천하셨던 예수님의 환생이라고 주장했습니다. 즉 자기가 예수님이 승천하신 이후 다시 오신 재림한 메시야라는 거지요. 그가 아주 확신 있게 주장을 하니까 그를 따라다니는 사람들이 생겼습니다. 그를 따르는 사람들이 많아지자 이 드다라는 인물이 한동안 유대 땅에서 문제가 되었습니다. 그런데 그 시대의 역사를 읽어 보면 이런 재미나는 얘기가 있습니다. 정말 예수님을 사랑했던 예수님의 제자 중 한 사람이 이 드다라는 사람에게 가서 이렇게 말합니다.

"당신이 다시 온 메시야라면, 정말 다시 재림한 예수그리스도라면 당신의 손을 보여주십시오. 당신의 손에 십자가에 못 박혔던 못 자국이 있다면 당신은 진실로 우리가 기다리는 메시야일 것이요." 제자의 이런 요구에 드다는 자기의 손을 펴지 못하고 그 자리에서 도망갔다고 합니다.

가라사대 미혹을 받지 않도록 주의하라 많은 사람이 내 이름으로 와서 이르되 내가 그로라 하며 때가 가까왔다 하겠으나 저희를 좇지 말라 - 누가복음 21:8

102) 100% 헌신

영국의 유명한 설교가인 마틴 로이드 존스의 책을 읽다가 이 장면을 보고 제가 얼마나 웃었는지 모릅니다. 영국의 어떤 농부가 소를 기르는데 그 소가 새끼 두 마리를 낳았습니다. 농부는 송아지가 태어난 것이 너무너무 기뻐서 자기도 모르게 "할렐루야"를 외쳤습니다. 그는 송아지 새끼 두 마리를 낳고서 너무 감사한 나머지 당장 자기 부인에게로 달려가 부인에게 이렇게 말했습니다.

"여보, 송아지 새끼가 두 마리야. 하나는 주님의 것으로 하고 주께 드리십시다." 그의 아내도 "아멘"으로 동의했습니다. 그러나 안타깝게도 얼마 후에 송아지 새끼 한 마리가 비실비실 앓더니 죽었습니다. 죽은 송아지를 본 이 농부는 울상이 되어 방 안에 있는 자기 부인에게 이렇게 말했습니다.

"여보, 큰일 났어, 큰일 났다고! 주님의 송아지가 죽었어. 주께 드린 송아지가 죽었단 말이야."

103) 지나친 희생

영국의 캠브리지 대학의 C. T. 스터드라는 학생이 하나 있었습니다. 그는 학교에서도 공부에서도 수석을 달리는 학생이었고 공부도 잘할 뿐 아니라 아주 탁월한 크리켓 운동선수였습니다. 그는 크리켓으로 영국 전체의 시합에서 금메달을 따기도 했습니다. 그에게는 보장된 출세의 길이 그 앞에 열려져 있었습니다.

어느 날 그는 갑자기 캠퍼스 집회에 참석했다가 복음을 깨닫고 예수그리스도를 영접하게 되었습니다. 그리고 그는 선교사가 되어 아프리카로 가겠노라고 선포했습니다. 학교 당국자들은 그의 재능이 아깝다고 생각했습니다. 보장된 출세의 길 그리고 돈과 명예, 그 앞에 모든 것을 포기하고 선교의 길에 나서자 누군가가 와서 그에게 이런 말을 했습니다. "여보게, 이것은 자네에게 지나친 희생이 아닌가!" 이때 C. T. 스터드는 모든 시대를 사는 그리스도인들에게 의미 있는 말을 남겼습니다.

"하나님의 아들 예수그리스도가 이 땅에 오셔서 나를 위해, 나를 구원하시기 위해서 십자가에 죽으신 것이 참으로 사실이라면, 그것이 참으로 사실이라면 내가 그를 위해서 바치는 희생은 그 어떤 것도 지나친 희생일 수 없습니다."

이것이 바로 헌신입니다. 이것이 헌신의 정신인 것입니다. 우리의 헌신은 그 이하일 수 없습니다. 우리의 헌신은 그 이하로 만족해서도 안 되고 만족할 수도 없습니다.

네 마음을 다하고 목숨을 다하고 뜻을 다하고 힘을 다하여 주 너의 하나님을 사랑하라 하신 것이요 - 마가복음 12:30

104) 필립의 계란

미국 목사님이 들려준 감동적인 부활절 스토리입니다. 주일학교에서 초등학교 3학년생들이 모여서 공부를 하고 있었습니다. 그런데 거기에는 정서 장애를 가진 필립이라는 한 학생이 있었습니다. 필립은 정서 장애자인데도 항상 명랑해서 표정이 밝고 천진난만했습니다. 여러 면에서 장애를 겪고 있는데도 필립은 성경 말씀만큼은 너무도 좋아했습니다. 예수님도 좋아하고 성경 말씀도 좋아해서 예수님 얘기만 나오면 환하게 웃었습니다.

어느 부활절 아침, 주일학교 시간에 선생님이 학생들에게 부활절을 상징하는 계란을 하나씩 나누어 주었습니다. 그 계란은 진짜가 아니라 플라스틱으로 만든 계란 모양이었고 반이 열릴 수 있도록 만든 것이었습니다. 선생님은 계란을 나누어주면서 부활에 대한 설명을 한 다음에 아이들에게 15분의 시간을 주며 부활의 생명을 상징하는 것을 교회 정원에 나가서 계란 속에 집어넣어 가지고 오라고 했습니다.

15분이 지난 후 밖으로 나갔던 아이들이 다시 교실로 모두 돌아왔습니다. 선생님은 아이들에게 자기가 가지고 온 것들에 대해 하나씩 설명하도록 시켰습니다. 한 아이가 나와서 자기 계란을 열어보니 거기에는 꽃이 있었습니다. 아름답고 예쁜 꽃은 생명을 상징했습니다. 선생님과 아이들은 살아 있는 꽃을 보며 박수를 쳤습니다. 두 번째 아이가 또 자기의 계란을 열었습니다. 이번에는 아주 아름다운 나비가 들어 있었습니다. 살아 있는 나비는 생명을 상징했습니다. 세 번째 아이가 와서 또 자기의 계란을 열었습니다. 거기서는 돋아나는 파릇파릇한 잎사귀가 있었습니다.

그 다음 네 번째로 필립 차례가 되었습니다. 정서 장애를 겪고 있던 필립이 앞에 나왔습니다. 학생들이 바보 같은 필립이 무엇을 가지고 왔을까 하고 주목했습니다. 필립은 한참을 주저하며 가만히 있었습니다. 그러니까 선생님이 "괜찮아. 필립, 그냥 뭐 가지고 왔니? 한번 열어 봐." 그러니까 필립이 자기의 계란을 조심스럽게 열었습니다. 거기에는 아무것도 없었습니다. 학생들이 손가락질하면서 막 웃어댔습니다. "그럼 그렇지, 필립은 아무것도 못 가지고 왔어." 그런데 필립이 갑자기 이렇게 말하더랍니다.

"예수님의 무덤은 비었잖아요."

그때 순간적인 정적과 감동이 그들을 사로잡고 있었습니다. 예수님은 죽음을 이기고 부활하셨기 때문에 예수님의 무덤은 비어 있었습니다. 그분의 부활이 우리의 소망입니다.

돌이 무덤에서 굴려 옮기운 것을 보고 들어가니 주 예수의 시체가 뵈지 아니하더라(누가복음 24:2 - 3)

105) 내 안의 죄

독일의 아우슈비츠의 참담한 수용소의 생존자였던 유대인 예이엘 디무르라는 사람의 이야기입니다. 이 사람은 1961년에 예루살렘에서 히틀러 나치의 잔당들에 대한 전범 재판이 열렸을 때 히틀러의 참모였던 아돌프 아이히만의 전범 증인으로 소환이 되었습니다. 재판관은 예이엘 디무르에게 옆에 앉아 있는 아이히만을 가리키면서 "저 사람을 똑똑히 봐 주십시오. 저 사람이 아이히만이 맞습니까? 좀 더 다가가셔서 똑바로 보시지요."라고 물었습니다. 재판관의 요구에 예이엘이 한참 동안 아이히만을 쳐다보다가 그만 그 자리에서 의식을 잃고 졸도해 버렸습니다. 그리고 그는 한참 후에야 정신을 차리고 깨어났습니다. 사람들이 깨어난 그에게 쓰러진 이유를 물었습니다.

"과거의 악몽이 되살아나서 졸도하셨습니까?"

"아닙니다."

"그러면 증오심 때문에, 당신의 마음속에 있는 미움 때문에 그 분노를 이기지 못하고 졸도하셨습니까?"

"그것도 아니올시다."

"그러면 왜 그랬습니까?" 이때 이 사람의 대답이 이러했습니다.

"제가 그 사람을 봤을 때 그 사람이 너무나 평범한 사람이었다는 사실 때문에 저는 놀랐습니다. 너무나 평범한 사람이었기 때문에…… 저 사람이 나의 동료들을 어떻게 저 비참한 가스실로 몰아내도록 명령하고 집행한 사람일 수가 있었겠는가? 저는 그 사실 앞에 놀란 것입니다."

그는 이어서 이런 충격적인 말을 했습니다. "나는 나도 아이히만이 될 수 있다는 사실 앞에 놀랐습니다. 나도 저 아이히만이 될 수가 있다. 내 속에도 아이히만이 살고 있다는 사실 앞에 놀란 것입니다. 내 속에도 광기가 있고 미움이 있고 증오가 있고 살인의 광기가 있고 모순이 있고 갈등이 있는 아이히만을 품고 있는 사람이라는 사실 앞에 놀랐습니다."

모든 사람이 죄를 범하였으매 하나님의 영광에 이르지 못하더니 - 로마서 3:23

106) 고난을 견디는 힘

주기철 목사님의 아드님을 통해서 그에게 아버님의 간증을 듣게 되었습니다.

주기철 목사님은 순교하시기 직전에 마지막으로 감옥에서 한 번 풀려나게 됩니다. 그러나 이것은 일본 경찰의 시험이었습니다. 그들의 생각에는 이 정도로 모진 고난을 받았으면 생각이 달라졌을 것이라며 목사님을 한 번 시험 삼아 내보냈던 것입니다. 그러나 목사님은 엉망진창이 된 몸으로 그 감옥에서 풀려났던 그 순간, 그를 기다리던 교회로 직행했습니다.

온 교우들이 사랑하는 목사님을 만났을 때는 이미 일본 경찰대와 경찰대 소속의 고등계 형사들이 교회의 자리를 메우고 있었습니다. 목사님은 일본 경찰이 감시하는 그 자리에서 마지막으로 설교를 했습니다. 그가 이 땅에서 남긴 마지막 설교의 제목은 '다섯 가지 종류의 기도'였습니다.

다섯 가지 종류의 기도 제목을 나누는 것이 그분의 마지막 설교였습니다. 첫째로, 죽음의 권세를 이기게 하옵소서. 그분은 그분 앞에 다가오는 죽음을 보고 있었던 것입니다. 죽음의 권세를 이기게 하옵소서. 두 번째 제목은 장기간의 고난을 견디게 하옵소서. 그는 감옥으로 돌아가 다시 고난과 투쟁할 각오를 하고 있었던 것입니다. 장기간의 고난을 견디게 하옵소서. 짧은 고난은 내가 어쩌다 견딜 수가 있겠지만, 그 고난이 장기간이 되면 나도 주님을 부인할까 봐 두렵습니다. 장기간의 고난을 견디게 하옵소서. 세 번째로 나의 노모와 처자와 나의 사랑하는 교우들을 주님이 돌봐 주십시오. 그리고 네 번째, 의(義)에 살고 의에 죽게 하옵소서. 마지막 다섯 번째로 내 영혼을 주께 부탁하나이다. 주기철 목사님은 이 마지막 설교를 끝내시고는 마지막 돌아올 수 없는 그 길로 걸어 가셨습니다.

주기철 목사님의 간증을 들으며 그분은 초인적인 사람이기 때문에 고난을 이겼다고 생각했지만 주 목사님의 아드님은 이런 얘기를 해 주었습니다.

"아들의 입장에서 볼 때 우리 아버지는 그렇게 초인적인 분이 아닙니다. 그렇게 강한 분이 아니었습니다. 그분은 마음이 약하셨고, 두려워하셨고, 그리고 정이 많으신 분이셨습니다. 그런데 그 길을 갈 수 있었던 이유는 그 아내의 기도, 그리고 또 하나는 교우들의 기도, 무엇보다 하나님이 도와주신 것입니다. 성령님의 도우심이 아니었다면 아버지는 그 길을 갈 수가 없었을 것입니다."

생각건대 현재의 고난은 장차 우리에게 나타날 영광과 족히 비교할 수 없도다 − 로마서 8:18

107) 모델 예수보다 구주 예수가 먼저라네

영국의 옥스퍼드와 캠브리지에서 학생들을 가르쳤고 금세기의 위대한 크리스천 평신도였던 C. S. 루이스가 캠브리지 채플에서 한번은 설교를 하면서 '예수의 구주되심'이라는 주제로 설교를 했습니다. 설교가 끝난 뒤 한 학생이 C. S. 루이스 교수에게 이렇게 말했다고 합니다.

"만약 오늘 선생님께서 예수는 위대한 본받아야 할 스승이라고 말했다면, 우리 모두는 선생님에게 박수를 쳤을 것입니다. 그런데 선생님께서는 '예수는 구세주이다'라는 케케묵은 기독교의 교리를 얘기했으므로 우리는 어떤 반응을 보이지 않은 것입니다."

이때 C. S. 루이스는 그 청년에게 이런 반문을 했다고 합니다.

"자네는 정말 예수가 완벽한 모델이라고 생각하는가?"

"아, 그럼요. 당연히 그렇게 생각하지요."

"그러면 이 완벽한 모델이신 예수를 따라가는 것이 중요한 삶이라고 믿는가?"

"그렇지요."

"그러면 자네에게 묻겠네. 자네는 완벽한 도덕적인 모델이신 예수를 자네가 완전히 따라갈 수 있다고 생각하나?"

청년은 한참 동안 생각하다가 대답했습니다.

"완전하게 따라갈 수는 없겠지요."

"아, 그러면 자네도 도덕적 실패를 인정하는군. 그렇다면 자네의 삶 속에서 실수가 있었고 죄가 있었다는 사실을 인정하는가?"

"아, 인정이지요."

"그렇다면 자네에게 필요한 것은 도덕적 모델로서의 예수가 아니네. 자네의 도덕적인 실패와 죄에서부터 자네를 구원할 수 있는 구세주이신 예수가 먼저 필요하다네. 죄인에게는 모델로서의 예수가 필요한 것이 아니라 구세주로서의 예수가 필요하다네. 구주이신 그리스도를 만난 다음에 비로소 그분은 자네에게 모델이 될 수가 있다네."

오늘날 다윗의 동네에 너희를 위하여 구주가 나셨으니 곧 그리스도 주시니라
- 누가복음 2:11

108) 어리석은 인생

영국이 전 세계의 모든 바다를 지배한 해상의 왕이던 시절에 일어났던 얘기입니다. 아프리카에서 영국의 무역선 하나가 영국 해협에 거의 다 와서 그 해협 근처에서 조난을 당했습니다. 파선한 무역선의 구조요청을 받은 영국은 당장 구조

선을 보냈습니다. 그러나 파도가 너무 높아서 구조선이 그 조난당한 큰 배에 가까이 접근을 못했습니다. 별수 없이 로프를 던지며 배에 탄 사람들에게 그 구조선까지 오라고 했습니다. 무역선에 탄 사람들 중 어떤 이들은 그 구조선을 향하여 헤엄을 쳤고 또 어떤 이들은 그 로프를 붙잡고 구조선까지 와서 살았습니다.

그런데 무역선에 탄 사람들 중에는 배에서는 뛰어내렸지만 구조선까지 오지 못하고 죽은 사람들이 많이 있었습니다. 그들은 왜 죽었을까요? 그들이 죽은 이유는 무척 다양했습니다. 물론, 어떤 사람들은 수영을 못 하거나 미처 그 로프를 못 잡아서 죽기도 했지만 진짜 이유는 그런 것이 아니었습니다. 그 배는 아프리카에서 오던 배로서 많은 양의 금괴들이 배에 실려 있었습니다. 사람들은 배와 함께 가라앉을 금이 너무 아까워서 배에서 뛰어내릴 때 자신의 허리에다 금을 가득 찼던 것이었습니다. 사람들은 그 금괴의 무게 때문에 모두 빠져 죽은 것입니다.

사람이 만일 온 천하를 얻고도 제 목숨을 잃으면 무엇이 유익하리요 사람이 무엇을 주고 제 목숨을 바꾸겠느냐 - 마태복음 16:26

109) 어머니의 피 흘림

수년 전에 크리스마스를 앞둔 12월 어느 날, 구소련에 속해 있던 아르메니아에서 대지진이 일어났습니다. 그 당시 지진으로 인하여 무려 5만 5천 명이나 사망했던 굉장한 참사였습니다. 그때 9층짜리 아파트가 무너지면서 철근과 콘크리트 밑에 한 어머니와 딸이 가까스로 삼각형 틈새 속에서 목숨을 유지하며 사람들의 구조만을 기다리고 있었습니다. 스잔나라는 어머니는 네 살 먹은 가이아니라는 딸과 함께 그 작은 틈새 속에서 겨우 숨을 쉬고 있었습니다. 구조의 손길을 받지 못한 채 시간이 흘러갔습니다. 하루, 이틀, 사흘 시간은 계속 흘러갑니다.

네 살 먹은 딸 가이아니는 그 어머니 옆에 누워서 비명을 지르며 한 가지 말을 계속 토해 놓습니다. 그 아이의 애절한 말 한마디는 "엄마, 목말라. 엄마, 목말라"라는 말이었습니다. 그러나 가까스로 몸을 지탱하고 있던 어머니로서는 딸을 도와줄 방법이 생각나지 않았습니다. 그때 갑자기 어머니의 머리에 텔레비전에서 보았던 어떤 광경 하나가 생각났습니다. 조난당한 사람들이 먹을 것, 마실 것 없었을 때에 피를 나누어 마시던 광경이었습니다. 그때부터 어머니는 캄캄한 어둠 속에서 주변을 손으로 더듬기 시작했습니다. 어머니는 바닥을 더듬다가 깨어진 유리 조각을 발견하고는 지체 없이 그 유리 조각을 들어서 자기의 팔뚝을 그어대기 시작했습니다. 그리고 딸 옆으로 더 가까이 가서 자기의 그 팔뚝에서 흐르는 피를 자기가 사랑하는 딸 가이아니의 입술에 떨어뜨려 주었습니다.

어머니는 "엄마, 나 목말라요."라는 목소리가 터져 나올 때마다 유리 조각으로 더 힘껏 팔목을 그어서 자신의 피를 사랑하는 딸의 목에 흘려 넣었습니다. 그렇게 두 주일이 지났습니다. 그들은 극적으로 사람들에게 발견되어 구조되었습니다. 이 딸 가이아니는 어머니의 희생, 그리고 어머니의 피 흘림 때문에 살아났습니다. 딸에게 있어서 어머니의 피는 유일한 희망이었습니다.

2천 년 전 비슷한 사건이 일어났습니다. 달리 살길이 없고, 달리 하나님의 진노를 피할 수가 없었던 인류를 위해서 하나님은 하나님의 아들 예수그리스도를 준비하셨습니다. 그는 십자가에서 거룩한 피를 뿌렸습니다.

율법을 좇아 거의 모든 물건이 피로써 정결케 되나니 피 흘림이 없은즉 사함이 없느니라 - 히브리서 9:22

7. 다양한 주제로 접근하는 제자훈련

1) 침례를 받아야 하는 지갑

미국의 어떤 침례교회에서 목사님이 예배 시간에 성도들에게 침례를 주었습니다. 순서에 맞추어 한 명씩 침례를 주고 있는데 다음 차례인 한 성도가 머뭇거리며 들어오질 않는 것입니다. 아무리 기다려도 들어오질 않자 목사님은 다급하게 왜 안 들어오느냐고 물어보았습니다. 그러자 그 성도는 이렇게 대답했습니다. "목사님, 저 지금 지갑을 갖고 있어서요. 지갑이 젖을까 봐 못 들어갑니다." 그 때 목사님은 이런 말씀을 하셨다고 합니다.

"형제여, 당신과 함께 당신의 지갑도 침례를 받아야 합니다. 지갑도 침례받아야 합니다. 지갑까지도."

침례(Baptism)라는 것은 물속에 들어갈 때 내가 예수님과 함께 죽었다는 것이고, 물에서 나올 때 나는 주님과 함께 부활하여 새로운 사람이 되었다는 의미입니다. 이것은 전에는 나를 위해서만 사용되던 이 물질에 대한 가치관이 이제는 하나님의 나라와 그리고 하나님의 생명이 있는 사역을 위해서 사용되어야 하는 것을 의미합니다. 물질에 대한 구체적 헌신이야말로 내가 변했고 내가 회개했고 내가 새로운 사람이 되었다고 하는 증거라고 할 수 있습니다.

누구든지 그리스도와 합하여 세례(침례)를 받은 자는 그리스도로 옷 입었느니라 - 갈라디아서 3:27

2) 라이스 크리스천(rice Christian)

과거 6·25사변 직후에는 한국 교회가 외국으로부터 원조 물자를 많이 받았었습니다. 그렇기 때문에 그 당시 생활이 어려웠던 사람들은 그것을 받기 위해 교회에 많이 나왔습니다. 이 모습을 본 옛날 선교사님들은 한국 사람들을 가만히 보니까 교회 나오는 것이 순수한 동기가 아니고 쌀(rice)을 얻기 위해서임을 알게 되었습니다. 그래서 과거에 선교사들이 한국 교인들을 뭐라고 불렀나 하면 라이스 크리스천(rice Christian)이라고 불렀답니다.

지금은 우리가 그런 지경은 아니지만 아직도 그런 동기를 가지고 예수 믿는 사람들이 있습니다. 이들은 예수 믿으면 축복받는다고 해서 물질적인 축복에만 눈이 어두워 신앙의 유일한 동기가 물질의 축복이 되어 있는 사람들입니다. 물론 예수 믿으면 축복을 받지만 그것이 예수를 믿는 이유는 아닙니다. 만약 물질의 축복 때문에 예수 믿었다면 이런 사람은 신앙 생활하다가도 물질적 축복이 오지 않으면 언제든지 주님을 버리고 떠나갈 사람입니다.

우리에게는 보다 위대한 꿈이 있습니다. 천지를 창조하신 하나님을 나의 아버지로 삼고 하나님의 뜻을 이루는 도구로 내 인생이 쓰임을 받을 수 있다는 더 높은 프라이드와 더 높은 기쁨 때문에 인생을 사는 사람들이 되어야 합니다.

세상의 염려와 재리의 유혹과 기타 욕심이 들어와 말씀을 막아 결실치 못하게 되는 자요 - 마가복음 4:19

3) 닫혀 있는 16개의 관과 열려 있는 한 개의 무대

많은 베스트셀러가 된 책들 가운데 '마음을 열어주는 101가지 이야기'라는 책이 있는데, 그 안에 '춤추는 사람'이라는 내용이 나옵니다. 미국에는 오클랜드와 샌프란시스코를 연결하는 유명한 금문교(Golden Gate Bridge)가 있습니다. 이 금문교로 가는 도상에는 17개의 톨게이트가 있습니다. 그리고 통행료 징수대 박스가 17개 나란히 있는데, 어느 날 이 책의 저자가 그중 한 징수대를 통과하게 되었습니다. 그런데 그 박스 안에서 티켓도 끊어주고 돈도 받는 사람이 음악을 아주 크게 틀어놓고 춤을 추면서 저자에게 돈을 받습니다. 그 모습을 보고 있던 저자가 그 행동이 너무 재미있어서 그 사람을 향해 물어보았습니다.

"뭘 하십니까?"

"파티를 열고 있습니다."

"파티라니요? 누구를 초대하셨나요?"

"제가 제 자신을 초대했지요."

얼마 후에 저자는 똑같은 징수대 박스를 통과하게 되었습니다. 요금 받는 사람을 보니 예전에 춤을 추며 돈을 받았던 그 사람이었습니다. 그는 변함없이 음악을 틀어놓고 전에 보았던 동일한 모션으로 춤을 추면서 돈을 받고 티켓을 저자에게 내줍니다. 그래서 저자는 또 그에게 말을 걸었습니다.

"아, 오늘도 파티를 열고 계십니까?"

"아, 물론이지요."

조금은 호기심이 발동한 저자는 그에게 이런 질문을 했답니다.

"그런데 왜 다른 사람들은 파티를 열고 있지 않습니까?"

"아, 저 사람들이요? 저 사람들이 들어가 있는 박스는 말이죠. 관(棺)입니다. 아침 8시 30분에 출근해서 오후 4시 반에 퇴근하기까지 저 사람들은 관 속에 갇혀 있는 시체들이란 말입니다. 시체!"

저자는 이 색다른 대답 앞에 더 호기심이 발동해서 계속 질문을 했습니다.

"당신이 저 사람들과 다른 이유는 무엇입니까?"

"나요? 나는 중요한 미션(사명)이 있어요."

"미션이 뭡니까?"

"저는 댄스 교수가 될 예정입니다. 그래서 저는 여기서 돈을 받고, 여기 연습장에서 연습을 하고 있는 겁니다. 그러나 저들의 방, 저 사람들의 방을 잘 보세요. 저게 닫혀 있는 관이라면 제가 있는 이 박스 안은 열려 있는 무대란 말입니다."

의인의 소망은 즐거움을 이루어도 악인의 소망은 끊어지느니라 - 잠언 10:28

4) 어린 소년의 눈물

캘리포니아에 심리학자로 아주 인기 있게 활동하는 분 가운데 레오 바스칼리 아라는 사람이 있습니다. 그가 쓴 많은 책들 가운데 이런 얘기가 나옵니다.

어느 날, 할아버지 한 분이 암 진단을 받았습니다. 그런데 이 암 진단을 받은 그날부터 이 할아버지는 매우 난폭해졌습니다. 성격이 갑자기 난폭해져 식구들을 향해서 욕을 하기도 하고, 주변 사람들에게까지도 욕을 퍼붓습니다. 심지어는 아무도 만나려고 하지 않고 병실에 입원해서도 아무도 만나지 않았습니다. 그 할아버지는 간호사와 의사들에게까지도 포악하게 대하기 시작했습니다. 그래서 가족들은 할아버지를 돕기 위해 할아버지의 옛날 친구들을 들여보냈지만 친구들도 도움이 되지 못했습니다. 할아버지는 자기의 친구들에서 큰 소리를 치며 쫓아 버리고 말았습니다. 또 이번에는 할아버지와 절친하게 지냈던 은사들을 보내 보았지만 그것도 소용이 없었습니다. 목사님을 보냈더니 목사님도 욕만 먹고 쫓겨났습니다. 카운슬러를 들여보내도 소용없었습니다.

그런데 한번은 그 동네에서 이 할아버지가 가끔 만나던 동네 꼬마가 하나 있었는데 할아버지가 아프다는 소식을 듣고 병원에 쫓아왔습니다. 식구들이 반호기심으로 "그럼 네가 들어가서 할아버지 만나 봐라." 하며 그 아이를 들여보냈습니다. 그런데 놀랍게도 20 – 30분 동안 어린 소년이 할아버지를 만나고 나오더니 그 이후로 이 할아버지가 완전히 변했습니다. 태도가 갑자기 누그러지고 부드러워지고 사람들도 만나시고 얘기도 하시게 되었습니다. 사람들이 하도 이상해서 그 어린 소년을 붙들고 묻습니다.

"너, 할아버지하고 무슨 얘기를 했니?"

"아무 얘기도 하지 않았어요."

"그래도 할아버지하고 그 20 – 30분 동안 함께 있었잖니. 너는 그동안 도대체 뭘 했니?"

그랬더니 그 어린 소년이 이렇게 대답합니다.

"저요, 할아버지하고 같이 울었어요."

꼬마는 단지 이 할아버지의 아픔을 자신의 아픔처럼 느끼고 울었을 뿐입니다. 그러나 이 할아버지는 우는 꼬마를 꼭 껴안는 순간 진정한 사랑을 느꼈고 마음의 상처가 치유되었던 것입니다. 우리가 다른 사람들의 아픔을 공감하고 함께 느낄 때 치유의 능력은 샘솟듯 솟아납니다.

마지막으로 말하노니 형제들아 기뻐하라 온전케 되며 위로를 받으며 마음을 같이하며 평안할지어다 또 사랑과 평강의 하나님이 너희와 함께 계시리라 거룩하게 입맞춤으로 서로 문안하라 - 고린도후서 13:11

5) 집요한 사오정

사오정 시리즈에 이러한 이야기가 있습니다. 어느 날 사오정이 식당에 갔습니다. 사오정이 식당 주인에게 자기가 먹을 것을 주문합니다.

"아저씨, 돈가스와 우유 주세요."

"돈가스는 없습니다."

"그러면 돈가스와 커피 주세요."

"돈가스는 없단 말입니다."

"아, 알았습니다. 그러면 돈가스만 주세요."

그냥 웃고 넘어갈 수 있는 유머이지만, 이렇듯 상대방이 뭐라고 그러던 집요하게 계속해서 자기의 메뉴를 고집하는 이 사오정의 우직함이 우리 신앙인에게도 필요합니다. 이 끈기 있는 인내가 필요합니다. 우리가 끈질긴 집요함을 가지고 전능하신 하나님을 신뢰하며 기도한다면 분명 하나님께서는 응답하실 것입니다.

항상 기도하고 낙망치 말아야 될 것을 저희에게 비유로 하여 - 누가복음 18:1

6) 여유 있는 삶

어느 숲 속에서 두 노동자가 아침부터 저녁까지 똑같이 일을 시작해서 똑같은 시간까지 도끼를 들고 나무를 찍는 작업을 했습니다. 그들은 일을 같이 시작했고 모두 같이 끝냈습니다. 한 사람은 점심시간에 잠깐 한 20분 정도 쉬는 시간을 제외하고 아침부터 저녁까지 부지런히 도끼를 들고 나무 찍는 일을 했습니다. 그러나 다른 한 사람은 적어도 하루에 네 차례 정도 넉넉히 쉬어 가며 일을 했습니다. 그런데 저녁 시간에 일이 완료되고 나서 일을 비교를 해 보니까 네 번씩이나 쉬어 가며 일한 사람이 더 많은 나무를 찍어 놓았습니다. 그것을 본 조금밖에 쉬지 않고 일했던 사람이 놀라서 묻습니다.

"아니, 당신은 나보다 훨씬 더 많이 쉬면서 일을 했는데 어째서 나보다 더 좋은 결과를 얻을 수가 있었단 말이요?"

이때 쉬어 가면서 일한 일꾼이 이런 대답을 했습니다.

"자네가 잘 보았다면 그 이유를 알 수 있었을 걸세. 나는 그냥 쉰 것이 아니라 쉬면서 도끼의 날을 세우고 있었지. 나의 도끼를 다듬고 날을 세우고 있었다네. 그리고 나는 쉬고 나서 더 힘차게 이 나무를 찍었지. 그래서 자네보다 더 많은 결과를 얻을 수 있었던 걸세."

여유는 낭비가 아니라 성취를 돌아보고 또 한 걸음 더 나아가서 우리의 미래를 준비할 수 있는 중요한 바탕인 것입니다.

이르시되 너희는 따로 한적한 곳에 와서 잠깐 쉬어라 하시니 이는 오고 가는 사람이 많아 음식 먹을 겨를도 없음이라 - 마가복음 6:31

7) 진정한 영웅

전 세계에 하나의 선풍적인 인기를 가져왔던 타이타닉이라는 영화가 있습니다. 많은 사람들이 이 아름다운 영화를 보면서 눈물을 흘렸습니다. 그 이유는 이 비극 속에 나타난 영웅들의 모습 때문이었습니다. 그 속에는 많은 영웅들이 있었습니다. 사랑하는 여인을 위해서 마지막 목숨을 내놓고 그 여인을 살리는 제프라는 주인공이 영웅이었습니다. 또 침몰하는 배를 끌어안고 마지막까지 침착하게 그 키를 붙들고 배와 함께 침몰하는 캡틴 스미스라는 함장도 일종의 영웅이라고 할 수가 있습니다. 그리고 라이프 보트에 사람들을 실어주고 살리기 위해서 끝까지 노력하는 선원들도 영웅들입니다.

그러나 제가 영화를 보면서 가장 감동을 많이 받은 장면은 마지막 순간까지 악기를 붙들고 음악을 연주를 하던 악사들의 모습입니다. 이 밴드 팀 단장의 이름이 월레스 하틀리라는 사람입니다. 다른 것은 영화이기 때문에 각색된 부분이 많고 특히 주인공은 지어낸 이야기지만 밴드를 지휘한 월레스라는 단장은 실제 인물이었습니다. 그는 그리스도인으로서 밴드의 연주를 통해서 끝까지 침착하게 사람들의 마음을 안정시키며 찬양의 가사 속 메시지를 통해서 하늘의 거룩한 소망을 바라보도록 촉구했습니다. 그는 이 화려한 배로 바다를 횡단하는 사람들에게 복음을 전하기 위해서 자진해서 그 배에 탄 악장이었습니다. 배는 점점 가라앉고 있는데도 끝까지 배가 무너지지 않는다고 믿고 착각하는 사람들과 살리고 우왕좌왕하며 발버둥치는 사람들, 정말 말이 아니게 이 배에 소망을 두고 탔던 사람들이 목숨을 잃어버리는 혼란 속에 있었습니다. 그러나 월레스 단장은 끝까지 침착하게 자기의 팀 멤버들을 격려하면서 마지막까지 이 장엄한 음악을 연주했습니다. 그리고 연주하면서 그는 계속 이렇게 소리쳤다고 합니다.

"예수그리스도, 그분을 의지하십시오. 그를 가까이하십시오. 그가 소망이십니다."

그리고 사람들은 마지막 침몰해 가는 배 속에서 이 찬양을 통해서 메시지를 들었습니다.

"내 주를 가까이하려 함은 십자가 짐 같은 고생이나
내 일생 소원은 늘 찬송하면서 주께 더 나가기 원합니다.
천성에 가는 길 험하여도 생명 길 되나니 은혜로다.
천사 날 부르니 늘 찬송하면서 주께 더 나가기 원합니다."

월레스 단장은 이 음악을 들려주면서 끝까지 외쳤다고 합니다. "예수, 그분을 의지하십시오. 그가 소망이십니다." 진정한 영웅들, 이 무너지는 세상이라는 배 안에 타고 살면서 소망의 근거를 잘못 착각했던 사람들, 그래서 이 세상이 무너지자 아무것도 기댈 수 없는 사람들에게 예수는 소망이십니다. 하나님께서는 이 메시지를 전할 수 있는 영웅을 기다리고 있습니다.

이스라엘아 여호와를 의지하라 그는 너희 도움이시요 너희 방패시로다 - 시편 115:9

8) 어떤 신학생의 성적표

신학교의 시험 기간이 되어 어떤 신학생 한 명이 시험을 치르게 되었습니다. 그런데 이 신학생은 공부를 했는데도 시험을 치르면서 이상하게도 답이 하나도 생각이 나질 않았습니다. 그는 너무 고민스러운 나머지 백지는 낼 수가 없고 시험지 맨 아래에다 이렇게 썼다고 합니다.

"하나님은 모든 정답을 아십니다. 그리고 저는 그 정답에 동의합니다."

시간이 지난 후 교수님께서 시험을 채점한 성적표가 나왔는데 거기에는 이렇게 쓰여 있었습니다.

"하나님은 100점, 너는 빵점."

저는 정의와 공의를 사랑하심이여 세상에 여호와의 인자하심이 충만하도다 - 시33:5

9) 다수가 틀렸습니다

1842년에 아주 재미난 역사적 글이 하나 남아 있었습니다. 미국 펜실베이니아에 사는 의사들과 의학자들이 모여서 거창한 결정을 하나 했습니다. 그 결정은 "뜨거운 물에 목욕을 하면 안 된다."는 것이었습니다. 왜냐하면 그들은 그것이 류마티스와 폐렴의 원인이 될 수 있다고 생각했기 때문입니다. 아주 이상한 결정이었지만 대부분의 사람들은 그것을 진리라고 믿었습니다. 그래서 펜실베이니아 주 일대와 상당히 많은 미국 땅 사람들이 무려 3년간 뜨거운 물에 목욕을 하지 않은 역사가 있었습니다. 이 이론은 수년 후에야 뒤집어졌습니다. 다수가 틀렸던 것입니다.

1903년 그 유명한 라이트형제는 기계도 하늘을 날아갈 수가 있다고 믿었습니다. 친구들과 동네사람들은 이 형제들이 미쳤다고 생각했습니다. 그의 믿음은 한낱 망상이고 만화적인 생각이라고 여겼습니다. 왜냐하면 대부분의 사람들은 기계는 하늘을 날 수 없다고 생각했기 때문입니다. 그러나 라이트형제는 기계도 하늘을 날 수 있다는 꿈을 버리지 않았습니다. 오늘날에는 기계가 하늘을 날 수 없다고 생각한 대부분의 사람들이 그 기계를 타고 하늘을 날고 있습니다.

다수가 틀렸습니다. 다수의 길이 진리가 아닐 수 있습니다.

좁은 문으로 들어가라 멸망으로 인도하는 문은 크고 그 길이 넓어 그리로 들어가는 자가 많고 - 마태복음 7:13

10) 테레사 수녀의 즐거운 인생

지금으로부터 약 몇십 년 전에 유고슬라비아에 한 여자 아이가 태어났습니다. 이 아이는 점점 자라 어느새 십대 소녀가 되었습니다. 소녀는 이 시절에 성경의 말씀을 들으면서 마음에 불타는 갈망이 생겼습니다. 그래서 그녀는 선교사를 자원했고 가톨릭이었기 때문에 가톨릭 수녀가 되었습니다.

수녀가 된 그녀는 인도의 캘커타로 갔습니다. 그녀가 간 지 얼마 안 되어서 그녀는 거리를 지나다가 한 병이 든 여인을 발견합니다. 그 여인은 병들어서 엎어져 있는데 그런 자세로 매우 오랜 시간이 지난 모양이었습니다. 그 여인은 아무도 돌보는 사람이 없어서 몸의 한쪽은 썩어 가고 있었습니다. 그래서 길거리의 쥐들이 그 썩은 부위를 와서 파먹고 있었습니다. 이 참담한 모습을 바라보고 수녀는 지나가던 발걸음을 멈추었습니다. 그녀는 그 순간 마음에서 이런 생각이 들었습니다.

'어떻게 할까? 내가, 이 힘없는 연약한 여자가, 한낱 아녀자가 무엇을 할 수가 있단 말인가? 내가 무엇을 할 수 있겠는가?'

그녀는 이런 생각 끝에 그냥 지나가려고 했습니다. 그런데 무엇인가가 그녀의 마음을 잡아당겼습니다. '네가 도와야 한다.' 그녀는 순간적으로 이런 기도를 했다고 합니다.

"하나님! 저는 못해요." 그때 이런 음성이 들려왔습니다.

"내가 도와도 못 하겠느냐?"

"하나님이 함께하신다면 가능하겠죠."

그녀는 그냥 지나가려던 발걸음을 돌이켜서 이 여인에게로 가서 그 여인을 들쳐 업습니다. 그리고 그 여인을 자기 집으로 데리고 와 돌보기 시작했습니다. 그 후 그녀의 곁에는 불쌍한 사람이 한 사람, 두 사람, 세 사람 계속 늘어가기 시작했습니다. 사람이 늘어나자 이제 더 이상 사람들을 집으로 데려올 수 없었습니다. 마침내 그녀는 그 도시에 행정 관리를 찾아갑니다. 그리고 그녀의 숙소 옆에 있던 비어 있는 힌두교 성전을 빌려 달라고 해서 그곳을 클리닉으로 만들었습니다.

이 이야기는 모든 종교를 초월해서 이 세상을 살다 간 수많은 사람들 가운데 가장 아름다운 삶의 감동을 남기고 떠나간 마더 테레사의 이야기입니다. 테레사 수녀가 이 세상을 떠나기 수년 전에 영국 BBC 뉴스의 크리스천 언론인이었던 멀컴 머코리치라는 사람이 캘커타에 있는 테레사의 병원을 방문한 적이 있었습니다. 그가 가만히 병원을 관찰해 보니까 사람들이 병원에서 봉사만 하는 것이 아니라 너무 행복한 모습을 보게 되었습니다. 그는 그런 모습을 보며 그때만 해도 거동이 가능하고 대화가 가능했던 테레사에게 이런 질문을 던졌습니다.

"힘들지 않으십니까?"

그녀는 그 질문에 이런 흥미 있는 대답을 했습니다.

"힘들지요. 힘들지요. 그러나 즐겁습니다. 주님이 함께하시기 때문입니다."

우리의 인생은 무척 힘이 듭니다. 우리가 신앙을 가졌다고 해서 힘든 게 없어진 것은 아닙니다. 그러나 다른 사람들과 다른 즐거운 인생을 사는 이유는 주님이 함께하시기 때문입니다.

내가 사망의 음침한 골짜기로 다닐지라도 해를 두려워하지 않을 것은 주께서 나와 함께하심이라 주의 지팡이와 막대기가 나를 안위하시나이다 - 시편 23:4

11) 작은 것의 소중함

우리 한국 사람들은 이 조그만 나라에서 태어나서 그런지 몰라도 유달리 큰 것을 좋아합니다. 그래서 우리나라 이름부터 대한민국이라고 합니다. 세계에서 우리나라 이름처럼 위대한 나라가 없습니다. 그리고 우리나라 최고 수반을 대통령, 최고 학부는 대학교, 대학원, 우리나라에서 외국으로 보내는 외교관들을 대사라고 합니다.

또한 한국의 모든 길들을 보면 다 대로(大路)입니다. 양재대로, 강남대로 등절대 소로(小路)라고 하는 것은 없습니다. 그리고 다리를 놓아도 다 대교(大橋)입니다. 성수대교를 위시해서 다 대교라고 합니다. 술을 마실 때도 '대포 한잔하지'라고 할 정도로 하여튼 큰 것을 좋아합니다.

그런데 이러한 표현이 어떤 열등감, 작다는 열등감을 보상하려는 일종의 보상심리가 아닌가 하는 생각을 할 때가 많습니다. 그래서 우리는 작은 것들도 비하시킵니다. 자꾸만 작다는 것을 감추려고 하고 작다는 것을 무시하려고 하는 경향이 있습니다. 그래서 한국말과 관련된 것을 연구해 보면 작다는 것은 다 안좋은 쪽으로 쓰입니다. 예를 들어 제가 어렸을 때만 해도 '사람이 잘다', '좀씨'라는 말을 많이 썼습니다. 이 말들은 다 작고 조그맣다는 뜻입니다.

그런데 사실은 작은 것이 굉장히 중요합니다. 성수대교 건설할 때 작은 나사하나, 작은 시멘트 하나가 제대로 있어야 할 곳에 있었다면 그 비극이 일어나지 않았을 것입니다. 이 작은 것이 소중한 것인데 우리는 작은 것을 부끄러워합니다. 이 작은 것을 소중히 여기고 작은 것 속에서 미래를 볼 줄 아는 것이야말로 중요합니다.

지극히 작은 것에 충성된 자는 큰 것에도 충성되고 지극히 작은 것에 불의한

자는 큰 것에도 불의하니라 - 누가복음 16:10

12) 날지 못하는 독수리

제가 좋아하는 이런 얘기가 있습니다. 어떤 조류학자가 독수리 새끼를 길렀습니다. 그런데 독수리 새끼를 어디다 길렀는가 하면 닭 새끼(?)하고 같은 곳에 넣어서 길렀습니다. 그러니까 독수리 새끼가 자라나면서 꼭 병아리처럼 행동을 합니다. 독수리 새끼는 주변을 봐야 병아리밖에 없으니까 병아리처럼 걷고, 병아리처럼 삐악삐악 노래했습니다.

세월이 흘러 새끼들은 많이 자랐습니다. 그런데 이 독수리 새끼는 전혀 독수리다운 근성을 드러내지 않고 꼭 병아리 같았습니다. 조류학자는 독수리가 완전히 병아리로 퇴화를 했는지 아니면 닭이 되었는지 궁금한 생각이 들었습니다. 그래서 이제 청년이 된 독수리에게 독수리의 근성이 남아 있는지 실험했습니다. 독수리를 마당에 갖다 놓고 날도록 했습니다. 그런데 독수리는 날지 못하고 푸득 푸득, 삐악삐악거리며 날지 못하더랍니다.

그 다음으로 조류학자는 장소를 바꾸어 청년 독수리를 데리고 산으로 올라갔습니다. 그리고는 산 높은 곳에서 푸른 숲을 보여주고 산 공기를 맡게 하고 날도록 해 보았습니다. 그랬더니 역시나 삐악삐악거리며 또 내려앉아서 다시는 날 생각을 하지 않았습니다. 그 순간 갑자기 강력한 바람을 뚫고 다른 독수리 한 마리가 세차게 산을 향해서 올라가는 모습이 보였습니다. 그 모습을 주시하고 있던 이 독수리가 갑자기 날개를 퍼덕거리더니 하늘을 향해 비상하려고 합니다. 드디어 청년 독수리는 날기 시작했습니다. 그 독수리는 더 이상 닭 새끼가 아니었습니다. 이제는 독수리 왕자가 된 것입니다. 하나님의 자녀인 우리가 세상 사람들처럼 조금 어렵다고 해서 그것 때문에 좌절하고 주저앉아 낙심한다면 날지 못하는 독수리와 같습니다.

그 바라는 것은 피조물도 썩어짐의 종노릇 한 데서 해방되어 하나님의 자녀들의 영광의 자유에 이르는 것이니라 - 로마서 8:21

13) 괴짜 바이올리니스트

오래전 영국에 괴짜 바이올리니스트 한 사람이 있었습니다. 이 사람은 자신이 연주가일 뿐 아니라 각종 바이올린을 수집하는 수집가였다고 합니다. 그런데 그가 어느 날 자기가 소장하고 있는 여러 개의 바이올린 가운데서 가장 값비싼 바이올린으로 연주를 하겠다고 발표했습니다. 아주 옛날인데 그 당시의 가격으로 무려 이천 파운드가 넘었다고 합니다. 지금은 영국에서 이천 파운드 정도는 큰돈이 아니지만 옛날에는 아주 큰돈이었습니다. 많은 사람들의 가장 값비싼 바이올린의 연주를 듣기 위해 몰려들었습니다. 몇 곡의 연주가 끝나자 많은 친구, 많은 관객들의 열렬한 큰 박수가 쏟아졌습니다. 그런데 그 다음 순간 충격적이고 놀라운 일이 벌어졌습니다. 그는 갑자기 자기 바이올린을 집어던지더니 발로 그것을 밟기 시작한 것입니다. 파격적인 그의 기이한 행동에 온 관객들이 쇼크를 받을 수밖에 없었습니다. 근데 그가 또 하나의 바이올린을 가지고 나와서 다시 무대에 서자 사회를 맡았던 분이 이런 멘트를 했다고 합니다.

"지금 연주한 그 바이올린은 사실 이분이 가지고 있는 최대의 고가 바이올린이 아니라 이십 파운드짜리 제일 싸구려 바이올린으로 연주한 것입니다. 그러니까 여러분, 방금 전에 부숴 버린 바이올린에 대해 너무 아까워하지 마십시오. 이제야말로 가장 본격적으로 고가의 바이올린으로 연주를 하겠습니다."

그 연주는 역시 감동을 주었고, 관객들은 큰 박수를 쳤습니다. 그러나 솔직히 관객들의 입장에서는 별로, 이십 파운드짜리 연주나 그 고가의 바이올린 연주에서나 결정적인 큰 차이를 느낄 수는 없었다고 합니다. 이 괴짜 바이올리니스트가 그날 이 기이한 행동을 통해서 관객들에게 전달하고 싶은 메시지 하나가 있었습니다.

"위대한 음악은 악기 때문만은 아니다. 연주가 때문이다. 사람 때문이다. 위대한 음악가가 음악을 만드는 것이지 악기가 꼭 음악을 만드는 것은 아니다."

또 천국은 마치 좋은 진주를 구하는 장사와 같으니 극히 값진 진주 하나를 만나매 가서 자기의 소유를 다 팔아 그 진주를 샀느니라(마태복음 13:45 - 46)

14) 앵무새의 언어훈련

이런 얘기가 있습니다. 어떤 교인 하나가 앵무새를 길렀습니다. 앵무새를 기르게 된 동기는 자기 교회 목사님이 앵무새를 기른다는 말을 듣고 덩달아서 '나도 앵무새 하나 기를까?' 하고 앵무새 하나를 사다가 길렀습니다. 그런데 교인의 집에서 자란 그 앵무새는 주인을 너무도 당황하게 만들었습니다. 그 앵무새가 할 줄 아는 말은 단 한마디였습니다. 그 앵무새가 할 수 있는 유일한 한마디의 말은 "키스해 주세요."라는 말이었습니다. 앵무새는 시도 때도 없이 "키스해 주세요. 키스해 주세요." 하니까 집에 찾아오는 손님에게 이 주인이 괜히 오해받게 생겼습니다. 앵무새의 말 때문에 당황한 교인은 어느 날 목사님께 전화를 걸었습니다.

"목사님, 듣자 하니 목사님의 앵무새는 경건한 언어훈련이 잘되었다고 하던데, 저의 앵무새를 보낼 테니까 훈련 좀 시켜 주세요."

전화를 받은 목사님은 문제없으니 앵무새를 보내라고 했고, 교인은 즉시 자기의 앵무새를 목사님 댁으로 보냈습니다. 목사님은 받은 즉시 자신의 새장에 같이 이 앵무새를 집어넣었습니다. 목사님의 앵무새가 주인이니까 먼저 인사를 합니다. 사실은 목사님의 앵무새도 꼭 한마디의 말을 할 줄 아는데 그 말은 "다 같이 기도하십시다."라는 말입니다. 그래서 목사님의 앵무새가 "다 같이 기도하십시다."라고 먼저 인사를 했습니다. 그러니까 새로 온 앵무새가 "키스해 주세요."라고 그랬더니 목사님 앵무새가 전에 하지 않았던 한마디 말을 더 하더랍니다. "주께서 드디어 내 기도를 응답하셨습니다."

범사에 네 자신으로 선한 일의 본을 보여 교훈의 부패치 아니함과 경건함과 - 디도서 2:7

15) 주님의 강렬한 부르심

가톨릭 복음주의자 가운데 헨리 나우엔은 예일대학과 하버드대학에서 교수로 지낸 사람입니다. 그의 저서는 아주 유명해서 개신교인들도 헨리 나우엔의 책을 많이 읽습니다. 그런데 이 사람의 일생에서 1985년은 아주 중요한 해였습니다.

1985년 초에 불란서에 있었던 정신지체아들을 모아서 수용하면서 그들을 섬기고 양육하는 라르쉬라는 공동체에 한 지도자가 예일대학으로 헨리 나우엔 교수를 방문합니다. 헨리 나우엔은 그 공동체의 지도자로부터 처음으로 정신지체아들의 세계에 대한 얘기를 듣게 되었습니다. '아, 그렇구나. 이렇게 사는 사람들이 있구나. 또 정신지체아들을 섬기면서 이렇게 살고 있는 사람들이 있구나.' 그날은 그들이 사는 얘길 감동으로 받고 그냥 헤어졌습니다.

그런데 얼마 되지 않아서 그 다음에 이 공동체의 지도자로 있었던 장 바니에라는 지도자로부터 편지 한 장이 옵니다. 그 편지의 내용은 "자기의 공동체에서 정신지체아들의 수양회가 열리는데 거기에 왔으면 좋겠다."는 글이었습니다.

헨리 나우엔 교수는 처음에 자신을 강사로 초청한 줄 알고 있었는데 막상 수련회에 가 보았더니 "우리 수양회는 침묵 수양회입니다. 침묵 수양회(Silent Retreat)입니다. 이 수양회는 사흘 동안 열리는데 기도만 하고 행동으로만 사람들을 돌봐 주고 섬기는 수양회입니다."라는 것입니다. 특이한 수양회를 참석하면서 헨리 나우엔 교수는 이상하게 마음이 끌렸습니다. 헨리 나우엔 교수는 사흘 동안 아무 소리 안 하고 정신지체아들을 돌봐 주고 발도 씻어 주고 밥도 해 주고 같이 식사하고, 그들을 쳐다보면서 마음으로 기도만 하면서 돌봐 주는 침묵 수양회에 참여했습니다. 그는 처음으로 정신지체아들의 세계 속에 자기 몸으로 부딪히면서 자기와 전혀 다른 삶을 살고 있었던 그들을 경험했습니다.

침묵수양회를 마치고 돌아온 후 또 한 장의 편지를 받게 되었습니다. 거기에는 이렇게 적혀 있었습니다. "교수님이 함께 있어서 축복이었습니다. 교수님이 이런 우리 같은 정신지체아 공동체의 지도자가 되어 주신다면 얼마나 커다란 하나님의 선물일까요." 그 당시 헨리 나우엔 교수는 예일대학에서 하버드대학 교수로 이제 막 옮겨 한참 할 일이 많았을 때였습니다. 그리고 그는 하버드대학에서 교수로 일하면서 얼마든지 불쌍한 사람들을 도울 수가 있는데, 그 편지 한 장이 이상하게도 그의 마음에 도전을 주었습니다.

'주님이 나를 하버드대학을 떠나서 정신지체아 공동체의 지도자로 나를 부르신다.' 그의 마음에 자꾸 그런 부르심이 느껴져 갈등하기 시작합니다. '어떻게 할까. 어떻게 할까.' 그는 매우 갈등했지만 주님의 강렬한 부르심이라는 사실을 결국 승인할 수밖에 없었습니다.

그래서 그는 하버드대학 교수직을 포기하고 1985년 가을에 캐나다의 토론토 근처에 '데이브레이크 커뮤니티'(Day Break Community)라는 정신지체아를 위해서 새로 생긴 공동체의 지도자로 떠나갑니다. 그곳에는 단 6명의 정신지체아들이 있었습니다. 그는 단 6명과 함께 살아가기 위해서 하버드대학의 교수직을 버렸습니다. 그런데 그는 그의 일지에 이렇게 기록합니다.

"이상하다. 이것은 희생이고 이것은 지금까지의 삶을 뒤엎는 나의 새로운 삶이었음에도 불구하고 웬일인가! 이상한 마음의 평안이…… 이 놀라운 평안이여, 자유여, 자유여."

그는 자기 친구에게 편지를 써서 이런 놀랍고도 충격적인 고백을 합니다.

"나는 이 사람들을 돕기 위해서 여기에 왔다고 생각한다. 그런데 나는 이 공동체에 와서 처음으로 고향을 찾은 것 같은 감정을 느낀다. 탕자였던 내가 오히려 집으로 돌아온 것을 느낀다. 그리고 나는 이 사람들을 돕고 이 사람들을 치료하기 위해서 온 것만은 아니다. 우리 공동체 6명 중 아담이라는 청년이 있는데 그는 정신지체아였지만 깨끗하고 투명한 영혼을 가졌다. 나는 그의 영혼과 부딪치면서 그가 나를 치료하고 있다. 그가 나를 치료하고 있다. 나에게 붙어 있던 찌꺼기, 그런 거짓된 위선, 가면, 이런 것들이 찢겨 나가도록 내가 섬기고 있는 아담이 내 영혼을 치료해 주고 있다."

이것은 놀라운 발견이었습니다. 그러고 나서 나중에 그는 정신지체아들도 시간은 걸리지만 그들도 예수님을 영접할 수 있고 그들도 그리스도의 사랑에 반응하는 모습을 보기 시작합니다. 1996년 9월 21일에 헨리 나우엔은 세상을 떠났습니다. 그는 떠나기 직전에 이렇게 말합니다.

"나는 내 사랑하는 우리의 이웃들을 통해서 우리 주님 그리스도를 새롭게 경험했다. 나는 참 행복했다. 나는 참 행복했다." 이것이 그의 마지막 유언이었습니다.

너희 마음눈을 밝히사 그의 부르심의 소망이 무엇이며 성도 안에서 그 기업의 영광의 풍성이 무엇이며 그의 힘의 강력으로 역사하심을 따라 믿는 우리에게 베푸신 능력의 지극히 크심이 어떤 것을 너희로 알게 하시기를 구하노라(에베소서 1:18 − 19)

16) 기도하는 이유

어떤 부부가 어느 날 함께 교회에 나와서 열심히 기도하고 있었습니다. 나란히 함께 앉아서 기도하는데 남편이 계속 이렇게 기도했습니다.

"채워 주소서. 채워 주소서. 채워 주소서. 오! 주님, 채워 주소서." 그런데 그 남편 옆에 있던 부인이 이상하게도 자기 남편을 힐끗힐끗 쳐다보면서 기도하는데 그 내용은 더욱 이상했습니다.

"가져가소서. 가져가소서. 가져가소서."

그런 모습을 옆에서 지켜보던 사람이 너무나 이상해서 '이 부부는 뭐 이렇게 기도하나'라는 생각에 그 부부의 기도를 더 자세히 들어보았습니다. 조용히 귀를 기울이니까 부인의 기도 소리가 들려왔습니다.

"하나님, 이 인간을 채워 주셔야 만날 자기밖에 모르오니 가져가소서. 가져가소서."

우리가 기도하는 이유는 하나님의 뜻을 알 수 있도록 그리고 하나님의 뜻 앞에 나를 복종시키고 하나님의 뜻에 의해서 쓰임을 받는 인생이 되기 위해서입니다.

나더러 주여 주여 하는 자마다 천국에 다 들어갈 것이 아니요 다만 하늘에 계신 내 아버지의 뜻대로 행하는 자라야 들어가리라 – 마태복음 7:21

17) 문제가 하나도 없는 직장

금세기에 적극적인 사고방식을 통해서 많은 사람들에게 감동을 주었던 유명한 노르만 빈센트 필 목사님의 이야기입니다. 어느 날 빈센트 필 목사님에게 청년 하나가 찾아와서 이렇게 부탁했습니다.

"목사님, 제가 다니는 직장에는 너무너무 문제가 많습니다. 문제없는 직장을 하나 소개해 주시죠." 그의 부탁에 빈센트 필 목사님이 두말하지 않고 흔쾌히 허락했습니다.

"아, 그러십니까? 내가 마침 생각나는 직장이 하나 있는데 지금 내 차를 함께 타고 가시죠."

"아? 지금 소개해 주겠어요?"

"그럼요. 지금 소개하죠. 내 차를 타세요."

그래서 그는 이 청년을 자신의 차에 태우고 드라이브를 합니다. 뉴욕 시외로 나가더니 갑자기 이 빈센트 필 목사님이 공동묘지 앞에 차를 딱 세우며 이렇게 말하는 것입니다.

"형제여, 여기가 문제가 하나도 없는 직장입니다. 문제가 하나도 없는 직장!"

우리가 산다는 것은 문제와 더불어 살아가는 것을 의미합니다. 문제없기를 바라는 사람이 더 피곤한 인생을 살 수밖에 없습니다.

우리의 년수가 칠십이요 강건하면 팔십이라도 그 년수의 자랑은 수고와 슬픔뿐이요 신속히 가니 우리가 날아가나이다 - 시편 90:10

18) 병아리 목사님의 설교

신학교를 갓 졸업한 어떤 목사님이 처음으로 강단에 서서 설교를 하게 되었습니다. 목사님은 큰 기대감을 가지고 설교 준비를 잘해서 원고도 안 보고 멋있게 설교를 하겠다는 생각으로 설교를 시작했습니다. 그런데 너무 흥분한 나머지 설교의 초반을 이상하게 시작했습니다.

"사랑하시는 여러분, 키가 작은 니고데모는 기다리고 있었습니다. 키가 너무 작아 예수님이 보이지 않았던 니고데모는 너무 예수님을 만나고 싶은 나머지 뽕나무에 올라갔습니다."

그 순간 목사님의 말씀에 성도들이 좀 수군거리기 시작했습니다. 그러니까 젊은 목사님은 곧 잘못 말한 것을 깨닫고 갑자기 말을 바꾸었습니다.

"그 순간 삭개오가 현장에 나타났습니다. 그는 뽕나무에 올라가 있는 니고데모를 향해서 이렇게 말했습니다. 니고데모야, 내가 올라갈 자리에 네가 왜 올라가 있니? 빨리 내려와라. 그리고 그는 그 뽕나무 위에서 예수님을 만났습니다. 그리고 자기 집에 예수님을 모셨습니다. 하나님의 구원을 체험하고 나서 삭개오는 너무나 감격한 나머지 자기 평생을 걸고 예수님을 섬겼고 예수님을 좇아갔습니다. 그러나 니고데모는 어떻게 되었는지 모르겠습니다."

진리의 말씀이 내 입에서 조금도 떠나지 말게 하소서 내가 주의 규례를 바랐음이니이다 - 시편 119:43

19) 이상한 관계

제가 몇 년 전에 미국의 로스앤젤레스에 갔을 때, 그곳에 사시는 어떤 교포한 분에게 굉장히 재미난 얘기를 들었습니다. 그분은 저에게 이런 질문을 던지더군요.

"로스앤젤레스에 사는 우리 한국 교민들이 제일 무서워하는 대상이 있는데 그게 뭔 줄 아십니까?"

"잘 모르겠는데 뭡니까?"

"한국 교민들은 흑인들을 제일 무서워해요. 왜냐하면 총기사고가 많이 일어나고 그러니까 제일 무서워하지요. 그런데 목사님, 그 흑인들이 제일 무서워하는 사람은 누구인 줄 아십니까?"

"누군데요?"

"스페인 계통의 멕시코인들을 제일 무서워합니다. 그런데 그 멕시코인들이 제일 무서워하는 대상은 누군 줄 아십니까?"

"그것도 역시 모르겠는데요."

"월남 사람을 제일 무서워하지요. 월남 갱이 보통이 아니거든요. 그런데 그월남 사람들이 제일 무서워하는 대상이 누군 줄 아십니까? 한국 사람을 제일 무서워합니다. 월남에 가서 한국 사람들이 하도 개판을 쳐 놓아서 한국 사람을 제일 무서워해요."

이는 나 여호와 너의 하나님이 네 오른손을 붙들고 네게 이르기를 두려워 말라 내가 너를 도우리라 할 것임이니라 – 이사야 41:13

20) 어느 대장장이의 기도

제가 최근에 미국 잡지를 읽다가 재미있는 기사를 하나 보았습니다. 유엔은 이 지구상에 많은 나라들이 함께 모여서 세계의 중요한 국제적인 분쟁이나 문제들을 해결하는 중요한 기구입니다. 따라서 여러 나라가 모여 있고 또 여러 종교를 대표하고 있기 때문에 특정 종교의 단어를 유엔의 모든 회의석상에서 일체 사용하지 못하도록 되어 있습니다. 그래서 미국의 대통령도 미국에서는 연설할 때에 "하나님이 여러분을 축복하시길 바랍니다."라는 말을 할 수 있지만, 절대

유엔에서는 그런 말을 할 수 없습니다.

그런 유엔의 여러 기구 가운데서도 가장 중요한 정책 기구 중에 하나가 안전보장이사회입니다. 6·25 참전도 거기서 결정되었지요. 그런데 최근에 안전보장이사회에서 중요한 결정을 할 때 쓰이는 이 투표함을 바꾸게 되었습니다. 왜냐하면 철제로 만들어진 투표함을 하도 오랜 기간 사용하여서 이제는 고물이 되었기 때문이었습니다.

그런데 그 투표함을 바꾸는 과정에서 아주 흥미 있는 사실이 하나가 발견되었답니다. 그 철제함의 내부를 보니 그곳에 무슨 글귀가 쓰여 있었던 것입니다. 그 문구는 이런 것이었습니다. "이 안전보장이사회에서 이루어지는 모든 결정이 창조주 하나님의 뜻에 합당한 결정이 되어 인류 역사의 올바른 뜻이 이루어지기를 기도합니다. 폴 안토니오."

이 문구를 쓴 사람의 서명까지 적혀 있는 것을 본 호기심 많은 사람이 그 이름을 추적해 보았습니다. 알고 보니 폴 안토니오라는 사람은 그 철제함을 만들었던 사람이었습니다. 그는 대장장이로서 아주 성실한 크리스천이었습니다.

이 짤막한 에피소드 기사를 실었던 잡지의 기자는 이런 말을 했습니다.

"이것은 얼마나 축복이고 다행인가? 인류 역사의 가장 중요한 국제적 분쟁을 해결하는 안전보장이사회의 투표함에 자기의 기도를 함께 집어넣었던 이 폴 안토니오의 기도는 아마도 지구상에 평화를 가져오는 하나님의 놀라운 뜻에 일조했음에 틀림이 없다. 하나님은 유엔에도 역사하셨다."

내 이름으로 무엇이든지 내게 구하면 내가 시행하리라 - 요한복음 14:14

21) 벼룩의 한계

어떤 심리학자가 여러 개의 벼룩을 가지고 벼룩이 얼마나 높이 뛸 수 있나 하는 것을 실험해 보았습니다. 그는 이 실험을 통해 모든 벼룩들이 20㎝는 충분히 다 뛸 수 있고, 어떤 벼룩들은 무려 30㎝를 뛸 수 있다는 것을 발견했습니다. 그래서 그는 높이뛰기에 실력을 가진 벼룩들만 모아서 7-8㎝ 높이의 유리컵에 놓고 그 위에다 뚜껑을 덮었습니다. 그래도 벼룩들은 유리컵 안에서 계속 뛰었습니다. 그러나 유리컵의 한계 때문에 더 높이 뛰지 못하고 유리벽에 자꾸만 부딪쳤습니다.

한두 시간이 지난 후 심리학자는 벼룩이 들어 있던 유리컵 뚜껑을 벗겨주었습니다. 그런데 놀랍게도 그 이상을 뛸 수 있음에도 불구하고, 벼룩들은 '이제 나는 그 이상 뛸 수가 없다. 이 7 − 8cm인 유리컵의 한계가 내 한계다.'라는 생각(?)에 더 이상 뛰지 못하고 있다는 것입니다.

자기의 한계를 너무 낮게 낮추어 버리고 인생의 어떤 난제 앞에서 인생의 어려움 앞에서 삶을 스스로 포기하는 사람들이 적지 않게 우리 주변에 있는 것을 볼 수가 있습니다.

내게 능력 주시는 자 안에서 내가 모든 것을 할 수 있느니라 – 빌립보서 4:13

22) 미켈란젤로의 스승 이야기

대부분의 사람들은 미켈란젤로의 이름은 모두 기억하고 있지만, 보톨도라는 이름을 기억하는 사람은 그리 많지 않습니다. 보톨도 지오바니는 유명한 미켈란젤로의 스승입니다. 미켈란젤로가 14살이 되었을 때, 미켈란젤로는 보톨도의 문하생이 되기 위해서 그를 찾아왔습니다. 그때 그는 스승으로서 미켈란젤로를 테스트해 보았습니다. 그의 놀라운 재능을 본 보톨도는 그에게 이렇게 묻습니다.

"너는 위대한 조각가가 되고 싶으냐?"

"네, 그렇습니다. 스승님."

"그렇다면 넌 위대한 조각가가 되기 위해서 무엇이 필요하다고 생각하느냐?"

"전 제가 가지고 있는 재능과 기술을 더 닦아야 한다고 생각합니다."

"네 기술만으로는 안 된다. 너는 네 기술로써 무엇을 위하여 쓸 것인가 먼저 분명한 결정을 해야 된다."

그리고 자기의 문하생이 된 그날, 이 스승은 어린 미켈란젤로를 데리고 나가서 두 군데를 구경시켜 주었습니다. 처음으로 구경시켜 준 곳은 바로 술집입니다.

"스승님, 술집 입구에 아름다운 조각이 있어요."

"이 조각은 아름답지만 조각가는 술집을 위해서 이 조각을 사용했단다."

이 스승은 다시 어린 미켈란젤로의 손을 잡고서 아주 거대한 성당으로 갔습니다. 그리고 성당의 입구에 세워진 아름다운 조각상을 보여주었습니다.

"너는 이 아름다운 천사의 조각상이 마음에 드느냐, 아니면 저 술집 입구에 있는 조각상이 마음에 드느냐? 똑같은 조각이지만 하나는 하나님의 영광을 위해서 쓰였고, 또 하나는 술 마시는 흥행과 쾌락을 위해서 세워졌단다. 너는 네 기술과 재능을 무엇을 위하여 쓰기를 원하느냐?"

스승의 물음에 어린 미켈란젤로는 세 번씩 대답했다고 합니다.

"하나님을 위하여, 하나님을 위하여, 하나님을 위하여 쓰겠습니다."

"그래, 그것이 무엇보다도 중요하다. 네 재능보다도 더 중요한 것은 네 재능을 하나님을 위하여 쓴다는 것이다."

우리는 지금 우리가 가지고 있는 몸, 시간, 기회 등을 무엇을 위해서 쓰고 있습니까?

값으로 산 것이 되었으니 그런즉 너희 몸으로 하나님께 영광을 돌리라 - 고린도전서 6:20

23) 사역의 고초

빌리 선데이(Billy Sunday)라는 미국의 유명한 전도자가 있었습니다. 그는 사역 초기에 이런 에피소드가 있었습니다. 그는 아주 말을 잘 할뿐더러 조금 야성적인 스타일의 전도자였습니다. 그가 아직 틀이 잡히지 않은 설교자이면서 젊은 목회자로서 어떤 개척교회 같은 작은 교회에서 일을 할 때였습니다.

한번은 아주 열렬하게 침을 튀기면서 열심히 설교를 끝낸 후, 그는 교인들과 인사를 나누기 위해 교회 문 뒤로 나갔습니다. 그때 어떤 교인들이 와서 "아! 목사님, 그런 열렬하고 뜨거운 설교는 처음 들었습니다."라고 칭찬을 했습니다. 그런데 그의 옆에 서 계셨던 아주 나이 많은 목사님 한 분이 옆구리를 쿡쿡 찌르면서 "기도해!"라고 말했습니다. 그래서 그가 "뭐라고 기도할까요?" 했더니 그 목사님은 "교만하지 말게 하소서."라고 기도 내용을 말해 주셨습니다.

그 다음에 어떤 교인이 오더니 "목사님! 무슨 설교를 그렇게 무례하게 하십니까? 시험 들겠어요?"라고 했습니다. 그 순간 그는 다시 옆에 있는 나이 많은 목사님을 쳐다보니까 목사님이 또 "기도해!"라고 말합니다. 그래서 또다시 그는 "뭐라고 기도할까요?"라고 물었더니 이번에는 "낙심하지 말게 하소서!"라고 말해 주었습니다.

믿음의 주요 또 온전케 하시는 이인 예수를 바라보자 저는 그 앞에 있는 즐거움을 위하여 십자가를 참으사 - 히브리서 12:2

24) 공동체로서의 인식

어느 날 한 젊은이가 스펄전 목사님을 찾아와서 자신의 고민을 꺼내며 이런 요청을 합니다. "목사님, 저는 교회 생활하는 데 힘이 듭니다. 늘 시험받게 됩니다. 목사님께서 문제없는 완전한 교회 하나 소개해 주세요." 이때 스펄전 목사님은 빙그레 웃으면서 젊은이에게 이렇게 말했습니다.

"자네가 혹시 그런 교회를 찾으면 나에게 꼭 알려주게. 나도 그 교회 가서 그 교인이 되고 싶네. 그러나 자네는 그런 교회를 찾거든 절대로 그 교회에 속하지 말게."

"왜요?"

"왜냐하면 자네가 끼는 날부터 그 교회의 완전은 깨질 테니까 말이야. 바로 자네 때문에 말이야."

불완전한 인간이 모여서 형성하는 공동체는 언제나 문제들이 있을 수밖에 없습니다. 문제가 없기를 기대하는 것은 허구적 이상주의라고 할 수 있습니다.

몸 가운데서 분쟁이 없고 오직 여러 지체가 서로 같이하여 돌아보게 하셨으니 만일 한 지체가 고통을 받으면 모든 지체도 함께 고통을 받고 한 지체가 영광을 얻으면 모든 지체도 함께 즐거워하나니 너희는 그리스도의 몸이요 지체의 각 부분이라 - 고린도전서 12:25 - 27

25) 진정한 교제

크리스천 작가였던 유명한 마크 트웨인은 이런 재미있는 말을 남겼습니다.

"나는 개와 고양이를 한 우리 안에 넣어 보았다. 뜻밖에도 그들은 내 기대를 뛰어넘어서 잘 지내는 모습을 나에게 보여주었다. 나는 이번에는 새와 돼지와 염소를 한 우리 안에 집어넣어 보았다. 그들은 약간의 적응하는 시간이 필요했지만 마침내 그들도 더불어 잘 어울릴 수가 있었다. 나는 이번에는 장로교인과 감리교인과 침례교인을 한 우리 안에 함께 있도록 했다. 그런데 그들은 결코 잘 지낼 수가 없었다."

이것은 그리스도인들이 얼마나 교제를 소중하게 관리하지 못하는가는 모습을 꼬집은 풍자적인 해학이라고 할 수 있습니다.

이로써 네 믿음의 교제가 우리 가운데 있는 선을 알게 하고 그리스도께 미치도록 역사하느니라 - 빌레몬서 1:6

26) 내 너를 위하여

1858년 영국에서 독일로 유학해서 공부하고 있던 여학생 하나가 있었습니다. 22살 먹은 이 여학생은 목사님 딸로서 소위 명목상의 기독교인(Nominal Christian)에 불과했습니다. 이 여학생은 신앙생활을 등한히 한 채 단지 자신에게 주어진 유학생활만 충실히 하다가 그만 병이 들었습니다.

어느 날 그녀의 한 친구가 자기의 집에 초청했는데, 친구의 집은 별장같이 큰 저택이었습니다. 그녀는 친구의 집 복도를 걷다가 벽에 걸려 있는 어떤 그림 하나가 그녀의 시선을 끄는 것을 느꼈습니다. 그 그림은 유명한 렘브란트가 그린 작품이었습니다. 거기에는 빌라도의 법정에서 가시 면류관을 쓰고 채찍으로 맞아 고난 받으며 모욕과 침 뱉음을 당하고 있는 예수님의 모습이 그려져 있었습니다. 그 그림은 살아 움직이듯 그녀를 그림 가까이 끌어당기고 있었습니다. 그녀는 몸이 얼어붙듯 그 그림 앞에 섰습니다. 그림 아래에는 글귀 하나가 쓰여 있었는데, 그 글귀가 그녀의 마음을 확 사로잡았습니다. 거기에는 이렇게 쓰여 있었습니다.

"나 너를 위해 이렇게 고난을 받았는데 너는 나를 위해 무엇을 주느냐? 너는 나를 위해서 무엇을 주느냐?" 그 글을 본 그녀는 흐르는 눈물을 어떻게 할 수 없었습니다. '내가 주님을 잊고 나를 위해 희생하시고 고난을 받으신 그리스도를 망각하고 살았구나. 주님, 이것이 사실이라면 내가 주님을 위해서 드리지 못할 것이 없습니다.' 그날 밤 집에 돌아온 그녀는 붓을 들어서 그 그림에서 받았던 감동과 자기 헌신의 결심을 한 편의 찬송시로 쓰기 시작했습니다. 그것이 찬송가 185장입니다.

"내 너를 위하여 몸 버려 피 흘려 네 죄를 속하여 살길을 주었다.

너 위해 몸을 주건만 너 무엇 주느냐.

너 위해 몸을 주건만 날 위해 무엇 주느냐."

내가 그리스도와 함께 십자가에 못 박혔나니 그런즉 이제는 내가 산 것이 아니요 오직 내 안에 그리스도께서 사신 것이라 이제 내가 육체 가운데 사는 것은 나를 사랑하사 나를 위하여 자기 몸을 버리신 하나님의 아들을 믿는 믿음 안에서 사는 것이라 - 갈라디아서 2:20

27) 당신 말이 옳소

탈무드를 읽다가 옛날 우리나라 황희 정승을 연상시키는 얘기라서 혼자 웃었던 이야기입니다. 어떤 젊은 두 사람이 서로 갈등이 생겨서 유대인 랍비를 찾아왔습니다. 그리고 그 둘은 랍비에게 자신들의 입장만을 앞다투어 호소하기 시작합니다. 그때 랍비는 그러지 말고 한 사람씩 와서 따로따로 이야기하라고 했습니다. 그래서 두 사람 중 한 사람이 먼저 와서 랍비에게 자기의 문제를 쭉 이야기했습니다. 그의 말을 다 듣고 난 랍비는 그에게 "당신 말이 옳소."라고 합니다. 그 다음에 두 번째 사람이 와서 자기 입장을 말합니다. 두 번째 사람의 말을 들은 랍비는 처음에 온 사람에게 한 말과 같이 똑같은 말을 합니다. "당신 말이 옳소."

그 얘기를 뒤에서 듣고 있던 랍비의 아내가 이렇게 질문합니다. "아니, 두 사람 다 옳다고 하면 해결이 됩니까? 도대체 당신 그게 판단이라고 한 거예요?" 랍비는 아내를 바라보면서 "당신 말이 옳소 당신 말이 옳소."라고 대답했습니다.

오직 너희 말은 옳다 옳다, 아니라 아니라 하라 이에서 지나는 것은 악으로 좇아 나느니라 - 마태복음 5:37

28) I'm OK, You're OK

심리학자인 해리슨의 저서 가운데 아주 유명한 'I'm OK, You're OK'라는 책이 있습니다. 이 책의 제목처럼 '나도 옳을 수가 있고 당신도 옳을 수가 있다.

또 나도 틀릴 수가 있고 당신도 틀릴 수가 있다.'라고 생각하는 사람은 건강한 사람입니다.

그런데 문제는 '나는 옳은데 네가 틀렸다'(I'm OK, You're not OK)라고 생각하는 사람입니다. 이런 사람은 항상 네가 틀렸다며 상대방을 비난하기 때문에 항상 자기가 정의라고 생각합니다. 그리고 자기가 정의의 잣대이기에 다른 사람은 항상 불의하다고 생각합니다.

그래서 이들은 단순한 방법론의 차이, 주관적 해석 등을 가지고 자기가 옳다고 생각하여 다른 사람을 평가합니다. 이들은 항상 자신이 옳다고 주장하면서 항상 공격적이고 파괴적이며 비판적인 그런 이론을 진술하는 사람들입니다.

심리학자들은 이런 사람들을 거의 환자라고 봅니다. 이런 사람들은 정신병을 앓고 있는 것이기에 치료해야만 합니다. 그렇지 않으면 자신도 불행하고 공동체를 불행하게 만들고 맙니다. 이런 사람들은 공동체 안의 화평과 조화를 깨뜨리는 경향이 있습니다. 과연 우리 자신은 어떤 사람들일까요?

너희는 사람 앞에서 스스로 옳다 하는 자이나 너희 마음을 하나님께서 아시나니 그것은 하나님 앞에 미움을 받는 것이니라 - 누가복음 16:15

29) 나체촌에서 설교하신 목사님

국제적인 유머를 다루는 어떤 책에 이런 이야기가 있었습니다. 어떤 유럽의 목사님이 나체촌에 가서 설교를 하게 되었습니다. 설교하고 돌아온 목사님에게 사모님은 소감이 어떠했는지, 무슨 생각을 하며 설교를 했는지에 대하여 묻습니다. 과연 목사님은 무슨 생각하며 설교했을까요? 이 목사님은 사모님에게 '저 사람들이 헌금을 과연 낼 것인가, 안 낼 것인가?'라는 생각을 하면서 설교했다고 말했습니다. 목사님 생각에는 그들이 옷을 걸치지 않았기 때문에 주머니가 없어서 헌금을 준비하지 못했을 것이 신경 쓰였습니다.

돈을 사랑함이 일만 악의 뿌리가 되나니 이것을 사모하는 자들이 미혹을 받아 믿음에서 떠나 많은 근심으로써 자기를 찔렀도다 - 디모데전서 6:10

30) 찰스 스윈돌의 위기 모면

미국에 제가 좋아하는 유명한 목사님 중에 찰스 스윈돌이라는 분이 계십니다. 한번은 이분이 주일날 설교 중에 "우리 크리스천들은 법과 질서를 지켜야 합니다. 교통신호도 정확하게 지키십시오."라고 했습니다. 그런데 예배가 다 끝나서 집에 돌아가는 길에 그만 이 목사님이 딴 생각을 하다가 빨간 불인데도 모르고 지나갔습니다. 지나가는 순간 빨간 불이었다는 사실을 알고 깜짝 놀라서 옆을 보니까 자꾸 사람들이 쳐다보는 것 같았습니다. 목사님은 순간적으로 '아, 교인들이로구나! 내가 설교해 놓고 내가 규칙을 어기다니'라고 생각하며 교인들에게 들킨 것 때문에 너무나 창피했습니다. 그래서 그냥 쳐다보지 않고 차를 몰아서 얼른 집으로 와 버렸습니다.

얼마 후 전화가 왔습니다. "목사님, 아까 어디에 차 가지고 지나가셨죠? 내일 우리 교인들이 목사님 만나고 싶습니다." 목사님은 '교인들이 아마 따지려고 그러나 보다.'라고 생각했습니다. 목사님은 "그냥 점심 같이해요."라고 말은 했지만 속으로는 무척 걱정스러웠습니다.

그 이튿날 점심시간에 굉장히 유머가 많으셨던 목사님은 목에다 무얼 걸고 약속 장소에 나갔습니다. 거기에는 "나는 죄인이다"(I am guilty)라고 쓰여 있었습니다. 그런 것을 목에 걸고 나오니까 얼마나 우스웠겠습니까? 교인들은 막 배꼽을 잡고 웃으면서 박수를 치고 환영했습니다. 교인들의 반응에 목사님은 갑자기 뒤를 돌아섰는데 뒤에는 또 다른 글이 걸려 있었습니다. 거기에는 "너희 중에 죄 없는 자가 먼저 돌로 치라."고 쓰여 있었습니다.

그런즉 저희를 두려워하지 말라 감추인 것이 드러나지 않을 것이 없고 숨은 것이 알려지지 않을 것이 없느니라 – 마태복음 10:26

31) 첫걸음의 중요성

믿음과 순종은 한 걸음부터 시작됩니다. 우리들이 신앙을 위해 내딛는 첫걸음은 무엇보다도 중요합니다. 에디슨은 인류 역사상 최초로 전구 실험을 해서 성공한 사람입니다. 그런데 처음에는 그 전구가 얼마나 희미한지 촛불을 밝혀야 볼 수 있었다고 합니다. 얼마나 재미있어요? 전구를 만들긴 만들었는데 촛불을 비춰 놓고 봐야 볼 수 있었다니 말입니다. 그러나 이것이 첫걸음이었습니다. 그 첫걸음이 얼마나 중요한 것입니까?

라이트형제가 비행기를 처음 만들어 날렸을 때, 그 비행기는 공중에 불과 12초를 머물다가 떨어졌습니다. 그러나 불완전한 첫걸음, 그 첫걸음이 지금 우리가 비행기를 타고 다니도록 만들어 주었던 것입니다. 첫걸음이 얼마나 중요한 것이었을까요? 인류 역사상 최초의 증기선이 미국 뉴욕에서 알바니아를 향해서 나아갈 때 지금 배를 타고 가면 천천히 가도 30분이 걸리는 거리를 그 당시만 해도 거의 30시간이 걸렸다고 합니다. 그러나 이 최초의 첫걸음, 바로 그 스팀 엔진의 고동 소리와 함께 떠나갔던 배의 행진은 그 무엇보다 중요했습니다.

인류 역사상 최초 자동차 실험에서 자동차는 1시간에 2마일을 갔답니다. 1시간에 2마일. 그러니까 마차하고 가면 자동차보다 마차가 먼저 갔다는 말입니다. 그래서 그 당시 마차를 타고 가던 마부들이 차라리 내 마차나 타라고 하며 자동차를 비웃었습니다. 그러나 그렇게 출발했던 그 불완전한 자동차 시운전의 첫걸음은 중요했습니다.

우리 믿음의 첫걸음, 헌신의 첫걸음, 봉사의 첫걸음이 불완전해도 괜찮습니다. 우리가 내딛는 첫걸음이 마침내 영광스러운 미래를 가능케 하는 것입니다.

악인의 길은 어둠 같아서 그가 거쳐 넘어져도 그것이 무엇인지 깨닫지 못하느니라 – 잠언 4:19

32) 한 병사의 편지를 대필해 준 링컨

링컨의 전기에 보면 이런 얘기가 있습니다. 어느 크리스마스가 가까운 계절에 링컨은 크리스마스를 어떻게 뜻있게 보낼까 생각하고 있었습니다. 그때 당시에는 남북 전쟁이 한창 진행 중이었습니다. 링컨은 깊이 생각하다가 어느 순간 나라를 위해 싸우다가 부상당한 사람들이 떠올랐습니다. 그래서 그는 야전 병원에 찾아갔습니다. 그는 부상자를 위로하다가 거의 죽음에 이르러 피를 흘리고 있는 한 병사를 발견했습니다. "얼마나 아프세요? 제가 뭐 해 드릴 일이 있습니까?" 그 병사는 대통령인 줄도 모르고 "미안하지만 편지 좀 써 주세요."라고 합니다. 그래서 링컨은 그 병사가 불러주는 대로 대신해서 편지를 써 줍니다.

"사랑하는 어머니, 저는 살아서 집에 못 돌아갈 것 같아요. 그러나 당신의 아들은 나라를 위해서 용기 있게 싸웠어요. 어머니, 정말 어머니를 사랑합니다. 가족들에게 안부 전해 주세요. 천국에서 만나요." 링컨은 마지막 줄에 그 병사의 이름을 쓰고 그 아래에다가 '아브라함 링컨이 대서함'이라고 쓰고 사인했어요. 그 병사가 다 쓴 편지 좀 보여 달라고 했습니다. 결국 그 병사는 자신의 편지를 대신 써 준 사람이 대통령임을 알게 되었고 감사의 마음을 전합니다. "각하, 너무 감사합니다."

이때 링컨은 고개를 흔들면서 "아니에요. 내가 당신에게 감사를 드려야 되요. 당신은 나의 가족, 당신은 나의 아들입니다. 당신은 나를 대신해서 싸운 거예요. 내가 뭐 더 해 드릴 일이 있어요?"라고 답했습니다. 그 병사는 마지막으로 대통령의 손을 잡기 원했고, 한참 시간이 흐른 후 링컨의 손을 잡은 채 평화로운 모습으로 눈을 감았다고 합니다. 그때 링컨은 그의 볼에다 키스하면서 이렇게 말합니다.

"나의 사랑하는 아들이여(My son), 메리 크리스마스!"(Merry Christmas)

내게는 모든 것이 있고 또 풍부한지라 에바브로디도 편에 너희의 준 것을 받으므로 내가 풍족하니 이는 받으실 만한 향기로운 제물이요 하나님을 기쁘시게 한 것이라 – 빌립보서 4:18

33) 참을성 없는 아브라함

히브리 사람들이 읽는 민화집에 이런 이야기가 있습니다. 어느 날 아브라함이 저녁 무렵 텐트 바깥에 나와서 앉아 있었습니다. 그런데 멀리서 80세가량 되어 보이는 노인이 터벅터벅 찔뚝거리면서 아브라함이 있는 쪽으로 걸어옵니다. 그 노인은 피곤한 표정, 남루한 옷차림, 거지에 가까운 옷차림이었습니다. 그는 무척 배고파 보였습니다. 그리고 그의 얼굴은 아주 찌든 모습이었습니다.

이 80세 된 노인이 아브라함에게 오더니 "당신 장막에서 하룻밤 쉬어 갈 수 있겠소?"라고 묻습니다. 아브라함은 하나님의 사람이라 "그러세요? 들어오세요. 저희 장막에서 쉬어 가시죠."라고 흔쾌히 허락합니다. 그리고 이 노인장의 발을 정성스럽게 물로 씻겨 주었습니다. 그리고 식사를 준비해서 대접합니다. 그런데 이 노인이 기도를 안 하고 식사를 하는 것입니다. 그러한 그의 태도에 화가 난 아브라함은 노인에게 "하나님께 감사기도를 하고 식사하시죠?"라고 말했습니다. 그러니까 이 노인은 "하나님이요? 나에게는 음식이 바로 하나님이요."라고 대꾸합니다. 더욱더 화가 난 아브라함은 "노인장, 나는 노인장 같은 노인은 우리 집에서 모시고 싶지 않소."라고 말하고 쫓아 버렸습니다.

그날 밤 아브라함이 자고 있는데 하나님이 나타나셨습니다.

"아브라함아!"

"네, 하나님."

"오늘 저녁에 너희 집에 손님이 왔지?"

"네, 그랬었습니다."

"왜 쫓아냈니?"

"아, 하나님도 보셨군요. 아시잖아요? 하나님을 모독하고, 음식이 하나님이라고 하는데 전 도저히 참을 수 없었습니다. 그래서 그냥 쫓아냈습니다."

하나님께서 아브라함에게 이렇게 말씀하십니다.

"아브라함아, 나는 말이야. 그 노인을 80년이나 참았는데. 너는 말이야, 하루 저녁, 그리고 한 시간도 참을 수가 없었더냐?"

너희의 인내로 너희 영혼을 얻으리라 - 누가복음 21:19

34) 신 레몬으로 레몬차를 만들어라

미국 사람들은 자동차 범퍼에다 여러 가지 종류의 스티커를 많이 붙이고 다니는 것을 보게 됩니다. 그 많은 범퍼 스티커 가운데 이런 스티커가 하나 있습니다. "아주 쓰고 신 레몬을 주거든, 그것을 레모네이드 차로 만들어라."(When life hands you a lemon, Make lemonade) 이 말은 쓰디쓴 인생의 경험이 오히려 달콤하고 아름다운 인생의 축복으로 변모할 수가 있다는 놀라운 사실을 말해 주고 있습니다. 신 레몬을 달콤한 레몬차로 만들어 마시라는 말입니다.

시험을 통해서 주님이 나에게 주실 궁극적인 유익과 소망을 바라볼 수 있는 사람이라면 이 시험은 결코 파괴적인 것만은 아닙니다. 내가 믿음의 사람이 되고, 내가 인내의 사람이 되고, 내가 지혜의 사람이 되고, 내가 하나님의 기뻐하는 사람이 되어 주 앞에 서 있게 될 것입니다. 그렇다면 시험의 폭풍우 속에서도 우리는 노래할 수가 있습니다. 울면서도 찬양할 수 있습니다. 그리고 마침내 예수그리스도의 인격을 만들어 갈 수 있을 것입니다.

여호와여 나를 살피시고 시험하사 내 뜻과 내 마음을 단련하소서 - 시편 26:2

35) 깨어짐의 영성의 법칙

제가 좋아하는 헨리 나우엔의 책에 이런 글이 있습니다. 그는 중세기 어떤 수도사의 얘기를 인용하고 있었습니다.

아주 노련하고 존경받는 수도사 한 사람이 젊은 수도사의 교육을 막 시작했습니다. 아직은 좀 건방지고 교만한 구석이 있는 젊은 수도사에게 교훈을 주기 위해서 그는 흙을 만지면서 이런 대화를 나눕니다. 아주 견고하고 딱딱한 흙을 만지면서 젊은 수도사에게, "여보게, 여기 물 좀 붓지."라고 말합니다. 그래서 젊은 수도사는 물을 부었습니다. 그런데 물이 흙으로 스며드는 것이 아니라 딱딱한 흙이라서 그냥 옆으로 흘러내리고 맙니다. 노련한 수도사는 "이 딱딱한 흙은 물을 받지 못하네."라고 말하면서 옆에 있는 망치를 집어 들더니 그 딱딱한 흙덩이를 부수기 시작했습니다. 그런 후에 젊은 수도사에게 다시 물을 부어 보라고 합니다. 젊은 수도사가 부서져서 부드러워진 그 흙 속에 물을 붓자 그 물이 흙을 응고시키기 시작했습니다. 그 다음에 이 수도사는 웃으면서 말합니다. "여기다가 말이야. 씨를 뿌리면 틀림없이 꽃을 피우고 열매를 맺을 것이 아니겠나? 우리는 이것을 수도하는 사람들은 깨어짐의 영성의 법칙이라고 말하지."

깨어짐의 영성의 법칙이란 내가 깨어지고 내가 부서질 때 하나님은 거기서 기뻐하는 꽃과 아름다운 열매를 맺도록 하신다는 것입니다. 그 열매를 위하여 아름다운 꽃을 위하여 때로 하나님이 나를 깨부수는 순간들이 있습니다. 그때 우리는 원망하기보다 "하나님, 깨뜨리세요. 깨뜨리세요. 그리고 하나님이 기뻐하시는 사람으로 만들어 주세요."라고 기도해야 할 것입니다.

도가니는 은을, 풀무는 금을 연단하거니와 여호와는 마음을 연단하시느니라 - 잠언 17:3

36) 사랑 편지의 결과

어떤 형제가 한 자매를 너무 좋아했습니다. 그래서 형제가 그 자매에게 사랑을 고백했지만 자매 쪽에서 전혀 반응이 없었습니다. 그래서 형제는 하루에 한 번씩 편지를 쓰기로 결심을 하고 사랑의 고백 편지를 쓰기 시작했습니다. 이 자매는 일주일이면 일곱 통의 편지를 받았지만 아무런 반응을 하지 않았습니다. 형제는 더 독한 결심으로 하루에 세 번 편지를 쓰기로 마음을 먹었습니다. 결국 이 자매는 감동을 받았습니다.

그런데 어떤 일이 일어났을까요? 이 자매가 결혼한 상대는 편지를 보낸 사람이 아닌 편지를 배달한 우체부였습니다.

장로는 사랑하는 가이오 곧 나의 참으로 사랑하는 자에게 편지하노라 - 요한삼서 1:1

37) 정직이라는 시험

미국의 밴더빌트 대학에서 수학을 가르치던 매디슨 새럿이란 교수가 있었는데, 그는 아주 존경받는 경건한 크리스천 교수였습니다. 그는 강의를 시작할 때마다 학생들에게 자주 하는 말이 있었는데, 특히 시험을 칠 때는 어김없이 이 말을 함으로써 시작했다고 합니다.

"여러분, 여러분은 오늘 시험을 치르게 되었습니다. 시험관은 두 분입니다. 나 매디슨 교수와 함께 시험을 감독하실 분은 바로 하나님이십니다. 여러분은 이 두 분을 다 의식해야 합니다. 그리고 여러분은 두 가지 시험을 치르는 것입니다. 하나는 수학 시험이고 또 하나는 정직이라는 시험입니다. 여러분은 수학 시험보다도 정직이라는 시험에 패스하도록 노력해야 합니다. 왜냐하면 정직한 인생, 이것은 인생 전체를 살아가는 여러분의 중요한 테스트가 되기 때문입니다."

나의 하나님이여 주께서 마음을 감찰하시고 정직을 기뻐하시는 줄 내가 아나이다 - 역대상 29:17

38) 들통 난 거짓말

고등학생 몇 사람이 어느 주일날 교외로 나가 신나게 하루 종일 놀았습니다.

다음 날 아침이 되자 그들은 학교에 가고 싶지 않았습니다. 그중 한 학생이 꾀를 냈습니다.

"야, 우리 하루 더 놀자. 그리고 완전히 결석하면 안 되니까, 이따 오후 학교 수업이 끝나기 직전에 들어가는 거야. 그리고 사실 주일날 우리가 교외로 놀러 갔었는데 자동차 타이어가 펑크 났다고 하는 거야. 더욱이 타이어를 고칠 기구가 없어서 하루 종일 애쓰다가 가까스로 고쳐서 겨우 왔다고 보고하자." 그들은 서로 합의하여 학교에 가지 않고 월요일의 반나절을 더 신나게 놀았습니다.

오후가 되자 그들은 학교에 들어가 선생님에게 거짓말을 하기 시작했습니다. 그들의 이야기를 다 들은 선생님은 빙그레 웃으면서 "뭐 그럴 수도 있지."라고 하시면서 그들에게 메모지 한 장씩을 주시더랍니다. 그리고는 각각 네 사람이 떨어져서 펑크 난 자동차 타이어가 왼쪽, 오른쪽 어느 쪽인지를 쓰게 하였습니다. 거짓은 반드시 드러나도록 되어 있습니다.

거짓 행하는 자가 내 집 안에 거하지 못하며 거짓말하는 자가 내 목전에 서지 못하리로다 - 시편 101:7

39) 탄생의 신비

폴 브랜드라는 크리스천 의사와 필립 얀시가 함께 저술한 우리 시대의 기독교 명저 가운데 하나로 손꼽힐 만한 책이 있습니다. 바로 '오묘한 육체'(Fearfully and Wonderfully Made - The Mystery of the Body and Soul)입니다.

이 책에서 폴 브랜드는 이렇게 말합니다. "세상에는 우리가 놀랄 것이 많이 있지만, 먼저 우리는 우리의 탄생에 대하여 놀래야만 한다. 인간의 탄생 이것은 기적 중에 기적이요, 신비 중에 신비가 아닐 수가 없다. 생각해 보라. 정자와 난자의 만남으로 단 하나의 수정난 세포에서 10조 개에 이르는 세포가 생성되고 드디어 거기에서 한 생명이 탄생한다. 바로 한 아기가 탄생하는 것이다. 이 신비를 어떻게 말할 수가 있을까?"

내가 주께 감사하옴은 나를 지으심이 신묘막측하심이라 주의 행사가 기이함을 내 영혼이 잘 아나이다 - 시편 139:14

40) 하나님의 작품

하나님은 우리 안에 하나님의 숨결을 불어넣으시고 하나님의 형상을 주셨습니다. 그래서 우리 안에는 하나님의 사인이 있습니다. 하나님의 사인이 있는 작품은 얼마나 소중한 작품일까요? 아주 오래전에 있었던 실화입니다.

미국 사람 하나가 불란서 여행을 하다가 불란서 시골 가게에서 목걸이 하나를 봤습니다. 그는 그 목걸이가 너무나 특이하고 재미있어서 관심을 갖고 살펴보았습니다. 그런데 목걸이를 파는 사람은 그리 비싸지 않은 저렴한 가격으로 그에게 팔았습니다. 그리고 다시 미국으로 돌아오는데 공항에서 세관 통과를 할 때 목걸이에 대한 의외의 세금을 내야 했습니다. 그래서 이거 비싸지도 않은 물건인데 그렇게 높은 세금을 매기느냐고 항의를 했더니, 세관이 하는 말이 이것은 손님이 생각하는 것보다 고가의 물건이라는 것입니다. 결국 세금을 지불하고 나와 그는 보석상에 가서 보석 감정사에게 그 목걸이의 값어치에 대하여 물었습니다. 그런데 확대경을 가지고 한참 동안 그 목걸이를 보던 이 감정사가 놀래기 시작합니다. "손님이 가지고 오신 이 목걸이는 보통 목걸이가 아니네요. 좀 보시지요." 그래서 확대경으로 가만히 보니까 거기에는 이런 글자가 새겨져 있습니다.

"죠세핀에게……

보나파르트 나폴레옹."

그 목걸이에는 나폴레옹의 사인이 있었던 것입니다.

한때에 세계를 지배했던 나폴레옹의 사인이 있다고 해서 그 목걸이를 그토록 훌륭한 값어치로 취급하는데, 우리 안에는 하나님의 사인이 있고 하나님의 형상이 있습니다. 세상에서 그 무엇과 비교할 수 없는 너무나 소중한 작품인 나라는 존재, 그 안에는 하나님의 숨결이 있습니다. 내 인생은 하나님의 기대가 있습니다. 그래서 나를 기대하고 내 삶 속에 간섭하시는 하나님은 내가 죄 가운데 있을 때 나를 그대로 버려 둘 수가 없어서 독생자 예수그리스도를 보내시고 나를 구원하셨습니다. 그렇게 나를 소중히 여겨 주신 하나님, 이 하나님의 은혜를 생각할 때 우리의 응답은 무엇입니까?

그러나 여호와여 주는 우리 아버지시니이다 우리는 진흙이요 주는 토기장이시니 우리는 다 주의 손으로 지으신 것이라 – 이사야 64:8

41) 나의 존재만으로도 기뻐하시는 하나님

미국 로스앤젤레스에서 올림픽이 열렸던 때 일입니다. 그때 뉴스를 보니까 중국 선수 하나가 다이빙 종목에서 금메달을 땄습니다. 그 선수가 인터뷰를 하는데, 저는 아직도 그 인터뷰 장면을 잊을 수가 없습니다. 사실 단거리 경주라든지 수영이라든지 이런 종목에서는 동양 선수들이 불리한데도 불구하고 중국 사람으로서, 더욱이 여자 선수로서 금메달을 딴 것입니다.

아주 유연하고 침착한 자세로 멋진 폼을 내며 다이빙에 성공해서 금메달을 딴 중국 선수에게 한 기자가 묻습니다. "당신은 서양 선수들과 비교할 때 왜소한 체격을 가졌음에도 불구하고 그들을 뛰어넘어 그렇게 유연한 몸동작, 침착한 자세, 전혀 두려움이 없이 멋지고 놀라운 모습으로 다이빙에 성공할 수 있었는데 그 비결이라도 있습니까?"

이때 이 중국 여자 선수가 아주 흥미 있는 대답을 했습니다.

"어머니 때문입니다. 어머니 때문에……"

기자가 "어머니 때문이라니요?"라고 되묻자 그녀는 자기 어머니에 대한 이야기를 하기 시작했습니다.

"내가 어렸을 때 나는 100m 경주를 좋아했습니다. 그래서 경기에 자주 나갔지만 나는 자주 잘 넘어졌고 매번 입상권 안에 들지도 못하고 돌아와야 했지요. 그때마다 어머니는 늘 이렇게 말하곤 했답니다. '사랑하는 딸아, 나에게는 네가 일등 하는 것은 문제가 아니야. 네가 넘어져서 일어날 때에 네 모습이 더 아름다웠단다. 네가 일어나는 모습이 일등보다도 내게는 더 뿌듯했단다.'라고 말이죠. 그리고 내가 다이빙을 시작할 때 어머니는 걱정스러운 모습으로 와서 지켜봤죠. 때로는 실수하기도 하고 때로는 잘못하기도 하고, 그때마다 어머니는 똑같은 말씀을 하셨습니다. '일등은 문제가 아니야. 나는 네가 운동하는 그 모습, 그 자체가 나에게 기쁨이란다. 너를 보는 것이 내게 기쁨이야. 너를 보는 것이 어머니의 행복이야.' 나는 다이빙의 그 스탠드에 설 때마다 어머니를 떠올립니다. 그러면 저절로 웃음이 나오고 긴장이 풀어지기 때문에 침착한 모습으로 언제나 경기에 임할 수 있습니다. 제가 금메달을 딸 수 있었던 비결은 바로 어머니 때문입니다."

저는 그 인터뷰의 내용을 들으면서 하나님을 생각했습니다. '내가 인생의 길을 걸어가다가 넘어질 때에 어쩌면 이 중국 선수의 어머니처럼 우리 하나님도 내게 말씀하지 않을까! 나는 너에게 꼭 일등을 기대하는 것은 아니란다. 네가 일어나는 모습이 내게는 더 아름답단다.' 살다 보면 우리가 넘어지고 쓰러지는 순간들이 있습니다. 그러나 일어나는 모습을 보고 하나님은 빙그레 웃으면서 "일어나는 네 모습이 더 아름답구나. 나는 네가 살아 있고 존재하는 그 자체가 나에게 기쁨이란다. 너라는 존재는 나에게 소중한 기쁨이란다."라고 말씀하십니다.

너의 하나님 여호와가 너의 가운데 계시니…… 그가 너로 인하여 기쁨을 이기지 못하여 하시며 너를 잠잠히 사랑하시며 너로 인하여 즐거이 부르며 기뻐하시리라 하리라 - 스바냐 3:17

42) 세상에서 가장 위대한 발견

유명한 스위스의 신학자였던 칼 바르트가 미국을 방문하던 날, 수많은 기자들은 그를 인터뷰하기 위해서 찾아왔습니다. 그리고 이 세계의 위대한 신학자 칼 바르트에게 이런 질문을 던집니다. "당신이 평생 동안 신학을 연구하고 세계적인 신학자가 되면서 당신이 발견한 가장 위대한 당신의 신학은 무엇입니까?" 이때 이 세계의 위대한 신학자는 뜻밖의 너무나도 단순한 말을 해서 기자들을 놀라게 했습니다.

"하나님은 나를 사랑하셨습니다. 성경에 그것이 기록되어 있다는 사실이 내가 발견한 가장 놀라운 사실입니다." 그리고 찬송을 나직이 읊조립니다.

"날 사랑하심, 날 사랑하심, 날 사랑하심 성경에 써 있네."(찬송가 411장)

하나님이 나를 사랑하셨다는 사실, 이것보다 나에게 위대한 발견은 없습니다.

하나님이 세상을 이처럼 사랑하사 독생자를 주셨으니 이는 저를 믿는 자마다 멸망치 않고 영생을 얻게 하려 하심이니라 - 요한복음 3:16

43) 탐식의 비극

토마스 커스틴이라는 역사물을 저술하는 작가가 유럽 벨기에 왕가의 흥망성쇠를 다룬 책을 썼습니다. 그중 '3명의 에드워드'라는 글이 있는데, 그 글의 주인공은 레이놀드라는 왕자입니다. 이 레이놀드 왕자에게는 크라수스라는 별명이 있었습니다. 그 뜻은 '뚱뚱한 것보다 더 뚱뚱하다'는 뜻입니다. 이 사람은 차기 왕이 될 사람인데 부왕이 갑자기 서거하자 그 동생 에드워드가 쿠데타를 일으켜서 정권을 잡습니다. 그리고 형 레이놀드를 유커크라는 성에 가두게 됩니다.

그런데 재미난 것은 정권을 잡은 동생 에드워드가 형을 절대로 죽이지 않겠다고 약속하면서 감옥을 비교적 아담하게 꾸며 살기 좋은 방으로 만들어 주었습니다. 또한 감방에 작은 창문 하나를 만들어 주고 형에게 이렇게 말합니다. "형이 원하면 언제든지 창문으로 나갈 수 있고 그래서 자유인이 되실 수 있습니다. 그런데 문제는 그 창문이 아주 작다는 것입니다. 몸무게를 줄여야만 그 창문 바깥으로 나가서 자유인이 될 수가 있습니다."

왕이 된 동생 에드워드는 신하들을 모아 놓고서 이렇게 말합니다. "만약 형이 몸무게를 줄여서 저 창문을 나올 수가 있다면, 형은 대단한 의지를 가진 사람으로서 자신을 잘 관리하는 데 성공한 사람이다. 그렇다면 나는 기쁘게 내 형에게 왕의 자리를 양위하겠다. 그러나 나오지 못한다면 자기 몸무게 하나 컨트롤할 수 없는 사람인데 어떻게 나라를 다스리겠는가! 내 결정이 옳다고 생각하지 않느냐." 그리고 감방을 지키고 있는 경비병에게 매일 하루 세 끼씩 산해진미의 음식을 형이 있는 감방에 제공하라고 합니다. 그리고 원하면 언제든지 간식을 풍성하게 먹을 수 있도록 배려했습니다.

그 후 어떻게 되었을까요? 감옥에서 나왔을까요? 못 나왔을까요? 거의 10년 동안 나오지 못했습니다. 10년 후에 그 동생 에드워드가 전쟁터에서 전사하게 되는데 그때에야 그 형은 자유인이 됩니다. 그러나 나오자마자 자기 몸을 관리하지 못한 그 형은 병들어 죽고 말았습니다. 이 레이놀드라는 왕자의 비극, 이것은 그가 왕위를 찬탈당하고 감옥에 들어간 한 나라의 역사적인 인물의 비극을 말하고 있는 것이 아니라 그가 한평생 탐식이라는 유혹을 컨트롤하지 못하고 탐식의 감옥에서 살다 간 사람의 비극이라고 할 수 있습니다.

술 취하고 탐식하는 자는 가난하여질 것이요 – 잠언 23:21

44) 내 안에 불꽃을 발견하라

매튜 폭스라의 글에서 이런 말이 있었습니다.

"게으름을 치유하는 처방은 부지런함이 아니다. 게으름을 치료하는 처방은 단순히 '부지런해지자'라는 결심만으로 되지 않는다." 그는 이렇게 말합니다. "게으름에 가장 적절하고 유일한 처방은 당신 안에 있는 불꽃을 발견하는 것이다 (Finding the fire with in)."

게으름의 처방은 우리 안에 있는 불꽃을 발견하는 것입니다. 그는 바로 이 소명을 불꽃이라고 말하고 있습니다. 내 속에서 일어나는 불꽃. 소명이란 무엇입니까? 소명이란 하고 싶은 일입니다. 내가 정말 하고 싶은 일, 또 마땅히 해야 할 일 그래서 하나님이 그것 때문에 나를 이 땅에 태어나게 하신 것입니다. 내가 하고 싶은 일, 내가 마땅히 해야 할 일 그리고 할 수가 있는 일, 그것이 바로 소명입니다. 사람이 소명을 발견하면 신바람이 나고 일할 수밖에 없습니다. 다만 소명 없는 것이 문제입니다.

그의 사역자들을 불꽃으로 삼으시느니라 하셨으되 - 히브리서 1:7

45) 내가 되면 된다

만약 미국에 살고 있는 흑인들에게 가장 존경하는 사람이 누구냐고 묻는다면 틀림없이 두 사람의 이름이 나올 것입니다. 한 사람은 유명한 민권 운동가인 마틴 루터 킹 목사님이고 또 한 사람은 말콤 엑스라는 사람입니다. 말콤 엑스라는 영화도 나왔었습니다. 이 말콤 엑스의 전기를 읽다 보면 비교의식이라는 것이 얼마나 무서운가를 알게 됩니다.

이 사람은 어렸을 때 흑인으로 태어난 것이 너무 원망스러운 나머지 마음에 백인을 향한 증오심이 자라기 시작했습니다. 그런데 재미있는 것은 백인을 미워하면서 이 사람의 마음 깊은 곳에서는 백인이 되기를 소원하는 것이었습니다. 그래서 백인을 미워하면서도 백인이 되고자 어렸을 때부터 비누, 스킨 크림 등을 사다가 그냥 계속 자기 피부를 문질러 댔습니다. 그는 좀 더 백인처럼 하얗게 되지 않을까 해서 별별 짓을 다 해 보았습니다.

그런 어느 날 말콤 엑스는 중요한 사실을 깨닫게 됩니다. 그것은 바로 자신이 결코 백인이 될 수 없다는 것입니다. 그렇다면 자신은 철저한 흑인이어야 한다고 생각했습니다. 그리고 더 중요한 발견을 했습니다. 그것은 까만 흑인도 나름대로 아름다울 수 있다는 사실입니다. 그의 새로운 의식의 전환은 그로 하여금 흑인의 영웅과 지도자로 떠오르는 존재로 만듭니다. 또한 흑인 사회 가운데 이런 말을 유행시킬 정도가 됩니다. "까만 것도 아름답다."(Black is beautiful)

내가 가진 독특한 아름다움이 있다는 말입니다. 내가 가진 독특한 은사가 있고 나만의 재능이 있기 때문에 그것을 가지고 내 인생을 살면 되는 겁니다. 우리가 굳이 다른 사람을 질투하고 시기할 아무런 이유가 없습니다. 나는 내가 되면 되는 것입니다.

우리에게 주신 은혜대로 받은 은사가 각각 다르니 - 로마서 12:6

46) 지칠 줄 모르는 자아도취

교만은 일종의 자기 숭배의 죄악이라고 할 수 있습니다. 누군가가 교만을 정의하기를, "교만이라는 것은 자기 자신만이 즐길 수 있는 병이다."라는 아주 재미있는 말을 했습니다. 15세기 설교자 중 사보나롤라라는 사람이 어느 날 아침에 산책을 하다 보니까 성당 마리아상 앞에서 어떤 꽤 나이가 들어 보이는 부인 하나가 경건한 모습으로 참배를 하면서 아주 진지하게 기도하고 있는 모습이 보였습니다. 그 이튿날도 똑같은 시간에 그 부인이 와서 기도를 합니다. 그는 비가 오나 눈이 오나 바람이 불어도 봄, 여름, 가을, 겨울을 한결같이 같은 시각에 와서 마리아상 앞에 참배하는 이 부인을 보았습니다. 그 모습에 그는 아주 깊은 감명을 받으면서 속으로 '아주 신앙심이 귀한 분이로구나.'라고 생각했습니다.

그러던 어느 날 이 사보나롤라는 자기 동료사제와 함께 산책하다가 그 부인을 가리키면서, "여보게 내가 저 부인을 가만히 관찰해 보니까 봄, 여름, 가을, 겨울 변함이 없소. 눈이 오나 바람이 부나 폭풍우가 몰아치나 똑같은 시간에 와서 저렇게 기도를 한단 말이야. 참 신앙심이 유별하지?"라고 말했습니다. 그랬더니 옆에 있던 사제가 껄껄 웃으면서 이렇게 말합니다. "자넨 모르는가 보네. 옛날 이 성당에 마리아상을 처음 조각할 때, 그 조각가가 마리아상의 모델로 저 부인을 뽑았다고 하네. 바로 저 부인은 처녀 시절에 마리아상의 모델이 되었고, 조각이 완성된 그 다음 이튿날부터 출근해서 지금까지 한 번도 빠진 일이 없다네."

그 부인은 자기를 숭배하고 있었던 것입니다. 마리아상을 보면서 그 부인은 자신의 얼굴을 회상하고 만족하며 자기를 숭배하고 있었던 것입니다. 그것이 바로 원죄의 뿌리입니다.

두렵건대 네 마음이 교만하여 네 하나님 여호와를 잊어버릴까 하노라 - 신명기 8:14

47) 20세기의 기적

저는 여러 해 전에 유럽을 방문했다가 독일에 있는 선교사님 한 분을 만났습니다. 그분은 독일에 주둔하면서 공산주의가 팽배한 동구권에 들어가서 성경을 전달하고 전도하는 일을 하셨던 선교사님이셨습니다. 늘 성경을 숨겨서 들어가고 전달하는 일을 했는데, 이분이 한번은 기도하다가 이런 생각이 들었습니다. '내가 하나님의 일을 하는데, 좀 당당하게 성경을 가지고 들어갈 수 없나.' 그래서 보통 때는 007 작전처럼 성경을 숨겨서 들어가는 작전을 했는데, 기도 가운데 담대함이 생겨 배짱 좋게 가방에 성경을 잔뜩 집어넣고, 헝가리 쪽으로 들어갔습니다.

경계선상에서 세관을 통과하는데, 세관 관원이 이렇게 물었습니다. "신고할 물품이 있으십니까?" 그래서 처음으로 "예, 있습니다."라고 대답했습니다. "뭡니까?"라고 묻는 세관 관원의 물음에 선교사님은 가방을 열면서 "성경입니다."라고 말했습니다. 그랬더니 세관이 눈이 동그래지면서 "이것이 왜 신고할 물품입니까?"라고 물었습니다. 선교사님이 "이게 워낙 비싸서요."라고 말하자 "얼마나 비쌉니까?"라고 되물습니다. 그때 선교사님은 침착하게 "이건 너무 비싸서 돈으로 환산할 수 없습니다. 왜냐하면, 이 책에 있는 메시지는 사람들에게 영원한 생명을 주고, 평화가 없던 사람들에게 평안을 주고, 죄 속에 빠져 있던 사람들에게 용서와 구원을 주는 말씀이 이 안에 들어 있기 때문입니다."라고 당당하게 전했습니다. 그러자 세관은 "그 책 나 하나 주시오."라고 하면서 나머지는 그냥 들고 들어가라고 했습니다.

할렐루야! 이분이 막 들어갔다가 나와서 저를 만나자 흥분된 어조로 "목사님,

기적은 20세기에도 가능하다는 사실을 체험했습니다."라고 말합니다. 여러분, 기적이 20세기에도 가능하다는 것을 믿으십니까? 그러나 그것은 아무에게나 가능한 것은 아닙니다. 참으로 주의 말씀을 순종하고자 할 때 그 기적은 지금도 가능합니다.

너는 마음을 강하게 하고 담대히 하라 그들을 두려워 말라 그들 앞에서 떨지 말라 이는 네 하나님 여호와 그가 너와 함께 행하실 것임이라 반드시 너를 떠나지 아니하시며 버리지 아니하시리라 하고 - 신명기 31:6

48) 순종의 대가

저는 지난 수요일 작은 기적을 체험했습니다. 저의 수요일 계획은 월요일부터 수요일에 걸친 저희 교회의 세미나를 마치고, 수요일 낮 12시에 수요예배 겸, 수료예배가 끝난 후, 저녁에는 부산에서 청년 대집회가 있었습니다.

부산 시내가 생긴 후 처음으로 청년과 대학생이 함께 모여 사흘 동안 집회를 여는데, 제가 마지막 날 저녁 메시지를 맡았습니다. 그래서 서둘러 교회에서 2시쯤 출발해서 공항에 도착했더니 부산으로 가는 비행기가 모두 취소되었다는 것입니다. 이유는 김해공항의 비와 안개 때문이었습니다. 카운터에서는 40 - 50분 후에 혹시 늦게 비행기가 뜰지도 모른다고 말했습니다. 그래서 저는 일단 할 수 없이 1시간 정도를 기다리기로 했습니다. 그러나 시간이 되었어도 비행기는 떠날 기미를 보이지 않았습니다. 그래서 부산에 전화를 걸어 "비행기가 못 떠난다고 하는데 어떻게 할까요?"라고 했더니, 그쪽에서는 "목사님, 수단과 방법을 가리지 말고 오십시오. 5천 명의 젊은이들이 기다리고 있습니다."라고 하는 겁니다. 저는 난감하기만 했습니다.

아시아나항공과 대한항공에 번갈아 가면서 비행기를 알아보았지만 헛수고였습니다. 김해공항뿐만 아니라 울산, 포항비행장 모두 취소되어 있었습니다. 다급해진 저는 다시 부산에 전화를 걸었지만 수단과 방법을 가리지 말고 오라고만 하는 것이었습니다. 저는 "제 수단과 방법이 다 떨어졌습니다."라고 말해 보았지만, 부산에서는 "목사님, 그러면 택시라도 타고 오세요. 어떤 택시는 3시간 30분이면 도착한다고 합니다."는 것입니다. 그때가 5시가 다 되어 가는 시간이었지만 공항 밖으로 나가 택시 기사에게 물었습니다. "3시간 30분이면 부산에 갈 수 있습니까?" "아저씨, 이렇게 비가 오는데 어떻게 갑니까? 최소한 5시간은 걸립니다."라고 하는 겁니다. 그러면 10시가 넘어야 부산에 도착하는데 그때는 이미 집회가 끝날 시간이라 가 봐야 소용이 없을 것 같았습니다. 그래서 다시 전화를 걸어 형편이 이래서 도저히 못 갈 것 같다고 말했더니, 또다시 수단과 방법을 가리지 말고 오라는 것입니다. 저는 "이제 정말 불가능해요."라고 답했습니다.

사실 그때 제 마음에서는 가지 않았으면 좋겠다고 생각했습니다. 사흘 동안 교회 세미나 때문에 너무나 피곤했기 때문입니다. 그러나 부산에서는 막무가내로 오라는 것이었습니다. 그때 다시 공항 카운터에 가니까 진주로 가는 비행기가 6시에 있었습니다. 그래서 "진주에서 부산은 얼마나 걸립니까?"라고 했더니, 2시간 정도 걸리지만 보통 차가 밀려서 3시간 정도 걸린다고 했습니다. 다시 부산에 전화해서 상황을 말했더니, 늦게라도 오시면 준비위원들이 살 것 같다고 하기에 어쨌든, 6시에 진주로 가는 비행기를 탔습니다.

비행기 안에서 저는 이런 생각이 들더군요. '하나님 뜻이 있겠지. 하나님, 저는 모르지만, 부산 집회에 대한 하나님의 뜻이 있다면 하나님 뜻을 이루어 주십시오.' 그리고 진주에 7시 10분쯤 도착해서 택시를 잡으려고 하는데, 갑자기 엥~ 하면서 경찰차가 오더니 "이동원 목사 계십니까?"라며 저를 찾았습니다. 그래서 "접니다."라고 했더니, 타라는 것입니다. 부산 KBS 홀까지 모셔오라는 명령을 받았다는 것입니다. 그 경찰차는 고속도로 순찰차였는데, 8시 45분에 저를 모임 장소까지 데려다 주었습니다.

제가 도착하니까, 모두들 박수를 치고 난리가 났어요. 제 평생에 그런 박수를 받은 것은 처음이었습니다. 준비위원이 "목사님, 10시까지만 이 홀을 사용하게 되어 있기 때문에 꼭 30분 동안만 설교가 가능합니다."라고 하더군요. 저는 제 생애에 가장 먼 거리에 가서 가장 짧막한 설교를 했습니다. 그러나 놀라운 일이 벌어졌어요. 젊은이들이 짧은 설교 속에서 얼마나 그렇게 격정적으로 반응하는지, 선교사로서의 부름에 초청하자 절반 이상이 반응을 보였습니다. "혹시 여러분 가운데 예수그리스도와 상관없이 살아왔던 사람들, 그리스도 앞에 인생을 드리고 주님을 만나길 원하는 사람들 한번 일어나 보십시오."라고 하자 굉장히 많은 젊은이들이 일어났습니다.

하나님께서는 이 집회를 하나님의 뜻 가운데 계획하셨지만, 사탄은 이 집회를 막고, 강사가 오지 못하도록 했던 것입니다. 그러나 하나님은 드디어 성령으로 역사하셨습니다. 수많은 젊은이들이 그의 생애를 바치는 놀라운 장면을 보고 저는 회개하지 않을 수 없었습니다. 순종은 언제나 기적을 가져옵니다. 우리 삶에 있어서 우리가 말씀을 믿는 것이 중요하지만, 그 믿음보다 더 중요한 것은 이 말씀을 믿고 그대로 살기로 순종하는 것입니다. 순종할 때 성령은 역사하실 것입니다. 기적은 일어날 것입니다. 하나님께서 함께할 것을 신뢰하시기 바랍니다. 위대한 새 시대에는 이 말씀을 믿고 순종하는 자들을 기다립니다. 그들과 함께 주님은 새로운 역사를 진행해 주실 것입니다.

너희가 즐겨 순종하면 땅의 아름다운 소산을 먹을 것이요 – 이사야 1:19

* 쪽글 모음

어거스틴의 회심

유명한 성 어거스틴이 예수를 믿고 하나님 앞에 돌아온 후, 어느 날 길을 가다가 옛날에 사귀던 여자를 만났습니다. 그때 어거스틴은 그 여자를 모른 척하고 지나가려고 하는데 그 여자가 따라오더랍니다. "어거스틴, 나예요. 왜 모른 척 지나가는 거예요."

막무가내로 쫓아오는 여자에게 어거스틴은 돌아서서 이런 말을 했다고 합니다. "너는 너지만, 나는 내가 아니오. 당신은 당신이지만, 나는 더 이상 내가 아니란 말이오. 난 새로운 사람으로 변했소. 그렇기 때문에 당신이 알던 내가 아니라는 말이오."

예수님을 믿고 새로운 피조물이 되었는데 아직도 옛사람이 범하는 죄 가운데 계속 거하고 있지는 않습니까?

돌아갈 수 없는 다리

오엠(OEM) 선교회 총재인 조지 보어는 젊은 나이에 구원받고 나서 예수 앞에 자기 일생을 몽땅 바치기로 결심했습니다. 그를 지켜보던 친구들이 묻습니다. "구원받은 소감이 어떠냐?" 그때 그는 이런 인상 깊은 말로 대답했다고 합니다.

"나는 오늘 다시는 돌아갈 수 없는 다리를 건넜다(No Turning Back). 나는 이제 앞으로 나갈 수밖에 없다."

화장(化粧)의 뜻

제가 어떤 분한테 들은 이야기인데, 화장(化粧)의 본 의미는 20대 결혼 적령기 여자들이 조금 얼굴을 돋보이게 하기 위해서 도와주는 것이었다고 합니다. 그런데 이것이 자꾸 변질되어 가는 것 같습니다. 어떤 사람들은 이렇게 말하곤 합니다. "20대는 화장하고, 30대는 치장하고, 40대는 분장하고, 50대가 되면 변장하고, 60대가 되면 환장한다."

우리가 믿는 복음은 어떤가요? 진정한 핵심은 왜곡되어 세상 진리로 취급되고 있지는 않은지 한번 깊게 생각해 보아야 할 것입니다.

치매의 마지막 증상

우리 교회 부 목사님 한 분이 얼마 전에 저한테 이런 말을 했습니다.

"목사님, 치매(癡呆)의 마지막 단계 증상을 아십니까?" 저는 그런 이야기를 한 번도 들어본 적이 없었기 때문에 모른다고 대답했습니다. 그랬더니 이렇게 말해 주었습니다.

"치매의 마지막 단계 증상은 부부 사이가 갑자기 좋아지는 거예요."

그래서 저는 왜 그게 치매의 마지막 단계냐고 물었더니 그 이유가 자기 부인이 다른 사람인 줄 알고 좋아진다는 얘기입니다.

내 맘의 안식처

위대한 과학자인 아인슈타인은 노후에 기독교 신앙에 귀의했습니다. 그러면서 그는 이런 유명한 고백을 남겼습니다.

"나는 평소에, 특별히 젊었을 때 교회를 경멸했다. 교회를 무시했다. 그러나 내 조국 독일이 어두워졌을 때, 그리고 나치의 핍박 아래 있었을 때 내가 경멸하고 무시했던 교회는 우리 민족의 유일한 소망이었고 사람들의 안식처였다. 그리고 내가 나이를 먹어가면서 내 노후에 인생의 석양녘에 나는 교회 이외에 내 영혼의 위로를 경험할 수 있는 장소를 찾지 못했다. 나는 이제 교회로 다시 돌아온다."

세상풍자

한강에 국회의원과 수녀가 빠졌는데 119구조대원이 오더니 국회의원만 건져내더랍니다. 그래서 사람들이 "아니, 거기 수녀님도 빠졌는데 수녀님은 놔두고 어떻게 국회의원만 건져냅니까?" 하고 물었답니다. 그랬더니 구조대원이 대답하기를, "국회의원을 그대로 놔두면 한강 물이 오염되기 때문입니다."

이 얼마나 우리 시대상을 잘 풍자해 주고 있는 얘기인지요.

헌신의 의미

란스 헤브너라는 유명한 신학자는 헌신의 참된 의미에 대해 이런 말을 했습니다. "헌신은 85%로 만족할 수가 없다."

이런 광경을 상상해 보십시오. 한 남자나 한 여자가 자기 남편이나 자기 아내를 향해서 "여보, 내가 전체는 못 해도 85%는 당신을 향해서 성실할게요."라고 말한다면 이 말을 어떻게 생각하십니까? 이 85%라는 말에는 매우 중요한 전제가 있습니다. 15%는 성실하지 못하겠다는 말입니다. 15%는 성실하지 못하겠다는 말에 만족할 사람은 아무도 없을 것입니다. 이 15%가 문제이고 그 15% 때문에 시험 듭니다. 헌신은 절대 85%일 수 없습니다. 헌신은 100%입니다. 사랑이란 전체와 전체를 바꾸는 것입니다. 85%와 15%의 결합이 아니라 100%와 100%를 바꾸는 것입니다.

모든 사람은 죄인

영국에서 일어난 에피소드입니다. 한 청년이 장난삼아 보낸 한 통의 편지가 우스꽝스러운 결과를 낳았습니다. 런던의 유명인사 20명이 거의 같은 시각에 모두 런던에서 자취를 감추고 말았다는군요.

긴급전문 "모든 것이 들통 났으니 속히 피신하기 바람."

그 청년은 단순히 재미로 런던의 유명인사 20명을 뽑아 명단을 작성해서 일제히 같은 전문을 발송했을 뿐인데 말입니다.

생활이 되어 버린 복수

역사적으로나 전통적으로 폴리네시안 섬사람들의 전투성은 많은 사람들에게 잘 알려져 있을 정도로 유명합니다. 그런데 그 섬 중의 한 곳에서는 오랫동안 전해져 내려오는 습관이 있었습니다. 그것은 개인적으로나 가정적으로 남에게 피해를 당한 사실이 있으면 붉은 헝겊에 그 내용을 기록하여 자신의 오두막집 추녀 밑에 주렁주렁 매달아 두는 습관입니다. 그래서 언제나 매달아 놓은 붉은 헝겊을 볼 때마다 헝겊들에 쓰인 가슴 아픈 상처들을 읽고 또 되뇌어 읽으면서 항상 복수의 마음을 불태우는 것입니다.

그리하여 이 섬사람들에게 복수는 그들의 삶의 방식이 되었습니다.

나사로는 웃었다

그리스도인 극작가인 유진 오닐(Eugene O'Neill)은 '나사로가 웃었다'라는 책을 썼습니다. 그 책에는 나사로가 부활한 후에 나사로와 그의 식구들의 삶의 관점이 어떻게 달라졌는가를 소재로 다루었는데 그중에 제일 인상적인 구절이 있습니다.

"그는 더 이상 두려워하지 않았다."

죽음을 경험해 본 그는 죽어보니 죽음이 별것 아니라는 것을 알았다는 얘기입니다. 그러나 우리는 죽지 않았다는 사실 때문에 그 죽음에 대한 신비가 우리를 더 깊은 공포와 절망 앞에 서게 합니다.

지옥은 밋밋한 내리막길

평신도 신학자이고 문학가, 변증가였던 영국인인 C. S. 루이스(C. S. Lewis)는 이런 말을 했습니다.

"지옥으로 가는 길은 결코 벼랑이 아니다. 지옥을 향한 길은 밋밋한 내리막길이다. 사람들은 그 길을 기분 좋게 걸어간다."

이 말은 무척 의미심장한 말입니다. 지옥으로 가는 길은 갑자기 벼랑으로 떨어지는 길이 아니라 사람들이 의식하지 못하는 사이에 밑바닥까지 내려가게 하는 밋밋한 내리막길입니다.

참고 기다리는 사랑

영국을 영적으로나 도덕적으로 뒤집어놓은 하나님의 아들들이 자라난 한 가정의 이야기입니다. 어느 날 존 웨슬레의 아버지는 그의 아내 수산나에게 이렇게 물었습니다.

"아니 수산나, 당신은 도대체 저렇게 머리가 나쁜 아이들에게 어떻게 스무 번씩이나 똑같은 말로 타이를 수가 있단 말이오? 당신도 참 대단하오."

수산나는 남편의 말에 이렇게 대답했답니다.

"여보, 만일 내가 열아홉 번만 이야기했더라면 내 말은 헛수고가 될 뻔하지 않았겠어요."

정말 사랑은 오래 참습니다.

마지막으로 하고 싶은 말

어떤 독일 마을에 예수를 신실하게 믿는 자매가 혀암으로 판정을 받아 혀를 절단하는 수술을 받아야만 했습니다. 의사와 간호사들은 수술을 하기 직전 그녀에게 물었습니다.

"이제 마지막으로 하고 싶은 말이 있습니까?"

그들은 그 자매에게 혀를 잃기 전에 마지막으로 하고 싶은 말을 물었습니다. 그녀는 마지막으로 이런 감격스럽고 아름다운 고백을 남겼습니다.

"주 예수님, 주님의 은혜가 이미 저에게 족합니다. 제가 주 예수님을 진심으로 사랑하며 찬양합니다."

불행한 성공

옛날 우리나라 정치인 중에 이완용이라는 사람은 당대에서 드물게 성공한 사람이었습니다. 그는 20세에 문과에 급제하여 일찍 벼슬길에 올라 주미공사와 주일공사를 지내고 외무대신을 지냈습니다. 그러나 그가 한일 합병을 추진하고 도장을 찍는 순간, 그는 역사에서 나라 팔아먹은 매국노로 낙인찍히고 맙니다. 그의 인생은 성공했지만 행복한 사람은 아니었습니다. 자신의 만족을 위한 성취가 반드시 행복을 보장하지는 못합니다.

시행착오를 통해 얻는 지혜

어느 정년이 된 은행장이 성공적인 업무수행을 하고 은행원들의 존경과 박수 속에 명예로운 퇴임을 하게 되었습니다. 새로운 후임자인 젊은 은행장이 그의 퇴임식 후에 이런 질문을 했습니다.

"선배님, 선배님의 그 성공적인 업무수행의 비결은 어디에 있습니까?"

이때 노은행장은 "올바른 결정이 제일 중요하다네."라고 대답했습니다.

후배는 어떻게 올바른 결정을 내릴 수 있는지에 대하여 다시 물었습니다.

노은행장은 "경험이 중요하지."라고 말하니까 다시 질문했습니다. "어떻게 경험을 쌓을 수 있습니까?"

그의 대답은 이랬습니다. "그야 그릇된 결정을 해 보면 알지."

시행착오를 통한 경험만이 우리가 지혜를 획득하는 통로입니다.

용서받는 기쁨

위대한 수학자요 천문학자이며 과학자였던 유명한 코페르니쿠스(Copernicus, Nicolaus)가 죽음을 앞에 두고 유언을 남겼습니다. 그 유언을 따라 그가 묻혀 있는 묘비명에는 다음과 같은 글귀가 새겨져 있습니다.

"나는 바울이 가진 특권을 구하지 않는다. 나는 베드로에게 주신 능력도 구하지 않는다. 나는 다만 십자가에서 강도에게 주신 용서를 원한다."

우리가 인간으로서 누릴 수 있는 가장 커다란 기쁨은 용서받는 기쁨입니다.

한 박사의 대응

미국에 아이언사이드(Ironside)라는 세계적으로 유명한 신학자이자 설교가인 박사가 있습니다. 어느 날 아이언사이드 박사가 교회에서 회의를 진행하고 있을 때, 갑자기 한 청년이 손을 들며 큰 소리로 외쳤습니다.

"법대로 합시다."

이 말을 들은 아이언사이드 박사는 그 청년의 말에 놀라지 않고 오히려 이렇게 대응했습니다.

"여보게, 젊은이, 자네는 법대로 하는 것을 원하는가? 만일 하나님께서 당신을 법대로 다루셨다면 자네는 지금 어떻게 될 것 같은가? 아마도 자네는 지옥에 가야 마땅할 것일세."

하나님의 살림 경영법

한 청교도는 자신의 삶 속에서 이런 좌우명을 가졌습니다.

"가장 좋은 것은 아직 오지 않았다." 그는 이 좌우명을 평생 동안 기억하며 살았습니다.

갈릴리 가나의 혼인잔치에서도 나중 잔치의 막바지에서 가장 좋은 포도주를 맛보았던 하객들이 이런 고백을 했습니다.

"사람들은 보통 처음에는 좋은 것으로 대접하다가 나중에는 좋지 않은 것이 나오기 마련인데, 이 집의 잔치에서는 가장 좋은 포도주를 마지막에 준비하셨군요."

이것이야말로 하나님의 일 처리 방법이자 살림 경영법입니다.

남겨진 상처

학교에서 문제를 일으킨 학생이 상담실에 불려가서 상담 선생님께 이렇게 말했습니다.

"선생님, 저는 성을 내기는 하지만 절대 오래가지는 않습니다."

그 학생의 변명에 선생님이 이렇게 대답했습니다.

"자네의 말을 이해할 수 있네. 그러나 학생! 수소폭탄이 떨어져도 오래가지는 않네. 그러나 무엇으로 그 재난의 상처를 복구할 수 있겠는가?"

칠면조의 세대

어떤 설교가가 지금 우리의 세대를 빗대어 말하기를 '칠면조의 세대'라고 고발했습니다. 그 설교가가 칠면조로 우리 세대를 비유한 이유는 그들의 습성을 보면 단번에 그 의미를 알 수 있습니다.

칠면조들은 그들 중에 한 마리가 등에 상처를 입게 되면 한 우리에 있는 다른 칠면조들이 모두 달려들어 상처 입은 칠면조를 쪼아서 그 상처에서 피가 나고 쓰러질 때까지 공격하는 습성이 있습니다.

약하고 눌린 자들을 더욱 치고 눌러 쓰러뜨리는 모습이 오늘의 이 세대의 비극과 마찬가지의 모습으로 다가옵니다.

지옥이 있는 곳

한 설교자에게 어떤 사람이 다가와 이런 질문을 했습니다.

"목사님, 도대체 지옥은 어디에 있습니까?"

그러자 그 설교자는 그 사람에게 아주 적절한 대답을 해 주었습니다.

"지옥이 어디에 있느냐 하면, 당신이 예수그리스도 없이 계속 걸어가다가 당신의 인생 맨 끝에 도달하는 곳이 바로 지옥입니다."

아무리 돈을 많이 벌고 성공하였다 할지라도 그리스도가 없는 그 결과는 심판받는 것뿐입니다.

천국에 가면 놀랄 일

82세의 나이로 세상을 떠나신 존 뉴톤 목사님께서는 임종 직전에 이런 말씀을 하였습니다.

"내가 천국에 들어가는 순간에 놀라는 일이 세 번 있을 것이다. 첫 번째는 전혀 예상하지 못했던 사람들을 천국에서 만나게 될 때이고, 두 번째는 내가 마땅히 천국에 갈 것이라고 예상했던 사람들이 그곳에 없다는 사실을 알았을 때이며, 세 번째는 내 자신이 바로 그곳에 있다는 사실을 깨달았을 때 깜짝 놀랄 것이다."

스펄전의 고백

위대한 설교가로 알려진 스펄전(C. H. Spurgeon)은 그의 생(生)의 말년에 투병 생활을 해야 했습니다. 그때 한 성도가 병문안을 하러 들렀습니다. 그리고 그에게 위로의 말을 건넵니다.

"목사님, 많이 아프시죠?"

"네. 너무 아픕니다. 이 고통은 이루 말할 수 없습니다. 그러나 주님은 제가 이렇게 아플수록 더욱 가까이 제 곁에 와 계십니다."

그는 자신의 힘든 고통 가운데서도 놀라운 주님의 사랑의 체험을 누리고 있었던 것입니다.

(시1:1) 복 있는 사람은 악인의 꾀를 좇지 아니하며 죄인의 길에 서지 아니하며 오만한 자의 자리에 앉지 아니하고

복 있는 사람은 - 성공하는 한 해를 보내려면……

하지 말아야 할 것은 하지 않아야 한다. - 그것이 복 있는 사람이다.

올 한 해 버려야 할 것, - 버려야 할 습관, 끊어야 할 죄, 정해야 한다.

그것을 안 할 수 있도록 하는 방법을 찾아야 한다(Action Plan). - 나를 체크해 주십시오.

- 성공하는 삶의 첫 번째 비결이다.

(시1:2) 오직 여호와의 율법을 즐거워하여 그 율법을 주야로 묵상하는 자로다.

오직 - 그것만의 의미이다. 반드시 그것을 하라.

해야 할 것은 굳은 각오로 행해야 한다. 올 한 해 무엇을 해야 할지 정해야 한다.

하나님의 말씀을 즐거워하고 묵상하는 자가 복 있는 사람이다.

영적인 목표가 정해져야 한다.

하나님의 뜻을 연구하고, 그 뜻대로 살아야 한다.

(시1:3) 저는 시냇가에 심은 나무가 시절을 좇아 과실을 맺으며 그 잎사귀가 마르지 아니함 같으니 그 행사가 다 형통하리로다.

결과를 반드시 생각해야 한다.

안 해야 할 것 하는 사람은 바람에 나는 겨와 같다.

안 해야 할 것 하지 않고 할 것을 하는 사람은 뿌리 깊은 사람이 된다.

내가 선택한 것의 결과를 반드시 생각해야 한다. 이것을 통해 무엇을 이루어야 할 것인가? 생각해라.

성경해석방법

신학교 - 텍스트의 의미는 텍스트에 있다. 성경본문 자체를 연구하면 그 본문이 말해 준다.

맞는 말이지만 50%이다.

1) 텍스트의 의미가 텍스트 밖에 있을 수도 있다. 그것이 교리이다.

2) 해석자의 상황과 경험과 지식이 해석에 많은 영향을 미친다.

3) 성령님이 텍스트의 의미를 결정해 주신다.

성경 텍스트를 충실히 공부해야 한다.

해석자의 경험과 지식을 넓혀야 한다.

교리의 학습이 필요하다.

성령님에 의지하는 마음이 필요하다.

이 네 가지가 텍스트의 의미를 결정해 준다.

Meaning − − − − − − − − − − − − − − − − significance

객관적 의미	주관적 의미
무상황	상황
텍스트	해석자(성경)

유진 피터슨의 책에 나오는 이 주제에 대해 익숙해져야 한다.

논리학의 설득의 3요소

Ethos − 인격(spirit) − 삶

Pathos − 감정 − 감(사랑 − 긍휼)

logos − 논리 − 말

오스왈드 샌드스 − 영적 지도력

"목회자 놀 시간이 없다. TV, 게임…… 안 된다."
사람의 영혼으로 보상된다.

현실에 뿌리박은 영성 – 유진 피터슨

1) 이야기: 다윗과 예수님

유진 피터슨이 다윗을 선택한 이유 – 제일 잘 보여주시는 분은 예수님이지만 예수님보다는 다윗이 더 우리와 가깝기 때문이다. 또 다윗의 삶은 이야기가 있기 때문이다.

이야기를 선택한 이유는 이야기는 현실성이 있기 때문이고 또 우리로 상상할 수 있게 하기 때문이다.

피터슨은 다윗을 통해 현실을 사는 영성(earthy spirituality)을 말하고 싶었다. 액세서리 영성(boutique)에 대해 말하고 싶은 것이 아니다.

2) 이름: 다윗과 사무엘

이름을 통해 말하고 싶은 것은 평범한 사람, 하찮은 사람의 이야기이다.

말째를 나타내는 히브리 단어 '하 카톤'은 "하찮은 자, 꼬마, 쓸모없는 자"라는 뜻이다.

하찮은 사람이지만 선택된 사람이다. 하나님은 하찮은 사람을 쓰신다.

그리고 우리의 구원의 이야기도 이런 일상을 통해서 나타나는 것이다.

다윗은 영웅의 이야기가 아니라 하찮은 한 사람이었지만 하나님과 관계를 통해 아름다운 사람이 된 것이다. 다윗은 나와 같은 평범한 사람이다.

3) 일: 다윗과 사울

사울 – 일과 하나님 분리했다. 사울에게 일은 하나님을 섬기는 도구였다.

다윗 – 일이 곧 예배이며, 하나님을 섬기는 것이었다.

이것이 바로 왕업(kingwork)이다.

직업과 예배는 하나이다. 다윗이 왕이 되고 나서 현실에서 한 일은 거창한 일이 아니었다. 하지만 그것은 예배였고 하나님을 섬기는 일이었다.

다윗은 사울을 섬기므로(좋지 않는 왕을) 또 전쟁을 하므로, 악기를 연주하므로 그의 일은 곧 예배가 되었다.

"이스라엘의 왕의 개념은 사람을 다스리는 것이 아니라 하나님을 섬기는 왕이라는 뜻이다."

4) 상상력: 다윗과 골리앗

유진 피터슨이 말하는 상상력이란? 보이지 않는 현실을 보는 능력이다.

우리가 흔히 말하는 믿음을 그는 상상력으로 표현했다.

거룩한 상상력이 어떻게 하면 생겨날 수 있는가?

p.57 다윗은 평소의 삶 속에서 이리와 곰을 상대로 양떼를 지키면서 하나님이 얼마나 크시고 위대하신 분인지 깊이 체험할 수 있었다.

상상력은 현실의 삶 속에 하나님을 체험하는 습관을 통해 성장되고 보존되는 것이다.

5) 우정: 다윗과 요나단

요나단과 다윗의 우정의 기초는 하나님의 언약이다.

요나단은 사울이 볼 수 없었던 하나님과 관계된 다윗을 본 것이다.

그것이 혈연보다 더 큰 영적인 영연을 만든 것이다.

우정에서 또 한 가지 중요한 것은 그것을 유지하는 것이다. 요나단은 다윗과의 우정을 끝까지 지키면서 살아갔다. 그의 목숨을 버리면서까지 말이다.

요나단은 우리의 친구 되시는 예수님의 모델이기도 하다.

또 힘들 때 다윗은 요나단을 통해 하나님의 위로를 경험하였다.

강화체 본문도 설화체로 설교할 수 있어야 한다. 요한복음 15장을 보면서 다윗과 요나단이 생각나야 하는 것이다.

6) 성소: 다윗과 도엑

도엑은 성소에 왔지만 그의 마음은 제사장을 죽이면서까지 한자리를 차지하고 싶었던 마음이 있었다.

도엑은: 자기가 세상에서 지었던 죄들을 예배를 통해 해결하고 싶었다.

하나님께 집중하지 않으면 다른 것을 발견하게 된다. 그는 하나님께 집중하지 않았기에 다윗을 보았을 것이다.

반면에 다윗은 일상적인 필요조차도 성소를 통해, 즉 하나님을 통해 얻으려고 한다.

성소는 다윗에게 있어서는 다윗의 삶인 것이다.

나의 성소는 무엇을 위한 것인가?

나는 성소에 무엇을 얻기 위해 오는 것인가?

나는 오늘 도엑인가? 다윗인가?

예수님처럼 - 맥스루케이도

1장 예수님의 마음

우리는 예수님을 닮아야 한다. - 왜? 하나님이 원하시기 때문이다.

왜 하나님은 그것을 원하시는가? 그것은 우리를 사랑하시기 때문이다.

우리를 있는 그대로 사랑하시지만 - 변화시키기를 원하신다.

예수님처럼…… 살게 하기를 원하신다.

1) 하나님은 우리를 있는 그대로 사랑하신다.

2) 하나님은 변화시키기를 원하신다.

3) 그러나 당신은 변화 될 수 없다고 생각하는 뿌리는 무엇인가?

4) 정말로 하나님은 변화시킬 수 있다.

어떻게 변화시킬 수 있는가? 그 모델이 바로 예수님이시다…….

2장 꼼짝 없이 매인 사람들 사랑하기 - 용서하는 마음

매인 사람들이란 가장 가까운 사람들을 말하는 것이다. 가족, 친구 등

우리는 매여 있는 사람들을 사랑해야 한다. 그러나 매여 있는 사람을 사랑하기가 어렵다.

용서하기가 어렵다. 왜 그런가? 한번은 할 수 있는데 늘 묶여 있기 때문에 힘

들다.

한번 다른 집에 가서 개를 한 시간 정도 돌봐 주는 것은 쉽다. 그러나 매일 똥 치우고 밥 주기는 힘든 일이다.

수건과 대야의 의미는 무엇인가?

예수님의 요한복음 13장을 통해서 우리에게 말씀하신다.

배신하기 전에 이미 용서를 표현하고 있다. 이것은

첫째, 매인 사람들을 용서하려면 먼저 용서의 결단을 해야 한다는 의미이다.

또 둘째로, 언제나 용서의 출발은 죄 없는 자의 몫이라는 뜻이다 – 그래서 용서이다.

첫 번째 것은 먼저 용서하라는 메시지고

둘째 것은 네가 하라는 메시지인 것이다.

베드로의 모습을 생각해 본다. 예수님을 배신하고 있다가 그는 용서를 받았다.

그때 베드로는 예수님의 음성을 들었을 것이다. "지금은 네가 알지 못하나 이후에는 알게 될 것이다……" 네가 죄 짓기 전에 이미 내가 너를 용서하노라…… 그 음성을 듣고 베드로는 갈릴리도 돌아갈 수 있었을 것이다.

용서는 사람을 변화시킨다. 또 내가 용서받은 것을 알 때 사람을 더 잘 용서할 수 있는 것이다.

3장 하나님의 손길 – 긍휼히 여기는 마음

긍휼이란 무엇인가? 그것은 그의 문제를 느끼는 것이다. 세심한 배려이다.

외로움 마음을 치유하는 것이다.

예수님은 문둥병자의 가치를 존중해 주었다. 그것이 긍휼이다.

1) 나도 한때는 문둥병자였다. – 라는 것을 가져야 한다.

2) 예수님처럼 그 사람의 고통을 느낄 수 있다면, 내가 만져 주어야 할 대상은 누구인가?

나의 가치를 인정받고 싶어 하는 그 사람은 누구인가?

워밍업 질문(Icebreakers)

많은 경우 소그룹을 인도하려면 본격적인 예배와 토론이 진행되는 '본론'에 들어가기에 앞서 어느 정도의 '예열'이 필요합니다. 이러한 워밍업은 효과적인 사전 질문들을 통해 이뤄질 수 있습니다. 다음은 과거에 자주 사용되어 온 워밍업 질문들입니다.

A. 당신의 정체성

당신이 누구인지를 알려주는 네 가지의 항목을 적으십시오(예를 들어: 남편, 아들, 친구, 예술가, 소그룹 인도자 등등). 그리고 각각의 항목들에 대해 1분간씩 얘기하십시오.

B. 탐구

1) 어디서 태어났습니까?

2) 7살에서 12살까지 어디에서 살았습니까?

3) 학교 다니던 시절을 생각하면 무엇이 가장 먼저 떠오릅니까?

4) 7살에서 12살 사이에 몇 명의 형제, 자매와 함께 살았습니까?

5) 어릴 때 추우면 어떻게 몸을 녹였습니까?

6) 이성과 처음으로 키스한 때가 언제입니까?

7) 몇 살 때 자전거 타는 것을 배웠습니까?

8) 어린 시절, 당신의 마음을 가장 따뜻하게 해 준 것은 무엇이었습니까? 그것은 장소였습니까, 아니면 사람이었습니까?(예를 들어, 가족이 모두 함께 모인 거실, 부엌) 장소가 아닐 수도 있습니다. 곁에 가기만 가면 안전함과 따뜻함을 느끼게 한 어떤 사람일 수도 있습니다.

C. 나는 누구인가?

참석자 모두가 한 장의 종이에 다음 질문들에 대한 답을 적도록 하십시오.

1) 가장 좋아하는 색깔은?

2) 가장 좋아하는 음료는?

3) 어린 시절 당신의 영웅은?

4) 가장 자주 찾은 식당은?

5) 가장 자주 읽은 만화책은?

6) 고등학교 시절 가장 기억에 남는 노래는?

인도자는 종이들을 걷습니다. 그리고 하나씩 읽어 가며 그 주인공을 찾아내는 게임을 진행하도록 하십시오.

D. 하나님

1) 당신이 지금까지 살아오면서 하나님이라는 존재가 당신에게 단순한 말(단어) 이상의 의미가 되었던 적이 언제입니까?

2) 하나님께 대한 감사와 오늘 이 모임에 동참해 주실 것을 바라는 기도를 한 문장으로 하십시오.

3) 성령님께서 당신의 위로자가 되셨던 경험이 있으면 그중 한 가지만 얘기해 주십시오.

E. 소방 훈련

당신의 집에 지금 불이 났습니다. 가족들은 이미 안전한 장소에 대피했습니다. 당신에게는 집 안의 물건 중 세 가지를 갖고 나올 수 있는 1분간의 시간이 있습니다. 참석자들에게 1분의 시간을 주십시오. 그리고 그 세 가지를 종이에 적도록 하십시오. 각 사람이 그 세 가지와 그 이유를 발표하도록 하십시오.

F. "만약 당신이 한다면, 당신은 무엇을 하겠습니까?"

1) 직장에서 예상치 못한 하루의 휴가를 받았다면

2) 세상의 어느 곳에도 갈 수 있다면

3) 하루 동안 동물이 될 수 있다면

4) 당신이 바라보고 있는 그림이 실물이 된다면

5) 당신의 황당한 꿈이 현실이 된다면

G. 감정

1) 이번 주간 중 가장 좋았던 일과 가장 나빴던 일은 무엇입니까? 오늘 중 가장 좋았던 일과 가장 나빴던 일은 무엇입니까?

2) 당신의 이번 주와 오늘 하루를 가장 잘 표현하는 색깔은 각각 무엇입니까?

3) 당신의 이번 주와 오는 하루를 가장 잘 표현하는 단어는 각각 무엇입니까?

4) 날씨를 사용해 지금의 기분을 표현하라고 요청하십시오. - 흐림, 맑음, 우박 등등

H. 진실/거짓

모든 참석자에게 한 장의 종이에 자신에 대한 네 가지의 진술문을 작성하도록 하십시오. 그중 세 가지는 진실이고 한 가지는 거짓이어야 하는데 너무 뻔한 거짓말을 써서는 안 됩니다. 그럴듯한 것이어야 합니다.

1) 돌아가며 각자가 그 문장들을 읽도록 하십시오. 한 사람이 읽고 나면 나머지 사람들이 그 네 문장 중 거짓 문장을 추측하고 그 추측을 한 사람은 그 이유를 설명해야 합니다. 모든 참석자가 다 동의하는 거짓말을 찾아내는지 주의해서 살펴보십시오. 해당 사람은 답을 말해 줍니다.

2) 종이들을 모두 모아 모자에 담으십시오. 아무나 하나를 꺼내서 읽습니다. 그리고 나머지 사람은 그것이 누구의 것인지를 맞추는 것입니다. 5번에서 6번 정도 진행하십시오.

I. 가치

모든 참석자에게 지난주 자신이 가지고 있는 가치(또는 신념)들 중 하나가 심하게 위협받은 경험이나 더 견고해진 경험이 있으면 나누도록 요청하십시오.

J. 추가 질문들

1) 가장 존경하는 사람이 누구입니까? 그 사람은 어떤 면에서 당신에게 영향을 끼칩니까?

2) 만약 당신의 아기가 탄생하는 순간 당신이 그 아기의 직업을 결정할 수 있다면 그렇게 하시겠습니까?

3) 혼자 식당이나 극장가는 것을 좋아합니까? 혼자 여행가는 것은 어떻습니까?

4) 1년 후 당신이 죽는다면, 지금 사는 모습과 어떤 점에서 가장 달라질까요?

5) 유명해지고 싶습니까? 어떤 점에서 그렇습니까?

6) 당신이 일생을 두고 추구하는 것은 무엇입니까? 성취, 안정, 사랑, 권력, 쾌락, 지식, 등등

7) 당신이 지금까지 만난 적이 없는 매력적인 사람들이 많이 참석하는 파티에 초대받았습니다. 당신 혼자 가야 한다면 가겠습니까?

8) 당신은 지금 과거로 되돌아갈 수는 있지만 다시 돌아오지는 못합니다. 그렇게 하겠습니까? 간다면 언제, 어디로 가서 역사를 바꿀 어떤 일을 하고

싶습니까?

9) 다음과 같은 결과를 위해 큰 희생을 할 용의가 있습니까? 우표에 나의 얼굴이 나온다, 공원에 나의 동상이 세워진다, 내 이름을 딴 대학이 생긴다, 나를 기념하는 노벨상이나 공휴일이 제정된다.

10) 10년 이상 지속된 우정이 몇 명이나 있습니까? 지금 당신의 친구 중 10년 후에도 내게 매우 소중하리라고 확신하는 사람은 누구입니까?

II

제자훈련과 신학

1. QT를 통한 제자훈련

성경적인 제자훈련기법들은 성경에 입각한 제자훈련이 돼야 할 것이다. 대부분 교단중심이거나, 교회중심, 목회자 중심의 제자훈련을 하고 있는 것이 지금의 현실이다. 바람직한 제자훈련은 특정인 중심이 아니라 성경중심으로 바뀌어야 한다. 그것이 지속적인 것이 될 것이고, 모임이 커지고, 지속적인 제자화가 될 것이기 때문이다. 방법은 연역적이든지 귀납적이든지 다양한 방법을 적용할 수 있다. 그 조직과 단체의 특징에 따라 합리적인 방법을 적용하면 되는 것이다. QT를 통하여 제자훈련을 더욱 확고히 할 수 있음을 우리는 알아야 한다.

　가. 연역적 방법과 귀납적 방법의 핵심적인 차이를 파악하고 이해해야 한다.
　나. QT와 귀납적인 방법의 중요한 차이점 파악하고 이해해야 한다.
　다. 소그룹 환경과 귀납적 성경공부의 필연적 관계를 파악하고 이해해야 한다.

네가 은혜를 얻었느니라.
　- 자기에게 들려주신 하나님의 음성
어찌 그런 일이 있으리까?
　- 자신이 계속했던 하나님을 향한 질문
말씀대로 내게 이루어지리다.
　- 순종하게 되었다.

[개역](창3:1) 여호와 하나님의 지으신 들짐승 중에 뱀이 가장 간교하더라 뱀이 여자에게 물어 가로되 하나님이 참으로 너희더러 동산 모든 나무의 실과를 먹지 말라 하시더냐

[개역](창3:2) 여자가 뱀에게 말하되 동산 나무의 실과를 우리가 먹을 수 있으나

[개역](창3:3) 동산 중앙에 있는 나무의 실과는 하나님의 말씀에 너희는 먹지도 말고 만지지도 말라 너희가 죽을까 하노라 하셨느니라

[개역](창3:4) 뱀이 여자에게 이르되 너희가 결코 죽지 아니하리라

[개역](창3:5) 너희가 그것을 먹는 날에는 너희 눈이 밝아 하나님과 같이 되어 선악을 알 줄을 하나님이 아심이니라

[개역](창3:6) 여자가 그 나무를 본즉 먹음직도 하고 봄 직도 하고 지혜롭게 할 만큼 탐스럽기도 한 나무인지라 여자가 그 실과를 따 먹고 자기와 함께한 남편에게도 주매 그도 먹은지라

[개역](창3:7) 이에 그들의 눈이 밝아 자기들의 몸이 벗은 줄을 알고 무화과나무 잎을 엮어 치마를 하였더라

[개역](창3:8) 그들이 날이 서늘할 때에 동산에 거니시는 여호와 하나님의 음성을 듣고 아담과 그 아내가 여호와 하나님의 낯을 피하여 동산 나무 사이에 숨은지라

1) 관찰
(1) 통합적으로 관찰하라. - 큰 줄거리 이해. 사단이 유혹하는 장면
(2) 분석적으로 관찰하라.
WHO? 누가?
아담 - 침묵
아내 - 유혹 당함
사단 - 유혹
하나님

사단의 유혹, 여자의 반응, 여자의 결정, 아담의 침묵, 결정 뒤의 상황 – 뽑는다.

2) 해석

(1) 옳은 관점 결정하라

사단의 유혹으로부터 교훈 – 사단의 유혹한 세 가지 말에 대한 공부!

범죄의 결과는 어떠한가?

여자의 반응에서 배울 수 있는 교훈?

(2) 질문을 던지라. – 의미를 찾아가는 것

사단의 유혹은 어떻게 오는가?

– 사단의 세 가지 질문

① 너의 대한 자유를 구속하는 분이시다. – 이해하도록

② 결코 죽지 아니하리라. – 죄에 대한 심판은 없어

③ 죄가 주는 쾌락을 강조하는 것이다.

여자의 반응 – 말려들었다.

① 자유를 구속하는 분으로 말했다. – 먹지도 말고 만지지도 말라.

② 죽을까 하노라? – 심판 부정에 말려든다.

③ 죄가 주는 쾌락에 빠졌다.

아담의 침묵

적극적인 범죄가 있고 소극적인 범죄가 있다. 하와의 말에 동조하는 것이다.

수동적인 신앙의 태도를 가지고 있으면 안 되는구나.

범죄의 결과

벗은 줄 – 죄책감을 알았다.

부끄러움 – 수치심을 알았다.

숨었다 – 도피의식

서로 껴안고 있다가 책임을 떠넘기고 – 거짓공동체. 함께 있지만 원망하는

3) 원리로 명제화해야 한다.

(1) 하나님은 구속이 아니라 자유케 하시는 분이시다.

(2) 순종은 축복이고 행복이다. 불순종은 손해이다.

(3) 사단은 유혹자일 뿐 죄의 결정은 사람이며 그래서 책임이 있다.

(4) 바른 말씀에 서 있을 때만 죄를 극복할 수 있다.

(5) 그리스도 안에서 도피, 수치, 죄책이 자존감, 자유, 회복으로 바뀐다.

4) 기도하면서 본문과 해석을 읽으라.

5) 감동, 반성, 도전을 찾으라.

감동: 하나님은 그들을 살피시고 일하심을 준비하시는 하나님이시다. 긍휼을
　　　베푸시는 사랑 감동

반성: 낮은 자존감 – 아담과 하와 숨어 있는 모습이 제 모습

도전: 새벽기도를 메시지에 의존하고 말씀을 이해하지 않았다.

성경의 메시지와 나의 삶이 만나는 것이 바로 느낌이다.

6) 태도와 행동변화

(1) 다른 사람이 보는 나에서 하나님이 보시는 나로 변화해야겠다.

(2) 아내에게 혼내지 말아야겠다.

7) 적절한 행동계획

(1) 내가 누구인지를 인지하게 한다.

2. 현실에 뿌리박은 제자훈련

광야-엔게디의 다윗

광야-삶이다. 광야는 아름다움도 있지만 위험도 있다. 삶 자체도 행복만 아니라 어려운 부분이 있는 것처럼 삶의 장이 바로 광야이다.

광야는 하나님을 만나는 통로이다. 광야에서 하나님과 밀접한 교제를 가진 것이다.

다윗을 다윗 되게 한 것이 바로 광야이다. 광야를 통해서 하나님을 체험한 것이다.

윈스턴 처칠-홀로 있을 때 하나님을 만났다.

광야에서 다윗은 자신을 광야로 내몬 사울을 집중하지 않았다(집중했으면 증오했을 것이다). 그리고 광야의 상황을 집중하지 않았다(집중했다면 불평했을 것이다.). 다윗은 그곳에서 하나님을 바라보았다. 하나님이 자신의 피난처임을 고백하였다.

"광야는 상황이 좋지 않은 곳이다. 물이 없고, 양식도 없고, 그래서 이스라엘 백성들도 없고 ……없고"라고 불평했다. 광야는 없는 곳이다. 그러나 광야에서는 일상에서 만날 수 없었던 하나님을 만날 수 있는 곳이다. 이스라엘 백성이 40년을 광야에서 방황한 목적은 "사람이 떡으로 사는 것이 아니요 하나님 입에서 나오는 말씀으로 살리라."는 것을 배운 곳이다.

내 인생에 광야가 올 때 어려움을 바라보지 말자, 그 광야로 내몬 그 무엇을 불평하지 말자 광야는 위험한 곳이면서도 경이로운 곳이라는 피터슨의 말처럼 광야는 하나님을 만나는 가장 좋은 장소이다.

릭워렌의 [목적이 이끄는 삶]에서 사람의 성장하는 한 방법 중에 하나가 바로 어려움이다.

광야인 것이다. 그래서 광야는 성장의 장소이며, 축복의 장소이다.

광야는 시험과 유혹의 장소인데, 시험과 유혹을 어떻게 구분할 수 있는지 모르겠다.

유혹이나 시험을 구분하는 것이 중요한 것이 아니라, 유혹 속에서나 시험 속에서 나의 선택이 중요하다고 생각한다.

광야에서는 다윗과 사울을 비교했다. 광야의 인생은 어려움이다. 그 포커스가 자기와 세상이 된다면 아무런 의미가 없고, 자신의 포커스가 하나님이 될 때 광야를 탈출할 수 있다. 인생의 광야에서는 오직 하나님을 바라보아야 한다. 이스라엘이 광야를 거치지 않았다면 그들의 삶이 어떻게 되었을까? 그들은 분명히 하나님을 섬기지 못했을 것이다. 그들이 애굽에서 보고 배운 것을 버리지 못했기 때문일 것이다. 고난이 없으면 교만해지고 나태해지고 그랬을 것이다.

예전에 성경공부를 보면 시험은 세 가지인데

1) 하나님이 주시는 시험(Test)

2) 마귀가 주는 유혹(Temptation)

3) 환경이 주는 어려움(Trouble)인데 Test는 '믿음으로, Temptation은 피하고 Trouble은 인내함으로'라고 배웠다. 그런데 그것은 공식처럼 맞아떨어지지 않는다.

누가 주는 것인지 모르기 때문이다. 욥의 경우 하나님이 마귀를 통해 환경을 어렵게 하시는데…… 어떻게 하란 말인가?

[목적이 이끄는 삶]에서는 어려움이 온다고 다 성장하는 것은 아니라고 말한다. 어려움이나 유혹이나 시련이 올 때 예수님의 방식대로 선택해야지만 성장할 수 있다고 말한다.

스티븐코비의 7가지 습관에서도 스티븐코비는 "자극과 반응 사이에 공간이 있다."라고 말한다. 어떤 시험이 오더라도, 유혹이냐 시험이냐가 중요하지 않고 내가 하나님의 방식대로 어떤 것을 선택하느냐가 더 중요한 문제일 것이다.

피터슨이 아름다움을 쓰면서 신약성경 요한복음 1:14절을 밑에 쓰고 있다는 것은 이 말씀과 아름다움이 연관 있기 때문일 것이다. 예수님은 말씀이 육신이 되신 분이시다. 그래서 다윗에게 하나님의 말씀이 오늘의 삶의 현장에 육화되도록 한 사람이 아비가일이기 때문에 말씀이 육신이 되신 예수님의 역할을 아비가일이 하였다고 생각한 것이라 생각한다.

그래서 그것이 아름다움이라고 표현한 것이 아닌가? 아비가일의 외모의 아름다움이 아니라 잃어버렸던 하나님을 회복하는 것이 참아름다움이기 때문이다.

무력의 세계에서 주변인이었지만 영향력을 미칠 수 있었다. 다윗은 그 모습을 보면서 그 추함을 발견할 수 있었다. 아무런 힘을 쓸 수 없는 여인이 정말 더 큰 힘을 미친 것이다. 아비가일처럼 되어야겠다고 생각했다.

아비가일을 주변인이라 표현한 것은 주변인이기 때문이 아니라, 세상의 기준으로 볼 때 주변인이란 이야기라 생각한다. 우리는 주변인이 아니다. 세상의 기준으로 주변인이지 하나님의 기준에서 주변인이 아니기 때문이다. 그래서 우리가 세상에서 주변인이 되어도 괜찮다. 왜냐하면 하나님이 나를 주변인이라 생각하지 않기 때문이다.

피터슨이 말하는 주변인이란 뜻은 정말 주변인이라서 주변인이라고 한 것이 아니라고 생각한다.

아비가일을 통해 다윗은 분노하고 혈기를 부렸지만 다시금 정체성을 회복할 수 있었다. 그것이 바로 아름다움이 아닌가!

하나님께로 돌아갈 수 있는 아름다움. 나도 아비가일 같은 사람이 되었으면 좋겠다.

이전의 광야와 연결시켜 본다면 다윗은 광야에서도 하나님을 만났던 사람이다. 그 광야에서도 사울을 복수하지 않고 자기를 죽이려고 했던 사울에게서도 하나님을 보았던 사람인데 오늘 나발한테는 복수심이 불탄 것으로 보아 다윗답지 않은 모습이다. 순간 이성을 잃었던 것 같다.

그런데 아비가일은 중재자였다. 그런 다윗에게 다시금 다윗이 되게 한 것이다. 그것을 바로 피터슨은 아름다움이라 생각한 것이 아닐까?

유진 피터슨이 증거하는 것이 아름답다고 말했는데, 정말로 증거하는 것이 아름답기 때문이다. 하나님을 증거하는 것이 아름다운 것이다. 증거에는 포기와 헌신이 있다. 예수님도 이 땅에 증거하러 포기하고 오신 것처럼 증거는 아름답다. 아비가일이 증거하는 그 하나님의 증거가 아름답기 때문에 이 증거도 아름다움에 포함되어야 하는 것 같다.

우리 삶 속에서 아비가일은 어떤 것이 될 수 있을까? 내가 상황 속에서 불순종할 수 있는 상황 속에서 하나님 앞에 순종할 수 있게 하는 무언가가 될 수 있을까?

찬양도 그럴 것이고, 친구나 아이들도 그럴 것이다. 내게 있어서 개인적으로는 말씀이 그런 것 같다. 말씀을 읽으면서 나는 생각이 바뀔 때가 많이 있다.

피터슨이 두 번째 소제목으로 "생명보자기에 싸여"라고 했는데, 여기서 생명 보자기기에 싸여 있다는 것이 무엇을 의미하는 것일까?

이것은 다윗의 정체성을 말하는 것이라 생각한다. "당신은 나발 같은 사람과 싸워야 할 사람이 아니다. 당신은 하나님의 생명보자기에 싸여 있는 사람이 아 닌가! 그래서 마지막 페이지에 보면 그런 분노와 감정은 나에게 어울리지 않는 다는 것을 알게 된다. 왜냐하면 우리는 자신이 하나님의 보자기에 싸여 있는 존재임을 보게 된다. 나발은 기껏해야 우리 삶의 본문에 들어올 수 없는 각주에 지나지 않음을 깨달으면서 말이다……."라고 끝나고 있다.

마지막 "이 생명보자기에 싸여 있는 존재임을 보게 된다."는 말은 107페이지 "아비가일은 하나님이 다윗에게 주셨던 정체성을 회복시켜 준 것이다."라는 말 과 동일할 것이다.

내 삶에 아비가일을 만날 때 나는 정말 내가 누구인지를 알게 된다. 거룩한 하나님의 백성, 우주의 황태자…… 나는 노는 물이 다르다. 강남에서 노는 애들 은 강북의 나이트에 가지 않는다. 내가 누구인지 알기 때문이다.

다윗은 부족한 사람들을 데리고 있었다. 그리고 그 부족한 사람들이지만 그들 은 공동체이다. 그들 속에서 하나님을 바라보아야 한다.

예수님도 공동체를 만드신 것으로 보아서 공동체는 꼭 필요한 것이다. 그리고 공동체를 통해 다윗이 그 공동체에게 무엇을 준 것도 있지만 그 공동체가 있음 으로 해서 다윗도 많은 좋은 영향을 받았을 것이다. 나도 개인적으로 선교단체 에 있을 때 더 열심히 일하였다. 공동체가 있었기 때문에 내가 책임이 있고 더 성장한 것 같다.

다윗이 그 억압받는 사람들을 통해 나를 발견했던 것 같다. 나도 소그룹을 하 면서 좋은 것은 소그룹에서 위로가 되기 때문이다. 나도 힘들지만 '아~ 쟤도 똑같이 힘들구나.' 하는 것을 알기 때문이다. 내가 혼자 신앙생활을 하는 것은 힘들지만 공동체는 언제나 힘을 준다.

하찮은 곳이지만 그곳에서 하나님을 보게 된다. 빚진 자, 불구자, 사회에서 아웃사이드에 있는 사람들이지만 그들이 모인 곳이 바로 공동체이다.

사역을 하지 않기 때문에 교회들을 돌아볼 기회가 많이 있는데 교회들을 돌아다녀 보면, 목회자의 마인드가 중요하다고 생각된다. 그리고 교회를 돌아보면서 교회가 저 정도밖에 안 되나 하는 생각이 있었다. 그 하찮고 보잘것없지만 그래도 하나님이 세우셨다. 하찮은 성도일지라도 하나님은 소중하게 생각하신다. 연약하고 힘이 없어 보이지만 기름 부으신 종이라는 것을 알게 되었다.

이 글을 읽으면서 겸손하게 되었다. 하나님이 하시는 일에 대해서는 겸손해야 되겠다는 생각이 들었다. 하나님의 교회는 귀하고 아름다웠다.

전병욱 목사 말대로 교회는 종합병원이라는 말이 맞는 것 같다. 다윗의 공동체는 사회적으로 무시당하고 약하고 연약한 사람들이었는데 그 사람들을 모아서 공동체를 형성했다. 유진 피터슨은 그곳에서 예수그리스도를 보았다고 말했다.

다윗이 정말 탁월한 지도자란 생각을 한다. – 대단한 지도력이었다. 오합지졸을 데리고 공동체를 만들 수 있는 능력이 어찌 대단하지 않다고 할 수 있겠는가!

관대함 – 브솔시내의 다윗

동일하게 나누어 주는 관대함이다. 일하지 않는 사람에게도 나누어 주었다. 어떻게 그럴 수 있을까? 다윗은 정말 대단하다. 나는 그러지 못할 것 같다.

공동체에서 가장 필요한 것은 서로 돌아보아…… 돌보는 것이다. 남아 있는 자들을 위한 희생이 필요하다. 다윗은 어떻게 그것을 할 수 있었을까? 그것은 그가 하나님으로부터 그 관대함을 받았기 때문일 것이다. 하나님께 받은 사람은 그것을 할 수 있다.

상황이 급박하다. 공동체에 있던 사람들이 다윗을 돌로 쳐 죽이자는 상황이었다. 열심히 가르쳤는데 사람들이 돌로 쳐 죽이자 했다. 목회에서도 동일하다. 상처받은 목사님들도 많다. 성도들에게 받은 그 상처를 회복하지 못하시는 목사님들을 나는 많이 보아왔다.

그러나 다윗은 하나님을 굳게 의지하였다. 그 회복이 상처와 배신감을 풀었을 것이다.

다윗이 부럽다. 나는 아직도 내게 상처 준 사람들을 용서하지 못하고 내 마음에 묻어 두고 있다. 용서란 참으로 어려운 것이다. 성령님의 역사가 필요하다.

정말 최선을 다했는데 자신들의 처자식들이 잡혀간 것을 모두 다윗의 탓으로 돌렸고 다윗을 돌로 쳐 죽이려고 했다. 그 상황 속에서 다윗은 사람들을 보지 않고 성경엔 "다윗이 궁급하였으나 하나님을 향하여 힘을 얻고……"라고 기록되어 있다.

궁급했지만 다윗은 하나님을 향해서 힘을 얻었다. 그리고 가서 그들을 무찌르고 나서 브솔 시내 가에 있는 사람들에게도 동일하게 나누어 주었다. 그 관대함은 사람을 향한 긍휼에서 나온 것이 아니다. 하나님을 바라보았을 때 느꼈던 하나님의 마음일 것이다. 돌봄이란 감상이 아니라 행동이다…… 또 피터슨은 예수님의 마음을 매치시켜서 말하고 있다.

"지쳤느냐? 힘이 없느냐? 종교에 탈진했느냐? 나에게 와라 그러면 생명을 회복하리라."

아~ 이것이 The message의 힘이다(모두 메시지 사고 싶도록 외판원이 되어…… 샬라샬라).

나도 편지 쓸 때 이제 "브솔 시내에서 친구가"라고 써야겠다.

슬픔 – 비가를 부르는 다윗

제일 어려웠다. 읽으면서 여기서 피터슨은 슬픔을 피하지 말라. 슬픔을 외면하지 말라.

슬픔을 배워야 한다고 말하는 것 같다. 상갓집에 가서 너무 우는 것은 천국이 없는 것 같은 생각이 들어서 너무 울어도 안 된다고 선교단체에서 잘못된 메시지를 배웠다. 지금도 슬픔이 내 삶 속에 없다. 슬픔을 어떻게 받아들여야 하는지 어렵다. 나는 슬퍼하는 것은 잘못된 것이라고 배웠기 때문에 더 힘들다.

슬픔을 직면해야 한다. 그럴 때 그 슬픔이 기쁨이 되고 죽음에서 삶으로 옮겨가는 것이고 또 그 슬픔 속에서 하나님을 찬양하기를 바라시는 것 같다.

죽음이 최악이 아니다. 바로 최악은 목적이 없는 삶이다. 릭워렌의 말이 생각난다. 또 죽음은 부활을 위한 준비이다. 나는 죽음에 대해 깊이 생각했다. 내가 신학을 하게 된 계기도 가장 친한 내 친구가 죽었기 때문이다.

죽음이 십자가와 맞닿아 있고 그것이 부활로 연결된다는 것이 너무 감사한 일이다. 기독교만이 죽음의 문제를 해결해 주는 것이 아닌가!

이 땅을 사는 삶은 슬프다. 스캇펙은 인생은 힘들다. 힘들다는 것을 알 때만이 인생을 그나마 덜 힘들게 살 수 있다고 말했다. 슬픔을 외면해서는 안 된다. 헨리 나우웬의 책 [춤추시는 하나님]을 보면 나우웬이 "인생의 슬픔을 외면하지 말고, 피하지 말고 우린 인생의 고난과 어려움을 통과하는 법을 배울 필요가 있다."라고 말한다.

또 그 책의 원래 제목은 'Turn My Mouring into Dancing'이다. '내 슬픔이 변하여 춤이 되게 하시고'라는 다윗의 마음을 담은 듯하다. 우리는 슬픔의 끝에서, 슬픔의 한가운데서 하나님을 깊이 만나는 것이다. 그래서 그 슬픔은 기쁨으로 변하는 것이다. 코미디 같은 웃음이 아니라, 절망의 끝에 나와 함께 아파하시는 하나님을 느끼면서 지어지는 미소 같은 것 아닐까?

릭워렌의 목적이 이끄는 삶에서 세 번째 목적 '그리스도를 닮도록 창조되었다.'에서도 어려움을 회피하는 것은 성경적이 아니라고 말한다. 어려움은 통과해야 한다. 정말 내가 죽을 수밖에 없는 존재라는 처절한 절망 끝에 부활의 기쁨이 샘솟는 것이다.

예수님이 나사로의 무덤 앞에서 우셨던 것은 단순한 동정의 눈물이 아니라, 죽음 앞에 어찌할 수 없는 인간 본연의 슬픔을 표현하신 것일 것이다. 다윗도 요나단과 사울의 죽음 그 자체뿐 아니라 인간의 죽음이라는 본연의 슬픔을 노래했을 것이다. 그것을 노래할 때 그것을 깊이 느낄 때 부활의 기쁨을 찬양할 수 있을 것이다.

하나님과 함께하는 슬픔인지 내 슬픔인지 어떻게 구분하나요?

다윗의 애통하는 비가에는 두 가지가 없다고 말한다. 첫째는 동정심이 없고, 둘째는 빈곤하지 않다. 또 다윗이 노래를 지어서 가르친 것을 통해 피터슨을 오늘을 사는 우리에게 비통하는 법을 배우라고 말하고 있다.

슬퍼하지 않고 슬픔을 외면하는 것은 내 인생의 전체의 스토리를 토막 내는 짓이다. 내 인생의 전체의 이야기가 하나가 되기 위해 우리는 슬퍼하는 법을 배워야 한다.

3. 나를 만드는 작업

sharing your Life Message! - 삶의 메시지 나누기

간증의 유익
1) 오직 당신만의 이야기이다. - 그와 똑같은 이야기는 없다. 당신이 침묵하면 영원히 그 이야기는 사라질 것이다.
2) 개인적인 경험을 대상으로 논쟁하는 것은 쉽지 않다. - 전도의 논쟁을 막는 가장 효과적인 수단이다.
3) 간증은 설교보다 더 효과적이다.
믿지 않는 사람들은 목사들을 월급 받는 세일즈맨으로 취급하지만 당신은 그 제품을 써 보고 '만족하는 고객'으로 보기 때문에 더 신뢰하는 것이다.
4) 지식적인 내용이 풍기는 거리감을 피할 수 있다. - 성경권위를 인정하지 않는 사람도 이야기는 듣는다.
5) 우리의 이야기는 예수님이 그들의 마음으로 찾아갈 수 있는 교량역할을 한다. 그래서 바울도 사도행전에서 여섯 번이나 성경 대신 자신의 간증을 통해 복음을 전했다.

"너희 마음에 그리스도를 주로 삼아 거룩하게 하고 너희 속에 있는 소망에 관한 이유를 묻는 자에게는 대답할 것을 항상 예비하되 온유와 두려움으로 하고"(벧전3:15)

대답할 것을 예비하는 가장 좋은 방법은 간증문을 작성하고 포인트를 암기하는 것이다.

간증작성의 네 부분
1) 예수님을 만나기 전의 내 삶이 어떠했는지

2) 예수님이 필요하다는 사실을 어떻게 깨달았는지

3) 어떻게 나의 삶을 예수님께 헌신했는지

4) 예수님이 나의 삶을 어떻게 변화시키셨는지

구원받은 이야기 말고도 여러 가지 간증이 있을 수 있다.

하나님이 우리를 도와주신 모든 경험에 대해 말할 수 있다.

하나님이 겪게 하신 모든 문제, 상황, 위기들을 기록해 두라.

그리고 가운데 믿지 않는 친구들이 공감할 수 있는 이야기들을 상황에 맞게 사용하라.

상황이 다르다면 다른 간증이 필요하다.

내가 복음을 전하지 않는 이유?

사랑은 선택의 여지가 없다.

[개역](요일4:18) 사랑 안에 두려움이 없고 온전한 사랑이 두려움을 내쫓나니 두려움에는 형벌이 있음이라 두려워하는 자는 사랑 안에서 온전히 이루지 못하였느니라.

부모는 아이에 대한 사랑이 두려움보다 더 커서 불타는 집 안으로 아이를 구하러 들어간다.

만일 주위에 복음을 전하기를 두려워하고 있다면, **하나님께 그들에 대한 사랑을 달라고 기도하라.**

복음전도의 유익

천국에 올라갔을 때 누가 "정말 감사합니다. 당신이 제게 복음을 전해 주었기 때문에 제가 이곳에 올 수 있었습니다."라고 인사하는 사람을 만난다면 얼마나 감격적일까!

사람의 영혼만이 영원하다.

복음전도의 긴급성

다섯 가지 목적, 예배, 교제, 훈련, 사역, 전도 나머지 넷은 하늘에서도 계속하게 될 것이다. 그러나 전도는 이 땅에서만 이루어지는 일이다.

제자훈련을 통해 인간을 만드는 작업과 영적인 새 삶을 만드는 작업이 원활히 이루어져야 한다. 형식적이거나 사변적이 돼서는 안 된다.

의미 있는 작업이 되어야 하며, 그것이 나의 몸에 배는 (체인되는) 작업과 훈련이 돼야 한다. 신의 성품을 닮아가는 과정이 되어야 한다.

4. 현대교회와 선교

정확한 문제의식은 그 자체 속에 해답을 가지고 있다는 것을 우리는 잘 알고 있다.

잘된 모든 일은 과정이 어떻든 결과를 보고 모두가 좋다고 이야기하는 버릇이 있다. 모로 가도 서울만 가면 된다는 우리의 정서가 깊게 박혀 있기 때문일 것이라 생각한다. 잘된 일에서도 잘못된 부분이 있을 수 있다. 실패한 일 속에서도 잘된 부분을 찾을 수 있을 것이다. 이 안목을 가지는 것이 중요하다. 옥 목사님은 한국교회의 부흥 속에서 그 부흥의 문제점을 지적하고 있다.

교회부흥의 문제점

양적 성장이 모두는 아니다.

교회의 궁극적인 목표는 전 국민의 복음화요, 전 세계의 구원이다.

그러나 그것은 복음의 능력이 평신도의 인격과 삶을 통해 세상을 정복하는 데서 얻어지는 것이라야 할 것이다.

맛을 잃어가는 교회는 결국 평신도가 세상에서 그 능력을 상실하고 있다는 것이다.

웨버 "하나님의 계산법과 사람의 계산법은 다르다……. 참전도는 교인의 숫자를 깎는 결과를 가져올지 모른다. 우리가 물어야 할 첫째 질문은 교회가 어떻게 양적으로 성장할 수 있느냐가 아니라 어떻게 은혜 가운데서 성장할 수 있느냐에 있다. 신약교회의 선교는 통계와 관계를 가지고 있는 것이 아니라 헌신과 관계를 가진다."

- 삼허현상(허수, 허세, 허상)

허수 - 교인 부풀리기

허세 - 영향력이 없다.

허상 - 빵을 얻기 위해 몰려든 무리는 모두 허상이다.

지금 교회는 맛을 잃은 소금이 사람들의 발에 짓밟히듯, 이제는 교회가 점점 사람들의 비판의 과녁이 되고 있다.

한국교회가 지금까지 이룬 값비싼 부흥을 헛되이 돌리지 않기 위해서, 그리고 더 큰 하나님 나라의 비전을 가지고 전진하기 위해서 옷을 갈아입지 아니하면 안 될 것이다. 교회의 주체요 얼굴인 평신도를 예수의 제자로 가르치고 훈련하는 것 외에는 다른 길이 없다고 확신한다.

여기에 교회의 사활이 달려 있다. 성경의 원리로 돌아가라. 예루살렘교회는 그들의 문제가 오히려 평신도 지도자들을 발굴하는 계기가 되지 않았는가?(행 6:1 - 7)

평신도의 재발견

우리의 유일한 개혁의 근거는 성경이다. 그 말씀 가운데 감추어져 있던 진리가 성령의 인도 아래 현실의 요구와 접촉점을 가질 때 비로소 우리는 그것을 하나님의 뜻으로 받아 적용하게 된다.

존스토트 "평신도가 깨어나야 한다는 것은 실용주의나 편의주의 때문이 아니다. 그것이 성경적이기 때문이다. 그것은 교역자가 평신도의 도움을 필요로 해서도 아니고 평신도가 유용한 존재가 되기를 원해서도 아니다. 지금 세상이 그런 식으로 생각하니까 그런 것이 아니라 하나님 자신이 그렇게 되기를 그의 뜻으로 보여주셨기 때문이다……. 하나님 말씀 앞으로 나와 자기 백성을 향하신 하나님의 뜻으로 그들 자신을 인정하는 것이다."

참기독교는 언제나 서 말의 가루에 있는 것이 아니라 한두 숟갈의 누룩에 있다.

평신도는 누구인가?

평신도(laos)는 예수그리스도를 믿는 무리로 사용되었다. 성경에서 사람을 구분할 때는 그리스도를 믿는 사람과 그렇지 않은 사람으로 구분되었지. 교회 안에서 교역자와 하나님의 자녀를 구분하는 구분은 성경에서 찾아볼 수 없다. 교역자는 사람을 구별하는 신분이 될 수 없기 때문이다.

그러나 중세시대 그 평신도란 말은 사제와 구분되는 말로 변질되었다.

평신도는 교회의 객체가 아니라 교회의 주체이다. 교역자와 평등하게 그리스도의 몸에 속한 지체들이다. 그들 모두는 머리되신 그리스도께 소명을 받고 있다.

오늘의 평신도들의 현실

평신도는 잠자고 있다. "네 안에 잠든 거인을 깨우라"는 책 제목처럼 잠자는 평신도들은 대개 통상적인 봉사활동을 하는 데서 벗어나지 못하고 있는 것이다.

또 평신도들은 편안하게 살기를 요구한다. 그렇다고 그 요구를 들어주면 나는 목사로서 자격이 없는 사람일 것이다.

만일 평신도가 잘못되어 있다면 그것은 교회가 잘못되어 있다는 것을 말한다. 이 책임은 주님께서 자기 피로 사신 교회를 양육하라고 맡기신것은 맡기신 감독된 교역자가 전적으로 져야 할 것이다.

교역자와 평신도의 관계

"그가 혹은 사도로 혹은 선지자로 혹은 복음 전하는 자로 혹은 목사와 교사로 주셨으니 이는 성도를 온전케 하며 봉사의 일을 하게 하며 그리스도의 몸을 세우려 하심이라."(엡4:11 – 12)

칼빈은 성직의 중요성에 대해 논하면서 교직을 교회에서 교인들을 하나로 규합시키는 중요한 열쇠로, 교회를 보호하는 역할로, 주님 자신이 현림하시는 제도로 보고 있다.

우리는 교회에서 합법적으로 소명을 받고 그 일을 하도록 보냄을 받기 전에는 아무도 대중설교의 직을 맡든지 성례를 집행하는 일을 할 수 없다는 것을 잘 알고 있다. 그러나 이것은 질서의 문제이지 교리의 문제는 아니라는 것을 명백히 해야 한다. 질서는 교리만큼 권위를 가질 수 없다.

그리고 그 권위도 하나님이 주신 것이지만 교회 위에 군림하는 권위가 아니라 섬기기 위한 권위이다. "만일 교회에서 누구에게 속한 자가 있다면 그것은 교역자에게 속한 평신도가 아니라 평신도에게 속한 교역자이다."

사도행전 6:4절에 말씀 전하는 것을이라는 말의 뜻은 말씀의 디아코니아(섬김)이라고 표현한 것은 말씀을 전하는 교역자의 최고의 권위도 평신도를 섬기는 봉사에 지나지 않는다는 것을 가르쳐 준다고 할 수 있다.

교역자의 역할은 본에 있다. "맡긴 자들에게 주장하는 자세를 하지 말고 오직 양 무리의 본이 되라."(벧전5:3)

세상으로 보냄 받은 교회

증거와 봉사의 공동체
목회철학 – 교회론

목회전략 – 제자도

목회방법 – 제자훈련

목회현장 – 제자들

목회철학이란 무엇인가?

한 가지 놀라운 사실은 교회를 맡아 목회를 하는 지도자들이 교회가 무엇인가를 잘 생각하지 않는 경향이 있다는 것이다. 고작해야 신학교에 다니면서 조직신학에서 배운 단편적인 지식이나 교회 헌법책에 나와 있는 내용을 답습하는 정도가 아닌가 한다. 어딘지 모르게 우리 모두가 안일한 생각에 젖어 있는 것이다.

목회자는 날마다 교회가 무엇인가를 물어야 한다. 왜냐하면 그가 교회를 어떻게 보느냐에 따라 그의 목회 방향이 결정되기 때문이다. 예를 들어 예배당 장소의 개념으로 생각하는 사람이 있다면 – 그는 항상 건물과 그곳에 모이는 예배 인도에 자기사역의 가장 큰 비중을 두는 목회자가 될 것이다.

또 교회는 상처 입은 자들이 모여 친교하고 어루만져 주는 곳이라고 생각하면 그의 목회가 어느 방향으로 갈지 물으나 마나 한 일일 것이다.

그러므로 우리 모두는 달려가던 발걸음을 잠깐 멈추고 자신이 섬기는 교회가 무엇인지 왜 교회가 존재하고 있는지에 대해 스스로 대답을 할 수 있어야 하고, 동시에 그 대답이 과연 바른 것인가를 확인해 보아야 한다.

릭워렌 "모든 교회는 무엇인가에 의해 움직인다. 교회에서 일어나는 모든 일에 인도하는 힘과 조절하는 가정과 이끌어 가는 확신이 작용한다. 어쩌면 이것들은 이야기되지 않고 많은 사람들에게 알려지지 않는 것들인지 모른다. 이것들이 공식적으로 투표된 적은 아마 한 번도 없었을 것이다. 하지만 이것들은 분명히 존재하며 교회 생활의 모든 면에 영향을 끼친다.

당신의 교회를 움직이고 있는 추진력은 무엇인가?

교회를 움직이는 추진력 이것이 목회철학이다.

솔직하게 말하면 우리가 목회를 하면서 온갖 종류의 좌절을 맛보는 이유 가운데 하나는 한 가지 확고한 철학, 다시 말하면 교회가 어디로 움직여야 하고 왜 움직여야 하는지에 대해 잘 정의된 개념을 가지지 못한 지도자의 리더십에 있다고 해도 과언이 아닐 것이다.

흔히 목회철학은 방법론에 가려서 보이지 않는다. 그래서 흔히 목회 성공을 어떤 방법 탓으로 돌리고 그 뒤에 숨어 있는 철학이나 원리를 방관하여 버리기 쉽다. 건강한 교회는 방법론에 의존하지 않는다. 그러므로 무엇보다 시급한 과제는 목회철학을 정립하는 것이다.

그러므로 교회가 무엇이며 왜 존재하는가라는 질문에 대해 우리가 어떤 해답을 얻느냐에 따라 우리의 목회 전략과 방법을 결정하게 될 것이다. 이런 의미에서 목회철학은 다름 아닌 목회자 자신의 교회론에서 나온 목회신념을 말하는 것이라고 할 수 있다.

목회철학을 가지라. 그렇게 하기 위해 교회론을 다시 연구하라. 왜 평신도를 깨워야 하는가에 대한 흔들림 없는 확신이 생길 때까지 '교회가 무엇인가?'를 반복해서 질문하라.

한국교회의 목회자는 교회가 무언인가에 대한 이렇다 할 목회철학 하나 제대로 갖지 못하고 오래 묵은 관행에 따라 목회를 할 수밖에 없었던 것이다.

확실한 철학은 사람을 미치게 한다.

많은 지도자들이 목회현장의 묵은땅을 갈아엎고 양질의 교회로 그 체질을 바꾸려면 제자훈련을 통해 평신도를 깨우는 것 외에는 별다른 길이 없다는 데 크게 반대하지 않는 것 같다. 그러나 평신도를 깨우는 것은 막연한 생각을 가지고할 수 있는 일이 아니다. 남이 한다고 따라할 수도 없는 일이다. 제자훈련은 자신이 발견한 목회철학이 하나님의 손에서 직접 받은 계시처럼 너무나 분명하고 확고해서 입을 다물고 가만히 앉아 있을 수 없는 강렬한 내면의 불길을 가진 자라야 할 수 있다. 그래서 제자훈련을 하는 사람은 미쳐야 한다(옥한흠 목사의 광인론).

철학이 있고 가슴에 불이 있고 내일의 비전이 분명하면 일을 저지르지 않고는 견디지 못하는 사람이 된다. 아무리 큰 희생이 따른다 해도 그만두지 못한다. 우리가 몸담고 있는 대부분의 목회현장은 미쳤다는 소리를 들을 정도로 생명을 거는 자세로 임하지 않으면 제자훈련이 거의 불가능하다고 볼 수 있다. 토양이 너무 박하다. 묘목을 심어도 금방 말라 죽는다. 말라죽지 않으면 밟혀 죽는다. 목숨을 걸고 제자훈련을 반대하는 세력이 버티고 있다.

이미 체질화된 자기신앙에 어떤 변화가 일어나는 것을 끔찍하게 두려워하는 사람들이 수두룩하다. 어디 그뿐인가? 설교, 심방, 행정을 주로 하는 기존 목회도 체력이 달리고 시간이 모자라고 교인들의 요구를 다 들어주지 못하는데, 여기에다 제자훈련을 보태서 자신을 혹사한다는 것은 생각만 해도 끔찍한 공포의 대상이 될 수 있다. 이런 상황에서 해도 그만, 안 해도 그만 하는 식의 안일한 생각에 젖어 있는 사람이 어떻게 제자훈련의 칼을 뺄 수 있겠는가?

다시 말한다. 평신도를 깨우고 싶은가? 당신은 미쳐야 한다. 예수님도 미쳤다는 소리를 들었고, 바울도 그랬다. 제자훈련 외에는 다른 길이 없다고 하는 막다른 골목을 만난 자의 심정으로 임해야 한다. 이것을 안 하면 목회를 그만두겠다고 하는 결의로 임해야 한다. 그러기 위해서는 목회철학을 정립해야 한다. 그 목회철학이 교회본질에 일치할수록 우리는 바른 목회를 할 수 있다. 본질을 붙드는 곳에는 길이 열리기 때문이다. 목회철학이 정립되면 거기에서 목회의 전략이 나온다. 그리고 자연히 목회방법이 분명해지는 것이다. 교회가 무엇인가? 교회는 왜 존재하는가?

교회는 왜 존재하는가?

교회란 무엇인가? 교회는 그리스도 안에서 부름 받은 하나님의 백성이다(고전 1:1 − 2, 엡2:19).

− 종교개혁자들의 유산

교회는 하나님나라와 동일하지 않다. 하나님의 나라가 보다 포괄적인 하나님의 통치 영역을 의미한다면 교회는 그 통치권 안에 속해 있는 과도기적 제도라고 할 수 있다.

교회는 불완전하기 때문이다. 교회를 하나님나라와 동일시하면 교황의 교권주의 같은 비극이 발생할 수 있다.

지상교회는 하나님나라의 완성된 실체처럼 보이지만 그것은 천국에 가는 유니버설 처지에서 그렇게 될 것이다

이 땅에 교회는 불완전하다 하지만 교회가 세상에 아직 남아 있는 존재이유는 독특한 소명을 가지고 있기 때문이다. 이 소명은 세상을 구원하시려는 하나님의 뜻을 이루어 드리는 것이다.

지상교회는 해야 할 일이 있다. 구원받았다고 끝이 아닌 것이다. 지상교회를 천상의 교회와 착각할 때 구원 외에 아무것도 영향력을 끼치지 못하는 영적 오합지졸들로 만드는 것이다.

평신도가 깨어나기 위해서는 지상교회의 정의를 다시 써야 한다. 지상교회는 세상으로부터 부름 받은 특권만 가진 것이 아니라 세상으로 보냄 받은 소명을 함께 가지고 있다. 신약성경의 교회는 지역교회다.

지상교회의 정의를 논의할 때 또 생각해야 할 것은 지역교회의 정체성을 확인하는 일이다. 신약성경 어디에도 교단에 소속된 개교회들을 총괄해서 부르는 집합적인 의미로서의 교회는 존재하지 않는다. 한국교회라는 국가적인 교회개념도 없다. 오직 전 우주적 교회가 아니면 고린도, 데살로니가라고 하는 지방에 자리 잡고 있는 지방교회, local church.

아무리 작은 교회라 할지라도 그것은 완전히 하나님의 공동체, 하나님의 교회인 것이다. 지역교회가 하나님의 교회의 한 부분이 아니라 교회 그 자체이며 그 실체의 확실한 표현이요 어떤 의미에서는 대표하는 것이라 말할 수 있다.

사람이나 지역에 따라 교회의 열등감을 가져서는 안 된다. 하나님의 눈에 우리 교회의 한 부서는 완전한 교회이기 때문이다. 완전한 하나님의 교회이기 때문이다. 평신도를 깨우고 싶은가? 주님이 자신에게 맡기신 몇 명의 양들을 놓고 그 자체가 완전한 하나님의 에클레시아라는 사실을 확신할 수 있어야 한다.

지상교회는 세상으로부터 부름 받은 하나님의 백성이요, 또한 세상으로 보냄 받은 그리스도의 제자이다.

도전받는 전통적인 교회론

종교개혁자들의 교회관은 성경적인 것은 확실하다. 그러나 선교의 콘텐츠 속에서 교회를 생각하지 않은 것이다. 칼빈과 루터시대에서는 참교회와 그렇지 않는 교회를 구분하는 것이 중요했다. 그래서 교회의 3대 표지가 말씀선포, 성례전 집례, 권징의 집행에서 그 순결성을 유지하는 곳이 곧 예수그리스도의 교회라고 선언하였다.

칼빈주석에서의 교회론

"목사와 사도를 구분하였다. 사도는 돌아다니면서 복음을 전하는 사람, 목사는 복음을 전하는 사명을 주시지 않고 그가 맡은 교회를 목양하게 하셨다." - 고린도전서 12:28 -

칼빈과 루터의 교회론이 잘못되었다는 것이 아니다. 단지 완전하지 않다는 것이다. 그들이 말씀을 가지고 현실을 개혁한 것처럼 우리도 개혁정신을 가진다면 칼빈이 자신을 비판하더라도 그것을 좋아할 것이다.

- 성성을 강조, 말씀선포, 성례전의 집례, 권징의 집행

그들이 잘못된 것이 아니라 완전하지 않다는 것이다. 종교개혁의 유산은 개혁정신이다. 칼빈과 루터의 교회관을 개혁하는 것을 그들은 좋아할 것이다.

교회의 사도적 본질에 눈을 돌려야 한다.

프란시스쉐퍼 "우리는 성경이 밝히 말씀하는 교회의 절대표준을 성경이 침묵하고 있는 비절대표준과 혼돈하는 일이 없어야 할 것이다."

교회의 사도적 본질

개혁주의 교회론의 교회의 본질은 성성, 통일성, 보편성이다(벌코프 조직신학).

그러다가 한스큉의 [교회란 무엇인가?] 그의 교회론 사도의 계승자로서 세상에 보냄 받은 소명자이다. 왜냐하면 교회는 사도의 터 위에 세워진 본질을 가지고 있기 때문이다. 교회의 사도성 니케아회의 교회의 네 가지 속성 중 하나였지만 가톨릭이 베드로와 왕권으로 교황의 권력을 위한 버팀목으로 악용하였다.

무엇이 사도성인가?

교회는 사도들의 증거와 사역의 **터 위에** 세워졌다. 그래서 사도는 교회의 시작이며 영구한 기초석이 된다. 이런 근거에서 교회는 사도적인 것이다.

사도직은 독특한 것이어서 반복될 수 없다. 사도는 존재하지 않는다. 그러나 사도의 **교훈**과 사도의 **사역**은 계속 존재하고 있다. 그렇다면 지금 시대에 누가 사도의 계승자가 되는가? "오직 한 가지의 기본적인 대답이 있는데 그것은 교회이다."

첫째, 사도의 교훈을 계승하는 것

이것은 신앙고백을 그대로 따르는 것을 의미한다. 말씀을 따르고 성경을 믿는다는 것이다.

둘째, 사도의 사역을 계승하는 것

교회가 하는 모든 일은 세상을 향한 사도적 사명을 완성하는 데 집중되지 아니하면 안 된다. 교회가 된다는 것과 선교를 한다는 것은 별개의 것이 아니다. 세상에 보냄을 받았다는 이 사실을 교회가 복종을 통해 계속적으로 인정하고 나타내는 데서 사도직은 계승된다.

쉐렌크 신약성경에 나오는 하나님의 뜻이라는 말은 복수형이 없고 거의 단수형으로 되어 있다. 그 이유는?

그것이 하나님의 뜻이라는 개념이 전적으로 하나님의 구원목적과 일치되는 뚜렷한 통일성을 가지고 있기 때문이다.

딜레마 (하나님의 뜻)이 단수라는 것은 그의 뜻이 오직 한 가지 목적을 지향하고 있다는 것을 의미한다. 그 목적은 예수그리스도를 통하여 세상을 구원하려는 하나님의 구속사역을 완성하는 것이다.

예수그리스도를 모든 사람들이 주님이라고 시인하게 하는 일, 이것이야말로 하나님의 영광과 직결된 그의 뜻인 것이다. 이 일을 위해 교회가 부름을 받았다.

그러므로 교회가 존재하는 가장 중요한 한 가지 목적은 모든 족속에게, 복음을 전하는 데 있다. 그 외에 속한 모든 것 – 봉사, 성례, 교리, 예배는 이 목적을 위한 부수적인 것이다. 교회라면 그 어떤 교회의 일도 세상에 복음을 전하고 사랑으로 그 복음을 인치는 것보다 중요한 일은 없다. 세상을 위한 사도적 소명을 외면한다는 것은 왕의 재림과 영원한 왕국의 실현을 기다리는 소망을 포기하는 것이나 다름이 없는 것이다.

성령과 교회의 관계

예수님 세례를 받으시고 성령으로 충만하시자마자 오랜 세월의 침묵에 종지부를 찍게 되고 드디어 하나님이 다시 말씀하시기 시작하였다. 예수님에게 임하셨던 그 성령께서 교회 안에 계시는 이상 침묵은 반드시 끝이 나지 아니하면 안 된다. 성령행전이라는 별명을 가진 사도행전 전체를 통해 증인 혹은 증거라는 말이 30여 차례나 나오는 것은 교회가 절대로 입을 다물 수 없었기 때문이다.

신약교회와 구약교회의 차이

구약교회는 제사중심의 교회였다. 신약에서는 더 이상 제사를 지내지 않는다. 이제 신약교회에서 남은 것은 죄를 사하시고 영원한 제사를 드린 예수그리스도를 자랑하는 일이다(고전2:2). 성령이 오셔서 세상 앞에 나타나는 첫날부터 교회는 증거하는 공동체로서의 성격을 띠고 있었다. 고백하는 교회, 전파하는 교회, 찬양하는 교회가 되었던 것이다. 교회는 세상에서 부름 받은 그의 백성인 동시에 그의 동일한 뜻에 의해 세상으로 다시 보냄을 받은 증인의 공동체이다. 사도적 사명은 아직 끝나지 않았다. 교회가 그 사도성을 회복하여서 땅끝까지 복음을 전하여야 하는 것이다.

"오직 성령이 너희에게 임하시면 너희가 권능을 받고 예루살렘과 온 유대와 사마리아와 땅끝까지 이르러 내 증인이 되리라."(행1:8)는 말씀은 교역자만이 독점할 수 있는 말씀이 아니다. 이것은 온 교회에 주신 사명인 것이다.

교회의 존재이유

1) 하나님을 위해 – 성령의 예배

첫 번째 의무는 예배이다. – 예배는 하나님의 인격에 근거를 둔다. 우리는 그가 누구인지 알고 예배를 드려야 된다(성령의 예배＝뜨거운 기도, 영감 있는 찬양, 능력 있는 말씀 선포).

2) 세상을 위해 – 복음전도

교회는 그리스도의 증인으로 부름 받아 다시 세상으로 보냄을 받은 성도의 모임이다. 땅끝까지 복음을 전하는 것은 세상을 위해 교회가 해야 할 가장 중요한 의무이다. "평신도가 부름 받은 가장 큰 봉사 사역은 복음을 전하는 전도, 즉 그리스도의 증인이 되는 것이다."

3) 교회 자체를 위해 – 제자사역

칼빈의 교회론은 교회의 필요성을 무지와 나태가 빚을 수 있는 인간 속성의 결점을 보완하기 위해 하나님이 주신 것으로 보았다. 그래서 교회는 어머니의 배려가 있어야 한다. 신자는 그의 연약함 때문에 교회라는 공동체를 평생 떠날 수 없는 것이다.

교회가 하나님과 세상과 교회 자체를 위해 존재하는 이상 떨어질 수 없는 세 가지는 예배와 전도와 훈련이다. 이 세 가지는 독립된 개체가 아니라 상호 연관되어 작용한다. 이 세 가지 중 어느 하나를 강조한다고 한쪽을 소홀히 할 수는 없는 일이다. 균형감각이 필요하다.

평신도의 위치와 역할

교회가 사도성을 유지하려면 무엇보다 중요한 것은 평신도의 위치와 역할이다.

1) 성경은 교회를 하나님의 백성이라 표현하고 있다

교역자만이 아니라 전 백성을 뜻한다. 그러므로 모든 신자는 근본적인 평등의 바탕에서 교회요 하나님의 백성의 일원인 것이다. 한 사람도 예외 없이 선택받은 자며 성도며 형제며 자매이다.

2) 교회는 성령의 전이다

예수그리스도를 통하여 믿는 자는 모두가 죄로부터 놓임을 받은 자유인이다.

3) 교회는 그리스도의 몸이다

머리는 그리스도요 우리 각 지체는 다 유기적으로 연결되어 있다. 교역자가 우선이고 평신도는 나중이 아니라 한 몸으로 서로가 서로를 도와 상호 사역하게 연결되어 있는 것이다.

그리스도의 몸을 세우기 위해 다시 확립해야 하는 것은 만인제사장직이다.

만인제사장이란

첫째, 하나님께 직접 나아가는 특권을 가진 것이다.

이제 우리는 예수그리스도 외에 인간 중보자를 전혀 필요로 하지 않는다. "인간이 하나님을 직접 만나서 내린 이런 결단에 대해서는 아무도 판단하거나 지배하거나 명령할 수 없다."

둘째, 그것은 영적 제사를 드리는 것이다.

우리는 삶 전체로 영적인 제물로 자신을 하나님께 드리는 것이다. 여기에는 성과 속의 구별이 없다. 이제 하나님의 자녀들은 예루살렘이나 그리심 산에서 예배하지 않고 신령과 진정으로 어디에서나 예배할 수 있는 은혜의 시대가 도래한 것이다(요4:21 - 23).

셋째, 그것은 말씀을 증거하는 것이다.

행동의 증거만 아니라 말씀을 입으로 전하는 구체적인 증거까지 다 포함하는 것이다. "왕 같은 제사장이요…… 아름다운 덕을 선전하게 하려 하심이라."(벧전2:9)

아름다운 덕을 선전하기 위해 하나님은 우리를 부르신 것이다. 여기서 덕이란

말은 복음을 의미하고 있다

신자는 누구나 제사장으로서 자기의 인격과 삶 전체를 가지고 예수님을 증거하고 찬양하는 데 바쳐야 한다.

신약성경에는 복음을 증거하는 것과 관련된 30여 종의 용어들이 가득 차 있다.

설명하다, 선포하다, 전파하다, 권면하다…… 모든 신자는 하나님에 의해 배움을 받아 다른 사람을 가르칠 수 있으며 또 가르치지 않으면 안 된다. 성령의 다양한 은사를 고려하면 모든 사람이 다 모든 일을 할 수 있는 것은 아니지만 신자는 누구나 다 넓은 의미에서 말씀의 증거자로 부름을 받고 있다.

넷째, 그것은 중보하는 기능이다.

신자의 제사장직은 자신이 하나님 앞으로 나가는 데서 머무르는 것이 아니라 더 나아가 교회 안에 있는 다른 형제들과 세상에 있는 이웃을 위해 봉사하는 데까지 발전하지 아니하면 안 된다.

만인제사장직은 신자들이 세상 앞에서 하나님과 그의 뜻을 증거하고 세상을 봉사하기 위하여 생명을 바치게 하려고 부르신 소명으로 이루어져 있다.

현대교회는 소수의 사람이 아닌 전 교회가 하나님께 직접 나아가며 제사 드리며, 복음을 증거하며, 이웃을 봉사하는 에클레시아의 공동체가 되지 아니하면 안 될 것이다.

5. 소그룹운동과 제자훈련

효과적인 소그룹 운영을 위한 방법들

Disciple Journal No.99를 통하여 소그룹 운동의 제자화를 간단히 알아보도록 하겠다.

* 내가 만난 최고의 소그룹 리더(Disciple Journal No.99, p.81)

1) 하나님의 말씀을 사모하는 리더

2) 변화를 두려워하지 않는 유연성 있는 리더

3) 솔직한 리더

4) 신실함을 보여주는 리더

5) 하나님을 철저히 의지하는 리더

6) 창조적인 리더

7) 말씀을 철저히 실천하는 리더

* 삶의 변화를 일으키는 질문들(DJ No.112, p.95)

1) 본문은 오늘을 사는 우리에게 어떤 문제를 제기하는가?

2) 이 구절에서 얻은 진리를 어떻게 당신의 삶에서 적용할 수 있을까?

3) 이 구절들은 현대사회를 사는 우리에게 어떤 도전을 주는가?

4) 본문의 가르침을 당신의 삶의 방식과 비교해 보자.

5) 오늘 공부한 결과를 통해 하나님이 이번 주에 당신에게 원하는 것은 무엇인가?

6) 본문을 통해서 당신이 변화돼야 할 것은 무엇인가? 이 변화를 위해 당신은 당장 어떤 일을 시작하려는가?

7) 오늘 공부를 통해서 하나님에 대해 새롭게 깨달은 사실은 무엇인가? 또한 오늘 공부한 내용이 당신자신, 불신자, 친구 등에 대한 태도에 도전이 되는 것은 무엇인가?

* 낙심한 그룹원을 격려하는 방법(DJ No. 110, p.89)

1) 지속적으로 기도하라.

2) 지속적인 관계를 맺으라(카드 보내기, 선물 보내기).

3) 건전하고 능력 있는 멘토를 소개하라.

4) 실제적으로 도울 방법을 찾으라.

5) 생활 속에서 기쁨을 찾게 하라(자연 속의 꽃, 하늘, 구름, 석양 등을 통해서 기쁨을 누릴 수 있도록).

6) 지혜롭게 말하라(격려하라).

* 소그룹을 편안하게 만드는 5단계(DJ No.83, p.80)

1) 서로를 알라.

2) 투명하라.

3) 신뢰를 유지하라.

4) 서로의 짐을 지라.

5) 서로를 책임지라.

* 그룹원들이 소그룹 모임에 적극적으로 참여하도록 격려하는 방법(DJ No. 99, p.80)

1) 그룹원을 만나거나 전화를 해서 다음 모임에 대답하거나 나눌 문제를 미리 말해 주라.

미리 준비하고 생각할 시간을 주라는 것이다.

2) 모임 이틀 전에 그룹원 한두 명에게 지난주에 가졌던 하나님과의 교제를 설명하도록 부탁하라. 은혜로운 나눔은 모임을 활성화하는 기폭제가 된다.

3) Icebreak 질문을 던지라. 또한 자신의 삶을 나누는 것을 통해 부끄러움을 해소시키도록 하라.

4) 그룹원들로 각자에게 책임을 주라.

5) 주 중에 공부할 과의 교훈에 관한 질문을 미리 주고 준비하도록 여유를 주라.

6) 모임 후에 소극적이고 조용한 그룹원을 따라 만나서 그날 배운 내용에 관해서 feedback을 하게 하라. 그리고 주 중에 그가 받은 인사이트에 관해서

칭찬하는 카드나 편지를 쓰라.

7) 모임 중에 그룹원의 의견에 신속한 반응을 보여주고 격려하라.

* 이렇게 QT를 가르치라(DJ No.94, p.84)

1) 초기

(1) QT가 무엇이며 QT가 주는 유익이 무엇인지 가르치라.

(2) 성경을 정하고 그 성경개론을 설명하라. 한 장을 정해서 반 정도를 읽게 하라.

(3) 기도를 가르치라. 만약 초보자라면 무엇을 기도할지 가르치라.

(4) 실제로 QT를 해 보게 하라. 주 중에 개인적인 만남이나 전화를 통해 QT 하는 것을 돕고 함께 QT를 해 보는 것도 유익하다.

2) 마무리

(5) 종종 함께 QT를 할 수 있는 기회를 마련하라.

(6) QT를 통해 얻은 유익과 축복을 나누도록 하라.

(7) 지속적으로 QT를 할 수 있도록 도우라(QT에 관한 저널, 책자 소개).

(8) QT를 방해하는 요소들에 관해 말해 주라.

(9) 그를 위해 기도하라.

(10) 다른 사람에게 QT를 소개하도록 격려하라.

* 의미 있게 소그룹을 마무리하려면(DJ No.110, p.89)

1) 지난날을 기억하게 하라.

- 소그룹을 통해 주님께서 역사하심을 서로 나눈다(응답 받은 기도제목들, 변화된 부분들, 말씀을 통해 깨달은 것들).

2) 앞으로의 사역에 대한 청사진을 공개하라.

3) 성취한 것을 인정하라.

4) 평가하라.

5) 파티를 열어라.

* 논쟁을 다루는 방법(DJ No.94, p.86)

1) 질문을 미리 예측하라.

- 본문을 철저하게 연구하라.

- 본문이 주는 유익을 발견하고 본문에서 나올 수 있는 질문을 미리 생각해
  보라.

2) 강의와 토론시간을 병행하라.

- 어떤 본문을 공부할 때 본문의 역사적, 신학적 배경에 관해 설명해서 그룹
  원들로 본문을 철저히 이해하도록 하라.

- 해석한 내용에 관한 적용을 서로 나누라.

3) 다른 의견에 동의하라. 그리고 새로운 이슈로 넘어가라.

4) 시간을 철저히 지켜라.

* 성숙을 위해 서로 격려하는 법(DJ, No.93, p.58)

1) 그룹원의 비전을 발견하라.

2) 발전을 위한 작은 단계를 인식하라.

3) 겉으로 드러난 보이는 행동보다 그 사람의 중심 태도를 파악하라.

4) 짧은 격려의 편지를 쓰라.

5) 그가 존경하는 어떤 사람 앞에서 훈련생을 칭찬하라.

6) 잘한 것을 축하하라.

7) 영적 퇴보에 민감하게 반응하라.

* 소그룹을 위한 십계명(DJ No.87, p.89)

1) 이 그룹의 유일한 리더는 하나님이시다.

2) 이 그룹은 창조주 하나님을 인식하고 하나님의 기준으로 모든 사람, 관계
   와 사물을 분별할 것이다.

3) 이 그룹은 하나님의 창조, 신실함과 열정에 대해 이야기하고 주장할 것이다.

4) 이 그룹은 하나님과 정기적으로 교제하는 시간을 최우선으로 둔다.

5) 이 그룹은 하나님 안에서 한 가족으로서 서로를 위엄, 존경의 마음으로

대할 것이다.

6) 이 그룹은 갈등과 분노 가운데서도 용서를 주고받는 연습을 할 것이다.

7) 이 그룹은 남녀 사이에서 건강한 관계를 배양할 것이다.

8) 이 그룹은 그들이 가지고 있는 것들을 서로 나누기 위해 시간과 공간을 투자할 것이다.

9) 이 그룹은 사랑과 신뢰와 성실 안에서 서로를 격려할 것이다.

10) 이 그룹은 서로의 은사와 관계를 확인하고 그룹 밖의 사람들과 함께 하나님께서 하신 선한 일들을 나눌 것이다.

* 그룹원이 탈락할 위기에 처해 있을 때(DJ No.93, p.60)

1) 관계의 끈을 놓치지 않도록 하라.

2) 결석을 문제 삼지 말고 소속감을 확인하라.

3) 주님의 사랑에 관해 확인해 주고 하나님을 신뢰하도록 하라.

4) 모든 그룹원이 그녀에게 사랑의 격려가 담긴 편지를 쓰게 하라.

5) 다시 돌아왔을 때 따스하게 맞아주라.

* 그룹의 위기를 막는 방법(DJ No.93, p.60)

1) 리더로서 그룹원과 긴밀한 관계를 가지라.

2) 그룹원의 관심을 파악하라.

3) 그룹원 서로를 수용할 수 있도록 도와라.

4) 당신의 어려움을 나눌 수 있는 투명한 그룹을 만들라.

5) 남을 판단하는 태도나 편견을 버려라.

6) 하나 됨과 주인의식을 가지도록 도와라.

7) 가능한 기도시간을 자주 가지라.

* 소그룹 리더로서 그룹원에게 무엇을 줄 것인가?(DJ No.84, p.81)

1) 비전

2) 은사배치 – 그룹원의 장점을 파악하고 그것을 사용할 방법을 제시하라.

3) 멘토

4) 좋은 읽을거리들

5) 확신감

6) 은혜 받은 말씀

7) 고백

8) 흥미: 새로운 세계로의 경험(낚시 가기, 커피숍, 운동 등)

* 건강한 소그룹 vs 건강하지 않은 소그룹의 체크리스트(DJ No.83, p.81)

−건강한 소그룹

1) 육체적 및 감정적 안정성

2) 개방된 대화: 갈등이 허락되고 해결되는 소그룹

3) 서로에 대한 관심

4) 개인의 은사를 인식함

5) 변화에의 자유: 변화에 개방

6) 웃을 수 있는 여유

−건강하지 않은 소그룹

1) 감정적 부적응성 혹은 리더십의 상실

2) 겉도는 상태 혹은 겉도는 영성

3) 서로의 감정이 숨겨짐

4) 갈등과 분노가 부인되고 무시됨

5) 변화에 저항

6) 언제나 진지하다.

6. 주별로 하는 제자훈련

주별로 하는 제자훈련은 매주 만나서 주제별로 훈련을 통하여 크리스천을 만들며, 하나님의 뜻과 주님의 섭리를 알게 하는 것이다.

첫 주에는 〈나의 신앙 고백과 간증〉을 주로 시켜야 한다. 그리고 마음을 비우고, 움직이는 감정을 터치시키며, 흥미를 유발할 수 있게 만들어 주어야 한다.
*행22:1 - 16
먼저, 성경 말씀을 통해 간증하기를 즐겨하는 사도 바울의 모습을 자세히 살펴보게 한다.
*마16:16 - 17
바울의 간증을 베드로의 신앙 고백과 비교하며 살펴본다.
마지막으로 앞에서 살펴본 선지자들의 모습을 자신에게 적용시켜 보는 과정이 필요하다. 과제로는 자신의 신앙 고백과 간증을 통하여 지금 이 자리에 오게된 이유와 느낌을 나누는 작업을 하여야 한다.

둘째 주: 성공하는 삶을 위해 하나님을 어떻게 만나야 하는지를 성찰하게 하는 시간이 필요하다. 주로 자기 성찰과 반성을 깊이 있게 하게 한다.

셋째 주: 경건의 시간(QT: quiet time)
경건의 시간을 효과적으로 가질 수 있는 방법에 대하여 공부한다.
본격적인 공부에 들어가기에 앞서……
1) 지난 한 주간 하나님과 만나는 시간을 어떻게 가졌으며, 거저 받은 은혜는 무엇이었는지 각자 반성하는 시간을 갖는다. 해 보고, 함께 나누는 시간을 가진다.
본론으로 들어가서……
2) 교재에 있는 QT의 예를 자세히 읽고 살펴보는 시간을 가진다.
3) 마태복음 7장 13 - 14절 말씀을 가지고 직접 QT하는 시간을 가진다.

* 좁은 문으로 들어가라 멸망으로 인도하는 문은 크고 그 길이 넓어 그리로 들어가는 자가 많고 생명으로 인도하는 문은 좁고 길이 협착하여 찾는 이가 적음이라(마7:13, 14)(내용 관찰) → (연구/묵상) → (결단/적용)

4) 자신이 QT한 내용을 가지고 지체들과 함께 나누는 은혜로운 시간을 가진다. 이번 주 과제!

1) <느헤미야 1:4 – 11> 1. 말씀을 분석해 본다.

2. 느헤미야의 기도 속에서 장점을 발견하고 그의 간절함을 생각해 본 후 서술한다.

2) <잠언 30:7 – 9> QT(관찰, 해석, 적용 순으로……) * 각각 2쪽, 1쪽 이상 읽고 발표해 본다.

넷째 주: 살았고 운동력 있는 말씀

성경은 시간을 초월하여 항상 살아 있는 말씀을 알게 한다.

제자훈련 네 번째 시간에는, 하나님의 말씀은 살았고 운동력이 있다는 사실을 확인해 보게 한다.

1) 성경이 살아 있는 하나님의 말씀이라는 사실을 성경에선 어떻게 이야기하고 있는가?

하나님의 말씀은 살았고 운동력이 있어 좌우에 날선 어떤 검보다도 예리하여 혼과 영과 및 관절과 골수를 찔러 쪼개기까지 하며 또 마음의 생각과 뜻을 감찰하나니 지으신 것이 하나라도 그 앞에 나타나지 않음이 없고 오직 만물이 우리를 상관하시는 자의 눈앞에 벌거벗은 것같이 드러나느니라(히4:12, 13).

하나님 앞에서 드러냄 → 방황, 영적 싸움 → 전면적인 자아의 부정 ⇒ 공허함< = 하나님의 말씀!

우리는 이 공허함을 하나님의 말씀으로 채워야 한다. 회의를 가짐은 하나님께서 참진리의 세계로 인도하시는 과정이며, 회의가 없는 수용은 없다.

2) 하나님께서 말씀을 기록하여 우리에게 들려주신 2가지 이유

또 네가 어려서부터 성경을 알았나니 성경은 능히 너로 하여금 그리스도 예수 안에 있는 믿음으로 말미암아 구원에 이르는 지혜가 있게 하느니라(딤후3:15)

⇒ 구원에 이르는 지혜를 주시려고……

*이는 하나님의 사람으로 온전케 하며 모든 선한 일을 행하기에 온전케 하려 함이니라(딤후3:17) ⇒ 온전케 하려 하시려고……

3) 4) 성경은 살아 있는 하나님의 말씀 → 죄인을 구원하는 복음의 능력

*내가 복음을 부끄러워하지 아니하노니 이 복음은 모든 믿는 자에게 구원을 주시는 하나님의 능력이 됨이라 첫째는 유대인에게요 또한 헬라인에게로다(롬 1:16).

5) 하나님께서 성경을 주신 두 번째 목적 → 우리의 신앙 인격과 삶을 온전케 하는 데 있다.

*오직 사랑 안에서 참된 것을 하여 범사에 그에게까지 자랄지라 그는 머리니 곧 그리스도라(엡4:15).

⇒ 모든 일에 있어서 예수그리스도를 닮아가고 그를 향하여 자라감!(Up to him!)

6) 선한 일을 행하기에 온전케 한다는 말은 무슨 뜻인가?

⇒ 진리의 말씀, 즉 성경으로써 심령을 새롭게 하여 옛사람을 버리고 새사람이 되는 것!

7) 온전케 된다는 말의 참의미 ⇒ 가장 중요한 것은 우리가 매일 하나님의 말씀을 읽고 배우면서 어느 정도로 온전해지고 있느냐 하는 점이다.

*주를 향하여 이 소망을 가진 자마다 그의 깨끗하심과 같이 자기를 깨끗하게 하느니라(요일3:3).

개인의 경건만이 전부가 아니다. '하나님의 인간을 향한 관심과 사랑'을 깨달아 가는 과정이기도 하다.

8) 자신의 삶이 지난 1년과 비교하여 온전해지고 있다고 보는가? ⇒ "report"

9) 성경이 우리를 온전케 하기 위해 가지고 있는 기능 4가지!

*모든 성경은 하나님의 감동으로 된 것으로 교훈과 책망과 바르게 함과 의로 교육하기에 유익하니(딤후3:16)

<주제 마무리>

1) 다 포기하고 부인해야 할 상황 → (하나님의 능력으로) 자신의 한계를 보고

뛰어넘었을 때…… → 더 크신 은혜의 체험 → 성숙

2) 지성적인 접근보다는 인격적으로 직면해야 한다.

3) 살아계신 하나님의 말씀에 자신을 100% 드러내야만 한다. → 진정한 제자가 되는 과정

<이번 주 과제>

신약 성경 말씀의 각 chapter에서 중심이 되는 장, 절을 조사(3쪽 이상)

다섯째 주: **무엇이 바른 기도인가?**

하나님의 자녀에게는 하나님의 존전으로 자주 나가는 기도 생활만큼 인생 전반에 영향을 미치는 것이 없다. 우리는 기도하지 않고는 영혼의 생명을 지탱할 수 없다.

"오늘날 이 세상의 가장 위대한 사람들은 기도하는 사람들이다. 기도에 대해서 말하거나 설명할 수 있는 사람이 아니라 시간을 내어 기도하는 사람을 말한다. 그들은 시간이 없다. 다른 어떤 일에서 시간을 떼어 내야만 한다. 다른 어떤 일도 중요하다. 대단히 중요하며 긴급하다. 그러나 기도만큼 중요하고 긴급하지는 않다." - S. D. 고오든

⇒ 꾸준하게 그리고 최우선으로……

1) 묵상하고 암송하기

그러므로 우리에게 큰 대제사장이 있으니 승천하신 자 곧 하나님 아들 예수시라 우리가 믿는 도리를 굳게 잡을지어다 우리에게 있는 대제사장은 우리 연약함을 체휼하지 아니하는 자가 아니요 모든 일에 우리와 한결같이 시험을 받은 자로되 죄는 없으시니라 그러므로 우리가 긍휼하심을 받고 때를 따라 돕는 은혜를 얻기 위하여 은혜의 보좌 앞에 담대히 나아갈 것이니라(히4:14 - 16).

2) 예수님은 우리에게 큰 대제사장이 되신다. 그분이 지금 계시는 곳은 어디인가?(16절)

하나님께서 좌정하시는 곳!(은혜의 보좌) ⇒ "세상과 구별되는 거룩한 곳" ⇒ 즉 구원받은 자, 전심으로 기도하는 자의 심령 속에 거하심!

3) 16절의 '그러므로'를 주목하자. 우리가 기도로 예수님께 매달려도 좋을 근거가 된다.

⇒ 오직 '예수그리스도'만이 구원의 통로!

4) 기도는 우리가 대제사장 앞으로 나가는 일이라 확실히 큰 특권임에 틀림없다. 이 놀라운 특권을 함부로 하거나 소홀히 하므로 영적으로 가난하고 어리석은 자가 되지 않아야 하겠다.

5) 우리가 기도할 때 피해야 할 함정들……

또 너희가 기도할 때에 외식하는 자와 같이 되지 말라 저희는 사람에게 보이려고 회당과 큰 거리 어귀에 서서 기도하기를 좋아하느니라 내가 진실로 너희에게 이르노니 저희는 자기상을 이미 받았느니라(마6:5).

⇒ 남들에게 보이기 위한 기도/겸손하지 못한 태도/타인을 설득하기 위한 기도……

6) 주님께서 기뻐하시는 기도는 어떤 것인가?

너는 기도할 때에 네 골방에 들어가 문을 닫고 은밀한 중에 계신 네 아버지께 기도하라 은밀한 중에 보시는 네 아버지께서 갚으시리라.

또 기도할 때에 이방인과 같이 중언부언하지 말라 저희는 말을 많이 하여야 들으실 줄 생각하느니라(마6:6 - 7) ⇒ 개인적이고 깊은 기도/하나님께 전심으로 나아가는 기도……

7) '골방'이란…… "외부의 분주함과 차단된 공간"

8) '중언부언하는 기도'란…… "믿음이 없이 말로만 떠벌리는 기도/마음에도 없는 말을 입버릇처럼 하는 기도"

9) 주기도문은 우리가 구해야 하는 기도 내용에 대해 가르치고 있다. 다음 말씀을 가지고 기도의 우선순위에 대해 살펴보자.

그러므로 너희는 이렇게 기도하라 하늘에 계신 우리 아버지여 이름이 거룩히 여김을 받으시오며 나라이 임하옵시며 뜻이 하늘에서 이룬 것같이 땅에서도 이루어지이다.

오늘날 우리에게 일용할 양식을 주옵시고 우리가 우리에게 죄 지은 자를 사하여 준 것같이 우리 죄를 사하여 주옵시고 우리를 시험에 들게 하지 마옵시고 다만 악에서 구하옵소서(나라와 권세와 영광이 아버지께 영원히 있사옵나이다).
아멘(마6:9 - 13).

하나님의 영광을 위해 먼저 구해야 할 것 3가지

"하나님의 이름/하나님의 나라/하나님의 뜻" → 우리의 필요를 위해 그 다음으로 구해야 할 것 4가지 "일용할 양식/죄 사하심/시험에 들지 않게 하심/악에서 구원하심"

<주제 마무리>

"기도의 내용은 그 사람의 인격과 신앙을 반영한다."

<이번 주 과제>

구약 성경 말씀의 각 chapter에서 중심이 되는 장, 절을 조사(3쪽 이상)

여섯 번째 주: 기도의 응답

1) 예수님은 기도응답에 대하여 마7장 7 ~ 11절에서 구하면 주신다고 말씀하신다.

2) 기도의 응답을 확신시켜 주려고 같은 의미의 말씀을 구하라, 찾으라, 두드리라는 말로 바꿔 가시면서 다짐하고 있다(7 ~ 8절).

3) 9절 ~ 11절을 보면 하나님은 자신을 세상의 아버지와 비교하고 계신다.

지금 우리의 아버지를 생각하지 말고 이상적인 아버지상을 떠올려 보면 아낌없이 주시는 분이 아버지다. 세상의 아버지도 이러한데 하나님이 안 주시는 것이 무엇이 있겠는가? 좋은 것으로 채워 주시려고 하시는 분이 하나님이시다.

4) 5) 기도의 응답이 없는 상황에서 믿음을 잃지 말아야 한다.

우리는 간혹 하나님의 존재 자체는 의심하지 않지만, 얼마나 하나님이 치밀하게 역사하시는가를 의심하고 있다. 하나님은 우리의 삶 속에서 일일이 응답하시기 원하신다.

응답이 없어서 침체 & 답답한 상황에 있다면 좋은 기회다.

이스라엘 백성에게 베풀어 주셨던 홍해의 가르심, 필요한 양식을 베풀어 주심, 생명을 보존할 수 있도록 허락해 주셨던 하나님의 역사를 생각해 봐야 한다.

그 믿음의 과정이 어떠했는지 생각해 봐야 한다. 우리는 믿음의 UP & DOWN을 통해 성장한다.

6) 기도응답을 방해하는 요건

사1:15   손의 피(다른 사람을 상해하는 것) - - - 적극적인 죄

마6:14 - 15   다른 사람의 과실을 용서하지 않음 - - - 소극적인 죄

약1:6 - 7   의심하는 마음

약4:3   정욕

그러면! 어떻게 해야 기도응답이 빨리 되지?

→ 모세가 말해 준다.

<출32장 7 - 13절>

하나님의 약속과 이름을 가지고 기도해라.

하나님의 약속을 붙들고 매달리면 하나님의 약속, 속성을 많이 알게 돼서 하나님의 뜻과 같이 일치되기 때문이다. 하나님은 그 약속을 지키시기 위해서 이루어 주시는 것이다.

일곱 번째 주: 성경의 권위

성경은 이 세상에서 가장 권위 있는 책이다. 성경과 비교될 만한 것은 아무것도 없다. 다른 책들은 모두 사람의 말을 쓴 것이지만, 성경은 하나님의 말씀을 기록한 것이다. 성경 속에서는 살아계신 하나님이 직접 말씀하고 계신다. 성경은 그 자체로 아무도 허물 수 없는 권위를 가지고 있다.

제자훈련 일곱 번째 시간에는, 무조건 순종해야만 하는 하나님의 말씀, 즉 성경의 권위에 대하여 공부하여야 한다.

1) 신구약 성경이 하나님의 말씀인 사실을 나타내는 구절

옛적에 선지자들로 여러 부분과 여러 모양으로 우리 조상들에게 말씀하신 하나님이 이 모든 날 마지막에 아들로 우리에게 말씀하셨으니 이 아들을 만유의 후사로 세우시고 또 저로 말미암아 모든 세계를 지으셨느니라(히1:1, 2).

(1) 옛날 구약시대에는 누가 우리 조상에게 말씀하셨는가? → 선지자

(2) 마지막 날, 즉 신약시대에는 누가 우리에게 말씀하셨는가? → 예수그리스도

2) 하나님께서 구약시대에는 어떻게 말씀하셨는지 살펴보자.

여호와께서 마므레 상수리 수풀 근처에서 아브라함에게 나타나시니라 오정 즈음에 그가 장막 문에 앉았다가 눈을 들어 본즉 사람 셋이 맞은편에 섰는지라 그가 그들을 보자 곧 장막 문에서 달려 나가 영접하며 몸을 땅에 굽혀 가로되 내 주여 내가 주께 은혜를 입었사오면 원컨대 종을 떠나 지나가지 마옵시고 물을 조금 가져오게 하사 당신들의 발을 씻으시고 나무 아래서 쉬소서 내가 떡을 조금 가져오리니 당신들의 마음을 쾌활케 하신 후에 지나가소서 당신들이 종에게 오셨음이니이다 그들이 가로되 네 말대로 그리하라 아브라함이 급히 장막에 들어가 사라에게 이르러 이르되 속히 고운 가루 세 스아를 가져다가 반죽하여 떡을 만들라 하고 아브라함이 또 짐승 떼에 달려가서 기름지고 좋은 송아지를 취하여 하인에게 주니 그가 급히 요리한지라

아브라함이 버터와 우유와 하인이 요리한 송아지를 가져다가 그들의 앞에 진설하고 나무 아래 모셔 서매 그들이 먹으니라 그들이 아브라함에게 이르되 네 아내 사라가 어디 있느냐 대답하되 장막에 있나이다 그가 가라사대 기한이 이를 때에 내가 정녕 네게로 돌아오리니 네 아내 사라에게 아들이 있으리라 하시니 사라가 그 뒤 장막 문에서 들었더라 아브라함과 사라가 나이 많아 늙었고 사라의 경수는 끊어졌는지라 사라가 속으로 웃고 이르되 내가 노쇠하였고 내 주인도 늙었으니 내게 어찌 낙이 있으리오 여호와께서 아브라함에게 이르시되 사라가 왜 웃으며 이르기를 내가 늙었거늘 어떻게 아들을 낳으리요 하느냐 여호와께 능치 못한 일이 있겠느냐 기한이 이를 때에 내가 네게로 돌아오리니 사라에게 아들이 있으리라 사라가 두려워서 승인치 아니하여 가로되 내가 웃지 아니하였나이다 가라사대 아니라 네가 웃었느니라(창18:1 - 15).

⇒ 구약 - 여호와의 사자(여호와의 권세를 가진 자)를 통해 말씀하심

⇒ 신약 - 예수그리스도를 통해 말씀하심

3) 신약에는 하나님의 아들 예수그리스도께서 친히 세상에 오셔서 하신 말씀이 기록되어 있다. 선지자들을 보내시던 하나님의 최후통첩이라고도 할 수

있다. 더 이상 보낼 자가 없다는 말이다. 그러므로 아들의 말에는 누구의 말보다 권위가 있으며, 이에 누구든지 경외하며 복종하여야 한다. 이 점에 대하여 예수님 자신은 무엇이라고 하셨는가?

* 오히려 한 사람이 있으니 곧 그의 사랑하는 아들이라 최후로 이를 보내며 가로되 내 아들은 공경하리라 하였더니 - 막12:6

* 예수께서 대답하여 가라사대 내 교훈은 내 것이 아니요 나를 보내신 이의 것이니라 - 요7:16

4) 5) 성경은 하나님의 아들이 오셔서 최종적으로 하신 말씀을 담고 있기 때문에 누가 더 보태거나 뺄 수 없다. 다시 말해서 성경은 더 이상 기록될 것이 없다.

이에 대해 주님은 무엇이라고 하시는가?

내가 이 책의 예언의 말씀을 듣는 각인에게 증거하노니 만일 누구든지 이것들 외에 더하면 하나님이 이 책에 기록된 재앙들을 그에게 더하실 터이요 만일 누구든지 이 책의 예언의 말씀에서 제하여 버리면 하나님이 이 책에 기록된 생명나무와 및 거룩한 성에 참예함을 제하여 버리시리라 - 계22:18, 19

6) 7) 8) 성경은 하나님의 말씀이기 때문에 하나님께선 조금이라도 거짓되거나 잘못된 말을 쓰지 못하게 하기 위해서 이것을 기록한 저자들을 독특한 방법으로 다루셨다. 하나님이 다루신 독특한 방법이 무엇인가?

예언은 언제든지 사람의 뜻으로 낸 것이 아니요 오직 성령의 감동하심을 입은 사람들이 하나님께 받아 말한 것임이니라 - 벧후1:21

⇒ 인격적으로 우리와 교통하시는 하나님! → 성령의 감동하심을 입은 사람들을 사용하신다. ⇒ '유기적 영감'을 입은 자!

9) 성령의 감동으로 기록된 성경은 성경의 조명을 받아 읽을 때 깨닫고 믿을 수 있다. 왜 그런가?

10) 육에 속한 사람은 하나님의 성령의 일을 받지 아니하나니 저희에게는 미련하게 보임이요 또 깨닫지도 못하나니 이런 일은 영적으로라야 분변함이니라 - 고전2:14

⇒ 영적으로만 분별이 가능하다.

즉 육에 속한 자는 하나님의 신령한 일을 알 수 없다. 오직 영에 속한 자만이 가능하다.

11) 예수님만큼 성경의 권위를 받들고 철저히 말씀 앞에 순종하신 분이 없었다. 그 예를 하나 들어 보라.

예수와 함께 있던 자 중에 하나가 손을 펴 검을 빼어 대제사장의 종을 쳐 그 귀를 떨어뜨리니 이에 예수께서 이르시되 네 검을 도로 집에 꽂으라 검을 가지는 자는 다 검으로 망하느니라

너는 내가 내 아버지께 구하여 지금 열두 명 더 되는 천사를 보내시게 할 수 없는 줄로 아느냐?

내가 만일 그렇게 하면 이런 일이 있으리라 한 성경이 어떻게 이루어지리요 하시더라(마 26:51 – 54).

⇒ 선지자의 글을 이루려 하심. 즉 성경이 이루어지도록 잡혀가심(?)

<주제 마무리>

1) 성경은 살아 계신 하나님의 말씀이다.
2) 성경은 모두 다 성령의 영감으로 기록된 진리로서 거짓이나 잘못이 하나도 없다.
3) 신구약 66권은 최종적인 계시이며, 그 이상의 계시는 존재하지 않는다.
4) 성경 말씀의 권위는 하나님 자신의 권위로서 독보적이다.

위와 같이 주를 정하여 주제별로 성경 공부하고, 토론하고, 제자훈련을 시키는 것이 중요하다. 그런데 대부분의 교회는 이것을 너무 어렵게 생각하거나, 일시적인 효과를 위하여 단기적으로 적용하다 보니 문제가 생기고, 제자화에 실패하는 것이다.

그리고 성품훈련이 동반돼야 한다. 성품훈련은 제자훈련 중간 중간에 자기를 반성하고, 자기의 욕심과 아집을 꺾어 버리는 훈련이다. 글을 통하여 자기를 표현해 보고, 일기형식으로 써도 무방하다.

요즘에는 인터넷이 발달하였기에 인터넷 게시판에 매일매일 글을 올리라고 하여 그 글에 대한 리플을 달아주고 관리해도 제자화와 성품훈련이 이루어진다.

7. 비틴즈(B-teens) 제자훈련

비틴즈 제자훈련은 나이가 13~18세인 청소년을 대상으로 하는 단체이다.

제자훈련도 물론 그렇고, 제자훈련은 말씀 듣는 시간과 조모임 하는 시간으로 나뉘어진다. 조모임 때에는 조장에 따라서 그 조의 방식이나 내용들이 다르다.

조장을 조장왕틴이라고 하고, 또 그 외에 제자훈련이나 정기집회를 도와주는 스태프왕틴이라고 하는데 이 왕틴이라는 말은 비틴즈에서 나온 것이다.

지금은 한 달에 한 번씩 정기집회를 하고 있는데, 정기집회는 분당 샘물교회에서 매달 셋째 주 주일 6시에 있고, 서울 강남 쪽은 서울중앙침례교회에서 매달 마지막 주 주일 6시 30분에 있다. 그리고 서울 강동 쪽은 천호성결교회에서 매달 둘째 주 주일 6시 30분에 있고, 경기도 수지에선 수지사랑의교회에서 8월 이후부터 첫째 주 토요일 날에 있다. 제자훈련이 시작된 이유는 비틴즈가 지향하고 있는 '자신을 개혁하고 세상을 바꾸는' 아이들로 변화시키기 위해선 꼭 필요하다고 생각했기 때문이다. 매달 정기집회 한 번으로 은혜를 받았는데, 은혜 받고 나서의 행동을 알지 못하는 사람들이 많았고, 그것을 옳은 방향으로 이끌어 주어야 했다.

제자훈련은 지금 분당과 서울 강남에서만 이루어지고 있다. 이유는 제자훈련을 이끌어 나갈 왕틴이 부족하기 때문이다. 분당은 정기집회가 없는 주일 샘물교회 문화센터에서 오후 6시에 있다. 그리고 서울강남은 일원역 쪽에 있는 밀알학교 산돌홀에서 정기집회가 없는 주일 6시에 있다.[1]

제자훈련, 누구의 제자인가? 잘못하면 목사의 제자가 될 수도 있다.

목사를 섬기고 순종함이 그리스도인의 덕망이라 생각할 수 있다.

목사의 제자가 되면 목사=우상을 섬기게 되는 것이기 때문이다.

먼저 누구의 제자인가?

내가 제자이면 무엇을 해야 하는가?

마25장 달란트 비유를 잘 보자. 많이 받은 자에게는 많이 달라고 하시는 주님의 음성을 이해하면서 다른 사람을 위해, 그들을 구원하고 교육하는 과정을 해

---

1) http://kin.naver.com/detail/detail.php.

야 한다.

무엇을 달라고 했을까?(전도의 열매를)

敎會 = 모여라~ 그리하면 가르쳐 주겠다. 무엇을?

무엇을 = 진리를~!

진리 = 참이치 누가 봐도 고개를 끄덕일 수 있는 참이치를 말한다.

하나님은 질서의 하나님이다. 이치에도 맞지 않는 것을 믿으라고 하지 않는다.

진리는 아무나 깨닫는 것이 아니다.

성령이 허락해야만 가능하다…… 그래서 기초 학문을 배우고 히.5.12절 장성한 신앙인으로 거듭나야 한다.

제자훈련은 성경에 입각하여야 한다. 성경을 떠난 제자훈련은 세상적인 제자훈련인 것이다. 세상적인 제자훈련은 단순한 교육에 불과하며, 이러한 단순한 교육은 제자훈련이라고 볼 수 없다. 그러면 예수님이 제자훈련을 한 12명의 제자는 누구인지 알아보도록 하겠다.

예수님의 12제자

1) '베드로'와 '안드레'가 형제간이고,

2) '(세베대의 아들)야고보'와 '요한'이 형제간이고,

3) '알패오의 아들 야고보'를 '작은(소) 야고보'라고도 부르는데, 이 '작은(소) 야고보'의 동생으로 '유다'라는 이름을 가진 사도가 있는데, 이 둘이 서로 형제간이다.

즉 예수님의 12제자 중에서 '야고보(세배대의 아들 야고보, 알패오의 아들 야고보)'라는 이름을 가진 사도가 2명 있는데, 그중 '알패오의 아들 야고보'를 '작은(소) 야고보'라고도 부르는데, 이 '작은(소) 야고보'의 동생으로 '유다'라는 이름을 가진 사도가 있었고, 그리고 예수님을 은 30냥에 팔아 버리고 배신한 '가리옷' 사람 '유다'가 있다.

'가리옷 유다'가 자살로 생을 마감한 후에 제자들이 제비를 뽑아 '맛디아'라는 사람을 사도에 포함시키게 된다.

열두 제자: Tweive disciples(인명)

주 예수님께서 12명의 사도를 제자로 부르신 것은 이스라엘의 12지파에 따른 것이다.

[헬라어] hoi dodeka

[영어] Tweive disciples

예수께서 많은 제자 중에서 특히 택한 12명의 제자를 가리킨다. 12사도로도 불린다. 헬라어 원어는 [호이 도-데카 oiJ dwvdeka](뜻은 12)에 [마세타이 maqhtai](제자)를 더한 형으로 쓰여 있으나(마10:1, 26:20), 거의는 [호이 도-데카]가 단독으로 쓰여 있다. 12사도와 같은 뜻이다(마10:1, 11:1).

12인이 이름은 막3:16-19, 마10:2-4, 눅6:14-16, 행1:13에 기록되어 있는데, 마가복음에 따르면, 시몬 베드로, 세베대의 아들 야고보와 요한, 안드레, 빌립, 바들로매, 마태, 도마, 알패오의 아들 야고보, 다대오, 가나안 사람 시몬, 가리옷 유다이다. 12명의 선정은, 이스라엘의 지파에 따른 것으로서, 이 수는 한정되어 있다.

그러므로 유다의 배신과 그 죽음으로 결원이 생긴 때, 행1:2-26에 보인 대로, 맛디아가 선출되었다. 이스라엘의 12지파에 대하여, 새 이스라엘의 형식 위해, 이 12제자를 중심으로 하여, 초대 교회가 출발될 것을 의도하심으로도 보고 있다. 12제자 중에서도 베드로, 야고보, 요한은 특별한 그룹으로서 예수의 중요한 일 때마다 보인다(마가복음 5:37, 9:2, 14:33). 12제자는 예수의 부활 후, 예루살렘을 중심으로 하여 활동했는데 그들의 사적을 간추려 보면, 각각 다음과 같다.

1) 베드로

A.D. 64 혹 67경(A.D. 64 혹은 67)년 순교. 12사도 중 제1인자. 갈릴리의 어부 요나의 아들로, 본명은 시몬(Simon)이고, 그 자신도 어부였다. 예수그리스도가 제작된 후 베드로(반석)라는 이름을 얻고 수제자로서 예수님을 따랐다. 헤롯아그립바 1세(헤롯왕가 참조)에게 잡혔으나, 뒤에 피난하여 소아시아 및 안디옥에서 선교했다(마16:18-19, 요1:42, 21:15-17, 눅5:1-11). 고대교회의 전승에 의하면 그는 로마에서 얼마 동안 그리스도교단을 주재(主宰)하다가, 네로(로마

황제) 치하에서 순교했다고 한다. 특히 순교에 있어서는 다음과 같은 일화가 전해진다. 로마에 큰 박해가 일어나서 모든 성도들이 잡혀 죽임을 당하기도 하고, 잡히기도 했다. 그때 베드로는 다른 성도들의 권면 따라 로마성에서 도망쳐 나갔다. 그러는 도중에 그는 환상으로 예수님을 만났다. 베드로는 이때 "주여 어디로 가십니까?(Quo vadis)" 하고 물었다. 그러자, 주님은 대답하시기를 "로마로 가서 다시 십자가에 못 박히려 한다."고 하셨다. 베드로도 자신이 두 번 주님을 십자가에 못 박는 줄 알고, 다시 돌아가 거꾸로 십자가에 못 박혀 죽었다는 것이다.

예수그리스도의 이 사도의 이름은 성경에 다음과 같은 다섯 가지 형태로 나와 있다. 히브리어 '시므온', 그리스어 '시몬'('듣다'를 의미하는 히브리어 어근에서 유래), '베드로'(성경에서 그에게만 붙인 그리스어 이름), 이 이름의 셈어 형태인 '게바'(욥30:6과 렘4:29에서 사용된 히브리어 케핌[바위]과 관련이 있는 듯함), 결합형인 '시몬 베드로' – 행15:14; 마10:2; 16:16; 요1:42.

베드로는 요한, 즉 요나의 아들이다(마16:17; 요1:42). 그는 처음에는 벳새다에(요1:44), 나중에는 가버나움에(눅4:31, 38) 살았던 것으로 나오는데, 두 곳 모두 갈릴리 바다의 북쪽 연안에 위치해 있다. 베드로와 그의 형제 안드레는 고기잡이 일에 종사했는데, 세베대의 아들들인 야고보와 요한과 동업을 했던 것 같다. 야고보와 요한이 '시몬과 함께하는 자'라고 기록되어 있기 때문이다(눅5:7, 10; 마4:18 – 22; 막1:16 – 21). 따라서 베드로는 혼자 일하는 어부가 아니라 어느 정도 규모의 사업체의 일원이었다. 유대인 지도자들은 베드로와 요한을 '배우지 못한 보통 사람들'로 여겼지만, 그들이 글자를 모르거나 교육을 받지 못했다는 의미는 아니다. 그들에게 적용된 아그람마토스라는 단어에 관하여, 헤이스팅스의 「성서 사전」(Dictionary of the Bible, 1905년, 3권, 757면)은 유대인에게 "그 단어는 성경에 관한 랍비 교육으로 훈련받지 않은 사람을 의미하였다."고 말한다. – 요7:14, 15; 행4:13 비교.

2) 안드레

베드로의 형제로, 가버나움에 살며, 어부생활을 했다. 처음 세례 요한의 제자가 되고, 이어서 예수그리스도의 제1의 제자가 되었다. 소아시아, 스퀴티아, 그리스에서 전도하다가, [안드레의 십자가]에 달려 순교했다. 안드레의 십자가는 X자형이다.

안드레(Andrew) ['사람, 남자'를 의미하는 그리스어 어근에서 유래. 아마도 '남자다운'이라는 의미]

시몬 베드로의 형제이자, 요나(요한)의 아들(마4:18; 16:17). 안드레의 고향 도시는 벳새다였지만, 그와 시몬은 예수께서 '사람을 낚는 어부'가 되도록 그들을 부르셨을 때 가버나움에서 함께 살고 있었다(막1:16, 17, 21, 29; 요1:44). 두 도시는 모두 갈릴리 바다 북쪽 해안에 있었는데, 이곳에서 그 두 형제는 야고보와 요한과 함께 고기잡이에 종사하고 있었다. – 마4:18; 막1:16; 누5:10.

3) 야고보

베드로, 요한과 함께 예수그리스도의 측근 3제자 중 1인. 세베대(Zebedaios)의 아들로, 요한의 형(마4:21, 10:2, 막1:19, 3:17 등). 예수의 승천 후 예루살렘 교회의 지도자가 되고, 헤롯 아그립바왕의 칼에 순교(죽임당하다)했다.

요한의 형제이자 예수그리스도의 12사도 가운데 한 사람(마10:2). 동일한 사건에 관한 두 기록을 비교해 보면 알 수 있듯이, 그의 어머니는 살로메였던 것 같다. 한 기록은 "세베대의 아들들의 어머니"를 언급하고, 다른 기록은 그를 '살로메'라고 부른다(마27:55, 56; 막15:40, 41. 살로메 1번 참조). 요한 19:25를 더 비교해 보면 살로메를 예수의 어머니인 마리아의 친자매로 지적하는 듯하다. 그렇다면 야고보는 예수의 이종사촌이었다.

4) 요한

신약의 요한복음, 요한 제1, 2, 3서 요한 계시록의 저자로 알려진다. 형제인 야고보와 함께 예수그리스도의 활동 초기부터 함께한 세 측근자 중의 1인으로, 예수의 승천 후에도, 초대 그리스도교의 중요한 인물로 일했다. 전승에 의하면, 그는 유대 국내에서 전도하다가, 예루살렘이 주후 70년 로마군에게 멸망되자, 에베소에 가서 전도했는데, 도미티아누스(Domitianus, Titus Flavius 51. 10. 25 – 96. 9. 18 로마황제, 재위 91 – 96)의 핍박으로, 끓는 가마에 넣는바 되었으나 이

적적으로 튀어나오게 되어 그를 박해하던 무리가 놀라, 밧모섬으로 귀양 보냈다고 한다. 요한은 여기서 계시를 받고, 수명대로 살다가 갔다는 것이다.

그의 아버지 세베대는 고기잡이 일에서 고용인들을 두었으며, 그는 시몬의 동업자였다(막1:19, 20; 누5:9, 10). 세베대의 아내인 살로메는 예수께서 갈릴리에 계실 때 그분을 따르며 섬기던 여자들 가운데 한 명이었으며(마27:55, 56; 막15:40, 41 비교), 예수의 시체를 장사 지낼 준비를 하려고 향료를 가지고 온 여자들 가운데 한 사람이었다(막16:1). 요한은 자기 소유의 집이 있었던 것 같다. − 요19:26, 27.

5) 빌립

그에 대하여는, 마10:3, 막3:18, 누가6:14, 요1:44에 기록되어 있는데, 벳새다 사람이었고, 예수님 승천 후, 소아시아의 브루기아에 가서 전도하다가 기둥에 매달린바 되어 순교했다고 한다.

예수그리스도의 최초의 제자 가운데 한 사람으로서 12사도 가운데 포함된 사람. 빌립이라는 이름은 마태와 마가와 누가의 복음서 기록에서는 사도들의 명단에만 언급되어 있다(마10:3; 막3:18; 누6:14). 요한의 기록만 그에 관한 얼마의 세부점들을 알려 준다.

빌립은 베드로와 안드레와 고향이 같았는데, 갈릴리 바다 북쪽 연안에 있는 벳새다 출신이었다. "나의 추종자가 되십시오."라는 예수의 권유를 듣고 나서, 빌립은 그 전날 안드레가 한 것과 동일한 일을 하였다. 그때 안드레는 자기 형제 시몬(베드로)을 찾아내어 예수에게 데려왔는데, 이제 빌립도 나다나엘(바돌로메)을 찾아내어 이렇게 말하였다. "우리는 모세가 율법에 기록하고 또 예언자들이 기록한 그분을 찾았습니다. 그분은 요셉의 아들, 나사렛 출신의 예수입니다. ……와서 보시오."(요1:40, 41, 43 − 49) "예수께서는 빌립을 찾아서"라는 말은, 그들이 이전부터 어느 정도 아는 사이였음을 지적하는 표현일 수 있다. 또한 빌립이 나다나엘에게 한 말도 그러한데, 빌립이 예수의 이름과 가족과 거주지를 말했기 때문이다. 빌립과 나다나엘(바돌로메)이 벗 관계 외에 또 다른 어떤 관계였는지는 명시되어 있지 않지만, 성서에 나오는 명단들에는 − 사도행전 1:13만

빼고 - 그들의 이름이 대개 함께 나온다.

6) 바돌로메

갈릴리 가나에서 나서, 12사도의 1인이 되고, 소아시아, 인도 등에서 전도했으며, 다시 아르메니아에 가서 전도하다가 거꾸로 십자가에 매달려 순교했다고 전해진다. 나다나엘([그]:Nathanael)과 동일인으로 알려진다.

바돌로메의 별명으로 여겨진다. 따라서 예수의 12사도 가운데 한 사람이다. '톨마이의 아들'을 의미하는 바돌로메는 부칭(아버지의 이름에서 파생된 명칭)이었다. 사도 요한은 그에게 붙인 나다나엘이라는 이름을 사용하는 반면, 마태와 마가와 누가는 그를 바돌로메라고 부른다. 그 세 필자는 그렇게 부르면서 빌립과 바돌로메를 함께 언급하는데, 마찬가지로 요한도 빌립과 나다나엘을 연결짓는다(마10:3; 막3:18; 누6:14; 요1:45, 46). 사람들이 여러 이름으로 알려지는 것은 특이한 일이 아니었다. 예를 들어 '요한의 아들 시몬'도 게바와 베드로로도 알려지게 되었다(요1:42). 나다나엘이 바돌로메, 즉 '톨마이의 아들'이라고 불린 것도 이례적인 일이 아닌데, 다른 어떤 사람은 단지 바디매오, 즉 '디매오의 아들'이라고 불렸기 때문이다(막 10:46). 그 후 여러 세기 동안의 그리스도인 필자들은 그 두 이름 나다나엘과 바돌로메를 서로 구분 없이 사용하였다.

나다나엘은 갈릴리 가나 출신이었다(요21:2). 그는 주 예수의 봉사 직무 초기에 그분을 따르기 시작하였다. 빌립은 "나의 추종자가 되십시오."라는 예수의 부름에 응한 뒤에, 즉시 자기 벗 나다나엘을 찾아가 그에게 "와서 [메시아를] 보시오." 하고 권하였다. 나다나엘은 "나사렛에서 무슨 좋은 것이 나올 수 있겠습니까?" 하고 물었지만 그 다음에 그 권유를 받아들였다. 예수께서는 그가 가까이 오는 것을 보시고 "보십시오. 확실히 이스라엘 사람입니다. 그 속에는 속이는 것이 없습니다." 하고 말씀하셨다. 나다나엘은 예수께서 그러한 말씀을 하실 정도로 보기 드문 사람이었음에 틀림없다. 예수께서 그 말씀을 하시고 또 빌립이 나다나엘을 부르기 전에 무화과나무 아래 있는 나다나엘을 보았다고 말씀하시자, 나다나엘은 예수께서 참으로 "하느님의 아들이시며, ……이스라엘의 왕"이시라고 인정하였다. 예수께서는 그가 "이보다 더 큰일들을 볼 것"이라고 확언하

셨다.(요1:43 – 51)

7) 도마

아람어역 및 그리스어역, 디두모(didymos)는 쌍둥이라는 뜻. 그리스도 부활
후 그 상흔을 보기까지는 믿지 않다가, 신앙을 회복한 후, 전설에 의하면 파르
티아, 인도 등지에 가서 전도하다가 창에 맞아 순교했다고 한다.

예수그리스도의 이 사도는 '쌍둥이', 즉 디두모라고 불렸다(마10:3; 막3:18; 누
6:15; 요11:16, 각주). 그는 감정을 표현할 때나 의심을 표명할 때 다소 성급했던
것 같다. 하지만 도마는 의심이 풀리면 주저하지 않고 믿음을 나타내는 말을 하
였다.

예수께서 나사로를 죽음에서 깨우기 위해 유대로 돌아가자고 제안하셨을 때,
도마는 "우리도 그분과 함께 죽으러 갑시다." 하고 단언하였다(요11:16). 유대
사람들이 얼마 전에 예수를 돌로 치려고 했었기 때문에(요11:7, 8), 도마는 아마
그 결과로 나사로나 예수와 함께 죽게 되더라도 그분을 따라가자고 다른 제자들
을 격려하려고 그렇게 말했을 것이다.

예수께서 사도들을 위해 장소를 준비하러 떠나가실 것에 대해 말씀하셨을 때
도마는 의심하는 태도를 보이며 이렇게 말하였다. "주여, 우리는 당신이 어디로
가시는지 모르는데, 어떻게 그 길을 알겠습니까?"(요14:2 – 6) 그와 비슷하게, 도
마는 예수께서 부활되셨다는 말을 들은 뒤에 이렇게 말하였다. "나는 그분의 손
에 있는 못 자국을 보고 그 못 자국에 내 손가락을 넣어 보고 또 그분의 옆구리
에 내 손을 넣어 보지 않고는 결코 믿지 못하겠습니다." 팔 일 후에 예수께서
다시 제자들에게 나타나셨을 때 도마는 그렇게 할 기회를 갖게 되었다. 그러나
도마가 그때 그분의 상처를 실제로 만져 보았는지는 언급되어 있지 않다. 그렇
지만 그는 확신하며 "나의 주, 나의 하느님!" 하고 외쳤다. 그러자 그리스도께서
는 "보지 않고도 믿는 사람은 행복합니다."라는 말씀으로 그를 부드럽게 꾸짖으
셨다.(요20:24 – 29)

8) 마태

레위라고도 불렸고, 제1복음서의 저자로 알려진다. 처음은 헤롯 안디파스(안디바 왕)의 세리였으나, 갈릴리 호수 근방에서 예수의 부르심을 받고(마9:9 - 13), 전승에 의하면, 에티오피아에 가서 전도하다가, 목 베임을 당했다고 한다.

레위라고도 알려져 있는 유대인으로서, 예수그리스도의 사도가 되었고 자신의 이름으로 명명된 복음서를 기록한 사람. 그는 알패오라는 사람의 아들이었으며, 예수의 제자가 되기 전에는 세금 징수원이었다(마10:3; 막2:14. 세금 징수원 참조). 성경은 레위가 예수의 제자가 되기 전에도 마태라는 이름을 가지고 있었는지, 제자가 될 때 그 이름을 받은 것인지, 아니면 사도로 임명될 때 예수에게서 그 이름을 받은 것인지 밝혀 주지 않는다.

예수그리스도께서 가버나움이나 그 근처에 있는 세무서에서 마태를 부르신 때는 갈릴리 봉사 초기(기원 30년이나 31년 초)였던 것 같다(마9:1, 9; 막2:1, 13, 14). '마태는 모든 것을 뒤에 남겨 두고 일어나 예수를 따랐다.'(누5:27, 28) 마태는 아마 그리스도를 따르라는 부름을 받아들인 것을 기념하기 위한 것으로 생각되는 "큰 환영 잔치를 베풀었는데", 예수와 그분의 제자들뿐 아니라 많은 세금 징수원들과 죄인들도 참석하였다. 이로 인해 바리새인들과 서기관들은 동요하면서, 그리스도께서 세금 징수원들과 죄인들과 함께 먹고 마시는 일에 대해 투덜거리게 되었다. - 누5:29, 30; 마9:10, 11; 막2:15, 16 -

9) 야고보

알패오의 아들로(마10:3, 막3:18 등), 소 야고보로 알려진다. 전승에 의하면 성전 꼭대기에서 떨어뜨린바 되어, 순교했다고 한다. 다대오라고도 하는 유다의 형.

예수의 의부 동생 야고보가 아님. 알패의 아들 야고보임, 이 사도에 대한 자세한 기록은 없음.

10) 다대오(Thaddaeus)

'야고보의 아들 유다'라고 불린 사람과 동일 인물 - 누6:16; 요14:22; 행1:13 -

유다

소 야고보의 동생으로, 파사에 가서 전도하다가 활에 맞아 죽었다고 한다. '야고보의 아들 유다'라고 불린 사람과 동일 인물－누6:16; 요14:22; 행1:13 －

11) 시몬(셀롯)

열심 당원이었던 시몬은 애굽에 가서 전도하고, 유대에 돌아와 전도하다가 십자가에 못 박혀 죽었다.

'가나내 사람'이라는 용어로 시몬 베드로와 구별된, 예수그리스도의 한 사도. 시몬이 '열심 있는 사람' 또는 '열심 당원'이라고 불린 것은, 로마인들에게 반대한 유대인 파벌인 열심 당원에 한때 그가 속해 있었기 때문일 수도 있지만, 그보다는 그의 종교적 열심 때문이었을 것이다(누6:15).

12) 유다(가리옷) － 가리옷 유다

12사도의 1인이었고(마10:4, 막3:19, 눅6:16), 시몬이라는 사람의 아들로, 예수 일행의 회계였으나, 은 30냥에 주님을 팔고(마26:47 이하), 뒤에 자살했다. 가리옷 유다라는 것은, 다른 제자들은 다 갈릴리 출신인데, 그는 유독 가리옷 출신이어서 그렇게 부르는 것이다.

13) 맛디아

가리옷 유다 대신 선출된 사도로(행1:23 － 26), 에티오피아에 가서 전도하다가, 돌에 맞아 죽었다고 한다.

이스가리옷 유다 대신 사도로 일하도록 제비뽑기를 통해 선택된 제자. 예수께서 하늘로 올라가신 뒤에, 베드로는 시편 필자 다윗이 유다의 변절을 예언했을(시41:9) 뿐 아니라 "그의 감독의 직분을 다른 사람이 취하게 하십시오."라고 기록하기도(시109:8) 했다는 점을 지적하면서, 공석이 된 그 직분을 보충할 것을 함께 모인 120명가량의 제자에게 제안하였다. 선정하기 위해 요셉 바사바와 맛디아가 내세워졌는데, 기도를 한 뒤에 제비를 뽑았고 맛디아가 선택되었다. 성령이 부어지기 불과 며칠 전에 일어난 이 일은, 어떤 문제에 대한 여호와의 선택을 알아내는 데 제비뽑기가 사용된 것으로 성서에 보고된 마지막 사례이다(행

1:15 - 26).

성경적인 제자훈련은 모든 것을 하나님의 뜻과 계획하심으로 생각하고 보아야 한다. 즉 관점을 신 중심으로 생각하고 행동하여 제자화하는 것이다.

단순히 나의 충복자로 만드는 것이 아니라, 신을 닮아가는 한 인격체로 성장할 수 있도록 키워 주고 조력해 주는 것이 제자훈련인 것이다.

그러므로 사심이 개입돼서는 안 된다. 순수하되, 인내심을 가지고 꾸준히 성경적인 양식을 먹여 주어야 한다. 쉬운 것 같으면서도 그렇기 때문에 어려운 것이다.

변질되지 않는 순수성으로 접근하여야 한다.

한 번 사랑을 영원히 지속시킬 수 있는 제자화는 훈련을 통해서 이루어진다.

III

제자훈련과 현실 적용

1. 살아 있는 신앙인 만들기

살아 있는 신앙을 만들기 위해서는 제자훈련이 현실적이어야 한다. 그리고 성경적이어야 하며 말씀 중심적이어야 한다. 공허해서도 안 되며, 관념적이거나, 사변적이어서도 안 된다. 구체적이어야 하며 살아 움직이는 제자훈련이 되어야 한다.

그렇기 위해서는 체계적이되, 교육적이어야 하며, 실천적이어야 한다. 많은 교회들이 제자훈련을 시행하고 있다. 그러나 문제는 그들 모두가 성공하는 것이 아니라는 것이다. 성공하는 교회와 단체가 극소수인 것은 무엇을 말하는 것일까?

실천이 없거나, 공허한 이론에 불과했다는 것이다. 그런 교회와 단체는 이제 카타콤 제자훈련으로 바꾸어야 할 것이다.

(딤전4:16) "네가 네 자신과 가르침을 삼가 이 일을 계속하라 이것을 행함으로 네 자신과 네게 듣는 자를 구원하라"

(골3:16) "그리스도의 말씀이 너희 속에 풍성히 거하여 모든 지혜로 피차 가르치며 권면하고"

(딤전4:13) "읽는 것과 권하는 것과 가르치는 것에 착념하라"

(벧후3:18) "오직 우리 주 곧 구주 예수그리스도의 은혜와 저를 아는 지식에서 자라가라"

(딤전6:3 - 4) "누구든지 우리 주 예수그리스도의 말씀과 경건에 관한 교훈에 착념치 아니하면 저는 교만하여 아무것도 알지 못하고 변론과 언쟁을 좋아하는

자니"

(딤후4:2) "너는 말씀을 전파하라 때를 얻든지 못 얻든지 항상 힘쓰라"

(벧후1:19) "날이 새어 샛별이 너희 마음에 떠오르기까지 이것(성경)을 주의하는⋯⋯"

(신6:6-7) "오늘날 내가 네게 명하는 이 말씀을 너는 마음에 새기고 네 자녀에게 부지런히 가르치며 집에 앉았을 때든지 길을 걸을 때든지 누웠을 때에든지 일어날 때에든지 이 말씀을 강론할 것이며"

(딤전5:17) "잘 다스리는 장로들을 배나 존경할 자로 알되 그런 장로에게는 말씀을 가르침에 수고하는 이들을 더할 것이라"

(딤후2:2) "내게 들은 바를 충성된 사람들에게 부탁하라 저희가 또 다른 사람들을 가르칠 수 있으리라"

(호6:3) "그러므로 우리가 여호와를 알자 힘써 여호와를 알자"

하나님의 말씀을 가르치는 것과 배우는 것은 우리 구원과 직결되는 아주 중요한 것이다. 그것에 제자훈련이 되어야 한다. 훈련은 꾸준한 노력과 인내를 필요로 한다.

배우고⋯⋯ 또 배운 바를 가르치고⋯⋯ 이것은 대단히 중요한 것이며 이것이 잘 이루어지지 않는 교회는 뼈대 없이 흐물대는 교회가 되며, 부패하는 원인도 이것이 잘 이루어지지 않기 때문이다.

살아 있는 신앙인을 훈련시키고 만든다는 것은 쉬운 일이 아니다. 그럼에도 불구하고 우리는 그 사명을 잘 감당하여야 한다.

그리고 제자라는 것이 누구의 제자인지를 확실하게 인지하고 있어야 한다. 인간 개인의 제자인지, 아니면 우상에 노예처럼 되어 제자화되어 있는지, 제자의 대상과 주체를 분명하게 파악하고 있어야 할 것이다. 이것이 제대로 된 사람을 제자화하고 훈련을 하면 살아 있는 제자가 되는 것이다.

그 속에 인성교육, 감성 교육이 필수적인 요소가 되어야 한다. 아무리 지식이 뛰어나고 능력이 많다고 해도 인성이 잘못돼 있으면 고등지능범이 될 가능성이 있다. 다시 말하면 성경에서 말하는 거짓선지자가 될 수 있다는 것이다.

한국교회에서 유행하는 셀교회, 가정교회 같은 소그룹교회 시스템이 제자훈

련과 혼동되어 사용되기도 한다. 다른 말로 표현하면 다이아몬드 시스템이라고
도 한다. 다이아몬드시스템은 한국형 셀교회라고도 한다. 많은 교회에서 도입하
고 시행하고 있다.

시스템이든 제자훈련이든 셀교회이든 이런 시스템은 궁극적으로 교회 안에
'리더를 양육'하는 것이 목표이고 이 리더를 통하여 제자화가 되고, 제자화를 통
해 또 다른 사람들을 전도할 수 있는 근거를 가진다는 것입니다. 단지 '열린 모
임' '전도' 등으로 교회의 교인 숫자를 채우기 위한 것이 제자훈련이 아니다. 한
국교회에서 셀교회와 같은 소그룹중심교회가 제자훈련으로 거듭나지 못하고 제
대로 정착하지 못하는 가장 큰 이유는 '전도만을 목표'로 삼은 것이 가장 큰 원
인이라는 지적이 많다. '전도'에만 매달리면 결국 실패하게 된다. 많은 교회가 셀
교회를 도입했다가 실패하고 전통교회도 돌아가는 것이 그러한 이유 때문이다.

사랑의 교회 '제자훈련' 역시 많은 한국교회에서 도입했다. 제자훈련을 통해
서 교회가 양적으로 질적으로 성장해 가고 변화되는 교회도 많이 있지만 '제자
훈련'의 단점도 명백하게 있다. '제자훈련'의 부작용이 있다고 해서 무작정 제자
훈련이 잘못된 것이고 폐지되어야 한다고 주장할 수는 없다. '제자훈련'이라는
프로그램 자체에 문제가 있다기보다는 어떻게 운영하느냐에 따른 문제로 봐야
한다.

아주 쉽고 간단한 예로 '칼'이 요리사의 손에서 쓰인다면 음식을 만드는 귀한
도구이지만 강도의 손에 있다면 사람에게 해를 입히는 흉기이다. '칼' 자체가 문
제라기보다는 어떤 사람의 손에서 어떻게 쓰이느냐가 더 중요한 문제라고 생각
한다.

그러므로 제자화는 단순하게 생각하거나 열정만으로 시작해서는 안 된다. 구
체적이고, 현실적이어야 한다는 것이다. 누구를 어떠한 방법으로 어떻게 제자화
할 것인지가 명확하게 계획되어 있어야 한다. 이론적이라기보다는 현실적이어
야 한다는 것이다.

제자훈련에 대한 성경적인 말씀은 아래와 같다.

너는 너의 본토 친척 아비 집을 떠나 내가 네게 지시할 땅으로 가라
내가 너로 큰 민족을 이루고 네게 복을 주어 네 이름을 창대케 하리니

너는 복의 근원이 될지라 너를 축복하는 자에게는 내가 복을 내리고 너를 저주하는 자에게는 내가 저주하리니 땅의 모든 족속이 너를 인하여 복을 얻을 것이니라 하신지라(창12:1 – 3)

내 안에 거하라 나도 너희 안에 거하리라 가지가 포도나무에 붙어 있지 아니하면 절로 과실을 맺을 수 없음같이 너희도 내 안에 있지 아니하면 그러하리라 나는 포도나무요 너희는 가지니 저가 내 안에, 내가 저 안에 있으면 이 사람은 과실을 많이 맺나니 나를 떠나서는 너희가 아무것도 할 수 없음이라(요15:4 – 5)

너희가 내 안에 거하고 내 말이 너희 안에 거하면 무엇이든지 원하는 대로 구하라 그리하면 이루리라(요15:7)

내가 너를 보배롭고 존귀하게 여기고 너를 사랑하였은즉 내가 사람들을 주어 너를 바꾸며 백성들로 네 생명을 대신하리니(사43:4)

이 백성은 내가 나를 위하여 지었나니 나의 찬송을 부르게 하려 함이니라(사43:21)

야곱아 이스라엘아 이 일을 기억하라 너는 내 종이니라 내가 너를 지었으니 너는 내 종이니라 이스라엘아 너는 나의 잊음이 되지 아니하리라(사44:21)

내가 네 앞서 가서 험한 곳을 평탄케 하며 놋문을 쳐서 부수며 쇠빗장을 꺾고 네게 흑암 중의 보화와 은밀한 곳에 숨은 재물을 주어서 너로 너를 지명하여 부른 자가 나 여호와 이스라엘의 하나님인 줄 알게 하리라(사44:2 – 3)

내가 나의 종 야곱, 나의 택한 이스라엘을 위하여 너를 지명하여 불렀나니 너는 나를 알지 못하였을지라도 나는 네게 칭호를 주었노라(사 44:4)

내가 너를 내 손바닥에 새겼고 너의 성벽이 항상 내 앞에 있나니 네 자녀들은 속히 돌아오고 너를 헐며 너를 황폐케 하던 자들은 너를 떠나가리라(사49:16 - 17)

네 장막터를 넓히며 네 처소의 휘장을 아끼지 말고 널리 펴되 너의 줄을 길게 하며 너의 말뚝을 견고히 할지어다 이는 네가 좌우로 퍼지며 네 자손은 열방을 얻으며 황폐한 성읍들로 사람 살 곳이 되게 할 것임이니라(사43:2 - 3)

두려워 말라 네가 수치를 당치 아니하리라 놀라지 말라 네가 부끄러움을 보지 아니하리라 네가 네 청년 때의 수치를 잊겠고 과부 때의 치욕을 다시 기억함이 없으리니 이는 너를 지으신 자는 네 남편이시라 그 이름은 만군의 여호와시며 네 구속자는 이스라엘의 거룩한 자시라 온 세상의 하나님이라 칭함을 받으실 것이며(사54:4 - 5)

일어나라 빛을 발하라 이는 네 빛이 이르렀고 여호와의 영광이 네 위에 임하였음이니라(사60:1)

나의 계명을 가지고 지키는 자라야 나를 사랑하는 자니 나를 사랑하는 자는 내 아버지께 사랑을 받을 것이요 나도 그를 사랑하여 그에게 나를 나타내리라(요14:21)

너희는 이전 일을 기억하지 말며 옛적 일을 생각하지 말라 보라 내가 새 일을 행하리니 이제 나타낼 것이라 너희가 그것을 알지 못하겠느냐 정녕히 내가 광야에 길과 사막에 강을 내리니 장차 들짐승 곧 시랑과 및 타조도 나를 존경할 것은 내가 광야에 물들을, 사막에 강들을 내어 내 백성, 나의 택한 자로 마시게 할 것임이라(사43:18 - 20)

그가 또 언약을 배반하고 악행하는 자를 궤휼로 타락시킬 것이나 오직 자기의 하나님을 아는 백성은 강하여 용맹을 발하리라(단11:32)

그러므로 너희가 이제 여러 가지 시험을 인하여 잠깐 근심하게 되지 않을 수 없었으나 오히려 크게 기뻐하도다
너희 믿음의 시련이 불로 연단하여도 없어질 금보다 더 귀하여 예수 그리스도의 나타나실 때에 칭찬과 영광과 존귀를 얻게 하려 함이라(벧전1:6 - 7)

너희가 진리를 순종함으로 너희 영혼을 깨끗하게 하여 거짓이 없이 형제를 사랑하기에 이르렀으니 마음으로 뜨겁게 피차 사랑하라(벧전 1:22)

갓난아이들같이 순전하고 신령한 젖을 사모하라 이는 이로 말미암아 너희로 구원에 이르도록 자라게 하려 함이라(벧전2:2)

오직 너희는 택하신 족속이요 왕 같은 제사장들이요 거룩한 나라요 그의 소유된 백성이니 이는 너희를 어두운 데서 불러내어 그의 기이한 빛에 들어가게 하신 자의 아름다운 덕을 선전하게 하려 하심이라(벧전 2:9)

그러나 의를 위하여 고난을 받으면 복 있는 자니 저희의 두려워함을 두려워 말며 소동치 말고 너희 마음에 그리스도를 주로 삼아 거룩하게 하고 너희 속에 있는 소망에 관한 이유를 묻는 자에게는 대답할 것을

항상 예비하되 온유와 두려움으로 하고(벧전3:14 - 15)

그리스도께서 이미 육체의 고난을 받으셨으니 너희도 같은 마음으로 갑옷을 삼으라 이는 육체의 고난을 받은 자가 죄를 그쳤음이니 그 후로는 다시 사람의 정욕을 좇지 않고 오직 하나님의 뜻을 좇아 육체의 남은 때를 살게 하려 함이라(벧전4:1 - 2)

만일 누가 말하려면 하나님의 말씀을 하는 것같이 하고 누가 봉사하려면 하나님의 공급하시는 힘으로 하는 것같이 하라 이는 범사에 예수 그리스도로 말미암아 하나님이 영광을 받으시게 하려 함이니 그에게 영광과 권능이 세세에 무궁토록 있느니라 아멘(벧전4:11)

사랑하는 자들아 너희를 시련하려고 오는 불시험을 이상한 일 당하는 것같이 이상히 여기지 말고 오직 너희가 그리스도의 고난에 참예하는 것으로 즐거워하라 이는 그의 영광을 나타내실 때에 너희로 즐거워하고 기뻐하게 하려 함이라(벧전4:12 - 13)

너희 중에 있는 하나님의 양 무리를 치되 부득이함으로 하지 말고 오직 하나님의 뜻을 좇아 자원함으로 하며 더러운 이를 위하여 하지 말고 오직 즐거운 뜻으로 하며 맡긴 자들에게 주장하는 자세를 하지 말고 오직 양 무리의 본이 되라 그리하면 목자장이 나타나실 때에 시들지 아니하는 영광의 면류관을 얻으리라(벧전5:2 - 4)

근신하라 깨어라 너희 대적 마귀가 우는 사자같이 두루 다니며 삼킬 자를 찾나니 너희는 믿음을 굳게 하여 저를 대적하라 이는 세상에 있는 너희 형제들도 동일한 고난을 당하는 줄을 앎이니라(벧전5:8 - 9)

또 가라사대 너희는 온 천하에 다니며 만민에게 복음을 전파하라(막

16:15)

내가 영을 전하노라 여호와께서 내게 이르시되 너는 내 아들이라 오늘날 내가 너를 낳았도다(시2:7)

내게 구하라 내가 열방을 유업으로 주리니 네 소유가 땅끝까지 이르리로다(시2:8)

그러므로 이제 그리스도 예수 안에 있는 자에게는 결코 정죄함이 없나니 이는 그리스도 예수 안에 있는 생명의 성령의 법이 죄와 사망의 법에서 너를 해방하였음이라(롬8:1 - 2)

내가 확신하노니 사망이나 생명이나 천사들이나 권세자들이나 현재 일이나 장래 일이나 능력이나 높음이나 깊음이나 다른 아무 피조물이라도 우리를 우리 주 그리스도 예수 안에 있는 하나님의 사랑에서 끊을 수 없으리라(롬8:38 - 39)

그러므로 형제들아 내가 하나님의 모든 자비하심으로 너희를 권하노니 너희 몸을 하나님이 기뻐하시는 거룩한 산 제사로 드리라 이는 너희의 드릴 영적 예배니라(롬12:1)

너희는 이 세대를 본받지 말고 오직 마음을 새롭게 함으로 변화를 받아 하나님의 선하시고 기뻐하시고 온전하신 뜻이 무엇인지 분별하도록 하라(롬12:2)
부지런하여 게으르지 말고 열심을 품고 주를 섬기라(롬12:11)

너의 길을 여호와께 맡기라 저를 의지하면 저가 이루시고 네 의를 빛같이 나타내시며 네 공의를 정오의 빛같이 하시리로다(시37:5 - 6)

너의 하나님 여호와가 너의 가운데 계시니 그는 구원을 베푸실 전능자시라 그가 너로 인하여 기쁨을 이기지 못하여 하시며 너를 잠잠히 사랑하시며 너로 인하여 즐거이 부르며 기뻐하시리라 하리라(습3:17)

세계가 다 내게 속하였나니 너희가 내 말을 잘 듣고 내 언약을 지키면 너희는 열국 중에서 내 소유가 되겠고 너희가 내게 대하여 제사장 나라가 되며 거룩한 백성이 되리라 너는 이 말을 이스라엘 자손에게 고할지니라(출19:5 - 6)

이스라엘아 들으라 우리 하나님 여호와는 오직 하나인 여호와시니 너는 마음을 다하고 성품을 다하고 힘을 다하여 네 하나님 여호와를 사랑하라(신6:4 - 5)

나의 사랑하는 자가 내게 말하여 이르기를 나의 사랑, 나의 어여쁜 자야 일어나서 함께 가자(아2:10)

〈아래 글은 HIS(세계관학교) 최바울 선교사님의 강의를 정리한 것이다.〉

아주 형편없는 인생이 하나가 있다. 후꾸야마. 일본계 미국인이다. 이 사람이 역사의 종말이라는 책을 썼다. 길거리에서도 책이 팔릴 정도로 많이 팔렸다. 이제 소련이 해체되고 세계는 평화가 오고 갈등의 역사는 끝나고 평화가 온다고 썼다. 형편없는 인생, 말도 안 되는 이야기. 9 · 11사태 이후 세계가 난리가 났다. 기자들이 묻자 그는 공개 사과했다. 일본 사람들은 미시적으로 보지 거시적으로 보지 못한다. 그런 사기꾼들도 많다. 경제학자들이 이 책을 읽고 동의한다고 했다. 후꾸야마는 전공이 사회학인데 이런 이야기는 들을 필요가 없다. 폴 케네디는 역사학자로 미국의 멸망과 제국의 붕괴를 이야기했다. 예일대 교수이다. 그래도 횡설수설 중에서 내용이 괜찮은 사람인 사무엘 헌팅턴의 이야기를 좀 하자.

이 사람이 문명의 충돌이라는 논문을 발표했다. 다른 엉터리들이 이야기하자 엉터리들이 동의했지만 사무엘 헌팅턴이 이 책을 가지고 나오자 자기 잘났다고 하는 사람들이 다 싹 들어갔다. 9·11사태 이후 사무엘이 떴고 후꾸야마는 죽었다. 사무엘은 역사학자이며 사회학자이다.

이 사람이 주장하는 것은 문명이 충돌할 것이라는 것이다. 앞에 단어 하나가 더 필요한데 그것은 종교이다. 즉 종교 문명이 충돌할 것이라고 말한다. 세계는 서구 문명과 이슬람 문명이 있다. 유교 문명이 있고 힌두 문명이 있고 슬라브(러시아, 우크라이나, 유고슬라비아 등) 문명이 있다. 남미 문명과 일본 문명이 있다. 단계가 있는데

1) 각 문명이 담합한다.
2) 서구 문명에 대해 비서구 문명이 갈등, 즉 대결한다.

이것이 사무엘의 전부이다. 이것을 이야기한다. 이것이 왜 세계에 엄청난 파장을 일으켰는가? 정치인들, 기자들 전부 한마디씩 욕했다. 자유주의자들은 재림이 필요 없고 인간들끼리 유토피아를 이룰 것이라고 말한다. 인간이 위대하다고 말한다. 사람들은 그 말이 재림이 필요 없다고 말하는 것인데도 그렇지 않은 듯 속는다. 사람들이 재림에 대해 관심이 없고 선교에 관심이 없다. 예수님이 조건을 주시는 것은 복음을 증거하는 것이다. '한 민족에 교회 하나씩은 있어야 재림하지 않는가?'이란 것이 자유주의와 세계주의, 세속주의이다. 사람들이 주님의 재림에 관심이 없고 힘들어한다. '재림하실 필요 꼭 있나요?'라고 한다. 그러니까 사람들이 교회라는 간판을 놓고 잘 먹고 잘살려고 한다.

왜 이렇게 된다고 사무엘은 주장하는가? 그것을 알려면 과거 역사가 어떻게 변해 왔는지 알아야 할 것이다. 원시시대로 돌아가 보자. 고대와 중세, 근대, 현대로 나누어 알아보자.

이것을 보기 위해 관점이 중요하다. 21세기는 문명이 세계를 움직이는 요인이 될 것이다. 인류 공동체를 움직이는 것이 무엇인지를 다루어야 한다.

각 시대를 지배했던 환경이 무엇인가? 인류 공동체를 지배했던 환경들을 알아보자.

원시시대에 지배한다는 것은 힘이다. 지금은 문명이 지배하는 시대이다. 70년

대는 이데올로기가 지배했다. 즉 사상이다. 원시시대는 자연계 앞에 인간계가 힘이 없던 시절이다. 인간이 가장 연약했다. 인간들은 무서워서 동굴에 들어가서 살았다. 그 시절에 인간은 연약했다. 사람들이 나무에서 열매를 따 먹다가 호랑이가 나타났다. '죽는구나.'라고 생각했을 것이다. 인간이 특이한 존재이다. 사람이 가지고 있는 1차적 본능은 살고 싶은 본능이다. 이것이 무시무시하고 잔인하다. 살고 싶은 본능이 무섭다. 자살하는 사람은 정상이 아니다. 정상인 사람은 살고 싶어 몸부림친다. 그 자리에서 "호랑이님 살려 주세요."라고 빈다. 몸부림치고 빌자 고개를 들어 봤더니 호랑이가 어슬렁어슬렁 간다. 좀 전에 한 사람을 먹었다. 동물들은 배부르면 절대로 먹지 않는다. 그 사람은 호랑이가 내 기도를 들어줬다고 생각해서 토테미즘이 시작되는 것이다. 당시는 한 달 후가 어떨지 모르는 상황이라 몇 년 후를 예측한다는 것은 생각도 하지 못했다. 즉 파리 목숨처럼 살아가고 있었다. 옛날에는 인류 공동체를 장악하는 것이 미래를 예측할 수 있는 사람이다. 이 사람은 누구인가? 인간은 알 수 없다. 신만이 알 수 있다. 신과 커뮤니케이션을 할 수 있는 샤만이 장악하던 시절이다. 고조선 시대도 마찬가지다. 단군은 제사장이라고 하는데 무당이란 뜻이다. 고조선뿐만 아니라 13세기까지 무당들이 리더십을 이루고 있었다. 칭기즈칸이 가장 힘든 것은 무당을 잡고 그 위에 서는 일이었다. 이 시대는 미래를 예측한다는 것이 어렵다. 즉 지금 현재도 미래학자들이 나오는 이유는 미래를 예측하기 힘들다는 것이다. 신을 의식하지 않고는 하루도 살 수 없는 시대가 원시시대였다.

고대로 넘어가면 메소포타미아, 파라오, 천자 등 신의 아들, 즉 신인 인간이 지배하는 시절이다. 이 두 문명, 즉 메소포타미아와 이집트 문명을 보면 이집트는 사막이고 바다와 단절되었고 메소포타미아는 개방적이었다. 왕이 신이라고 하면 메소포타미아는 맞아 죽는다. 그러나 이집트는 봉쇄되었다. 그러므로 파라오는 죽지 않는다. 아무도 그 죽음을 보지 못하고 가장 가까운 사람이 그의 임종을 보고 난 후 파라오는 죽지 않고 신이 되었다고 이야기한다. 사실 죽었는데. 파라오는 신이었다. 그러나 메소포타미아는 달랐다. 이집트는 외세의 침입이 거의 없었고 파라오는 신이라고 주장했다. 이때가 신인 인간이 엄청난 권력을 행사하던 시절이었다. 많은 종교들이 있었지만 다 힘을 잃는다. 체계화된 종교가 힘을 얻는다. 경전을 가진 종교는 체계화된 종교, 즉 신학적인 논리를 가진 종교가 엄청난 파워를 가지고 있다. 신학 자체가 엄청난 정치적인 힘을 가지고 있다. 신학자들을 너무 믿으면 안 된다. 믿음의 정도를 따지면 경제학자는 2%만 믿고 자연과학자는 40%, 신학자는 70%만 믿으라. 전부 지적 체계 가지고 노는 사람들이다. 천국 가는 티켓도 팔고 화형도 시키고, 엄청난 세력을 형성했다.

교황을 보면 엄청난 종교의 힘으로 지배하는데 이것이 중세 후반에 왕에게 이전된다. 이 교황을 만나는 사람은 별로 없다. 고위 성직자들은 많이 볼 수 있지만 일반 사람들은 볼 수 없다. 유럽은 교황이 전 유럽을 통치했다. 그러니 각 지방의 왕들은 교황이 임명했다. 즉 왕은 지방의 군주이며 종교 권력이 엄청났다. 왕이 가끔 교황을 만나면 교황 주변에 있는 사람들이 좀 이상한 것을 느낀다. 성직자 같지 않고 마피아 같았다. 궁금했지만 참고 참았는데 인내의 한계가 왔다. 종교를 행하며 먹고 노는 사람들인 것을 알게 되었고 그 교황의 인품이 형편없는 것을 보고 의문을 품게 되었고 엎어 버렸다. 교황을 유배시켜 버렸다. 아비뇽 유수. 왕권과 교황권이 갈등했고 교황은 왕을 파면했다. 항상 교황이 이기는데 사람들이 다 기독교인들이어서 교황 편을 들기 때문에 왕이 진다. 왕은 당시 경건했지만 사람들이 지옥가기 싫어서 다 알면서 교황을 편든다. '감히 하나님이 세운 종을 어떻게……'라는 생각을 한다. 그러니 왕과 귀족들은 속 터지는 것이다. 그래서 머리를 짰다. 획기적으로 엎어 버렸는데 그것이 성경을 보면서 엎었다. 성경에 왕은 하나님이 임명하는 것이고 교황도 하나님이 임명하는 것이라고 왕권신수설을 가져오자 사람들이 다 왕의 편을 들었다. 사람들은 종교의 노예가 되었다. 하나님의 종이 아닌 사람의 종교의 노예가 되어 있다. 왕은 왕의 피를 가진 사람만이 왕이 된다. 이제 종교가 지배하는 세상에서 혈통이 지배하는 세상이 된다. 왕이 지나가면 사람들이 다 길에 엎드린다. 왕은 세습제이며 신분제이다. 사회 제도가 신분제로 바뀌었다. 왕의 신분과 귀족의 신분과 백성과 노예가 있으며 그 신분은 절대로 바꿀 수 없다. 피가 다르기 때문에 꼬맹이 왕이라도 섬기게 된다. 피는 절대 바꿀 수 없고 천벌을 받는 것이다. 지금 생각하면 웃기지도 않는다. 시대마다 그것을 지배하는 패러다임이 있고 그 패러다임은 오랜 역사를 지배하며 그것이 바뀔 때마다 많은 사람들이 죽는다. 지금도 그 패러다임이 존재한다. 전부다 옳다고 생각하지만 그것 때문에 전부 다 죽는 것이다. 그것이 인생의 연약함이다. 세속 이데올로기가 너무 강해서 성경을 봐도 이해하지 못한다. 참 무시무시한 힘이다. 피가 다르다고 생각했으니.

중세가 발달하면서 15 - 17세기가 무역이 발전하는데 평민 중에 하나가 엄청나게 돈을 벌었다. 귀족 이상으로 갑부가 되었다. 그가 다이아몬드를 구했는데 엄청 큰 다이아몬드였다. 그가 집에 가서 세계에서 제일 큰 다이아를 잠자기 전에만 보고 잤다. 세상 사람들은 이것에 엄청난 희열을 느낀다. 소유욕은 참 웃긴다. 독점욕. 어느 날 갑자기 이 사람이 슬퍼졌다. 세계에서 제일 큰 다이아를 평민인 내가 가지고 있다는 것이 슬퍼지기 합당했다. 그 다이아를 가질 사람은 왕밖에 없다고 생각해서 가져다 바쳤다. 왕이 입이 찢어졌다. 왕이 다이아를 받는 순간 생각나는 것이 있었다. 평민도 다이아를 바치는데 귀족놈들은 바치는 것이 너무 허술하다. 어느 날 귀족들에게 이것을 자랑했는데 귀족들이 반성하는 기색이 없다. 왕이 신경질 나서 평민을 왕과 귀족의 연회장에 불렀다. 평민이 초대를 받고 난리가 났다. 제일 좋은 옷을 입고 거울을 보니 자기가 귀족임을 느꼈다. 의문이 생겼다. '나는 왜 평민이고 쟤는 왜 귀족이지?'라는 생각을 했지만 잊고 연회장에 갔다. 왕이 자랑을 했다. 한 아이가 뛰어가자 "쟤 누구요?"라고 물었더니 왕이라고 한다. 애가 좀 모자란 것 같았다. "저 등신이 왕이 된다고?" 그때부터 퀘스천 마크가 계속된다. 왜 쟤가 왕이 되어야 하냐고 생각한다. 귀족들이야 익숙하지만 평민은 말도 안 된다고 생각했고 그때부터 유럽 세계에 균열이 시작되는 것이다. 봇물 터지듯이. 문제가 쉽지 않았다. 귀족들과 이 평민이 대화를 하는데 자기가 한마디만 해도 부인들이 킬킬대는 것을 보았다. 자신이 하는 말마다 무식한 말이다. 귀족들은 할 일이 없기 때문에 공부만 한다. 평민들은 일만 하는 것이다. 문제는 무식이었다. 넘을 수 없는 엄청난 산이었다. 그래서 이 평민이 교양만 가지면 그들과 다를 게 없다고 생각했다. 그래서 문예 부흥, 교양 쌓기 운동이 시작된다. 르네상스가 시작된 것이다. 우리나라는 강남의 땅값이 올라 부자가 된 사람들이 있다. 돈을 쓸 능력이 없는데 돈을 가지니 난리가 났다. 현대백화점에 들어가서 "여기서 제일 비싼 속옷 주세요."라고 한다. 종업원들이 눈알 튀어나온다. 꼬맹이가 100만 원짜리 수표를 내고 거스름돈도 받지 않는다. 그래서 지존파가 나왔다. 강남 이야기를 듣자 열 받는 사람들이 있을 것이다. 평생 먹고살려고 피땀 흘려 일 년 번 돈으로 죽이는 도구를 샀다. 깨끗한 돈으로 사람을 살인하는 무기를 사서 그들을 죽인 것이다.

강남도 반상회 때 자신의 교양이 떨어지는 것을 알고 수억을 들여 교육을 시작하는데 이것도 마찬가지로 문예 부흥이다. 그래서 교양이 쌓이자 엎어 버리는 것이 프랑스 대혁명이다. 신흥 부르주아들이 엎어 버리는 것이 프랑스 혁명이다. 혈통이 무슨 말이냐고 다 엎어 버렸다. 이제 혈통이 아닌 민족국가가 되었다.

이 부분이 아주 중요하다. 항상 새로운 것들만 찾아다니게 되는 것이다.

프랑스 혁명은 근대로 넘어간다. 인간은 자유롭고 평등하다는 것을 주장한다. 여기서 신분제가 철폐되었다. 운명적 계급주의가 이제 끝났다. 기독교 공동체들이 왜 이 부분에 동조했는지 이해할 수가 없다. 가장 기독교적인 미국도 18세기까지 노예제도가 성행했다. 가장 기독교가 활발한 남부에 노예제도가 있었던 것이다.

민족 국가에 들어서면서 복잡해진다. 옛날에는 표상이 있었다. 무당이나 호랑이, 파라오 등을 보며 심리적 안정감을 가지고 있었다. 그래서 안심하고 산다. 교황이 미사 한 번 드려주며 왕이 등장하면 왕을 숭배했다. 그런데 민족이 등장하자 서로 뻔한 인생들이다. 그래서 문제가 생긴다. 인간의 2차적 본능은 귀속 본능이다. 인간은 어딘가에 속하지 않으면 불안해서 못 사는 성격을 가진다. 그런데 어디 속해야 하는가? 속하는 대상이 두 가지 능력을 갖추어야 안정감을 느낀다. 그 능력은 힘과 거룩함이다. 그래서 옛날부터 졸업하는 대학생들이 고시 합격하는 것을 바란다. 국가에 귀속되는 것은 지상에서 가장 막강한 능력에 귀속되기 때문에 고시 합격을 바란다. 고위 공무원을 하려고 한다. 국가는 항상 자신들이 착하다고 교육한다. 자국이 거룩하다고 교육한다. 이것이 민족 이데올로기가 있고 반동하는 사람들은 제거된다. 국가에서 이야기하지 않아도 사람들이 일어나 죽인다. 한국은 좀 낫다. 미국은 국가 시스템이 엄청나서 아무도 도전하지 못한다. 일본도 중국도 마찬가지다. 사람들이 대기업에서도 기를 펴고 산다. 중소기업은 좀 더 불안하고 구멍가게는 더 힘들다. 기업은 자신의 기업이 깨끗하다고 엄청나게 광고한다. 그러나 국민들은 현대는 국가를 위해 봉사하는 기업이라고 생각했다. 국민들이 다 속았다. 즉 힘이 있는 곳에 귀속되려고 노력한다. 하나님은 엄청난 파워를 가지고 있다. 문제는 안 보인다. 그래서 믿음이 없는 그리스도인들은 비참하다. 심리적 불안감은 끝이 없고 차라리 열심히 공부해서 기업체에 들어가는 것이 낫지. 보이니까. 힘이 보이니까. 정부는 엄청난 힘이 보이는 것이다. 하나님은 가장 파워가 있는 데 보이지 않는다. 그래서 기독교 공동체에 정신분열증이 많고 그래서 유행하는 것이 치유 세미나이다. 믿음을 가져야 하는데 구약은 믿음이다. 성경은 믿음이 가장 중요하다. 믿음을 잃어버리면 크리스천들은 심리적으로 붕괴되고 참 비참해진다. 원래 하나님이 가지고 있는 조건이 힘과 거룩함이다. 이런 조건이 없다면 사기꾼이다. 하나님이 이 두 가지를 가르치느라고 구약 전체를 다 보냈다. 처음에 팔레스타인에 하나님이 나타났을 때 엄청난 신들이 이집트와 메소포타미아에 있었다. 모세가 하나님을 만났을 때 그가 바로에게 갈 때 자신의 신인 하나님이 이집트 신과 맞설 수 있는지 불안했다. 그러나 하나님은 이때부터 세계 제국을 지배하는 이집트 신보다 더 강하다는 것을 홍해의 기적을 통해 가르치신다. 이제 하나님이 시내 산에서 성결하라고 하신다. 성막을 만들어 하나님이 만나신다. 온몸에 피를 바르고 들어오라고 한다. 어떤 친구는 피 안 바르고 들어가다 죽었다. 들어갔다 살아 나오면 나팔 불고 난리가 났다. 그것이 나팔절. 전쟁할 때 한 사람이 거룩하지 못하면 전부 죽는다. 이 둘을 가르치느라고 수천 년의 세월을 보냈다. 예수님 올 때까지 이 두 가지를 가르치시느라고 시간을 보냈다.

이슬람 신은 능력의 신이며 힘이 있다. 그런데 선하지 않다. 불교 신은 선한 것 같은데 힘이 없다. 이 두 조건을 갖춘 신은 고대부터 지금까지 여호와 하나님 외에는 없다. 그래서 인생들이 처음에 하나님에 속해 있다가 떨어졌기 때문에 귀속 본능이 있다. 이 두 가지를 가지고 사단이 사람을 이리 치고 저리 치고 비참하게 만드는 것이다. 사람들은 항상 벌벌 떨고 교회에서 노예처럼 사는 성도들이 적지 않다는 것이다.

귀속 대상이 없어진 민족주의가 난리 났다. 그래서 신흥 부르주아들이 아이디어를 냈다. 국기를 만들었다. 표상을 만들었다. 국기는 경배의 대상이다. 모든 국가와 민족을 다 집어넣고 거룩한, 힘이 있는 국가라고 한다. 국기를 게양할 때는 함부로 하지 못한다. 음악에 맞추어 게양한다. 그러고 나니 국민들이 심리적으로 안정이 되고 민족의 영광을 위하여 하는 구호에 세계가 난리 나는 것이다. '대한민국……' 대 자는 없어도 되는데. 국가들이 이데올로기를 가르치고 이것에 충성하라고 한다. 민족이 지배하는 시대이다. 문제는 충돌한다. 대영 제국과 프랑스의 전쟁이 일어나고 독일도 일어난다. 즉 민족과 민족의 충돌로 일어났다. 혈통의 충돌과 종교의 충돌에 이어 민족 전쟁이 일어났다. 1-2차 세계대전이 터지고 말았다. 이것이 사상의 충돌이다. 독일이 보기에 산업 혁명이 문제였다. 산업 혁명이 일어나면서 민족 국가가 일어났다. 이 두 가지가 최악의 조합이다.

민족의 영광을 위하여라고 했는데 산업 혁명이 일어나고 세계는 그 영향으로 곤두박질치고 있다. 영국에 공장이 돌아가자 옛날에는 책상 만들려면 15일 걸렸는데 이제 일주일만 일하면 책상을 살 돈을 가질 수 있다. 그러자 사람들이 공장으로 가고 원자재가 모자라자 영국 사람들이 해외로 나가서 가져간다. 아프리카로 가서 가져간다. 낮잠 잘 그늘이 없어진 아프리카. 그래서 식민지 경영이 이루어졌다. 그 다음 엄청나게 생산되자 수요와 공급이 맞지 않았다. 그러자 공장이 쉬고 파업한다. 많이 생산되자 팔려고 사람들이 외국으로 나간다. 강제로 팔기 시작한다. 잉여 생산물을 처분하기 위해 제국주의 시대로 돌입한다. 그 원인은 경제. 산업혁명이었다. 그러면서 자본주의 경제가 민족 이데올로기로 통합되자 영국과 프랑스가 원자재를 구하기 위해 세계 지도에 침 발랐다. 독일이 나중에 거기 참여한다. 영국과 프랑스가 양보하지 않자 난리가 난 것이 1차 세계대전이다. 이때 러시아가 가만히 보니 세계가 웃기지도 않는다. 조그만 인구를 가진 영국이 인도를 다 잡아먹고. 세계는 러시아만 남았다. 러시아는 어떻게 소수의 민족이 전 세계를 다 지배하는가? 누군가는 막아야 한다고 생각했다. 그래서 러시아 엘리트들이 사회주의를 선택한다. 러시아도 가만히 생각해 보니 러시아 나라 안에서 소수 사람들이 다수를 지배하고 있는 체제가 영국과 같았다. 그래서 뒤집어엎었다. 그것이 사회주의 혁명이다. 톨스토이가 그 이전에 계속 착취하지 말라고 했지만 지주들은 꿈쩍도 하지 않았다. 그것이 조상들이 준 상속이고 권한이라고 이야기한다. 그래서 영국, 프랑스와 내통해서 무기를 가지고 혁명을 일으켰다. 스탈린 때는 사람을 완전히 몰살시켰다. 그래서 실패했다. 러시아는 자기 보존도 힘들다. 절호의 기회가 일어났다. 세계 2차 대전으로 영국과 프랑스가 엄청나게 망했다. 히틀러가 엄청나게 포악하다고 우리는 생각한다. 히틀러는 세계를 보자 지구가 형편없는 것을 보았다. 영국과 프랑스가 세계를 엄청나게 지배했다. 그랬는데도 아시아와 아프리카는 거지처럼 산다. 그래서 히틀러는 영국과 프랑스에게 이 부분이 잘못되었다고 말하며 그들이 능력이 없어서라고 말한다. 200 ~ 300년 기회를 주었는데 그것을 못했으니 우리 능력 있는 게르만 족이 세계를 섬겨야 한다. 그들은 몇십 년 만에 아시아와 아프리카를 유럽 수준으로 만드는 것이 그들의 목표라고 이야기하자 군중들이 '하일 히틀러'라고 하며 열광한다. 독일 사람들이 미련해서 열광했는가? 아니다. 한국 사람들이 '독일 사람들이 미련하거나 나빠서'라고 생각하지만 그래서가 아니다. 지도자들은 아주 교묘한 이데올로기를 만들어 사람들을 현혹시킨다. 그 똑똑한 독일 사람들이 다 속았다.

이때 영국이 당하자 미국에 도움을 요청했다. 미국은 당시 세계에 진출하려고 하는 데 마땅한 기회를 잡았다. 그래서 완전히 독일을 초토화시키고 미국은 철수해야 하는데 행운이 온 것이다. 러시아가 동유럽을 먹어 버렸다. 미국이 영국과 프랑스에게 러시아가 영국과 프랑스를 먹을 것이라고 한다. 미국이 나토, 즉 북대서양 조약기구를 만들어 프랑스 영국이 다 있는데 다 전쟁 패잔병으로 앉아 있는데 미국이 사령관이 필요하다. 미국이 그 사령관 자리를 잡고 미국의 세계 경영이 시작되었다. 즉 영국과 프랑스가 지배하던 세계 경영에 들어갔다. 국제 연맹은 영국과 프랑스가 맹주라는 것을 전 세계가 인정하는 것이었고 국제 연합은 미국과 러시아가 맹주라는 것이다. 그러나 이것이 1991년 소련의 붕괴로 끝났다. 그래서 이 이후는 문명의 대립이 일어날 것이라는 것이 사무엘의 주장이다.

미국과 소련은 다민족 국가이다. 민족끼리 똘똘 뭉치면 잘못하면 미국이나 러시아는 붕괴된다. 그들에게 필요한 것은 사상이다. 다민족 국가이므로 민족끼리 뭉치면 국가가 해체된다. 그래서 민족 이데올로기를 넘어서서 보편적 이데올로기인 민주주의와 사회주의로 세계를 통치했다.

이 사상의 대결에서 자유주의, 사회주의 두 개가 충돌하다 끝나고 자유주의가 등장한다. 후꾸야마는 이를 보고 역사의 갈등이 끝나고 아리스토텔레스가 소망하던 유토피아가 왔다고 생각했다.

세계는 평화가 왔다고 주장했다. 아주 순진한 이야기이다. 사무엘은 종교, 즉 문명이 충돌할 것이라고 예언했다.

1단계로 타 문명의 단합이다. 이슬람은 이슬람끼리, 유교는 화교끼리 모이고 담합이 시작된다. 세계가 이 이론을 듣고 놀랐다. 한국에서 이 책을 보고 말도 안 된다고 흥분한 사람이 김대중이다. 1993년 8월에 사무엘이 이런 논문을 발표했다. 이게 보고되자 한국에서도 반응이 대단했다. 당시 외무부 장관이 이 책을 읽게 만들었다. 세계가 다 이 부분을 검토했다. 김대중이 이에 반대하는 학자들을 모아 난리를 피웠다. 우리나라 지도를 한번 보자. 각 문명이 담합하면 중국 본토의 경제력은 동남아를 지배하는 화교의 경제력과 같다. 중국이 2010년도에는 미국을 앞지를 것이다. 이제 미국이 중국의 말을 들어야 한다. 중국은 와신상담을 하며 기다리는 상황이다. 각 문명이 담합하고 서구 문명에 대립한다면 한국은 중국 중심으로 똘똘 뭉쳐야 한다는 것이다. 미국에 붙어 있다가는 미운 오리 새끼가 되는 것이다. 그래서 김영삼 정권이 중국으로 노골적으로 가는 바람에 지금 미국한테 찍혀 버렸다. 1993년 4월에 들어가서 외교 노선을 중국 중심으로 바꾼다고 말했다가 미국으로 날아가서 해명하느라고 진땀 흘리고 그래도 찍혀 가지고 미국한테 고생하고 있다. 다음에는 한국 신문에서 난리가 났다. 황병태 씨에 대해 신문기사가 나왔다. 그 사람의 실수로 미국한테 찍혀서 중국과 무슨 말 한마디도 못 한다.

김대중은 생각이 다르다. 이 사람은 민족주의자라 우리 민족이 우수하다고 생각한다. 통일만 되면 우리 민족 7천5백만의 인구와 경제 규모로 보면 세계 5대 강국으로 살아갈 수 있다는 연설을 했다. 그러나 사무엘의 이론을 들으면 또 중국말 듣고 살아야 하는 것에 화가 나서 김대중이 이를 거부했던 것이다. 우리나라는 중국과 미국에 계속적으로 조정당해 왔다. 2차 대전 이후 사무엘의 논문처럼 세상에 난리를 피운 논문이 없었다. 사무엘의 이 주장의 증거는 무엇인가? 문명이 충돌할 것이라는 증거는 무엇인가?

1) 분쟁이 다 문명권의 경계선에서 일어난다. 나이지리아, 차드, 다 아프리카

와 이슬람 문명, 아제르바이잔, 유고슬라비아, 파키스탄, 즉 문명의 경계선에서 고질화된 전쟁이 일어나고 있다. 함께 살다 보면 한 나라에서도 문명이 다르면 싸움이 일어난다. 문명 안에서 싸움이 일어나면 서로 말리지만 주변에서는 싸움을 부추긴다. 문제는 이 분쟁이 고질화되어서 끝이 나질 않는다는 것이다. 소련이 해체된 이후 계속적으로 전쟁이 일어났다.

2) 종교 근본주의 운동: 세계 모든 종교들이 종교 이데올로기로 힘과 경쟁력을 가지게 되었다. 본래 근본주의는 1920년대에 기독교 안에서 생겨난 말인데 성경을 문자적으로만 이해하고 무식하고 세상 공부 필요 없다고 하는 경직된 사람들을 이야기한다. 세상의 근본주의는 자신의 경전을 문자 그대로 다 믿는 사람들이 근본주의자들이다. 성경을 다 믿으면 근본주의자이고 성령에 대해 운운하면 완전히 극단이라고 종교학자들은 생각한다.[2]

카타콤 제자훈련은 초대교회 교인들의 순교와, 강인한 믿음, 그리고, 목숨을 건 신앙을 위해 교육하고 제자화시킨 비법들을 말한다. 그들은 무엇 때문에 목숨을 걸고 지켜왔으며, 제자화를 하였는가. 무슨 감동을 받고, 영감을 받고, 성령을 받았기에 목숨을 건 훈련과 제자화를 실천한 것일까라는 물음의 시작이 카타콤 제자훈련의 책을 집필하게 만든 계기이다.

카타콤 제자훈련은 한마디로 목숨 바쳐 헌신하는 살아 있는 신앙의 적용이다. 우리는 학식, 지식, 능력으로 제자화를 하려고 덤빈다. 내가 더 많이 알고 있고, 내 생각으로 이렇게 하면 성공하는데 하는 자기중심의 제자화를 실행하곤 한다. 그러다 보니 제대로 된 제자화가 안 되고 형식적이며, 이론적인 제자훈련이 되며, 행사를 위한 제자훈련, 프로그램 진행을 위한 제자훈련밖에 안 된다. 이제는 이러한 제자훈련을 벗어 버리고 초대교회처럼 목숨 바쳐 헌신하는 사람들을 양육하고 교육하고 훈련시켜야 한다.

사회가 다원적이고, 다변적이며, 물질우상, 황금만능으로 흘러가는 이때에 의로운 한 사람의 제자훈련이야말로 세상을 구하는 큰 동기가 되기 때문이다.

카타콤 제자훈련을 통하여 이러한 위대한 인물들이 많이 나왔으면 한다.

하나님 나라 확장을 위한 원대한 꿈과 비전을 실천하면서 말이다.

---

2) http://community.freechal.com/ComService/Activity/PDS.

▌약력

1994. U.S.A. Midwest University(M.Div 교역학석사)
2002. 고려대학교(교육정책학 석사 – 수석장학생)
2005. 성균관대학교 대학원 박사 Cand(교육행정학 전공)

1990. 육군 5776부대 포병 대대군종 역임(포성교회 시무)
1991. 한국세무신문사 전문취재부 기자
1991. 평강교회 담임전도사 역임
1995. 한국어린이선교원신학교(대한기독교 연합회) 캠퍼스 학장 역임
1996. 홍성장로교회 교육전도사 시무
1997. 대한예수교장로회 서울노회 목사안수
1997. 개혁보수신학교(조직신학) 강사 역임
1997. 서울총회신학교(바울선교학) 강사 역임
2002. 고려교육정책학회 상임회장(학진 학회검색 가능)
2002. 몬테쏘리학회 상임회장(학진 학회검색 가능)
2002. 고구려대학교 설립추진위원회 법인이사
2003. 한주신학 학술원 설립 이사(신학원 이사 및 교수)
2003. U.S.A. Glenford University 교육학과 교수 역임
2004. U.S.A. Cohen University 정책학과 외래교수
2004. 한국복지상담학술재단 이사 겸 홍보처장
2005. U.S.A. Holy People University Campus 지도교수 역임
2005. PHILIPPINE PRESBYTERIAN THEOLOGICAL COLLEGE 객원교수
2005. 대통령직속기관 사법개혁추진위원회 모의재판 배우 활동(광주법원, 서울 공연)
2005. 혜전대학 adjunct professor 역임
2006. 고위직 직무교육 콘텐츠 연기자 활동(기아, 현대, 대우 자동차)
2006. 장애인복지시설, 행복한재단 이사 활동
2007. 미래를사랑하는사람들 포럼 중서부 회장 역임
2008. 혜전대학 초빙교수
2008. 지방분권신문사 사장(대표이사)
2009. 중부권발전연구소 연구소장
2009. Korea Entertainment institute 사장(대표이사)
2009. 한민대학교(사회복지행정론 강의) 출강
2009. 고려신학대학원, 고려사이버신학 원격평생교육원 기획처장

▌주요 논문

「우리나라의 복지행정제도에 관한 고찰 연구」(1988)
「Kal Barth의 신관 연구」(1988)
「한국 민중문화와 민중 신학 연구」(1992)
「Rein hold Niebuhr & Marx에 대한 상관관계 연구」(1993)
「A CHRONOLOGICAL HARMONY OF THE RESURRECTION
APPEARANCES OF JESUS THE MESSIAH」(1994)
「북한종교의 변화 전망 연구」(2002)
「교육위원회와 지방의회간의 갈등 현상에 관한 연구」(2001)
「조선조 과거시험 방식의 정책적 분석」(공동, 2005)
「조선의 과거제도에 대한 정책적 연구」(공동, 2005)
「조선왕조 과거제도 인사정책 연구」(공동, 2005)
「조선왕조 과거시험주기 정책적 주장 분석연구」(공동, 2005)
「조선왕조 과거제도가 현대 정책에 주는 의미」(공동, 2005)
「과거제도 시험주기의 정책 분석연구」(공동, 2005)
「북한 종교지형 변천 정책 분석연구」(공동, 2005)
「내포문화권 보부상관광벨트 가능성 연구」(공동 2009)

▌주요 저서

1. 『대학생활영어』(공저)
2. 『행정경제교육』(저술)
3. 『행정정책기획론』(저술)
4. 『의원학』(저술)
5. 『국회의원학』(저술)
6. 『교육정책학・상』(저술)
7. 『교육정책학・하』(저술)
8. 『산학협동교육학』(저술)
9. 『현대교육학실기론』(저술)
10. 『현대환경행정론』(공저)
11. 『행정사무관리론』(공저)
12. 『영재교육심리』(저술)
13. 『인사행정학』(저술)
14. 『행정복지론』(저술)
15. 『조직신학』(공저)
16. 『아다르마 성공비법』(저술)
17. 『동양환경행정』(저술)
18. 『교육학과 비서행정』(저술)
19. 『7만교인 교육론』(저술)
20. 『지방자치발전론』(저술)
21. 『CEO 지도자론』(공저)
22. 『NGO 행정론』(공저)
23. 『경영행정학』(저술)
24. 『직업과경제』(저술)
25. 『실기교육방법론』(저술)
26. 『전산실무』(저술)
27. 『사회복지행정론』(공저)
28. 『대박마케팅』(공저)
29. 『행정학』(저술)
30. 『멘토』(저술)
31. 『모세오경의 교육론』(공저)
32. 『사회복지정책론』(공저)
33. 『금융재테크 성공론』(공저)
34. 『사회복지법제』(저술)
35. 『리더쉽 성공론』(저술)
36. 『사회복지상담』(저술)
37. 『경찰행정법』(공저)
38. 『무역법과 상거래』(공저)
39. 『복지행정조사방법론』(저술)
40. 『행정조직관리론』(저술)
41. 『카타콤 제자훈련』(저술)
외 다수

▌연락처

doctor@skku.edu

카 타 콤
제자훈련

초판인쇄 ┃ 2010년 7월 5일
초판발행 ┃ 2010년 7월 5일

지은이 ┃ 한만봉
펴낸이 ┃ 채종준
펴낸곳 ┃ 한국학술정보㈜
주　소 ┃ 경기도 파주시 교하읍 문발리 파주출판문화정보산업단지 513-5
전　화 ┃ 031) 908-3181(대표)
팩　스 ┃ 031) 908-3189
홈페이지 ┃ http://ebook.kstudy.com
E-mail ┃ 출판사업부 publish@kstudy.com

등　록 ┃ 제일산-115호(2000. 6. 19)

ISBN　978-89-268-1147-4 93230 (Paper Book)
　　　　978-89-268-1148-1 98230 (e-Book)